韩国公司法

（上）

KOREAN
COMPANY LAW

[韩] 崔埈璿◎著

王延川　崔嫦燕◎译

中国政法大学出版社

2020 · 北京

图书在版编目（CIP）数据

韩国公司法. 上/(韩)崔埈璿著;王延川,崔嫦燕译. —北京:中国政法大学出版社,2020.6
ISBN 978-7-5620-7476-2

Ⅰ.①韩…　Ⅱ.①崔…　②王…　③崔…　Ⅲ.①公司法—韩国　Ⅳ.①D931.262.29

中国版本图书馆CIP数据核字(2020)第110340号

出 版 者	中国政法大学出版社
地　　址	北京市海淀区西土城路 25 号
邮寄地址	北京 100088 信箱 8034 分箱　邮编 100088
网　　址	http://www.cuplpress.com (网络实名：中国政法大学出版社)
电　　话	010-58908441(编辑室)　58908334(邮购部)
承　　印	保定市中画美凯印刷有限公司
开　　本	720mm×960mm　1/16
印　　张	33.5
字　　数	520 千字
版　　次	2020 年 6 月第 1 版
印　　次	2020 年 6 月第 1 次印刷
定　　价	159.00 元

中文版序言

本书是我在大学执教三十余年的过程中编写而成，其中包含有关韩国公司法的丰富理论与大量判例。今天《公司法》第 15 版（2020 年）得以翻译成中文在中国出版实属不易。特别要感谢为本书的翻译付出不懈努力的西北工业大学法学系王延川教授和崔嫦燕律师，两位在长达五年的翻译过程中付出了宝贵的时间与精力。作为原作者，能通过译本与中国的读者见面，不得不说是我莫大的荣幸与喜悦。

韩国法律分为公法与私法，公法包括国际法、宪法、行政法、经济法与诉讼法，而私法则包括民法、商法、票据法、支票法等。《韩国商法》共六编，分别为总则、商行为、公司、保险、海商、航空运输，其中公司法为商法的重中之重，因为公司法是关于企业的组织运营的法律。从企业的组织与活动层面上看，商法以企业的维持、强化与保护交易安全为其理念。企业使国家富强，而为国民提供工作岗位的也是企业。国家与政府的作用是不断刺激作为富国源泉的企业，激发自由竞争，从而使企业家焕发光彩。通过不断的竞争，技术会革新，能够以最低的成本满足消费者需求的产品与服务也会出现，生活会更加丰富、健康、安全。企业人是改变世界、丰富生活的真正的英雄。得益于企业，我们的生活比过去的君王帝后更加安乐、丰富。可以说公司法是助企业健康运营的法律。为了企业的维持与强化，商法保障企业创立的简便快捷与存续，同时保障企业不会被轻易地解散。同时，商法以公示主义、尊重外观主义、严格责任主义、迅速终了主义、尊重既存状态主义等理念保护着交易安全。商法是不断发展的法律，相较于其他法律，其修订比较频繁。作为迅速反映最新商事交易动向的“活的法律”（lebendes Recht），商法可谓是“法律发展的开拓者”(Vorreiter der Entwicklung des Gesetzes)。从空间层面上看，商法也是全世界普遍的、统一的法律。

商法是以经济合理主义为基调的技术性法律。一项合理的制度在世界任何地方都有可能被采纳，被各国迅速吸收，从而制定内容相似的商法。因此，在作为商法一部分的公司法中，关于外国公司法的比较研究显得尤为重要，通过了解外国公司法能够更好地了解本国公司法。从这种意义上看，本书不仅可以作为了解韩国公司法的窗口，还可作为了解中国公司法的有效工具。

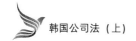

最后，感谢对本书出版给予支持的中国政法大学出版社的刘知函主任和雷猛编辑。

崔埈璿　2020 年于首尔

目 录

CONTENTS

第一章
总　论

第一节　公司制度的经济性功能

I. 我们为什么需要公司？

公司或者企业的英文为company，这一概念来源于中世纪拉丁语中的companía。Compania由com（一起）、pane（面包）、ia（吃的）三个单词构成，是“一起吃面包”的意思。Compania的法语为compagnie，是军人集团的意思。[1]公司有company（英国的社团）、corporation（美国的法人）、enterprise（企业）等不同用法，虽然存在细微差别，但意义相同。

人类无法独立生存，像“自然人”一样在树林或深山里短期生活当然是可以的，但生活必需品与医疗设施的匮乏以及这些生活必需品与医疗设施的运输是无法自行解决的问题，终究需要他人的帮助。

个人主义者相信个人可以通过追求利益的过程自己解决需求问题，他们相信成为卓越的自我和优秀的个人是最有价值的事情。相反，集体主义者（社会主义者相同）则相信社会可以拯救人类，因此，他们认为建设能够拯救人类的社会才是最有价值的事情。集体主义者认为国家应解决所有问题，国家应满足人类与人类社会的全部需求，因此，他们试图实现国有化。集体主义者批判性地认为，个人主义者的问题在于过于追求个人利益，导致具有资本能力的人与不具有资本能力的人之间、大型企业与中小企业之间极大的贫富差距。

公司是能够为个人与社会供应必需品的最有效的组织。人类与动物的区别之一就是人类能够进行高度的协作。人类是协作性物种，在原始时代通过协作生存了下来，随着协作方式（精巧）与规模的发展，经历了氏族与父系社会，最终形成了国家。直至中世纪，人类文明的发展仍然极其缓慢，但近

---

〔1〕曹承衍：《人文学的视角学习商业用语》，金英社2015年版。

代以后发生了快速的变化，其核心动力即为“企业的登场”。协作使人类文明的进化成为可能，而使协作成为可能的就是企业。企业是人类为了实现“通过协作的革新”而创造出来的最先进的组织体系。竞争、利己心、背叛及与其相矛盾的协作能够协调发展，是因为互利性的协作、命令与控制、市场交易机制发挥了决定性的作用。可以说市场经济也是协作的产物。人类的未来也取决于协作与革新的象征——企业。[1]

企业可分为个人企业与共同企业两种形态。虽然在数量上个人企业占有绝对优势，但单就经济规模与社会功能而论，共同企业的优势则非常明显。共同企业形态包括民法上的合伙（民法第 703 条至第 724 条）、商法上的隐名合伙（第 78 条至第 86 条）、公司（第 169 条至第 637 条）及海商企业中特有的船舶共有（第 753 至第 764 条）等。[2]公司作为典型的共同企业，是多数人设定共同目标，追求利润的企业形态。今天，要想完成一项重大项目或开创新的事业，必然需要筹集资本、专业经理人的管理及新技术的开发。不仅如此，面对日益激烈的竞争，为了确保市场占有率，企业的国际化也必不可少。个人企业很难实现这些目的，所以只能采取结合资本与多数人智慧的共同企业形态，即公司 。

II. 公司制度的优势与弊端

1. 公司制度的优势

公司制度最大的优点是可筹集大量的资本，即进行融资。公司是物的要素（资本）与人的要素（劳动力）有机结合的统一的经济单位。资合公司（物的公司）的重点在于资本的结合，而人合公司（人的公司）的重点则在于劳动力的结合。公司因雄厚的资本与经营组织的规模而具有较强的竞争力，而个人在这方面的局限性则可通过与他人的相互协作得到弥补。据此，组织的构成人员越多，公司制度的优势就越明显。

公司制度的另一个优点是可由多数人分担风险与损失。一方面，公司可通过资本与劳动力的结合创造相对多的利益；另一方面，当公司发生亏损时，

---

〔1〕 金银焕：《企业进化的秘密》，三星经济研究所 2017 年版。过去是从竞争主体的角度看待企业，而本书是从协作的观点上看待企业。

〔2〕 本书中，括号内只写法律条款，未写法律法规名称的，代表的是《韩国商法》。为行文方便，括号中的法律法规均使用缩略语；其他地方，如未作特别说明，“民法”“商法”指代的是《韩国民法》《韩国商法》。读者可参考本书末尾的缩略语。——译者注

也可由多数人分担。法律将公司本身视为一个人，承认其具有法人人格（第169条）。与自然人的有限生命不同，法人可以永久生存，长久维持企业经营。企业作为独立的主体不会因大股东或创始人等特定人的死亡而解体。可以说，无论从经济角度还是法律角度来看，公司都具有个人企业无法比拟的优越性。

2. 公司制度的弊端

从本质上看，公司制度是一种追求个人利益的技术性制度，一旦被滥用，将产生巨大弊害。社员承担有限责任的股份公司存在诸多问题，例如，不实经营与侵占公司财产，独断专行，多数企业勾结造成的资金过度集中，大股东唯利是图以及对少数股东权益的漠视，公司破产给国民经济带来的恶劣影响等。尽管如此，公司制度的优越性还是远远大于其弊端。可以说今日公司法最重要的课题是发挥公司的优势，完善公司制度的不足之处。作为公司法课题的一环，公司治理结构（corporate covernance）的改善、公司的社会责任（social responsibility）等也逐渐受到重视。公司的社会责任论强调公司特别是大型股份公司不应只顾追求公司成员——股东——的利益，而应在制定公司经营政策时均衡考虑雇员、消费者甚至全体国民的利益。公司所积累的财富同样应该用于社会。[1]这一过去仅停留在抽象层面的理论，依托今日的立法，显现出了日益具体化的趋势。

III. 企业的目的

1. 人类诞生的目的

（1）生存与繁衍是一切生命存在的首要目标

人类基于父母的行为以及外在自然法则（化学性）与内在生理法则（物理性）而偶然地、无目的地降生在这个世界上。人生来就为生存与繁衍而奋斗不止。生命有限，而人类需要延续自己的基因，此即繁衍。从进化论的角度看，生存与繁衍是人类最重要的目的。而从结果论上看，“人为吃而生”“人为死而生”这些论点也并不无道理。吃只不过是为了实现生存与繁衍这一终极目标的行为。人类为了生存而吃饭（feeding），斗争（fighting），逃亡（fleeing）。人类为了繁衍（reproduction）取得最优良的基因而斗争，通过斗争取得最适合生存与繁衍的权利、名誉、物质与金钱。

包括人类在内的全部生命体的存在就是一个寻找对自己最珍贵之物的旅

〔1〕孙国镐：“企业的社会责任相关的法律研究”，成均馆大学1982年博士学位论文。

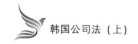

程。也有人认为生存与繁衍才是人生最重要的事情，但也有像老人一样认为生存与繁衍不再是人生最重要问题的群体。有的人从人生的初级阶段就将生存与繁衍以外之事视为珍宝，这是因为人类与动物不同——人类具有自我意识。对于这类人而言，实现生存与繁衍以外的其他价值就是人生的终极目的。

（2）幸福和苦难是生存和繁衍的必备要素，生存与繁衍最强有力的武器是魅力与社会性

幸福：人类是为了幸福生活而诞生的，这句话似乎并不准确。[1]亚里士多德认为，幸福是生存的最终目的（Summum Bonum），[2]即至善。但人类并非为幸福而诞生。快乐与幸福，甚至苦难和疼痛，都是生存与繁衍的必备要素。[3]幸福感是使人类不断反复地感受幸福的荷尔蒙的作用。人们在品尝美味、进行沟通、交配或得到想要的东西时感到快乐和幸福。如果交配行为无快乐可言，人类就不会实施这一行为，繁衍也就难以继续。幸福是具体而具有感受性的经验，不能具体化就不能称之为幸福。交配行为应是一项能够感受到的、具体的、能够带来幸福感的行为。幸福并不会永久持续，所有的快乐都是转瞬即逝，因此，为了维持这种快乐，要不断地饮食、沟通和交配。[4]这与个体的生存与繁衍有着直接的关联，幸福是激活生存与繁衍的工具。幸福不是人类诞生的目的，而是实现生存与繁衍的道具。

魅力：生存最有力的武器是魅力。出类拔萃的能力、知识、手艺就是魅力。人类利用这一魅力获取生存所必需的物质。由于竞争者太多，相较于生存，繁衍更加艰难，有时甚至需要付出生命的代价。如，为了在交配中取得优越的地位而拥有漂亮羽毛的孔雀，就应承受因此而带来的生命威胁。[5]

苦难：苦难也是生存与繁衍的要素之一。人的身体本能地回避能够产生痛苦的行为。疼痛的存在也是为了保护肉体。恋人分手会给人带来极大的痛苦，孤立与寒冷即意味着生命受到威胁。在原始社会中，孤立会成为生存的致命威胁，因此，不能被孤立的意识深刻地烙印在人类基因中。相反，温暖而友好的朋友会让人感觉到安全。这与人类的社会性有着直接的关系。

---

〔1〕 李秀元（昌原大学校哲学教授）在讲座“使今天活成生命中最美好的一天的法则”中谈及的内容。

〔2〕 徐恩国：《幸福的起源》，21世纪图书2014年版，第46页。

〔3〕 徐恩国，上揭书，第71页。

〔4〕 徐恩国，上揭书，第121页。

〔5〕 徐恩国，上揭书，第53页。

社会性：所有生物都具有社会性。如，Atta 蚂蚁中生长于巴西的种群由100 万只以上的蚂蚁构成一个群体，其中又具体细分为军队、道路维修、搜索事务与搬运等“职业”。繁殖只能由蚁后来承担。这种分工已经被印刻在这些蚂蚁的基因中。相比之下，人类的社会性以每个个体的完整体为前提。人类的每个个体以完整的自我决定生存与繁殖的方式。[1]所有动物中，人类以最不成熟的状态降生。与其他动物不同，人类出生伊始，如果没有母亲无微不至、利他性的照顾，就无法生存。人类自出生那一刻起就将“母亲的利他性的努力与牺牲是生存的基础”这一信息刻印在基因中。即使是 12 个月大的婴儿也会用手指比划的方式传递出某种信息。人类在获得权力与财富、机会的过程中展开激烈的竞争，也会在自身贫困的状态下帮助他人。但从结果上看，这也是为了实现自身利益最大化。看似利于他人的行为，实际上大部分是伪装成善意的利己行为。人类在帮助他人时会激活大脑中的尾状核，当满足他人的期望时，大脑就会产生相应的喜悦。为他人耗费金钱与时间，幸福感会更加膨胀。帮助他人就是帮助自己生存，可以说这也是生存的必要因素。友好的人获得更多的信任、资源与权力，这一事实自原始时期就已烙印在了人类基因中，因为这种行为与自身的生存繁衍具有相同的目的。合作意识同样已被“基因化”。也有人认为，即使不具有社会性，只要有钱，人类也能生存。但从人类历史 600 万年、文明史 6000 年、货币史 3000 年的进化角度看，“有钱就能生存”尚未被印刻在人类基因中。相较于 600 万年的人类史，短短3000 年的货币史只不过是转眼一瞬间而已。[2]人类不相爱是绝对无法幸福的。从某种角度看，人类是中了“人”的毒。[3]人类骨子里是社会性动物。[4]这源于生存的本能，也是人类的利己心所致。但人类与蚂蚁、蜜蜂不同，个体才是万物的中心，人类的社会性是与其他个体保持关联的社会性。从这一点上看，人类具有与其他生命体不同的超社会性。[5]

2. 设立企业的目的

(1) 企业的首要目标是产生利润以回馈股东

什么是企业的目的？企业按照设立者的意图设立，为其目的而存在。企

---

〔1〕 朴诚贤：《象征的诞生》，SYMBOLICUS 2017 年版，第 13 页。

〔2〕 徐恩国，前揭书，第 37 页。

〔3〕 徐恩国，前揭书，第 97 页。

〔4〕 徐恩国，前揭书，第 85 页。

〔5〕 朴诚贤，上揭书，第 33 页。

业的目的就是企业家设立企业的目的。这里所谓企业家即为创建企业的人（下同），而经营者指的是企业家设立企业后，技术性地管理企业的人，即企业的管理者。我们经常错误地认为企业家的立场与经营者的立场是一致的。虽然经营者作为法定的公司代理人为企业工作，但实际上经营者应该是为公司最重要的利害关系人股东工作。经营者负有忠实地按照企业家的意愿履行职责的义务。与人类毫无目的的诞生不同，企业是为了营利这一明确目的而产生的。不能获得利益的企业是不能生存的，而不能生存的企业是毫无价值的。产生利润是企业存在的最根本的目的。也就是说，产生利润并将其回馈给作为投资人的股东是企业最重要的目的。米尔顿·弗里德曼（Milton Friedman）说："企业的社会责任是指增加其利润。"（The social responsibility of business, is to increase its profits.）对于企业家来说，这是完全正确的命题。企业家设立企业的目的在于赚钱，而非"社会事业"。这就是所谓的股东价值最大化（maximizing shareholder value）与股东优先主义（shareholder supremacy）。

但法律规定的大股东也非公司的主人。"人类本身即为具有尊严性的目的"（康德语），因此，成为他人生命的所有者（owner）的权利观并不成立。股东不是企业（法人）的主人，企业本身即为其主人。在法律上，经营者是股东的代理人，而非法人的代理人。法人产生的利益属于法人而非股东，法人承担的债务也是法人债务而非股东的债务。甚至公司进行清算时，股东也只是享有剩余财产分配请求权。剩余财产不是股东的财产，根据作为法人机关的董事会与代表董事的意思进行处分。但我们应当意识到这种法人人格的赋予是为了简化关于企业的法律关系，更是一项在股东变动的情况下保障企业的永久存在的法律措施。即使存在这样一种法律措施，经营者也不得排除股东独断专行地经营公司，将公司财产任意分配给其他利害关系人。股东是最为重要的利害关系人，股东的利益应当成为优先考虑的对象。

（2）企业生存、繁衍最强有力的武器是魅力与社会性

魅力：一家企业想要生存，资金是必不可少的因素。资金来源于销售具有魅力的产品或提供无法抗拒的服务。在市场经济下，每个企业在其最擅长的领域为国民生活提供产品与服务。企业应在各自领域提供最具魅力的产品与服务。所以，对于企业而言，魅力是最强有力的武器。提供不具魅力的产品与服务的企业，势必会被时间淘汰。

社会性：企业生存的另一个重要条件就是社会性。与人类一样，企业不具有社会性也会被淘汰。人类从诞生伊始就是相互照看的物种，这一特性被

深深地烙印在人类基因中，社会要求竞争与斗争，但人类并不总是为了自身利益最大化而行动，企业完成其社会责任才不会被孤立，继而得以生存繁盛。社会性对于企业来说是不可或缺的美德。企业的社会性越强，越会吸引更多的财富与名声。伟大的企业会尽其最大努力实现自身目标与使命。实现与劳动者、消费者甚至全体国民分享幸福这一终极目标才是企业存在的理由。公司制度是企业最大限度尊重人类创意与意思并追求人类最大幸福的制度。实现其目标与使命才是企业最为重要的价值所在。如果企业家提出的是“多赚钱”这一目标与使命，那么不得不说该企业的雇员是可悲的。企业家应当给予雇员希望，并告诉他们应该做什么事情。任何人都不愿被视为公司经营中的一个零部件。伟大的企业应拥有除了赚钱以外的更崇高的使命。这一使命应为企业家与经营者、雇员等所有公司相关人员共同的使命。这一使命是以人类的利他心为基础的，企业发挥利他主义精神时，才会增加其价值，提高其形象与声誉，利润也会随之而来。正因为这种使命的存在，从事这一工作的人才会感到幸福。利他心是社会性的典型表现。企业具备社会性时，企业与股东的利益才会最大化。与人类一样，企业同样无法孤立生存。企业完成其社会责任才能不被孤立，才能生存并繁盛。玛氏公司的第二代掌门人福里斯特·玛氏（Forrest Mars）曾说过：“企业应与客户、雇员、合作伙伴、地域社会、政府甚至竞争对手共享利益。这是公司的目的，也是存在理由。这种利益共享应是相互的，只有共享的利益才能够持续下去。”

IV. 企业的社会责任

实际上，随着资本主义经济的发展，企业创造了巨大的财富，成为具有重大经济影响力的社会实体。根据企业的社会地位与比重，有必要使其对所在的社区与劳动者等承担一定程度的公共责任，将积累的部分财富回馈给社会，发挥企业作为社会一员的应有作用，这就是企业的社会责任（corporate social responsibility，CSR）。企业承担社会责任的方式很灵活，如从事慈善事业、向教育文化活动捐赠、在所在社区进行自愿服务活动等。有学者主张，如果以单纯的道德义务要求企业实施这些行为，从保障实效性方面来看则毫无意义，而且无法追究责任，因此应将其立法化。美国已有三十多个州在州公司法中规定，公司的董事等经营者在作出公司意思决定时，应考虑利害关系人的利益。韩国还有学者认为，企业的社会责任是董事忠实义务的一部分，应在忠实义务层面处理这一问题。

也有学者主张，企业的社会责任作为企业公共性的一环，是道德层面的要求，即使在公司法中将其规定为企业的一般义务与责任，也难以追究董事或企业的责任。这是因为企业的社会责任面临以下问题：企业的社会责任主体与内容不明确；即使作出一般性规定，也难以保障其实效性；与立法者的意图相悖，企业的社会责任有可能过度扩大经营者的裁量权而损害股东的利益；当违反社会责任时，该由谁对企业或董事问责，以及是否能够追究损害赔偿责任等。

笔者认为，企业作为法人，既然是社会的一员，就应对股东、债权人、劳动者、消费者、社区居民等利害关系人承担自律性的责任（responsibility），而非损害赔偿责任（liability）。企业为了持续性地在社会上存在和发展，应当具备积极主动地解决因企业而产生的各种社会问题的意志。只有具备这种意志，当企业自发地解决其与劳动者、消费者、社区居民之间发生的问题时，企业才能够不受社会排斥，才能营造出企业与社会真正和谐的氛围。从这一角度看，应当承认企业的社会责任。此外，为了保障企业的长期利益并协调社会与企业的关系，也应肯定企业的社会责任。对于企业应承担这种社会责任的论题并无异议，但尚不存在关于企业社会责任的立法。任何人承担法律责任的前提是存在被害人与损害，但因企业不履行社会责任而遭受损害的被害人很难被特定化。实现这种社会责任的适当方式是通过承认为了一般公众利益可以适当牺牲企业利益的经营者的裁量权的判例以及企业自身认识的转变，使企业自发地承担社会责任。[1]

1976年诺贝尔经济学奖得主，美国经济学家米尔顿·弗里德曼（Milton Friedman）说："企业的社会责任是增加利润"。[2]这同样是在强调企业的社会责任，而非法律规定的义务。

★伯利与多德的论战

哥伦比亚大学法学院的阿道夫·A. 伯利（Adolf A. Berle）教授1931年在《哈佛法律评论》上发表了题为"作为信托权的公司权力"（Corporate Powers as Powers in Trust）的论文。伯利教授的论文是在20世纪初，随着所有权与经营权分离的股份公司制度的发展，经营者权力迅速膨胀的背景下，为了制约

---

〔1〕 崔埈璿："企业的社会责任论"，载《成均馆法学》第17卷第2号，2004年12月，第471页，以下参照。

〔2〕 他还有一句最著名的话：天下没有免费的午餐。(There's no such thing as a free lunch.)

经营者的权力膨胀而作出的一系列研究的产物。[1]在这篇论文中，伯利教授提出了股东中心主义的主张，即公司作为股东的财产，是为了财产所有人（property owner）的利益最大化而存在的，公司经营者是股东的受托人。

1932年，伯利教授与加德纳·C.米恩斯（Gardiner C. Means）出版了广为流传的研究现代公司所有权与经营权分离现象的著作《现代企业与私有财产》（*The Modern Corporation and Private Property*, Transaction Publishers, 1932）。同年，哈佛大学法学院的E.梅里克·多德（E. Merrick Dodd）教授在《哈佛法律评论》上发表"公司经营者是谁的受托人?"（For Whom Are Corporate Managers Trustees?）一文，[2]以此批判伯利教授的股东中心主义。多德教授赞同伯利教授提出的"应对公司经营者追求非股东的自身利益的行为采取控制措施"的主张，同时也对伯利教授提出的"公司的存在仅是为股东创造利益"的主张进行了批判，并强调经营者对公司利害关系人（stakeholder）的义务。他强调，经营者并非股东的受托人，而是公司的受托人，经营者除了股东之外，还应对雇员及一般公众、客户等公司的主要利害关系人承担义务。如果说伯利教授的主张是"股东资本主义"，那么多德教授的主张便是"利害关系人资本主义"。

伯利教授1932年在《哈佛法律评论》上发表了反驳多德教授主张的文章"公司经营者是谁的受托人：一个记录"（For Whom Corporate Managers Are Trustees: A Note）[3]。对此，多德教授在《芝加哥大学法律评论》上发表了"公司经营者的信任义务能否有效执行?"（Is Effective Enforcement of the Fiduciary Duties of Corporate Managers Practicable?）一文，再次批驳了伯利教授的股东中心主义。[4]

这也引发了对公司的主人是谁以及企业的社会责任的争论。

V. 为什么需要公司法?

公司是为了构建共同企业而存在的组织，具有法律拟定的人格。生活在

---

[1] Adolf A. Berle, "Corporate Powers as Power in Trust", 44 *Harv. L. Rev.* 1049 (1931).

[2] E. Merrick Dodd, "For Whom Are Corporate Managers Trustees?", 45 *Harv. L. Rev.* 1145 (1932).

[3] Adolf A. Berle, "For Whom Corporate Managers Are Trustees: A Note", 45 *Harv. L. Rev.* 1365 (1932).

[4] E. Merrick Dodd, "Is Effective Enforcement of the Fiduciary Duties of Corporate Managers Practicable?", 2 *U. Chi. L. Rev.* 194 (1935).

自由世界中的人类，可以自主决定、自由行动。同样，公司这个“人”也可以自主决定以什么样的方式做什么样的事。当然，公司天生就是营利法人，以营利为目的也是理所当然。我们也可以决定与公司发生什么样的关系，有权决定是否就职于该公司，是否投资该公司，是否购买该公司的产品或卖东西给该公司等。当遇到所在公司待遇不好、投资收益不佳或者所购产品质量粗糙时，我们还可以决定不再与该公司打交道。如上所述，从本质上讲，公司可以自行决定其行为，并且与公司发生关系的人亦可依赖于自身的判断。从这几点看，公司法是不是一个必要的法律领域也是个疑问。如果需要，只要对当事人之间难以解决的部分进行最低限度的规定即可。

基于上述观点，有人把公司理解为一系列合约的集合（nexus of contracts），而持这一主张的人被称为契约论者（contractarian）。这一理论把公司理解为企业的管理层（managers）与劳动、服务、原材料、资本的提供者签订的一系列契约及多种形态的契约性约定（contractual commitment）。[1]按照该理论，公司的目的在于追求利益最大化，股东只不过是为公司提供资本、劳动、服务等的契约上的提供者之一，而非公司的所有者。尽管如此，股东依然位于契约的中心，优先承担公司风险，是与公司利益有着最大利害关系的群体。从这个层面看，股东是企业的主人。据此，当处于公司中心地位的股东支配公司时，就是公司经济性效率最大化的时候。公司契约论并不认为公司法是强制性规范，即公司法是当事人之间为了实现利益最大化而选用的、使交易成本最小化的基本规则。[2]

很难说所有当事人都是通过契约建立与公司的关系。在一定程度上，应保障企业能够享有自主制定适合自身的内部规则的自由。但企业不可避免地发生诸多对外关系，而对外关系的处理应该是定式的、整齐划一的。为了对这些利害关系进行一致性调整，公司法不得不具有强行法的属性。而且对于公司内部的企业治理结构的问题，如股东大会、董事会、代表董事、监事的功能等，以强行法进行规制更为有效合理。这是为了使所有利害关系人能够统一认识公司内部组织的权限和功能。例如，如果允许股份公司在股东大会议长、董事会议长、代表董事、监事中选择公司代表，交易相对方就很难确

---

〔1〕 Robert W. Hamilton, *The Law of Corporations*, 4th ed., West Publishinig Co., 1996, p. 6.

〔2〕 Frank H. Easterbrook, Daniel R. Fischel, *The Economic Structure of Corporate Law*, Harvard University Press, 1998, p. 34.

定到底谁才是真正的公司代表。

公司按照大股东的意思运转，而大股东是为了获得更大利益，将大量资金投资于公司的人，很多小股东会搭上大股东这辆便车，跟着大股东进行投资。这时就会发生大股东与小股东之间利害关系是否一致、大小股东之间的利益分配是否合理等一系列问题，对处于相对弱势的小股东的保护问题也随之产生。还有为公司提供资金的债权人与公司债券持有人的问题。公司法发挥着调节这些主体之间利害关系的作用。即使没有公司法，也可很好地调节当事人之间的利害关系，但调节这些利害关系的成本会过于庞大。公司法是事先规定好的用来调节利害关系的模型。公司可以无偿使用这一模型，以节约成本和时间，并将更多的精力投入到其他方面。虽然存在大股东自行管理其投资资本的情形，但大多数情况下他们会把经营权委托给管理人，于是出现了在大股东的支持下为公司创造最大利润的职业管理人阶层。大股东仅根据公司利润的有无以及大小对管理人的经营能力做出评判，股东则要面临代理以及代理成本的问题。再加上公司多为庞大的组织，会对国民经济产生较大的影响。为了解决各利害关系人之间的利益调节与代理问题并维持公司这一对国民经济产生重大影响的庞大组织的健全性，在一定程度上公司法就需要具备强行法的特性。

公司法虽为强行法，但不得成为规制企业的规制法。如，从宏观调控的角度看，国家为了国民经济的均衡发展和控制国家经济而制定的《关于独占规制与公平交易的法律》当然只能是规制法。在这部法律中，有些规定虽然逻辑说服力不强，但出于政策性目的的考量仍被规定其中，而以调节当事人利害关系为目的的公司法则需要严格的理论基础。近几年也有人将公司法解释为公法。[1]进步派公司法学者、美国波士顿大学法学院的肯特·格林菲尔德（Kent Greenfield）教授在2006年出版的《公司法的失败：基础缺陷与进步可能》（*The Failure of Corporate Law*：*Fundamental Flaws And Progressive Possibilities*）一书中主张“作为公法的公司法”（Corporate Law as Public Law）。威斯康星大学法学院的D. 戈登·史密斯（D. Gordon Smith）教授认为“公司法无法消除贫穷，也无法净化空气，亦无法解决劳动问题”，继而强调，公司法一旦开始介入这些问题，只会使问题更加恶化，绝不会有所改善。这两位学者的学术论战被收录在了一篇名为“争论：公司法是否可以拯救人类?”

〔1〕 崔埈璿：“公司法的方向”，载《商事法研究》第31卷第1号，2012年5月，第26页。

（Debate：Saving the World with Corporate Law?）的论文中。[1]

公司法当然不应介入所有的社会问题。如果公司法为了解决这些社会问题而消耗资源，势必要以牺牲股东利益为代价。而且对于那些繁杂的问题，还有很多其他法律供我们适用。忠实于维持并强化企业这一公司法本源理念亦是其根本任务。政府无须通过公司法对企业进行管制，让企业按照市场的力量决定自己的意思与行为，将企业交给市场就足矣。

第二节　公司法的概念

I. 公司法的含义

公司法（Gesellschaftsrecht，corporation law，droit des societies commerciales）作为商法的一部分，是对公司主体进行规制的、关于公司组织与运营的法律。商法中规定的公司均为法人，是天然的商人，理论上包含在商法总则中。但公司的经营组织独立于它的每位成员，具有企业交易上的主体性，因此需要以特别法进行规制。亦即，从公司是共同企业的经营方式层面看，作为企业法的商法中也需要特殊的法则，而从公司是以营利为目的人的结合这一层面看，则需要民法上关于作为一般团体的非营利法人的相关规定之外的特殊规定。

公司法作为关于公司企业形态的一般性法律，对所有共同企业的经营进行最低限度的规制。因此，基本上不适用民法中关于公益法人的规定，而只对具有浓厚合伙特征的合资公司的内部关系准用民法上关于合伙的规定（第195条、第269条）。如上所述，公司法是关于共同企业的一般法，因此，为了对特殊企业进行规制，有必要制定大量的特别法，如韩国的《银行法》《保险业法》《关于资本市场与金融投资业的法律》等）。

II. 实质意义上的公司法与形式意义上的公司法

实质意义上的公司法是指关于公司的组织与运营的法律，是固有的私法。公司法是关于公司这一团体的法律，是与公司企业相关的法律，同时公司法

〔1〕 Kent Greenfield，D. Gordon Smith，"Debate：Saving the world with Corporate Law?"，57 *Emory Law Journal*（2007），pp. 947–984.

规制关于公司的特别法律关系，所以说它是公司企业固有的法律；又因公司法的研究对象以私法为中心，所以它是私法。

形式意义上的公司法是指关于公司企业的成文法规，具体指商法第三编关于公司的规定。形式意义上的公司法与实质意义上的公司法的范畴基本相同，此外，它还包括诸多关于非诉案件的规定、诉讼法性质的规定及罚则性的规定。

III. 公司法的特点

1. 团体法性质

从企业组织法角度看，公司法是关于公司这一团体的法律，因此，公司法受个人法中不存在的机构、多数决原则、划一性地处理法律关系、社员平等原则等团体法原理支配，是对个人法上的契约自由原则通过大幅度修改后才得以适用的。

2. 交易法性质

作为私法的公司法，应恰当地规制以公司企业活动为中心形成的私人交易关系。因此，公司法具有交易法的性质，以保护交易自由与安全为目的的外观主义、公示主义等交易法上的基本原理同样发挥作用。

3. 强行法性质

公司作为利害关系复杂的营利性团体，对国民经济产生巨大影响，迫切需要法律发挥其监护性作用，因此需要以强行法进行严格的规制。但并非公司法的所有规定均为强制性规定，对有必要尊重当事人意思的事项作出的交易法性质的规定，也可为任意性规定。

第三节 公司法的法源

公司法的法源包括公司法（商法第三编）、关于公司的特别法令等商事制定法，章程等自治法规，商事习惯法等，但不包括关于公司的商事条约。同商法法源的问题一样，关于公司的判例、学说以及自然原理能否成为公司法的法源，同样存在争议。

I. 商事制定法

1. 商法典

公司法的法源中居于中心地位的是商法第三编。《韩国商法》于1962年1月20日以法律第1000号制定并公布，于1963年1月1日开始实施，其间经过数次修改。韩国商法虽是以大陆法系公司法（主要包括《德国股份法》与《日本商法》中的公司编）为模型而制定，但近年来吸收了大量英美公司法的内容。

商法第三编（公司编）由第一章通则、第二章合名公司、第三章合资公司、第三章之二有限责任公司、第四章股份公司、第五章有限公司，第六章外国公司、第七章罚则构成。

2. 特别法令

关于公司的特别法令中最重要的是对商法的施行作出具体化规定且附属于商法的《商法施行令》（1962. 12. 12 法律第1213号）、《商业登记处理规则》、《非讼案件程序法》等。对商法的规定进行补充和变更的特别法令包括《关于债务人回生及破产的法律》《担保附社债信托法》《资产再评价法》《关于股份公司等的外部监查的法律》《银行法》《保险业法》《关于资本市场与金融投资业的法律》《关于独占规制与公平交易的法律》《外国人投资促进法》等。

★商法（公司法）与《关于资本市场与金融投资业的法律》的关系

对于利害关系人众多且对国民经济产生重大影响的上市公司，为了保护投资人利益、确保证券市场的公正性，制定了商法的特例规定《关于资本市场与金融投资业的法律》，对公司的组织与运营事项作出规定。《关于资本市场与金融投资业的法律》对于某些特定事项的规定相较于商法或有所缓和，或更加严格。

商法是以在国内进行企业活动的所有企业为调整对象的、关于企业组织与运营的私法。因此，商法是无论公司的规模与种类（特别是股份公司）都统一适用的一般性法律，而《关于资本市场与金融投资业的法律》是主要以上市公司为调整对象，针对企业的证券发行、证券市场的交易秩序进行规制的市场法，是一部具有公法性质的法律。

《关于资本市场与金融投资业的法律》第三章之二用17个条文设置了公司法的特别规定。对于上市公司，这些规定优先于商法中关于公司组织与运营的规定而适用。可以说,《关于资本市场与金融投资业的法律》与商法是特别法与一般法的关系。

《关于资本市场与金融投资业的法律》中设置了诸多适用于以证券市场中的多数投资人为对象公开发行、流通证券的公司(上市公司)的特别规定。特别需要提及的是,为了在公开发行、流通证券过程中向投资人提供关于企业的重要事项作为其投资判断的资料,《关于资本市场与金融投资业的法律》规定了各种公司公示制度。此外,该法还包括许多商法关于股份公司的规定之外的特殊条款,如关于无表决权股份与公司债券发行限度适用、股份分配、发行新型公司债券的许可、自己股份的取得、股东评估权、股份的折价发行、实物出资的检查等的特别规定。这些特别规定中的相当部分在每次修改商法时都会反映在商法中,因此,《关于资本市场与金融投资业的法律》与商法重复规定的内容并不少见,但在适用要件、适用范围和具体适用方式上存在显著差异。

II. 商事习惯法

商事习惯法克服了制定法(成文法)的局限性与固定性,从而能够有效处理由合理主义支配的技术性的、进步的企业关系,具有促进最新立法的功能。但在强行法为主流的公司法中,商事习惯法依然难以立足。一般认为,获得金融委员会承认并在实际操作中广泛运用的《企业会计标准》[1]就具有习惯法的性质。[2]

III. 自治法规

根据公司章程或章程授权制定的股东大会的议事规则、股份事务规则、董事会规则等业务规程均为公司的自治法规,也是公司法的法源之一。章程是指公司自主制定的关于公司组织与运营的法规,虽然是根据商法的规定而制定,但不得违反公序良俗。

---

〔1〕 由于《企业会计标准》一直维持着法律条文的形式,因此无法反映出实际操作中必要的详细规定,为了能够充分反映企业环境和经济实质,采取了叙述式的规定,通过带有序列号的《企业会计表标准书》来代替《企业会计标准》。

〔2〕 郑灿亨(上),第429页。

IV. 法源的适用顺序

公司适用各种法源的顺序是：①自治法规。②关于公司的特别法令。③公司法（商法第三编）。④关于公司的商事习惯法的情形中，根据与成文法的对等效力说，商事习惯法与商法的适用顺序相同；而根据补充效力说，商事习惯法的适用仅限于商法没有规定的情形（第 1 条）。⑤没有商事习惯法的，适用民法的一般性规定。但民法是关于非营利法人的规定，商法第三编是关于公司的自足性的法律，因此，没有商事习惯法的情形中，应在适用民法规定之前，首先类推适用相关规定并做出合理的解释。

★公司法法源的适用顺序

自治法规→关于公司的特别法令→公司法（商法第三编）→商事习惯法→民法

第四节　公司法的历史与各国公司法

I. 公司法的历史

1. 股份公司的萌芽期

据悉，古希腊时期就有与公司类似的团体，罗马有作为收税组合的合伙团体，但都与今日的公司形态截然不同。通说认为，今天的商事公司起源于欧洲中世纪海运企业形态中出现的船舶共有与康孟达（commenda）契约。船舶共有因易于聚集大量资金并分散风险而被广泛运用，可以说这是股份公司的间接起源。康孟达契约被广泛运用于 10 世纪以后的意大利海上贸易，这是一种由资本家作为出资人提供金钱等其他财物，商人（commendatarius 或 tractor）作为实业家进行贸易并分配所获利益的形式，但这并不是持续的企业形态。之后康孟达契约分为 accomandita 与 participatio，这也成为合资公司与隐名合伙的起源。

在中世纪城邦，随着贸易的发展，商人的地位逐渐被确立并得到了进一步巩固，因此出现了永续性的企业形态，即，商人死亡后，由其后代继承，企业便具备了家族式的运营形态，这就是今日合资公司的起源。

2. 股份公司的产生

对于股份公司的起源，众说纷纭，但从 17 世纪初的殖民公司中寻其根源是比较普遍的做法。为了实现对殖民地的统治经营，1602 年，荷兰设立了东印度公司。东印度公司采用了社员有限责任制度与机构、股份制度，但其是依照国王或议会的特许而设立的，对殖民地享有公法性的权力，其性质与现代纯粹作为营利法人的股份公司截然不同。1807 年，《法国商法典》承认股份公司为公司的一种形态之后，其他各国也开始对股份公司制度作出详细规定。19 世纪以后，随着资本主义经济的发展，股份公司制度也迎来了几次迅猛的发展，成为今日大多数共同企业首选的制度。

1892 年，德国创制了《有限责任公司法》，之后传至法国等国家，又被西欧各国的中小企业广泛采用。

3. 资本团体的弊端与修正（19 世纪末以后）

同资本主义经济一起发展起来的股份公司制度，19 世纪后期开始显现出其弊端。企业的集中化所带来的垄断倾向导致国民所得分配不平等，而财富不均又激化了劳资矛盾。特别是从资本主义经济集中、深化的 20 世纪初起，卡特尔（Cartel）、托拉斯（Trust ）、康采恩（Konzern）等形式的企业结合与资本集中现象日益严重，新的法律问题不断涌现。直到 1965 年《德国股份法》（Aktiengesetz）的制定，才有了规制这些问题的法律依据。

现代福利国家的立法都强调公司的民主化与公共性，经济法与劳动法就是其典型。例如，1917 年法国的《劳动者参加股份公司法》、1914 年美国的《克莱顿反托拉斯法》、1948 年英国的《独占及统制法》、1951 年德国的《共同决定法》、1951 年日本的《独占禁止法》、1980 年韩国的《关于独占规制与公平交易的法律》等。1937 年的德国《关于股份公司与股份合资公司的法律》、1975 年的《欧洲公司法（案）》均是将有关公司公共性与社会性的规定部分地吸收到公司法立法中的例子。

原则上，这些问题应通过诸如《关于独占规制与公平交易的法律》的经济法与劳动法来解决，但在公司法中也应给予足够的重视。

II. 外国的法系

公司法法系的界限很难明确界定，但大体上可分为德国法系、法国法系、英美法系、欧盟法系。

1. 德国法系

1）德国

在德国，关于公司组织的体系化的法律规定出现于1861年制定的《德国商法典》（Allgemeines Deutschen Handelsgesetzbuch 1861，ADHGB）中。该法律发展成为1870年与1884年的《德国股份法》，之后又分别制定成为1892年的《有限责任公司法》与1897年的新商法。1897年的新商法第二章“商事公司及隐名合伙”部分，将公司区分为合名公司、合资公司、股份公司、股份合资公司。但在1937年的纳粹政权下，制定了体现领导人思想的《关于股份公司与股份合资公司的法律》，废除了1897年新商法关于股份公司和股份合资公司的规定。1937年法律的主要内容是：①强化最低资本金制度，排挤小型的股份公司；②强化立足于领导人思想之上的董事地位；③强调社会利益；④严格的公示；⑤为了融资方法的多样性，引入无表决权股、优先股、附条件增资、许可资本制度等，共有304个条文。该法于1965年进行全面修改（共410个条文），此次修改的特点是对与《共同决定法》的协调及联合企业作了囊括性的详细规定。[1]

德国作为欧盟成员国，根据欧盟对加盟成员国之间公司法调整的指令（directives），对公司法制度进行过四次修改，即，1969年依据第一指令对公示进行了修改，1976年依据第二指令对资本金作了修改，1982年依据第三指令对合并作了修改，1985年依据第四指令对会计结算进行了修改。德国统一后直至2001年，又经过了数次修改。

关于有限公司，施行的是1892年制定的《有限责任公司法》，1980年修改后承认了一人有限公司，将最低资本金规定为5万马克。

2）奥地利

奥地利于1938年与德国合并后，施行了1897年的德国新商法。后于1906年制定了《有限责任公司法》，1965年制定了《股份法》，从此废止了股份合资公司制度。

3）瑞士

1911年制定的《瑞士债务法》第三编规定了关于公司法的内容，而没有采取单行公司法的形态。《瑞士债务法》于1936年进行了部分修订，将公司

〔1〕崔埈璿：“为公司法的历史与韩国经济之未来的公司法的发展方向”，载《商事法研究》第34卷第2号，2015年8月，第47页。

形态区分为合名公司、合资公司、股份公司、股份合资公司、有限公司五种，但其内容大体上与《德国股份法》相同。1983 年修订的主要目的在于强化公示制度与股东地位，改善公司机关结构与功能，便利公司融资，防止权利的滥用。

4）日本

日本旧商法由德国人赫尔曼·罗斯勒（Hermann Rösler）于 1890 年起草，后于 1899 年依据《德国商法典》制定了新商法，将公司形态规定为合名公司、合资公司、股份公司及股份合资公司四种。该法律也是韩国受日本统制时期施行的依用商法。[1]1938 年日本又制定了《有限公司法》，对有限公司做了详细规定。

日本新商法在第二次世界大战后进行过数次修改。1948 年修订商法确立了认股金全额缴纳制度；1950 年修订商法在德国法的基础上大量吸收了英美法要素，引进了授权资本金制度、无面额股票制度及董事会制度；1955 年对新股认购权作了部分修订；1966 年对股份转让限制、废止对记名股份的背书、股份的不发行及预托制度、表决权的不统一行使等进行了修订；1974 年施行《修订部分商法的法律》与《关于股份公司监事的商法特例的法律》；1981 年的修订强化了董事会的权限，保障了监事的独立性及其权限，新设了附社债新股认购权制度，允许取得自己股份及设定质权；1990 年废止了对发起人人数的限制，引进最低资本金制度，废止无记名股权制度；1993 年修订监事制度；1997 年简化了公司合并程序；1999 年引进了股份交换制度；2000 年引进了公司分立制度等。2001 年、2002 年、2003 年及 2004 年也进行了部分修订，并于 2005 年进行了最大幅度的修订，使其具备了公司法的基本框架，即以制定单行公司法代替商法第二编（公司法）、有限公司、股份公司监事等的特别规定，并于 2006 年 5 月 1 日起开始施行。新法中使用了现代性的表述方式，其内容更加易于理解。此次修法的主要特点为：简化对设立公司的规制，提高公司各机关的灵活性，使机构重组更加便利，新设了会计参与制度，缓和了关于分配的规制，废止了有限公司制度，新设了有限责任公司（Limited Liability Company，LLC）制度等。修订后的公司法从整体上看相当接近于美国

---

〔1〕 依用商法是指韩国直接照搬日本法律而形成的商法制度。——译者注

公司法。[1]

5）中国

中国在社会主义制度下，长久以来只允许国营企业存在，后来在转变为社会主义市场经济体制的同时，深切地体会到了民营企业组织的必要性。中国于1993年制定了极具现代化特色的《中华人民共和国公司法》，并于1994年开始施行。该法规定了公司的种类，公司的设立，公司的组织机构，股份公司的股份发行及股份转让，公司的董事、监事、高级管理人员的资格与义务，公司债券，公司的财务、会计，公司的合并、分立、解散及清算，外国公司的分支机构等相关内容。该法于2005年进行全面修改，不仅引入了一人公司、股东代表诉讼等新制度，而且对现存的最低资本制度与公司投资额的限制等进行了修改。2013年修订时降低了设立公司的标准，即为了鼓励个人以及中小企业的创业，修改了资本金制度与公司登记制度。此外，中国还有《证券法》《合伙企业法》《个人独资企业法》等特别法。

中国台湾地区“公司法”（南京国民政府1929年制定的《中华民国公司法》）经过数次修订，引入了授权资本金制度等诸多英美法制度，与韩国一样，也可视为属于德国法系。

2. 法国法系

1）法国

1807年的《法国商法典》第一编第三章是关于公司法的规定，规定了合名公司、合资公司、股份公司三种公司形态。1867年，在资本主义经济的影响下，法国制定了关于资合公司的单行法《关于股份合资公司及股份公司的公司法》，之后经过数次修订，最终于1966年制定了《法国商事公司法》（Loi n 66-537 du 24 juillet 1966, sur les societies commerciales）。该法律根据1957年依据《罗马条约》创建的欧洲经济共同体（European Economic Community，EEC）对各会员国提出的公司法融合的要求而制定，规定了合名公司、合资公司、股份公司、股份有限公司四种公司形态。

2）意大利

1882年制定的《意大利商法典》第一编第九章是关于公司法的内容，被1942年民法典吸收并施行至今。意大利作为民商二法统一法典国家，在民法

[1] 崔埈璿：“英国股份公司制度的发达研究——十九世纪股份公司制度的发达迟延与特色”，载《企业法研究》第27卷第2号，2013年6月，第78页。

典第五编第五章中规定了关于公司的条款，其内容除了总则以外，还包括单纯公司、合名公司、单纯合资公司、股份公司、股份合资公司、有限公司、公司的组织变更与合并、外国公司。意大利起初虽以法国法为基础，但目前受德国法影响较大，并且公司相关立法依据欧盟指令经过了数次修订。

3. 英美法系

1）英国

1948 年的英国《公司法》(Companies Act 1948）是 1862 年《公司法》Companies Act 1862）与 1890 年《合伙法》（Partnership Act 1890）的集大成者。英国在加入欧洲经济共同体时，为了与其他各会员国的公司法相协调，分别于 1980 年、1981 年对该法进行了大幅度的修订。直到近几年，英国施行的一直是 1985 年《公司法》（Companies Act 1985)。2006 年修订的《公司法》(Companies Act 2006）于 2009 年 10 月 1 日开始施行。[1]

英国公司法承认的公司种类有：担保有限公司（Company Limited by Guarantee)、无限责任公司（Unlimited Company)、股份有限责任公司（Company Limited by Share)；按照股份有限责任公司的章程又可分为公众性公司（Public Company）与私人公司（Private Company)。

英国与美国的公司法共同点是都以普通法为基础。17 世纪之后，公司制度的恶意滥用造成了严重的经济混乱。1720 年《泡沫法案》（Bubble Act）制定之后的很长一段期间内，公司的设立受到极其严格的管制，受此影响，英国公司法与美国公司法相比，来自国家的监督更为严格，这一点类似于大陆法系。

2）美国

在美国，各州都享有公司法的立法权，因此，各州的公司法内容也不尽相同。为了消除各州之间通商与投资的不便、统一各州公司法，统一州法委员会制定了美国《统一合伙法》(Uniform Partnership Act, 1914 年，48 个州采用)、《统一有限合伙法》（Uniform Limited Partnership Act，1916 年，43 个州采用)、《修正统一合资公司法》（Revised Uniform Limited Partnership Act, 1976 年，7 个州采用)、《统一股份转让法》(Uniform Stock Transfer Partnership Act，1990 年，48 个州采用)、《统一商业公司法》（Uniform Business Corporation

---

〔1〕 崔埈璿："英国股份公司制度的发达研究——十九世纪股份公司制度的发达迟延与特色"，载《企业法研究》第 27 卷第 2 号，2013 年 6 月，第 27 页。

Act，1928 年）并建议各州适用。美国律师协会的公司法委员会于 1950 年编撰的美国《标准公司法》（Model Business Corporation Act，MBCA），经过 1984 年大幅度的修订，成为《修订标准公司法》（Revised Model Business Corporation Act，RMBCA），该法对特拉华州及纽约州等诸多州的公司法产生了重要影响。〔1〕

美国法规定的公司，按照不同的分类标准可以分为：第一，以公共目的设立的州政府法人（government corporation）、营利法人（corporations for profit）、非营利法人（nonprofit corporation）；第二，公营公司（public corporation）、私人公司（private corporation）、准公司（quasi corporation）、股份公司（stock corporation）、非股份公司（non-stock corporation）、本州公司（domestic corporation）、外州公司（foreign corporation）。关于公司的联邦法还有《证券法》（Securities Act of 1933）、《证券交易法》（Securities Exchange Act of 1934）、《公益事业控股公司法》（Public Utility Holding Corporation Act of 1935）、《投资公司法》（Investment Company Act of 1940）、《投资顾问法》（Investment Advisers Act of 1940）等。

4. 欧盟法系

欧洲经济共同体是为了保证劳动力与商品的自由流动，于 1957 年创立的国际组织。起初，欧洲经济共同体的出发点是关税联合，但渐渐成为一个经济联合体，对内统一市场，对外课以共同关税。1986 年，欧洲经济共同体的加盟国达 12 个。1992 年 2 月 7 日，根据《马斯特里赫特条约》，欧洲共同体（European Community，EC）改编为欧洲联盟（European Union，EU，简称“欧盟”），目前拥有共 25 个成员国。

欧盟虽没有一部统一的公司法，但有欧盟部长级会议制定的《公司法指令》（Company Law Directive），这一指令逐渐反映在各成员国的公司法修正案中。

III. 韩国公司法的发展

1. 依用商法

1880 年代初，朝鲜就出现了一种合资公司，即商会、商会社。关于公司的法令有：1905 年制定的《私设铁道条例》（法律第 6 号）、1906 年制定的

〔1〕 崔埈璿：“为公司法的历史与韩国经济之未来的公司法的发展方向”，载《商事法研究》第 34 卷第 2 号，2015 年 8 月，第 60 页。

《农工银行条例》（则令第13号）、1908年制定的《东洋拓殖株式会社法》（法律第22号）。1910年8月22日签订了《韩日并合条约》，同年8月29日正式生效，也就是在这一天，朝鲜半岛沦为日本殖民地，此为“庚戌国耻”。从此，日本法律开始依用于朝鲜。当时，日本甄选了部分法律在朝鲜施行，最具代表性的是1912年施行的《朝鲜民事令》。根据这部法律，虽然存在部分例外条款，但日本民法、商法与各施行令、民事诉讼法等23部法律原封不动地适用于朝鲜。如果在日本修订这些法律，那么修订后的法律自动适用于朝鲜。据此。在当时的朝鲜，形成了最初的近代意义上的个人所有权。随着1912年4月1日《朝鲜不动产登记令》的实施，只要将不动产登记于“不动产登记簿”，即获得不动产所有权。1912年8月13日颁布的《土地调查令》，对个人的土地所有情况进行确认。《日本商法》在第二次世界大战后的1950年被联合国军最高司令部进行了大幅修改，这时参照的主要法律为1933年《伊利诺伊州公司法》（1933 Illinois Business Corporation Act），这也成了日本继受美国公司法的契机，韩国也随之继受了美国公司法。〔1〕

2. 1962年制定的商法与之后的发展

《韩国商法》由1948年9月设立的法典编撰委员会起草，于1957年制定完成。但该法由于1961年的“5.16军事革命”而被废止，之后作为旧法令整理工作的一部分，由国家再建最高会议修正并通过，与《汇票法》（法律第1001号）、《支票法》（法律第1002号）一起，作为第1000号法律于1963年1月1日开始施行。该法规定了合名公司、合资公司、股份公司、有限公司四种公司类型，公司的设立采取了准则主义。该法第三编在维持以德国法为模型的依用商法框架的同时，将英美法中的董事会制度与授权资本金制度部分引入股份公司相关条款中。

1962年商法施行以后，随着韩国经济体量的急剧膨胀，企业环境也发生了巨大变化，各界要求修改公司法的呼声越来越高。在这种大环境下，1984年4月10日以法律第3724号对商法中的公司法部分进行了大幅度修改。1995

---

〔1〕 参见崔埈璿：“关于韩国与日本对美国公司法的继受过程”，载《Justice》2009年6月，第121页以下。在美国军政府的反托拉斯立法科工作且负责《日本商法》修订的五人中的三人——莱斯特·内森·萨尔温（Lester Nathan Salwin）、欧文·艾森斯特（Irving Eisenstein）、罗伯特·W. 哈德森（Robert W. Hudson）——是伊利诺伊州法官和律师，1933年《伊利诺伊州公司法》在当时的美国被视为一部具有里程碑意义的法律（a landmark statute），也是当时美国最先进的州公司法（the most modern of state statute）。

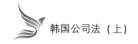

年以后，特别是1997年金融危机后，进行了频繁的修改。之后还经历了1995年12月29日法律第5053号、1998年12月28日法律第5591号、1999年12月31日法律第6086号、2001年7月24日法律第6488号及同年12月29日法律第6545号的数次修改。2009年制定了《关于资本市场与金融投资业的法律》（法律第8635号，2007年8月3日公布，2009年2月4日施行）后，《证券交易法》被废止。为了将《证券交易法》中关于上市公司组织机构的特别规定纳入商法公司编，再次对商法进行了修订。修订商法于2009年1月30日，以法律9362号公布，并于2009年2月4日开始施行。为了简化小规模公司的创业程序和促进经济发展，废除了股份公司的最低资本金制度，从而提高了法律的实效性。为了实现企业经营IT化，引进电子投票制度等，于2009年5月28日，以法律9746号对商法进行了修订。2011年3月11日对商法进行了大幅度的修订，共涉及260个条文。该修订法于2011年4月14日以法律10600号公布，并于2012年4月15日实施。为了满足急剧变化的企业环境需求，预计今后的公司法修订会更加频繁。

第二章
公司法通则

第一节　公司的意义

商法中的公司（company，business corporation，Handelsgesellschaft，societe commerciale）是指以商行为及其他营利为目的而设立的法人（第 169 条）。

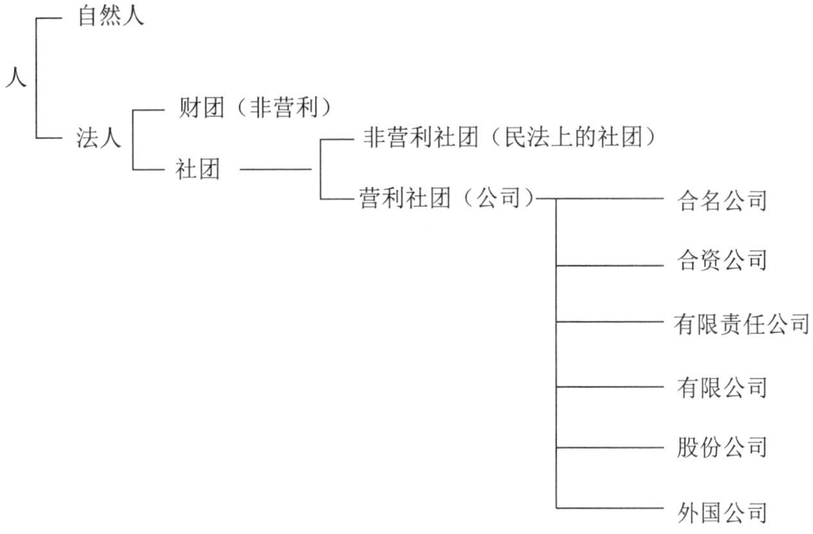

I. 营利性

1. 营利目的

公司是以“商行为及其他营利”为目的的营利法人。无论公司实施的是商行为还是其他营利行为，只要以商行为为目的，就是商事公司；如果以商行为以外的其他营利行为为目的，则是民事公司。商事公司是当然商人（第 46 条、第 4 条），民事公司则是拟制商人（第 5 条），但区分这两者不具有实际意义。

2. 营利性的概念

营利事业说认为，所谓以营利为目的是指以营利性的业务作为公司业务；[1] 而利益分配说则认为，以营利为目的单指公司通过营利性的业务获取收益是不充分的，还应包括公司将营利所得利益分配给社员[2]的行为。利益分配说是韩国的通说。利益分配的方法可以是分红，也可以是剩余财产分配。据此，基于团体的活动直接产生经济性利益的协同组合[3]或相互保险公司[4]等并不是公司。没有组织成员的财团法人无法成为营利法人。即使国家、公共团体及其他公共法人可进行营利活动，从而认定其具有商人特性，由于这些组织并非以为其组织成员分配利益为目的，也不得视其为公司。

3. 是否承认不以营利为目的的公司

只要公司章程中明确规定了公司以营利为目的，就可附随于该营利活动进行非营利活动。企业的各种捐款行为不违背公司的营利性，这被称为营利性的形式化倾向。但对于可否设立只进行非营利活动的公司却存在争议。[5] 营利性是关于公司本质的问题，因此，公司是否以非营利为目的，不应在章程中作出规定，而应根据具体情况进行判断。

II. 法人性

1. 法人的意义

赋予公司法人人格是一项使团体的经营活动不因组织成员或业务负责人的人数众多或人员变动而受到限制，能够作为单一个体保持永续性，明确公司的权力义务归属，使交易关系变得简单明了的法律技术。对什么样的团体

---

〔1〕［日］青木徹二：《公司法论》，有斐阁1909年版，第55页。

〔2〕社员是指实在法上合名公司、合资公司、有限公司、非营利社团法人的组织成员，通常是公司雇用的从业人员，股份公司中是指股东。社员是多数人的结合体，因此应为两人以上。社员权利包括利益分配请求权、剩余财产分配请求权等自益权与表决权及各种监督权等共益权，社员负有出资义务。包含这些权利义务的权利或法律地位，被称为社员权。出处：doopedia。——译者注

〔3〕协同组合是指经济上处以劣势地位的农民或中小工商业者、一般消费大众以相扶相持的精神，为了追求经济利益，在物资的购买、生产、销售、消费等活动中部分或全部进行协同合作的组织团体。[cooperative，協同組合] 出处：斗山百科。——译者注

〔4〕相互保险公司是保险法特别认定的特殊形态的社团法人，是以加入保险为目的由多数人组成保险团体，是作为其组织成员的保险人相互之间进行投保的（相互保险）非营利法人。出处：http：//www. mk. co. kr。——译者注

〔5〕肯定说：徐燉珏、郑完溶（上）283页；林泓根（会）6页；蔡利植（上）399页。否定说：崔基元（会）44页；郑灿亨（上）438—439页。

赋予法人人格是立法政策问题。

2. 法人的住所

与自然人一样，法人应有住所。总公司所在地为法人住所（第171条）。

3. 法人的属性

法人一旦具备法人人格，则①法人成为权利义务的主体，可自行实施法律行为；②在诉讼中具有当事人能力；③法人与其组织成员的财产相互独立，因此，只能针对法人本身的财产进行强制执行。

4. 公司与法人人格

是否将公司视为法人是立法政策的问题，与该团体实质上是社团还是组合无关。这是因为，某一团体是形式上的社团还是组合是关于组织成员结合方式的问题，而该团体是法人还是非法人则是关于权利义务归属方式的问题。形式意义上的组合的法律关系由其组织成员相互间个别地、直接解决，因此，不得认定其具有法人人格，这是概念上的矛盾。但对于作为社团的公司，可以不问公司种类而赋予其法人人格，使法律关系的处理变得更加方便简洁。[1]在一些国家（如德国），对于像韩国的合名公司或合资公司性质的公司并不赋予法人人格，但韩国商法（与法国、日本一样）将所有类型的公司均视为法人（第169条），据此，商法规定的所有种类的公司（按照法定程序）只要在总公司所在地进行设立登记即可取得法人人格（第172条），从而享有一般性的权利。原则上，民法关于法人的规定（民法第31条至第97条）同样适用于公司。法人人格随着清算程序的终了而消灭。

公司的经营活动需要机关（第200条、第207条、第273条、第361条、第561条）、商号与住所。商号上应使用合名公司、合资公司、有限责任公司、股份公司或有限公司等字样（第19条），总公司所在地为公司的住所（第171条）。

5. 公司的法人性的界限：法人人格否认论

1）公司的法人人格滥用与规制手段

公司所有人以逃税为目的滥用法人人格的，可以以下方式对其进行规制：①作为预防措施规定最低资本金以强化公司设立条件；②作为事后措施，公司设立目的非法的情形中，根据法院命令将之解散（第176条、第241条：解散命令、解散判决）；③仅限于有问题的案件否定其法人人格，使实体承担

---

〔1〕 属于一个集团的系列公司均具有独立的法人人格：大法院2008.9.25.2008DA4215。

责任等。但法律规定最低资本金的预防性措施本身具有一定的局限性，往往缺乏实效性。确认公司设立无效、取消设立等立法措施与解散命令、解散判决等行政性、司法性措施，将会全面剥夺公司的法人人格，有悖于企业维持理念。因此，从具体的合理性角度出发，仅针对法人人格被滥用的具体情形，部分地、临时地否认其法人人格，是抑制法人人格滥用的最佳手段，此即为法人人格否认论。

2）法人人格否认论的含义

法人人格否认论（the doctrine of the disregard of the corporate entity, piercing the corporate veil）是指公司的法人人格有悖于原先法律所设定的目的而被滥用的情况下，仅限于公司的特定法律关系否认其法人人格，以该法人背后的实体为对象采取法律措施的理论。[1]法人人格否认论可以说是一种原则上维持法人人格的同时，将公司与其背后的实体一视同仁，从而合理解决法律纠纷的理论。这一理论在美国判例和学说中得到广泛认可，韩国的判例和学说也采取认可的态度。

法人人格否认论并非从所有类型的公司中发展而来，而是从社员的有限责任制度确立之后，在所有权与经营权分离倾向较强的资合公司特别是股份公司中发展起来的理论。商法中的人合公司、有限责任公司与有限公司中具有相当于“取消诈害行为”的取消设立制度（第184条、第269条、第287条之6、第552条），而人合公司中则有无限责任社员，因而滥用法人人格的行为较少。但股份公司中，由于没有这些制度（参考第328条、第331条），滥用法人人格的空间较大，据此，法人人格否认论在股份公司中的效用也显而易见。[2]

3）法人人格否认论的沿革

法人人格否认论主要是从英美判例法与德国的实体把握论（Durchgriffslehre）中发展而来。

4）法人人格否认论的法理依据

法人人格否认论虽被世界各国广泛认可并采用，但对其法理依据并没有一

〔1〕［日］江头宪治郎：《会社法人人格否认的法理》，东京大学出版社1980年版；李泰熙：“法人人格否认论的现代动向”，载《Justice》1984年第7卷；郑灿亨：“法人人格否认论”，载《李在澈博士花甲纪念论文集：现代民商法的研究》，1984年；高平锡：“法人人格否认论的否认”，载《孙珠瓒博士花甲纪念论文集：商事法的现代课题》，1984年。

〔2〕郑灿亨（上）444页。

种确切统一的学说。日本与韩国从①法人制度的内在界限（第 169 条）[1]及②信义规则与禁止权利滥用的法理（民法第 2 条）中寻找其实体法依据，[2]即法人人格否认论的依据是，违反法律赋予公司法人人格的根本宗旨而将其滥用于反社会行为或非道德行为的情形，超越了法人制度的界限，是对信义规则的违反，构成对法人人格所具有的权利的滥用。[3]1974 年，首尔高等法院的判决[4]与 1988 年大法院的判决[5]也提供了这种实体法根据。

★关于法人人格否认论法理依据的外国学说

法人人格否认论在美国被解释为代理理论（agency theory）、道具理论（instrumentality theory）、同一体或分身理论（indentity or alter ego theory）等，而在德国被解释为制度的滥用、权利的滥用、公共秩序违反，对规范解释、公序良俗的违反，责任排除的的默示性抛弃，通过决定性行为的责任引发、宣示责任等，但并没有统一的公式。

大法院 2001. 1. 19. 97DA21604：肯定法人人格否认论的案例
从被告 Y（A 公司的代表董事）对 A 公司的控制形态与程度、Y 与 A 公司在业务与财产上的混淆程度、A 公司的业务状态与获得支付的房地产出售价款的用途、A 公司新建写字楼及出售业务的规模与其资产、支付能力状况等综合情形看，A 公司形式上具备了股份公司的形态，但这只构成对公司形态的借用，其实质隐藏其后，被告 Y 实际上为个人企业。因此，即使 A 公司作为销售方向购买方（原告）销售建筑物，也只是具备了外观上的形式，上述销售活动实际上完全是被告 Y 的个人经营活动。但是从记录上可以看出，被告 Y 以 A 公司具有完全独立的法人人格为由将该案中与销售业务相关的全部责任转嫁给 A 公司，否认具有资金力的自己责任。这是违反诚实信义原则，滥用法人人格的行为，严重违反正义与衡平原则。据此，从 A 公司购买写字楼的原告，除了 A 公司以外，还可要求 A 公司背后的实际控制人 Y 返还上述销售价款。

---

〔1〕 将法人人格否认论的依据解释为“对内在于法人人格的界限（第 169 条）的脱离”的见解：孙珠瓒（上）436 页。

〔2〕 郑东润（会）33 页；蔡利植（上）383 页；大法院 1974. 5. 8. 72NA2582。

〔3〕 同旨：崔基元（会）58 页（以政策性立法宗旨与权利滥用的禁止为依据）；郑东润（上）345 页（以权利滥用的禁止为依据）；李哲松（会）46 页（以信义规则的违反为依据）。

〔4〕 首尔高等法院 1974. 5. 8. 72NA2582。

〔5〕 大法院 1988. 11. 22. 87DAKA1671；同 1989. 9. 12. 89DAKA678；同 2001. 1. 19. 97DA21604；同 2004. 11. 12. 2002DA66892。

大法院 1977. 9. 13. 74DA954：否定法人人格否认论的案例［对肯定法人人格否认论的首尔高等法院 1974. 5. 8. 72NA2582 判决的上告审（三审）判决］
从所谓法人形骸论的观点上看，要想认定已经达到否认法人人格的程度，公司的代表董事在公司运营或基本财产的处分上应具有无视关于股份公司运营的法律程序、根据不当程序维持外观上的公司形态的情形。同旨：首尔高等法院 2004. 12. 16. 20047NA12617。

5）法人人格否认论的法理主张

法人人格否认论的法理是保护作为债权人的交易相对方，因此，滥用法人人格的公司或股东不得主张这一法理。

6）法人人格否认论的适用要件

（1）主观要件

适用法人人格否认论的主观要件是，具有将公司的法人人格利用于不正当目的的主观意图。鉴于证明这一主观意图的艰难性与保护交易相对方的目的，笔者认为不应追究其是否具有这种主观意图。但大法院的判例认为："欲构成法人人格的滥用……子公司的法人人格被用作母公司规避法律适用的手段或应当具有为了达成免除债务等违法目的而滥用公司制度等主观意图与目的。"〔1〕法院的判决显示，究竟是不是以避免债务为目的而设立公司，应综合考虑股东的同一性、〔2〕既存公司关闭当时的经营状态与资产状况、新公司的设立地点、是否将既存公司中的财产挪用至新设公司及挪用的程度、转移的资产是否支付了相应的代价等多种因素作出判断。可以看出，法院重视的是客观证据。〔3〕

为了达成临时目的，只具备最低出资要件，并不具备人的要素以及物的要素资本的所谓特殊目的公司（SPC），也具有法人人格。〔4〕

（2）客观要件

客观要件有以下三种：

（a）形态要件（Formalities Requirement，法人人格的形骸化与财产的混

〔1〕大法院 2006. 8. 25. 2004DA26119；同 2006. 10. 26. 2004DA27082；同 2011. 5. 13. 2010DA94472。

〔2〕大法院 2010. 1. 14. 2009DA77327。

〔3〕大法院 2008. 8. 21. 2006DA24438；同 2011. 5. 13. 2010DA94472。

〔4〕大法院 2010. 2. 25. 2007DA85980；东京地方裁判所 2010. 9. 30. 2009（WU）第 5317 号（ジュリスト2012. 10. No. 1446）。

淆）

（i）韩国有认定法人人格被形骸化时可适用法人人格否认论的判例。[1]该判例主要是指股东完全控制公司的情形。例如，一人公司适用法人人格否认论的可能性较大，不仅是形式上的一人公司，实质上的一人公司，即广义的一人公司，也可适用法人人格否认论。

（ii）社员（股东）与公司的财产、义务相混淆或相较于公司欲经营的业务规模与性质，资本金明显不足的情形。

（b）公正要件（Fairness Requirement）

该要件适用于一旦将某一行为认定为公司行为，就会违反衡平原则的情形，即股东利用其支配性地位实施不公正行为的情形。在日本，对于法人人格被形骸化的情形与"为了规避法律的适用而滥用法人人格的情形"适用该法理。[2]

（c）控制要件（Control Requirement）

此外，还有将控制要件（需由特定股东完全控制公司）视为适用法人人格否认论要件的见解。[3]

7）法人人格否认论的适用范围

（1）在合同中的适用

法人人格否认论主要适用于合同关系。从相关案例中可知，公司的法人人格否认论适用于以下几种情形：①作为逃避强制执行等诈害债权人行为的手段而被利用的情形，[4]或公司为了逃避债务而出资设立其他公司的情形；[5]②以规避合同义务为目的的情形；③实施违法行为之后为逃避法律制裁的情形；④法人人格有违道德与正义观念，即违反信义规则的情形；⑤实质上的一人公司的情形；⑥母子公司的情形等。

（2）对不法行为的适用

也有学者主张，对于与交易安全无关的公司的不法行为不适用法人人格

---

〔1〕 首尔高等法院 1974. 5. 8. 72NA2582；大法院 1977. 9. 13. 74DA954；同 2006. 8. 25. 2004DA26119；同 2006. 10. 26. 2004DA27082。

〔2〕 日本最高裁判所 1969. 2. 27. 民集 23. 2. 511。

〔3〕 李哲松（会）54 页；权奇范（会）44 页；姜熙甲（会）43 页。

〔4〕 首尔高等法院 1974. 5. 8. 72NA2582；同 1976. 5. 27. 75NA616，617；首尔民事地方法院 1991. 10. 18. 90GAHAB55832。

〔5〕 大法院 2004. 11. 12. 2002DA66892；同 2006. 7. 13. 2004DA36130；同 2010. 1. 14. 2009DA77327；大邱高等法院 2006. 5. 19. 2005NA3053。

否认论，因为：首先，代表公司的社员（董事）在执行公司事务时所实施的不法行为即为公司的不法行为，这时该行为人也应承担连带责任（第210条、第269条、第389条第3项、第567条），法人人格否认论不适用；其次，法人人格否认论的法理依据是信义规则，而违法行为根本无信义可言。

笔者认为，对于不法行为也可适用法人人格否认论。[1]如果认为法人人格否认论只是为了保护相对方信赖利益的理论，或者单纯认为存在违法行为时，只需追究公司或公司代表机关的责任，那么，对不法行为就不应适用法人人格否认论。但法人人格否认论不仅仅是为了保护善意的交易相对方，更是为了在法人人格被滥用时，根据衡平原则获得具体而适当的结论，从这一点上看，应肯定法人人格否认论对不法行为的适用。在美国，法人人格否认论被广泛地适用于不法行为。

（3）能以司法理论进行规制的情形

还有一种说法是，可通过以往的一般司法理论进行规制的情形中，法人人格否认论与其他救济手段可以并存，这并不会给任何一方带来不利结果，反而会产生互补的作用。[2]但是，如果将民法中的禁止权利滥用条款视为法人人格否认论的依据，或认为该理论是从重视判例法的英美国家判例中发展起来的，那么，势必要谨慎适用这一理论。像韩国这样的成文法国家，从成文法之基本秩序与可预测性的角度出发，应当仅对通过以往的理论无法解决的例外情形适用法人人格否认论。即，对于具体事项，用已有的事实认定、法规的合目的性解释等法律技术难以解决的情况下，作为最后手段适用法人人格否认论，并且应仅限于依据传统的司法理论无法解决的情形，补充性地适用该理论。[3]

（4）法人人格否认论的反向适用

法人人格否认论的反向适用，并非将公司的财产转移至股东所有从而将公司形骸化，而是将股东的财产转移至公司所有，当股东陷入无资金力状态时适用法人人格否认论的情形。为了使公司承担股东债务而恶意利用法人人

---

〔1〕 崔基元（会）60页；李哲松（会）51—52页；郑灿亨（上）445页；釜山地方法院1997.8.20.96GAHAB23873。

〔2〕 郑灿亨（上）445页。

〔3〕 同旨：崔基元（会）60页；郑东润（会）28页；李哲松（会）61—62页；认定不适用法人格否认论的判例：大法院2008.8.21.2006DA24438；同2008.9.11.2007DA90982；同2011.5.13.2010DA94472；同2010.1.28.2009DA73400；同2013.2.15.2011DA103984。

格的情形或债务人为了免除债务而设立公司并对其出资的情形中就会产生反向适用法人人格否认论的必要性。在美国，这种法人人格否认论的反向适用已被广泛认可，即使法人实体非常健全也无视其法人人格，将之与之前的人格（自然人或法人）一视同仁。韩国有学者主张，此类情形中对股东所持有的股份进行强制执行即可，从而反对法人人格的反向适用。〔1〕同样，“假如既存公司（A）以免除债务为目的设立形态与内容完全相同的新公司（B），则新公司的设立是为了达到既存公司免除债务这一违法目的而滥用了公司制度，因此，向既存公司的债权人提出的A、B两个公司具有各不相同的法人人格的主张违反了诚实信用原则，既存公司的债权人可以要求A、B两公司中的任何一方履行债务”的判决〔2〕也具有类似的一面。但也有学者认为，在此案中，到底否定了A与B两公司中哪一方的法人人格并不明确。如果否定了B公司的法人人格，那么应由B公司偿还A公司债务的主张超出了理论范围，因此，这种情况应根据“取消诈害行为”等既存法理来解决，而不是成为法人人格否认论的适用对象。〔3〕判例认为，对于公司为了免除其债务而设立另一个公司并对其出资的情形，可以适用法人人格否认论，从而可将公司A的财产视为股东B的财产而对其进行强制执行。〔4〕欲反向适用法人人格否认论，仅凭公司设立成本来源于既存公司这一点是不充分的，还需要证明新公司是以免除债务为目的而设立的。相较于法人人格否认论的一般适用，其反向适用的要件有所缓和，一般认为，只要存在“免除债务”的目的，即使不是“完全控制”，也可以免除其责任。〔5〕

8）法人人格否认论适用效果

（1）实体法上的效果

即使适用法人人格否认论，问题公司的法人人格也并不完全消灭。针对特定事项，债权人可要求社员等公司实际控制人承担公司的债务清偿责任，

---

〔1〕 李哲松（会）53页。

〔2〕 大法院2004. 11. 12. 2002DA6689；同2016. 4. 28. 2015DA13690。

〔3〕 李哲松（会）57页。

〔4〕 大法院1995. 5. 12. 93DA44531；同2004. 11. 12. 2002DA66892；同2006. 7. 13. 2004DA36130；同2008. 8. 21. 2006DA24438；同2010. 1. 14. 2009DA77327。

〔5〕 金元基：“法人人格否认论的反作用”，载《企业法研究》第24卷第2号，2010年6月，第165页。

并且可以主张否认法人人格所产生的法律效果，[1]公司责任并不消灭。一般认为由社员取得问题交易的附属性效果，即未被行使的公司权利与公司享有的各种抗辩权。

（2）诉讼法上的效果

法院适用法人人格否认论作出判决时，如果同一判决的既判力与执行力是关于社员的，那么其既判力与执行力是否会扩张至公司呢？韩国的多数说认为，应按照执行程序的形式性、明确性、安全性的要求，给予否定回答。[2]据此，不得以基于否认法人人格、承认隐藏于其背后的股东的损害赔偿责任的判决而产生的执行权强制执行公司财产。[3]对此，应区分公司与法人人格滥用者为同一实体的情形与非同一实体的情形，对前者无需保障滥用者的独立程序权，判决的既判力与执行力及于他人也无妨，但对后者则应保障其程序权，对滥用者的判决效力并不及于公司（折中说）。[4]

III. 其他要素

商法规定的公司定义（第169条）中，体现了公司的两个要素，即营利性与法人性，但除此之外还有社团性、（天生的）商人性及设立准则性等。[5]从这一点上看，公司有别于自然人或其他法人（非营利法人）。

1. 社团性

1）社团性的含义

商法规定，“该法中的公司是指以商行为及其他营利为目的而设立的法

---

〔1〕如，公司的支配社员向公司提供借款的情形中，公司的其他债权人可以该社员的借贷是实质上的出资为由，要求自己的债权获得优先受偿。

〔2〕大法院1995.5.12.93DA44531：“……Y公司与A公司实质上的企业形态、内容相同，而且Y公司是为了免除A公司的债务而设立的，这时即使认定Y公司对A公司的债权人主张A公司是具有独立的法人人格的公司的行为违反诚实信用原则或滥用法人人格，在重视程序的明确性与稳定性的诉讼程序及强制执行程序中，从其性质上看，也不得将对A公司的判决的既判力与执行力的范围扩张至Y公司。”崔基元（会）61页；李哲松（会）54页；孙珠瓒（上）437页；蔡利植（上）386页。在第三人提起异议之诉的案件“大法院1988.11.22.87DAKA1671”中，则允许对A公司的判决的既判力与执行力的范围扩张至Y公司。

〔3〕大法院1988.11.22.87DAKA1671认定既判力与执行力及于第三人，但同一判决中的问题之诉是第三人的异议之诉，这时审理执行标的物是否属于债务人责任财产的判决程序，与固有的执行程序具有不同性质，因此，这种情形中可以适用法人人格否认论。同旨：郑东润（上）346页。

〔4〕郑东润（上）346页。

〔5〕同旨：崔基元（会）71—72页；孙珠瓒（上）438页。

人”（第 169 条）。这一定义并未将社团性作为公司的要件，但会社（公司）这一词是由表示集合的“会”与同样表示集合的“社”结合而成的，标志着人的集合状态，即会社（公司）是人们为了一定的目的而结合成的团体。无论法律有无规定，均应将公司视为社团。商法不将社团性规定为公司的要素，只不过是在法条中反映近几年被广泛认可的一人公司的一种便利性措施。

这里所谓的“社团”（Verein，Koroerschaft，Universitas）是相对于“组合”（Gesellschafut，Societas）的概念。从社团与组合的团体性质上看，社团是在团体与组织成员的关系中组织成员的个性稀薄（不明显）的团体，而组合是个性浓厚（突出）的团体。从团体的形式特点上看，社团是其组织成员基于团体与组织成员间的社员关系间接结合的团体，而组合是其组织成员基于相互间的合同关系直接结合的团体。这种组织成员个性浓厚且根据合同关系结合而成的团体被称为组合，组织成员个性稀薄且根据社员关系结合而成的团体则被称为社团。

2）与财团的区别

在私法上，人分为自然人与法人，而法人又分为财团与社团。财团必须不以营利为目的。社团分为以营利为目的的社团与不以营利为目的的社团。不以营利为目的的社团是受民法规制的非营利社团，而以营利为目的的社团则是营利社团法人（公司），受商法的规制。

财团是为了一定的目的而组成的财产的集合体，而社团是为了一定的目的而组成的人的结合体，二者的本质区别在于财团受其设立者的约束较强，而社团则是根据团体的意思自律性地开展活动。

如上所述，社团是人的结合体，因此，认为公司是社团即意味着公司以复数的人（复数社员）为其前提条件。但公司不可能只以人的集合体的形式存在，为了实现其营利目的，需要物质基础——资本金。社员的出资构成资本金，据此，公司不是纯粹的人的结合体，同时也具有资本结合体的性质。

3）一人公司

（1）一人公司的含义

一人公司（One man company，Einmannmesellschaft，Societe a main unique）[1] 是指组织成员（社员）只有一人的公司。一人公司在形式上是公司（法人企

〔1〕一人公司这一用语并非法律术语，而是学说与判例中的用语。

业），但实质上只不过是组织成员只有一人的个人企业。[1]

公司是社团，因此，原则上公司的社员应为两人以上。复数社员不仅是公司的成立要件，也是公司的存续要件（第227条第3号、第269条）。但股份公司、有限公司及有限责任公司的成立要件是具有一名以上的发起人（有限责任公司与有限公司的情形为社员）即可，而且公司成立后即使只有股东或社员一人，也不构成公司解散事由（第287条之38第1号、第288条、第543条、第517条、第227条、第609条）。合名公司、合资公司以两名以上的社员为成立要件（第178条、第268条）与存续要件（第227条第3号、第269条），因此，不存在一人公司的问题。

原则上，是否承认一人公司的存在是法律政策问题。[2]韩国商法规定一人公司只能以股份公司、有限公司以及有限责任公司的形式设立（第287条之2、第288条、第543条）。

（2）一人公司的分类

广义的一人公司是实质上的一人公司，是指公司的股份或份额名义上由复数股东或社员持有，但实质上仅属于其中一人的公司。[3]由公司持有公司股份，剩余股份由一人持有的公司，也视为一人公司。

狭义的一人公司是形式上的一人公司，是指全部的股份或份额，形式上属于股东一人或社员一人，并且以该一人的名义存在的公司，也被称为纯粹的一人公司。全部份额由一人持有的有限公司也是一人公司。

（3）认定依据

一直以来都有学者主张，一人股份公司有悖于公司的本质——社团性，更有悖于责任分担原则，最终会造成“个人公司承担有限责任”的结果，因而不应允许一人公司的设立与存续。但韩国通说[4]与判例[5]均认可一人股份公司的有效性。其根据是：①即使股份公司的股东减少至一人，也不构成

---

〔1〕 郑东润（上）338页。

〔2〕 德国、日本、美国、英国、法国等均认可一人公司。

〔3〕 大法院2004.12.10.2004DA25123：虽然以公司会长的职称并不持有任何股份，而是由其子女三人分散持有股份，但实际上由该会长经营公司的情形构成实质上的一人公司。

〔4〕 孙珠瓒（上）427页；崔基元（会）47页；姜渭斗（会）30页；郑东润（上）338页；李哲松（会）44页；崔埈璿：“一人公司的法理”，载《李炳泰教授花甲纪念论文集：新世界公司法的展开》，1996年，第13页。

〔5〕 大法院1964.9.22.63DA743；同1966.9.20.66DA1187；同1967.2.28.63DA981；同1976.4.13.74DA1755；同1976.5.11.73DA52。

公司解散的事由（参考第517条）；②股份公司的基础，与其说是人，不如说是财产，因此只要能够维持公司的财产，即使认可一人公司的存在也不影响对债权人的保护；③禁止一人公司的存在并无实际意义，而且“形式上虽不是一人公司，但实际上为一人公司”的情形完全有可能存在；④承认一人公司，符合企业维持的商法理念；⑤至于上面所提到的与社团性的矛盾问题，可根据所谓潜在性社团说来解决。潜在性社团说是由于公司的全部股份由股东一人持有，因而认为一人公司的社团性潜在其中的理论。

（4）一人公司的法律关系

（a）一人公司的内部关系

（i）股东大会：就一人公司的法律关系而言，最大的问题是如何适用股东大会的相关规定。商法中关于股东大会的规定有：召集决定（第362条、第366条、第412条之3、第467条第3项），召集通知（第363条），召集地点（第364条），决议方式与表决权的行使（第368条、第369条、第344条之3、第371条），会议记录（第373条）等。在这些规定中，关于股东大会召集与决议的规定是为了保护多数股东的利益而制定的，因此应有限地适用于一人公司，从而使其符合一人公司的实质。〔1〕关于一人公司的股东大会运营问题，存在以下几个争议点：

①股东大会的召集：除了商法中另有规定的情形以外，由董事会决定召开股东大会（第362条），董事会根据商法及章程规定的程序召集股东大会。股东大会召集程序存在瑕疵的，构成股东大会决议取消或决议不存在的事由。

但学说与判例则认为，即使一人公司的股东大会召集程序存在瑕疵，其决议本身仍然有效。〔2〕关于召集程序的规定是为了保护股东利益，因此只要该一人股东同意，省略其程序也并无大碍。〔3〕这是因为，一人股东的出席即是全体股东的出席，而全体股东出席的股东大会，即使欠缺程序也视为有效。〔4〕既然一人股东的出席等同于全体股东的出席，那么对于转让财产这种

---

〔1〕崔基元（会）50—51页；姜渭斗（会）30页；郑东润（上）340页。

〔2〕崔基元（会）52页；郑东润（上）340页；大法院1967.2.28.63DA981；同1981.7.28.80DA2745，2746。

〔3〕安东燮：“有限责任一人公司的设立”，载《金鳞济博士退休纪念论文集：现代商事法论集》，1997年，第458页。

〔4〕大法院1993.2.26.92DA48727：“虽然股东大会作出特别决议时未经商法规定的召集程序，但全体股东出席股东大会并且一致同意作出决议的情形，上述股东大会即为全员出席股东大会，该大会作出的决议当然有效。”同旨：大法院1979.6.26.78DA1794。

需要股东大会作出特别决议的事项，也无需作出特别决议。[1] 判例[2]认为，即使没有召开股东大会，只要制作股东大会会议录，以此证明该一人股东作出了股东大会决议，若无特殊原因，也视为决议有效存在。

②会议录的制作：一人公司也应制作会议录（第373条第1项），其中应记录股东大会经过，会议长与出席会议的董事应签名盖章（第373条第2项）。董事应将大会会议录存放于总公司与分公司，公司债权人在营业时间内可随时阅览、誊写会议录（第396条）。未将股东大会决议记载于会议录中的，将受到过怠料[3]的处罚（第635条第1项第9号），但并不影响决议效力。[4]

但如前所述，判例的立场是一人公司的情形，即使不曾召开股东大会，只要制作了会议录，如果没有特别事由，依然认为大会决议有效存在；即使没有制作会议录，只要有充分的证据证明作出了决议，仍然认为决议存在。

大法院1976.4.13.74DA1755：一人公司的情形，只要会议录显示一人股东作出了决议，若无特别事由，则认为大会决议有效存在
股份公司设立后，由一人持有其全部股份而成为一人公司的，只要该一人作为唯一的股东出席股东大会即构成全体出席，可按照该股东的意思进行决议，无需另行履行股东大会召集程序。即使不曾召开股东大会，只要制作了关于该一人股东作出决议的会议录，若无特殊事由，即视为决议存在。因此，不得仅仅依据形式上的事由就认为决议不存在。

大法院2004.12.10.2004DA25123：一人公司的情形，即使没有制作股东大会会议录，只要有充分的证据能够证明作出了决议，即认为决议存在
<事实> 诉外人既是被告公司的实质控股股东，也是实际所有人，一直以来以会长的名义审批公司业务，但并没有以其本人名义持有任何股份，而是由诉外人的子女三人分散持有公司股份。虽然被告公司的《任员退休金支付规定》不是经过股东大会决议制定的，但支付诉外人的退休金时适用与《任员退休金支付规定》中的任员退休金支付率相同的支付率已成为惯例。

〔1〕 大法院1964.9.22.63DA743；同1976.5.11.73DA52。

〔2〕 大法院1976.4.13.74DA1755；同1977.2.8.74DA1754；同1977.2.28 77DA1454；同1992.6.23.91DA19500；同1993.6.11.93DA8702；同2014.1.23.2013DA56839；同2004.12.10.2004 DA25123。

〔3〕 过怠料不同于罚金，是对违反法令行为的不具有刑罚性质的金钱罚。——译者注

〔4〕 崔基元（会）52页；姜渭斗（会）31页。

续表

作为该公司代表董事的原告一被解任，就提起了退休金支付之诉。被告公司主张，公司章程规定关于董事报酬及退休金的支付应由股东大会作出决议，因此，如果没有能够证明退休金金额、支付方法、支付时期等的股东大会决议存在的证据，就不得行使董事报酬或退休金的支付请求权。 **<判决要旨>** 股份公司设立后由一人持有全部股份的情形，即一人公司的情形，该股东作为唯一股东只要出席股东大会即成立全员股东大会，必然会按照该股东的意思作出决议，因此，无需另外履行股东大会召集程序。即使实际上不存在召开股东大会的事实，只要股东大会会议录中记载该一人股东作出了决议，在没有特殊事由的情况下，也视为作出了相关决议。这同样适用于一人股份公司（在本案中，诉外人虽然使用着会长这一职称，却不持有任何股份，而是使三名子女分散持股，但实际上是由该会长经营公司，因此认定该公司为只有股东一人的一人公司——笔者注）的情形：即使未制作股东大会会议录，也可根据证据视为决议存在。……具有关于《任员退休金支付规定》的股东大会决议，或虽未曾制作股东大会决议议事录，但根据上述规定的退休金实际上是通过一人公司的实质一人股东审批、承认而支付并已成为惯例，因此，应视为存在关于《任员退休金支付规定》的股东大会决议。

大法院 2007. 2. 22. 2005DA73020：实际上股份被分散持有的情形，如果股东大会的会议录是伪造的，应视为股东大会决议不存在
实际上股份被分散持有的情形，未经过股东大会的召集程序和决议程序而虚假制作股东大会会议录的，即使一人持有大多数股份，也应视为股东大会决议不存在。

③ 董事的出席：虽然没有关于董事必须出席股东大会的明文规定，但商法以董事出席作为其当然前提（第 373 条第 2 项、第 449 条）。董事应出席股东大会，说明提出议案的理由，并回答其他股东就该议案提出的问题。

但这仅仅是为了保障股东大会的顺利召开，董事的出席并不是大会的成立要件。同理，一人公司中，即使全体董事缺席股东大会，只要该一人股东单独提出议案并对其作出决议，仍应认为决议有效成立。[1]

（ii）董事的自己交易：董事与公司进行交易应获得董事会的承认（第398条）。一人公司的一人股东为董事的情形，是否需要董事会的承认？对此存在承认必要说与承认不必要说两种不同学说。

①承认必要说认为“公司财产是对全体债权人的担保，即使是一人股东，其利害关系也不一定与公司一致，因此，一人公司中的一人董事并不能成为商法第398条的例外”。[2]

②承认不必要说则认为一人公司的公司经营实际上是董事一人的经营，公司与董事之间不存在相反的利害关系，因此，不需要董事会的承认。[3]

③笔者认为，原则上股份公司的机关是分离存在的，一人股东的个人利益与公司利益本身也有所区别。董事的自己交易不仅以董事会决议为要件，而且限制董事自己交易除了保护股东利益外，也是为了充实公司资本金，以便能够为债权人提供可靠的保证。据此，原则上一人股东兼董事的自己交易也应获得董事的承认。但董事终究是股东的代理人，而且在一人公司中，可将一人股东的同意视为全体股东的同意，从这一点上看，应认为无需获得董事会承认（承认不必要说）。

（iii）业务上背任与侵占：因一人股东兼代表董事的犯罪行为造成公司损害的，以往的判例均认为不构成背任罪。[4]但目前普遍认为这种情形构成背任罪，[5]而一人股东侵占公司财产的，构成侵占罪。[6]

（iv）公司章程中关于股份转让限制的规定：公司可在章程中规定转让股

---

〔1〕 对此，还有两种不同主张：第一种主张认为，也应赋予董事或监事出席一人公司的股东大会的机会，没有赋予这种出席机会或不当拒绝出席的，可成为股东大会决议取消的原因（李均成：“一人公司”，载《考试界》1982年5月）；第二种主张则认为，为了防止一人公司制度的滥用与一人股东的横行，一人公司的情形中只要没有特殊事由，至少应将“通过董事会决议召集股东大会，使董事能够出席股东大会”作为最低要求（梁承圭：“未履行程序的一人公司的股东大会”，载《法律新闻》1976年6月67日）。

〔2〕 孙珠瓒（上）430页；林泓根（会）94页；李基秀、崔秉珪（会）68页；蔡利植（上）377页；金正皓（会）13页。

〔3〕 崔基元（会）53页；郑东润（上）340页；姜渭斗（会）40页；李哲松（会）45页；大法院1992.3.31.91DA16310；同2002.7.12.2002DA20544，同2014.6.26.2012DA73530。

〔4〕 大法院1974.4.23.73DO2611；同1976.5.11.75DO823。

〔5〕 大法院1983.12.13.83DO2330；同1996.8.23.96DO1525。

〔6〕 大法院1983.5.10.83DO693；同1987.2.24.86DO999；同1989.5.23.89DO570；同1995.3.14.95DO59；同1999.7.9.99DO1040；同2005.4.29.2005DO741；同2012.5.24.2010DO8614。

份应获得董事会承认（第335条第1项但书）。但由于一人公司中并无其他股东，一人股东转让其所持股份时，无需获得董事会承认。[1]

(b) 一人公司的外部关系

(i) 有限责任原则

既然承认一人公司的合法性，原则上一人公司的一人社员也与其他公司的普通社员一样，对外应承担有限责任。不得单纯以该公司为一人公司为由而否定一人社员的有限责任。[2]

(ii) 与法人人格否认论的关系

一人公司的一人股东为了免除个人债务而设立另一个一人股份公司，而该一人股份公司的资本金并不充分并且一人股东与一人股份公司的财产相互混淆等根本无法将二者视为不同人格的情形，极有可能导致一人公司的法人人格的形骸化，适用法人人格否认论的可能性也随之增加。

2. 商人性

公司是以营利为目的的当然法人（第4条，第5条第2项），也是天生的商人。与自然人或非营利法人不同的是，公司从成立之时就是商人，因此应当选定商号。根据公司的种类不同，商号中应使用合名公司、合资公司、有限责任公司、股份公司、有限公司等字样（第19条）。

3. 准则性

公司的设立应依据商法（公司编）规定，无需主管单位等的许可或批准（准则性）。这与民法上的非营利社团或财团需要主管单位的许可才能成为法人（民法第32条）的情形形成对比。民法上以营利为目的的社团，可根据商事公司的设立条件成为法人（民法第39条第1项）。对于以营利为目的的社团法人准用商事公司的相关规定（民法第39条第2项）。

第二节 公司的种类与特色

对于公司可作商法典上的分类、学术上的分类、根据营业目的的分类、根据法源的分类、根据设立准据法的分类、经济上的分类等。

---

〔1〕 大法院判例 2005.12.9.2004DA40306（股份合并的情形）。

〔2〕 郑东润（上）340页。

I. 商法典上的分类

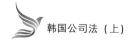

商法典中的公司，根据社员责任的不同，即根据社员承担的是直接责任、间接责任、无限责任还是有限责任，可分为合名公司、合资公司、股份公司、有限责任公司及有限公司（第170条）。公司法上的责任可作狭义（如第212条）与广义（如第331条）之分。狭义的责任是指以公司对第三人的债务为前提，由社员承担的债务偿还责任。广义的责任是指社员基于其社员资格而对公司承担的出资义务。另外，根据债务人以其全部财产履行债务还是以特定之物履行债务，可将责任分为人的责任与物的责任，但商法规定的责任均为人的责任。

1. 合名公司

合名公司（partnership，Handelsgesellschaft，societe en nom collectif）是指公司财产无法偿还公司债务时，社员对公司的债权人承担直接的、无限偿还责任（第212条）的公司。原则上合名公司的各社员为业务执行机关，因此，不另设类似股东大会或社员大会的第三机关作为其意思机关，也不设其他监查机关。公司的各社员享有代表公司的权限（第200条、第207条）。合名公司社员的姓名、身份证号码以及住所是公司章程的绝对记载事项（第179条第3号），因而社员变更的（份额移转）应当变更章程，而章程变更需要全体社员的同意（第197条）。合名公司的社员死亡或被宣告为被成年后见人〔1〕是社员退社的原因（第218条第3号、4号），社员地位虽不可继承，但公司解散或社员死亡的情形，可继承社员资格（第246条）。合名公司的组合色彩比较浓厚并以相互间的信赖关系为基础，是一种适合人数较少的共同企业的公司形态。

2. 合资公司

合资公司（Kommanditgesellschaft，Limited partnership，societe en commandite）是指由无限责任社员与有限责任社员组成的公司。无限责任社员等同于合名公司的社员（第269条、第212条），而有限责任社员则在章程规定的出资额限度内对公司债权人承担直接连带责任（第279条）。与合名公司一样，合资公司中也不存在股东大会或社员大会等意思决定机关，而是各无限责任社员执行业务并代表公司。合资公司的业务可根据章程规定由一名或数名无

---

〔1〕 被成年后见人概念见《韩国民法典》第9条，是指被宣告为无行为能力之人。——译者注

限责任社员执行（第 273 条的相反解释，第 269 条、第 201 条第 1 项）。这时可根据章程规定或经过全体社员的同意，在执行业务的社员中选任代表公司的社员（第 269 条，第 207 条第 2 句、第 3 句）。有限责任社员不享有业务执行权与公司代表权（第 278 条）。业务执行属于公司内部关系范畴，因此，可以说关于业务执行的商法规定是任意性规定。通说认为，根据章程或公司内部规定，可赋予有限责任社员业务执行权。虽然合资公司不设监查机关，但有限责任社员享有对公司业务与财产状态的监视权（第 277 条）。只要获得无限责任社员的同意，有限责任社员即可移转其份额，相较于无限责任社员，自由度较高（第 276 条、第 282 条、第 283 条）。有限责任社员的死亡与被宣告为被成年后见人不构成社员退社事由（第 283 条、第 284 条），有限责任社员的份额可被继承（第 283 条）。

3. 股份公司

股份公司（Aktiengesellschaft，business corporation，public limited company，societe anonyme）是指仅由以其认购的股份为限承担对公司的出资义务，而对债权人不承担任何责任（间接有限责任）的社员构成的公司，即仅由股东构成的公司（第 295 条、第 303 条、第 303 条）。股份公司虽然设有股东大会作为其意思决定机关，但股东并不是通过该机关对公司的全部业务作出意思决定，而是仅仅参与商法或章程规定的基本事项的决定（第 361 条）。股份公司中由董事会执行公司业务，由代表董事代表公司（第 382 条以下）。董事会与代表董事是不同的独立机关（通说）。股份公司设置监事或监查委员会作为其监查机关（第 409 条至第 415 条，第 415 条之 2）。随着代表股东身份的股份被有价证券化，股份转让变得极为方便自由（第 335 条第 1 项）。股份公司是社员个性不明显的典型的资本团体，是一种非常适合大型企业的公司形态。

纵观我国对各种公司形态的利用现状，大部分的公司采取了股份公司形态。上市公司等大型企业更是无一例外地采取了股份公司形态。

4. 有限公司

有限公司（Gesellschaft mit beschrankter Haftung，private limited company，societe a reponsabilite limitee）是指由仅以出资额为限对公司承担责任，而对公司债权人不承担任何责任的社员构成的公司。有限公司社员的责任是间接有限责任，这一点与股东责任相同（第 553 条），不同的是在特殊情况下，有限公司社员应承担资本金填补责任（第 550 条、第 551 条、第 593 条）。有限公司设置社员大会作为其意思决定机关（第 571 条至第 578 条），而社员大会不同于股东大会，可对包括业务执行在内的所有事项作出意思决定（万能机关）。有限公司的业务执行机关是各董事，由董事代表公司。监事是有限公司的监查机关，有限公司的监事是临时机关（第568条第1项）。有限公司是小型的闭锁公司，其机关构成比较简单，其份额不得证券化（第555条），转让份额需由社员大会作出特别决议（第556条），因此，有限公司是适合中小企业的公司形态。

5. 有限责任公司

有限责任公司是在2011年的修订商法中引入的公司形态，是在组合的要素上加上有限责任的公司形态。有限责任公司对内可保障组织成员之间的自治，对外则对公司债务承担有限责任，即有限责任公司是一种广泛认可对公司设立、运营、解散的自治权的同时，参与人承担有限责任的企业形态。这一点与商法第二编商行为中的合资组合类似，但与不具有法人人格的合资组合不同的是，有限责任公司是在采取具有法人人格的公司形态的同时，对内具有组合性质，对外保障社员有限责任的企业形态。立法上参考了1996年美国的《统一有限责任公司法》（Uniform Limited Liability Company Act，ULLCA）和日本的《合同会社》（LLC）。有限责任公司是不动产、尖端技术、外国合作投资公司等高风险行业与咨询公司、会计师事务所、律师事务所等专业服务领域等私人自治相对重要的小型公司便于采取的公司形态。关于有限责任公司是人合公司还是资合公司，尚不存在一个统一的说法，但由于其组织变更应遵守股份公司的相关规定（第287条之43第2项），可认为立法者将有限责任公司视为一种资合公司。

II. 学术上的分类

1. 人合公司与资合公司

区分人合公司与资合公司的标准是社员的个性、社员与公司关系的亲疏远近。人合公司（Personengesellschaft，société de personnes）的社员结合是人的结合，社员个性突出且浓厚。人合公司的内部特征是：①社员人数较少，各自承担直接的、连带的无限责任，可以资金、其他财产、劳务、信用等进行出资，公司财产独立性比较弱；②所有权与经营权一致，原则上由全体社员直接参与公司业务执行，意思决定需全体社员一致同意；③虽然社员地位转让较难，但有退社与除名制度；④承认公司设立取消之诉，仅剩一名社员时，可解散公司；⑤公司清算应采取任意清算方式。其外部特征为：①社员与公司债权人之间存在直接关系，应对债权人承担责任；②公司财产的独立性较弱；③公司的信用基础主要依据社员的个性。

与此相反，资合公司（Kapitalgesellschaft，société de capitaux）的社员结合是资本的结合，因此，社员的个性并不突出。对内，①资合公司的社员人数较多，承担间接的有限责任，社员不可以劳务或信用进行出资；②社员资格独立于机关资格，所有权与经营权分离，由第三机关运营公司，意思决定按照多数决原则；③社员地位的转让极其自由；④清算只能采取法定清算方式；⑤可以是一人公司。对外，①公司财产是对债权人的唯一担保；②公司财产的独立性较强。

关于人合公司内部关系的商法规定是任意性规定，而关于外部关系的规定则是强制性规定。相比之下，资合公司的相关规定大部分是强制性规定。

商法规定的公司种类中，合名公司是典型的人合公司，而股份公司则是资合公司的典型。合资公司是将这两者要素机械地结合起来的中间形态，人合性质比较浓厚，而有限公司是有机融合两者要素的中间形态，因而资合性质比较浓厚。

2. 个人主义公司与团体主义公司

以公司的经营权与所有权是否属于同一人为标准，可将公司分为个人主义公司与团体主义公司。个人主义公司（individualistische Gesellschaft）是指社员资格与业务执行机关资格相分离，原则上由社员执行业务的公司；团体主义公司（kollektivistische Gesellschaft）是指由第三机关执行公司业务的公司。该分类大体上与人合公司、资合公司的分类一致，但依用商法上的股份合资公司是资合公司的同时也是个人主义公司。

III. 根据营业目的的分类（民事公司与商事公司）

将商行为作为营业目的的公司是商事公司，将商行为以外的营利行为作为营业目的的公司则是民事公司。商事公司是当然商人（第4条、第46条），而民事公司则是拟制商人（第5条第2项），这种拟制商人的商行为即为准商行为（第66条）。但商法将公司定义为“以商行为及其他营利为目的而设立的法人”（第169条），在法律条文上并未对此作出明确区分。民事公司也根据商事公司的设立条件而设立，关于商事公司的所有规定准用于民事公司（民法第39条），因此，区分民事公司与商事公司在法律上并没有实际意义。由于商事公司与民事公司均以营利为要素，因此，二者均是商法中的公司，也是天生的商人。

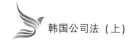

对商事公司与民事公司的区分是对商法的适用范围采取商行为中心主义的产物。现行商法并不采取商行为中心主义，区分二者仅具有历史性意义。

IV. 根据法源的分类

根据商法设立的公司为一般法上的公司，而依据商事特别法设立的公司则为特别法上的公司。这种分类在决定法律适用顺位时具有实际意义。

对于一般法上的公司仅适用商法，大部分的公司属于这类公司。特别法上的公司又可分为适用商法以外的一般特别法的一般特别法上的公司（银行、信托公司、保险公司、证券公司等），与适用为了设立该公司而制定的特别法的特定特别法上的公司，即特殊公司（韩国广播公司、韩国观光公司、韩国电力公司、大韩煤业公司、韩国产业公司等）。

V. 根据设立准据法的分类（国内公司与外国公司）

根据韩国法设立的公司是国内公司，根据外国法设立的公司是外国公司（设立准据法主义）。这种分类法在判断是否适用国内法时具有意义。即使是在国外设立的公司，如果将其总公司设在韩国境内或以在韩国境内的营业为目的，则应适用与国内公司相同的法律（第617条）。外国公司在适用其他法律时，除了法律另有规定的情形外，被视为在韩国设立的同种或最为类似的公司（第621条）。

外国公司虽然不是商法规定的公司，但出于国家监督的需要，对其设定了特别规定（第617条至620条）。这部分内容将在之后的有关章节中讲解。

VI. 经济上的分类

1. 支配公司与从属公司

一家公司通过资本参与（持股或保有份额）或通过合同、派遣等控制另一家公司的，前者为支配公司或母公司（亲公司）（herrschende Gesellschaft oder Muttergesellschaft，parent corporation，société mére），后者为从属公司或子公司（abhängige Gesellschaft oder Tochter gesellschaft，subsidiary corporation，société filiale）。

根据商法规定，一家公司持有另一家公司发行股份总数50%以上的情形中，前者为母公司，后者为子公司。如果母公司与子公司合计持有或子公司单独持有另一家公司发行股份总数50%以上，那么，该另一家公司也被视为母公司的子公司（第342条之2）。这是为了明确母子公司之间股份取得限制的标准而设置的规定。

《关于股份公司等的外部监查的法律》第1条第2号就公司的支配、从属关系另行作了规定。同法施行令第1条第1项规定：股份公司在该营业年度末，持有其他股份公司发行股份总数（无表决权股份除外）①50%以上，或者②30%以上的同时，是该其他股份公司最大股东的情形，又或者③符合上述①与②的支配公司与从属公司（包括从属公司的从属公司）合计持有或从属公司与从属公司合计持有其他股份公司发行股份总数30%以上的同时，是该其他股份公司最大股东的情形中，该股份公司是支配公司，而该其他股份公司则是从属公司。

2. 上市法人（上市公司）与非上市法人（非上市公司）

根据《关于资本市场与金融投资业的法律》，发行的证券（股票、公司债券等）在韩国交易所开设的有价证券市场与科斯达克（KOSDAQ）市场上进行交易的公司被称为上市法人（资金第9条第15项第1号），而不具有上述情形的公司则被称为非上市法人（以下称“非上市公司”）（资金第9条第15项第2号）。上市法人中，股票（包括证券预托证券）上市的法人被称为股票上市法人（以下称“上市公司”）（资金第9条第15项第3号）。上市公司获得税法上的优待，但为了保护投资者，也受到各种规制（资金第165条之16、第165条之18、第172条等）。

3. 内资公司、外资公司、合作公司、跨国公司

资本金由国内资本构成的公司是内资公司，由外国资本构成的是外资公司。国内资本与外国资本结合的公司被称为合作公司或合作投资公司（joint venture corporation）。在韩国，外资公司和合作公司受《外国人投资促进法》的规制。

跨国公司，又称多国籍公司（multinationales Unternehmen，multinational or transnational corporation，société multinationale ou transnationale，multinational corporation：MNC）是指资本金来自多个国家，为了同种营业，利用该资本金设立不同的公司，而这些公司互相具有关联性的情形。跨国公司的特点是：①总公司与海外子公司根据跨国公司的指示共同执行全球性战略计划；②海外分公司归总公司所有并受其控制；③总公司及其海外分公司共同分享资源。目前跨国公司对世界经济发挥着重要作用。

4. 企业集团、系列公司[1]、控股公司、持股关系人

《关于独占规制与公平交易的法律》规定的公司有企业集团、系列公司、控股公司。企业集团是指同一人根据一定的标准（持股或派遣等），实际上支配业务内容的公司的集团。该同一人为公司的情形中，指该同一人与其所支配的一个以上的公司的集团，而该同一人不是公司的情形中，则是指该同一人支配的两个以上的公司的集团（独规第2条第2号）。两个以上的公司属于同一企业集团时，这两个以上的公司被称为相对方的系列公司（独规第2条第3号）。

控股公司是指通过持有股份（包括份额），以支配国内公司的业务为其主要业务内容的公司，是资产总额超过总统令规定金额（5000亿韩币）的公司（独规第2条第1号之2，独规令第2条第2号）。控股公司起源于美国：随着州政府规定控股公司只能经营在本州内设立的股份公司，公司在各州都设立了子公司，而总公司持有该子公司的全部股份，该总公司即为控股公司。韩国一直以来禁止控股公司的设立，但1997年金融危机之后开始鼓励控股公司的设立，事实上大多数的企业集团也都采取了控股公司体制。在控股公司体制中，作为控股公司的母公司应持有上市子公司20%以上的股份，持有非上市子公司40%以上的股份（金融控股公司的持股比例分别为30%、50%）（独规第8条之2，金持第43条之2）。控股公司的负债应控制在自己资本的两倍以内，资产的二分之一应由子公司的股份构成，不得持有子公司以外的其他公司的股份。控股公司可分为除了控制国内公司的营业内容外完全不经营其他业务的纯粹控股公司与经营其他业务的业务控股公司。欲设立控股公司或转变为控股公司的主体，应事先向公正交易委员会进行申报（独规第8条）。另外，欲成为金融控股公司的主体，应获得金融委员会的许可（金持第3条第1项）。控股公司虽有资本过度集中、股东权利间接化、滥用多数决原则从而侵害小股东利益、造成不当支援行为等弊端，但也有以下积极效用。

★控股公司的积极效用

（1）灵活机动的机构重组手段：控股公司是出售子公司，收购其他公司等重组企业集团的便利组织形态。

（2）经营与业务分离：控股公司可从日常业务中抽离，从长远利益着眼，

[1] 一家公司持有的其他公司的表决权股份数量少于控股股东的情形，或两家公司均为另一家公司的子公司的情形，该两家公司为系列公司。——译者注

作出战略性经营判断，子公司可通过各业务部门的专业经理人合理经营公司。

(3) 阻断风险：即使子公司经营失败，控股公司也仅以其出资为限对其承担责任，因而可防止经营风险扩散至整个公司。

(4) 灵活应用于继承：例如，与由三个继承人分别直接继承规模不同的公司的情形相比，设立一个控股公司，均等分配该控股公司的股份，三个继承人各自继承三分之一的方法更为公平。

(5) 抑制过度扩张：限制控股公司取得其子公司及孙公司的股份，从而抑制控股公司的过度扩张与循环出资。

(6) 提高所有权结构的透明度：系列公司之间进行循环出资的情形中，所持有的股份像蜘蛛网一样错综复杂，难以掌握其所有权结构，只能基于加工资本〔1〕行使表决权。控股公司的情形中，可通过设立一系列的系列公司明确掌握它们之间的所有权结构并且通过使其必须持有一定股份，在一定程度上能够缓和基于加工资本的表决权行使。

(7) 禁止设立控股公司或循环出资等对企业所有权结构的干涉是立法政策问题。笔者认为，通过法律干涉企业所有权结构是对自由市场经济秩序的威胁。只要法人持有股份，基于加工资本的表决权行使也是必然发生的结果，并没有理由完全否定。

在《企业会计标准》中，将处于支配、从属关系的公司，相关公司可发挥重大影响力的被投资公司等，称为特殊关系人（同法第9条第2号）。

VII. 公共法人

公共法人是指经营国家基干产业等影响国民经济的重要产业的法人，是由总统令规定的上市法人（资金第152条第3项）。对于公共法人适用《关于资本市场与金融投资业的法律》（资金第152条第3项，第158条第2项，第165条之14，第167条第1项、第2项，第168条第2项等）及《关于公共机关运营的法律》中的特别规定。

---

〔1〕 相较于实际资本，对公司资本作夸大计算而无法发挥担保力的情形。如，A、B两公司进行相互出资的情形中，就会夸大两家公司的资本担保力。系列公司间的循环出资、相互持股、持有自己股份等均为典型的加工资本。出处：《经济用语词典》。——笔者注

VIII. 其他分类

1. 闭锁公司与公开公司

社员人数较少，股份的转让受限制的公司，被称为闭锁公司，而社员人数较多，股份转让自由的公司，则是公开公司。通常公开公司是指股票在证券市场上流通的公司，而股票不在证券市场上流通的公司就是闭锁公司。

2. 小规模公司

小规模公司是指资本金为10亿韩元以下的股份公司。这是为了简化小规模公司的设立及运营，在2009年5月28日的修订商法中新引进的制度。商法规定发起设立小规模公司适用以下特别规定：免除公证章程的义务（第292条），设立时以余额证明代替股金缴纳金保管证明（第318条），简化股东大会的召集程序，允许进行书面决议（第363条），免除选任监事的义务（第409条）等。此外，小规模公司只能设置董事一至两人（第383条第1项但书）。

3. 外国法规定的特殊公司

近年来，在韩国被广泛关注的美国及德国的公司制度有以下几种。

1）股份合资公司（Joint Stock Company）

股份合资公司是非法人社团，是指将社员出资的资本金根据各社员的投资额比例分割成股份的公司。原则上，未经其他社员同意不得转让股份，但也有允许股份转让的情形。

2）马萨诸塞信托（Massachusetts trust）

这也是非法人团体，是依据投资人与受托公司之间的信托合同而设立的公司。投资人承担有限责任，持有可转让证书以代替股份。

3）有限责任公司（Limited Liability Company，LLC）

有限责任公司是指承担有限责任的社员可亲自参与公司经营，也可委托董事经营公司，但限制转让份额的公司。这是将股份公司的有限责任与合名公司业务执行的灵活性结合起来的公司形态。

4）有限合伙（Limited Partnership，LP）

有限合伙与民法上的合伙不同，是由对合伙债务承担无限责任的合伙人（合伙的业务执行者）（无限责任合伙成员）与以出资额为限承担有限责任的合伙人（有限责任合伙人）相互出资并约定共同经营而构成的合伙，有限合伙不是法人。

5）有限责任合伙（Limited Liability Partnership，LLP）

有限责任合伙由只承担有限责任的合伙人构成。有限责任合伙中，合伙人通过（pass through）自身所得进行纳税，合伙没有必要缴纳法人税。合伙人对外承担有限责任，对内享有较强的自治权。在美国，有限责任合伙作为适合律师事务所、会计师事务所、咨询业等专门行业与 venture 创业的一种形态被广泛利用。

6）德国的 GmbH & Co KG（有限合资公司）

有限合资公司中不存在自然人社员，唯一的社员是有限公司，有限合资公司是该有限公司成为无限责任社员的人合公司。虽说是无限责任社员，但有限公司只承担有限责任，因此，从结果上看，有限合资公司中不存在无限责任社员，只存在一个承担有限责任的有限公司社员。公司的投资人是该有限公司的社员，其责任受到一定限制。

第三节　公司能力

I. 公司的权利能力

所有的公司均为法人（juristische Person）（第 171 条第 1 项），因此都具有一般的权利能力（Rechtsfähigkeit）。但公司作为社团法人有别于自然人，公司实际享有的个别的权利能力，根据公司的性质与目的受到一定的限制。

1. 法律的限制

公司的法人人格是法律赋予的，因此，公司的权利能力理所当然受到法律的限制。如，清算中的公司在清算目的范围内存续（第 245 条、第 269 条、第 542 条第 1 项、第 613 条第 1 项），根据《关于债务人回生及破产的法律》（以下简称《债务人回生法》）规定解散的公司在破产目的范围内存续（债回第 328 条）。

商法中的公司不得成为其他公司的无限责任社员（第 173 条）。如果公司对其他公司的经营结果承担无限责任，公司存立的基础（公司的独立性）将受到威胁；再者，从性质上看，法人不具有可直接参与经营的自然人要素。虽然基于上述几点，从立法政策的角度对公司的权利能力作了限制，但从立法论层面上看依然存在疑问。这是因为：法人可以自身财产承担无限责任，不但法人的机关可参与其他法人的经营，而且时至今日，允许经济实力雄厚的大公司设立程序简单的人合公司也是可行的。《关于资本市场与金融投资业的法律》规定只有集合投资人可成为业务执行社员，实际上这是对商法中“公司不得成为其他公司的无限责任社员”（第173条）的例外规定。

公司可以成为民法上的组合成员。公益事业性质公司的权利能力会受到特别法的限制（银行第27条，保业第10条、第11条，资金第40条、第41条）。对于特别法上限制公司权利能力规定的性质，学理上存在管制性规定与效力性规定两种不同的认识。[1]管制性规定说认为，这些规定是基于特别法上的行政目的而设定的法律规定，即使违反也不影响私法上交易的效力。但是，管制性规定说可能无法实现立法原意，还可能存在对一般公众造成损害的危险。根据各种特别法的规定，结合限制目的和对一般公众利益的考虑，有时也应将其解释为效力性规定。如果将这些规定解释为效力性规定，应将其视为根据特别法对权利能力的限制（折中说）。[2]

2. 性质上的限制

公司与自然人不同，不具有以姓氏、年龄、生命、身体、亲族关系等为前提的权利义务，例如亲权、继承权、抚养义务等。但公司也可享有接受遗赠的权利与名誉权、商号权、信用权、人格权、社员权、代理权等各项权利。一般认为，法人可成为发起人或有限责任社员、股东等，但不得成为支配人[3]。对于公司可否成为不承担责任的董事、监事，存在肯定说[4]与否定说。[5]一般认为，董事与监事的业务执行重视的是作为自然人的经验与个性，因此，法人不得成为董事、监事、检查人或清算人，也不得以上述资格登记在商业登记簿中。

---

〔1〕 视为约束性规定的学说与判例：李哲松（会）72页；大法院判例 1987.12.22. 87DAKA1458；同 1994.10.28.94DA28604；同 1997.8.26.96DA36753。视为效力性规定的学说与判例：崔基元（会）84页；大法院 1974.5.17.74MA88；大法院 1974.3.26.73DA721；同 1985.11.26.85DAKA 122；同 1986.7.22.85DAKA2029；同 2002.4.9. 2000DA42625；同 2004.6.11.2003DA1601；同 2004.10.28.2004DA5556。

〔2〕 郑东润（上）355页。

〔3〕 支配人是指从属于特定商人（营业主）的企业，享有可实施关于营业的诉讼上或诉讼外的全部行为的权利的商业使用人（第10—14条）。支配人的权利也被称为代理权或支配权，是否为支配人应根据其实质，即是否享有关于营业主全部营业的概括性的代理权限，作出判断。出处：《法律用语词典》，法文 BOOKS 2011年版。——译者注

〔4〕 孙珠瓒（上）446页；郑东润（上）354页；李哲松（会）71—72页。

〔5〕 李哲松（会）71—72页；崔基元（会）82页；蔡利植（上）387页；郑灿亨（上）459页。

3. 根据目的的限制

1）是否承认根据目的的限制

根据目的的限制是关于法人代表（董事）的行为超越章程规定的范围的问题。公司是否只能在章程规定的目的范围内成为权利义务主体，即公司的权利能力范围是否受到公司章程规定的目的范围的限制，对此存在不同学说。民法第 34 条规定，“法人根据法律规定在章程规定的目的范围内成为权利义务之主体”。

这是关于公司从成立后至解散为止的正常经营期间内，公司的权利能力是否仅限于章程规定的经营目的范围的问题。据此，这种公司的权利能力区别于存续期间为自公司设立行为开始至公司成立之时的设立中的公司、存续期间为自公司解散开始至清算终了之时的清算中的公司及《债务人回生法》规定的解散的公司的权利能力。①设立中的公司虽然对公司设立行为享有实质性的权利能力（产生作为社团的总有〔1〕或准共有关系，享有不动产登记能力与诉讼当事人能力），但形式上并无权利能力；②由于清算中的公司是在清算目的范围内存续（第 245 条、第 269 条、第 542 条第 1 项、第 613 条第 1 项），因此只能实施有关公司消灭的行为；③《债务人回生法》规定，解散的法人仍然在破产目的范围内存续（债回第 328 条）。

2）学说

（1）限制说

限制说认为，公司的权利能力仅限于章程规定的目的范围，依据是：①民法第 34 条（根据法律规定，法人在章程规定的目的范围内成为权利义务的主体）揭示了基于法人一般性质的原则，这种一般原则当然应类推适用于公司；②公司作为目的性团体，从法人的本质上看，应在其目的范围内成立并存在；③公司的目的是章程必须记载的事项（第 179 条、第 270 条、第 289 条、第 543 条），且应进行登记（第 180 条第 1 号、第 271 条、第 317 条第 2 项、第 549 条第 2 项第 1 号），而原则上第三人被认定为具有恶意，即使第三人因未能确认公司目的而遭受损失也无可奈何；④应保护信赖章程中营业目的的记载而进行投资的社员或第三人的期待利益；⑤如果不根据目的对公司的权利能力进行限制，公司就可实施非营利行为，有可能导致民法关于设立非营利法人的许可主义（民法第 32 条）制度丧失应有功能；⑥无限制说主张的“公

---

〔1〕总有是指由无权利能力的社团所有一个物的共同所有的一种形态。

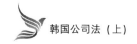

司的权利能力不受其目的限制或限制变得逐渐缓和的比较法上的考察”，也许在立法论的角度具有参考价值，但并不能以此代替韩国商法上的解释论。[1]目前韩国没有支持这一主张的学者。

（2）无限制说

无限制说认为，一旦公司的法人人格被认可，公司的权利能力便不受章程规定的目的的限制。这也是日本与韩国的多数说。[2]其理论依据是：①民法第34条是政策上认定公益法人的规定，并不类推适用于公司这一营利法人，也没有相关的明文规定。②实际上公司的活动范围非常广泛，如果仅以“公司目的应进行登记”这一事实就可对抗第三人并认为公司的权利能力受公司目的限制，那么极有可能使交易相对方承担遭受损失的风险。③若根据目的限制公司的权利能力，当公司在目的范围之外获得成功时，将该利益据为己有，而发生损失时，否认其行为效力，则为不诚信的公司规避责任提供了借口，从而引起不必要的纠纷，危害交易安全。④公司目的虽然应进行登记，但第三人并不能每次交易时都对登记事实进行确认，并且很难判断公司行为是否在目的范围之内，这些都不符合交易的实际情况。⑤从比较法的角度上看，在大陆法系国家并不根据公司目的限制公司的权利能力，[3]英美法系国家也同样采取无限制说的立场。[4]⑥从制定法的形式上看，依用商法（旧商法）第72条规定“欲实施变更章程及其他不属于公司目的范围的行为，应经过全体社员的同意”，而现行商法第204条仅规定“变更公司章程，应经过全体社员的同意”，删除了关于公司目的范围之外行为的部分。这是因为现行商法采取了公司的权利能力不受公司目的限制的立场，可以说准确删除了不必要的部分。

（3）判例

判例采取限制说的同时，又对公司的目的范围进行了扩大解释，实际上

---

〔1〕 郑熙喆（上）293页；李炳泰（上）407页；金星泰（上）277页。

〔2〕 徐燉珏（上）275页；孙珠瓒（上）449页；崔基元（会）88页；林泓根（会）32页；李哲松（会）74页；郑东润（上）357页；郑灿亨（上）461—462页；金正皓（会）68页。

〔3〕《德国股份法》第82条第1项规定不得限制董事会的代表权限，第2项规定章程不得对外限制公司的权利能力，而只能对内限制业务执行权限。《法国商事公司法》第98条第2项第1文规定，在与第三人的关系中，对于不属于公司目的范围内的董事会之行为，公司应承担责任。

〔4〕 英国《公司法》第35条规定，为了善意地与公司进行交易之人的利益，由董事会进行的任何交易均被视为在公司能力范围内，产生公司责任的董事会权限不受章程的任何限制。《美国修订标准公司法》第3.01条（a）规定，依据本法设立的所有公司只要章程中没有限制其目的，可实施任何符合法律规定的经营活动；第3.02条规定，只要章程中未作规定，所有公司享有与自然人一样的权利能力，可实施其经营活动中必要的任何行为。

得出的结论与无限制说并无二致。[1]判例将“目的范围”扩大解释为“属于公司目的的营业行为及为了进行营业而必要的行为”（例如发行票据、借用资金等），“合理或有益行为”（例如提供抚恤金、捐款等），“不违反目的的所有行为”。判断行为是否在目的范围之内，不应根据公司机构的主观意思，而应依据该行为的客观性质作出准确判断。但也有判决认为，目的范围之外的公司行为无效。

大法院 1987. 9. 8. 86 DAKA 1349：认定为公司目的范围内的判例
公司的权利能力虽然受到作为公司设立依据的法律与章程上的目的的限制，但其目的范围内的行为并不局限于章程中明示的目的，还包括实现该目的的过程中必要的直接或间接的行为。应根据行为的客观性质抽象地判断这些行为是否为实现目的的必要行为，而不应根据行为人主观而具体的意思作出判断。……提供短期金融业务的公司，在实现作为公司目的的票据的发行、折价、买卖、认购、保证或为票据买卖提供中介服务的过程中，票据的背书行为从其客观性质上看，应被视为实现目的所必要的直接或间接的行为。同旨：大法院 1946. 2. 8. 4278 民上 179；1968. 5. 21. 68DA461；同 1987. 10. 13. 86DAKA1522；同 1988. 1. 19. 86DAKA1384；同 1991. 11. 22. 91 DA8821；同 1999. 10. 8. 98DA2488；同 2001. 9. 21. 2000GE98；同 2009. 12. 10. 2009DA63236；同 2013. 11. 28. 2010DA91831。

大法院 1975. 12. 23. 75 DA1479：认定为公司目的范围之外的判例
股份公司的代表董事代表公司为不属于该公司业务范围内的他人的损害赔偿提供连带保证的，该保证行为对公司不具有效力，即使该公司股东或董事就上述保证作出决议也无效。

（4）笔者意见

公司的权利能力是否受章程规定的目的的限制，本质上是如何调节股东与第三人利益的政策性问题。目前，大多数股东最关心的是公司经营与财务状况，他们并不关注章程规定的经营目的的意义与价值，而且公司会实施无数的对外活动，交易安全是个无法忽视的问题。即便如此，认为公司的权利能力不受公司目的限制，从而认为所有的公司行为有效，是不恰当的。认为

[1] 大法院 1968. 5. 21. 68DA461；同 1974. 6. 25. 74DA7；同 1987. 9. 8. 86DAKA1349；同 1988. 1. 19. 86DAKA1384；同 2005. 5. 13. 2003DA57659，57666。

公司可无视投资人的意思、不受设立目的及活动目的的限制、在对外关系中享有无限的权利能力是对法人人格内在界限的无视。保护交易第三人固然重要，但公司的本质属性（identity）同样非常重要。笔者赞同限制说。限制说也不受目的范围字面意思的限制，应对其作扩大解释而适用。事实上，在其适用上，两种学说的差异并不具有重要意义。

★沿革及比较法之考察

Ultra vires'（beyond the power）是指超越公司目的与权限范围的行为，也称为能力外理论（越权原则），是将超出范围的行为排除在公司行为范围外的理论。该理论起源于19世纪后期的英国，是因为公司从社会大量募集资金的行为具有高度不可信任性，为了将公司规模与活动尽量限制在公司目的的范围内而形成的理论。按照这一理论，超越权限（ultra vires）的行为构成违法时，由于公司行为无效，导致公司不承担责任的不公平结果。因此，在大陆法系国家，基本上不限制公司的权利能力，而在英美法系国家，以往依据能力外理论（越权原则）否定目的范围外行为效力的做法也开始有所缓和。英国《公司法》、美国《修订标准公司法》〔1〕及大部分州公司法依然明文规定关于公司目的的条款，尽管对章程规定的目的范围作非常宽泛的解释，但尚没有将其废止的迹象。〔2〕

3）章程规定的公司目的的功能

章程规定的目的发挥着对内限制公司机关（业务执行机关与代表机关）权限的功能。公司机关违反章程规定的目的实施违法行为的，在人合公司中，构成宣告业务执行（代表）社员丧失权限（第205条第1项、第216条、第269条）或被除名的事由（第220条第1项第4号、第269号），而在资合公司中，则成为董事提出解任请求（第385条第2项、第567条）、损害赔偿请求（第399条、第567条）、违法行为留止请求（第402条、第567条）、代表诉讼（第403条）等的原因。

4）是否为目的范围内的行为的判断标准

公司通过机关实施法律行为，因此，公司机关只能在章程规定的目的范

〔1〕英国《公司法》第35条，美国《修订标准公司法》第3.01条（a）、第3.02条。

〔2〕崔埈璿："传统的能力外理论"，载《林泓根教授退休纪念论文集：商法学的课题》，2003年，第56—67页。

围内实施法律行为。作为章程绝对记载事项的公司目的（商法第 289 条第 1 项第 1 号）是确定公司权利能力范围的依据，因此，应具体而明确到能够判断公司业务属于哪一种行业。实际上，对于机关的某一行为是否在规定的目的范围之内，应依据行为的客观性质抽象地作出判断。

5）目的范围之外行为的效果

根据限制说，目的之外的行为对公司不具有效力，但作出目的之外行为的代表董事不得以此为由对第三人主张其行为无效（禁反言原则）。

明知董事等人实施的是章程规定的目的范围之外的行为仍与之进行交易的相对方（恶意），不得主张交易有效。根据限制说，不论违反章程规定之目的的行为是善意还是恶意，均对公司无效。因此，只有依据无限制说时才会涉及善意与否的问题。恶意相对方主张交易有效构成权利滥用或对信义规则的违反。[1]

但根据限制说，即使相对方为恶意，第三人也可以行为超出目的范围为由向公司主张无效。因为根据限制说，目的范围之外的行为本身无效，如果因为相对方明知仍进行交易而不允许其主张无效，最终会导致行为有效的奇异结果。

6）公司的权利能力与捐献行为（政治捐款）

关于公司的权利能力，成为问题的主要是与交易相对方的保护及公司经营相关的交易行为。那么，与公司经营及交易相对方的保护无关的捐献行为（政治捐款）是否在公司权利能力范围内呢？

美国《修订标准公司法》明文规定，公司可为促进公司经营与业务，实施合法的捐献行为。[2]日本最高裁判所也作出判决，公司可以实施合理范围内的政治捐款，即使该行为不属于章程规定的公司目的。[3]虽然按照无限制说，很难赞成这种说法，但从限制说的观点上看，对其予以否定才合乎逻辑。按照韩国的多数说，即无限制说，允许合理规模的捐献行为，[4]但以非法形成的秘密资金进行政治捐款是明显的违法行为。

---

〔1〕 郑东润（上）357 页；孙珠瓒（上）449 页；郑灿亨（上）463 页；李哲松（会）77 页；姜渭斗（会）56 页。

〔2〕 美国《修订标准公司法》第 3.02 条（13）。

〔3〕 日本最高裁判所 1970.6.24. 民集 24-6，625。

〔4〕 郑东润（上）358 页；蔡利植（上）357 页。

II. 公司的意思能力与行为能力

公司也具有意思能力与行为能力。公司通过公司机关进行活动，因此，机关的意思就是公司的意思，机关的行为即为公司的行为（法人实际存在说）。公司机关是公司进行对内对外活动的机构，是公司组织的一部分，由一名或数名自然人构成，如股份公司的董事会、代表董事、股东大会、监事或监查委员会等。公司与机关是代表关系，法律对此没有规定，可类推适用关于代理的规定。

公司只要设有机关，就具有意思能力。由于公司中不存在无行为能力人制度，因此，公司永远是完全行为能力人，即使机关的组成人员是无行为能力人，公司也具有行为能力。

III. 公司的不法行为能力

公司既然具有行为能力，当然也具有不法行为能力。对于公司的不法行为能力，法律作出了明文规定，即代表公司的社员（或董事）因执行业务而给他人造成损害时，公司应与该社员承担连带赔偿责任（第 210 条、第 269 条、第 389 条第 3 项、第 567 条）。这一规定虽然与民法第 35 条第 1 项的表达方式有所不同，但是具有相同的法律宗旨。这种情形中，代表机关个人也对受害者实施了不法行为，因此，公司与其代表机关应承担（不真正）连带责任。公司承担全部或部分赔偿责任后，可向代表机关个人进行追偿。[1]

代表机关以外的公司使用人实施不法行为的情形中，应根据民法第 756 条规定的一般原则承担责任。是否符合民法第 756 条规定的“执行公司事务”，应以行为的外观而非行为人的意思为准作出判断。[2]

IV. 公法上的公司能力

公司有时会成为公法上的权利义务主体［例如：行政诉讼权、工商会议所（chamber of commerce and industry）的议员选举权、纳税义务等］。公司还具有诉讼法上的当事人能力（民诉第 60 条，刑诉第 27 条）。一般认为公司不具有犯

〔1〕 大法院 2007. 5. 31，2005DA55473。

〔2〕 参照大法院 1971. 6. 8. 71DA598；同 1969. 7. 22，69DA702；首尔高等法院 1980. 7. 3. 79NA3268（否定公司的使用人责任）等。

罪能力，[1]但根据有些特别法也可认定公司有犯罪能力（保业第227条等）。

第四节　公司的设立

I. 关于公司设立的立法主义

纵观关于公司设立的立法沿革，可发现多种立法主义的变迁过程。

1. 自由设立主义

自由设立主义是指对公司的设立不设置任何限制的立法主义。根据自由设立主义，公司的存在及其成立时期并不明确，滥设公司的弊害明显，这种立法主义已难寻踪迹。

2. 特许主义

特许主义是指根据君主的特别许可或制定特别法个别地认可公司成立的立法主义。公司制度发展初期，大多数国家采用了特许主义。这是因为设立公司本身即是赋予特权的行为，只有为了公共利益才允许设立公司。特许主义虽然可保护交易安全，但公司设立艰难，严重阻碍了商业的自由发展。目前，特殊公司（特定特别法上的公司）的设立仍普遍采取特许主义。

3. 免许主义或许可主义

免许主义是指只有根据行政机关的许可或其他措施才能设立公司的立法主义。[2]免许主义能很好地保护交易安全，但行政机关的政策或自主决定妨碍公司设立，制约商业的自由发展。目前，公益公司的设立仍然依据这种立法主义。

4. 准则主义

准则主义是指只要具备了法律规定的公司设立要件（要件法定化），即可进行登记，从而自动被认可公司设立的立法主义。准则主义具有调节交易安全与保障经营自由的优点，包括韩国在内的大部分国家都采取了这一立法主义。

根据公司设立要件的严格程度，准则主义可分为单纯准则主义与严格准

---

〔1〕 孙珠瓒（上）452页；崔基元（会）97页；郑东润（上）359页；郑灿亨（上）466页；大法院1984.10.10.82DO2595。

〔2〕 目前大部分国家均规定欲从事银行、保险、金融投资业的，应获得营业许可（资金第12条），但这并不是为了对其赋予法人人格而许可公司的设立，而是对开始特定营业的许可，应将两者区分开。蔡利植（上）401页；郑东润（上）378页。

则主义。单纯准则主义是对公司设立不设置详细规定的立法主义，与自由设立主义类似。严格准则主义是对公司设立设置详细规定的立法主义，也是包括韩国在内的大部分国家所采取的立法主义。韩国对公司设立采取严格准则主义的同时，对经营特定业务的公司则适用营业许可制度（银行第 8 条等）。因此，实际上韩国采取的是一种严格准则主义与许可主义的折中形态。

II. 公司的设立程序

公司的设立程序由实体形成程序与设立登记构成。实体形成程序的核心是设立这一法律行为。

1. 设立行为的含义及法律性质

1）设立行为的含义

公司的设立（formation，incorporation，Gründung，Errichtung）是公司为了取得法人人格而实施的所有法律行为的统称，包括制定公司章程与确定社员的行为（股份公司中是认购股份的行为）。[1]

根据公司种类的不同，设立行为的内容也有所差异。合名公司与合资公司等人合公司与有限公司的情形中，由于社员与出资额明确规定在章程中（第 179 条第 3 号、第 4 号，第 269 条），除了制定章程与设立登记以外无需其他程序，设立程序简单易行。但股份公司的情形中，除了制定章程以外，还需要通过认购股份确定社员。

2）设立行为的法律性质

对于设立行为的法律性质，存在不同学说。

（1）契约说

该说认为设立行为是以设立这一法律效果为目的的当事人相反意思表示的一致，是一种社团法契约（körperschaftsrechtlicher Vertrag）或组织法契约（körperschaftsrechtlicher Vertrag）。[2]

（2）单独行为说

该说认为，设立行为是各当事人单独意思表示的单纯的并存关系。

---

〔1〕 孙珠瓒（上）452—453 页；崔基元（会）99—100 页；蔡利植（上）402 页；李哲松（会）94 页。

〔2〕 目前德国的权威性多数说。根据这一学说，设立行为是两人以上为达成共同目的而承担义务的契约。德国认可一人有限公司的设立［1980 年修订的《有限责任公司法》］，这种情形可以说是单方的法律行为。崔基元（会）100 页。

(3) 合同行为说

该说认为，设立行为是多数人为了设立公司这一共同目标而达成的相同意思表示的一致。〔1〕

(4) 并存行为说（通说）

该说认为，章程的制定是合同行为，认购股份则是加入设立中公司的合同，股份公司的情形中这两种行为并存。〔2〕

(5) 笔者意见

笔者赞同合同行为说。设立公司并非使意思相反的当事人相互间享有权利义务的行为，从这一点上区别于合同。这也是韩国的通说。〔3〕

2. 公司的实体形成程序

1) 制定章程

(1) 章程的含义

章程（memorandum，articles，charter，Satzung，Verfassung）实质上是关于公司组织运营的根本规则，而对这些规则进行的书面记载即为形式上的章程。原则上两者应达成一致，但章程的变更是指对其基本规则的变更，即使未作书面上的变更，也可产生变更章程的效力（参照第 204 条，第 269 条，第 433 条第 1 项，第 584 条），因此，也会出现两者不一致的情形。〔4〕

(2) 章程的法律性质

(a) 契约说

该说认为章程的约束力及于社员的自由意思，章程制定后，社员或公司机关承认、服从章程内容并与此产生关系。欲脱离章程之约束的，可随时退出或转让所持股份。因此，章程具有契约的性质。〔5〕

(b) 自治法规说（通说）

该说将章程视为公司这一团体的自治法规，而不是单纯的组合合同。〔6〕因为章程不仅约束制定章程的设立者或发起人，其约束力还及于公司的机关

〔1〕 孙珠瓒（上）453 页；崔基元（会）100 页；蔡利植（上）453 页。

〔2〕 郑灿亨（上）377 页。

〔3〕 也有学者认为，讨论公司设立行为的一般法律性质并无实际意义，因此，只要分析构成设立程序的章程制作与股份认购行为的性质即可。郑东润（上）377 页。

〔4〕 朴相祚（会）81 页。

〔5〕 郑东润（上）384 页。

〔6〕 大法院 2000. 11. 24. 99DA12437。

与新加入公司的人。[1]

（c）折中说

该学说主张制定章程的行为虽是契约行为，但制定的章程则是公司自治法规。[2]

（d）笔者意见

章程虽然对第三人不具有约束力，但对其组织成员普遍具有约束力，不论各组织成员的意思如何，而且可根据组织成员的一般意思变更章程，即使该变更会导致人员构成发生变化，也并不影响其发生效力。章程具有法规性，因而对章程的解释亦是法律解释的问题，违反章程规定构成上告理由[3]。综合上述内容，笔者认为自治法说作为通说是正确的。

（3）章程的制定方法与效力

章程应记载一定事项并由相关当事人签名盖章。资合公司的原始章程获得公证人的认证后才可发生效力（第 292 条、第 543 条第 3 项）（变更章程的股东大会决议作出后立即发生效力）。但依据第 295 条第 1 项规定，发起设立资本金 10 亿韩元以下公司的，按照第 289 条第 1 项规定由各发起人在章程中签名盖章或署名即可发生效力（第 292 条但书）。章程的记载事项分为绝对记载事项、相对记载事项与任意记载事项。绝对记载事项是指如不记载将导致章程无效的事项；相对记载事项是商法规定的、只有记载于章程中才发生效力的事项；任意记载事项是指虽然商法中未作规定，但在不违反强行法规的情况下，[4]可任意选择记载的事项。

2）社员的确定

在人合公司、有限责任公司及有限公司中，社员的姓名、居民身份证号码、住所是章程的绝对记载事项（第 179 条第 3 号、第 270 条、第 287 条之 3 第 1 号、第 543 条第 2 项第 1 号），因此，章程一旦制定完成，社员就被确定，公司实体随之形成。但在股份公司中，社员（股东）并不是章程的绝对记载事项，社员的身份通过股份认购程序才得以确定（第 293 条，第 301 条

---

〔1〕 崔基元（会）152—153 页；姜渭斗（会）178 页；李哲松（会）95—96 页；郑灿亨（上）469 页；徐宪济（会）114 页；权奇范（会）336 页。

〔2〕 李基秀、崔秉珪（会）157 页。

〔3〕 李哲松（会）96—97 页。

〔4〕 章程是自治法规，而自治法规不得违反强行法规，因此，违反强行法规的章程不具有约束力。李哲松（会）96 页。

至第 304 条)。有关内容将在后面的章节中详细讲解。

3) 出资履行

在人合公司中,社员的出资标的物是章程的绝对记载事项(第 179 条第 4 号、第 270 条)。对于出资时间,商法未作明文规定,一般认为可根据章程或业务执行程序自由决定。人合公司中,出资履行并非公司实体形成程序中不可或缺的要素,但在资合公司中,资本实体的形成是公司取得法人人格的基础,出资履行是不可或缺的要素(第 295 条,第 303 条至第 307 条,第 548 条)。

4) 公司机关的形成

原则上,人合公司的无限责任社员是公司的机关(第 200 条第 1 项、第 207 条、第 273 条),无限责任社员的姓名、居民身份证号码以及住所等个人信息是章程的绝对记载事项。据此,不需要章程之外的其他机关构成程序。但在资合公司中,即使制定了章程,社员仍无法确定。由于资合公司的所有权与经营权分离的特性,需要特殊的机关构成程序,商法也对此作出了特别规定(第 296 条、第 312 条、第 547 条)。

3. 设立登记

1) 设立登记的目的

公司实体的形成使公司设立具备法定要件,只要进行设立登记,公司即告成立,同时公司取得法人人格。要求公司进行设立登记,可使国家依据准则主义考察公司的合法性,向公司的利害关系人公布公司设立的事实与公司对内对外的组织大纲,这也是保护交易安全的措施之一。

2) 登记事项

公司的登记事项是法定的,主要包括关于社员利害关系的对内事项与关于交易相对方(第三人)的对外事项(第 180 条、第 269 条、第 271 条、第 317 条、第 549 条)。

3) 登记期间

对于人合公司并无登记期间的规定。资合公司应当自法定程序终了之日起两周内进行登记(第 317 条、第 549 条)。如果登记事项需要有关部门的许可或批准,登记期间则从材料到达相关部门之日起计算(第 177 条)。违反这一规定的处以过怠料的处罚(第 635 条第 1 项第 1 号)。

4) 登记事项的变更

登记事项发生变更的,总公司的变更登记应于变更事由发生之日起两周内完成,而分公司的变更登记则应于变更事由发生之日起 3 周内完成(第 183

条、第269条、第317条第3项、第549条第3项）。

5）设立登记的效力

公司进行设立登记即告成立（第172条）。商法第172条是第37条关于商业登记的一般效力的例外性规定，无论相对方为善意还是恶意，未经登记公司不得成立。

III. 公司设立瑕疵（无效·取消）

1. 公司设立瑕疵的含义

1）公司设立瑕疵是指公司经过设立登记，外观上已有效成立，但设立程序中存在重大瑕疵的情形。如前所述，公司设立由设立程序（设立行为）与设立登记两部分构成，而设立瑕疵是指设立程序中存在问题的情形。设立程序瑕疵是导致公司设立无效或取消公司设立的原因。

★公司设立瑕疵的特征

公司与多数利害关系人有着千丝万缕的联系，因此，相较于民法上的法律行为（意思表示）瑕疵，公司设立瑕疵具有其自身的特点。

（1）公司设立过程中的有些瑕疵可通过设立登记获得一定程度的治愈（修补）。例如，股份认购人不得以股份要约书的要件瑕疵为由主张认购无效或以欺诈、强迫、过失为由取消认购（第320条）。

（2）导致设立无效或取消设立的瑕疵是重大瑕疵，轻微瑕疵并不包含其中。

（3）设立程序中存在重大瑕疵的，应在“一定期限内”，“只能以诉”的形式（第184条第1项等）主张无效或取消，认定无效或取消的判决也仅对未来发生效力（第190条等）。

（4）由于确认设立无效或取消设立的判决“仅对未来”发生效力，因此，自设立登记之时起至作出设立无效或取消的判决为止，在这一期间存在的公司被称为“事实上的公司”，不同于从未进行登记的表见公司。承认事实上的公司，是为了尽量尊重现有状态，维护交易安全。

2）公司设立瑕疵区别于公司不成立或公司不存在。公司不成立是公司完成了设立程序但没有进行设立登记的情形；公司不存在是指完全没有履行设立程序，只进行了设立登记的情形。公司设立瑕疵是指既完成了设立程序，也进行了设立登记，只是设立程序中存在瑕疵的情形。

3）公司设立瑕疵分为主观瑕疵与客观瑕疵。主观瑕疵主要是指因社员无意思能力等原因产生的瑕疵；客观瑕疵是指因设立行为违反法律或章程规定而产生的瑕疵。导致设立无效的瑕疵，既包括主观瑕疵，也包括客观瑕疵，但导致取消设立的瑕疵仅限于主观瑕疵。

4）根据公司的种类不同，公司设立瑕疵的种类也有所不同，下面将会根据不同的公司种类，分别讲解其设立瑕疵与设立无效、取消设立之诉的相关内容。

2. 合名公司的设立瑕疵

合名公司与合资公司、有限责任公司、有限公司一样，其社员的个性非常突出且重要，因而可提起设立无效之诉或取消设立之诉。股份公司只能提起设立无效之诉。

3. 合资公司的设立瑕疵

对合资公司的设立无效与取消设立准用关于合名公司的规定（第269条）。合资公司中，不仅无限责任社员，有限责任社员具有主观瑕疵的（无意思能力或无行为能力），也可成为设立无效或取消设立的事由。[1]有限责任公司与有限公司的社员具有主观瑕疵的情形也等同（参照第287条之6、第552条），但股份公司的股东并非如此。合资公司的有限责任社员亦可提起公司设立无效之诉（第269条、第184条第1项）。

4. 股份公司的设立瑕疵

与人合公司、有限责任公司或有限公司不同，股份公司具有设立瑕疵的情形中，不得提起取消设立之诉，而只能提起设立无效之诉。这是因为股份公司并不重视社员的个性，即使在认购股份或缴纳资本金过程中存在瑕疵，也可追究发起人的资本金充实责任（第321条），因而并不影响股份公司的设立。同理，社员的主观瑕疵并不能成为提起股份公司设立无效之诉的事由。股份公司只承认客观瑕疵。客观瑕疵是指设立程序违反强行法规或股份公司本质的情形（后述）。

5. 有限公司的设立瑕疵

与股份公司类似，有限公司的设立无效之诉、取消设立之诉的提诉人并不仅限于社员，还包括董事与监事，而且有限公司不适用公司继续[2]制度。除了这两点以外，均与合名公司的情形相同。

---

[1] 郑灿亨（上）474页。

[2] 公司解散或破产过程中基于某种原因让公司恢复到解散或破产之前的经营状态。——译者注

6. 有限责任公司的设立瑕疵

对于有限责任公司的设立无效与取消设立，准用关于合名公司设立无效与取消设立的相关规定（第184条至第194条）。除了社员可提起设立无效之诉外，不是社员的业务执行人也可提起设立无效之诉（第287条之6）。

第五节 事实上的公司

I. 事实上公司的含义

事实上的公司（de facto corporation, fehlerhafte Gesellschaft, societe de fait）是指，虽然不是法律意义上有效成立的公司，但在一定范围内被视为依法有效设立的公司实体，[1]该实体存续期间为公司成立之时至确认设立无效或取消设立的判决作出之时。[2]应区分事实上的公司与表见公司（幽灵公司）。表见公司是指因未履行制作章程等公司设立程序或未进行登记而不具有可将其认定为事实上的公司的任何依据，但伪装成实际存在的公司并与第三人进行交易的公司。

事实上的公司是公司设立后被无效处理或取消设立的情形，因此，既区别于虽已着手公司设立，但未完成设立登记的“公司不成立”，也有别于虽已完成了设立登记，但不具有公司实体的“公司不存在”。

II. 事实上公司的认定依据

由于公司设立程序复杂，在设立过程中存在瑕疵也是情有可原，设立无效或取消设立也并非不可能发生的现象。公司一旦成立，就可进行经营活动而形成一系列的法律关系。如果以设立程序存在瑕疵为由，将这种法律关系视为无效或按照一般法律原理进行处理，将会导致危害多数人稳定法律关系的结果。商法的这种规定是为了尽可能限制对设立瑕疵的主张，同时做到即使接受瑕疵主张，也会出于团体法上的考虑，实现对法律关系的统一处理，本着尊重既存状态主义，维护法律关系的稳定与交易安全这一根本目的。

III. 事实上公司的成立要件

设立无效、取消设立的判决一经确定，事实上的公司即被认定存在。因

---

〔1〕 郑东润（上）422页。

〔2〕 但提起合并无效之诉后确定合并无效的情形中，并不认可事实上的公司。

此，事实上公司的成立，应满足以下要件：①已经制定章程；②设立登记已经完成；③公司设立程序具有瑕疵并以诉的形式主张瑕疵的存在，设立无效或取消设立的判决已经确定。

1. 事实上公司的成立

事实上的公司的成立前提是公司已经成立。公司的成立需要制定章程并进行设立登记。[1]

2. 公司设立程序瑕疵

公司设立程序中应存在瑕疵。由于在股份公司中，社员的个性并不会成为问题，因此，仅认可客观瑕疵引起的设立无效之诉，并不认可主观瑕疵引起的设立无效之诉或取消设立之诉。在人合公司与有限责任公司及有限公司中，社员的个性极其重要，因此，不仅可提起客观瑕疵或主观瑕疵引起的设立无效之诉，还可提起主观瑕疵引起的取消设立之诉。

3. 设立瑕疵的主张

公司设立瑕疵，不仅涉及社员，还关系到第三人的利益，因此，为了慎重、统一解决这一问题，只能以设立无效或取消设立之诉的形式主张设立瑕疵。

4. 设立无效、取消设立判决的确定

应通过法院判决认定瑕疵的存在，并且作出设立无效或取消设立的判决。该确定判决的对世效力及于当事人之外的第三人（第 190 条本文、第 269 条、第 328 条第 2 项、第 552 条第 2 项），但不具有溯及力。因此，该确定判决并不影响判决确定之前产生的公司与社员及第三人之间的权利义务关系（第 190 条但书、第 269 条、第 328 条第 2 项、第 552 条第 2 项）。

IV. 事实上公司的法律关系

1. 事实上公司的权利能力

具有设立无效或取消设立事由的事实上的公司，在法院作出设立无效或取消设立判决之前，自始享有完整的权利能力。商法第 190 条规定“设立无效判决或取消设立判决……并不影响判决确定之前产生的公司与社员及第三人之间的权利义务关系”，也是以事实上的公司从设立之时起就具有权利能力为前提，是为了将作出设立无效或设立取消判决之前的经营活动结果全部归结于公司并适当地整理、分配取得的公司财产。

---

[1] 郑东润（上）422 页。

设立无效或取消设立的判决确定之后，事实上的公司与普通的被解散公司一样，仅在清算目的范围内享有权利能力。

2. 作出设立无效、取消设立判决之前

即使设立无效或取消设立的判决已经确定，也不具有追溯效力，因此，同等对待事实上存在过的公司与有效成立的公司，能够保护已经存在的法律关系。股份公司的发起人承担的关于公司设立的责任是公司成立时的责任，而非公司不成立时的责任。

3. 作出设立无效、取消设立判决之后

1）准清算的开始

设立无效或取消设立的判决一经确定，事实上的公司将不再向将来发生，应准用公司解散的程序进行清算（第 193 条第 1 项、第 269 条、第 328 条第 2 项、第 552 条第 2 项）。事实上的公司的清算程序虽与一般公司的清算程序相同，但其清算人并不仅限于业务执行社员或董事，法院可根据利害关系人的申请选任事实上的公司的清算人，这一点有别于一般公司（第 193 条第 2 项、第 269 条、第 328 条第 2 项、第 552 条第 2 项）。

2）公司的继续〔1〕

设立无效或取消设立的判决确定之后，公司可根据特别规定继续存在，即如果无效或取消事由仅仅源于特定的社员，只要其他社员一致同意，公司即可继续存在，同时视为引起设立无效或取消设立事由的社员退社（第 194 条、第 269 条）。仅剩一名社员时，可通过引进新社员使公司继续（第 194 条第 3 项、第 229 条、第 269 条）。

---

〔1〕 公司的继续是指因解散进行清算或处在破产程序中的公司重新回到解散前的状态。这是源于企业维持理念的制度。①存立期间终了或发生章程规定的其他事由的情形，②根据总社员的同意或股东大会、社员大会的特别决议解散的情形，适用于所有形态的公司（第 229 条第 1 项、第 227 条第 12 号、第 269 条、第 519 条、第 610 条第 1 项）。③合名公司或有限公司中仅剩社员一人而解散的情形，合资公司中因全部无限责任社员或全部有限责任社员退社的情形，可通过引进新社员而使公司继续（第 229 条第 2 项、第 227 条第 3 项、第 285 条第 2 项、第 610 条第 2 项）。［公司继续，continuation of company or corporation］出处：《法律用语词典》，法文 BOOKS 2011 年版。——译者注

第六节　公司组织变更

I. 公司组织变更的含义

组织变更（transformation，Umwandlung）是指公司在维持同一法人人格的同时，变更法律规定的公司组织，从而使公司成为其他类型的公司。组织变更的特点是，即使变更组织使公司成为不同种类的公司，法人人格的同一性也维持不变。从这一点上看，组织变更区别于公司合并，后者是指消灭一个公司，而由另一个公司概括性地继承被消灭公司的权利义务。

在设立、经营公司的过程中，有时会发现现有的公司形态并不适合公司发展。如果将现有的公司解散，重新设立另一种形态的公司，其成本之高，程序之繁杂，反倒不利于公司。公司的组织变更就是为了避免这种繁杂、不必要的损失并维持企业理念而产生的制度。公司组织变更一经登记即发生效力。[1]

II. 公司组织变更的种类

在性质完全不同的人合公司与资合公司之间不得进行组织变更。这是由于社员责任的变更会带来复杂的法律后果，也有悖于保护公司债权人的宗旨。因此，公司组织变更只能发生在公司组织与社员责任类似的人合公司或资合公司之间。据此，公司的组织变更可分为以下四种类型。

大法院 1985. 11. 12. 85NU69：不得将合资公司变更为股份公司
公司的组织变更是公司保持其法人人格同一性的同时变更法律上的组织从而成为其他种类的公司的情形。根据商法规定，只能在合名公司与合资公司相互间或股份公司与有限公司相互间进行组织变更，因此，诉外的KELRONG建设合资公司设立目的、住所、代表人等均相同的原告股份公司后，以吸收合并同一诉外公司的形式，达到实际上将合资公司变更为股份公司的目的的，不得将其视为法律上的组织变更。参照判例：大法院判决1979. 7. 24. 78DA2551（社团法人、小商人协同组合、中央会、公州郡合伙变更为公州商协相互信用金库资合公司，系事实上或经济上组织变更的案例）。

〔1〕 姜渭斗（会）120页；郑东润（上）938页；权奇范（会）182页。

1. 合名公司的组织变更

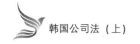

合名公司，不论是在存续过程中，还是在解散后继续的过程中，均应通过全体社员的同意才能变更为合资公司（第 242 条）。这时应在规定期间内进行合名公司解散登记与合资公司的设立登记（第 243 条）。

合名公司欲进行组织变更的，应新近引入有限责任社员或将既存的一部分社员转变为有限责任社员，后者的情形还应考虑公司债权人的保护问题。成为有限责任公司社员的人，对于在总公司登记前发生的公司债务，自登记之日起两年内承担无限责任（第 244 条）。

2. 合资公司的组织变更

合资公司的全体社员同意的，可变更为合名公司。这一变更使全体有限责任社员转变为无限责任社员，因此，不存在债权人保护的问题，只要进行法定的登记即可（第 286 条）。

3. 股份公司的组织变更

股份公司欲组织变更为有限责任公司或有限公司的，应由全体股东一致同意作出股东大会决议，决议中应规定章程内容及其他组织变更所需事项（第 287 条之 43 第 1 项，第 604 条第 1 项本文、第 3 项，第 287 条之 43 第 1 项）。股份公司发行公司债券的，组织变更应在偿还所有债务之后进行（第 604 条第 1 项但书），变更后公司的资本金总额不得多于变更前公司现存的净财产额（第 604 条第 2 项）。此外，应准于资本金减少的情形履行债权人保护程序（第 232 条、第 608 条），一经登记即发生组织变更的效力（第 606 条）。

组织变更后，公司现存的净财产额不足资本金总额的，作出组织变更决议当时的董事与股东承担支付不足部分的连带责任（第 605 条第 1 项）。股东的这一填补责任不得免除（第 605 条第 2 项、第 550 条第 2 项、第 551 条第 2 项），而董事的填补责任可通过全体社员的一致同意免除（第 605 条第 2 项、第 551 条第 3 项）。

组织变更前的股份质权人可优先于有限公司社员的份额与组织变更时的受领金行使物上代位权（第 604 条第 4 项、第 601 条）。

4. 有限公司的组织变更

有限公司欲组织变更为股份公司的，应由全体社员一致同意作出社员大会决议（第 607 条第 1 项、第 5 项，第 604 条第 3 项），还应启动债权人保护程序（第 608 条、第 232 条）并按照法律规定进行登记（第 606 条）。从这几点上看，与股份公司的组织变更基本相同。

公司组织变更时发行的股份总额不得超过公司现存的净财产额（第607条第2项），否则，应由决议当时的董事、监事及社员连带承担填补超过部分的责任（第607条第4项）。这种情形中，社员的责任免除、股份质权人的物上代位权行使与股份公司的情形相同（第607条第4项、第550条第2项、第551条第2项、第607条第5项、第601条第1项）。与股份公司变更为有限公司的情形不同的是，有限公司变更为股份公司应当获得法院的许可（第607条第3项）。

5. 有限责任公司的组织变更

有限责任公司根据全体社员的一致同意才可变更为股份公司（第287条之43第2项），而股份公司则需要全体股东一致同意作出决议，才可变更为有限责任公司（第287条之43第2项）。对于有限责任公司的组织变更准用关于债权人异议的第232条规定以及关于股份公司组织变更的第604条至第607条规定（第287条之44）。

III. 公司组织变更的效力

对于组织变更的效力发生于实际上组织变更之后还是发生于组织变更登记（解散登记与设立登记）之后，尚无定说。由于公司人格的同一性并不随着组织变更而发生变化，前者也不无道理，但这等同于设立另一种形态的公司，因此，一般认为组织变更的效力发生于在总公司所在地进行组织变更登记之后（参照第172条）。只有这样，才能合理地解释上述组织变更需要全体社员同意的规定与合名公司变更为合资公司时有限责任社员的有限责任仅限于组织变更之后所发生的债务（第244条）的规定。《德国事业再编法》规定，公司组织变更在新的公司形态进行登记之时发生效力（同法第202条）。

IV. 公司组织变更的瑕疵

关于公司组织变更的瑕疵，商法未作规定，应准用关于设立程序瑕疵的规定。[1]据此，可根据变更后公司的种类，提起组织变更无效或取消之诉，无效或取消判决一旦确定，变更的公司将还原至原来的公司形态，但不影响组织变更后的公司取得的权利义务。

---

〔1〕 姜渭斗（会）121页；郑东润（上）941页；徐宪济（会）637页；首尔民地判1990.2.13.88GAHAB60411：应以公司为被告，自公司设立之日起两年内提起设立无效之诉。

第七节　公司的解散命令与解散判决

I. 公司的解散命令

1. 解散命令的含义

1）解散命令是指在公益的角度上存在不允许公司存续的一定事由时，法院根据利害关系人或检察官的请求，或者依其职权命令公司解散的裁判（第176条第1项）。法律赋予公司这一团体以法人人格，是因为公司承担着一定的社会责任并认可公司的社会价值，因此，一旦公司丧失存在价值（特别是具有反社会性质的情形），当然应剥夺法人人格。解散命令的目的在于消除公司设立准则主义的弊害，相当于民法中的法人设立许可取消制度（民法第38条）。

2）解散命令制度是由法院全面剥夺法人人格的制度，这一点与解散判决制度（第241条、第269条、第520条、第613条第1项）相同。两者的区别在于，前者是维持公益的制度，起因是公司的外部问题，请求权人是利害关系人或检察官，或由法院依其职权作出；而后者是保护股东或社员利益的制度，起因是公司的内部问题，只能依据社员的请求而作出。

3）解散命令制度与解散判决制度，均为防止法人人格滥用的制度，在这一点上与法人人格否认论具有共同之处。两者的区别在于，解散命令与解散判决制度是依据法院的职权全面剥夺法人人格，而法人人格否认论并非全面剥夺法人人格，只有滥用法人人格的情况下才会否定之。

2. 解散命令的事由

解散命令的目的在于维持公益。商法规定了三种解散命令的事由。

1）公司的设立目的违法的情形（第176条第1项第1号）：不仅仅指章程规定的公司目的明显违反法律的情形，还包括公司的实质意图为非法的情形（例如，章程将公司目的记载为职业介绍所，但真实目的为人身买卖的情形）。

2）不当迟延开业、不当暂停营业（公司无正当事由，在公司设立后一年内不开业或暂停营业一年以上的情形：第176条第1项第2号）。

“休眠公司”如果长期放置不理，滥用法人人格（利用于违法犯罪活动）的可能性就会较大。这里所谓的正当事由是指开发油田等性质上需要较长开业准备时间的情形。但因公司的内部原因（资金不足、业绩不佳等）而长时间无法开业或暂停营业以及客观上未表现出经营的意志与能力的情形等，不属于正当事由。

大法院判决认为：公司因用于经营的基本财产纠纷无法正常营业，而在胜诉之后开始正常营业的情形属于具有正当事由，不构成解散事由。[1]相反，如果败诉，则认为在判决作出之前的几年内未进行营业，属于商法第176条第1项规定的解散事由，公司应解散。[2]

大法院判决 1978. 7. 26. 78MA106：不属于"公司无正当事由停止营业一年以上情形"的案例
以经营市场为目的的公司在新建市场建筑物的过程中，因其所有权纠纷未能正常开展业务，后根据确定判决能够正常开展业务的情形，并不属于商法第176条第1项第2号规定的公司解散命令事由——公司无正当事由停止营业一年以上。

公司开始营业是指开始作为公司目的的营业本身，并不包括准备行为。开始重要部分的营业的情形中，虽不是开始全部营业，但可避免上述规定的解散。[3]

3）业务执行机关的不法行为（董事或执行公司业务的社员违反法律或章程做出使公司无法继续存续的行为的情形：第176条第1项第3号）。这不仅包括董事或业务执行社员作为公司机关违反法令或章程的情形（例如，贸易公司大规模走私毒品等），还包括董事等为了个人利益滥用其地位（代表董事处分或侵占公司重要财产的情形），即使替换该董事也无法正常运营公司的情形。对此，大法院的判决认为："公司的代表董事侵占建筑工程中的工程保证金（公司资产）后，欺骗第三人并以增加资本金的名义实施诈骗行为而受到刑事处罚的情形，构成上述解散命令事由，可作出解散命令。"[4]

3. 解散命令的程序

1）法院可根据利害关系人或检察官的请求，或依其职权作出解散公司的命令（第176条第1项）。这里的利害关系人是指法律上具有利害关系的人，

---

〔1〕 大法院 1978. 7. 26. 78MA106。

〔2〕 大法院 1979. 1. 31. 78MA56。

〔3〕 崔基元（会）103—104页。

〔4〕 大法院 1987. 3. 6. 87MA1。

不仅包括社员、股东、董事等任员，还包括公司债权人。

2）利害关系人请求法院作出解散命令的，法院可根据公司的请求命令利害关系人提供相应的担保（第 176 条第 3 项）。公司请求法院作出提供担保命令的，应阐明利害关系人的请求为恶意（第 176 条第 4 项）的事实。

3）公司解散命令请求案件的裁判依据《非讼案件程序法》进行（非讼第 90 条以下），由总公司所在地的地方法院合议部管辖（非讼第 72 条第 1 项），裁判以“附理由的决定”作出（非讼第 90 条第 1 项、第 75 条第 1 项）。法院作出决定之前应听取利害关系人的陈述，同时听取检察官的意见（非讼第 90 条第 2 项）。

4）解散命令请求提出后，为了防止隐匿财产，法院可在解散命令作出之前，根据利害关系人或检察官的请求选任管理人或进行其他保全公司财产的必要处理（第 176 条第 2 项）。

大法院 1980. 3. 11. 80MA68：承认法院的公司解散命令的情形
《自动车运输事业法》第 30 条的宗旨在于规定从事自动车运输的法人任意作出解散决议或以总社员的同意解散公司的，应获得交通部长官的批准。本案中，由法院根据商法第 176 条规定作出解散公司命令的情形，并不以获得交通部长官批准为必要条件。……根据记录，可看出本案中乙公司自 1974 年 1 月起，在无正当事由的情况下停止营业至今。基于这一点，大法官认为原审判决正当无误，驳回再抗告。

大法院 1995. 9. 12. 95MA686：驳回解散命令请求的案例
根据商法第 176 条第 1 项规定，可向法院提出公司解散命令请求的利害关系人是指与公司存立具有直接的法律上的利害关系的人。……拥有名为“Electron Land”的大厦并以相同名称进行服务标记商标登记的人欲将其商号变更为“Electron Land 股份公司”，但因休眠公司“Electron Land 销售股份公司”的存在不得进行商号变更登记，仅以这一事实难以认定其为利害关系人。

4. 解散命令的效果

1）解散命令裁判一经确定，公司即解散（第 227 条第 6 号、第 269 条、第 517 条第 1 号、第 609 条第 1 项第 1 号）。公司解散的，其权利能力被缩小至清算目的范围之内，因而不得适用以清算行为以外的业务为前提的规定。

2）公司、利害关系人与检察官可对解散决定提出即时抗告[1]（非讼第91条），这种抗告具有停止执行的效力。但在抗告审中并非必须进行辩论，因此，可以不赋予抗告人辩论的机会。[2]

3）其他程序与因其他解散事由解散的情形一致。

II. 解散判决

1. 解散判决的含义

解散判决制度是指在无法突破公司运营的停顿、有失合理等难关的情况下，为了保护社员（股东）利益，仅依据社员（股东）请求，由法院作出判决，从而解散公司的制度（第241条、第269条、第520条、第613条第1项）。

2. 解散判决的请求权人及请求事由

解散命令规定在公司法通则中，而解散判决则规定在各种关于公司的个别规定中。据此，可从人合公司与资合公司两方面了解解散判决。

1）人合公司

合名公司与合资公司中存在不得已事由的，才可作出解散判决（第241条第1项、第269条）。不得已事由是指，从人合公司的特点上看，并不仅仅是单纯的、社员一己之身的事由，而是能够对公司目的或公司存续产生影响的事由。例如，公司因社员不和睦而无法继续存续，以社员除名、退社、股份转让等消极方法无法解决，也无法实现全体社员同意的公司解散的情形。如果不得已事由与解散命令事由重叠，社员可以选择提出解散命令请求还是解散判决请求。[3]

2）资合公司

相较于人合公司，股份公司与有限公司的解散判决事由更为严格。

（1）具有公司因持续处于业务停顿状态而发生无法弥补的损失或有造成这种损失的可能性等不得已事由的情形（第520条第1项第1号、第613条第

---

〔1〕 抗告是指对决定的上诉，分为一般抗告和再抗告。一般抗告又分为普通抗告和即时抗告。即时抗告是有特别允许规定时才可提出的抗告，而普通抗告是不存在可提起即时抗告的规定的情形中，可对法院的决定提起的抗告（刑诉第402条）。［抗告］出处：《法律用语词典》，法文BOOKS2011年版。——译者注

〔2〕 大法院1987. 3. 6. 87MA1。

〔3〕 同旨：孙珠瓒（上）473页；郑灿亨（上）526—527页。

1 项）。如，因董事之间的矛盾导致经营停滞或社员之间极端对立，也不能替换董事的情形。

（2）具有因公司财产的管理或处分明显不当而危及公司存亡等不得已事由（而且在股东大会上无法作出解散决议）的情形（第 520 条第 1 项第 2 号、第 613 条第 1 项）。如，董事不当挪用或处分作为公司存立之根本的财产，既无法替换董事，也无法以违法行为留止请求使公司情况正常化的情形。

3. 解散判决的程序

1）在人合公司中，解散判决的请求权人是各社员，而资合公司的解散判决请求权人为少数股东或少数社员。这里所谓的少数股东是指持有发行股份总数 10%以上的股东，少数社员指占据资本金 10%上出资的社员（第 520 条第 1 项、第 613 条第 1 项）。

2）与解散命令请求依据《非讼案件程序法》处理不同，请求公司解散的诉讼是以公司为被告的诉讼案件，是形成之诉，裁判应以判决的形式作出。此类诉讼由总公司所在地的地方法院专属管辖（第 241 条第 2 项、第 186 条、第 269 条、第 520 条第 2 项、第 613 条第 1 项）。

4. 解散判决的效果

1）原告胜诉的，公司依据判决当然解散，公司进入清算程序。

2）原告败诉的，若具有恶意或重大过失，应对公司承担连带损害赔偿责任（第 241 条第 2 项、第 191 条、第 269 条、第 520 条第 2 项、第 613 条第 1 项）。

第八节　公司回生

I. 公司回生制度的含义

企业回生程序与一般债务人的回生及破产程序一同规定在《债务人回生法》中。《债务人回生法》规定的回生是指调整因财务困难而面临破产的债务人与债权人、股东、份额权人等利害关系人之间的法律关系，从而使债务人或企业起死回生的制度。《债务人回生法》是将以往的《公司整理法》《和议法》《破产法》《个人债务人回生法》等关于公司破产的四部法律整合制定的单行法，适用于包括股份公司在内的所有公司，同时也是一部适用于个人债务人的特别法，其条文多达 660 条。《债务人回生法》废止了既存《和议法》

上的和议程序并改善了公司整理程序。之所以设置回生程序，是因为一旦企业解体进入破产程序，就会发生债权人只能追回一部分债权或债权完全得不到保护的情形，这会给股东或职工造成巨大损失，在因一时的资金紧缺破产或账面利润破产的情况下，会给企业造成巨大损害。据此，为了将经济上的损失最小化，认为公司继续存续的价值大于公司清算价值的，有必要在法院的监督下，调整债权人与股东间的利害关系，使其起死回生，而不是直接将企业解体。

II. 回生程序的特点

1. 法院的干预

回生程序是根据公司债务的延期偿还、债务减免、利害关系人的权利变更等强有力的司法救济手段，回生、再建企业的程序。法院作为监督人干预企业回生。

2. 股东、份额权人、债权人的参与

股东、份额权人及债权人作为利害关系人出席关系人集会，就回生计划进行表决，并根据该决议共同承担公司再建中发生的损失与权利减缩。

3. 选任管理人

法院应在决定启动回生程序的同时选任管理人。管理人作为回生计划的执行人，不仅管理、处分公司财产，还行使公司经营权。因此，可以说回生计划的成败取决于管理人能力的大小。以往的公司整理程序中，原则上选任第三人作为管理人，而经债权人协议会同意或认为公司经营必要时，将旧管理层选任为管理人。但《债务人回生法》规定，原则上应将个人债务人或不是个人债务人的代表人选任为管理人，而选任第三人为管理人的情形则是例外（债回第 74 条第 2 项）。

★回生程序与破产程序的比较

第一，破产使企业解体，终止其营业活动，而回生的目的在于使企业起死回生。

第二，破产程序中选任的是财产管理人，而回生程序中选任的是管理人。

第三，在担保权的地位上存在明显的区别。破产程序中的担保权人享有别除权，可保障其优先受偿的权利，而回生程序中的担保权人的权利只能通过回生程序获得保障。

第四，股东地位不同。破产程序中的股东与债权人是对立关系，股份完全失去价值的情形比较普遍，而回生程序中的股东与债权人是共同站在公司的对立面。

III. 回生程序的开始

1. 回生程序的开始要件

回生程序的开始应具备以下条件：①债务人偿还偿还期内的债务，将会明显阻碍债务人的继续营业，或②债务人可能发生破产事由（债回第 34 条）。

2. 回生程序的申请

1）申请权人

债务人符合上述任何一项的，代表董事均可通过董事会决议申请启动回生程序。[1]债务人可能发生破产事由的情形中，以下主体也可提出申请：①债务人是股份公司或有限公司的情形中，持有相当于资本 1/10 以上债权的债权人以及持有相当于资本 1/10 以上股份或出资份额的股东、份额权人；②债权人不是股份公司或有限公司的情形中，持有相当于 5000 万韩元以上的债权的债权人，合名公司、合资公司及其他法人或准于此的公司的情形中，持有出资总额 1/10 以上出资份额的份额权人，可申请启动回生程序（债回第 34 条）。

2）管辖法院

回生案件专属于债务人的主要办公场所或营业地（主要办公场所或营业地在国外的，指韩国国内的主要办公场所或营业地）所在地的地方法院合议部门管辖。债务人是个人或债务人没有办公场所或营业地的，由管辖债务人的普通裁判籍所在地[2]的地方法院专属管辖（债回第 3 条第 1 项）。

3）申请程序

回生的申请应以记载必要事项的书面形式提出（债回第 36 条）。申请人应表明启动回生程序的原因，由债权人、股东、份额权人申请的，还应表明其持有的债权数额、股份或出资份额的数量与金额（债回第 38 条）。回生程

〔1〕 大法院 2019. 8. 14. 2019DA204463：股份公司的重整程序开始申请属于代表董事日常业务之外的重要业务，应视为需要作出董事会决议。

〔2〕 普通裁判籍是指在没有专属管辖规定的情形中，在民事诉讼中对被告的一切诉讼案件普遍认可的裁判籍。与此相对的特别裁判籍是指仅对有限的种类与内容的案件适用的裁判籍。普通裁判籍与特别裁判籍共存从而发生裁判籍竞合的情形中，原告可任意选择一处提起诉讼。——译者注

序的申请人应事先缴纳回生所需费用（债回第 39 条）。

IV. 回生程序的主管机关

为了使法院的业务执行灵活简便，《债务人回生法》规定由法院主持公司回生程序。法院应组成由 3 人到 15 人构成的管理委员会，还应设置由主要债权人构成的债权人协议会协助法院（债回第 15 条至第 22 条）。

V. 对申请的审理及裁判

法院收到回生申请（以下称为申请）后，应审查是否符合法定要件，认为不符合的，驳回申请；认为符合法定要件的，应依职权调查该申请是否具有《债务人回生法》第 42 条规定的各项驳回事由，认为具有驳回事由的驳回申请。该驳回决定确定之后，法院认为破产原因在于宣告破产前的债务人的，可依职权宣告破产（债回第 6 条第 2 项），被宣告破产的债务人续行破产程序（债回第 7 条）。调查结果显示不存在《债务人回生法》第 42 条的各项驳回事由的，应决定启动回生程序。该决定一经作出，立即发生效力（债回第 49 条第 3 项）。对于启动回生程序的裁判，利害关系人可提出即时上告（债回第 53 条、第 13 条）。

VI. 启动回生程序决定的效力

命令公司启动回生程序的裁判应以决定作出。法院决定启动回生程序的同时，应选任一名或数名管理人并确定回生债权、回生担保权、股份或出资份额的申报期间，首次管理人集会的日期，回生债权、回生担保权的调查期间（债回第 50 条）等。法院一旦决定启动回生程序，应立即公告相关事项（债回第 51 条第 1 项）并将记载相关事项的决定以书面形式送达，通知管理人等利害关系人与行政监督部门（债回第 51 条、第 24 条、第 27 条），还应依其职权毫无迟延地对回生程序的启动进行登记（债回第 23 条、第 24 条、第 27 条）。

VII. 公司财产的管理及保障

1. 管理人

法院决定启动回生程序的同时应选任管理人（债回第 50 条）。原则上，应选任个人债务人或不是个人债务人的代表为管理人，但作为例外也可选任第三人为管理人（债回第74条第1项）。

2. 对公司机关的责任追究

公司进入回生程序是财务状况的变化等多种原因造成的，但主管经营的董事等公司机关的责任往往是主要原因。因此，《债务人回生法》为了追究这些人的责任，规定了名为调查确定裁判的责任追究简易程序。

调查确定裁判是指在启动回生程序的决定已经作出的情况下，法院认为有必要的，根据管理人的申请或依其职权，调查确定对董事等的出资履行请求权或基于董事责任的损害赔偿请求权存在与否及其内容的裁判（债回第115条第1项）。自收到调查确定裁判之日起一个月（不变期间）内未提起异议之诉或取消、驳回诉讼的，调查确定裁判发生与命令履行的确定判决同等的效力（债回第117条）。

3. 否认权

面临破产的公司在部分债权人的追究下，有时会对其进行偿还、代物偿还或为其设定担保，这种行为不利于其他债权人。《债务人回生法》规定，对于回生程序开始前的公司实施的明知危害回生债权人或回生担保权人的利益的行为或危害其他回生债权人平等受偿权的偿还行为、提供担保的行为，在回生程序开始后，管理人可为了确保公司财产否认其效力（债回第100条）。

VIII. 关系人集会

关系人集会是指在回生程序启动之后，为了使债权人、担保权人、股东及其他利害关系人听取管理人等关于公司业务及财产管理的报告并对回生计划案作出决议，由法院召集的集会。关系人集会由法院召集指挥，集会次数仅限三次（债回第184条）。

IX. 回生程序的终结与废止

1. 回生程序的终结

回生计划已经被履行或认为回生计划一定会被履行的，法院可根据管理人的申请或依其职权决定回生程序的终结（债回第283条第1项）。终结决定一经作出，回生程序即告终结，公司的经营权由管理人转移至董事、代表董事，回生的公司恢复至通常意义上的公司，继而脱离法院的监督。

2. 回生程序的废止

回生程序的废止是指回生程序启动后没有达到目的就被中断的情形。《债务人回生法》规定的回生程序废止，根据程序中断的时点分为：①回生计划许可前的废止；②回生计划许可后的废止。

回生程序的废止并不产生溯及效力，即，在回生计划许可决定作出之后回生程序被废止的，该废止行为不影响回生计划的实施与依据《债务人回生法》产生的效力（债回第 288 条第 4 项）。

第三章
股份公司

韩国的企业法体系中，最重要的是《商法》《关于资本市场与金融投资业的法律》《关于独占规制与公平交易的法律》《关于股份公司等的外部监查的法律》《债务人回生法》《关于设置金融委员会等的法律》《证券集团诉讼法》等。韩国商法属德国法系，但股份公司法却属英美法系。

本章主要讲解关于股份公司的内容，同时对《关于资本市场与金融投资业的法律》《关于股份公司等的外部监查的法律》以及《证券集团诉讼法》等内容进行详细的解析。

第一节　总说

Ⅰ. 股份公司的概念

韩国商法对股份公司的定义未作任何规定。股份公司（Aktiengesellschaft, company limited by shares, business corporation, société anonyme）是指，将社员（股东）出资形成的资本金分割成均等单位的股份，股东以其认购的股份为限对公司承担出资义务，而对公司债权人不承担任何责任（有限责任）的公司。据此，股份公司的三要素为资本金、股份以及股东的有限责任。

1. 资本金

1）资本金的概念

（1）资本金的含义

（a）资本金的功能

股份公司是最为典型的资合公司，相较于人的结合，资本金的结合更为重要。股份公司的资本金是“公司”成立之基础，代表着“股东”的出资额与责任的界限。对于公司的债权人而言，资本金意味着公司的信用与担保。

(b) 资本金的概念

资本金（stated capital，Grundkapital）是公司“应持有的净财产额的基准”，是公司为了经营而由股东出资并表示其出资基本金额的会计意义上的不变数额，具有抽象性、规范性。具体而言，发行面额股份时，资本金是“发行股份的总面额”（票面额×股份数量）（第 451 条第 1 项）；发行无面额股份时，资本金是股份发行总额二分之一以上的金额，是董事会决定作为资本金的金额（第 451 条第 2 项）。

资本金的数额（缴纳的资本金）记载于资产负债表“资本金”一栏上，并不记载于公司章程中（但公司欲发行的股份总数以及公司设立时发行的股份总数是章程的绝对记载事项），但应以登记的方式进行公示（第 317 条第 2 项第 2 号）。

(2) 资本金与公司财产的区别

资本金作为“公司应持有的净财产额的基准”，是抽象的、不变的数学意义上的数额；而公司财产作为“公司实际具有的财产总和”，是随着公司的经营状况与物价变动而变化的、具体的财产。

(3) 资本金与授权资本金的区别

发行面额股份的，资本金是公司发行的股份（票面）总额（第 451 条第 1 项）；发行无面额股份的，资本金是董事会决定计提为资本金的金额（第 451 条第 2 项），区别于代表“公司将发行的股份（票面）总额”（第 289 条第 1 项第 3 号）的授权资本金。

(4) 资本金与作为经济概念的资本的区别

商法中的资本金是法律概念，区别于作为经济概念的资本（以下称“资本”）。资本包括基本资本、附加资本（两者统称为自己资本）以及外来资本（他人资本）。其中只有基本资本是法律（商法）意义上的资本金。商法中，附加资本被规定为“准备金”（第 458 条至第 461 条之 2）；外来资本中包括作为长期负债（long-term borrowing）的“公司债（社债）”（第 469 条至第 516 条之 11）。

2) 资本金规模

商法对股份公司的最低资本金与最高资本金并无限制性规定。以往为了防止滥用股份公司制度，在 1984 年修订商法中，参照外国立法例［德国 1 万德国马克；日本 1 000 万日元，在 2005 年的公司法中被废除；法国 25 万法郎（公开募集的 150 万法郎），2004 年被废止；英国公营公司（public company）5

万英镑；欧盟 25 000 欧元；美国各州公司法规定 500 美金或 1 000 美金等]，引进了最低资本金制度（5 000 万韩元）。但以虚假缴纳资本金（所谓见金）的方式进行暂时缴纳或公司设立后立即抽走资金的情形中，也没有对其进行规制的方法（这部分内容将在后面叙述）。商法将资本金视为公司应持有的净财产额，而不问目前公司所持有的净财产额为多少，这种情况下，最低资本金制度成了无用之物。随着这一问题的出现。在 2009 年 5 月的修订商法中删除了股份公司最低资本金制度。

3）关于资本金的立法例

各国关于股份公司的资本金制度可分为总额引受制度（确定资本金主义）与授权资本金制度（创立主义），前者是指公司设立时，要求认购相当于资本金总额的股份的资本金制度；后者是指公司设立时，只发行可发行股份中的一部分，将剩余部分的新股发行权授予董事会的资本金制度。

（1）总额引受制度（确定资本金主义）

总额引受制度是主要被大陆法系国家采用的资本金制度，资本金是公司章程的记载事项，要求公司设立时认购相当于资本金总额的股份。该制度优点在于公司设立时能够保障公司的资本基础，从而保护公司债权人，但在设立公司与融资方面缺乏灵活性，这也是韩国依用商法曾采用过的资本金制度。

（2）授权资本金制度（创立主义）

授权资本金制度是将原本属于股东固有的融资权限授予董事会的资本金制度。授权资本金制度主要被英美法系国家采用，根据这一制度，无需在章程中记载资本金，只需记载“公司发行的股份总数”（授权资本金总额）即可；只要认购授权股份总数中的一部分，公司即可成立；而公司成立后，可随时根据董事会决议就剩余部分（全部或部分）进行新股发行，从而达到融资效果。授权资本金制度具有设立公司容易、融资便利的优点，但该制度极易使公司的财产基础陷入危机，从而无法强有力地保护公司债权人的利益。

（3）韩国商法的立法主义

（a）商法规定

商法并没有将资本金规定为章程的记载事项（参照第 289 条第 1 项）。商法规定章程中应记载授权股份总数（第 289 条第 1 项第 3 号）的同时，还规定可根据董事会决议就授权发行股份中未发行的股份进行新股发行（第 416 条）。据此，可以说韩国商法采纳了授权资本金制度。商法还规定对公司设立时所发行的股份应进行全额缴纳（全额缴纳主义）（第 303 条、第 305 条第 1

项）。

（b）折中主义的引入

韩国商法曾试图折中采用创立主义（授权资本金制度）与确定资本金主义（总额引受制度）。公司设立时，规定授权股份总数为章程的绝对记载事项（第289条第1项第3号）的同时还规定认购、缴纳全部发行股份（第295条、第303条、第305条第1项），从而尽量巩固公司的财产基础。赋予董事会进行灵活融资的权限，加强股份折价发行这一补充措施，保障了授权资本金制度的实效性。这是引进英美法系国家的董事会制度与授权资本金制度时，未能完全摒弃总额引受制度的结果。

4）资本金原则

在作为资合公司的股份公司中，资本金是对公司债权人的唯一担保，因此，传统上将资本金确定原则、资本金维持原则、资本金不变原则视为资本金三大原则。[1]

★关于是否应维持商法中的资本金原则的探讨

韩国商法并没有对资本金三大原则作出明确规定。这些原则原本是总额引受制度下的原则，在引进了授权资本金制度的韩国商法中，对于这些原则是否仍维持其原来的意义存在不同的见解。

（1）多数说（资本金原则维持说）认为，虽然韩国商法基本上采用了授权资本金制度，但其并不是纯粹的授权资本金制度，而是添加了确定资本金制度的内容，在这一范围内维持着资本金三大原则。在资本金三大原则中，资本金维持（充实）原则虽还维持着原来的意义，但资本金确定原则在增资时已被废止，只在设立公司时维持着这一原则，但较之原来的意义也有所缓和。资本金不变原则在增资时也被废止，只在减资时维持着，因此，也可将资本金不变原则称为资本金不减少原则。[2]也有人认为，可将资本金不变原则包含于资本金维持（充实）原则中。[3]

（2）根据少数说，可将资本金原则分为形式上的原则与实质上的原则。从形式上看，资本金确定原则已被废止，而从实质上看，只承认资本金充实

〔1〕崔基元（会）123—126页中将资本金原则分为四种，即在传统的三大资本金原则上加上了实质自己资本金充实原则。实质自己资本金充实原则是最近在德国被广泛议论的根据社员的消费借贷支配公司的情形中，关于公司债权人保护的原则。

〔2〕孙珠瓒（上）540页；崔基元（会）123页。

〔3〕李哲松（会）210页。

原则。

（a）形式上的原则是指传统的资本金三大原则，也称为消极维持资本金原则。韩国商法只规定了资本金维持（充实）原则与资本金不变（限制减少）原则，资本金确定原则已被废止。[1]只有资本金维持（充实）原则与资本金不变（限制减少）原则合二为一才能完整地发挥其作用。

（b）实质上的原则是指资本金充实原则，也可称为积极维持资本金的原则，是公司根据其欲经营的业务规模与业务性质，必须拥有足够且充分资本金的原则。

韩国商法中并无正面规定实质性原则的规定。尽管如此，少数说仍然认为，基于以下几点，可以认定韩国也承认资本金充实原则：英美国家从很久以前就依据判例与学说将这一原则认定为关于资本金的指导性原理；在德国，对于金融机关、资本投资公司及保险公司，根据特别法规定适用这一原则；在资合公司缺乏充分的资本金的情形中，其社员不得享受有限责任的优惠更加符合衡平原则，而且从资合公司制度的法理上看，这也是理所当然的。如果必须要寻找一个制定法依据，那么为保护公司债权人的关于资本金维持（充实）原则的商法规定就可作为其依据。实际操作中，应综合考虑公司经营的规模、种类以及经营中可预计的债务额等整体情况作出资本金充分与否的判断。[2]

（3）笔者意见

时至今日，记载于财务报表上的或登记的资本金并不具有债权人保护功能，因为不会再有人单纯基于这些记载出借资金。但韩国商法依然延续着资本金三大原则的部分内容，特别是商法规定公司维持相当于资本金数额的实际财产，如果不能满足这一条件，将会被采取一定措施（包括决定公司存续与否）。因此，资本金充实（维持）原则依然是一项非常重要的资本原则，笔者赞同多数说。

---

〔1〕从通过新股发行增资的情形中欲增加的资本金数额未记载于章程（第289条第1项、第416条），或不要求对其全部进行认购或缴纳，又或在实际认购缴纳的范围内发生新股发行的效力等公司成立后增资时资本金确定原则已被废弃的情形上看，它已经丧失了作为一般性原则的意义。郑东润（上）371页。

〔2〕郑东润（上）371—372页。

(1) 资本金确定原则

资本金确定原则（Prinzip des festen Grundkapitals）是指公司设立时，将资本金数额规定在公司章程之中，并且也应确定对资本金的股份认购的原则。这是为了公司设立时使公司拥有雄厚的财产基础，从而保障资本团体——股份公司的坚固稳定，保护公司债权人的利益。从韩国商法相关条款中可知资本金确定原则仍然存在，即①公司设立时发行的股份总数是章程的绝对记载事项，应进行登记（第289条第1项第5号、第317条第2项第3号）；②对于公司设立时发行的股份应进行全部认缴（第295条、第303条、第305条第1项）。

(2) 资本金维持（充实）原则

资本金维持原则（Prinzip der Erhaltung des Grundkapitals）是指公司应实际拥有相当于资本金数额的财产，也可称为资本金充实原则或资本金拘束原则（Prinzip der Bindung des Grundkapitals）。这是为保障公司存续、保护公司债权人利益的原则，主要表现为充分缴纳资本金与对利益分配的限制等。

商法中，①关于充分缴纳资本金的规定有：缴纳期限内应全额缴纳或履行全部实物出资（第295条、第303条、第421条第1项、第425条），对实物出资以及其他变态设立事项的严格规制（第299条、第310条、第313条、第314条、第422条等），禁止资本金缴纳的任意相抵（第421条第2项），发行面额未达股份的限制（第330条、第417条），发起人等的资本金充实责任（第321条、第428条），自己股份的取得及质取（译者注：设定质权，取得股票等有价证券）的限制（第341条、第431条之3），限制通过子公司取得母公司股份（第342条之2）等。②关于限制利益分配的规定有，法定准备金制度（第458条、第459条），对利益分配及股份分配的限制（第462条、第462条之2）等。

(3) 资本金不变原则

资本金不变原则（Prinzip der Beständigkeit des Grundkapitals）是指不得任意变更（增加或减少）资本金的原则。但商法规定的新股发行，原则上是董事会权限范围内的事项（第461条），因此，对于资本金的增加不适用这一原则。而资本金的减少应通过股东大会的特别决议（第438条）进行，要求债权人保护（第439条第2项）等严格的法定程序。由此看出，在韩国商法中，资本金不变原则仅适用于减少资本金的情形，因而也被称为“限制资本金减少的原则”。

2. 股份

1）股份（Aktie，share，stock）可将股份公司的资本金（物的要素）与股东（人的要素）结合起来。人们通过持有股份参与公司经营，股份也使由多数人组成的公司的复杂法律关系变得简单。

2）股份公司发行面额股份的，资本金被分割成面额均等的股份（第 329 条第 2 项），因此，在资本金与股份的关系中，股份是资本金的构成单位（Bruchteil des Grundkapitals）。发行面额股份的情形中，股份的票面总额（一股票面金额×发行股份总数）即为商法中所谓的资本金。

3）但是也有例外：发行无面额股份的情形（第 329 条），偿还股[1]的偿还（第 345 条），根据董事会决议消灭自己股份（第 343 条第 1 项但书）时，票面总额并不等于资本金。后两种情形，消灭的股份数量与原来的票面总额虽然减少，但其并未按照减资程序进行，而是将相当于消灭部分的金额从利益中扣除，因此，资本金并未减少，导致资本金与股份的不一致。

3. 股东的有限责任

1）股东以其所认购的股份为限对公司承担出资义务，除此之外不承担任何义务（如分担损失义务、附随的给付义务）（第 331 条）。这一出资义务从严格意义上说也是“作为股份认购人的义务”，是全额缴纳认购金额的义务。履行出资义务成为股东后，原则上不对公司承担任何其他责任。

股东仅对公司承担上述责任，而对公司的债权人等第三人并不承担责任（间接有限责任），在这一点上与有限公司的社员相同（有限公司的社员在一定情况下承担资本金填补责任，从这一点上看并不是严格意义上的间接有限责任），而与合资公司的有限责任社员承担的直接有限责任则完全不同。

2）设立公司时，即使认股人未进行完全缴纳，公司也可成立，此时发起人应承担连带缴纳担保责任（第 321 条第 2 项）。这时成为股东的人并不是履行缴纳担保责任的发起人，而是股份认购人。履行缴纳担保责任的发起人，可对认股人代为行使公司的缴纳请求权，也可从公司取得股票后行使留置权（民法第 481 条、第 484 条第 1 项）。这时，未曾认购股份却因公司的成立而成为股东的认股人应对发起人承担缴纳金偿还义务。

但在发行新股（非公司设立）的情况下，只有进行缴纳的股份认购人才能在缴纳日期的次日起成为股东（第 423 条第 1 项），因此，此时不再有所谓

---

〔1〕 英文为 redeemable share，callable stock，又称为可回赎的股份。——译者注

股份认购人的义务之说。

3）股东的有限责任是关于股份公司本质的内容，因此，不得在公司章程或股东大会决议中作出其他不同规定。但根据公司与股东的约定，股东放弃其有限责任的，股东可个别性地承担公司债务或追加的出资义务。[1]

大法院 1989.9.12.89DAKA890：股东有限责任原则的局限性
商法第 331 条中股东有限责任原则的目的在于规定不得违反股东意思而使其承担超过股份认购总额的新的负担，并非连同股东同意的情况下股东分担公司债务的情形也一并禁止。同旨：大法院 1983.12.13.82DO735。

商法中，在没有股东同意的情况下否定股东有限责任的唯一情形是前面讲述的法人人格否认论的情形。但根据《国税基本法》，有时非上市公司的寡头股东作为第二纳税义务人承担法人的国税及地方税的缴纳责任（国税第 39 条，地税第 22 条）。根据《相互储蓄银行法》规定，对于与相互储蓄银行存款相关的债务，寡头股东与相互储蓄银行承担连带偿还责任（同法第 37 条之 3）。《债务人回生法》规定，寡头股东对公司的经营亏损承担责任（债回第 205 条第 4 项）。[2]

Ⅱ. 对股份公司的法律规制的特点

1. 股份公司的经济性功能

股份公司作为典型的资本团体，公司本身完全独立于公司组成员，其经营权与所有权分离的现象最为突出，即股份公司是股东的变化与个性对公司的存续经营影响最小的公司形态，也是企业为了维持公司恒久的经营采取的最为普遍的公司形态。所有权与经营权的分离可使企业聘用擅长公司经营的专业经理人参与公司经营。

股东通过股份的转让（买卖），可较为轻易地收回所投资本。股东只承担有限责任，一旦股东放弃股份就不再承担任何责任，因此，股份成为投资者们合理的投资对象。

---

〔1〕 李基秀、崔秉珪（会）136 页；蔡利植（上）399 页。

〔2〕 因作为债务人的股份公司的董事或支配人具有重大责任的行为产生启动回生程序之原因的情形中，应以对回生计划具有相当影响力的股东及其亲属以及其他总统令规定的处于特殊关系的股东注销所持有的股份的三分之二以上或将三股以上合并为一股的方法减少资本金。

股份公司通过发行股份与公司债，从广阔的资本市场和大众吸收大量资金，使其集结成更大的资本，因此，股份公司是适合于以巨额固定资产为基础的、公司成立之后需要持续融资的大型企业的公司形态，如铁路、海运、电力、采矿、金融、保险等行业的公司。由于企业的风险分散于多数股东，高风险的行业也适合采用股份公司形态。根据相关特别法的规定，大部分的金融投资业（资金第 12 条第 2 项）、[1]信用卡公司及设备租赁公司（与信专门金融业法[2]第 5 条第 1 项）、信托公司（信托第 4 条）等必须采用股份公司的形态才能获准经营。

股份公司因为具有上述种种优点，在资本主义经济的发展中发挥着核心作用。在韩国，不仅大型企业，大部分的中小企业也都采用股份公司这一公司形态，股份公司的比重非常大。

2. 股份公司法的新课题

与资本主义经济一同发展起来的股份公司制度，从 19 世纪后期开始显现出其弊端。随着企业的集中化而产生的垄断现象，导致国民所得分配的不均衡与劳工矛盾的激化。从资本主义经济集中、深化的 20 世纪初开始，随着卡特尔、托拉斯、康采恩等的形成，企业结合、资本集中化现象日益明显，引起了许多新的法律问题，针对这些问题的法律规定在 1965 年的《德国股份法》（Aktiengesetz）中才得以形成。

现代福利国家进行了强调公司民主化与公共性的立法，经济法与劳动法可以说是其典型。例如，1917 年法国的《劳动者参加股份公司法》，1948 年英国的《独占及统制法》，1951 年美国的《反托拉斯法》，1951 年德国的《共同决定法》，1951 年日本的《私人垄断禁止法》，1980 年韩国的《关于独占规制与公平交易的法律》等，还有 1937 年的《德国股份法》、1975 年的《欧洲公司法（案）》，均反映了公司的公共性与社会性。

今后，以企业的自由经济体制为前提，强调企业的营利性与公共性、社会性的立法与法律解释将会成为公司法的重要课题。

3. 法律规定的特点

股份公司法在助长公司的经济性功能、防止其弊害的同时，为了调整相

---

〔1〕《关于资本市场与金融投资业的法律》规定，作为金融投资业批准要件之一，金融投资业者应为商法中的股份公司或总统令规定的金融机关（韩国产业银行、中小企业银行、农协中央会、外国金融机关国内分行等）。

〔2〕是指专门监督管理贷款、分期付款、信用卡等与信专门金融业的法律。

关经济主体的利益，作出了严格的规定，这些规定具有以下特点。

1）强制性

在股份公司法中，关于对外关系的规定是强制性规定，违反这一规定将受到严厉的制裁（第 622 条以下）。关于对内关系的大部分规定也是强制性规定，这是为了对外保障交易安全，也是为了对内防止董事的独断专行与来自大股东的压力，从而保护一般股东。

2）公示主义的强化

股份公司的利害关系人人数众多，公开其重要事项可避免利害关系人遭受意想不到的损害，因此，有必要强化信息公示制度。例如，章程中应规定公告的方法并进行登记（第 289 条第 1 项、第 317 条第 2 项），应备置各种账簿供股东及公司债权人阅览（第 396 条），应公告财务报表供股东浏览（第 448 条、第 449 条）。《关于资本市场与金融投资业的法律》规定了更为严格的上市公司的公示义务。

3）国家机关的干预

对于股份公司的法律关系，国家机关特别是法院的干预范围比较宽泛，这也是为了保障股份公司的经营与发展。法院选任检查人（第 310 条、第 422 条、第 467 条）、法院许可少数股东召集股东大会（第 366 条第 2 项）均体现了国家机关对股份公司的干预特点。根据《关于资本市场与金融投资业的法律》《关于股份公司等的外部监查的法律》等特别法规定，政府机关对上市公司的监督也极为严格。

4）法律关系的集团化与划一性处理

股份公司由多数股东组成，应集团性地、划一性地处理其法律关系。例如，公司的设立、股东大会决议、新股发行、减资或合并等存在瑕疵的情况下，为了划一性地确定其无效，规定了特别的提诉制度（第 328 条、第 376 条、第 429 条、第 445 条、第 529 条、第 530 条之 11）；在募集、转让股份或公司债的情况下，规定了利用股东名册、公司债原簿等进行集团性处理的技术性办法。

第二节　股份公司的设立

Ⅰ．序论

1. 股份公司设立的特点

公司的设立始于公司章程的制作，经过形成实体的程序，完成设立登记，公司即告成立。在人合公司中，社员、出资额等内容确定于章程之中（第179条第3号、第4号，第269条），因此，除了制作章程与设立登记以外无需其他程序。有限公司的社员与出资额也随着章程的制作而被确定（第543条第2项第1号、第4号，第179条第3号），因此，有限公司的设立程序也随着章程的制作基本结束，但应在公司设立之前履行出资（第547条），章程未作任何规定的，应在公司设立之前组成公司机构（第547条）。相比之下，股份公司的设立应经过复杂的实体形成程序。其主要特点如下：

（1）其他种类的公司，由全体社员负责设立公司的事务。股份公司的设立事务并非由股东完成，而是由处于特殊地位的发起人完成（第288条、第289条）。发起人仅存在于股份公司中。

（2）其他种类的公司，社员随着章程的制定而被确定，股份公司的股东则是随着股份的认购而被确定（第293条、第302条）。

（3）股份公司中对公司债权人具有担保功能的是资本金，为了在公司成立之前确保资本金到位，规定了股份认购人的出资履行程序（第295条，第303条至第307条），这一点与有限公司的情形相似。

（4）原则上股份公司由不是股东的第三机关运营，因此，在公司成立之前应先设置公司机关（第296条、第312条），这一点与有限公司的情形类似。

（5）商法规定公司设立应采取准则主义，为了防止滥用股份公司制度，设置了一系列严格的强行规定，即在公司设立过程中应接受严格调查（第298条至第300条、第313条、第314条），要求发起人等设立参与人承担沉重的责任（第321条至第327条）等。

2. 股份公司设立方式

1）发起设立与募集设立

（a）根据认购股份的方式不同，股份公司的设立方式分为发起设立与募集设立。发起设立（Einheits-od. Simultangründung，又称单一设立、同时设立）是指由发起人认购全部股份而设立公司的方法（第 295 条以下）；募集设立（Stufen-od. Sukzessivegründung，又称复杂设立、渐次设立）是由发起人认购部分股份，其余部分对外募集而设立公司的方法（第 301 条以下）。

（b）目前，随着个人企业的股份公司化、公司分割、新设合并等，公司设立活动非常活跃。虽然也可将公司设立方式分为创业性设立与组织改编性设立，但这并不是商法认可的设立方式。创业性设立是指以出资者的出资财产为基础构成其资本，创立具备公司形态的新企业，这是通常意义上的公司设立；组织改编性设立是指并不要求重新出资，而是以原有的企业组织为母体创设新公司（包括新设合并、新设分割、新设分割合并、通过股份移转设立母公司等）。

（c）发起设立方式适合小型股份公司的设立，而募集设立方式则更适合大型股份公司的设立。以前的发起设立，必须由法院选任的检查人严格调查设立经过并报告法院。为了回避法院的调查，即使在设立小型股份公司的情形中，大多数公司也都采用募集设立方式，因此，发起设立方式几乎不被采用。1995 年修订商法规定，只要章程中不存在变态设立事项，就废除法院选任的检查人调查公司设立经过的制度，由发起人选任的董事、监事代替法院进行调查。这一规定促使小型股份公司的设立均采用较简便的发起设立方式。

（d）1995 年修订商法之前的判例认为，将实质上的发起设立伪装成募集设立的，公司设立无效。这是违反关于公司设立程序的强制性规定的行为，构成公司设立无效的事由。笔者认为，1995 年修订商法省略了检查人对发起设立进行调查的程序，以此缓和了设立调查程序，但如果考虑修订商法的目的，则没有必要将公司设立本身视为无效。股份公司本质上是以资本为中心的资合公司，因此，一旦满足资本构成条件，应视为股份公司已经设立。以程序上的瑕疵为由将公司设立本身视为无效，并不能解决任何问题，而且还会造成国民经济的损失，损害法律的稳定性。〔1〕

---

〔1〕 崔基元等编：《商事判例研究 I》，博英社 1996 年版，第 391 页。

大法院 1992. 2. 14. 91DA31494：披着募集设立外衣的发起设立无效
公司设立虽然是按照募集设立的程序，但发起人在募集股份前已认购大部分股份，只是在形式上冒用他人名义从一般公众处募集股份的情形中，名义冒用人将成为股份认购人，实际上造成了由发起人认购全部股份的结果，因此，应将公司的设立视为发起设立……被告公司的设立本应为发起设立，但因方便采取了募集设立的程序，这种脱离法律规定的设立方式本身违反公序良俗及其他社会秩序、强行法规与股份公司的本质要求，因此，设立当然无效。

★发起设立与募集设立的区别

发起设立与募集设立的本质区别是股份认购方式不同，在设立程序及对设立过程的调查等方面也有所区别。

（1）股份认购方式不同

从设立时发行的股份认购方式上看，发起设立中只有发起人认购股份（第 295 条第 1 项）；而在募集设立中，发起人认购一股以上，剩余部分由募集来的认股人认购（第 301 条）。

（2）设立程序的不同

缴纳认股金上的区别：在发起设立中，应向发起人指定的银行及其他金融机关、场所进行缴纳（第 295 条第 1 条后段）；而在募集设立中，应向股份要约书中记载的银行及其他金融机关、场所进行缴纳（第 305 条第 2 项、第 302 条第 2 项第 9 号）。

懈怠缴纳认股金的效果不同：在发起设立中，对懈怠缴纳认股金的行为适用债务不履行的一般原则（民法第 389 条、第 390 条、第 544 条），而在募集设立中则适用失权程序（第 307 条）。

机关构成方法不同：在发起设立中，董事、监事的选任应经发起人半数以上表决通过（第 296 条第 1 项），无需召开创立大会；而在募集设立中，董事、监事的选任应经出席创立大会的认股人三分之二以上、被认购股份总数的半数以上多数表决通过（第 309 条、第 312 条）。

（3）对设立过程的调查不同

原则上，应由董事及监事调查设立过程（第 298 条第 1 项、第 313 条第 1 项）。作为例外，如果存在变态设立事项，则由法院选任的检查人、公证人、鉴定人进行调查（第 298 条第 4 项、第 299 条、第 299 条之 2、第 300 条、第

310 条第 1 项)，在这一点上，发起设立与募集设立相同。

关于设立经过的调查报告：发起设立中，董事、监事向发起人报告关于股份认购与认股金缴纳、实物出资的履行及其他设立过程的调查结果（第 298 条第 1 项)，而在募集设立中则应向创立大会进行报告（第 313 条第 1 项。)

检查人的选任请求：为了调查变态设立事项，发起设立中由董事向法院提出选任检查人的请求（第 298 条第 4 项)，而在募集设立中则由发起人向法院提出请求（第 310 条第 1 项)。

对变态设立事项的调查报告与变更：发起设立中，检查人、公证人、鉴定人向法院报告对变态设立事项的调查、鉴定结果，变态设立事项不当的，由法院进行变更（第 299 条、第 299 条之 2、第 300 条)；而在募集设立中，报告对象为创立大会，创立大会有权对调查报告进行变更（第 310 条、第 314 条)。

(4) 原始章程的变更

除了资本金总额为 10 亿韩元以下的小型公司以外，发起设立公司需由全体发起人同意与公证人公证（第 289 条、第 292 条)；而在募集设立中，只要由创立大会作出决议即可（第 316 条第 1 项)。

2）单纯设立与变态设立

变态设立（qualifizierte Gründung）是指设立过程中包含可能威胁到资本金的危险约定的情形。商法规定了四种危险约定（特别利益、实物出资、财产接管、设立费用与报酬：第 290 条)，我们称之为变态设立事项。为了使股东与债权人利益免受不健全的设立程序的损害，法律对变态设立事项作出了严格的规定，对其进行规制（第 299 条、第 300 条、第 310 条、第 311 条、第 314 条)。现实中实物出资引起的变态设立的案例非常多。[1]单纯设立（einfache Gründung）是指没有上述变态设立事项的前提下设立股份公司的情形。

Ⅱ. 股份公司设立企划

1. 总说

公司的设立需要有人企划并一一执行设立事务，才能推进公司设立进程，这些人被称为发起人。当存在数名发起人时，就会形成发起人组合。由发起

〔1〕 郑东润（上）379 页。

人组合成立作为公司前身的设立中公司。设立中公司进行登记后，公司即告成立。

2. 发起人的含义

1）发起人的概念

发起人（Gründer，incorporator，promoter）是指实质上企划公司的设立并具体执行设立事务的人，但形式上的发起人是章程中以发起人的名义签名盖章或署名的人（第289条第1项）。法律规定的发起人要从形式意义上入手，因此，虽然实际参与了公司设立事务，但没有在章程中签名盖章或署名的人，并不能被认定为发起人，而是类似发起人。相反，实际上并未参与具体的公司设立事务，但在章程中以发起人的名义签名盖章或署名的人，亦为发起人。[1]

2）发起人的地位

对外，发起人是设立中公司的机关；对内，发起人作为发起人组合的成员，具体执行公司设立事务。

3）发起人资格

对于发起人的资格并无限制性规定，因此，法人、外国人，甚至是未成年人等无行为能力人，也可成为发起人，但至少要认购一股以上的股份（第293条）。发起人是法人的，无论是公共法人、私法人、公益法人还是营利法人，均由法定代表人或代理人进行制定章程及其他一切关于公司设立的活动。[2]对此，有学者认为，由于发起人是实际从事公司设立事务的人，法人或无行为能力人作为发起人参与其中必然会产生问题，因此，应将发起人限定于具有完全行为能力的自然人。[3]发起人是未成年人或其他无行为能力人的，应具备民法规定的要件。

4）发起人人数

商法对于发起人人数并无限制（第288条），一名发起人也可设立股份公司。随着股份公司的设立变得越来越容易，对之前的关于发起人人数的规定进行了修改（1995年商法修订之前为7人，1995年商法修订之后为3人），但在2001年修订商法中并未对发起人人数作出规定，以此完全解除了对发起

〔1〕 李哲松（会）217页；蔡利植（上）428—429页；李基秀、崔秉珪（会）150页。

〔2〕 郑东润（上）380页。

〔3〕 郑灿亨（上）622页。

人人数的限制。

公司设立程序终了之前，部分发起人死亡的，其继承人能否继承发起人地位，对此存在争议。笔者认为，发起人的选择是以其本身所具备的知识、经验、能力等为基础的，因此，继承人不得继承发起人地位。但发起人为法人且该法人合并的，合并后的存续公司或新设公司可继承发起人地位。[1]

3. 发起人权限

发起人作为设立中公司的机关，其行为产生的权利义务归属于设立中公司，公司一经成立，其权利义务随即转移至公司。对于公司成立后隶属于公司的发起人行为的范围，即发起人的权限，存在以下三种学说。

1）第一学说

发起人只能实施以设立公司本身为目的的活动。作为例外，只有在具备了法定要件（第 290 条第 3 号、第 299 条、第 310 条）之后，才能进行开业准备活动。[2]该学说将发起人的权限限定得最为狭窄。以设立公司本身作为直接目的的活动是指章程的制作、认购公司设立时发行的股份以及认股金的缴纳、股东的募集、创立大会的召开、公司设立登记等在公司设立过程中的固有行为。商法规定的财产接管（第 290 条第 3 号）是为了公司成立后在无空白期的状态下继续进行目标营业的例外规定。

2）第二学说

除了开业准备行为以外，发起人可实施设立公司所需要的所有法律行为与经济活动。[3]根据这一学说，发起人还可租赁办公场所、招聘推进公司设立事务的人员、委任打印股份要约书等必要文件、委任发布股份募集广告等。只有具备法定要件的财产接管例外地属于发起人权限范围，商法规定的财产接管（第 290 条第 3 号）是为了在公司成立之后使其在无空白期的状态下进行目标营业而作出的例外规定。

3）第三学说

发起人可实施设立公司所必需的所有法律行为与经济活动，包括公司成立之后的开业准备活动。[4]只要股份公司的设立目的是进行营业，就应当设立能够进行营业的公司，据此，准备营业的行为当然也属于发起人权限。根

---

〔1〕 郑东润（上）381 页。

〔2〕 李哲松（会）224 页；崔基元（会）141 页。

〔3〕 林泓根（会）144 页；蔡利植（上）436 页；权奇范（会）358 页。

〔4〕 郑东润（上）414 页；郑灿亨（上）623 页；徐宪济（会）112 页。

据这一学说，发起人可为了成立后的公司进行接管土地、建筑物，采购原材料，聘用营业人员等活动。由于财产接管存在较大风险，商法只是为了防止其被滥用才作了限制性规定，而其本来就属于发起人的权限范围。

4）大法院在关于汽车组装合同的案例中，将开业准备行为包含在了发起人权限范围之内。

大法院 1970.8.31.70DA1357：将开业准备行为包含在发起人权限范围之内的案例
发起人代表为了成立后的公司（以发起人代表的个人名义）签订的汽车组装合同，是发起人代表作为公司设立事务的具体执行人签订的合同，而不属于商法第290条规定的变态设立事项，因此，公司应承担相应的责任。

5）笔者意见

实际上无法明确区分设立公司过程中的必要行为与开业准备行为，而且商法第290条第3号规定的财产接管才是开业准备行为的典型，因此，开业准备行为并不是发起人权限的例外规定，而应是当然权限。笔者赞成第三学说。商法将财产接管规定为变态设立事项，是因为实物出资有可能被用于违法行为，对实物出资的错误估价（如过高估价）会给公司财产带来危险，上述规定是充分考虑了这些因素的结果（第一学说与第二学说可视为例外性规定）。

6）对发起人权限范围之外的行为的追认问题

发起人的行为在其权限范围之外或进行了章程中未记载的财产接管的，成立后的公司能否对其进行追认？

（1）否定说认为，关于这个问题并无明文规定，而且对其进行追认相当于承认商法第290条中的违法行为，因此，应否定成立后公司的追认权，发起人权限范围之外的行为应为无效。[1]公司与财产的受让人均可主张这种无效。

（2）肯定说认为，成立后的公司可对发起人权限范围之外的行为进行追认。其法律依据是民法第130条关于无权代理的规定。[2]根据这一学说，如果公司对其进行追认，只要相对方在追认之前未主张无效，该追认效果就归属于公司。

（3）笔者认为，财产接管的情形中，在没有接受检查人调查的情况下，

---

〔1〕郑东润（上）414页；李哲松（会）224页；孙珠瓒（上）554页；金正皓（会）96页。

〔2〕蔡利植（上）409页；林泓根（会）150页；大法院1992.9.14，91DA33087。

不得事后对其进行追认。

(4) 一般认为，除了变态设立事项以外，对于超越一般权限的发起人行为，成立后的公司可对其进行追认。如果发起人权限之外的行为对公司并无弊害，反而是公司期望的行为，那么并无否定追认权的理由。否定说认为明知发起人无权限的财产接管人也可主张无效，但这只会给恶意的受让人更多的自由选择权，明显不当。

(5) 关于追认的方法论，有以下两种主张：第一，成立后的公司重新签订相同内容的合同的方法，明示或默示性地对其进行追认；〔1〕第二，对于成立后的公司类推适用事后设立的情形，以股东大会的特别决议对其进行追认。〔2〕笔者赞同第一种主张，即可根据决议事项的性质以董事会决议或股东大会决议进行追认。而对于必须“以股东大会的特别决议进行追认”的主张并无明文规定，笔者对此保留意见。

也有人主张追认不得在创立大会中进行，而必须在公司成立后的股东大会中进行。〔3〕但由于创立大会有权作出公司设立的废止决议，是股东大会之上的万能机关，其决议要件也非常严格，因此，认为不得在创立大会中进行追认的主张并不准确。

(6) 发起人以设立中公司的名义进行权限范围之外活动的，如果发起人未能获得公司的追认，应由发起人个人对行为相对方承担责任。发起人使用代表董事（公司尚未成立）等名称进行其权限外活动的，应承担无权代理的责任（民法第135条第1项）。但如果相对方事先明知或有可能知道公司尚未成立，又或者事先得知发起人并无代表权限或因过失未能得知的，原则上发起人不承担无权代理的责任（民法第135条第2项）。〔4〕

4. *发起人的义务与责任*

发起人具有认购一股以上股份的义务（第293条）、制作议事录的义务（第297条）等；发起人承担股份认购责任以及缴纳担保责任（第321条）、懈怠履行引起的损害赔偿责任（第322条）等。

---

〔1〕 如，其行为具有作为董事会或代表董事业务执行的一环的性质的情形中，追认为董事会或代表董事的决定。郑镇世：“公司设立中的开业准备行为”，载《考试研究》1995年7月，第118页。

〔2〕 林泓根（会）150页；郑灿亨（上）630—631页；蔡利植（上）409页。

〔3〕 郑灿亨（上）630—631页。

〔4〕 孙珠瓒（上）555页；郑东润（上）415页。

5. 发起人组合

1）发起人组合的含义

发起人组合（Gründergesellschaft，Vorgründungsgesellschaft）是存在于公司成立之前的发起人团体。设立股份公司应有发起人（第288条），但有数个发起人的，发起人一般会签订以设立公司为目的的发起人组合协议（发起人为一人的情形除外）。设立公司的所有程序均是该组合应执行的内容，发起人组合的法律性质是民法上的组合，因此，对发起人组合的业务执行，可适用民法关于组合的规定。商法规定发起人组合是因为有必要对其业务执行方法与对外责任进行规制。[1]

2）发起人组合的权限

发起人组合执行关于设立股份公司的具体事务，即发起人组合负责制作公司章程等公司设立事务。

发起人为多数的，应共同执行商法规定的发起人的全部业务，其意思决定按照意思决定一般原则，应由半数以上发起人同意（民法第706条第2项）。但对于章程的制作（第289条第1项）、发行股份事项的决定（第291条）与各发起人应认购的股份的分配等性质上要求全体发起人同意的事项，应当由全体发起人表示同意。[2]

3）发起人组合与发起人的关系

发起人是发起人组合的组成人员，是设立中公司的机关。据此，发起人实施的公司设立行为，即为履行发起人组合协议的行为，同时也是作为设立中公司的机关而为的行为。

4）加入与退出

发起人组合是组合的一种，可通过全体发起人的同意而加入或根据民法规定（民法第716条、第717条）退出。但在交付股份要约书之后，为了保护认股人，除了全体发起人的同意之外，还需要全体认股人的同意才能退出发起人组合。[3]

5）意思决定

原则上，发起人的意思决定应按照民法中关于组合的规定作出。据此，

---

〔1〕李哲松（会）218—219页。

〔2〕同旨：李哲松（会）219页。

〔3〕郑东润（上）383页。

要约期间、缴纳日期及收款银行的决定、股份分配决议等应由半数以上发起人作出。[1]发起设立的情形中，董事与监事的选任也应由半数以上的发起人表决通过（第296条）。但章程的制作与发行股份事项的决定，应由全体发起人同意作出（第291条）。

6）财产的取得与处分

发起人取得的财产是否成为发起人组合的财产是个疑问。组合的财产所有形态为合有，合有物的处分与变更并非通常意义上的组合事务，因此需要全体合有人的同意。对外，组合（虽然对内拥有组合财产及组合业务）并不拥有组合名义的财产，而是以全体组合成员的名义进行登记后才可成为组合财产[2]。也就是说，只有以全体发起人的名义进行登记的情形中，才可被认定为是发起人组合的财产。

7）解散

发起人组合达成其目的后消灭。发起人组合的目的，一般是指通过设立登记使公司成立。公司一旦成立，发起人组合即告解散。该目的无法达成的，即公司设立无法实现的，发起人组合也将消灭。[3]

8）发起人组合与设立中公司的关系

发起人组合制定公司章程，成立设立中公司。笔者认为，发起人组合成立于章程制定之前，而设立中公司成立于章程制定之时（根据多数说，制定章程的同时认购股份一股以上）。但发起人组合并不因设立中公司的成立而消灭，两者并存至公司成立之时。[4]

★发起人组合与设立中公司的区别

（1）发起人组合是发起人相互间的内部关系，是个体法上的概念；而设立中公司则是社团法上的概念，具有公司法上的效力。

（2）发起人组合本身与设立中公司及成立后的公司并无直接的法律关系，[5]但设立中公司作为设立后公司的前身，两者具有直接关联。

---

〔1〕郑东润（上）383页。

〔2〕李银荣：《民法总则》，博英社1996年版，第226页。

〔3〕郑东润（上）383页。

〔4〕崔基元（会）144页。对此，也有学者认为，只存续至设立中公司的董事或监事被选任之时：郑熙喆（上）336页。也有根据发起人组合协议，仅以章程的制作与认证也可终了的见解：郑东润（上）383页，411页。

〔5〕李哲松（会）218—219页；郑灿亨（上）624页。

（3）成立设立中公司之前，发起人的行为引起的权利义务并不当然地归属于设立中公司或成立后的公司，而需要经过独立的移转程序；根据同一性说（后述），设立中公司的权利义务当然地移转至成立后的公司。

大法院 1994. 1. 28. 93DA50215：发起人在设立中公司形成其实体之前所取得的权利义务，只有通过特别的移转行为才能归属于成立后的公司
设立中公司是为了说明在股份公司的设立过程中发起人因公司设立中的必要行为而取得的权利义务在公司设立的同时归属于该公司的这一特殊关系的学说上的概念。章程制作完成并由发起人认购一股以上股份的，设立中公司即可成立。这种设立中公司实体形成之前，发起人所取得的权利义务，根据具体情况归属于发起人或发起人组合，为了将这种权利义务归属于设立后的公司，需要进行受让或债务继受等特别的移转行为。同旨：大法院 1990. 12. 26. 90NU2536；同 2007. 9. 7. 2005DA18740。

★设立中公司的成立与消灭

制作章程·认购一股以上		设立登记
设立中公司成立前	设立中公司	设立后公司
执行机关：发起人或发起人组合		机关（董事会·代表董事·股东大会·监事）
归属于发起人或发起人组合	归属于设立中公司，公司成立后归属于公司（同一性说）	归属于公司

6. 设立中公司

1）设立中公司的含义

设立中公司（Vorgesellschaft，werdende Gesellschaft）是指发起人制作章程之后（根据多数说，制定章程的同时认购一股以上的股份）至公司成立（设立登记）为止的期间内存在的社会实际存在物。这是为了说明在设立阶段产生的权利义务的归属关系的学说上的假想概念。[1]设立中公司在公司设立登记时消灭。

---

〔1〕 大法院 1970. 8. 31. 70DA1357；同 1990. 12. 26. 90NU2536。

2）设立中公司的存在意义

发起人在公司设立过程中为公司取得的财产，应先归属至发起人名下，待设立登记完成后，再由发起人将该财产转移至公司名下。但如此一来，对公司的出资财产会成为发起人个人债务的责任财产，极有可能发生被发起人的债权人强制执行的问题，而且将发起人取得的财产首先移转至发起人名下再移转至公司，这种二重移转必然会产生多余的经济费用。为了避免这种不合理现象，商法规定了设立中公司这一概念。随着对设立中公司这一概念的认可，公司设立前也可实施公司设立过程中必要的行为，其中最为重要的是将发起人取得的财产直接归属于设立中公司。而根据同一性说，公司成立后，这些财产将自然成为公司财产。

3）设立中公司的法律性质

（1）无权利能力社团说

根据通说，设立中公司在一定程度上是独立的实体，但由于没有进行登记，并不具有法人人格。但股份公司的设立必须存在发起人，因此，可将该发起人（们）产生的社会实际存在物视为不具有法人人格的社团（无权利能力社团）。如果将设立中公司视为不具有法人人格的社团，那么，可将不以法人人格为前提的设立中公司的各种法律关系视作社团法人——公司——的法律关系，如此一来，法律关系将会变得非常简单。这时发起人是执行机关，发起人为了公司而取得的权利义务可在公司成立的同时，无需特别的移转或继承程序便可归属于公司。将设立中公司视为无权利能力社团〔1〕是韩国多数说以及判例所采取的立场。〔2〕

（2）设立中的法人说

关于设立中公司的法律性质，德国存在两种对立学说，即认为设立中公司是无权利能力社团（nichtrechtsfähiger Verein）〔3〕或民法上的组合（Gesell-

---

〔1〕 判例认为，政党、宗门、教会、佛教曹溪宗、寺庙、佛教信徒会、集合住宅管理团、亲睦会、同窗会等均为不具有权利能力的社团。

〔2〕 孙珠瓒（上）552页；徐燉珏、郑完溶（上）292页；李炳泰（上）434页；姜渭斗（会）287页；崔基元（会）145页；李哲松（会）220页；蔡利植（上）396页；郑灿亨（上）625页；大法院1970.8.31.70DA1357。

〔3〕 Harberkorn, Rechtliche Struktur der werdenden Kapitalgesellschaft, Der Betriebsberater (BB) 1962, 1411; Schultze- v. Lasaulx, Gedanken zur Rechtsnatur der sog. Vorgesellschaft, Festschrift für Olivecrona, 1964, S. 605 ff.

schaft des bürgerlichen Rechts，BGB-Gesellschaft）的学说[1]与认为是设立中法人的学说。[2]认为设立中公司是无权利能力社团的学说与韩国的无权利能力社团说的内容一致。但无权利能力社团是“被预计”在一定程度上持续存在的团体，而设立中公司是在公司设立过程中短暂出现的实体，其消灭的结果是“预计”好的。从这一点上看，不应将设立中公司视为无权利能力社团。[3]

根据设立中的法人说，设立中公司是公司设立过程中必不可少的“前一步骤”（Vorstufe der fertigen Gesellschaft），具有部分权利能力（Teilrechtsfähigkeit）。因此，原则上，对于设立中公司可适用除了以登记为前提的规定以外的所有公司法规定。虽然设立失败的情形会成为问题，但一般将这种情形视为不能达成设立中公司的目的（即设立公司）而立即解散。这一学说是目前德国学术界的通说，亦是判例所采取的立场。但在德国，只承认股份公司的发起设立，发起人设立公司时认购全部发行股份的，设立中公司才成立（参照德股第29条），从这一点上看并不与韩国完全一致。

(3) 笔者意见

笔者赞同设立中的法人说。根据目前韩国通说，即无权利能力社团说，设立中公司一般不具有权利能力，在极其例外的情况下才会采取承认其具有权利能力的肯定（positive）方式 。组合的财产所有形态是各组合成员的合有，而无权利能力社团的财产所有形态是各社员的总有，法人则是自身所有其财产。合有与总有，虽然不存在所持份额上的区分，但法人的各社员享有份额权。

但将设立中公司视为成立中法人的情形中，采用的是承认其一般性的权利能力，只是不适用以登记为前提的规定的否定（negative）方式。还因其是法人，各社员享有份额权。最终，设立中公司也因其拥有一般性的权利能力，可通过作为其机关的发起人直接享有权利义务，还可拥有份额。设立中公司作为公司的前身，只是由于未被赋予法人人格才不被视作法人，而实际上是

---

〔1〕 RGZ 58，56；82，290；105，229；151，91；LAG Bremen，Der Betrieb（DB）1979，407.

〔2〕 参见 BGHZ 21，242，246＝NJW 1956，1435；BGHZ 45，338，347＝NJW 1966，1311，1313；BGHZ 51，30，32＝NJW 1969，509；BGHZ 72，45，48 f. ＝NJW 1978，1978，1979；BGHZ 80，129，132＝NJW 1981，1373，1374；Hechenburg-Ulmer，GmbHG，Großkommentar，8. Aufl.，1990，11 Rdnr. 8；Lutter-Hommelhoff，GmbH-Gesetrz，Kommentar，13. Aufl.，1991，11 Rdnr. 2 等。

〔3〕 同旨：郑东润（上）410 页。

与即将设立的公司一样的社团（同一性说：通说）。[1]

4）设立中公司的成立时期

关于设立中公司的成立时期，存在以下几种学说：①章程制作时说；②发起人认购时说，即章程制作后，发起人认购一股以上股份之时；③总额认购时说，即发行的股份总数被认购之时。笔者赞同第一种学说。

（1）章程制作时说

这一学说认为，如果认为承认设立中公司的目的是说明公司成立之前将发起人产生的权利义务归属于成立后公司的这一关系，那么，从作为设立中公司机关的发起人被确定于章程中的章程制作之时起，就应承认设立中公司的成立。[2]

（2）制作章程后发起人认购一股以上股份之时说

多数说认为，设立中公司成立于“发起人制作章程之后，各发起人认购一股以上股份之时”。根据这一学说，作为资合公司的股份公司中“人的基础”与“物的基础”形成于两个不同的阶段，其“物的基础”并不因在章程中确定发起人而形成，因此，这时设立中公司并不成立。随着发起人制作章程并签名盖章形成“人的基础”，认购股份形成“物的基础”，设立中公司才得以成立。由于只需满足最低限度的股份数量条件，因此，只要认购一股以上的股份即可。[3]

大法院 1985. 7. 23. 84NU678：设立中公司的概念及成立时期
设立中公司是一种学说上的概念，具体指在设立登记前已经形成部分实体但尚未完成的公司。设立中公司在章程制作后发起人认购一股以上股份时才告成立。同旨：大法院判决 1970. 8. 31. 70DA1357；同 1990. 11. 23. 90NU2734；同 1990. 12. 26. 90NU2536；同 1994. 1. 28. 93DA50215；同 1998. 5. 12. 97DA56020；同 2000. 1. 28. 99DA35737；釜山高判 1996. 10. 10. 95GU10136 等。

〔1〕崔基元（会）145 页；李哲松（会）220 页。同旨：大法院 1970. 8. 31. 70DA1357；同 1990. 12. 26. 90NU2536；同 1994. 1. 28. 93DA50215。

〔2〕李哲松（会）221 页；李基秀、崔秉珪（会）152 页。

〔3〕孙珠瓒（上）551 页；林泓根（会）141 页；崔基元（会）148 页；李炳泰（上）435 页；姜渭斗（会）288 页；蔡利植（上）398 页；郑灿亨（上）626 页；权奇范（会）353 页；金正皓（会）91 页。

（3）制作章程后发行的股份总数被认购之时说

这一学说认为，尽管股份公司中存在最低资本金，但发起人也有可能只认购极小一部分股份，并不得以此认定公司前身已形成，只有在发行的股份全部被认购，其社员全部被确定时，设立中公司才告成立。[1]

（4）笔者意见

根据制作章程后发起人认购一股以上股份之时说，章程制作之后至认购股份之前的法律关系不能归属于成立后的公司，而且认购一股以上股份作为设立中公司的内部问题并不被公示，因此，将股份认购程度作为设立中公司的认定标准不利于法律稳定性。制作章程后发行的股份总数被认购之时说也认为，在这一阶段，公司实体已经形成，只需进行设立登记即可。从现实角度出发，在这一阶段承认设立中公司的存在并无实际意义。综上所述，笔者认为章程制作时说最为合理。

（5）设立中公司的能力

根据通说，设立中公司的法律性质是无权利能力社团，因此，原则上设立中公司并不具有权利能力。但即使是无权利能力的社团，也具有民事诉讼法上的当事人能力与不动产登记法上的登记能力，因此，设立中公司也享有这些能力。但设立中公司①与其他无权利能力社团不同，其存续期间是暂时的；②与成立后公司的唯一区别在于未进行设立登记，因此，除了上述特别法规定的能力之外，只要不是以公司设立登记为前提的行为，设立中公司在设立活动所必要的范围内还可享有其他能力，如与银行进行存贷交易的能力以及票据行为能力等。[2]另外，设立中公司还具有不法行为能力。[3]

6）设立中公司的法律关系

（1）内部关系

（a）创立大会

创立大会是仅存在于募集设立情形中的机关。对于创立大会的召集程序等，准用关于股东大会的相关规定（第 308 条第 2 项）。但其决议方法比较特殊，需要出席大会的认股人三分之二以上的表决权与认购股份总数的半数以上作出表决（第 309 条）。创立大会是设立中公司的最高意思表决机关，可对

〔1〕 郑东润（上）410 页。

〔2〕 崔基元（会）146 页；郑东润（上）413 页。

〔3〕 大法院 2000. 1. 28. 99DA35737。

包括公司设立与废止在内的所有公司设立事项进行表决。

（b）业务执行机关

设立中公司的业务执行机关是发起人。发起设立的情形由发起人大会（第 296 条）、募集设立的情形由创立大会（第 312 条）选任董事与监事，但这些只是设立中公司的监查机关，并不是业务执行机关（通说，参照第 313 条）。对此，也有学者认为董事才是设立中公司的业务执行机关。[1]

发起人作为设立中公司的业务执行机关，在其权限范围内享有公司设立所必要的制作章程、认购股份、履行出资、设置机关等关于实体形成程序的全部权利，并负担相应义务。原则上，发起人的业务执行需由全体发起人的半数以上作出决定（民法第 706 条第 2 项），但关于股份的种类与数量（第 291 条第 1 号），发行面额股份的情形中发行票面金额以上股份时的数量与金额（第 291 条第 2 号），发行无面额股份的情形中股份的发行价与股份发行总额中计入资本金的金额（第 291 条第 3 号），章程的变更、发起人变更等基本结构变更事项的决议，应由全体发起人同意作出。[2]

（c）监查机关

发起人或创立大会选任的董事或监事是设立中公司的监查机关。董事或监事应调查公司设立事项并向发起设立时的发起人（第 298 条第 1 项）、募集设立时的创立大会（第 313 条第 1 项）进行报告。

（2）外部关系

（a）公司的代表

设立中公司的代表机关是发起人。发起人对内执行设立中公司的业务，对外则代表设立中公司。原则上，所有发起人享有设立中公司的代表权，但根据发起人组合协议等，可选任特定发起人作为发起人代表。发起人代表享有代表设立中公司与代理发起人组合的权限，[3]但该代表权（代理权）的限制不得对抗善意第三人（类推适用第 209 条第 2 项）。

（b）责任

不具有法人人格的社团的财产由社员总有，债务由各社员分担。根据通说，由于设立中公司并不具有法人人格，因此，不具有承担第三人债务的能

〔1〕郑东润（上）413 页。

〔2〕郑东润（上）412 页。

〔3〕孙珠瓒（上）552 页。

力。据此，只能由认股人（设立中公司的组成人员）与发起人对此承担责任。

（i）但认股人只在自己认购的股份总额范围内履行出资义务，并不承担其他责任（间接有限责任说）。[1]

（ii）与认股人不同，作为发起人组合组成员的发起人，对设立中公司的债务承担无限连带责任。[2]商法规定只有在公司不成立被确定的情况下，发起人才需对公司设立行为承担连带责任（第326条），但类推适用这一规定，在公司不成立被确定之前，发起人也应承担无限连带责任。对于公司成立时的发起人责任，另作规定（对公司的责任参照第321条、第322条；对第三人的责任参照第322条第2项）。

（iii）发起人中的一人在公司设立过程中实施的不法行为，从外观上看与成立后公司的代表董事的职责具有密切关联的，即使该行为是以发起人个人名义所为，成立后的公司也应对该不法行为承担责任。[3]

（3）权利义务的移转

（a）不需要其他移转行为

发起人组合的财产所有形态为合有，而无权利能力社团的财产所有形态为总有。设立中公司成立之前，存在发起人组合，组合的财产所有形态为组合成员的合有。各合有成员虽然持有份额，但对合有物的处分与变更不是通常意义上的组合事务，因此需由全体合有人（发起人）同意。通说认为，设立中公司成立之后，由于其法律性质为无权利能力社团，因此，以设立中公司的名义取得的权利义务由社员总有（或准总有）。但在总有的情况下，不存在各个社员的份额，财产的使用权及收益权归属于每个社员，每个社员可个别进行使用或收益，但其权利处分权能归属于社员的集合体，其权利的处分应依据社员大会的决议。

发起人作为设立中公司的执行机关，其所实施的公司设立过程中必要的行为之效力均归属于设立中公司。再看土地等不动产的情形。《不动产登记法》第30条规定，不具有法人人格的财团或社团的代表人或管理人，可以财团或社团的名义进行登记。据此，一旦取得不动产，该土地所有权立即归属于不具有法人人格的社团——设立中公司。综上所述，设立中公司取得的权

---

〔1〕郑灿亨（上）628页。

〔2〕郑东润（上）415页；郑灿亨（上）628页。

〔3〕大法院2000.1.28.99DA35737。

利义务，在公司成立之后，无需从设立中公司移转至设立后公司（同一实体：同一性说）的移转程序，当然地归属于设立后的公司。[1]

又如，没有代表人或管理人的社团也可成为不动产的登记权人（《不动产登记法》第26条），因此，可将其名义变更至设立中公司。这时并不要求公司成立后重新将不动产移转登记或注册至公司名下，只需进行名义人的表示变更登记即可（《不动产登记法》第23条第6项）。这种情形中的不动产物权的转移从法律上看是理所当然的，属于民法第187条规定的“根据其他法律规定取得不动产物权”的情形。根据这一程序进行实物出资的财产归属于设立中公司，在公司进行设立登记后（第317条）无需其他特别程序即可成为已成立的股份公司的财产。

(b) 权利义务当然移转的要件

发起人是设立中公司的机关，发起人的行为效果当然归属于成立后的公司。但为了防止发起人滥用权利，从而保护成立后的公司，上述“移转”应具备以下要件：①发起人的行为应当以设立中公司的名义实施（形式要件）；②发起人作为设立中公司的机关，应在其权限范围内实施行为（实质要件）。如果发起人的行为是以其个人名义或以发起人组合的名义实施的，那么必须经过特别的移转程序，否则行为效力无法归属于成立后的公司。[2]对于发起人在其权限范围之外所为的行为，成立后的公司不承担责任。

设立中公司成立之前发起人为了公司而取得的权利义务，理应不属于设立中公司，而应视具体情况归属于发起人个人或发起人组合。事后欲重新将其归属于成立后的公司（或设立中公司）的，如果是一般债权债务，则应通过债权转让或债务接管等特别的移转行为（通说、判例）。[3]

(c) 公司债务超过（资本金与实际财产）的情形

发起人是设立中公司的机关，其取得的权利义务由成立后的公司概括承继，公司成立时（设立登记之时），公司的债务大于公司资本金与实际财产的，是否应为了保护债权人而使公司的组成人员（发起人、股东、董事、监事）承担相应责任是个疑问。对于这种情形，有学者主张可适用德国的差额

---

〔1〕 孙珠瓒（上）551页；李哲松（会）223页；蔡利植（上）402页。但英美法系并不认可设立中公司的概念，因此，成立前只存在发起人的行为，而这一发起人行为的效力原则上并不及于成立后的公司。

〔2〕 大法院 1994. 1. 28. 93DA50215；同 1990. 12. 26. 90NU2536；同 1998. 5. 12. 97DA56020。

〔3〕 大法院 1994. 1. 28. 93DA50215；同 1998. 5. 12. 97DA56020。

责任理论（Differenzhaftung；Unterbilanzhaftung），即公司的组成人员按照各自的份额比例对差额部分承担责任。[1]以此为根据，可根据第550条第1项与第551条第1项规定，认定有限公司的差额责任；而对于股份公司，虽然没有明文规定，但对于发起人可适用商法第321条规定，对于股东、董事及监事可类推适用关于有限公司的规定（第607条第4项），从而使其承担差额责任。

笔者认为，股份公司能否适用关于有限公司的规定是个疑问，而且能否类推适用商法第607条第4项规定追究“股东”责任也有待进一步研究。

Ⅲ. 股份公司的设立程序

1. 实体形成（设立）程序概述

股份公司的设立程序始于制作章程，终于设立登记，通常将章程制作后至设立登记前的中间设立程序称为实体形成程序。据此，股份公司的设立程序依次为：制作章程；决定股份发行事项；认购股份；履行出资；构成机关；调查设立经过等。其中，制作章程与发行股份事项的决定程序，不论在何种情况下均相同，但其他程序则根据设立方式是发起设立还是募集设立，存在些许差异。随着股份认购与履行出资，股份公司的“人的基础”社员与“物的基础”资本金得以确定。股份公司选择发起设立还是募集设立，根据全体发起人的合议而定，但这并非登记事项。

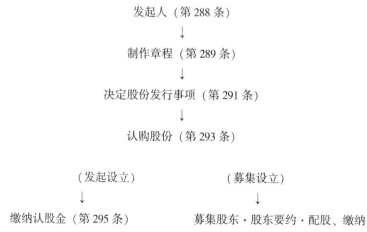

发起人（第288条）
↓
制作章程（第289条）
↓
决定股份发行事项（第291条）
↓
认购股份（第293条）

（发起设立）
↓
缴纳认股金（第295条）

（募集设立）
↓
募集股东·股东要约·配股、缴纳（第301条、第302条、第303条、第305条）

[1] 郑东润（上）418页。

↓　　　　　　　　　　　　　　　　↓

任员选任（第296条）·　　　　创立大会·任员选任·调查设立经过
调查设立经过（第298条）　　　（第308条、第312条、第313条）
　　　　　　　　　　　　　　　　　↓
　　　　　　　　　　　　　　设立登记（第317条）

股份公司设立程序

2. 股份公司的章程

1）章程的含义

（1）章程的概念

实质上的章程（Satzung，charter，article）是指关于公司组织运营的根本规则，而形式上的章程是指记载这些规则的书面形式。也有将章程视为契约的学说，[1]但通说认为章程是自治法规。章程的变更应按照法定程序进行。

（2）章程的法律性质

（a）契约说

这是将章程视为一种契约的学说。契约说在英美国家为多数说，在德国则是权威学说。

（b）自治法说（规范说）

这是将章程视为一种自治法的学说，也是我国的通说与判例所采取的立场。[2]在德国也有不少学者赞同此学说。

（c）修正自治法说（修正规范说）

这一学说认为制作章程的行为虽是一种契约的签订，但所制作的章程带有自治法的性质。这是德国的通说，也是判例所采取的学说。[3]

大法院2000.11.24.99DA12437：章程的法律性质为自治法规
社团法人的章程不仅约束制作章程的社员，还约束之后加入的社员和社团法人的机关等，从这一点上看，将其定性为自治法规而非契约更为恰当，应

〔1〕郑东润（上）383页。

〔2〕大法院2000.11.24.99DA12437（关于社团法人的章程）。

〔3〕李基秀、崔秉珪（会）157页。

续表

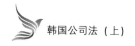

对其适用根据客观标准确定该规范性意义与内容的法律解释方法，不得根据章程制作人的主观判断或解释时的社员多数决的方法作出任意解释。即使在某一时间点，社团法人的社员以社员大会决议的方法表明章程的规范性含义内容与其他解释，依据该决议的解释也不具有约束该社团法人的组成员或法院的效力。

（3）章程的种类

公司设立时制作的章程被称为原始章程，之后变更的章程被称为变更章程。

（4）章程的效力

（a）章程作为公司自治法规，只要内容不违反法律的强制性规定，就具有约束发起人、股东以及公司机关的对内效力。章程对于在其制定之后的加入者也具有相同的约束力。

（b）如上所述，章程只对处于公司内部的成员具有约束力，而对第三人不具有约束力。这是因为第三人依据章程会获得利益或遭受不利，但章程的约束应该取决于受约束者的意思。[1]

（c）但章程中并非完全不能包含规定公司与第三人关系的个体法性质的内容，即章程中可规定类似财产接管（第290条第3号）或第三人新股认购权（第418条第2项）的内容，但这时章程的规定并不直接对第三人发生效力，而是按照章程规定，根据公司与第三人之间的合同确定第三人的债权人地位。[2]

（d）违反章程的行为效力应根据法律规定进行确定，但也并非一定如此。股东大会的决议内容违反章程的，构成决议取消事由（第376条第1项）；董事违反章程的，股东可事先对其进行留止[3]（第402条），而该董事应对公司承担损害赔偿责任（第399条）。违反章程中关于代表权限制的规定而实施的董事的代表行为，对善意的第三人有效（第389条第3项、第209条第2

〔1〕郑东润（上）385页。

〔2〕崔基元（会）154页。

〔3〕留止又被称为留止请求权，是模仿英美国家的禁止令制度（Injunction）而建立的制度，其意为股东可以对董事可能损害公司利益的行为进行制止，属于少数股东权范畴，该制度并不一定要诉诸法院。——译者注

项）。[1]

（5）章程解释

如无例外情形，应根据团体法原理客观地对章程进行解释，而不得适用一般的意思表示或合同解释原则。因此，依据章程规定无法识别的发起人意图或口头约定不得成为解释章程的考虑因素。法院在解释章程的过程中存在疑问时，可参考公司设立时提交法院并已进行公示的登记材料。[2]

（6）章程的制作方法

章程由发起人制作。发起人应确定公司的根本规则并将其作书面记载，由各个发起人签名盖章，以此明确各自的责任（第 289 条第 1 项）。公司设立时的原始章程是为了明确公司设立关系而制定的，因此，在获得公证人的公证之后方可发生效力。但发起设立资本金 10 亿韩元以下公司的情形中，根据第 289 条第 1 项规定，由各发起人签名盖章或署名后，章程方可发生效力（第 292 条，公证法第 63 条）。

2）章程的记载事项

章程的记载事项分为绝对记载事项（第 289 条第 1 项）、相对记载事项与任意记载事项。绝对记载事项是指不记载直接导致章程无效，从而导致公司设立无效的记载事项；相对记载事项是指只有记载于章程中才发生效力的记载事项；任意记载事项是指虽然商法未作规定，但规定在章程中即可发生效力，并不得违反强行法规或股份公司本质的记载事项。

（1）绝对记载事项

（a）目的

公司目的的记载应充分明确到足以确定公司所从事的行业。根据公司的权利能力受限于章程规定的目的限制说，记载公司目的的重要意义在于确定公司的权利能力范围；即使依据无限制说，公司目的仍是衡量公司机关是否滥用其权利的标准，在对董事行使损害赔偿请求权（第 399 条）或对违反章程行为的留止请求权（第 402 条）方面具有重要意义。

（b）商号

商号是公司的名称，应当使用股份公司这一字眼（第 19 条）。公司经营多种业务的，也只能使用一个商号。

---

〔1〕 郑东润（上）385 页。
〔2〕 崔基元（会）155 页。

（c）公司预计发行的股份总数

预定发行股份总数（授权股份总数）是指公司将要发行的股份总数。发行面额股份的，该预定发行股份总数乘以一股的票面金额，即为所谓的授权资本金额。在公司发行的股份总数中，公司设立时发行股份后的剩余部分，由公司成立后的董事会作出决议发行。

（d）一股金额

发行面额股份的，一股金额应为100韩元以上（第329条第3项）并且均等（第329条第2项）。1998年修订商法之前的一股金额应为5000韩元，将之下调为100韩元是为了使股份分割更加自由，也是为了使发行新股时的融资更加方便、轻松。公司根据章程规定发行无面额股份的，不得发行面额股份（第329条第1项），无面额股份无需标记一股金额。根据《关于资本市场与金融投资业的法律》设立的共同基金（mutual fund）也可发行无面额股份（资金第196条）。

（e）公司设立时发行的股份总数

公司设立时发行的股份总数记载于原始章程中即可，可在之后的变更章程中将其删除。

（f）总公司住所地

公司住所为总公司所在地（第171条）。总公司所在地只需表示其所在地的最低行政区域。

（g）公司进行公告的方式

公告制度是保护股东与公司债权人及其他利害关系人的制度。公司可利用官方报纸、登载时事新闻的日刊、电子方式（第289条第3项）中的任一个作为公告方式并记载于章程中。公司的所有公告均应通过这一记载于章程中的方法进行。

（h）发起人的姓名、居民身份证号码及住所

这是为了确定发起人从而明确其责任分工的记载。这些内容的记载只要达到可识别发起人同一性的程度即可。[1]发起人为法人的，应将该法人的总公司与商号及其他名称记载于章程中。

（2）相对记载事项

相对记载事项是指即使不记载于章程中也不影响章程本身效力，但该事

---

〔1〕居民身份证号是在1995年修订商法中为了明确发起人的同一性而追加进去的内容。

项本身也不产生效力的事项。商法对相对记载事项逐一作出了规定（后述），其中与公司设立具有重大关系的事项，被称为变态设立事项（qualifizierte Gründung）（第 290 条）。

（a）变态设立事项

变态设立事项是指设立公司所必要的、公司成立后应将其效力归属于公司的事项，是发起人作为设立中公司的机关有权作出规定的事项。变态设立事项一旦被滥用，将削弱公司的财产基础，因此也被称为“危险约定”（gefährliche Abrede）。它①不仅应记载于章程中；②还应记载于股份要约书中（第 302 条第 2 项第 2 号）；③应接受由法院选任的检查人的严格调查（第 299 条第 1 项、第 310 条）。

但变态设立事项中，对于发起人将会获得的特别利益（第 290 条第 1 号）与应由公司承担的设立费用以及发起人应获得的报酬（第 290 条第 4 号），可以公证员的调查报告代替检查人的调查，而对于实物出资（第 290 条第 2 号）、财产接管（第 290 条第 3 号）、履行实物出资的事项（第 295 条第 2 项），则可以注册（公认）鉴定人的鉴定代替由法院选任的检查人的调查（第 298 条第 4 项但书、第 299 条之 2、第 310 条第 3 项）。〔1〕

未将变态设立事项记载于章程中，或虽然记载于章程中，但未接受检查人的调查的，原则上应为无效。判例认为：这种情形中，可使董事承担损害赔偿责任（第 299 条）或根据其他规定（如第 424 条的留止请求权）进行纠正，因此，不得认定未接受检查人调查的实物出资当然无效。〔2〕

（i）特别利益（第 290 条第 1 号）

①应将发起人将会获得的特别利益与其姓名记载于章程之中。特别利益（Sondervorteil）是对公司设立作出的贡献的对价，其内容包括利益分配、剩余财产分配、股份优先认购权（stock option）、新股优先认购权或使用公司设备的特权、赋予公司产品的独家销售权、从发起人处采购原材料的约定、对公司的解释请求权、会计账簿浏览权的赋予等。但不得对违反股份公司本质的股份支付确定利息，不得违反资本充实原则而免除认股金的缴纳，不得交付无偿股、功劳股，不得违反股东平等原则而给予表决权特惠，不得赋予对

〔1〕《关于养成风险投资企业（venture business）的特别法》规定，技术评价机关关于专利权、实用新型权、设计权及其他准于此的技术及其使用的权利的评价被视为注册鉴定人的鉴定，因此，可以同机关的评价代替检查人的调查。

〔2〕大法院 1980. 2. 12. 79DA509（原审：光州高等法院 1979. 12. 17. 76NA482）。

股东大会决议的异议权、同意权，不得违背团体法秩序而承诺给予董事或监事及其他任员的地位等。

②特别利益是发起人享有的债权性权利，与股东地位无关，因此，如果章程未作规定，不得将该特别利益分离出来单独进行转让或继承。[1]特别利益并不随着股份转让而转移。特别利益不属于社员权。公司成立后，未经受益人同意，不得通过变更章程剥夺特别利益。但发起人放弃该权利的，即使未变更章程，特别利益也随之消灭。实际上，将特别利益记载于章程的情形极其罕见。

（ii）实物出资（第290条第2号）

①实物出资是指以金钱以外的财产进行的出资（Sacheinlage）。公司有必要事先确保特定财产，而且这也便于出资人进行出资，据此，商法规定了实物出资。

以实物出资的，[2]应将该出资人的姓名，出资财产的种类、数量、价格，赋予该出资人的股份种类与数量记载于章程中。章程未作记载的，不发生实物出资的效力。[3]商法将关于实物出资的内容规定为变态设立事项，是因为如果对实物出资的财产作出过高评估，将会导致公司设立资本自始存在缺陷的结果，构成公司不健全的原因；从结果上看，是为了防止损害公司债权人的利益，也是为了防止因对实物出资人进行不当股份分配而损害以金钱进行出资的股东利益。[4]虽然对于低估实物出资的情形没有过多的争议，但在营业年度末有可能根据客观评价进行利益分配，而且根据税法规定也有可能影响对转让实物出资所得的课税金额，因此，应当避免实物出资的过低评估。[5]

②通说认为，实物出资的性质并非民法中的典型合同，而是商法规定的一种出资形态。但实物出资具有双务合同、有偿合同的性质，因此可类推适用民法中关于风险承担、瑕疵担保等的规定（民法第537条、第570条以下、

---

〔1〕 金正皓（会）100页；郑东润（上）388页；崔基元（会）160页。

〔2〕 一直以来，设立股份公司时可进行实物出资的人仅限于发起人（旧法第294条），但在1995年修订商法中废除了这一限制，其依据是发行新股时并无限制，而且进行实物出资的情形中只要目标财产被正确评估并可履行出资即可。

〔3〕 大法院1967.6.13.67DA302。

〔4〕 李哲松（会）233页；大法院1960.11.24.4294民上874，875。

〔5〕 崔基元（会）162页。

第580条)。[1]

③可进行实物出资的财产，是金钱以外的财产，只要是计提在资产负债表上的财产，均可作为实物出资的财产，如动产、不动产、债券、有价证券等，还包括知识产权、采矿权、商号、商业秘密、计算机软件、具有财产价值的事实关系、全部或部分营业等。[2]但不得以劳务或信用进行出资，对此毫无异议。这是因为在股份公司中社员自身的个性并不重要，而且劳务或信用的价值无法反映在资产负债表上。[3]实物出资人可将同一财产作为实物出资与财产接管的目标物，但两者的性质完全不同，从法律角度上看，应将其视为实物出资。

④实物出资的情形中，应在缴纳日期交付作为出资目标物的财产。要求登记或其他权利的设定或移转的，应交付全部相关材料（第295条第2项、第305条第3项)。

⑤设立登记之前发现高估或低估实物出资财产的，应按照设立调查程序(第299条、第299条之2、第310条）进行更正。设立登记后，因未记载于章程而导致实物出资无效或发现过高评估实物出资财产的情形，发起人与公司设立时的董事及监事应承担损害赔偿责任（第322条、第323条)。但可由他人代替进行实物出资的情形并不多，而且以担保责任对其进行保全也是有限的，因此，瑕疵重大的情形构成设立无效事由。

⑥不履行实物出资的，可根据民法关于债务不履行的一般原则进行强制执行（民法第389条）或要求出资人进行损害赔偿（民法第390条、第544条、第551条)，也可通过变更章程继续设立程序。[4]

(iii）财产接管（第290条第3号)

①发起人以公司成立为前提，为了公司利益约定从特定人处接收金钱以外的财产的协议称为财产接管（Sachübernahme）协议。签订这种财产接管协议的，应将该财产的种类、数量、价格与转让人的姓名记载于章程中，否则无效。公司与转让人均可主张无效。

---

〔1〕 孙珠瓒（上）558页；郑东润（上）389页；李哲松（会）233页；李基秀、崔秉珪（会）162—163页；郑灿亨（上）636页。

〔2〕 郑东润（上）388页；李哲松（会）234页；李基秀、崔秉珪（会）162页；郑灿亨（上）636页。

〔3〕 崔基元（会）162页。

〔4〕 李哲松（会）234页。

大法院 1994. 5. 13. 94 DA323：未记载于章程中的财产接管无效
实物出资的发起人为了避免实物出资的繁杂程序，以在公司成立后公司与实物出资人签订买卖合同的方式实现上述实物出资的，该约定属于商法第290条第3号规定的财产接管。因此，如果未将其记载于章程中，则无效。同旨：大法院 1992. 9. 14. 91 DA33087。

大法院 2015. 3. 20. 2013 DA88829：从诚信原则出发，将未记载于章程的财产接管视为有效的判例
甲与乙约定甲对于乙将来设立、运营的丙股份公司以土地进行实物出资或将土地出售给丙公司，丙公司设立并完成所有权移转登记后，甲以会长等职务长期参与丙公司经营，在丙公司设立15年后，甲突然主张土地转让无效，并要求注销土地所有权移转登记的案件中，甲与乙的约定构成商法第290条第3号规定的财产接管，因未记载于章程中而无效，但由于甲直接参与了丙公司的设立并且签订了关于土地的财产接管协议，而且公司设立后长期参与了公司的经营，因此，对于丙公司来说，其信任甲不会以设立公司当时的土地转让效力为由主张转让无效。由于基于甲乙签订的转让协议的转让价款债权已经因时效而消灭，甲在公司设立15年后以土地的转让是未记载于章程中的财产接管为由主张其直接参与的公司设立无效的行为与为保护股东、公司债权人或利害关系人之利益的商法第290条的宗旨无关，反而违背了诚信原则。

②约定公司成立后受让财产，意味着以公司成立为条件签订以买卖形式从发起人、股份认购人或第三人处受让一定财产。这种发起人的财产接管行为原本不属于设立公司行为，而应属于公司成立后（前）的开业准备行为。[1]如前所述，发起人可实施开业准备行为，当然也可进行财产接管，但商法仍将其规定为变态设立事项，是因为财产接管极有可能被用于违法实物出资，而且高估实物出资财产将危及公司财产（少数说）。[2]对此，可作出如下解释：原则上发起人只能实施为了公司设立本身的行为与设立公司必要的行为，不得进行开业准备活动。据此，为了使公司成立后能够马上开展业务，商法规定了财产接管这一准备行为，而财产接管与实物出资一样具有被恶意利用的风险，因此，将其规定为变态设立事项。[3]

---

〔1〕 郑东润（上）389页。

〔2〕 郑东润（上）389页。

〔3〕 林泓根（会）116页；李哲松（会）235—236页；李基秀、崔秉珪（会）163—164页。

③对于财产接管的转让人并无限制。无论是发起人、股份认购人还是第三人，均可成为财产接管中的转让人。财产接管协议由发起人代表设立中公司签订。

④财产接管的标的物与实物出资的情形一样，只要是反映在资产负债表上的财产，均可成为其标的物。无论是动产、不动产、有价证券、无形财产权、商号，还是商业秘密等具有财产价值的事实关系、全部或部分营业，均可成为接管对象（通说）。[1]

⑤财产接管记载于章程中并经过检查人调查或鉴定人鉴定等法定程序的，构成设立中公司的有效行为，成立后的公司取得合同上的地位。[2]但章程未作记载的财产接管是无效的，[3]即使经创立大会承认、成立后公司的追认或变更章程（追加记载）也无法改变无效这一事实。[4]这是因为承认追认效力有悖于商法第290条第3号关于财产接管规定的初衷，会导致承认违法财产接管的结果，而且不得以多数决原则排除关于资本金充实的程序性规定的适用。据此，章程中未作规定的财产接管，即使具有股东大会的特别决议，也构成绝对无效。但财产接管同时满足事后设立要件的，该事后设立有效（第375条）（多数说：追认否定说）。

对此，也有学者认为（少数说：追认肯定说），未记载于章程中的财产接管作为无权代理行为，可适用民法第130条规定而进行追认，也可类推适用事后设立的情形，以股东大会特别决议进行追认，此时财产接管的效力将归属于公司。[5]

大法院 1992.9.14.91DA33087：认定财产接管属于事后设立的判例
商法第290条第3号规定，作为变态设立事项的一种，约定公司成立后受让财产的，将财产种类、数量、价格及其转让人的姓名记载于章程中才具有效力。约定公司成立后转让财产是指，以公司成立为条件，签订发起人以买卖形式从其他发起人、股份认购人或第三人处购买一定财产的协议。制

〔1〕 李哲松（会）235—236页。

〔2〕 李哲松（会）235—236页。

〔3〕 大法院1994.5.13，94DA323。

〔4〕 孙珠瓒（上）559页；李炳泰（上）453页；崔基元（会）165页；郑东润（上）390页；大法院1992.9.14.91DA33087。

〔5〕 蔡利植（上）376页；郑灿亨（上）637—638页。

续表

作原始章程之前，不具有发起人资格的人，为了即将成立的公司签订上述协议后成为发起人的，该协议属于财产接管，只要未记载于章程就无效。……甲与乙欲共同设立以畜牧业为目的的公司，并达成合议，甲以房地产作实物出资，乙以现金出资。为了避免实物出资的繁杂程序，甲乙约定，公司成立后，以公司与甲签订买卖合同的方式进行所有权移转登记，以此方法完成实物出资。这一案件中的实物出资属于商法第 290 条第 3 号规定的财产接管，未记载于章程中则无效，但上述约定中的实物出资同时符合商法第 375 条规定的事后设立，如果以股东大会特别决议进行追认，那么随着上述实物出资的履行，公司将有效取得房地产所有权。同旨：大法院 1989. 2. 14. 87DAKA1128。同 1994. 5. 13. 94DA323：财产接管同时不是事后设立的，章程未作记载则无效。

★事后设立

（1）事后设立的含义

公司成立后两年内以资本金 5%的对价取得继续用于公司营业的、公司成立之前就存在的财产的协议，称为事后设立（Nachgründung）（第 375 条）。

（2）事后设立的认定宗旨

实物出资与财产接管作为变态设立事项是公司设立阶段的规制措施。实物出资程序繁杂，而财产接管又极为苛刻。公司设立之后马上签订买卖合同，可以规避关于实物出资与财产接管的规定。商法为了规制这种违法操作行为，规定了事后设立条款。这是因为如果公司设立之后可立即以较大金额取得公司设立前就已存在的财产，那么，这只不过是对财产接管的暂时性延期而已。

（3）相关概念的区分

实物出资、财产接管以及事后设立是三个类似概念，但也有区别。

（a）在法律形式上，实物出资是团体法上的出资行为，而财产接管与事后设立则是个体法上的交易行为。

（b）从时间上看，实物出资是公司成立前的出资行为；财产接管是发起人以公司成立为条件，以取得特定财产为目的的公司成立前的合同行为；事后设立是在公司成立后，代表董事以取得特定财产为目的，为了公司利益而签订的协议。

（c）从制度的宗旨上看，财产接管是为了防止实物出资被滥用于违法行为而规定在商法中的变态设立事项，事后设立则是为了防止财产接管被滥用于违法行为而设置的。

(4) 事后设立的要件

(a) 取得财产的范围：成为事后设立对象的财产，原则上是从公司成立之前就已存在的财产，但也应包括公司成立后预计归公司所有的财产。财产种类并不仅限于固定资产，而是包括可用于公司经营的所有财产。但公司全部营业的受让并非事后设立事项，如果公司的目的是取得财产，也不属于事后设立的对象。

(b) 期间：适用于公司成立后两年内取得财产的情形。

(c) 取得财产的对价：关于事后设立的规定适用于取得财产对价相当于资本金5%以上的情形。这里的资本金是记载于登记簿上的金额，应以取得财产时为基准，而非股东大会召开时的资本金额。未满5%的，可由代表董事单独签订财产取得协议。财产取得的对价可以不是金钱。财产取得协议包括买卖、交换及其他所有类型的有偿取得。将一个协议分割为数个协议的，合计计算其对价。但协议相对方不同的，应进行个别计算。

(5) 事后设立程序

(a) 股东大会特别决议：事后设立应由股东大会作出特别决议（第375条、第374条第1项、第434条）。对于这一要件，即使在章程中也不得作出缓和性规定，也不得委任董事会进行。股东大会特别决议可在签订协议之前或之后作出，事后作出特别决议进行追认的，协议仍然有效。[1]

(b) 违反程序的效果：没有股东大会决议或决议未成立的，无论协议相对方是善意还是恶意，协议均不发生效力。

(c) 设立费用与报酬（第290条第4号）

(i) 公司应将其所承担的设立费用与发起人的报酬记载于章程中。设立费用是指为了设立公司而支出的必要费用（如章程、股份要约书的印刷费用，办公场所的租赁费用，为募集股东或宣传公司而必要的广告费、通讯费、办公用品费、人工费等）。通说认为设立费用不包括开业准备费用。[2]设立费用不包含登记税（registration tax），因为地方税法规定按照资本金的一定比例（一般是4‰；大城市，三倍于一般情形；设立分公司的，每个分公司缴纳登记税）征收登记税，不存在缴税过多的情况。设立费用即使不记载于章程中，

---

〔1〕 大法院 1992. 9. 14. 91DA33087。

〔2〕 大法院 1965. 4. 13. 64DA1940。

也应由公司承担。设立费用超过章程规定限额的，应由发起人承担超过部分，发起人不得以管理事务或不当得利为由请求公司返还该超额部分，[1]也不得在公司成立后，以变更章程的方式使公司承担超额部分。[2]商法将设立费用规定为变态设立事项是为了防止发起人滥用权利，从而支出过多的设立费用。

(ii) 报酬是发起人为设立公司所作出努力的对价，具有临时工资的性质。为了防止支付过高的报酬，商法规定应将发起人报酬记载于章程中。

(iii) 章程未记载的设立费用，报酬超过章程记载的金额或未经检查人检查、未获得创立大会承认的金额，应由发起人承担，发起人不得以管理事务或不当得利为由向公司求偿，[3]也不得在公司成立后通过变更章程使公司承担上述费用。[4]

(iv) 直到公司成立，发起人尚未支付设立费用的情形中，对于应由谁在对外关系中应承担费用，存在不同学说。

①公司全额负担说认为，设立公司所必要的行为均属发起人权限，因此，实质上应属于设立中公司，公司设立的同时，对第三人的全部权利义务也归属于成立后的公司。据此，尚未履行的债务应由公司履行，而对于章程中未作记载的金额，可向发起人求偿。[5]

②发起人全额负担说认为发起人的权限仅限于以形成社团为直接目的的行为，因此，除此之外的设立费用，不分设立前后，均应由发起人承担，公司成立后，发起人可在记载于章程或取得法院或创立大会承认的范围内向公司求偿。[6]

③公司、发起人重叠责任说认为，即使是不具有法人人格的社团，对外应以该社团财产承担责任的同时，其代表人也应承担责任。这种情形中的设立费用是设立中公司的债务，因此，直接由成立后的公司继承，但设立中公司的代表，即发起人的责任并不被免除。[7]

---

〔1〕 孙珠瓒（上）559 页；李哲松（会）237—238 页；崔基元（会）166 页；郑东润（上）390 页。

〔2〕 崔基元（会）166 页。

〔3〕 崔基元（会）166 页；郑东润（上）390 页；李哲松（会）237—238 页。

〔4〕 崔基元（会）166 页。

〔5〕 郑东润（上）391 页；李基秀、崔秉珪（会）615 页；郑灿亨（上）638—639 页；大法院 1994. 3. 28. 93MA1916。

〔6〕 崔基元（会）169 页。

〔7〕 孙珠瓒（上）560 页。

④此外，还有公司、发起人分担说。[1]根据这一学说，设立费用中记载于章程或通过检查人检查的部分，由公司向第三人承担，但对于未具备这种法定要件的限额外的部分，则由发起人承担。这也是日本判例采取的学说。[2]

⑤判例采取的是公司全额负担说。[3]

⑥笔者认为，发起人作为设立中公司的机关而实施的行为效果，根据设立中公司与设立后公司的同一性说应移转至成立后的公司，从这一点上看，应由公司承担。未记载于章程中的设立费用，应先由公司全额承担，之后可向发起人追偿（公司全额负担说）。

（2）相对记载事项

商法中关于相对记载事项的规定比较分散，具体如下：

①设立时股份发行事项的决定（第 291 条）；

②无面额股份的发行与转换（第 329 条第 1 项、第 4 项）；

③股份转让限制（第 335 条第 1 项），名义变更代理人的设置（第 337 条第 2 项）；

④股份优先购买权的赋予（第 340 条之 2、第 542 条之 3）；

⑤自己股份的取得（第 341 条第 2 项）；

⑥自己股份的处分（第 342 条）；

⑦种类股的发行（第 344 条）；

⑧关于利益分配、剩余财产分配的种类股（第 344 条之 2）；

⑨关于表决权被排除、表决权被限制的种类股（第 344 条之 3）；

⑩关于股份偿还的种类股的发行（第 345 条）；

⑪关于股份转换的种类股的发行（第 346 条）；

⑫股份的电子登记（第 356 条之 2）；

⑬股票不持有制度的排除（第 358 条之 2 第 1 项）；

⑭股东大会普通决议要件的缓和（第 368 条第 1 项）；

⑮选任董事时集中投票制的排除（第 382 条之 2 第 1 项）；

⑯董事、监事任期的延长（第 383 条第 3 项、第 410 条）；

---

〔1〕 金正皓（会）105 页。

〔2〕 日本最高裁判所 1917. 7. 4，民集 6. 429。

〔3〕 大法院 1994. 3. 28. 93MA1916：公司的设立费用是发起人作为设立中公司的机关为了设立公司而支出的费用，公司设立后应由公司负担（第 290 条、第 326 条）。

⑰股东大会选任代表董事（第289条第1项但书）；
⑱缩短董事会的召开通知期限（第390条第3项）；
⑲董事会决议要件的加重（第391条第1项但书）；
⑳对公司的责任减免（第400条第2项）；
㉑执行任员报酬的决定（第408条之2第3项第6号）；
㉒设置执行任员的公司中的董事会议长（第408条之2第4项）；
㉓执行任员的任期（第408条之3）；
㉔对执行任员的权限委任（第408条之4第2号）；
㉕选任监事时表决权限制比例的下调（第409条第3项）；
㉖股东大会新股发行事项的决定（第416条但书）；
㉗对第三人新股认购权的承认（第418条第2项）；
㉘股东大会对准备金转入资本金的决议（第461条第1项但书）；
㉙新股认购权的电子登记（第420条之4）；
㉚关于承认财务报表等的特别规则（第449条之2）；
㉛中间分配的实施（第462条之3第1项）；
㉜实物分配（第462条之4）；
㉝委任代表董事发行公司债（第469条第4项）；
㉞债权的电子登记（第478条第3项）；
㉟股东大会决议发行可转换公司债（第513条第2项但书）；
㊱附新股认购权公司债的发行（第516条之2第2项但书）；
㊲新股认购权的电子登记（第516条之7）；
㊳公司的存续期间及其他解散事由（第517条第1号）等。

（3）任意记载事项

任意记载事项是指除了绝对记载事项与相对记载事项以外，即使商法未作规定，公司也可任意规定的事项。只要不违反法律的强制性规定、社会秩序与股份公司本质，任意记载事项的具体内容在所不问（如股票种类，董事、监事人数，股东大会的召集时间，营业年度等）。

3. 股份发行事项的决定

1）股份发行事项

股份发行事项中，设立时发行的股份总数（第289条第1项第5号）与发行面额股份时的一股金额（第289条第1项第4号）虽已规定在章程中，但无法将全部具体的股份发行事项都事先规定在原始章程中，而出于一般经济情况、股市行情等的考量，在发行股份之前应对其作出规定。据此，商法规定，对于设立时发行的股份种类与数量，发行超面额股份时的股份数量与金额，发行无面额股份时的股份发行价与股份发行总额中计提为资本金的金额等，章程未作规定的，应由全体发起人一致同意作出决定（第 291 条）。

2）决定事项

设立时发行的"股份种类与数量"及"发行超面额股份时的股份数量与金额"为决定事项。"股份种类与数量"是指决定发行什么样的股份、发行多少股份。除了普通股以外，只能发行章程规定的股份种类（章程相对记载事项）。发行股份时，为了维持资本金充实，原则上不允许公司设立时发行发行价低于票面金额的股份（第 330 条），因此，应按票面额发行股份或超额发行，还应决定以何种价格发行多少股份。

3）全体发起人的同意

基于股份发行事项的重要性，应由全体发起人同意作出决定（第 291 条）。如果获得全体发起人同意的过程不合法，则构成设立无效事由。对于全体发起人的同意方式并无特别规定，表示同意的时期为制作章程后、发起人认购股份之前。虽然也有学说认为，即使在设立登记后，只要全体发起人同意，这一时间上的瑕疵就能够被消除，[1]但笔者认为，全体同意的时期至少应早于设立登记。[2]股份发行事项已经决定的，设立登记时应将相关书面文件附于设立登记申请书一并提交（商登第 80 条第 4 号）。

4）其他事项

如，对于股份要约期间、缴纳日期、认股金缴纳银行等事项，应由半数以上的发起人同意。[3]

4. 发起设立中的实体形成

1）股份认购

（1）股份认购方法

发起设立时发行的全部股份只能由发起人认购。股份认购必须以书面方式进行（第 293 条），但对于应采取何种书面方式并无限制。提出设立登记申请时应一并提交该书面材料（商登第 80 条第 2 号）。这是为了对外证明发起

---

〔1〕 林泓根（会）120 页；郑东润（上）241 页；郑灿亨（上）640 页。

〔2〕 崔基元（会）172 页；李哲松（会）393 页。

〔3〕 孙珠瓒（上）563 页；林泓根（会）119 页；郑东润（上）393 页；李基秀、崔秉珪（会）170 页；郑灿亨（上）641 页。

人的股份认购内容，发起人并不需要另行制作书面材料，也可在书面材料中记载每一发起人的股份认购内容。

（2）股份认购的法律性质

发起人的股份认购与章程的制作构成公司设立行为，该设立行为的法律性质是依据发起人的单方意思表示发生效力的合同行为（合同行为说，也是多数说）。[1]但也有学者认为这是发起人之间的协议（发起人协议说、组织契约说）。[2]由于随着章程的制定，设立中公司已经成立，据此，笔者认为，章程制定后的股份认购是加入设立中公司的一种加入契约（入社契约说）。[3]

（3）认购时期

对于认购时期，不存在对其进行规制的现实需求，可以是制定章程的同时或制定前后。[4]对此，也有学者主张，认购时期应为制定章程的同时或制定之后。[5]

2）履行出资

（1）全额缴纳主义

股份总数的认购一结束，即应毫无迟滞地进行全额缴纳（全额缴纳主义）（第295条第1项第1文）。票据[6]或支票（手票）[7]的情形中，支付完毕才可被视为缴纳完成。

（2）缴纳方式

发起人应指定缴纳银行、其他金融机构或缴纳场所（第295条第1项第2文）。发起人应在指定的缴纳场所进行全额缴纳。变更缴纳金保管人或缴纳场所时的法院许可（第306条）、缴纳金保管人的证明与责任（第318条）及虚

---

〔1〕崔基元（会）394页；林泓根（会）120页；李炳泰（上）460页。

〔2〕股份认购是参与章程制作的人取得股份这一社员权的同时，承担与此对应的出资义务，以此约定完成公司设立的发起人之间的协议。郑东润（上）394页。

〔3〕同旨：李哲松（会）241页；大法院2004.2.13.2002DU7005。

〔4〕同旨：孙珠瓒（上）565页；李炳泰（上）460页；崔基元（会）173页；蔡利植（上）412页；徐宪济（会）123页；权奇范（会）351页。

〔5〕李哲松（会）241页；郑东润（上）394页；郑灿亨（上）641页。

〔6〕어음是指发行人约定一定的金钱支付或委任第三人进行支付的有价证券，包括환어음（汇票）与약속어음（本票），相较于中国票据法上的“票据”涵盖范围狭小。中国票据法上的票据包括汇票、银行本票与支票。本书中统一翻译为票据。——译者注

〔7〕韩国法中的手票是指发行人委任支付人（金融机构）向收取人或其他正当持有人支付一定金额的有价证券。本书统一翻译为支票。——译者注

假缴纳的情形等与募集设立的情形相同。设立中公司同意的，发起人可以自己的债权抵销其应缴纳的金额（类推适用第 421 条第 2 项）。

（3）实物出资的情形

发起人实物出资的，应在缴纳日前交付作为出资标的物的财产。需要进行登记及其他权利的设定或移转的，应将相关材料准备齐全并交付于设立中公司（第 295 条第 2 项）。但为了减少因公司进行双重登记而发生的费用与劳动力，可在公司成立后进行登记。对于不动产或等同于不动产的物件，以公司名义进行登记的，无需将之再次移转登记至成立后的公司名下。这时，不动产物权的转移在法律上是应然的，因为这符合民法第 187 条规定的“依据其他法律规定取得不动产物权”的情形。

（4）对不履行的措施

（a）金钱出资的情形中发起人不履行出资的，并不适用失权程序（第 307 条），而应根据债务不履行的一般原则强制其履行（民法第 389 条、第 390 条）。无法强制履行的，公司不成立。[1]

（b）发起设立的情形中，负责收缴的金融机构提供缴纳金保管证明的，金融机构是否应承担责任，对此商法未作规定。一般认为，对于发放证明书的金融机构，类推适用商法第 318 条关于募集设立的规定，应承担责任。[2]

（c）实物出资的情形中，也应强制履行（民法第 389 条、第 390 条），否则公司不成立。[3]

3）机关构成程序（董事、监事的选任）

（1）出资履行一结束，发起人即应毫无迟滞地召开发起人大会，选任董事与监事（依据章程规定设置监查委员会的情形中，选任监查委员会委员：第 415 条之 2 第 6 项、第 296 条）。

（2）选任方式：根据一股一表决权原则（第 296 条第 2 项），应由半数以上发起人表决通过（第 296 条第 1 项），认购无表决权股份的发起人也可行使表决权。对于董事、监事的资格并无限制，非发起人也可被选为董事或监事。发起人应制作议事录，记载意思表示过程与结果并签名盖章或署名（第 297 条）。

---

〔1〕李哲松（会）242 页。

〔2〕郑东润（上）395 页。

〔3〕郑东润（上）395 页。

（3）这时被选任的董事，章程中若无其他规定，应召开董事会选任代表董事或代表执行任员（第389条第1项、第317条第2项第9号）。

（4）也有人认为由于公司设立过程中已选任了董事与监事，可由董事与监事代替成为设立中公司的机关。既然是认购设立时发行的股份总数的发起人根据其一致同意选任的董事，那么董事代替发起人成为设立中公司的执行机关是理所当然的。〔1〕商法规定的公司设立过程中的董事的任务主要涉及监督性事项（如第298条），但这并不意味着排斥董事参与业务执行，而且规定应由代表董事申请设立登记（商登第17条第2项），也是对董事的执行机关地位的承认。〔2〕

但即使在设立过程中选任了董事与监事，也不代表他们就可代替发起人成为设立中公司的机关。〔3〕可解释为发起人选任董事、监事、代表董事等是为了使其继续供职于成立后的公司，也就是为了成立后的公司事先选任董事、监事、代表董事（总统选举结束后并不马上履行总统职务）。据此，公司成立后，发起人选任的董事与监事将会成为公司机关，但在公司成立之前，发起人选任的董事与监事仅仅作为监督机关对公司设立行为进行监督。应将“代表董事申请设立登记”（商登第17条第2项）中的“代表董事”理解为“将来成为代表董事的人”。

4）设立经过的调查

（1）董事、监事的调查与报告

董事与监事（或监查委员会）就任后，应毫无迟滞地对设立事项有无违反法律或章程部分进行调查并报告发起人（第298条第1项）。但董事与监事（或监查委员会委员）中曾是发起人的人与实物出资人、公司成立后的受让财产协议当事人，不得参与对公司设立经过的调查与报告（第298条第2项）。董事与监事（或任何监查委员会委员）均无法参与调查与报告的，董事应要求公证人进行调查与报告（第298条第3项）。

（2）变态设立事项的调查

（a）章程规定变态设立事项的，原则上董事为了调查应向法院申请选任检查人（第298条第4项）。作为例外，对于发起人将获得的特别利益与

---

〔1〕郑东润（上）395页；李哲松（会）242页。

〔2〕郑东润（上）396页。

〔3〕崔基元（会）177页。

报酬及公司应承担的成立费用，可以公证人的调查与报告代替董事、监事的调查与报告；而对于实物出资的内容及其履行以及财产接管协议，可以注册鉴定人的鉴定代替检查人的调查与报告（第298条第4项、第299条之2前段）。

（b）检查人应调查变态设立事项与实物出资的履行情况并报告法院（第299条第1项）。但①实物出资与财产接管的对象总额不超过资本金五分之一，也不超过总统令规定的金额（5000万韩元），或②这些财产是可在交易所进行交易的有价证券并且上面所记载的金额不超过以总统令规定的方法计算出的市价的情形，以及其他总统令规定的准于此的情形中，无需检查人的调查与报告（第299条第2项）。[1]检查人制作调查报告书后，应毫无迟滞地将复印件交付各发起人（第299条第3项）。如果检查人的调查报告中存在与事实不符的事项，发起人应向法院提交对该事项的说明书（第299条第4项）。

同样，公证人或鉴定人也应将调查或鉴定结果报告法院（第299条之2后段）。

（c）法院对上述（b）中提及的检查人或公证人的调查报告书、鉴定人的鉴定结果、发起人的说明书进行审查后，认为变态设立事项不当的，可对其进行变更并通告各发起人（第300条第1项）。

（d）对上述（c）中法院的变更处理不服的发起人，可通过提起即时抗告对法院的决定提出抗议（非讼第75条第3项）或取消股份认购。这时，也可通过变更章程继续设立程序（第300条第2项）。法院作出变更处理通告后两周内，如果无发起人取消股份认购，则视为章程已经变更（第300条第3项）。

（e）变态设立事项未记载于章程中，也未经检查人等调查的，应视为无效。章程作了记载，但未经检查人等调查的，仅限于内容有失公平的情形，才视为无效。[2]

---

〔1〕第299条第2项规定，相较于公司规模，实物出资的比重较低的情形或具有市场价格的有价证券的情形中，可省略检查人的价格评价。根据这一规定，应选任检查人，但无需报告法院。如果是为了自始省略检查人的价格评价，使检查人的选任本身成为不必要事项，那么应将其规定在第298条，而非299条。这是立法上的漏洞，应进行修改。

〔2〕郑东润（上）397页。

5. 募集设立的实体形成

1）股份认购

（1）股东的募集

募集设立中的各发起人应认购设立时发行股份的一部分（参照发起设立），对于剩余部分的股份，发起人应募集股东进行认购（第301条）。募集方式可以是公开募集，也可以是私人募集（private subscription）。

（2）股份认购的法律性质

与发起设立一样，募集设立的法律性质是加入设立中公司的协议（入社协议）。[1]股份认购协议是社团法上的特殊契约，并不是商行为。因此，对于该入社协议适用民法规定，而不适用关于商行为的商法规定。如，对于股份认购引起的债权，适用10年的民事债权消灭时效，而非5年的商事债权消灭时效。[2]

（3）要约方法

为了保护应募股东，认购股份的要约采取股份要约书主义（第302条）。股份要约书主义是指以要约的方式，强制制作并使用记载公司组织大纲与要约条件等重要事项的证书的立法主义。[3]据此，发起人必须制作并提供股份要约书，欲认购股份的人应在两份股份要约书中记载其欲认购的股份种类与数量、住址并签名盖章或署名（第302条第1项）。其中一份由公司保管，另一份在设立登记时提交相关机关（商登第80条第3号）。

股份认购要约具有格式合同的性质，因此，要约人不得变更股份要约书所记载的要约条件而重新发出要约。提出要约时，可要求其缴纳一定的证据金，但上市公司等大型公司公开募集发行新股的情形中，要约时应进行全额缴纳。

★《关于资本市场与金融投资业的法律》规定的特别规则

为了保护一般投资人的利益，《关于资本市场与金融投资业的法律》规定

---

〔1〕孙珠瓒（上）575页；李炳泰（上）466页；崔基元（会）187页；李哲松（会）241页；郑灿亨（上）642页。

〔2〕孙珠瓒（上）576页；郑灿亨（上）642页。

〔3〕股份要约书主义是与英美法上的事业计划书主义（制作、公告记载公司组织大纲与参考资料的事业计划书后，才能接受股份要约的立法主义）对应的立法主义。在韩国，募集总额或销售总额为总统令规定的一定金额以上的情形中，应向金融委员会提交关于该募集的申报书，该申报书发生效力的，可募集股东（资金第119条第1项本文），并且应制作、备置、共览、交付投资说明书（资金第123条、第124条）。由此可知韩国同时采用特别法上的事业计划书主义与股份要约书主义。

了关于公开募集的特殊规则（资金第118条以下），即募集总额或营业额分别超过总统令规定金额的，应向金融委员会提交关于募集的申报书，金融委员会受理后才可募集股东（资金第119条第1项）。自金融委员会受理申报之日起，经过总理令规定（考虑证券种类或交易特性等因素确定的期间）的期间的，申报发生效力（资金第120条第1项）。申报发生效力的，应制作投资说明书提交金融委员会并将其备置于总理令规定的场所，供所有人阅览（资金第123条第1项）。

证券申报书及投资说明书中存在虚假记载或不实表述，又或者未记载重要事项，使股份取得人受到损害的，申报书上的申报人与申报当时的公司董事等《关于资本市场与金融投资业的法律》第125条第1项列举的人，应承担损害赔偿责任。但应承担赔偿责任的人证明其尽了充分的注意义务也未能得知或股份取得人在要约时就已得知上述事实的，可免除赔偿责任（资金第125条第1项）。请求权人自得知该事实之日起1年内或申报书生效之日起3年内未行使请求权的，该赔偿责任消灭（资金第127条）。

（4）以他人名义认购股份

（a）假设人〔1〕或未获得他人同意就以他人名义作出股份认购要约的，由实际发出要约的人（名义借用人）承担作为股份认购人的责任（第332条第1项）。这是为了阻止以他人名义进行要约后，在分配股份时回避缴纳责任的行为。这种情形中，不论是以谁的名义发出要约，均由实际要约人承担缴纳责任的同时成为股份认购人（股东）。〔2〕

（b）对于虽获得他人同意后以他人名义进行股份要约，但实际上将股份分配给该他人的情形中，关于谁是股份认购人的问题，存在不同的主张。

（i）形式说：这是将名义出借人视为股份认购人的少数说。该学说认为，由于有必要集中地、大量地处理股份法律关系，因此，原则上应根据从外部容易识别的形式划一标准决定权利归属，而且公司基本上不可能确定到底谁是实质上的股份认购人，从这两点上看，应将名义上的股份认购人视为股份

〔1〕虽为法律行为主体却不实际存在的人。实施法律行为可不以自己的名义而设定一个虚构人物，商法为了实现资本充实，规定以假设人的名义认购股份的人应承担股份认购人的责任。这是为了防止以假设人的名义认购股份的人在不利时免除责任的行为。出处：《社会福祉学词典》，Blue Fish 2009年版。——译者注

〔2〕郑东润（上）399页；大法院2017.12.5.2016DA265351。

认购人。[1]

（ii）实质说：这一学说认为名义借用人是股份认购人。虽然商法第332条第1项规定，不论名义如何，事实上的股份要约人随着股份的分配承担作为股份认购人的义务而成为股东，但该条第2项仅规定了名义出借人的连带责任，这并不能成为名义出借人取得股权的依据。因此，对于股份的认购及缴纳，与一般私法上的法律行为一样，应由真正的协议当事人，即要约人（名义借用人），取得作为股份认购人的权利并承担义务。[2]

（iii）判例：以前的判例采取实质说，认为设立公司时按照募集设立的程序，但发起人在募集股份前已经认购大部分的股份，只是在形式上从一般公众处募集股份的情形中，发起人借用他人名义认购股份的，名义借用人为股份认购人。[3]但2017年的判例则认为："如果没有特殊情形，股东名册上记载为股东的人才能行使表决权等股东权利。无论公司是否知道除了股东名册上的股东以外存在实际认购或受让股份的人，公司均不得否定股东名册上的股东行使权利，也不得认可未完成股东名册记载之人的股东权利的行使。"这是向形式说的突然转变。[4]据此，未记载于股东名册的情况下可行使股东权利的情形，仅限于股东名册上的记载或名义改书申请不当迟延或被不当拒绝等极其例外的情形。

（iv）笔者意见：商法第332条明确规定认股金缴纳责任是为了保障公司

[1] 孙珠瓒（上）574页；蔡利植（上）593页；李哲松（会）317页。

[2] 崔基元（会）186页；郑东润（上）399页；李基秀、崔秉珪（会）180页；朴相祚（会）255页；权奇範（会）372页；安东燮："通过名义出借的股份认购"，载《法律报》1981年8月17日，第12页；徐廷甲："通过名义出借的股份认购"，载《法律报》1981年9月7日，第12页。

[3] 大法院1975.7.8.75DA410；同1975.9.23.74DA804；同1977.10.11.76DA1448；同1978.4.25.78DA805；同1980.9.19.80MA396；同1980.12.9.79DA1989；同1985.12.10.84DAKA319；同1986.7.22.85DAKA239.240；同1992.2.14.91DA31494；同1998.4.10.97DA50619；同2004.3.26.2002DA29138；同2005.2.18.2002DO2822；同2008.3.27.2007DA70599.70605；同2011.5.26.2010DA22552；同2011.5.26.2010DA27519等。水户地方裁判所土浦支院2017.7.19.判决：Y1公司设立时由Y2代替发起人X按照准委托合同缴纳出资150万日元。Y1公司召开定期股东大会时未通知X。X提起了其为持有Y1公司30股股东的确认诉讼。裁判所认为，已经获得他人许可的情形中，股东为实际认购人，而非名义借出人，继而支持了X的主张（判タ第1449号第234页，金判第1539号第52页）。

[4] 大法院2017.3.23.2015DA248342；同2017.8.29.2016DA267722；同2017.9.21.2017DA241017；同2017.12.5.2016DA265351。大法院2019.2.14.2015DA255258。据此，大法院1975.9.23.74DA804；同1977.10.11.76DA1448；同1980.9.19.80MA396；同1980.12.9.79DA1989；同1985.12.10.84DAKA319；同1998.4.10.97DA50619；同2011.5.26.2010DA22552；同2011.5.26.2010DA27519等判例均有所变更。

资本金充实，而非为了确定股东。实际上的法律行为人是名义借用人，而且有必要保护实际缴纳认股金的人，从这两点看，笔者赞同实质说。但实际上根据上述判例，只有股东名册上的股东才能行使股东权利。[1]

（c）不论采取哪一学说，在与公司的关系中，名义出借人与名义借用人均应承担缴纳认股金的连带责任（第332条第2项）。

（5）要约瑕疵

股份认购要约也是一种意思表示，因此，原则上可适用民法中关于意思表示的一般理论。但由于股份认购要约是关于设立多数人组成的资本团体的团体法上的行为，因此，商法规定了若干特别规则。

（a）不适用关于非真实意思表示无效的一般原则（民法第107条第1项但书）（第302条第3项）。据此，股份认购要约人作出非真意意思表示的，即使相对方（发起人）已经知晓或可能知晓，该要约也不构成无效。

（b）同理，股份认购人出席创立大会行使权利后或公司成立之后，不得以股份要约书的要件瑕疵或意思表示瑕疵为由主张认购无效或取消认购（第320条）。

（c）但商法没有特别规定的情形中，应适用民法关于要约意思表示的一般原则。据此，可以无行为能力（民法第5条、第10条、第13条）或诈害行为等为由取消要约（民法第406条），也可以无意思能力或串通意思表示（民法第108条第1项）等为由主张要约无效。

（6）股份分配

股份分配是指决定何种股份要约人可以认购多少股的发起人行为。可以说股份分配的法律性质是对股份认购要约的承诺性意思表示，与要约不同的是，这是一种不要式意思表示。股份分配无需特别的分配方式，口头进行的股份分配同样有效。对于分配时期也无特别规定，但应在公司设立前进行。[2]

只要存在股份认购要约，作为设立中公司机关的发起人就可在募集股份总数的范围内自由进行股份分配（分配自由原则）。这是因为，此时的股份要约人还不是股东，不得适用股东平等原则。发起人可以考量要约人的缴纳能力、股东间的势力均衡等因素，适当进行分配，[3]但通常会在股份募集广告

〔1〕大法院 2017. 3. 23. 2015DA248342。
〔2〕崔基元（会）188页。
〔3〕李哲松（会）247页。

或公司业务说明书中事先公告分配方式，也会将分配先后顺序及分配限度等事项进行公告。原则上，超过要约数量而进行的股份分配、要约的股份种类与分配的股份种类不同的股份分配无效。

发起人可以任何方式对要约人作出分配意思表示，通常以书面形式通知要约人。发起人的书面通知以股份要约书中记载的住所或要约人通知公司的住所为准（第 304 条第 1 项）。到达时期以通知具体到达的时间为准（第 304 条第 2 项）。

2）履行出资

（1）认股金缴纳

股份按照要约进行分配的，股份认购即成立，股份认购要约人成为股份认购人并承担认股金缴纳义务（第 303 条）。据此，设立时发行股份总数的认购一结束，发起人即应毫无迟滞地要求股份认购人缴纳全部认股金（第 305 条第 1 项）。但公开募集的情形中，股份认购要约人在要约时已缴纳相当部分的认股金作为要约证据金的，一旦获得股份分配，要约证据金将转化为认股金，因此，实际缴纳认股金的情形并不多，反而逐渐成为了例外现象。

不论真实情况如何，在这种例外情况下，欲以金钱缴纳的，应向股份要约书中记载的场所进行缴纳（银行或其他金融机构）（第 305 条第 2 项、第 302 条第 2 项第 9 号）。欲在缴纳日期之前变更缴纳场所或缴纳日期经过后变更缴纳金保管人的，应获得法院许可（第 306 条）。

发起人或董事提出请求的，保管缴纳金的银行或其他金融机构有义务交付关于保管金的证明书，相关保管金应保管至公司成立之时，在这之前已经返还给发起人或董事的，不得对抗公司。保管缴纳金的银行或其他金融机构不得以缴纳不实或限制返还为由对抗公司（第 318 条第 1 项、第 2 项）。如，发起人与接收缴纳的银行共谋从该银行进行借贷，约定用该贷款充当缴纳金，公司成立后如不偿还贷款则不提取缴纳金的情形中，即使公司成立后发起人在未偿还贷款的情况下提取缴纳金，银行也不得以上述约定进行对抗。这是为了防止“进行虚假缴纳设立公司”而设定的特别法定责任，以此明确缴纳金的所在，防止缴纳不当行为，从而使资本金充实。[1]这些规定同样适用于由未记载于股份要约书中的银行发行保管证明书的情形与未获法院许可变更缴纳银行的情形中由该未获许可的银行发行保管证明书的情形。

---

〔1〕 郑东润（上）400 页。

但发起设立资本金10亿韩元以下公司的，可以银行或其他金融机构的存款证明代替保管金证明书（第318条第3项）。

（2）虚假缴纳

（a）虚假缴纳的含义与种类

虚假缴纳是指实际上并未缴纳认股金，只是从形式上（书面上）看已经缴纳的情形。虚假缴纳分为与缴纳银行勾结的通谋虚假缴纳，虽未与银行勾结，只是暂时从他人处借贷后进行缴纳，但一经登记立即提取并偿还的普通虚假缴纳，以及将两者折中起来的缴纳。

（i）通谋虚假缴纳：通谋虚假缴纳是指发起人从认股金缴纳银行借贷金钱充当认股金进行缴纳，将之转账为设立中公司的存款并与银行约定偿还贷款之前不提取存款的情形。〔1〕为了防止通谋虚假缴纳，商法将缴纳机关限定为银行及其他金融机构，并使银行及其他金融机构提供缴纳金保管证明，银行及其他金融机构不得以对其所证明的金额具有返还限制为由对抗公司（第318条）。进行虚假缴纳的，处以5年以下有期徒刑或1500万韩元以下罚金（第628条第1项）。

（ii）虚假缴纳（普通虚假缴纳）：最为普遍的虚假缴纳方式是发起人在没有与银行通谋的情况下，从善意第三人处借贷金钱向银行或其他金融机构进行实际缴纳，从而获得缴纳金保管证明，完成设立登记后立即从银行或其他金融机构提取缴纳金偿还贷款。〔2〕

（iii）折中式：折中式是指发起人代表从进行缴纳的金融机构获得相当于缴纳金的贷款作为认股金进行缴纳，公司成立后，公司将缴纳金借给曾经的发起人代表，由该发起人代表偿还银行贷款的形式。实际上这是一种变形的通谋虚假缴纳，因此，应认为其不具有缴纳效力。〔3〕

（iv）以公司资金虚假缴纳：成立后的公司在发行新股时，对公司任员、其他社员、工作人员等赋予股份认购权，公司以该缴纳资金进行融资的，从外形上看，似由股份认购人缴纳，但实际上是使用公司资金进行缴纳。这种情形，公司在形式上虽已履行了缴纳程序，但即使是发行新股，公司资本金也不会增加，从这一点上看，属于虚假缴纳。〔4〕

---

〔1〕日本称之为“预合”。

〔2〕日本称之为“见金”。

〔3〕李基秀、崔秉珪（会）184页；郑灿亨（上）647页。

〔4〕崔基元（会）192页。

大法院 2003. 5. 16. 2001DA44109：公司没有收回借款计划的情况下，借给第三人相当于认股金的借款，而第三人将其用于缴纳认股金的，该缴纳无效
公司借给第三人相当于认股金的借款，而第三人将其用于缴纳认股金的，可认为公司从一开始就约定了不对第三人行使这一债权，实质上不具有回收借款的意思；第三人也以公司的该意思表示为前提进行股份认购要约的，并不能认为公司资本金增加了相当于第三人认购的金额，因此，以上述方式进行的认股金缴纳构成单纯的虚假缴纳，从而无效。

（b）虚假缴纳的效力

（i）学说：通谋虚假缴纳与折中式的虚假缴纳不具有缴纳的效力，对此并无异议。但对于普通虚假缴纳（伪装缴纳）的效力，存在不同的主张：①已经进行了实际缴纳，而且从团体法上看，将发起人的主观意图作为争议点并不恰当，因此，应将这种缴纳视为有效；[1]②强调公司资本金充实原则，应将其视为无效。[2]

（ii）判例：韩国大法院的立场是认可普通虚假缴纳（见金）的效力。[3]典型案例的主要判决内容如下：

大法院 1983. 5. 24. 82NU522：将虚假缴纳（见金）视为有效缴纳的案例
公司设立或增资的情形中，最初不具有真正以认股金作为公司资本金的意图，只以临时的贷款满足认股金缴纳的形式要件，在公司设立或增资后立即提取缴纳金偿还贷款的虚假缴纳，即所谓见金的情形，随着资金移转构成实际上的不缴纳，即使被利用为虚假缴纳的手段，也只不过是进行缴纳的发起人或董事的主观意图问题，而非公司的问题，因此，不得依据发起人或董事的内心意图，判断影响公司设立或增资的认股金缴纳的效力。同旨：大法院 1997. 5. 23. 95DA5790。

---

〔1〕 徐燉珏、郑完溶（上）306 页；蔡利植（上）403 页；郑灿亨（上）648 页。

〔2〕 孙珠瓒（上）577 页；李炳泰（上）468 页；崔基元（会）195 页；郑东润（上）402 页；李哲松（会）255 页。

〔3〕 大法院 1966. 10. 21. 66DA1482；同 1983. 5. 24. 82NU522；同 1985. 1. 29. 84DAKA1823. 1824；同 1997. 5. 23. 95DA5790；同 1998. 12. 23. 97DA20649；同 2001. 3. 27. 99DU8039；同 2004. 3. 26. 2002DA29138；大法院 1994. 3. 28. 93MA1916。

大法院 1985. 1. 29. 84DAKA1823，1824：虚假缴纳的情形中，也不得否定认股金缴纳的效力，应视为公司替股东垫付缴纳金，公司可向股东提出缴纳金偿还请求
认股金虚假缴纳的情形中，不得否定认股金缴纳的效力。认股金缴纳程序已经完成，股份认购人或股东的认股金缴纳义务也随之终了，但这种虚假缴纳，如同公司以借款垫付股东的缴纳金，因此，认股金缴纳程序完成后，公司可请求股东偿还其垫付的缴纳金。同旨：大法院 2004. 3. 26. 2002DA29138。

大法院 1994. 3. 28. 93MA1916：虚假缴纳的情形中，也不得否定认股金缴纳的效力
设立公司，以临时的贷款满足认股金缴纳的形式要件，公司设立程序完成后立即提取该缴纳金进行偿还的虚假缴纳的情形中，也不得否定认股金缴纳的效力，因此，即使股东进行虚假缴纳，也不得将该股东与仅出借名义给实质上的股份认购人的借名股东一视同仁。

（iii）笔者意见：如果认为虚假缴纳的股份认购有效，不仅损害公司资本金充实原则，也因违反强制性规定而构成违法，导致实际上“无缴纳”的结果，因此应视为无效，[1]这也是导致公司设立无效的原因。但可以发起人的缴纳担保责任（第 321 条第 2 项）治愈虚假缴纳的情形，并非必须将其视为无效。目前，判例采取的是有效说，因此，在实际案件中也只能根据有效说来解决问题。

（iv）这时，无论认股金缴纳有无效力，发起人均构成虚假缴纳罪（第 628 条第 1 项）[2]而受到处罚，同时，以虚假缴纳向登记机关进行虚假申报而申请登记的，构成公正证书原件不实记载罪（刑法第 228 条第 1 项）与同行使罪（刑法第 229 条）。[3]但不构成业务上的侵占罪[4]与特别背任罪（第 622 条）。[5]

但实务中也有将可转换公司债作为发行股份的偏门方法的做法，这时进

[1] 东京地方判决 2006. 5. 25，《判例时报》，第 1941 号，153 页。

[2] 认定虚假缴纳罪成立的案例：大法院 2004. 6. 17. 2003DO7645；同 2006. 6. 9. 2005DO8498；同 2009. 6. 25. 2008DO10096。否定虚假缴纳罪成立的案例：大法院 1997. 2. 14. 96DO2904；同 1999. 10. 12. 99DO3057；同 2001. 8. 21. 2000DO5418。

[3] 大法院 1982. 2. 23. 80DO2303；同 1986. 8. 19. 85DO2158；同 1986. 9. 9. 85DO2297。

[4] 认定业务上的侵占罪不成立的案例：大法院 2004. 6. 17. 2003DO7645；同 2009. 6. 25. 2008DO10096；同 2011. 9. 8. 2011DO7262。在大法院 2004. 5. 13. 2002DO7340 中则认可了侵占罪。

[5] 大法院 2004. 5. 13. 2002DO7340；同 2004. 6. 17. 2003DO7645。

行虚假缴纳的情形时有发生。这种情形中，法院以转换公司债的发行与资本充实无直接关联为由否定了虚假缴纳罪的成立，[1]转而认定成立背任罪。即，如果不是自始就有转换公司债一经发行立即行使转换权的计划，那么就可能适用背任罪，[2]而如果转换权的行使是被计划好的，那么背任罪将会被否定，[3]这时就存在适用虚假缴纳罪的可能性。

问题是：①从缴纳的效力上看，承认其私法效力的同时，受到刑事处罚；②发行股份的情形中受到虚假缴纳罪的处罚，但发行转换公司债的情形中，如果没有社债发行后立即转换的预定，那么可受到特别背任罪的处罚，而如果已经预定转换，则不受同罪处罚。相较于这种不具有一贯性的法律适用，认定虚假缴纳有效从而不予处罚，而对于以个人目的无故提取缴纳资本金的情形，适用侵占罪与特别背任罪的做法更为合理。

（v）董事解任请求及损害赔偿责任：触犯虚假缴纳罪的董事行为属于商法第 385 条第 2 项规定的具有“关于其职务的不正当行为或违反法令的重大事实”，因此构成董事解任请求事由。[4]虚假缴纳后提取公司设立之时缴纳的认股金的情形中，发起人没有尽到充实资本金等善良管理人的义务，而且作为任意提取是公司财产的认股金从而给公司造成损害的共同不法行为人，应承担损害赔偿责任。[5]

（3）实物出资的履行

募集设立中关于实物出资的履行，参照发起设立的相关规定（第 305 条第 3 项、第 295 条第 2 项）。旧商法中规定只有发起人才能进行实物出资，但 1995 年修订商法规定，不仅发起人，一般股份认购人也可以实物进行出资（第 294 条删除部分）。

（4）对不履行的措施

（a）金钱出资中的失权程序

股份认购人不缴纳认股金的，可采取诉讼这一强制措施使其履行或采取

---

〔1〕 大法院 2008. 5. 29. 2007DO5206。

〔2〕 大法院 2015. 12. 10. 2012DO235。

〔3〕 大法院 2011. 10. 27. 2011DO8112。

〔4〕 大法院 2010. 9. 30. 2010DA35985。

〔5〕 大法院 1989. 9. 12. 89NU916。但从股份公司的资本金充实这一要求上看，商法第 332 条第 2 项关于“缴纳认股金之前对名义出借人及名义借用人均赋予缴纳认股金的连带责任”的规定并不适用于已经发生认股金缴纳效力的虚假缴纳的情形。大法院 2004. 3. 26. 2002DA29138。

使股份认购人的股份认购无效的程序。但现实生活中，对人数众多的股份认购人采取这种措施并非易事。据此，商法规定了能够剥夺陷入履行迟滞的股份认购人权利的简便程序，即发起人对懈怠缴纳的股份认购人进行附失权预告的缴纳催告（第 307 条第 1 项），催告后股份认购人仍不缴纳而失权的，对于该失权部分的股份可进行股东募集（第 307 条第 2 项）。这时，设立中公司遭受损害的，发起人可要求失权的股份认购人进行损害赔偿（第 307 条第 3 项）。募集设立的情形中，如果不依据这种失权程序，即使不履行金钱出资，股份认购人也不丧失权利。〔1〕但在实际操作中，股份要约时缴纳相当于认股金的要约证据金，因此，基本上不会启动这种失权程序。

（b）实物出资的情形

通说认为，对于实物出资不得适用失权程序。这是因为即使在实物出资的情形中认可失权，也难以在别处获得同样的物件。因此，对于实物出资只能采取强制执行的方法（民法第 389 条、第 390 条）或通过变更章程继续设立程序。〔2〕实物出资的缺陷无法弥补的，公司不能成立。〔3〕

3）机关构成程序（董事、监事的选任）

（1）出资履行一经完成，发起人即应召集由股份认购人组成的创立大会（第 308 条第 1 项）选任董事与监事（依据章程规定设置监查委员会的，选任监查委员会委员：第 415 条之 2 第 6 项、第 312 条）。

（2）如果章程中无其他规定，应由此时选任的董事召开董事会选任代表董事或代表执行任员（第 389 条第 1 项、第 408 条之 5、第 317 条第 2 项第 9 号）。〔4〕

4）召集创立大会

（1）创立大会的含义

创立大会（Konstituierende Hauptversammlung，organization meeting）是由股份认购人组成的设立中公司的决议机关，是股东大会的前身。

（2）创立大会的召集与决议

出资履行一经完成，发起人即应毫无迟滞地召集创立大会（第 308 条第 1 项）。对于创立大会的召集程序、表决权行使、议事录、决议瑕疵等，准用关

〔1〕首尔高等法院 1979. 6. 21. 78NA3263。

〔2〕孙珠瓒（上）579 页；权奇范（会）379 页。

〔3〕郑东润（上）401 页。

〔4〕李哲松（会）252 页；蔡利植（上）423 页。

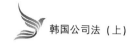

于股东大会的规定（第308条第2项）。但其表决方式比较严格，应由出席股份认购人的三分之二以上，被认购股份总数的半数以上表决通过（第309条）。该规定同样准用于新设合并（第527条第3项）。将创立大会的决议要件规定得比股东大会的特别决议严格，是为了在公司设立的最后阶段，更加慎重地作出决议，削弱发起人对决议施加的影响。因此，对于这些决议要件，不得在章程中另作缓和或加重的规定。[1]

（3）创立大会的权限

创立大会是万能的最高意思表决机关，因此，其权限及于关于公司设立的所有事项。商法规定的创立大会权限包括：①接受发起人关于公司创立事项（关于股份认购与缴纳的全部事项，关于变态设立事项的实际情况）的书面报告（第311条）；②选任董事与监事（第312条）；③根据董事与监事的报告调查公司设立经过（第313条）；④变更变态设立事项（第314条）；⑤可变更变态设立事项以外的章程内容，甚至可作出废止设立的决议（第316条第1项）。即使创立大会的召集通知书中并无对上述事项的记载，也可作出相关决议（第316条第2项）。在创立大会中作出变更章程决议的，对于变更的章程无需公证人的公证。[2]

5）调查设立经过

与发起设立一样，募集设立中的设立经过调查也由董事、监事（根据章程规定设置监查委员会的，由监查委员会委员）与检查人进行。

（1）首先，发起人应向创立大会提交关于公司设立的报告书（第311条第1项）。报告书应明确记载股份认购程序、关于出资履行的事项与关于变态设立的事项（第311条第2项）。

（2）董事与监事（章程规定设置监查委员会的，监查委员会委员）就任后，应毫无迟滞地调查关于公司设立的事项中有无违反法律或章程的内容并将调查结果报告创立大会（第313条第1项）。董事与监事（根据章程规定设置监查委员会的，监查委员会委员）中曾经是发起人的董事或监事、实物出资人、公司成立后应受让财产的协议当事人，不得参与上述调查报告（第313条第2项）。全体董事与监事（根据章程规定设置监查委员会的，监查委员会委员）属于上述情形的，董事应当要求公证人对上述事项进行调查报告。

---

〔1〕 同旨：崔基元（会）199页。

〔2〕 郑东润（上）404页。

（3）章程中记载变态设立事项的情形中，发起人应当为了调查这些事项向法院请求选任检查人（第310条第1项），检查人应将调查报告书提交创立大会（第310条第2项）。但此时也与发起设立的情形一样，对于发起人即将获得的特别利益（第290条第1号）、公司应承担的设立费用与发起人报酬（第290条第4号）等事项，可以公证人的调查报告代替检查人的调查报告；对于实物出资与财产接管（第290条第2号、第3号）及实物出资的履行（第295条第2项）等事项，可以鉴定人的调查报告代替检查人的调查报告（第310条第3项、第299条之2）。但是，虽然法律没有规定，对于①实物出资与财产接管的财产总额不超过资本金五分之一，也不超过总统令规定金额（5000万韩元）的情形，②其财产是可在交易所进行交易的有价证券，并且其价格不超过以总统令规定的方法计算的市价的情形，③总统令规定的准于此的情形，无需检查人的调查报告（参照第299条第2项）。[1]

（4）创立大会认为变态设立事项不当的，可对其进行变更（第314条第1项）。该变更只能是减轻设立后公司负担的变更，而不能因这一变更加重公司负担。[2]对创立大会作出的变更不服的发起人，可取消股份认购（第314条第2项、第300条第2项）。但由于创立大会作出的减轻公司负担的变更有利于发起人及实物出资人以外的股份认购人，这些人不得取消股份认购。[3]创立大会的变更通告作出后两周内，无发起人取消股份认购的，视为章程已经变更（第314条第2项、第300条第3项）。

6. 股份公司的设立登记

1）设立登记的含义

股份公司完成设立登记，公司即告成立（第172条），同时获得法人人格（第169条）。根据设立准则主义，公司一经设立登记，国家即可对公司设立法定要件的合法性进行调查，随着对公司设立事实与公司组织内容的公示，可保护多数利害关系人的利益，保障交易安全。

2）登记程序

公司的实体形成程序结束后，代表董事应从结束之日起（发起设立的，自设立经过调查终了之日起；募集设立的，自创立大会终结日或变态设立事

〔1〕募集设立情形中，遗漏了对实物出资的调查义务的免除，这是立法上的漏洞。

〔2〕同旨：郑东润（上）404页。

〔3〕崔基元（会）202页；郑东润（上）405页。

项的变更完成之日起）两周内，在总公司住所地，就商法第 317 条第 2 项规定的事项，向有关部门申请登记（第 317 条第 1 项，商登第 80 条）。根据《公证人法》规定，登记时附加在申请材料中的法人大会等的议事录，应取得公证人的公证。但根据商法第 292 条第 1 项规定，发起设立资本金为 10 亿韩元以下的公司或总统令规定的公共法人或非营利法人的情形除外（公证人法第 66 条之 2）。

关于分公司的设立登记，合名公司的特别规定同样准用于股份公司（第 317 条第 4 项）。据此，公司设立的同时设置分公司的，应在设立登记后两周内，在分公司所在地进行登记（第 181 条第 1 项）。公司设立后设置分公司的，应在设立分公司后两周内，在总公司住所地就分公司住所地和设置年月日进行登记，而在分公司住所地，应在设立后三周内完成登记事项（其他分公司的住所地除外）的登记（第 181 条第 2 项）。

懈怠于进行设立登记的，处 500 万韩元以下过怠料处罚（第 635 条第 1 项第 1 号）。

3）登记事项

（1）总公司的登记事项

公司设立时的登记事项对于股东及公司利害关系人非常重要，是需要进行公示的事项，该登记事项并不与章程的绝对记载事项一致。登记事项包括：

①目的；

②商号；

③预定发行股份总数；

④发行面额股份时的一股金额；

⑤总公司住所地；

⑥公告方式；

⑦资本金；

⑧发行股份总数、股份种类及各种股份的内容与数量；

⑨规定股份转让应获得董事会承认的，该规定的具体内容；

⑩规定赋予股份优先购买权的，该规定的具体内容；

⑪ 分公司住所地；

⑫规定公司存续期间或解散事由的，该期间与事由；

⑬规定股份利益消灭事项的，该规定的具体内容；

⑭发行转换股份的，关于转换程序的规定；

⑮内部董事、外部董事、其他不参与日常事务的董事、监事及执行任员的姓名、居民身份证号码；

⑯代表董事或代表执行任员的姓名、居民身份证号码及住所；

⑰规定共同代表董事或共同代表执行任员的，其具体规定；

⑱设置名义改书代理人的，其商号及总公司住所地；

⑲设置监查委员会的，监查委员会委员的姓名及居民身份证号码（第317条第2项）。

《商业登记法》规定了设立登记时应提交的材料（商登第80条第1号至第11号）。

（2）分公司的登记事项

分公司只需登记总公司登记事项中的第①②⑤⑥⑫⑯⑰项即可（第317条第3项）。

（3）总公司与分公司的移转登记

对总公司、分公司的移转登记，准用关于合名公司的特别规定（第317条第4项，第181条至第183条），即总公司移转后的两周内，在原住所地，对新住所地与移转年月日进行登记；在新住所地，就法定登记事项进行登记即可（第182条第1项）。

分公司移转后的两周内，在总公司与原分公司住所地，对新分公司住所地与移转年月日进行登记；在新分公司住所地，就法定登记事项进行登记（第182条第2项）。

（4）变更登记

登记事项有所变更的，总公司住所地的变更登记应在两周内完成，而分公司住所地的变更登记应在三周内完成（第317条第4项、第183条）。

4）登记效力

（1）本质效力（股份公司成立）

进行设立登记后，公司即告成立（第172条）。商法第172条是第37条关于登记效力的例外性规定。根据这一规定，不论对方是善意还是恶意，只要尚未进行登记，公司就不成立。

公司成立，发起人组合与设立中公司随即消灭，通过发起人而原本归属于设立中公司的总有性权利义务当然地归属于公司。股份认购人成为股东，而在设立过程中选任的董事与监事成为公司机关。

（2）附随效力

公司设立一经登记，就不得以股份要约书的要件瑕疵为由主张股份认购无效，也不得以过失或欺诈、强迫为由取消股份认购（第320条），而且权利股转让的限制（第319条）将被解除，也可发行股份（第355条第1项）。设立登记事项中包含商号，因此，仅以设立登记就可产生商号权并作为登记商号获得法律保护（第289条第1项第2号）。此外，发起人承担资本金充实责任（第321条），只能以设立无效之诉主张设立无效（第328条第1项）。

Ⅳ. 股份公司的设立无效

1. 设立瑕疵的含义

公司设立瑕疵是指公司已进行设立登记，看似已经成立（第172条），但其设立程序上存在缺陷的情形。公司设立瑕疵有别于“公司不成立”（进入设立程序后半途而废而未能进行设立登记的情形）与“公司不存在”（未进入设立程序而只进行设立登记的情形）。

公司设立瑕疵非常重大的，构成设立无效的事由。由于股份公司的设立程序原本就复杂，容易产生瑕疵，而且其中利害关系极其复杂，因此，为了维持法律秩序的稳定，有必要对所有法律关系进行统一处理，从而保护既有的法律关系。据此，商法规定，只能以设立无效之诉主张公司设立瑕疵，对于起诉权人、起诉期间、诉的程序、判决效果等，适用不同于一般民事诉讼的特别规定。

2. 无效原因

对于股份公司的设立无效原因，商法未作任何规定，因此，应从解释论的角度确定其范围。通说认为，股份公司具有典型的资本团体的特质，[1] 因此，股东（社员）的主观瑕疵不能成为无效原因，只有客观瑕疵才可以成为无效原因。[2] 无意思能力人的出资认购行为，基于欺诈、强迫的出资认购行为，非真实意思表示，虚伪表示等，均属于主观瑕疵。客观瑕疵是指设立程序违反强行法规或违背股份公司本质的情形，如：公司设立违反公序良俗及其他社会秩序、强行法规或违背股份公司本质的情形；章程中未记载或违法

〔1〕 作为资合公司的股份公司中股东的个性并不被重视，只要特定股份认购人的取消认购不危及公司的财产基础，就可被发起人的认购担保责任填补，因此，不构成设立无效的原因。据此，股份公司中也不得提起基于社员主观瑕疵的设立取消之诉。

〔2〕 孙珠瓒（上）599页；郑东润（上）420页；李哲松（会）266页。

记载绝对记载事项的情形；无发起人的签名盖章（或署名）或公证人认证、签名盖章而无效的情形（第289条、第292条）；没有关于股份发行事项（第291条）的决定或其内容违法的情形；未召集创立大会（第308条），或大会决议存在瑕疵（第309条），或创立大会未履行调查变态设立事项等法定义务的情形（第310条）；设立登记无效（第317条）等。事实上是发起设立，而形式上是按照募集设立程序设立的情形，[1]未获全体发起人同意而决定股份发行事项的情形等，均构成导致公司设立无效的原因。

3. 诉的提起

存在设立无效事由的，股东、董事或监事自公司成立之日起两年内，可对公司提起设立无效之诉（第328条第1项）。两年期间是除斥期间。规定除斥期间与限定起诉权人是为了防止这种起诉权的滥用。法院选任的假董事（第386条第2项），持有无表决权股的股东，公司成立后成为股东的人，也可成为原告。公司为被告，董事为原告时，由监事代表公司（第394条第1项）。[2]

违反《关于独占规制与公平交易的法律》（第7条、第8条之3、第12条）而设立公司的，公平交易委员会可提起设立无效之诉（同法第16条第2项）。

该诉的性质是形成之诉，一旦被提起，公司应毫无迟滞地进行公告（第328条第2项、第187条）。

4. 诉的程序

对于诉的程序，准用关于合名公司设立无效之诉的规定（第328条第2项）。据此，设立无效之诉由总公司住所地的地方法院专属管辖（第328条第2项、第186条），提起数个无效之诉的，法院应合并审理（第328条第2项、第188条）。审理过程中，瑕疵被治愈的，综合考虑公司的实际情况后，如果认为认定无效反而不恰当的，法院可以驳回请求（法院的裁量驳回）（第328条第2项、第189条）。

5. 判决效果

对于判决效果，准用关于合名公司设立无效之诉的相关规定（第328条

---

〔1〕 大法院 1992. 2. 14. 91DA31494。

〔2〕 但退任的董事为原告的情形中，由代表董事代表公司：大法院 1977. 6. 28. 77DA295；同 2002. 3. 15. 2000DA9086。董事辞任的情形也一样：大法院 2013. 9. 9. 2013MA1273。

第2项）。

1）原告胜诉的情形

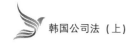

原告胜诉而确定设立无效的，该判决的效力不仅及于当事人，也及于第三人（第328条第2项、第190条本文）（对世效力），不溯及既往（不溯及效力）。

判决不具有溯及力，因此，设立无效的判决并不影响在此之前产生的公司与社员、公司与第三人之间的权利义务关系（第328条第2项、第190条但书）。这是对所谓“事实上的公司”的承认，其目的是为了保护既存法律关系。[1]事实上的公司（de facto corporation; fehlerhafte Gesellschaft; societe de fait）是指虽然不是法律上有效成立的公司，但在一定范围内被视为依法有效成立的公司实体。对于事实上的公司，应准用关于公司解散的规定，进入清算程序（第328条第2项、第193条第1项）。这时，法院可根据社员及其他利害关系人的请求，选任清算人（第328条第2项、第193条第2项）。

无效判决一经确定，应在总公司与分公司住所地进行登记（第328条第2项、第192条），该登记由受诉法院委任登记机关进行（非讼第98条）。

2）原告败诉的情形

原告败诉的，只有在原告具有恶意或重大过失的情况下，才对公司因诉讼而受到的损失承担连带赔偿责任（第328条第2项、第191条）。

根据民事诉讼法的一般原则，原告败诉的判决效力只及于当事人。其他起诉权人可重新提起诉讼。

V．股份公司设立责任

1．序说

商法为了防止股份公司设立准则主义的弊端，不仅规定了关于发起人、董事、监事、检查人、类似发起人、缴纳金保管人（第318条）等设立参与人的严格的民事责任（第321条至第327条），还规定了刑事责任（特别背任罪，第622条；使公司财产陷入危险罪，第625条；不实文书行使罪，第627条；虚假缴纳罪，第628条；超过发行股份罪，第629条；渎职罪，第630条）与过怠料（第635条）。这是因为，准则主义下的设立程序中容易产生失误、过失的行为或不当行为，且股份公司设立过程中存在多数利害关系人，

---

〔1〕郑东润（上）421页。

其产生的影响比较大。

2. 发起人责任

设立参与人中，发起人作为公司设立过程中的中心人物，承担最为严格的责任。发起人责任，分为公司成立后承担的责任与公司不成立时承担的责任，而公司成立后的责任又分为对公司的责任与对第三人的责任。对公司的责任包括资本金充实责任与损害赔偿责任，资本金充实责任又分为认购担保责任与缴纳担保责任。

1）公司成立后的责任

（1）对公司的责任

（a）资本金充实责任

（i）认购担保责任：发起人（曾为发起人的人）以资本金充实为目的承担对认购与缴纳资本金的担保责任，即公司成立后仍存在尚未认购的股份或股份认购要约被取消的，视为由发起人共同认购该剩余股份（第 321 条第 1 项）。

①存在尚未认购的股份是指，因发起人的过失或因股份认购人的无意思能力、虚假表示、无权代理等原因导致股份认购无效而存在尚未被认购的股份的情形。[1]

但如前所述，不得以股份认购人的非真实意思表示（第 302 条第 3 项）或股份要约书的要件瑕疵（第 320 条第 1 项）为由主张股份认购无效。因此，这种情形下不发生发起人的认购担保责任。

②股份认购要约被取消是指，以股份认购人的无行为能力或诈害行为为由，股份认购人（无行为能力的情形）或债权人（诈害行为的情形）取消股份认购的情形。但如前所述，股份认购人不得以失误、欺诈、强迫为由取消股份认购（第 320 条第 1 项），因此，这时不发生发起人的认购担保责任。

③视为由发起人共同认购是指将全体发起人拟制为共同认购人。据此，全体发起人之间就认购的股份成立共有关系，承担缴纳认股金的连带责任（第 333 条第 1 项）。这时形成由全体发起人共有股份的共有关系（民法第 262 条以下），因此，应在发起人中指定一人行使股东权利（第 333 条第 2 项）。未指定权利行使人的，只要对发起人中的任何一人作出通知或催告即可（第 333 条第 3 项）。

---

〔1〕 李哲松（会）258—259 页。

④发起人的认购担保责任的发生时期，原则上是公司成立之时；作为例外，在公司成立后取消股份认购的情形中，认购担保责任的发生时期为取消认购之时。[1]

(ii) 缴纳担保责任：公司成立后，仍存在尚未缴纳完毕的股份的，发起人应对该缴纳承担连带责任（第 321 条第 2 项）。

①缴纳担保责任是为了保障作为资本团体的股份公司的资本金充实，消除因部分股份认购或缴纳缺陷而使公司设立无效的不合理结果而特别规定的“全体发起人的无过失连带责任”。但发起人的资本金充实责任是补充性的，相比之下，因认购或缴纳缺陷严重而有可能影响公司资本金充实或业务履行的情形中，仅以发起人的担保责任并不足以补充该缺陷，而是构成设立无效事由。[2]

②发起人并不因履行连带缴纳义务而成为股东，真正认购股份的股份认购人才是股东。这一点与发起人履行认购担保责任的情形不同。这时，股份认购人也承担缴纳担保责任，因此，发起人与股份认购人承担关于缴纳的不真正连带债务。[3]发起人履行缴纳担保责任的，可对股份认购人代位行使公司的缴纳请求权，也可在从公司获得股票后行使留置权（民法第 481 条、第 484 条第 1 项）。某一发起人履行缴纳担保责任而完成缴纳的，可按照各自的承担份额，向其他发起人进行求偿（民法第 425 条第 1 项）。缴纳担保责任的发生时期与认购担保责任的发生时期相同。

(iii) 实物出资的情形：一般认为，不履行实物出资的情形中，发起人并不承担担保责任。[4]这是因为，实物出资本身具有个性、统一的性质，难以由他人代替履行（如第 295 条第 2 项、第 305 条第 3 项）。但可代替的实物出资或并非在公司经营中不可或缺的实物出资（转换成金钱）的情形中，发起人应承担资本金充实责任。[5]

(iv) 责任性质：发起人的资本金充实责任是为了保障公司资本金的充实

---

〔1〕 郑东润（上）424 页；蔡利植（上）406 页；李基秀、崔秉珪（会）192 页；郑灿亨（上）658 页。

〔2〕 孙珠瓒（上）588 页；崔基元（会）207 页；李哲松（会）260 页；郑灿亨（上）659 页；金正皓（会）134 页。

〔3〕 郑东润（上）424 页；蔡利植（上）408 页；李基秀、崔秉珪（会）193 页；郑灿亨（上）659 页；金正皓（会）135 页。

〔4〕 同旨：孙珠瓒（上）590 页；郑灿亨（上）660 页。

〔5〕 郑东润（上）425 页；李哲松（会）260 页；李基秀、崔秉珪（会）194 页。

而规定的（法定责任）无过失责任。即使由全体股东同意，也不得免除该责任。

（v）虚假缴纳的情形：虚假缴纳（伪装缴纳）无效，因此，发起人应承担缴纳担保责任。一般认为，发起人履行缴纳担保责任，从而使不足部分得以保全的，无需将虚假缴纳视为公司设立无效事由。大法院判例认为：即使在虚假缴纳（伪装缴纳）的情况下，也不能否定认股金缴纳的效力，应将其视为公司代替股东缴纳认股金，公司可要求股东偿还。[1]既认为虚假缴纳有效，又认可发起人的资本金充实责任的做法具有逻辑矛盾。但是判例认为，虚假缴纳后立即提取缴纳金的，发起人违反了资本金充实义务与善管注意义务，并构成不法提取公司财产的共同违法行为，应承担因此而产生的损害赔偿责任。

大法院 1989. 9. 12. 89NU916：法院判决发起人因违反资本金充实原则而承担损害赔偿责任的案例
发起人甲、乙共谋以虚假缴纳认股金的方式设立公司，公司设立的同时提取该认股金的情形中，甲、乙作为违反资本金充实义务等善良管理人义务的发起人，或作为任意提取公司财产从而给公司造成损害的共同不法行为人，应对公司承担连带损害赔偿责任。

（iv）履行请求：（代表）董事可要求发起人履行资本金充实义务。少数股东也可为了公司利益而提起代表诉讼（第 324 条，第 403 条至第 406 条）。即使代表董事或董事要求发起人履行资本金充实义务，也不影响其对发起人行使损害赔偿请求权（第 315 条、第 321 条第 3 项）。

（b）损害赔偿责任

（i）含义

①发起人懈怠设立任务的，应对公司承担连带损害赔偿责任（第 322 条第 1 项）。

这是因为发起人作为设立中公司的机关，应以一个善良管理人的注意执行公司设立任务。[2]这里所谓的发起人任务，不仅包含法定事项，还包含公

〔1〕 大法院 1985. 1. 29. 84DAKA1823，1824；同 2004. 3. 26. 2002DA29138。

〔2〕 郑东润（上）425 页。

司设立中必要的所有行为，如发起人虚假缴纳的情形，[1]低于市场价将股份分配给其家庭成员的情形，发起人擅自将设立事务全部交给其他发起人或发起人懈怠于设立事务的情形[2]等。

②董事与监事（依据章程设置监查委员会的，监查委员会委员）懈怠调查设立过程（第 298 条第 1 项、第 313 条第 1 项），从而对公司承担损害赔偿责任，发起人也懈怠于完成任务而对公司承担损害赔偿责任的情形中，发起人与董事及监事（或监查委员会委员）连带承担对公司的损害赔偿责任（第 323 条）。

③损害赔偿范围包括具有相当因果关系的所有损害。

④发起人的上述损害赔偿责任，只在公司成立的情况下发生，如果公司未能成立，则不发生任何损害赔偿责任。[3]但公司成立后被确认设立无效的，已经发生的发起人责任并不因此而消灭（第 328 条第 2 项、第 190 条）。

（ii）责任性质

这是法律特别规定由发起人承担的法定责任，[4]也是一种过失责任，[5]是懈怠于自身任务的发起人（有过失的发起人）承担的连带责任（第 322 条第 1 项），而发起人的资本金充实责任是全体发起人承担的无过失连带责任（第 321 条第 2 项），从这一点上看，两者具有明显区别。据此，与发起人的资本金充实责任不同，损害赔偿责任可通过全体股东的同意而免除（第 324 条、第 400 条）。

（iii）责任追究

与资本金充实责任一样，损害赔偿责任也可由（代表）董事进行追究，少数股东也可为了公司利益对发起人提起代表诉讼（第 324 条，第 403 条至第 406 条）。自公司成立之时起经过 10 年的，发起人责任消灭。

---

〔1〕 大法院 1989. 9. 12. 89NU916。

〔2〕 郑东润（上）426 页。

〔3〕 孙珠瓒（上）590 页；林泓根（会）157 页；郑东润（上）261 页；蔡利植（上）409 页；李基秀、崔秉珪（会）194 页；郑灿亨（上）661 页；金正皓（会）135 页。

〔4〕 林泓根（会）156 页；郑东润（上）426 页；李哲松（会）261 页；李基秀、崔秉珪（会）195 页；郑灿亨（上）662 页；金正皓（会）135 页。

〔5〕 林泓根（会）156 页；崔基元（会）211 页；郑东润（上）426 页；李哲松（会）261 页；李基秀、崔秉珪（会）195 页；郑灿亨（上）662 页；金正皓（会）135 页。

(2) 对第三人的责任

(a) 含义

发起人恶意或因重大过失懈怠任务履行的，应对第三人承担直接连带损害赔偿责任（第322条第2项），如发起人与第三人签订了财产接管协议，但未将其记载于章程之中，因而导致协议无效，使第三人遭受损失的情形。发起人的这一责任与董事对第三人的损害赔偿责任（第401条）出于同样的宗旨，都是为了保护第三人的利益。与董事的情形一样，基于发起人的公司机关地位与业务的复杂性，轻微过失的情形中可免除责任，从这一点上看，其承担的责任轻于一般不法行为责任。恶意或重大过失只要存在于发起人完成任务过程中即可，并不要求具有对第三人的违法性，从这一点上看则是加重了发起人的责任。

(b) 法律性质

关于发起人对第三人的损害赔偿责任的法律性质，存在不同的学说：一是将其视为不法行为责任的不法行为责任说，[1]二是将其视为商法规定的特殊损害赔偿责任的法定责任说。[2]但多数说认为，这一责任是为了充分保护第三人而由商法规定的特别责任（法定责任）。据此，发起人的行为同时满足不法行为要件的，必然会产生请求权竞合的问题。

(c) 第三人的范围

这里的第三人是指与设立中公司进行交易的相对方、股份认购人、股东等公司以外的所有主体（通说）。但一般认为，因公司所受损害造成股价下跌而受到间接损害的股东不包含在内（详细内容在董事责任部分讲解）。由于同样的原因，董事、监事（或监查委员会委员）也需承担责任的，发起人与董事、监事承担连带责任（第323条）。

2) 公司不成立的情形

(1) 含义

(a) 公司不成立是指，虽然已着手制作章程等设立程序，但最终确定为不能达到公司成立（设立登记）的状态，即确定无法达到公司成立的设立中公司的状态。笔者认为，公司不成立的，发起人的责任至少发生在已经制作章程

---

[1] 徐燉珏、郑完溶（上）335页；李炳泰（上）361页。

[2] 孙珠瓒（上）592页；崔基元（会）213页；郑东润（上）427页；李哲松（会）262页；蔡利植（上）410页；李基秀、崔秉珪（会）195页；金正皓（会）137页。

的情形。这是因为，尚未制作章程的情形中，难以确定发起人，即使认定了发起人，在发起人与第三人的法律关系中，发起人承担的也仅仅是个人责任。

（b）公司不成立的，发起人对公司设立行为承担连带责任（第326条第1项），负担公司设立费用（第326条第2项）。本来设立中公司已经成立的，因公司不成立而发生的恢复原状义务与设立费用的承担不能成为发起人的个人责任，但为了防止发起人轻率的公司设立行为，保护与股份认购人及设立中公司具有交易关系的债权人，商法特别规定了这一发起人责任。[1]公司不成立的情形中，不存在发起人以外的其他责任归属主体也是规定发起人责任的原因之一。

（2）责任性质

这一责任是商法特别规定的发起人的法定责任、无过失责任，是由全体发起人承担的连带责任（第326条第1项后段）。[2]

（3）责任内容

（a）发起人是对"关于公司设立的行为"承担责任，因此，发起人的责任范围取决于发起人的权限范围。如前所述，发起人权限并不仅限于以设立公司本身为直接目的的行为，不仅包括设立公司过程中必要的全部法律上与经济上的行为，还包括开业准备行为。据此，发起人对股份认购人承担要约证据金、缴纳金或实物出资标的物的返还义务，对第三人承担为公司利益而实施的交易行为（如租赁设立办公场所，雇用工作人员，委任股份募集广告等）中发生的债务的履行义务。

（b）公司一旦成立，当然不会发生这些责任。如前所述，公司成立后作出无效判决的，发起人承担商法第322条规定的责任，而不再适用商法第326条的规定。

3. 董事与监事的责任

1）含义

董事或监事（根据章程规定设置监查委员会的，监查委员会）对设立经过的调查报告任务（第298条第1项、第313条第1项）有所懈怠而给公司或第三人造成损害的，应承担连带赔偿责任。这时，如果发起人也需承担责任，应与董事、监事承担连带损害赔偿责任（第323条）。

---

〔1〕孙珠瓒（上）593页；崔基元（会）214—215页；郑东润（上）428页；李哲松（会）264页；郑灿亨（上）663页。

〔2〕崔基元（会）214—215页；林泓根（会）159页；郑东润（上）427页；李哲松（会）264页；郑灿亨（上）664页；金正皓（会）139页。

为了实现与发起人责任的均衡，董事或监事对第三人的损害赔偿责任以具有恶意或重大过失为要件。[1]

2）责任性质

该责任是过失责任，可通过全体股东的同意免除（类推适用第423条、第400条）。

3）责任的追究

不仅（代表）董事可追究董事、监事（或监查委员会委员）的责任，少数股东也可通过代表诉讼（第403条）追究董事、监事（或监查委员会委员）的责任（类推适用第324条，第403条至第406条）。

4. 检查人责任

1）含义

法院选任的检查人因恶意或重大过失而懈怠履行任务（设立经过的调查）的，应对公司或第三人承担损害赔偿责任（第325条）。对公司的这种损害赔偿责任的产生，仅限于具有恶意或重大过失的情形，从这一点上看，区别于发起人、董事、监事（或监查委员会委员）对公司责任的产生原因。

2）责任性质

检查人的这一责任是商法规定的特殊责任（法定责任）。[2]原本法院选任的检查人与公司或第三人之间不存在任何法律关系，因此，当然也不存在承担责任的理由，但商法为了保护股份认购人与公司债权人的利益，出于政策性考虑特别规定了检查人责任。

5. 类似发起人的责任

1）含义

类似发起人是指，承诺在股份要约书及其他关于股份募集的书面上记载其姓名与协助设立公司的主体。类似发起人与发起人承担“相同的责任”（第327条）。

2）责任性质

类似发起人的责任是为了保护基于对类似发起人的信赖认购股份的人而依据禁反言原则[3]特别规定的法定责任。因此，即使以全体股东的同意也不

---

[1] 李炳泰（上）487页；李哲松（会）264页；郑东润（上）428页；郑灿亨（上）664页；崔基元（会）216页；金正皓（会）139页。

[2] 郑东润（上）430页；蔡利植（上）415—416页；郑灿亨（上）665页。

[3] 郑东润（上）429页。

得免除该责任。

3）责任内容

虽说类似发起人与发起人承担相同责任，但类似发起人并不享有发起人的职务权限，因此，也不承担因懈怠履行设立任务而产生的损害赔偿责任（第322条）。据此，类似发起人只需承担公司成立时的资本金充实责任（第321条）及公司不成立时对股份认购人的恢复原状义务（第326条），[1]对于股份认购人以外的人无需承担任何责任。[2]

4）责任的追究

公司成立的情形中，可由（代表）董事或少数股东通过代表诉讼追究类似发起人的资本金充实责任（类推适用第324条，第403条至第406条）。

6. 公证人与鉴定人责任

对于由公证人或鉴定人代替法院选任的检查人调查、评价变态设立事项的情形与由公证人调查公司设立经过的情形中，相关公证人或鉴定人因懈怠履行任务而承担的损害赔偿责任，商法未作任何明文规定。公证人或鉴定人的作用虽与检查人相同，但他们并非由法院选任，而是由公司选任，因此，公司与公证人或鉴定人是一种委任关系。据此，公证人或鉴定人在履行任务过程中未尽到善良管理人的注意义务的，应类推适用关于同样处于委任关系的董事、监事（或监查委员会委员）的损害赔偿责任的规定（第323条），而非关于检查人责任的规定。[3]

第三节　股份与股东

Ⅰ. 股份的概念

1. 股份的含义

股份（Aktie, share, stock）在法律上具有两种不同的含义：一是作为资本金组成部分的股份（第329条第2项、第464条等）；二是作为股东地位的股份，即作为股东权利的股份（股份社员权说）（第335条等）。股份，有时

〔1〕 徐燉珏、郑完溶（上）316页；孙珠瓒（上）597页；李炳泰（上）488页；林泓根（会）161页；崔基元（会）217页；金正皓（会）140页。

〔2〕 徐燉珏、郑完溶（上）316页；崔基元（会）217页。相反学说：孙珠瓒（上）597页。

〔3〕 李哲松（会）264页。

意味着代表股东权利的有价证券本身，但这是通俗意义上的用法，商法将之称为“股票”（share certificate）（第335条第3项、第336条）。

股份公司以股份这一概念作为媒介，将股份公司的两个构成要素——物之要素资本金与人之要素社员（股东）——结合起来。股份公司设定一定的出资单位，将其集结起来，形成巨额资本金的同时形成社团实体，我们将这一出资单位称为股份。

股份公司的资本金细分为股份，一般大众通过股份较容易参与到股份公司中，形成大资本金，将社员地位证券化，使其流通，从而能够轻易回收投资资本，多数股东形成的集团性法律关系的处理也变得简单明了。

2. 股份的性质

股份意味着股东享有的权利义务，即公司与股东之间的法律关系。这时，股份所代表的权利被称为股东权利，该股东权利的本质是社员权。通说认为，社员权是能够产生股东与公司的权利义务关系的法律上的地位或资格（资格说，法律关系说）。

★关于股份所表现出的权利的学说

（1）资格说或法律关系说是目前的通说。这一学说认为，将股份公司视为社团法人的前提下，股份显示的权利是社员权，而社员权是能够产生股东与社团法人（公司）的权利义务关系的法律上的地位或资本。但对于股份公司本质与股东权利所显示的权利及内容，一直以来存在多种学说。一般认为这些学说目前仅具有沿革性的意义。

（2）物权说将股份公司视为组合的同时，将股份视为对公司财产的共有（合有）份额，而债权说将股份公司视为法人，将股份视为对公司的债权。与此类似，将股份公司视为营利财团法人的股份公司财团说认为，股份是以利益分配及剩余财产分配请求权等为内容的纯粹的金钱性债权。

（3）将股份公司视为社团法人的学说认为，社员所享有的各种自益权、共益权及出资义务并不是个别的、纯债权性的权利，而是股东在公司中的地位，即包含于“社员地位”之中（股份社员权说）。根据社员权（股权）的内容，股份社员权说又可分为以下学说。

（a）单一权说：这一学说认为，股东权利是基于股东地位而享有的权利与承担的义务结合而成的一项单一权利。

（b）权利义务集合说：该学说认为，股东权利是基于股东地位所享有的权利与承担的义务之集合。

（c）资格说（法律关系说）：这一学说认为，股东权利是能够产生股东与公司之间权利义务关系的法律上的地位或资格。

（4）将股份公司视为社团法人的同时，将共益权排除在社员地位的内容之外。排除理由是股东作为社员所享有的各种权利的性质各不相同，尤其共益权是股东基于公司机关资格而享有的“权限”，而非权利。这就是单一股东地位说，即认为股份代表的是构成自益权产生基础的社员地位。

（5）笔者意见（股份社员权说）

笔者认为，无法否认股份在经济层面上的债权化趋势。但股份是通过保障股东依其投资金额支配企业（资本的民主主义）的可能性，融合股份公司人的要素与物的要素的法技术性制度。据此，股东当然享有收益期待权（自益权）与为了确保该项权利而参与公司经营的权利（共益权）。笔者还认为，将自益权债权化或将共益权排除在股份内容之外是不合理的。虽然也有人主张将共益权排除在社员地位内容之外（单一股东地位说），但共益权是公司实质所有人——股东——为了保障其正当的经济利益而行使的权利，行使效果即使及于整个公司，也不是只为了公司利益而行使，当然应认可共益权的权利性。

据此，将股份的法律性质定性为社员权（股东权）的股份社员权说是最为准确的。同时，认为社员权是能够产生股东与公司权利义务关系的法律上的地位或资格的资格说（法律关系说）也是正确的。[1]

3. 作为资本金构成单位的股份

1）均等比例的单位

股份金额应均等（第 329 条第 2 项）。发行面额股份的，一股金额应为 100 韩元以上（第 329 条第 3 项）。根据公司章程规定发行的股份全部为无面额股的，不得发行面额股（第 329 条第 1 项）。

2）资本金与股份的关系

发行面额股的，发行股份的票面总额为资本金（第 451 条第 1 项）。但根据董事会决议注销自己股份的情形（第 341 条第 1 项但书）和偿还偿还股的情形（第 345 条）中，注销的资金来源并非资本金，而是利益，因此会发生

〔1〕 同旨：徐燉珏、郑完溶（上）343 页；林泓根（会）180 页；郑东润（上）434 页；郑灿亨（上）670—671 页。

发行股份的票面总额与资本金不一致的例外情况。这种情形中，股份数量随着股份的注销而相应减少，但资本金并不减少。

发行无面额股的情形中，资本金为股份发行总额二分之一以上的金额，即董事会决定计提为资本金的资金总额，而股份发行总额中未计提为资本金的金额构成资本准备金（第 451 条第 2 项）。无面额股的股票上不标记票面金额，因此，公司资本金除以总发行股份数的金额即为股份的形式价值。

3）份额（持股、持份）复数主义

股东地位，即股东对公司享有的股东权利，可根据股东所持有的股份数量进行数学计算。合名公司与合资公司的社员持有一个份额（份额单一主义）。份额单一主义是指，社员享有的社员地位永远只有一个，只是根据出资额的不同存在大小之分，合名公司的业务执行应通过半数以上社员同意（人头数制）（第 195 条、第 203 条，民法第 706 条第 2 项），但损益分配依据的是各社员的出资金额（第 195 条、民法第 711 条）。

与此相比，股份公司的股东持有的是复数份额（份额复数主义），即持有 100 股股份的股东享有 100 个股权。因此，股东大会决议按照一股一表决权（第 369 条）的多数决原则进行（第 368 条第 1 项、第 434 条），利益分配同样按照持股数量进行（第 464 条）。有限公司的情形也等同。

4）股份的不可分割性

作为出资基本单位的股份无法进行进一步细分（股份不可分割原则）。例如，股东不可将一股股份一分为二，将一部分转让他人或仅将利益分配请求权或表决权转让他人。产生未满一股的股份（即零股）的，应将其出售后获得的金额分配给零股股东，零股本身的存续是不被认可的。

5）股份共有

一股股份虽然不能分割而由数人持有，但可由数人共同持有一股股份（第 333 条）。发生股份共有的原因有很多，如数人共同认购股份的情形，数人共同继承股份的情形，发起人或董事承担股份认购担保责任的情形等。[1]

对于股份共有的法律关系，准用民法中关于共有的规定（第 262 条至第 270 条，民法第 278 条）。数人共同认购股份的，应承担连带缴纳责任（第 333 条第 1 项），共有人应指定一人行使股东权利（第 333 条第 2 项），未指定权利

---

〔1〕 根据《关于资本市场与金融投资业的法律》规定的有价证券预托制度，将股份预托在韩国预托结算院的情形中，对于同种股份发生共有关系（资金第 312 条第 1 项）。

行使人的，只要对共有人中的一人进行通知或催告（第333条第3项）即可。

大法院 2000. 1. 28. 98DA17183：共有股份分割判决的效力及共有人的名义改书请求权
作出共有股份分割判决的，股份共有人无需其他法律行为，即可获得基于其所得股份的股东权利。为了维持股东资格，可向公司证明本人才是股份实际所有人后单独提出名义改书请求。

Ⅱ. 股份的种类

1. 股份的多样性

商法承认多种股份类型，是为了能够使投资者根据各种股份的利弊自由选择投资何种股份，最终亦是为了达到融资便利的效果。但发行内容各不相同的股份，实际上是对股东平等原则例外情形的认可，因此，法律对发行种类股作了严格的规定。

2. 股份的分类

1）股份的分类方法

股份①根据一股金额是否记载于股票中，分为面额股与无面额股；②根据发行新股时是否缴纳了认股金（如，资产再评估累积金或准备金转入资本金的情形），分为有偿股与无偿股；③根据股份发行于营业年度之前还是营业年度中，分为旧股与新股；④零股，即未满一股的股份。过去商法也使用过无记名股的概念，但在2014年修订商法中将其删除，目前商法只认可记名股份。

2）面额股与无面额股

（1）面额股

（a）面额股（par value share，Nennbetragsaktie）是指将一股金额记载于章程（第289条第1项第4号）与股票（第356条第4号）票面上的股份。商法规定，一股金额应为100韩元以上（第329条第3项）。

（b）原则上，面额股的发行价应高于票面金额。这是资本金充实原则的必然结果。构成资本金的是票面总额，股份发行价高于票面金额，将会产生资本金以外的剩余资金，公司应将这些剩余资金累积为资本准备金（第459条第1号）。

（c）有时因股价下跌等原因，只能发行低于票面金额的股份。为了应对这种情形，商法规定了未达票面额发行并对此作了严格限制，以有效调节资本金充实原则与融资需求，即公司设立时禁止未达票面额发行（第 330 条本文），但公司成立后经过两年的，可通过股东大会特别决议和法院许可进行未达票面额发行（第 330 条但书、第 417 条）。

（2）无面额股

（a）无面额股的含义

无面额股（nennwertlose Aktie，Quotenaktie，non par value share）是指章程与股票中并不记载一股金额，只记载股份数量或持股比例的股份，在美国、日本、加拿大等国家被称为无面额股份或比例股份（non par value shares，Quotenaktien）（只标记为资本金的几分之一，并不标记金额的股份）。

日本通过 2001 年的商法修订，取消了面额股这一概念，将其全部统一为无面额股。无面额股有可能破坏资本金充实原则，也无法明确掌握股份价值，因此存在被恶意利用于股份欺诈的隐患。再者，资本金具有担保公司债权的功能，而资本金由董事会决定，因此，从公司债权人的立场上看，其担保财产缺乏稳定性。无面额股没有票面金额，如果按照其发行价进行课税，具有明显的不利因素。事实上，在美国等国家已很少发行无面额股。但无面额股也有其自身优点：①由于无票面金额，不存在以票面金额为准进行折价发行（第 330 条）和溢价发行的问题，融资较为容易；②可消除比较股份价值与票面金额的观念，避免关于以票面金额为准的分配率的争议；③不发行新股也可增资，其吸收合并、减资及股份分割较为容易。

（b）无面额股的发行许可

在韩国实际操作中，可发行面额为 100 韩元的股份，这无异于无面额股份，因此，并没有引进无面额股制度的实际需求，但在 2011 年的修订商法中仍然全面引进了无面额股制度。章程有规定的，公司可将股份全部发行为无面额股。但发行无面额股的，不得发行面额股（第 329 条第 1 项）；公司不得既发行面额股，又发行无面额股。此外，根据《关于资本市场与金融投资业的法律》设立的投资公司，也可发行无面额股（资金第 196 条）。

（c）资本金

发行无面额股的情形中，如何规定资本金是个问题。发行无面额股的情形中，若章程没有规定公司设立时的股份发行价与发行股份总额中计提为资本金的金额，则应以全体发起人的同意对此作出决定（第 291 条第 3 号）。但公司原本就以发行股份的票面总额为资本金（第 451 条第 1 项），而发行无面额股的情形中的资本金为发行股份总额二分之一以上的金额，即董事会（第

416条但书规定发行股份的情形中为股东大会）决议计提为资本金的金额（第451条第2项第1文）。这时，股份发行总额中未计提为资本金的金额，应计提为资本准备金（第451条第2项第2文）。股份分割、吸收合并等情形中，即使发行股份总数增加，也无需增加资本金。不得以将面额股转换为无面额股或将无面额股转换为面额股的方法变更资本金（第451条第3项）。

美国各州法律也未对无面额股的基准金额作出规定，因此，每次发行股份都需规定发行价，原则上应将发行总额全部计提为资本金，而实际上是将其一部分计提为资本准备金。

（d）面额股与无面额股的转换

公司可根据章程规定，将已发行的面额股转换为无面额股或将无面额股转换为面额股（第329条第4项）。这时，公司应规定一个月以上的期间，就转换的意思与应在此期间内将股票提交公司的内容进行公告，对于股东名册上的股东与质权人，应进行个别通知（第440条，第329条第5项）。这一期间终了时，转换发生效力（第441条、第329条第5项）。股份转换时，存在无法将转换前的股票提交公司之人的，公司应根据其请求规定3个月以上的期间，并将“如果对该股票存在异议，应在此期间内提出”的意思公告于利害关系人，待该期间经过后，可将转换后的股票交付请求人。此时产生的公告费用由请求人承担（第442条、第329条第5项）。

（e）其他事项

董事会决定新股发行事项时，如果发行的是无面额股，则应决定新股发行总额中计提为资本金的具体金额（第416条第2号之2）。商法规定，发行新股的情形中，在以赋予股份优先购买权的日期为准的股份实际价格与股份票面金额中选择较高的金额作为股份优先购买权的行使价（第340条之2第4项第1号本文），但公司发行无面额股的情形中，应将计提为资本金的金额中相当于一股的金额作为票面额（第340条之2第4项第1号但书）。[1]

3. 种类股

1）种类股的含义

公司可发行财产内容（利益分配，剩余财产分配）、股东大会中表决权的行使内容（排除或限制）、偿还及转换的内容不同的股份（第344条第1项），

---

〔1〕 2011年修订商法中将“资本”全部变更为“资本金”，因此，第340条之2第4项第1号但书中的“资本”也应修改为“资本金”。

这种股份被称为种类股。财产性内容或表决权的行使内容不同或具有特殊功能的股份为种类股，因此，股东所享有的权利内容、表决权内容及功能上毫无区别的面额股与无面额股就不得被称为种类股。

公司可以设计内容各不相同的股份，但商法根据有价证券法定主义，特别规定了公司可发行的股份种类。公司不得发行商法未作规定的种类股。

商法只规定了内容互不相同的权利类型，因此，公司可将这些种类股结合（组合）起来，根据发行目的及具体需求，设计并发行多种种类股。公司为了业务合作、业务继承、防御恶意并购（敌对性 M&A）等，可通过融资、支配权的分配等设计股份种类。据此，可发行利益分配优先股份、表决权排除股份（无表决权股份）、表决权限制股份等关于一种权利的种类股；也可发行“利益分配优先股份+表决权排除股份”“利益分配优先股份+表决权限制股份”等结合两种权利的种类股或“利益分配优先股份+表决权排除股份+附偿还请求权股份”，“利益分配优先股份+表决权排除股份+附转换请求权股份”等结合三种权利的种类股。商法第 344 条之 3 第 1 项列举了“可行使表决权的事项”（利益分配的决定，董事的选任、解任，监事的选任、解任，外部董事的选任、解任等），一般认为对于未列举的其他事项，不得发行可排除表决权的股份。普通股（是指就财产性内容而言，发行内容不同的种类股的情形中，成为其标准的股份）也是种类股的一种，但不得将普通股发行为偿还股（第 345 条第 5 项）。

2）关于种类股的特别规定

（1）章程记载

发行种类股的相关事项是章程的相对记载事项。公司欲发行种类股的，原始章程或变更章程中应规定各种类股的内容与数量（第 344 条第 2 项、第 291 条第 1 号、第 317 条第 2 项第 3 号）。商法之所以规定应将关于发行种类股的事项记载于章程中，是因为发行种类股作为股东平等原则的例外情形，与股东具有重大利害关系，而且在特定情况下，极有可能损害资本金充实原则。

（2）股东平等原则的例外情形

公司发行种类股的，即使章程未作其他规定，也可根据股份种类，对新股认购，股份合并、分割、消灭，或公司合并、分割引起的股份分配作出特殊规定（第 344 条第 3 项）。如，对于普通股与优先股规定不同的新股认购权或不同的注销、合并比例，或只允许取得普通股为自己股份而进行注销等。种类股的发行意味着对股东平等原则例外情形的认可。这种特殊规定，可通过关于新股发行的董事会决议（第416条以下）、关于准备金转入资本金的董事会决议（第461条以下）、关于通过股份合并或注销减少资本金的股东大会决议（第438条以下）、关于公司合并的股东大会决议（第522条以下）等作出。

（3）种类股东大会

发行种类股的情形中，发生因变更章程而损害某一种类股股东利益等特定情况的，应作出种类股东大会决议（后述）。

（4）公示

章程规定发行种类股相关内容的，应在股份要约书（第302条第2项第5号）、新股认购权证书（第420条之2第2项第3号）、新股认购权证券（第516条之5第2项第3号）中记载相关内容；发行种类股的，还应将其记载于股东名册（第352条第1项第2号）与股票（第356条第6号）中并进行登记（第317条第2项第3号）。此外，对于偿还股与转换股，还规定了关于公司的详细内容。

3）种类股的分类

（1）关于财产性内容的种类股

为了使融资更加容易，公司可发行财产性内容（自益权）不同的股份，即关于利益分配或剩余财产分配的内容不同的种类股（第344条第1项）。发行关于财产性内容的种类股的，应在章程中规定该内容与数量（第345条第2项）。公司就利益分配发行内容不同的种类股的，章程中还应规定交付该种类股股东的分配财产的种类、分配财产额的决定方法、分配利益的条件等关于利益分配的内容（第344条之2第1项）。公司就剩余财产分配发行内容不同的种类股的，章程中还应规定剩余财产种类、剩余财产额的决定方法、其他关于剩余财产分配的内容（第344条之2第2项）。〔1〕

关于财产性内容的种类股包括普通股、优先股、后配股与混合股。此外，定向股（tracking stock：与公司的特定部门的业绩相关联股份）的财产分配额

---

〔1〕 第344条之2虽规定可发行“就剩余财产的分配内容不同的种类股”，但不得发行股东权比例不同的种类股，如，不得发行表决权比例为1:2或2:1的种类股。如果允许这种发行，就会导致对于剩余财产的分配认定复数表决权股份的结果。本条第2项规定，公司就剩余财产的分配发行内容不同的种类股的情形中，应在章程中规定剩余财产的种类、剩余财产的价额决定方法等其他关于剩余财产分配的内容，但这并不意味着公司应事先规定其解散时将会剩余的财产与价格决定方法，而且事先规定如何将剩余财产分配给关于剩余财产分配种类股的所有人并将其规定在章程中的要求是不合理的。笔者认为这只在设立为股份公司，解散时间已经被确定，解散时的剩余财产被明确规定的共同基金中有可能发生。一般情况下，公司解散后存在剩余财产时，才会决定处理基准。

决定方法及利益分配条件与普通股具有区别，因此，也可将定向股发行为种类股。

（a）普通股（Stammaktie，common share）是指，公司发行财产性内容（利益分配或剩余财产分配）上具有区别的种类股时，成为其标准的股份。

（b）优先股（Vorzugsaktie，preference share，action de priorité）是指，财产性内容上的地位优先于普通股的股份。通常发行的是关于利益分配的优先股，而关于剩余财产分配的优先股则较为少见。优先股是在分配顺位上具有优先地位的股份，这并不代表优先股总能获得比其他股份高比例的分配。对于利益分配优先股，一般按照票面金额的10%/年或相当于银行定期存款利率中最高利率的比例进行分配。按照这种分配规定，公司业绩好的年度，分配率不受限制的普通股可获得更高比率的分配。这时，参与优先股与普通股差额的分配，以等同于普通股的分配率获得分配的股份，被称为参与优先股（participating share），而只获得章程规定的分配，剩余利益全部分配给普通股的股份，被称为非参与优先股（non-participating share）。

即使是优先股，如果无利益则无分配，但特定年度的分配额不及章程规定的优先分配率的，可从后年度的利益中优先获得该不足部分的分配额，这种具有分配追征权的股份，被称为累积优先股（cumulative share），不具有这种追征权的股份，则称为非累积优先股（non-cumulative share）。可将参与与否和累计与否相互结合，发行参与、非累计优先股。如果规定非参与、累计优先股不具有表决权，那么就与公司债非常类似。

通常优先股在公司偿还债务之前不具有表决权，但会以每年5至8倍的利益分配为条件发行优先股。这样可在不影响公司负债率的情况下吸引资金，待债务偿还完毕后注销优先股。约定期间经过后仍无法偿还债务的，可将其设计成约定期间经过后转换为普通股。虽然优先股并非必须要注销，但因优先股的高利率分红压力，会造成公司极大的经济负担，通常会被注销或转换为普通股。

（c）后配股（Nachzugsaktie，deferred share）是指，利益分配或剩余财产分配上的地位劣后于普通股的股份，即对普通股进行分配后尚有剩余未处分利益时才获分配的股份。后配股只是分配顺位具有劣后性，其分配率也可高于其他种类股。但大多数情况下，后配股分配率低于普通股或根本无分配。[1]

---

〔1〕 崔基元（会）239页。

（d）混合股是指，相较于普通股，有些方面具有优先权，而在有些方面居于劣后性地位的股份。

公司业绩好的年度，可考虑发行混合股或后配股，但目前我国尚没有发行此类股份的先例。

（2）表决权行使内容不同的种类股

（a）表决权行使内容不同的种类股的含义

公司可根据章程规定发行“在股东大会中的表决权行使内容不同的股份”（第344条第1项）。表决权行使内容不同的种类股包括表决权排除股份（无表决权股份，Aktie ohne Stimmrecht，non-voting share）、表决权限制股份、复数表决权股份、附否决权股份、附任员任免权股份等，但商法只规定了关于表决权排除与限制的种类股。可将普通股发行为无表决权股或表决权限制股。如前所述，公司可发行不具有表决权或表决权受限制的种类股（第344条之3第1项）。因此，一般认为，规定了“可行使表决权的事项”（利益分配的决定，董事的选任、解任，监事的选任、解任，外部董事的选任、解任等）的情形中，不得发行种类股。不得发行附否决权股份或差等表决权股份（每股享有0.5个或300个表决权的股份）。发行无表决权股份或表决权受限制的种类股的，应在章程中规定其内容与数量（第345条第2项）。可发行无表决权或表决权受限制的普通股。

（b）无表决权股份

（i）无表决权股份的含义：无表决权股份是表决权被完全排除的股份。正因为不具有表决权，即使法人股东持有少数具有表决权的股份，也有可能控制公司经营而对其有利。这也能够使公司避免对几乎不出席股东大会的投机股东进行召集通知的繁杂程序与费用的支出。但上市公司决议股份交换，股份转移，营业转让、受让、租赁，或公司合并、分割、分割合并的，应对持有无表决权股份的股东进行股东大会召集通知，以使其能够行使股份回购请求权（资金第165条之5第5项）。[1]

（ii）被排除的权利内容：无表决权股东不享有表决权，当然也不享有以表决权为前提的所有权利，如，不享有被股东大会召集通知的权利（第363条第7项），计算股东大会法定人数（定足数）时无表决权股份的数量也不算入发行股份总数中（第371条第1项、第344条之3第1项）。但即使是无表

〔1〕 商法中也应如此规定，却将其遗漏，这是立法上的漏洞。

决权股东也享有股东大会召集请求权，也可出席股东大会陈述意见；[1]可向法院提出解任董事、监事、清算人的请求（解任请求权）（第385条第2项，第408条之9，第415条，第539条第2项、第3项），有权提出取消决议、决议无效之诉（第376条、第380条）；[2]还可行使对董事、执行任员、清算人等的违法行为留止请求权（第402条、第542条第2项），代表诉讼权（第403条）、会计账簿浏览请求权（第466条）、检查人选任请求权（第467条）等各种少数股东权利。此外，还享有新股认购权（第418条）。

（iii）表决权复活：无表决权股份的情形中，章程规定的条件一旦成立，表决权就可复活（第344条之3第1项）。此外，无表决权股东可行使表决权的例外情形包括：①在创立大会中行使表决权的情形；②因章程变更或新股认购，股份合并、分割、注销，股份交换，股份移转及公司合并、分割、分割合并等无表决权股东遭受损失的情形中，应作出无表决权股东的股东大会决议，在这一种类股东大会中可行使表决权（第435条、第436条、第344条第3项）；③董事、执行任员、监事的责任免除（第400条、第415条）；④组织变更为有限责任公司或有限公司（第604条）等需要全体股东同意或决议的情形中，也可行使表决权；⑤商法明确规定，为公司分割或分割合并的股东大会特别决议中，无论无表决权股东是否遭受损失，其均可行使表决权（第530条之3第3项），但设置这一例外规定的理由尚不明确。

（c）表决权限制股份

公司可发行对于章程规定的部分事项不具有表决权的股份，即表决权限制股份。具体对于哪些事项不享有表决权，并无限制性规定，如，可发行对于董事的选任与解任、利益分配的决定、企业重组等事项不具有表决权的股份。表决权限制股东的表决权受到一定限制，因此，不享有接收以不能行使表决权的事项为议案的股东大会召集通知的权利（但股东大会的目的事项包括持反对意见股东可行使股份回购请求权事项的，公司应进行通知）（第363条第7项但书），计算股东大会法定人数时，不得将表决权限制股份数量计入发行股份总数中（第371条第1项、第344条之3第1项）。但即使是表决权

〔1〕也有人否定股东大会中的意见陈述权：林泓根（会）194页；郑东润（上）452页；李基秀、崔秉珪（会）211页。

〔2〕对此，也有主张不具有决议取消之诉权的学说：孙珠瓒（上）624页；蔡利植（上）611页。

限制股东也享有股东大会召集请求权，也可出席股东大会陈述意见。一旦具备章程规定的表决权复活条件，表决权即可复活（第 344 条之 3 第 1 项）。

（d）无表决权股份及表决权限制股份的发行

公司发行无表决权股份或表决权限制股份的，应在章程中规定不得行使表决权的事项与表决权行使或表决权复活的条件（第 344 条之 3 第 1 项）。无表决权股份或表决权限制股份总数不得超过发行股份总数的四分之一（第 344 条之 3 第 2 项第 1 文）。无表决权股份或表决权限制股份总数超过发行股份总数四分之一的，公司应毫无迟滞地采取必要措施，将其控制在上述限制范围之内（第 344 条之 3 第 2 项第 2 文）。[1]这一规定同样适用于虽在法定范围内发行了无表决权股份或表决权限制股份，但因其他股份的注销而超出限制范围的情形。一般认为，公司发行的无表决权股份与表决权限制股份合计总数可超过发行股份总数的四分之一。

★关于上市公司的特别规则

上市公司在海外发行股份或在海外发行的转换公司债、附新股认购权证公司债及其他因行使与股份有关的证券权利而发行股份的情形，或经营国家基干产业的法人为了公益事业，认为有必要发行无表决权股份的情形中，该无表决权股份数量不计入上述四分之一的发行限度范围之内（资金第 165 条之 15 第 1 项）。此时，与商法第 370 条第 2 项规定的无表决权股份的合计总数不超过发行股份总数二分之一即可（资金第 165 条之 15 第 2 项）。

根据《关于金融产业结构改善的法律》，政府合并不良金融机构或对受让其营业的金融机构出资的，相关金融机构可超过商法规定的限度范围发行无表决权股份（同法第 13 条）。

（3）偿还股、转换股

公司可发行关于偿还和转换的内容不同的种类股（第 344 条第 1 项）。股份的存续期间已经确定的股份称为偿还股（第 345 条）。发行多种股份的情形中，具有可转换为其他种类股的权利（转换权）的股份被称为转换股（第 346 条第 1 项）。偿还股不得发行为普通股（第 345 条第 5 项）。

---

〔1〕已经“超过发行的情形中”，应采取“不使其超过的必要措施”在逻辑上是矛盾的。李哲松，逐条解释，第 107 页。

★普通股是种类股吗?

(1) 2011年修订商法第345条第5项规定:“第1项与第3项规定的股份只能发行为种类股(关于偿还与转换的除外)。”可将其反向解释为普通股不得发行为偿还股。从这一规定上看,立法者将普通股解释为非种类股。这是立法上的错误。即使有这样的规定,普通股仍然只能是种类股的一种。如果想从括号中的内容反映立法者的意图,可将这一条单纯规定为“不得将关于利益分配的普通股发行为偿还股”。但“不得发行可偿还的普通股”的规定并不合理。笔者认为,可暂时将无表决权的普通股发行为最终可转换为偿还股的股份。据此,应删除第345条第5项中“关于偿还与转换的除外”的内容。

(2) 认为普通股也是种类股的依据如下:

(a) 商法第344条规定的种类股是从修订前的第344条第1项“数种股份”演变而来,而修订前的“数种股份”包括普通股、优先股、劣后股、混合股,这是毫无异议的。

(b) 股份的内容是相对的,因而普通股也是相对的。公司发行内容不同的多种股份的,所有股份均为种类股,普通股也是种类股的一种。与后配股相比,普通股就相当于优先股。

(c) 第345条第4项规定偿还股的同时,也规定了“其他种类股除外”,但如果普通股不是种类股,这一规定就意味着只能以普通股进行偿还。这是不合理的,因此,应删除“其他种类股除外”这一句。

(d) 如果认为普通股不是种类股,那么第346条第1项规定的可转换为普通股的转换股的发行将被禁止,普通股转换为其他股份也将被禁止,这是极其不合理的。

(e) 股东大会决议损害普通股的,特别是普通股股东为少数的情形,应召开由普通股股东构成的种类股股东大会。

(3) 公司发行种类股的,应在章程中规定各种类股的内容与数量(第344条第2项)。也有人以这一规定为依据,主张普通股并非种类股。但普通股是未被赋予任何权利或其权利不受限制的最基本的股份,无需在章程中规定其内容。因为普通股的权利作为基本事项已被规定在商法中。

(4) 普通股也是种类股的一种,对此同样适用关于种类股股东大会的规定。这就意味着,需要召集仅由普通股股东构成的种类股股东大会的情形经常发生。这是因为,一旦种类股股东之间发生利害冲突,普通股极有可能遭受损害。例如，对于表决权被限制的分配优先股，变更章程以剥夺其优先分配权或将表决权被限制的分配优先股强制转换为具有表决权的普通分配股的，当然应作出表决权被限制的分配优先股的种类股股东大会决议。在此基础上，如果随着分配优先权的剥夺或强制转换，表决权限制股份的表决权复活，将导致本来具有表决权的其他股东（普通股）的表决权被稀释的结果。这时，为了保护表决权被稀释的普通股股东之利益，普通股股东也应作出种类股东大会决议。

（a）偿还股

（i）偿还股的含义

偿还股是指发行时就已被预定将其作为公司利益注销的种类股（第345条第1项）。通常发行的是公司可要求偿还的股份（附偿还事由股份）（第345条第1项），也可发行可由股东请求偿还的股份（附偿还请求股份）（第345条第3项）。偿还股不得发行为普通股（第345条第5项）。从偿还股只存续一定期间这一点上看，其与公司债类似，但其必须以利益进行偿还，这一点又区别于公司债。偿还股一经偿还即被注销，这一点又不同于转换股。

（ii）偿还股的作用

偿还股可作为公司临时筹措资金的方法，也是减轻财务负担的制度。

（iii）偿还股的发行

①偿还股在授权股份总数范围内，按照一般的股份发行程序发行（第291条第1号）。对于偿还股的发行时期并无限制性规定，可在公司设立时发行，也可在公司成立后发行。

②公司可根据章程规定发行以公司利益进行注销的种类股。这时公司应在章程中规定偿还价格、偿还期间、偿还方式与偿还股数量（第345条）。

③公司可根据章程规定发行股东可向公司请求偿还的种类股。这时，公司应在章程中规定股东可向公司请求偿还的意思、偿还价格、请求偿还的期间、偿还方式等（第345条第3项）。

④发行偿还股的情形中，记载偿还股发行事项的章程并不仅限于原始章程，也可通过变更章程将“尚未发行的股份发行为偿还股”的内容规定在章程中。但不得通过章程变更决议将已发行的股份变更为偿还股。发行偿还股的内容还应记载于股份要约书（第302条第2项第7号、第420条第2号）和股票（第356条第6号）中，并在公司设立时进行登记（第317条第2项

第6号）与公示。

（iv）偿还程序

①偿还股应以利益进行偿还，但也可以任意准备金偿还。公司每年应将利益的一部分作为特定目的的任意准备金，将其累积为偿还基金。即使规定的偿还期间到来，若无利益，也不得进行偿还。

②公司进行任意偿还的，可根据各股东所持有的股份数量，以均等条件按照总统令规定的方法取得自己股份（第341条第1项第2号）。

③公司进行强制偿还的，应自取得作为偿还对象的股份之日起两周前，将该事实通知持有该股份的股东及股东名册上的权利人。可以公告代替通知（第345条第2项）。这一期间届满的，偿还即发生效力（类推适用第343条第2项、第441条）。

④由股东请求偿还的情形中，股东根据章程规定向公司提出请求即可（第345条第3项）。

⑤作为取得偿还股的对价，除现金外，公司还可交付有价证券（其他种类股除外）[1]或其他资产。但该资产的账面价值不得超过可分配利益（第462条、第345条第4项）。笔者认为，公司也可交付其已经持有的自己股份（普通股）。但如果将普通股视为种类股的一种，则不得交付自己股份。

⑥商法第345条第5项规定“第1项与第3项规定的股份只能发行为种类股（关于偿还与转换的除外）”。“第1项与第3项规定的股份”是指“偿还股”，即偿还股（非普通股）只能发行为种类股，但根据括号里面的内容，也不得发行作为种类股的偿还股与转换股。这也意味着不得将普通股、偿还股或转换股作为偿还的对价进行交付。笔者认为应当删除这一规定。从逻辑上看，没有理由禁止发行能够以普通股偿还的股份，也可以转换股进行偿还。但以偿还股替换偿还股没有意义。实际上，2011年修订商法前就已经开始大量发行偿还转换优先股或转换偿还优先股，并一直持续至商法修订之后，特别是作为回收投资的手段被广泛利用。偿还转换优先股在利益分配上具有优先权，还可将其设计成偿还期间经过后公司因无盈利而无法偿还时能够转换为其他股份（如具有表决权的普通股）的形态。按照严格的法条解释，这种

---

〔1〕 在这里如果根据括号中的句子排除其他种类股（不将普通股视为种类股的前提下），那么只有普通股，就可将普通股作为偿还股的对价。但如前所述，普通股也是种类股，因此，第345条第4项括号中的内容是错误的，应将其删除。

股份发行虽然不可能实现，但并没有理由禁止。

⑦偿还股相互之间应适用股东平等原则，不得只对一股金额的一部分进行偿还（股份不可分原则）。[1]

（v）偿还效力

偿还效力分为对资本金的影响与对授权股份总数的影响。

①对资本金的影响：偿还偿还股的，资本金并不减少。这时，发行的股份票面总额与资本金的等式不成立。这是因为股份偿还并非以资本金进行偿还，而是将利益或任意准备金作为偿还金的财产来源，因而无需减资情形中的债权人保护程序。

②对授权股份总数的影响：对偿还股进行偿还后，该股份随即消灭，发行的股份总数相应减少，对此，应进行变更登记（第317条第2项第3号、第183条），但这并不影响授权股份总数。

问题是能否发行相当于偿还股数量的新股。多数说认为，对于公司已偿还的部分不得发行新股。[2]这是因为对已偿还部分的股份发行权已经行使，如果再发行新股，将会造成赋予董事会双重股份发行权的结果。而且，如果不断反复股份的偿还与发行，将产生利润转换为资本金的结果，从而侵害股东获得利益分配的权利，这种资本金的增加最终导致债权人利益的增加。对此，也有人主张，虽然不得再发行偿还股，但只要章程有所规定，就可再发行普通股。[3]少数说认为，偿还多少股份，就可再发行相同数量的新股。[4]笔者赞同少数说：无论何种股份，在章程规定的预定发行股份总数范围内，可随时反复地发行或注销股份。偿还股的发行与公司债的发行并无太大区别，通过再发行股份而获得的资金不仅可以进行再投资，由于资本金的增加，还可更好地保护债权人利益。这是在授权资本金范围内的再发行，是完全可行的措施。否则，在一家公司长达百年的历史中，发行一次偿还股后不得再发行第二次或欲再发行就应变更章程的话，将大大地危害企业融资的机动性与灵活性。

---

〔1〕 李哲松（会）292页。

〔2〕 孙珠瓒（上）626页；郑东润（上）456页；崔基元（会）243页；林泓根（会）188页；金正皓（会）148页。

〔3〕 郑灿亨（上）668页。

〔4〕 李炳泰（上）507页；李哲松（会）293页。

（b）转换股（Wandelsaktie，convertible share）

（i）转换股的含义

转换股是指根据章程规定具有请求将股东认购的股份转换为其他种类股的权利（转换权）的股份（第 344 条第 1 项、第 346 条第 1 项）。章程中应规定关于转换权的事项。

（ii）转换股的效用

如果允许公司业绩不佳时发行优先股，在业绩好转时可将其转换为普通股，那么，对于股东来说，先是获得优先分配，在分配率变高、股价上升时，又可将其转换为普通股，这是非常有利于股东的制度。而对于公司来说，募集股东变得更为容易，可谓是极其方便的融资手段。

（iii）转换股的发行

公司发行转换股的，应将“股东可以请求转换”的意思（附转换请求权股份）与转换事由、转换条件（对转换股分配新股的比例）、请求转换的期间、因转换而发行的股份数量与内容等记载于章程中（第 346 条第 1 项）。相反，公司也可在章程中规定，在发生一定事由时，可将股东认购的股份转换为其他种类股（附转换事由股份）。这时，公司也应将可请求转换的意思与转换事由、转换条件、转换期间及因转换而发行的股份数量与内容（第 346 条第 2 项）等规定在章程中。这种情形中，董事会应将①欲转换的股份，②应在两周以上的期间内，将股票提交公司的意思，③不在上述期间内提交的，将会导致该股票无效的意思等事项，通知该股份的持有人及股东名册上的权利人。可以公告代替通知（第 346 条第 3 项）。〔1〕

但根据股份电子登记制度将股份进行电子登记的公司，应将在公司指定的日期（转换基准日）进行转换的意思公告、通知（电登第 64 条第 1 项），以其代替关于股票提交的事项。

在转换股的具体发行阶段，应将可请求转换的意思与转换条件、转换请求期间或转换期间、因转换而发行的股份数量与内容等记载于股份要约书或新股认购权证书中（第 347 条），还应在股票与股东名册上记载转换股的发行事项（第 356 条第 6 号）。附转换事由股份的情形中，还应记载转换事由，但

〔1〕 这里所谓的第 2 项的情形是指章程中规定可发行种类股的情形。即使章程中规定了可发行关于转换的种类股，也并非必须通知这些股东，而是指公司决定进行转换的情形中，进行通知或公告。因此，应将第 346 条第 3 项中的“第 2 项的情形”修改为“董事会作出转换决定的情形”。李哲松，逐条解释，第 118 条。

法律对此未作规定。对于股东来说，转换事由是非常重要的问题，因此，即使法律未作规定，也应将其记载于章程中。[1]公司设立时发行转换股的，应当进行登记（第 317 条第 2 项第 7 号）。在请求转换期间或转换期间内，应在章程规定的预计发行股份总数（第 289 条第 1 项第 3 号）中保留相当于因股份转换而新发行的股份数量（第 346 条第 4 项）。

（iv）转换程序

①请求股份转换的人，可随时将附上股票的两份请求书提交公司（第 349 条第 1 项）。股东请求转换的，其提出请求之时，股份转换即发生效力；而公司进行转换的情形中，提出股票的通知期间（两周以上的一定期间）届满之时发生股份转换的效力（第 350 条第 1 项）。但是，将股份进行电子登记的公司，在公司规定的转换基准日才发生转换的效力（电登第 64 条第 2 项）。

②股东名册闭锁期间也可提出股份转换请求（参照第 349 条第 3 项删除部分），但股东名册闭锁期间内的转换股持有人[2]不得在这一期间内就股东大会的决议事项行使表决权（第 350 条第 2 项）。

③因转换而发行的股份的利益分配，视为在股东提出转换请求之时或股票提交期间（两周以上的一定期间，第 346 条第 3 项第 2 号）届满时间点所属的营业年度末被转换（第 350 条第 3 项第 1 文）。而新股的利益分配，视为在根据章程规定提出请求之时或股票提交期间（两周以上的一定期间，第 346 条第 3 项第 2 号）届满的时间点所属的营业年度的前一营业年度末被转换（第 350 条第 3 项第 2 文）。

④在转换股上设定的质权效力及于因转换而发行的新股（质权的物上代位）（第 339 条）。

⑤转换股份的，应当自请求转换日或股票提交期间（第 346 条第 3 项第 2 号）届满日（股份进行电子登记情形中，公司规定的转换基准日）所属月份的最后一日起两周内，在总公司住所地进行变更登记（第 351 条）。

⑥对于因转换而产生的零股的处理，虽然商法未作明文规定，但可类推适用第 443 条关于因股份合并而产生的零股处理的规定。[3]

---

〔1〕 李哲松，逐条解释，第 117 页。

〔2〕 按照 1995 年修订商法规定，股东名册闭锁期间不得请求股份的转换（旧商法第 349 条第 3 项），但因股东名册闭锁与股份的转换是无关的内容，1995 年修订商法将其废止。

〔3〕 同旨：郑灿亨（上）691 页。

（v）转换效果

转换权人在转换期间内请求转换的，公司应发行新股并交付转换权人。请求转换的同时，转换股消灭并发行新股。因转换而发行新股的，应将转换前的发行价作为新股的发行价（第 348 条）。这意味着转换股的发行总额与新股发行总额应当一致。因此，股份转换时应充分考虑其对资本金与授权股份总数的影响。

①对资本金的影响：公司财产不发生变化，但资本金增加。如果转换比例相同，资本金也不发生变化。转换股的发行总额与新股发行总额应当一致，因此，转换股的发行价（如 5000 韩元）与新股的发行价（如 5000 韩元）相同的，转换前股份数量与转换后股份数量之比为 1∶1，资本金无增减。但实际上股市中的股价与票面金额完全一致的情形较为罕见，上述情形基本上不会发生。如，票面金额为 5000 韩元的转换股的发行价为 1 万韩元，当发行 100 万股时，可融资 100 亿韩元。这时，50 亿韩元（5000 韩元/股×100 万股）为资本金，剩余 50 亿韩元成为资本准备金。但将转换股 100 万股转换为普通股时，如果将票面金额 5000 韩元的股份发行价定为 5000 韩元（下向转换），则应发行普通股 200 万股才能达到 100 亿韩元，而发行总额应当一致，因此，100 亿韩元是固定金额。虽然发行了 200 万股，但并不存在实际进账，只是将股份按照 1∶2 的比例进行了交换，计提 50 亿韩元作为资本金。但发行 200 万股，资本金应为 100 亿韩元。此时，将已备为资本准备金的 50 亿韩元转账至资本金后，与转换股票面总额 50 亿韩元相加，构成 100 亿韩元。这时，资本金增加 50 亿韩元。与此相反的情形，如将票面金额为 5000 韩元的普通股的发行价定为 2 万韩元（上向转换），那么，发行的普通股数量为 50 万股。该 50 万股的票面总额为 25 亿韩元。这时，原来 50 亿韩元的资本金减少至 25 亿韩元。这种导致资本金减少的上向转换，因违反商法中严格的减资程序而构成违法，因而无效。[1]

②对授权股份总数的影响：股份转换仅仅是不同种类的股份相互间的交替，因此，即使转换股被转换，其授权股份总数也不发生变化。问题是与因转换而消灭的转换股同等数量的未发行股份数量复活后，能否进行再发行，

---

〔1〕 同旨：孙珠瓒（上）629 页；林泓根（会）192 页；郑东润（上）459 页；蔡利植（上）608 页；郑灿亨（上）692 页；金正皓（会）150 页。

如果可以再发行，应发行何种股份。少数说认为，不得以任何形式再发行新股。[1]多数说则认为，可以再发行相当于因转换而消灭的股份数量的同种类的无转换权股份（如，优先股转换为普通股情形中的无转换权的优先股）。[2]这是因为，转换本身只不过是将股份替换为其他种类的股份，因此，即使再发行，也不会导致赋予董事会双重的股份发行权的结果。笔者认为，与偿还股的情形一样，可以再发行转换股。对此，也有学者批判性地认为这将导致无限授权。但如果转换前的股份数量与转换后的股份数量均在章程规定的预定发行股份总数范围内，就可再发行。

Ⅲ. 股东

1. 股东的含义

1）股东的概念

股东（Aktionär，shareholder，actionaire）作为股份公司的社员（组成员），是代表股东权利的股份的归属主体。股东地位可通过股份认购或股份受让获得，[3]随着股份转让或股份注销而丧失（后述）。[4]

2）股东资格

原则上对于股东资格没有任何限制。但自己股份只能在可分配范围内（财源规制）取得（第341条）。另外，《关于资本市场与金融投资业的法律》（资金第165条之2、第165条之3、第172条）、《关于独占规制与公平交易的法律》（独规第7条）等特别法上也设有关于股东资格的限制性规定。

3）股份共有

股东不得分割一个股份而只持有它的一部分（股份不可分原则），但可由数人共有一个或数个股份（股份共有，第333条）。数人共有股份的，应在数人中指定一人行使权利（第333条第2项）。

---

〔1〕 李范灿，例解，第494页。

〔2〕 郑东润（上）459页；李哲松（会）301页；李基秀、崔秉珪（会）577页；蔡利植（上）609页。

〔3〕 股份公司中通过股份的认购或转让成为股东，因此，即使发起人相互之间进行这种约定，也是无效的：大法院1967. 6. 13. 67DA302。

〔4〕 因此，即使股东事实上放弃股票，向公司作出放弃股票的意思表示并将其返还给公司，仅以这种行为也不能产生股份消灭或丧失股东地位的结果：大法院1991. 4. 30. 90MA672；大法院1963. 11. 7. 62DA117；同1999. 7. 23. 99DA14808；同2002. 12. 24. 2002DA54691。

4）股东人数

对于股东人数也没有特别限制。2001年的修订商法删除了公司设立时关于发起人人数的限制性规定（第288条），据此，公司股东可为一人，即法律认可一人公司的设立。公司成立后，即使只有股东一人，也不构成公司解散事由（第517条）。关于股东人数也没有上限规定。

2. 股东的分类

股东，可根据所持股份数量分为大股东与小股东；根据所持股份种类分为普通股东、优先股东、劣后股东、偿还股东、无表决权股东；根据股份持有人身份分为个人股东、法人股东；根据持有股份的动机或功能分为投资股东、投机股东、企业股东、职工股东等；还可根据股东名册上记载的股份所有人名义分为实质股东（隐名股东）与名义股东。

3. 实质股东

1）实质股东的含义

（1）广义的实质股东

广义的实质股东是指虽然未记载于股东名册中，却是实质上的股份所有人，与该股份具有直接利害关系的人。相反，虽记载于股东名册中，但实际上并非股份所有人的人，被称为名义股东或形式股东。实质股东包括名义信托人〔1〕、名义借用人、名义改书未完股东及制度上的实质股东。原则上实质股东不得对公司行使股东权利。

（a）名义借用人

未获假设人〔2〕或他人同意而以他人名义作出股份认购要约的，实际发出要约的人（名义借用人）承担作为股份认购人的责任（第332条第1项）。获得他人同意后以他人名义发出股份要约，而股份实际上分配给该他人（名义出借人）的情形中，对于谁是股份认购人，存在形式说与实质说，判例采取

〔1〕 大法院2013.2.14.2011DA109708：发行股票前进行股东名义信托的实质股东的债权人为了保护自身债权，可以代位实质股东终止（解止）名义信托合同，名义信托合同一旦终止（解止），对于该股份的股东权利仅以终止合同的意思表示回归名义信托人。

〔2〕 假设人是指虽为法律行为主体，但实际上不存在的人。实施法律行为时，可不以自己名义实施，而设定一个假设人物。商法为了贯彻资本充实原则，规定以假设人的名义认购股份的人应承担作为股份认购人的责任。这是为了防止以假设人的名义认购股份的人因不利条件而规避责任的行为。以假设人的名义实施票据行为的，构成伪造票据，但根据票据行为独立原则，并不影响其他票据行为的效力。（出处：http://www.doopedia.co.kr）——译者注

了形式说，[1]详细内容已在“以他人名义认购股份”部分讲解。

★股份的名义信托

名义受托人不是股东，因此，从名义受托人处受让股份的人，若不具有善意取得事由，则无法合法取得该股份。[2]但股份名义信托人在发行股票前解除与受托人的名义信托合同的，仅以解除合同的意思表示，该股份的股东权利就可回归名义信托人。[3]实质股东的债权人为了保全自身债权，代位实质股东以名义股东为对象确认其股东权利的情形也等同。[4]名义受托人并非股东（2000DA63622），而仅以解除的意思表示就可使股东权回归（2011DA109708；92DA16386），这在逻辑上是矛盾的。前者是确定对外行使权利之主体的判决，而后者是名义信托人与受托人之间的纠纷。如果名义受托人无法证明其不具有避税目的，就应承担缴纳赠与税的义务，而名义信托人应承担连带纳税义务，但证明不具有避税目的并获得法院认可的案例极为少见。不将名义信托作为刑事犯罪是大法院的惯行做法。应由主张名义信托关系的一方承担名义借用事实的证明责任。[5]

（b）名义改书未完股东

原则上，股份取得人应凭借所持股票要求公司进行名义改书。受让股份后未进行名义改书，股份转让人的名义仍然记载于股东名册上的情况下发行新股交付转让人的股份称为失期股，而此时的股份受让人即为实质股东。

（c）制度上的实质股东

制度上的实质股东是人为形成的实质股东，如基于证券预托结算制度（资金第308条至第323条）、投资信托制度（资金第9条、第184条、第188条）、社股组合制度（职工持股会）（资金第165条之7）而形成的股东。就证券预托结算制度而言，投资者所持有的股份通过证券公司被预托至韩国预托结算院，并将名义变更为韩国预托结算院，预托该股份的投资人成为实质股东。再看投资信托制度，集合投资人将一定财产信托给信托业者，以此取

[1] 大法院 2017.3.23.2015DA248342。

[2] 大法院 2002.6.25.2000DA63622。

[3] 大法院 2013.2.14 2011DA109708；同 1992.10.27.92DA16386。

[4] 大法院 2013.2.14.2011DA109708。

[5] 大法院 2007.9.6.2007DA27755；同 2011.3.24.2010DA91916；同 2016.8.29.2014DA53745；同 2017.2.3.2016MA1273。

得股份后，集合投资人成为实质股东；而社股组合制度的情形中，将组合成员取得的股份，名义改书至组合代表的名下，其组成员即成为实质股东。

（2）狭义的实质股东

广义的实质股东中，只有依据证券预托结算制度而产生的实质股东被称为狭义的实质股东。原则上，实质股东不得对公司行使股东权利，但狭义的实质股东可基于按照《关于资本市场与金融投资业的法律》制作的实质股东名册的记载行使与股东名册中记载的股东相同的股东权利。

2）证券预托结算制度下的实质股东

（1）股票预托

投资人所持有的股票，[1]通过证券公司等预托人被预托至韩国预托结算院。投资人将股票预托至预托人处的，预托人应将投资人的姓名、住所，预托股票的种类与数量，发行公司的名称等记载于投资人账户中，以其明示该股票为投资人的预托份额，并且应当毫无迟滞地将其预托至韩国预托结算院（资金第310条第1项、第2项）。韩国预托结算院应将接受预托的股票区分为投资人预托份额与预托人份额，将其记载于预托人账户中（资金第309条第3项），分门别类共同保管（资金第309条第4项）。

（2）预托（账户记载）效力

视为记载于投资人账户与预托人账户上的人分别占有相应股票（资金第311条第1项）。这些账户上的代替记载的目的为该股票的转让或设定质权的，视为股票已经交付（资金第311条第2项）。关于预托股票的法律关系取决于上述账户上的记载，也就是说，只能基于账户上的记载决定预托股票的法律关系。投资人与预托人根据投资人账户与预托人账户上记载的股票种类与数量，对预托股票享有共同份额（资金第312条第1项）。投资人可随时向预托人、预托人可随时向韩国预托结算院要求返还相当于其共有份额的预托股票（资金第312条第2项）。

（3）实质股东名册的制作与权利行使

韩国预托结算院可请求将预托证券等名义改书或登记至自身名下（资金第314条第2项）。这仅仅是为了对预托股票管理上的便利，并不需要由预托股票的实质股东行使股东权利。据此，公司为了确定行使股东权利的人而设

---

〔1〕 公司可将股份进行电子登记，而上市公司的股份电子登记是义务性的（电登第25条第1项）。据此，投资人所持有的股票是非上市公司中未采取股份电子登记的公司所发行的股票。

定基准日或闭锁股东名册的，可基于预托人通过韩国预托结算院提供的实质股东名单制作实质股东名册（资金第316条第1项）。

该实质股东名册上的记载与股东名册具有同等效力（资金第316条第2项），因此，实质股东可基于实质股东名册行使全部股东权利。作为例外，股东名册上的记载、股票不持有申报（第358条之2）及其他关于股票的权利，均由作为名义股东的韩国预托结算院行使，因而实质股东不得行使上述股东权利（资金第314条第3项、第315条第2项本文）。但在这种情形中，实质股东仍可行使关于通知股东及股东名册的阅览、誊写的权利（资金第315条第2项但书）。

如上所述，实质股东可直接对公司行使新股认购权、表决权、股份回购请求权等各种股东权利，也可在向作为名义股东的韩国预托结算院提出申请后行使股东权利。这时，作为实质股东的投资人应通过预托人提出申请（资金第314条第1项）。

4. 股东平等原则

1）含义

股东平等原则（Gleichbehandlungsgrundsatz der Aktionäre，égalité entre actionaires）是指股东基于股东资格而享有的权利义务（法律关系）应受到平等待遇的原则。这里所谓的平等并非指“对人”的平等待遇，而是指“对股份”的平等待遇，即意味着以作为资本金基本单位的股份的均等性（第329条第2项）为前提，股东按其所持股份比例受到机械性的平等待遇（平等分配）的资本平等，也被称为股份平等原则。

所有股份均表示均等的权利义务，因此，持有数股股份的股东享有数个独立而重叠的股东权利，这被称为份额复数主义，这一点与有限公司社员的情形相同。与此相比，合名公司或合资公司的社员持有的是不同比例的一个份额，这被称为份额单一主义。

2）股东平等原则的功能

可以说股东平等原则是衡平理念在团体法上的体现，也是社员平等原则在股份公司中的体现，尤其对股份公司具有非常重要的意义。即，股份公司发行的股份数量多，股东之间是资本的结合，而非基于信赖关系的人的结合，普遍采用的是多数决原则，因此，股东平等原则可防止董事滥用业务执行权与资本多数决原则，避免大股东的权利横行，从而保护一般股东之利益。

3）股东平等原则的内容

商法中并无关于股东平等原则的规定，但对于股东的利益分配请求权（第464条）、表决权（第369条第1项）、新股认购权的内容（第418条）、基于准备金转入资本金的无偿股交付（第461条第2项）、可转换公司债的认购权（第513条之2第1项）、附新股认购权的公司债认购权（第516条之10、第513条之2）、剩余财产分配（第538条）等均设置了以股东平等原则为宗旨的规定。股东平等原则是仅作用于种类股的新股认购及股份分配（第344条第3项）、零股处理（第443条）等公司与股东之间的原则，并不适用于股东相互之间或股东与第三人之间。

大法院 2007. 6. 28. 2006DA38161，38178：违背股东平等原则的情形
公司使其员工参与有偿增资并约定离职时为其保全出资损失额的情形中，这种给予部分股东特殊优惠的行为，因违背股东平等原则而无效。

4）股东平等原则的例外情形

商法规定的股东平等原则的例外情形有：种类股的发行（第344条、第344条之2、第344条之3、第345条、第346条），少数股权的认可（第366条、第367条第2项、第402条、第403条、第466条、第467条、第385条第2项、第520条、第539条第2项），表决权行使的限制（第368条第3项，第409条第2项、第3项，第542条之12第3项、第4项，第369条第3项）等。

5）违反股东平等原则的效果

股东平等原则是强制性原则，不论公司是善意还是恶意，违反这一原则的公司章程、股东大会或董事会决议、代表董事的业务执行等均无效。[1]但如果遭受不公平待遇而受到损失的股东同意，则可例外性地认可其效力，[2]如股东大会可以就给予大股东与小股东各自不同的利益分配率作出股东大会

〔1〕 大法院 2009. 11. 26. 2009DA51820：商法第369条第1项中的一股一表决权原则是强制性规定，因此，除了法律对这一原则作出例外性规定的情形以外，根据章程或股东大会决议等违反上述原则而行使表决权的，均无效。

〔2〕 徐燉珏、郑完溶（上）323页；孙珠瓒（上）617页；李炳泰（上）519页；林泓根（会）213—214页；郑东润（上）441页；崔基元（会）276页。

决议。[1]

5. 股东的权利义务

1）股东权利

（1）含义

股份所标榜的股东权利的本质是社员权，而社员权是能够产生股东对公司的权利义务的法律上的地位或资格（资格说、法律关系说，通说）。股东承担严格的有限责任，仅以其认购额为限对公司承担财产上的出资义务，此外无需承担其他任何义务（损失分担义务、附随的给付义务，第331条）。股东的权利是指股东基于股东资格而享有的对公司的权利。

关于股东权利存在众多学说，通说，即股份社员权说（法律关系说）认为，股东权利是法定权利，因此不得以章程、股东大会或董事会决议对其进行限制。但也有例外情形，像新股认购权的限制（第418条第2项）在商法中规定保留条款的情形中，就可例外性地在股东平等原则（股份平等）下制约股东权利。但即使是在这种情形中，也应对所有股东的权利进行一般性的限制，而不得只限制部分股东的权利。[2]

股东权利构成股份的内容，是抽象而概括性的权利，因此，股东权利不得与股票分离而成为转让或移转（转付）的对象，或扣押对象，也不受时效限制。股东权利有别于基于股东权利被具体确定的债权，即债权人的权利（如特定金额的利益分配金的支付请求权）。

大法院 1990. 11. 27. 90DAKA10862：股东权利的内容
股东权利只以商法规定的利益分配请求权等自益权与表决权等共益权作为其本质内容，而直接利用、支配、处分股份公司财产的权限并不包含其中。公司经营其享有所有权的高尔夫球场的过程中，即使采用股东会员制，原则上通过销售其高尔夫球场使用券（会员卡）而获取相应价款的权利也应归属于公司而非股东。同旨：大法院 1998. 3. 24. 95DA6885。

〔1〕 大法院 1980. 8. 26. 80DA1263。

〔2〕 同旨：李哲松（会）302页。

大法院 2001. 2. 28. 2000MA7839：股东不得直接介入公司与第三人之间的交易关系而主张公司签订的合同无效
股份公司的股东作为股份所有人，可以说其与公司经营具有直接的利害关系，但对于公司财产，仅仅具有一般性的抽象的利害关系，而非具体的法律上的利害关系。股东并不能直接参与公司经营，而只能通过股东大会决议或股东监督权对公司经营施加影响，因此，股东只能根据一定要件，对董事的行为行使留止请求权或提起代表诉讼以追究董事的责任，而不得直接介入公司与第三者之间的交易关系，主张公司签订的合同无效。同旨：大法院 2016. 2. 18. 2015DA5491。

（2）股东权利的种类

根据不同标准，股东权利可分为以下几种。

（a）自益权与共益权

根据权利行使的目的，股东权利分为自益权与共益权。自益权（selbstnützige Rechte）是指为了保障作为投资人的股东个人财产利益而认可的权利；共益权（gemeinnützige Rechte）是指为了公司或股东的共同利益而参与公司经营的权利。

（i）自益权又可分为获取出资收益的权利与回收出资的权利。

获取出资收益的权利包括利益分配请求权（第 462 条）、中间分配请求权（第 462 条之 3）、新股认购权（第 418 条）等。

回收出资的权利包括股份转让自由原则（第 335 条第 1 项本文）下的股票交付请求权（第 355 条）与名义改书请求权（第 337 条）。此外，还有剩余财产分配请求权（第 538 条），章程规定的股份转让限制，公司拒绝承认转让的情形中股东的股份回购请求权（第 335 条之 6），股份概括性交换、移转、合并、营业转让等情形中反对该决议的股东的股份回购请求权（第 360 条之 5、第 360 条之 22、第 374 条之 2、第 522 条之 3、第 530 条之 11 第 2 项）等。

（ii）共益权分为参与经营的权利与监督经营的权利。

参与经营的权利包括股东大会表决权（单独股东权利，第 369 条）与股东提案权（第 363 条之 2、第 542 条之 6 第 2 项）。

（b）少数股东权与单独股东权

根据权利行使方法的不同，可将监督经营的权利分为单独股东权与少数股东权。以持有一定比例以上股份为必要条件的权利为少数股东权（Minderheitsrecht），而仅持有一股股份也可行使的权利则是单独股东权（Einzelrecht）。少数股东权包括，对董事及执行任员违法行为的留止请求权，代表诉讼权，股东大会检查人的选任权（以上 1%），股东大会召集请求权，董事、监事的解任请求权，会计账簿阅览请求权，清算人解任请求权，检查人的选任请求权，股东提案权，集中投票请求权（以上 3%），根据《债务人回生法》申请启动回生程序的权利（10%，同法第 34 条第 2 项）及资合公司的解散判决请求权（10%，第 520 条第 1 项、第 613 条第 1 项）等。单独股权则包括设立无效诉权（第 328 条），股份交换无效诉权（第 360 条之 14），股份移转无效诉权（第 360 条之 23），取消股东大会决议的诉权（第 376 条），确认股东大会决议无效、不存在的诉权（第 380 条），新股发行留止请求权（第 424 条），减资无效诉权（第 445 条），合并无效诉权（第 529 条），分割无效诉权（第 530 条之 11 第 1 项）等。

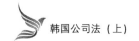

少数股东权的内容	一般的股份公司		上市公司	
	持有期间	持股比例	持有期间	持股比例
代表诉讼权，对利益共与股东的利益返还请求权	不问	1%	六个月	0.01%
对董事、监事、清算人违法行为的留止请求权	〃	1%	〃	0.05%或 0.025%
董事、监事、清算人的解任请求权	〃	3%	〃	0.5%或 0.25%
会计账簿阅览请求权	〃	〃	〃	0.1%或 0.05%
股东提案权	〃	〃	〃	1%或 0.5%
临时股东大会召集请求权，为调查公司业务及财产状态的检查人选任请求权	〃	〃	〃	1.5%
集中投票请求权	〃	〃	不必要	1%

续表

少数股东权的内容	一般的股份公司		上市公司	
	持有期间	持股比例	持有期间	持股比例
公司解散请求权	〃	10%	-	-
股东大会检查人的选任	〃	1%	-	-

*上述表格中用“或”表示的持股比例，是根据《关于资本市场与金融投资业的法律施行令》适用于前一营业年度末资本金为1000亿韩元以上的上市公司的要件。

**对于金融控股公司及银行、证券公司、保险公司等金融机构，相关法律中规定了有别于上述表格的、根据各金融机构的资产规模而定的行使少数股东权的缓和要件（金持第42条，银行第17条，资金第2条，保业第19条）。

★关于上市公司的少数股东权的特别规则（一）

上市公司中行使少数股东权的持股要件被大大地缓和，通过灵活行使少数股东权，以求提高企业经营的透明度。

（1）追究董事、执行任员、监事、清算人、发起人责任的代表诉讼权（第324条、第403条、第408条之9、第415条、第424条之2、第516条第1项、第516条之10、第542条第2项），利益共与股东的利益返还请求权（第467条之2）的情形中，将“六个月连续持有上市公司发行股份总数0.01%以上股份的人”视为少数股东权人（第542条之6第6项）。

这里所谓的“六个月连续持有”是指股东被记载于股东名册上的期间，并不要求持续持有同一股份。继承或合并股份的情形中，合计计算继承或合并的前后期间。公司成立未满六个月的，自公司成立之时起持有股份即可。[1]“持有股份的人”是指，股份所有权人、接受委托行使股东权利的人、两人以上共同行使股东权利的人（第542条之6第8项）。

（2）董事、监事、清算人的解任请求权（第385条、第415条、第539条第2项）的情形中，“六个月连续持有上市公司发行股份总数0.05%（总统令规定的法人的情形为0.25%）以上股份的人”为少数股东权人（第542条

〔1〕［日］上柳克郎等编:《注释会社法》(6)，有斐阁1987年版，第267条第22项（北泽正启执笔部分）。

之6第3项）。

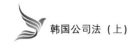

（3）对董事、执行任员、监事、清算人违法行为的留止请求权（第402条、第408条之9、第415条、第542条第2项）的情形中，“六个月连续持有上市公司发行股份总数0.05%（总统令规定的法人的情形为0.025%）以上股份的人”为少数股东权人（第542条之6第5项）。

（4）会计账簿浏览权（第466条）的情形中，“六个月连续持有上市公司发行股份总数0.1%（总统令规定的法人的情形为0.05%）以上股份的人”为少数股东权人（第542条之6第4项）。

（5）股东提案权（第363条之2）的情形中，“六个月连续持有上市公司发行股份总数1%（总统令规定的法人的情形为0.5%）以上股份的人”为少数股东权人（第542条之6第2项）。

（6）集中投票请求权（第382条之2）的情形中，“除无表决权的股份外，持有上市公司发行股份总数1%以上股份的人”为少数股东权人（第542条之7第2项）。

（7）临时股东大会召集请求权（第366条，以具有表决权股份为基准）及为调查公司业务、财产状态的检查人选任请求权的情形中，“六个月连续持有上市公司发行股份总数1.5%以上股份的人”为少数股东权人（第542条之6第1项）。

★关于上市公司的少数股东权的特别规则（二）

也有判例与学说（择一说）认为，上市公司少数股东行使少数股东权的情形中，可以非上市公司的要件——“没有六个月的期间限制，但持股比例为1%”——代替上市公司的要件，即“连续持有发行股份总数0.01%（缓和的要件）六个月以上（强化的要件）”。[1]但2009年的修订商法第542条之2规定了关于上市公司的特别规定，因此，这样的解释不再具有合理性，而是应遵循持股比例被缓和的特别规定（特殊规则适用说），以此代替上市公司中应持有六个月以上股份的规定。[2]日本上市公司的情形，持股要件并无

〔1〕 大法院2004.12.10.2003DA41715；大田地方法院2006.3.14.2006KAHAB242。

〔2〕 首尔高等法院 2015.7.18.2012NA86163；首尔中央法院 2015.7.1.2015KAHAB80582；同2012.10.5.2011GAHAB80239；仁川地方法院2010.3.4.2010KAHAB159；首尔中央地方法院2010.12.27.2010BIHAB512；同2011.1.13.2010KAHAB3874。但首尔高等法院2011.4.1.2011RA123取消了前面的2010BIHAB512决定。

缓和，仍适用六个月的持股要件（参照日会第 847 条第 1 项、第 2 项，第 854 条第 1 项、第 2 项等）。

(c) 固有权与非固有权

以章程或股东大会多数决也无法剥夺的权利称为固有权（如表决权、利益分配请求权、剩余财产分配请求权、股份自由转让权等）；与此相反，可以上述方法剥夺的权利被称为非固有权。公司法规定的内容均为强制性规定，因此，这种分类并不具有实际意义。

2) 股东义务

(1) 股东有限责任原则

股东义务是指股东基于股东资格以股份认购额为限对公司承担的财产出资义务（第 331 条），此外，股东不承担其他义务（此为股东有限责任原则）。

(2) 股东的出资义务

认购股份股东的出资义务可分为理论上为全体股东义务的抽象出资义务与认购分配给特定股东的股份而应缴纳相应认股金的具体出资义务。商法采用的是全额缴纳主义，即股东在认购股份后应在缴纳期间毫无迟滞地进行全额缴纳（第 295 条第 1 项、第 305 条第 1 项、第 421 条），而在实务中的常见做法是，股份要约时就收取相当于认股金的要约证据金，在分配股份时或缴纳期间内以其代替认股金。据此，基本上不会有迟延履行出资义务的情况发生，但在小规模上市公司中，如果没有收取要约证据金，则有可能在履行出资义务的过程中出现一些问题。

商法就出资义务采取全额缴纳主义的结果，通常会使公司成立前或新股发行发生效力前就履行出资义务（第 295 条、第 305 条、第 421 条、第 423 条），因此，严格来说，只有股份认购人才负有出资义务，而股东并不承担出资义务。公司不得放弃缴纳请求权或免除股份认购人的缴纳义务。但公司同意的情形中，新股认购人可以公司债权抵销认股金缴纳（第 421 条第 2 项）。

(3) 股东有限责任原则的例外

(i) 股东有限责任原则是股份公司的本质要素，因此，不得以章程或股东大会决议作出与之不同的规定。当然，公司也不得加重、减轻或放弃对股东的缴纳请求权。但股东可以为了承担公司债务或追加出资而放弃有限责任。[1]

---

[1] 大法院 1983. 12. 13. 82DO735；同 1989. 9. 12. 89DAKA890。

（ii）公司成立后或新股发生效力后，股东承担出资义务的例外情形也时有发生，如公司设立时发起人承担认购担保责任或缴纳担保责任的情形（第321条），发行新股时董事承担认购担保责任（第428条第1项）的情形等。发行新股时，以不合理的价格认购股份的人所承担的差额赔偿责任（第424条之2第1项），实际上也是一种追加的出资义务。[1]

（iii）适用法人人格否认论可追究控股股东对公司债务的责任，这也属于股东有限责任原则的例外情形。

（iv）正如在股东的有限责任部分所讲，《国税基本法》中规定，非上市法人中的寡头股东有时要作为第二纳税义务人，承担法人应缴纳的国税及地方税缴纳义务（国税第39条，地税第22条）。《相互储蓄银行法》规定，对于与相互储蓄银行的储蓄等有关的债务，其寡头股东应与相互储蓄银行承担连带偿还责任（同法第37条之3）。《债务人回生法》也规定了公司不实经营情形中的控股股东的责任（债回第205条第4项）。[2]

（4）股东忠实义务

如上所述，原则上股东不承担责任，但也有学者认为，股东作为表决权的行使机关或公司的其他机关为公司利益实施一定行为时，对公司及其他股东负有忠实义务，此即为“股东的忠实义务”。[3]根据美国判例法，董事的信义义务（fiduciary duties）同样适用于控股股东，因此，转让控股股份的情形中，应考虑其他股东的利益。《德国股份法》第243条第2项也规定了这一内容，也有法院适用这一原则作出判决。[4]一直以来，这种义务主要作为实际上控制公司的控股股东的义务被讨论，但通说认为，韩国商法中并没有关于该种义务的一般性规定，忠实义务的内容（要件与效果）也不明确，因此并不认可该种义务。[5]

---

〔1〕林泓根（会）205页；郑东润（上）461页；孙珠瓒（上）876页。

〔2〕作为债务人的股份公司的董事或支配人的重大责任行为构成启动公司回生程序的原因的情形中，应在回生计划中规定注销对该行为发挥相当影响的股东及其亲属以及总统令规定的其他具有特殊关系的股东所持股份的三分之二以上或以将三股以上合并为一股的方法减少资本金的内容。

〔3〕郑东润（上）462页；崔基元（会）287页；李基秀、崔秉珪（会）239页；金正皓（会）166—168页。

〔4〕RG 132, 149, 162; BGH 103, 194; Lutter, “Die Treuepflicht des Aktionärs”, ZHR 153 (1989), S. 447.

〔5〕李哲松（会）311—312页。

3）股东权利的取得与丧失

（1）股东通过认购新股或受让旧股取得股东权。

（2）股东的地位只能基于一定的法定事由而丧失，并不因当事人之间的特别约定或放弃股东权利的意思表示而丧失，若无其他特别事由，股东权利的行使也不受限制。丧失股东权利的事由包括死亡、股份转让、按照资本金减少方式的股份注销、零股的处理、公司解散等。股份认购人滞纳认股金的，根据失权程序丧失其股东地位（第307条）。即使股东销毁股票或向公司作出放弃股份的意思表示并返还股票，也不丧失其股东地位。与人合公司不同的是，股东辞职或股东被除名并不导致股东地位的丧失。[1]

大法院 2002. 12. 24. 2002DA54691：丧失股东权利的要件
股东的地位只能基于一定的法定事由丧失，而不因当事人之间存在特别约定或放弃股东权利的意思表示而丧失，若无其他特别事由，股东权利的行使也不受限制。……股东在一定期间内放弃股东权利并与他人约定将其享有的表决权委托他人行使的情形中，不得仅以该约定事实认定该股东不得直接行使股东表决权。同旨：大法院 1991. 4. 30. 90MA672；同 1963. 11. 7. 62DA117；同 1999. 7. 23. 99DA14808。

大法院 2007. 5. 10. 2005DA60147：股份公司不得作出剥夺股东地位的除名处理
对于股份公司不得类推适用关于人合公司社员除名的规定而作出剥夺股东地位的除名处理，……为了解决股东之间的纠纷而规定返还出资的章程规定及公司内部规定，因违反股份公司本质而无效。

Ⅳ. 股 票

1. 股票的含义

股票（Aktienurkunde，share certificate，titre d'actions）是代表股份即股东地位（股东权利）的有价证券。股票是社员权性的有价证券，是股份的流通手段，因此，股票受有价证券法法理的支配，同时也受到社团法法理的影响。

根据股票所代表的股份数量，可将股票分为单一股票与合并股票。单一股票表示一股股票，而合并股票根据章程规定可代表10股股票、100股股票

[1] 崔基元（会）263页。

或者更多。持有合并股票的股东，可向公司请求股票分割或股票合并，分割或合并的费用应由股东承担。原则上公司应发行股票。但公司也可在章程中规定以股份电子登记代替股票的发行（第356条之2）。这时公司不得发行股票（电登第36条第1项）。

★股份预托凭证（Depository Receipts，DR）

预托凭证，也称股份预托凭证，是指以国内股份为原股，在国外代替原股流通的有价证券。这是根据金融委员会的《关于证券的发行及公示等的规定》，为了方便国内股份在国外交易而发行的有价证券。发行股份的公司与作为预托机关的银行签订预托协议，预托机关将股票交给作为保存机关的证券预托结算院保管后发行预托凭证，该预托凭证可代替股份在海外流通。股东名册中，预托机关被记载为股东。公司发行DR是为了吸引外国资本，相较于直接从海外金融机关借贷资金或通过发行外币债券进行融资，这一方式的最大优点是没有利息负担，如美国发行的ADR（American Depository Receipt）、欧洲发行的EDR（European Depository Receipt）、全世界范围内发行的GDR（Global Depository Receipt）等。

2. 股票的性质

股票是不完全有价证券，虽为要式证券（第356条），但并非严格意义上的要式证券。股票也是非设权证券、要因证券、非文义证券、非偿还证券、指示证券。

3. 股票的发行

1）股票的记载事项

股票是要式证券，应记载规定事项与号码并由代表董事（或代表执行董事）签名盖章或署名后发行（第356条）。股票的法定记载事项包括：①公司的商号；②公司的设立年月日；③公司发行的股份总数；④发行面额股份时的一股金额；⑤公司成立后股份发行年月日；⑥发行种类股时的股票种类与内容；⑦规定股份转让应获得董事会承认的情形中，该规定的具体内容等。但股票并非严格意义上的要式证券，即使关于公司的成立年月日（第356条第2号）与成立后股份发行年月日等的记载存在瑕疵，也并不导致股票无效。变更股票记载事项中的一部分（如变更商号、预定发行的股份总数），也不影响股票效力。[1]股票存在不实记载的，对于相关董事处以过怠料的处罚（第635条第1项第6号）并应承担损害赔偿责任。公司的专务董事以其名义发行的股票无效。[2]

但也有判例认为：在未作出股东大会或董事会决议的情况下遗漏关于股东名义与发行年月日的记载，由代表董事单独发行股票的，该股票仍然有效。

大法院 1996. 1. 26. 94DA24039：在未作出股东大会或董事会决议的情况下遗漏股东名义与发行年月日的记载，由代表董事单独发行股票的，该股票有效
在没有关于发行股票的股东大会或董事会决议的情况下，未记载股东名义与发行年月日而由代表董事单独发行股票的，如果没有特殊情况，视为代表董事享有股票发行权，而且也没有依据认为公司章程规定了股票发行应通过股东大会或董事会决议，即使股票上未记载股东姓名或发行年月日，也不是关于股份本质的事项，因此，并不认为股票无效。……即使代表董事发行了与章程规定的合并股票不同种类的其他股票，如果发行的是代表已发行股份的股票，则不得以违反关于合并股票种类（章程任意记载事项）的章程规定为由，认定已经发行的股票无效。

2）股票的发行时期

（1）毫无迟滞地发行新股

公司成立后或新股缴纳日期经过后，应毫无迟滞地发行股票（第355条第1项）。这是商法为了保障股份的自由转让而作出的强制性规定，不得在章程中规定与之不同的内容。[3]违反这一规定的，对董事处以过怠料处罚（第635条第1项第19号）。为了与商法第335条第3项规定的内容保持均衡，可将“毫无迟滞”视为公司成立后或缴纳日期经过后“六个月内”。[4]

如上所述，公司的股票发行义务不仅适用于公司成立时的股份发行与公司成立后的新股发行（第416条），还适用于以股份分配、准备金转入资本金等为原因的所有发行新股的情形（第350条、第442条、第461条、第462条之2、第515条、第523条第3号）。[5]

---

〔1〕大法院 1996. 1. 26. 94DA24039。

〔2〕大法院 1970. 3. 10. 69DA1812。

〔3〕郑东润（上）465页。

〔4〕同旨：郑东润（上）465页；李基秀、崔秉珪（会）244页；郑灿亨（上）702页。相反意见：林泓根（会）218页［“毫无迟滞”（ohne Verzug）与“六个月内”并不相符］。

〔5〕李哲松（会）321页。

韩国商法以发行股票为原则，而基于股票不持有申报的不发行股票的情形为例外。适用电子登记制度的公司则根本不需要发行股票。目前，上市公司与大多数非上市公司都在利用电子登记制度不发行股票，而适用证券预托结算制度的非上市公司中有95%以上的公司基于股票不持有申报而不发行股票。据此，强制公司发行股票的态度并不符合实务操作，也脱离了现今世界立法趋势。美国、法国、日本等已经废止了义务发行股票的制度，仅在章程明确规定发行股票的情形中，才例外性地发行股票。如，日本旧商法规定公司应发行股票（日本旧商法第226条），但在2005年修订商法中将其废止，同时规定，是否发行股票由公司自治决定，从而可将发行股票的意思记载于章程中（日会第214条）。〔1〕过去，发行股票是原则，不发行才是例外现象，如今转变为发行股票为例外的局面，股份仅仅依据普通的意思表示就可转让。〔2〕美国则是由董事会决定发行股票与否。〔3〕法国自1983年5月2日颁布政令第83-359号以来，实现了所有股份的转移通过账户间转移的无券化，自此不再存在股票发行前的股份转让。〔4〕权利有价证券化是为了便于流通，但小型公司中不发行股票的情形居多，也不需要提高权利流通性。大型公司均适用股份的电子登记制度或证券预托结算制度，因此并不存在股票的流通问题。应尽早废除股票义务发行制度。〔5〕

（2）股东的股票发行请求权与股票交付请求权

相对于公司的股票发行义务，股东享有的是股票发行请求权与股票交付请求权。这种股东权利并非股东专属权，可由股东的债权人代位行使（民法第404条第1项）。〔6〕公司不发行股票的，董事应对公司（第399条）及股东（第401条）承担损害赔偿责任，并处以过怠料的处罚（第635条第1项第19号）。

---

〔1〕［日］河本一郎、岸田雅雄、森田章、川口恭弘：《日本公司法》（新订第10版），商事法务2011版，144页。

〔2〕［日］龙田节：《公司法大要》，有斐阁2007版，232页。

〔3〕美国《标准公司法》第6.26条（a）。

〔4〕郑镇世："股票发行前股份转让的对抗要件"，载《证券法研究》第9卷第1号，2008年6月，第182页。

〔5〕崔埈璿："对商法中股份转让限制规定的再检讨"，载《企业法研究》第29卷第3号，2015年9月，第14页。

〔6〕崔基元（会）301页；郑东润（上）465页；李哲松（会）321页；李基秀、崔秉珪（会）243页；郑灿亨（上）703页；大法院1982.9.28.82DAKA 21；大法院1981.9.8.81DA141。

(3) 权利股的有价证券化及其转让限制

公司应在公司成立后或新股缴纳日期经过后发行股票（第 355 条第 2 项）。这是为了防止通过权利股的有价证券化及股份转让实施的投机行为。违反这一规定而发行的股票无效，发行股票的发起人、董事等应对因股票无效而受到损害的人承担损害赔偿责任，并受到过怠料的处罚（第 355 条第 3 项、第 635 条第 1 项第 19 号）。

对于无效的股票在公司成立后或新股缴纳日期经过后的效果，存在不同学说。第一种学说认为，无效并不得被治愈，但公司可承认该股票的效力；[1]第二种学说认为，公司成立或新股发生效力的同时，该股票也随之变为有效；[2]第三种学说认为，无效不得被治愈，公司也不得承认该股票的效力。[3]笔者认为，原则上违反强行法规的股票无效，为了防止投机行为，也应将其解释为无效，公司也不得任意承认该种股票的有效性（第三种学说）。

3）股票发生效力的时间

股票是非设权证券，因此，其发生效力的时间点并不明确，对此存在不同学说。

(1) 交付时说

交付时说认为，公司制作股票后按照公司的意思将其交付股东时，股票发生效力（多数说、判例）。[4]在票据学说中，这是与交付协议说相对应的学说。

根据这一学说，股票制作后交付股东前，并不发生效力，因此，不可能发生对该股票的善意取得、扣留、除权判决等。这虽然可以保护股东利益，却无法保障交易安全。但与票据、支票不同的是股票具有受社团法法理支配的特性，因此，较之保障交易安全，保护股东利益更为重要，笔者赞同这一学说。

(2) 发行时说

发行时说认为，公司制作股票后按照公司意思交付相对方时发生效

---

〔1〕 崔基元（会）302 页。

〔2〕 郑东润（上）465 页。

〔3〕 李哲松（会）321—322 页；郑灿亨（上）703 页。

〔4〕 孙珠瓒（上）634 页；姜渭斗（会）296—297 页；崔基元（会）304—305 页；郑东润（上）467 页；李哲松（会）322 页；李基秀、崔秉珪（会）246 页；郑灿亨（上）705 页；金正皓（会）188 页；大法院 1977. 4. 12. 76DA2766；同 1987. 5. 26. 86DAKA982，983；同 2000. 3. 23. 99DA67529。

力。[1]在票据学说中，这是与发行说相对应的学说。这是制作时说与交付时说的折中学说，认为公司交付股票才发生效力，从这一点上区别于后述的制作时说；而从交付的对象并不一定是股东，只要交付某一主体即发生效力这一点上看，又区别于前面所讲的交付时说。根据这一学说，股票制作后，只要存在基于公司意思的占有转移行为，就该股票而言，就可发生善意取得、扣押、除权判决等，但其占有转移行为并非基于公司自身意思的情形中，则不能发生对该股票的善意取得、扣押、除权判决等。

对这一学说持批判性意见的学者则认为：①公司一旦交付股票即发生效力，因此，在股东无过失地丢失股票时，股东无法得到充分的保护；②该学说认为即使未将股票交付股东，第三人也可善意取得，这是将从未占有过股票的股东视为“丧失股票占有的人”的行为（第359条，手第21条），明显违背了善意取得制度的宗旨。[2]

（3）制作时说

制作时说（创造说）认为，股票一经合法制作，即发生效力。[3]制作股票后，即使在交付股东之前，也可善意取得、扣押股票或对其作出除权判决等。但即使依据这一学说，在商法规定的股票发行期间之前发行的股票仍然是无效的。这一学说虽然能够保护交易安全，却牺牲了股东利益。

（4）判例的态度

过去判例所采取的是发行时说，[4]目前采取的则是交付时说。

大法院2000.3.23.99DA67529：对于股票的效力发生时期，采交付时说的判例
商法第355条中的股票发行，是指制作具备商法第356条规定的形式要件的文书并将其交付股东。该文书交付股东之时，股票才发生效力，因此，即使公司制作代表股东权利的文书交付给不是股东的第三人，该文书也不具有作为股票的效力。同旨：参照 大法院1987.5.26.86DAKA982，983；同1977.4.12.76DA2766等。

〔1〕大法院1965.8.24.65DA968：公司合法制作股票并以交付股东的意思进行交付的情形中，虽然被交付的对象存在偏差，但该股票已经辗转流通并由第三人无恶意无重大过失地善意取得的，原来的股东丧失股东权，据此，应当认为该股票发行有效。

〔2〕李哲松（会）323页。

〔3〕林泓根（会）220页。

〔4〕大法院1965.8.24.65DA968。

关于票据行为的成立时期，也有交付协议说、创造说、权利外观说、发行说等不同学说，而法院采取的是交付协议说，最终达到了公司法与票据、支票法理论上的一致。[1]

4. 股票不持有（不发行）制度

1）股票不持有制度的含义

股票不持有制度是指，只要章程未作规定，股东将不持有股票的意思申报公司，公司则不发行所申报股票的制度（第358条之2第1项）。这与完全不发行股票的无股票股份（uncertificated shares）不同。无股票股份（未发给证书的股份）在股份转让时也不需要股票，因此，相较于股票不持有制度，是更为彻底的无券化措施。

2）股票不持有制度的功能

股份的转让一经交付股票即可完成（第336条第1项）。据此，股票丢失、被盗的情形中，股票占有人被推定为合法持有人（第336条第2项），第三人可善意取得（第359条，手第21条），这会威胁股东的静态安全。而且行使股东权利并不要求必须持有股票，只要股东姓名记载于股东名册中，就没有必要携带易丢失、易被盗的股票。发行股票，应对每张股票课以印花税（印税第3条第1项第11号）。据此，商法引入了原本规定在《关于资本市场培养（育成）的法律》中的股票不持有制度并将其普遍化。如上所述，对于非上市公司而言，该制度具有预防股票丢失带来的危害的实效性，而对于上市公司，虽然因股票预托制度的存在不具有上述实效性，但可大大降低股票的保管成本。[2]

3）股东的股票不持有申报

（1）只要章程未作规定，股东就可将股票不持有的意思申报公司（第358条之2第1项）。公司设置名义改书代理人（第337条第2项）的，可向名义改书代理人申报。[3]股票不持有制度仅适用于章程未作任何限制性规定的情形，即股票不持有制度将导致公司业务复杂化，因此，公司可在章程中规定不适用这一制度的内容（第358条之2第1项）。

---

[1] 大法院1989.10.24.88DAKA24776；同1987.4.14.85DAKA1189；同1999.11.26.99DA34307。

[2] 根据《关于资本市场与金融投资业的法律》规定的总括预托（资金第309条第5项）的方法重新发行的股票，被立即预托至韩国预托结算院的情形中，可从股票发行阶段起采用不持有制度，从而降低股票发行费用。

[3] 郑东润（上）468页；李哲松（会）323—324页。

股票不持有申报的主体为股东名册上的股东，申报相对方为公司。但一般认为，股份认购人也可申报股票不持有，可在股票发行前申报，[1]也可在股东名册闭锁期间申报。

（2）存在已发行的股票的，应将其提交公司（第358条之2第3项）。

4）公司的措施

（1）发行股票前股东向公司申报股票不持有意思的，公司应毫无迟滞地将不发行股票的意思记载于股东名册与其复印本中，并将该事实通知股东（第358条之2第2项第1文）。公司违反这一规定的，对董事处以500万韩元以下的过怠料处罚（第635条第1项第19号）。

公司一旦将上述规定事项记载于股东名册就不得发行股票（第358条之2第2项第2文）。即使违反这一规定而发行股票，也应将其视为无效。

（2）已经发行股票的情形中，应将提交公司的股票作无效处理或寄存于名义改书代理人处（第358条之2第3项）。

（3）公司决定将股票作无效处理的，应将提交公司的股票作废。这时公司应将该处理结果通知股东。规定可寄存于名义改书代理人处是为了股东请求再发行股票的情形中，简化公司重新发行股票的程序，降低发行成本。公司违反这一规定发行股票或没有作废提交公司的股票而使其流通的，该股票无效，也不得善意取得（通说），[2]根据具体情况，公司也有可能承担损害赔偿责任（民法第756条）。但根据股票不持有的申报提交公司的股票，在股东名册中作股票不发行记载之前非法流通的，应认定该股票尚有效，因此，第三人可以善意取得。

（4）公司将股票寄存于名义改书代理人处的，不得对股票作无效处理，据此，也不得在股东名册与其复印本中记载不发行股票的意思。寄存的股票仍然有效，因此，该股票如果丢失或被盗（股票外流），第三人可以善意取得，股东可向公司请求损害赔偿。寄存费用由公司承担。公司可在寄存过程中改变想法而作无效处理。

5）股票发行请求与股票返还请求

股票不持有申报后，股东欲转让或质押股份的，可随时（股东名册闭锁

---

〔1〕 李哲松（会）324页；林泓根（会）223页；郑东润（上）468页。

〔2〕 林泓根（会）224页；郑东润（上）468—469页；李哲松（会）326页；李基秀、崔秉珪（会）248—249页；郑灿亨（上）711页；金正皓（会）190页。

期间也可）请求公司（而非请求名义改书代理人）发行股票或返还股票（第358条之2第4项）。股东请求发行股票的，公司应毫无迟滞地发行股票，不得以章程禁止或限制这一请求权的行使。〔1〕股东提出股票发行请求的，公司应确认该请求人是否为股东，如果公司对无权利人发行股票，发行的股票无效，当然也不得善意取得。〔2〕这时，新股票的发行费用应由股东承担。但即使没有股票，也可发生基于继承或公司合并的概括承继。

5. 股票的善意取得

1）含义

股票一经交付即被转让，因此，推定股票持有人为合法的权利人（第336条第2项）。据此，基于对权利人外观的信赖而取得股份的情形中，如果受让人无恶意或重大过失，即使转让人为无权利人（窃取人或拾得人），该股票的取得仍然有效，受让人无须对任何人承担股票返还义务（第359条，手第21条）。股票与无记名支票一样，一经交付即视为转让，因此，对于股票的善意取得准用《支票法》（手第21条）的规定，而不适用不承认无记名票据的票据法（票第16条第2项）。

2）股票的善意取得要件

（1）有效的股票发行。只有公司向正当的股东发行的股票才是合法的股票（参照关于股票效力发生时期的交付时说）。

（2）转让人为无权利人（如股票窃取人、拾得人等）、〔3〕无权代理人、无处分权人、无能力人或意思表示存在瑕疵的情形中，均可善意取得股票（参照票据的善意取得）。〔4〕

大法院 1997. 12. 12. 95DA49646：股票转让人为无权代理人的情形中，也可善意取得
股票转让人为无权利人或无权代理人的情形中，也可善意取得（参照大法院 1995. 2. 10. 94DA55217），因此，相同宗旨的原审判决是正当合理的，判决中并不存在对股票善意取得法理的误解。

〔1〕郑东润（上）469页。

〔2〕郑东润（上）469页。

〔3〕大法院 1978. 9. 26. 77DA2289。

〔4〕同旨：林泓根（会）305页。相反意见：郑东润（上）515页（无权代理人、无处分权人的情形中认可善意取得，但无能力人或意思表示瑕疵的情形中否定善意取得）。

（3）股票的善意取得制度是为稳固股票持有人的地位、维持股票安全流通的制度，因此，应通过股票交付发生转让股份效果。一般认为，也可通过简易交付或转让返还请求权[1]而善意取得（但不得通过占有改定而善意取得[2]）。通过简易交付或转让返还请求权的善意取得，应具备转让指名债权的对抗要件。[3]转让指名债权的对抗要件是指转让人以标有确定日期的证书通知公司或获得公司承诺（民法第450条）。通过继承或合并等承继取得股票的情形中，不得善意取得。

（4）取得人在取得股票时，应不具有恶意或重大过失。有无恶意或重大过失应以股票的取得时点为准作出判断，重大过失是指在交易中明显未尽到必要的注意义务的情形。[4]股票占有人被推定为合法持有人（第336条第2项），[5]因此，由请求返还股票的人承担对恶意或重大过失的证明责任。

大法院2000. 9. 8. 99DA58471：因重大过失而否定善意取得的判例
股票的取得存在恶意或重大过失的情形中，不得善意取得（第359条，手第21条）。判断是否存在恶意或重大过失，应以取得股票的时点为准。重大过失是指在交易中明显未尽到必要的注意义务。大法院判决2005. 11. 10. 2005DA38089：破产管理人的股份占有只是通过反社会法律行为实施的对原本由破产人占有的股份的保管，而非通过新的交易行为取得的，因此，不得主张对该股票的善意取得。

（5）商法中的股票善意取得制度，较之民法上的善意取得制度（民法第249条），从①轻微过失受到保护，②对于盗取物、遗失物没有特别规定这两点上，缓和了善意取得要件，更为有效地保护了受让人。

3）股票善意取得的效果

股票持有人的善意取得一旦被认可，即可有效（原始）取得该股票。据此，股票持有人不对任何人承担股票返还义务（第359条，手第21条）。但善意取得人进行名义改书后才可对公司行使股东权利。

---

〔1〕 大法院2000. 9. 8. 99DA58471；同1999. 1. 26. 97DA48906；同1981. 8. 20. 80DA2530。

〔2〕 大法院2005. 2. 18. 2004DA37430；同2007. 2. 22. 2006DO8649。

〔3〕 大法院2000. 9. 8. 99DA58471。

〔4〕 大法院2000. 9. 8. 99DA58471。

〔5〕 大法院1989. 7. 11. 89DAKA5345；同2019. 8. 14. 2017DA231980。

6. 丧失股票导致的股票再发行

1）股票的丧失

如前文所述，股东权利只能依据股份转让、股份注销或滞纳认股金导致的失权程序等法定事由而丧失，单纯的当事人之间的特殊约定或放弃股份的意思表示，并不能导致股份消灭或股东丧失其股东地位。[1]但股票的丢失或消失可导致股东丧失股票。

2）公示催告与除权判决

丧失股票的，可通过公示催告程序（民诉第475条以下）获得除权判决，从而使丧失的股票无效，而且只有在这种情形中，才能请求公司再发行股票（第360条）。

大法院 1981.9.8.81DA141：未通过公示催告获得除权除权判决的，不得请求股票的再发行
丧失股票的情形中，未通过公示催告程序获得除权判决的，不得向公司请求再发行股票。据此，即使丧失股票的不是原告，而是股票发行公司，如果未获得对股票的除权判决，也不得请求该公司再发行股票。

公示催告的申请权人为股东名册上的股东或该股东已转让股份情形中的最终受让股东（民诉第493条）。公司丧失其所持有自己股份的股票的，也可申请公示催告。股份质押的情形中，可由质权人[2]或质权设定人[3]申请公示催告。但质权设定人有可能在设定质权后进行公示催告，从而使质权人占有的股票无效，而质权人与质权设定人均申请公示催告的情形中，应优先受理哪一方的申请是个问题。由于上述问题，也有学者认为，质权设定人不享有公示催告申请权。

3）与善意取得的关系

宣告除权判决前已善意取得该丧失的股票，但在公示催告期间未作权利申报或权利请求的善意获得人与获得除权判决的人中哪一方是真正的权利人，

---

〔1〕 大法院 1991.4.30.90MA672；大法院 1963.11.7.62DA117；同 1999.7.23.99DA14808；同 2002.12.24.2002DA54691。

〔2〕 孙珠瓒（上）639页；崔基元（会）311页。

〔3〕 郑东润（上）470页。

对此存在除权判决取得人优先保护说、[1]善意取得人优先保护说[2]，以及以名义改书为基准，在除权判决前已进行股票名义改书的善意取得人优先获得保护的折中说。[3]

名义改书只是对公司对抗力的必要要件，以此为基准赋予其与权利申报相同效力的做法并不可取，因此，笔者不赞同折中说。笔者还认为，除权判决虽不导致善意取得人丧失权利，但作为除权判决的消极效力会导致股票无效（民诉第496条），而除权判决的积极效力是即使没有股票也可行使股东权利（民诉第497条），因此，获得除权判决的人将获得优先保护。但除权判决并非确定权利人的判决，善意取得人可请求获得除权判决的人返还除权判决正本或在除权判决后请求返还再发行的股票（详细内容请参照《票据法》《支票法》中关于票据的丧失部分）。

4）股票的再发行

丧失股票的人通过申请公示催告而获得除权判决的，可请求公司再发行股票（第360条第2项），即获得除权判决的人仍为股东名册上股东的情形下，公司向其再发行股票后可免责。但作出除权判决之前第三人已进行名义改书的情形中，获得除权判决的人可请求名义改书与股票再发行，没有特殊理由的情况下公司对此未作回应的，公司应承担迟延责任（除权判决获得人优先保护说）。[4]即使基于除权判决而再发行股票，如果提起不服该除权判决的诉讼而导致该除权判决被取消，则再发行的股票被溯及而无效，而再发行股票的持有人不得善意取得该股票。[5]

7. 股份的电子登记

1）电子登记制度的含义

股份的电子登记制度，是指公司将股份登记在电子登记机关制作的电子登记簿上，以其代替公司的股票发行，并行使股份转让、担保设定等权利的制度。股份进行电子登记，无须发行股票，不仅能够减少公司的费用与负担，还可降低股东丢失股票、股票被伪造的风险，保障股东安全便利地行使权利。

---

〔1〕 李哲松（会）329页；林泓根（会）228—229页；崔基元（会）313页。

〔2〕 孙珠瓒（上）640—641页；郑东润（上）471页；金正皓（会）194页。

〔3〕 宋相现：《民事诉讼法概论》（上），经文社1979年版，第583页；朴禹东："除权判决获得人与善意取得人的关系"，载《法曹》第26卷第8号，1977年，第76页。

〔4〕 崔基元（会）313页。

〔5〕 大法院2013.12.12.2011DA112247。

电子登记制度的适用对象为商法上的股份（第356条）、公司债权（社债）（第478条）及股东、新股认购权附社债权人的新股认购权（第420条之4、第516条之7）等，但并不仅限于此。根据商行为编中关于有价证券的一般规定，该制度也可适用于其他有价证券，即代表金钱支付请求权、物件或有价证券的交付请求权及社员地位的有价证券等（电登第65条第2项）。

考虑到证券预托结算制度的普遍化而不发行股票的现实以及世界性的立法趋势，[1]2011年修订商法引入了股份等的电子登记制度。但商法上的电子登记制度，仅仅为公司按照章程规定将股份、公司债权（社债）进行电子登记提供了依据并规定了电子登记的法律效力，因此，只能另行对电子登记的方法、程序、被电子登记的股份的权利行使、电子登记簿及电子登记机关的运营等作出法律规定。据此，为了从实质上制定、实施股份等的电子登记制度，2016年制定了《关于股份、社债等的电子登记的法律》（以下称《电子登记法》），[2]于2019年9月16日开始实施。

电子登记制度并不是登记股票等有价证券，而是将可与股份等有价证券结合的"权利"本身登记于电子登记簿上的制度。据此，被电子登记的股份等的权利并不是有价证券。对于进行电子登记的股份等的移转、权利行使等，难以适用传统的有价证券法理，也不适用商法上的相关规定，只能制定作为商法特别法的《电子登记法》，将其规定其中，但这是需要在新的有价证券法理与法律之间进行进一步协调的领域。

2）电子登记的方法

（1）电子登记机关及电子登记簿

股份的电子登记是将股份登记在电子登记机关制作的电子登记簿上。电子登记机关是为了电子登记制度的运营实施而由政府许可的机关，包括韩国

---

〔1〕 美国依据《统一商法典》（UCC）§8-102及《统一电子交易法》（UETA）实行电子登记，英国依据1989年公司法制定了《无证书证券规定》（The Uncertificated Securities Regulations）（1995年制定，2001年修订）。此外，还有瑞典的《证券账户法》（The Financial Instrument Account Act, 1998）、《关于金融证书登记的法律》，法国的《金融法》（1982年）等立法例。日本也实行着社债、股份等的代替法，《日本公司法》第214条规定，公司可在章程中规定公司可发行股票的宗旨。也就是说，不发行股票是原则，发行股票是例外。

〔2〕《电子登记法》除了股份、社债等商法上的有价证券外，还以资本市场法上的全部证券为适用对象。被电子登记的股份等的权利并非有价证券，但属于资本市场法中的证券（资本市场法将可表示在证券上或应表示在证券上的权利均视为证券，资金第4条第9项）。据此，《电子登记法》上，电子登记的股份被视为电子证券，通常以"电子证券制度"这一用语代替电子登记制度。《电子登记法》的官方简称也为法制处（国家法令情报中心）规定的"电子登记法"。

预托结算院。电子登记机关制作、管理着记录股份权利发生、变更、消灭相关信息的电子登记簿。商法上的电子登记簿（第356条之2第1项）根据《电子登记法》，以“电子登记账户簿”的名称被制作、管理（电登第2条第3号）。电子登记簿并非电子登记机关制作的一本账簿，而是由电子登记机关以及管理客户电子登记账户的各金融机关（《电子登记法》上称为“账户管理机关”）制作的各种账簿构成（电登第2条第3号）。

（2）公司的电子登记申请

公司欲进行股份电子登记的，应首先在章程中作出规定（第356条之2第1项）。公司还应事先向电子登记机关提出股份电子登记的申请（电登第24条第1项）。股份上市公司必须进行电子登记申请（电登第25条第1项）。电子登记机关审查股份的转让性等适当性要件后进行电子登记。已经发行股票的公司欲提出股份电子登记申请的，应规定自进行电子登记之日起一个月以上的期间，将应开设电子登记账户并进行通知、应提交股票等的意思，向股东进行公告、通知（电登第27条第1项）。

（3）电子登记的方法

股份的电子登记是将股份这一权利登记于电子登记簿上的行为。电子登记根据股份的发行、转让、消灭、质权或信托的设定与注销等不同的权利变更事由，分别进行登记。电子登记大致分为两种类型，即为发行新股的电子登记与关于已发行股份之权利变更的电子登记。发行新股的情形中，公司应按照上述方法向电子登记机关提出电子登记申请，股东应在证券公司等账户管理机关或电子登记机关[1]开设电子登记账户并将其通知公司。转让股份的情形中，由转让人提出替代账户的电子登记申请（电登第30条）；股份设定质权的情形中，由质权设定人提出设定质权的电子登记申请；注销质权的情形中，由质权人提出注销质权的电子登记申请（电登第31条）。根据股份的合并、注销，公司的合并、分割、分割合并等，已经发行的股份消灭或权利内容发生变更的，应由公司向电子登记机关提出电子登记变更或注销的申请（电登第33条）。

---

〔1〕 银行、金融投资业者、保险公司等金融机关与各种机关投资者及具备一定要件的法人、团体等应在电子登记机关开设电子登记账户（电登第23条）。

3）电子登记的效力

（1）电子登记的一般效力

对于进行电子登记的股份，不发行股票，因而其权利关系的确定基于新的权利公示手段（履行与股票相同的功能），即电子登记簿上的记载。记载于电子登记簿上的人被推定为合法享有被电子登记的股份权利（第 356 条之 2 第 3 项，电登第 35 条第 1 项）。欲转让电子登记股份或欲设定质权的，应进行账户替代或质权设定的电子登记，方可发生效力（第 356 条之 2 第 2 项，电登第 35 条第 2 项、第 3 项）。电子登记股份的信托，只有将信托财产这一事实进行电子登记后，才可对抗第三人（电登第 35 条第 4 项）。

（2）电子登记股份的善意取得

与股票的善意取得一样，对于进行电子登记的股份，也可善意取得。电子登记簿上的记载具有权利推定效力，基于此，承认电子登记股份的善意取得。善意地、无重大过失地信赖电子登记簿的内容而以电子登记的方式被登记为所有人或质权人的，可合法取得该权利（第 356 条之 2 第 3 项，电登第 35 条第 5 项）。虽然股票基于电子登记被废止，但所有权利的归属均是基于电子登记簿上的记载而确定的，因此，承认电子登记簿上的记载具有与占有股票相同的权利外观并且保护信赖该外观的人。

（3）股票发行禁止及效力的丧失

对于进行电子登记的股份，不得发行股票（电登第 36 条第 1 项）。基于商法第 355 条第 1 项规定的股东的股票发行请求权被排除。违反该项规定而发行的股票不具有效力（电登第 36 条第 1 项、第 2 项）。对已发行的股票进行登记的情形中，相关股票自进行电子登记之日起丧失效力（电登第 36 条第 3 项）。

4）其他电子登记的效果

一旦对股份进行电子登记，股票即不存在，因此，不会有基于股票丢失或被盗而发生的股票丧失的问题。据此，也就不需要公示催告与除权判决，也无须适用以预防股票丧失风险为目的的股票不持有制度（第 358 条之 2），而且也不再需要基于公司合并、分割、分割合并、股份交换、股份移转、资本减少、面额分割等的股票的交替发行。为股票交替发行而设定的一个月以上的股票提交期间（第 440 条）也可省略。

V. 股东名册与名义改书

1. 股东名册的含义

股东名册（Aktienbuch，record of shareholders，liste des actionnaires）是指明确记载股份、股票及股东相关事项的簿册（第 352 条）。公司可根据章程规定以电子文书的形式制作股东名册，即电子股东名册（第 352 条之 2 第 1 项）。股东名册并非关于会计的账簿，因此不属于商业账簿。

2. 股东名册的记载事项

公司应在股东名册中记载股东的姓名与住所、每一股东持有的股份种类与数量、发行股票情形中的股票号码、各股份的取得年月日等（第 352 条第 1 项）。公司制作电子股东名册的，还应记载电子邮件地址（第 352 条之 2 第 2 项），此外，还应记载质权登记相关事项（第 340 条）以及股票不持有相关事项（第 358 条之 2 第 2 项）等。

公司发行转换股的，应记载转换的目的、条件、期间与新发行股份的内容（第 352 条第 2 项、第 347 条）。此外，作为任意记载事项，还应记载共有股份的权利行使人的姓名与住所（参照第 333 条第 2 项）等。董事就应记载于股东名册的事项未作记载或作不真实记载的，处以过怠料的处罚（第 635 条第 1 项第 9 号）。

股东名册由公司或名义改书代理人制作，根据股东的名义改书请求变更其记载事项。但股份一旦进行电子登记，就不存在股东的名义改书，股东名册则是根据电子登记机关关于股东明细的通知被统一制作。公司设定行使股权的基准日或发生《电子登记法》规定的一定事由的，〔1〕可要求电子登记机关制作并通知关于电子登记股份的股东明细（记载股东姓名与住所，股份种类、类目、数量等的明细，《电子登记法》称之为“所有人明细”）（电登第 37 条）。

3. 备置与公示

代表董事应制作股东名册并备置于总公司。设置名义改书代理人的，可

---

〔1〕《电子登记法》规定了公司应掌握股东情况的情形：①每个季度需要掌握股东情况的情形；②根据法令及法院决定等需要掌握股东情况的情形；③根据《关于资本市场与金融投资业的法律》第 134 条开始公开认购的情形；④根据《债务人回生法》第 147 条第 1 项制作股东目录的情形；⑤为了上市需获得交易所上市审查的情形；⑥其他根据公司需要发生章程规定之事由的情形（电登第 37 条第 2 项，同施行令第 31 条第 4 项）。

将股东名册或其复印本备置于名义改书代理人的营业地（第 396 条第 1 项）。关于电子股东名册的备置、公示及阅览方式等，由总统令另作规定（第 352 条之 2 第 3 项）。

股东名册复印本与股东名册具有同等效力，这是与名义改书代理人一同引进的制度。据此，复印本上的名义改书与股东名册上的名义改书具有同等效力（第 337 条第 2 项）。

股东与公司债权人可在营业时间内随时请求阅览、誊写股东名册或其复印本（第 396 条第 2 项）。[1]

大法院 1997. 3. 19. 97GE7：拒绝股东名册阅览、誊写请求的判例
对于商法第 396 条第 2 项规定的股东或公司债权人的阅览、誊写股东名册的请求，公司证明其请求阅览、誊写的目的不正当的，可拒绝该请求。同旨：大法院 2004. 12. 24，2003MA1575。

4. 股东名册的效力

1）对抗力

股东名册上的记载是向公司主张股东权利的要件。股份转让只需交付股票即可（第 336 条第 1 项），而股东欲以股东身份对抗公司的，必须在股东名册中记载其姓名与住所，即应当进行名义改书（第 337 条第 1 项）。据此，股份受让人在名义改书前不得向公司主张其作为股东的身份，此即为股东名册名义改书的对抗力。但名义改书并非股份转让的效力要件，[2]即使不作名义改书，也可在与公司以外的第三人的关系中主张股东权利。

但公司不得将未进行名义改书的股份受让人认定为股东（判例）[3]（详细部分请参照“名义改书未完成的股东的地位”部分）。欲行使股份上设定的质权的［登录质（Registerpfand）的特别效力］（第 340 条），也应将设置质权的事实记载于股东名册，否则质权不发生效力。

---

〔1〕名古屋高等法院 2010. 6. 17. 判决：公司可拒绝以关于股东的权利保障或权利行使的调查以外的事项为目的的股东名册阅览请求。参照日本最高裁判所 2010. 9. 14. 判决（日本商事法务，第 1942 号）。但电子邮件地址并不是阅览、誊写的对象。认定实质股东名册的阅览、誊写请求权的情形也等同：大法院 2017. 11. 9. 2015DA235841。

〔2〕崔基元（会）319 页。

〔3〕大法院 2017. 3. 23. 2015DA248342。

大法院 2010. 2. 25. 2008DA96963，96970：新股认购权的具体归属主体是在基准日当时记载于股东名册上的股东
股份公司通过股东大会或董事会决议发行新股的情形中产生的新股认购权并非股东的固有权利，而是根据商法规定经股东大会或董事会决议产生的具体权利，因此，这一新股认购权并不随着股东权利的移转而移转。据此，公司发行新股的同时将该权利归属人限定为按照股东大会或董事会决议在一定时间点上记载于股东名册上的股东的，不论该股东在这一时间点上是否为实质股东，该新股认购权均归属于法律意义上可对抗公司的股东，即记载于股东名册上的股东。同旨：大法院 1988. 6. 14. 87DAKA2599，2600；同 1995. 7. 28. 94DA25735；同 2000. 9. 8. 99DA58471；同 2017. 2. 3. 2016MA 1273。

大法院 2002. 12. 24. 2000DA69927：名义改书后，即使解除或取消股份转让约定，转让人也不得以股东身份对抗公司
股份转让后已完成股东名册名义改书的情形中，即使解除或取消股份转让约定，只要没有将股东名册上的股东名义还原至原来的转让人名义，转让人就不得为了在股东大会中行使表决权而以股东身份对抗公司。

2）推定力（赋予资格的效力）

记载于股东名册上的股东被推定为实质股东。据此，只要没有反证，股东名册上的名义股东无需证明自己为实质上的权利人或提示股票，也可行使股东权利（记载于股东名册上的质权人被推定为合法的质权人，可行使质权），此即为股东名册名义改书的推定力。但股东名册上的记载并不具有创设权利的效力，因此，未按照实体法规定合法有效取得股份的人，即使进行名义改书，也不能成为股东。[1]

上述情形与推定股票占有人为合法持有人的情形（第 336 条第 2 项）不同，后者是为了解决股份转让的效力问题，即使被推定为合法持有股票，也不得以此对公司行使股东权利，而仅仅享有请求名义改书的权利。

〔1〕 大法院 1989. 7. 11. 89DAKA5345；同 1993. 1. 26. 92DA11008。

大法院 1985. 3. 26. 84DAKA2082：股东名册上的名义改书具有赋予资格的效力
记载于股东名册上的股东一律被推定为公司股东，欲否定该股东身份的，应由否定该股东权利的一方承担证明责任。

大法院 1989. 7. 11. 89DAKA5345：股东名册上的名义改书具有赋予资格的效力
根据商法规定，股票的占有人被推定为合法持有人（第 336 条第 2 项），这是指若无反证，就认定股票占有人为其权利人，即赋予股票占有人以股东资格。因此，欲否定股东资格的，可提出反证以证明其不具有股东资格。股份移转后将股份取得人的姓名与住所记载于股东名册中才可对抗公司（第 337 条第 1 项），这也仅仅是赋予记载于股东名册上的股东无需证明其实质性权利也可行使股东权利的资格，并不是对股东名册记载创设性效力的承认，因此，通过反证被认定实际上不能取得股份的人，即使进行了名义改书，也并不一定能够行使股东权利。同旨：大法院判决 2006. 9. 14. 2005DA45537。

3）免责效力

公司将记载于股东名册上的人视为股东的，可免责。公司按照股东名册上记载的住所进行催告或通知股东名册上的股东或质权人即可（第 353 条第 1 项），只要认定记载于股东名册上的人为股东并认可他们的分配请求权、表决权、新股认购权等权利，即使股东名册上记载的并非真正股东，公司也可免责（第 353 条第 1 项）。〔1〕但公司事先知晓股东名册上的股东并非真正股东并且能够轻易证明的情形或因重大过失未能知晓其为非真正股东而将其认定为股东的情形，公司不得免责。〔2〕

这种免责效力不仅及于股东的确定，还及于股东的住所等其他记载事项。按照记载于股东名册上的住所或股东、质权人通知公司的住所进行通知或催告（第 353 条第 1 项）即可，因住所变更或申报的地址错误而导致股东未能收到通知的，公司不承担责任。

4）其他效力

（1）登录质〔3〕

股东名册的存在使登录质成为可能。质权人可以利益分配、剩余财产

---

〔1〕 大法院 1995. 7. 28. 94DA25735；同 2014. 4. 30. 2013DA99942。

〔2〕 崔基元（会）319 页。

〔3〕 因登记而被设定的质权。——译者注

分配等形式从公司获得金钱给付，以此优先于其他债权人受偿（第 340 条第 1 项）。

（2）股票不持有制度

股东名册的存在使股票不持有制度得以实现。股东申报股票不持有意思的，公司应将不发行股票的意思记载于股东名册中，公司不得再发行股票。已经发行的股票提交公司后，应作无效处理或寄存于名义改书代理人处（第 358 条之 2）。

5. 股东名册的闭锁与基准日

1）含义

公司为了确定表决权行使人、获得利益分配的人或其他股东权利、质权的权利行使人，可规定一定期间停止对股东名册的变更（股东名册闭锁），或可将于特定日期（基准日或登记日）记载于股东名册中的股东或质权人视为可行使该权利的股东或质权人（第 354 条第 1 项）。股票是流通的，因此，公司有必要就表决权或利益分配等其他权利的行使明确权利人（股东或质权人）。为了达到这一目的，公司适用股东名册闭锁制度或基准日制度。

公司可自行决定是否适用股东名册闭锁制度或基准日制度。公司一旦适用这些制度，就应遵守商法中的相关规定。[1]这些制度只能适用于股东权利或质权的权利行使人的统一确定，而少数股东权或各种诉权的权利行使人等按照股东的个别意思被特定化的情形或单纯只为方便公司处理业务的情形，不得适用这些制度。[2]

对于股东名册闭锁或基准日的确定，章程中未作规定的，可由董事会或代表董事作出决定。

股份电子登记的情形中，基于电子登记机关制作、通知的股东明细制成股东名册，并在这一时间点上统一进行名义改书，因此，无须为了确定行使权利的股东而闭锁股东名册。由于公司无须另行处理名义改书事务，也就不会发生股东名册上的名义改书、质权登记等变更记载的情况。对于电子登记的股份，设定基准日即可。

---

〔1〕 李哲松（会）337 页；郑灿亨（上）717 页。

〔2〕 郑东润（上）476 页；李哲松（会）338 页；蔡利植（上）616 页；李基秀、崔秉珪（会）256 页；郑灿亨（上）717 页。

2）两种制度比较

（1）按照股东名册闭锁制度，闭锁当时股东名册上的股东为权利行使人；而按照基准日制度，可确定特定时间点上的权利行使人，在这一点上二者具有相同的功能。

（2）两者在以下方面具有区别：根据股东名册闭锁制度，在闭锁期间转让股份的，停止名义改书，导致形式股东与实质股东不一致，股份受让人不得向公司主张其股东地位；而根据基准日制度，即使在基准日之后转让股份，也可进行名义改书，因此，并不产生形式股东与实质股东不一致的结果。据此，股份受让人当然可向公司主张其股东地位。另外，基准日制度主要适用于指定新股分配日（第418条第3项、第461条第3项）等具有特定目的的行为。

（3）两种制度也可并用，如为了确定出席定期股东大会的股东而闭锁股东名册的同时，为了确定获得利益分配的股东而规定基准日的情形。

3）股东名册闭锁

（1）内容

股东名册闭锁期间不得进行名义改书、质权登记、信托财产的记载及注销（信托法第3条第2项），但可进行与权利变动无关的住所变更、法人代表的变更、申报股票不持有、请求发行申报股票不持有的股票等。作为例外，还可行使基于转换股份（参照第350条第2项）、转换公司债（第516条第2项）或附新股认购权公司债（第516条之9）而产生的转换权或新股认购权等。〔1〕

（2）违反法律规定的股东名册闭锁的效力

对于违反商法规定而闭锁股东名册的效力，有学者主张其无效，但笔者认为，没有必要一律将其视为无效，如果违反规定的程度轻微，也可视为有效。〔2〕

（3）公司的记载承认

原则上，在股东名册闭锁期间不得进行名义改书，但公司是否可以任意接受名义改书的请求，即，股东名册闭锁是为了保护公司利益，那么，公司

〔1〕1995年修订商法删除了第349条第3项，据此，股东名册闭锁期间也可行使转换权或新股认购权等。

〔2〕李哲松（会）341页；郑灿亨（上）718页。

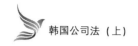

在股东名册闭锁期间允许记载的效力如何，对此存在不同学说。

肯定说〔1〕认为，股东名册闭锁是以方便公司处理事务为目的的制度，因此，应肯定其效力。

否定说〔2〕认为，考虑到确定权利行使人这一股东名册闭锁制度的立法宗旨与股东平等原则，应否定其效力，据此，闭锁期间公司任意进行的名义改书应为无效。

折中说〔3〕则认为，在闭锁期间可进行名义改书，但其效力发生在闭锁期间经过之后。

笔者赞同折中说。如果闭锁期间经过后发生名义改书的效力，既不损害股东利益，也不影响公司利益，则无需完全否定其效力。

（4）闭锁期间与公告

长期闭锁股东名册将会限制股份的自由转让，因此，商法规定闭锁期间不得超过三个月（第354条第2项），基准日也应为股东或质权人行使权利前三个月内的某一日（第354条第3项）。规定的闭锁期间超过三个月的，超过的闭锁期间无效；其开始日期与终结日期不明确的，闭锁期间全部无效。〔4〕三个月的闭锁期间经过的，公司不得拒绝名义改书。

公司规定股东名册闭锁期间或基准日的，应在闭锁期间或基准日两周前进行公告（第354条第4项本文），但章程中已作相关规定的，无需公告（第354条第4项但书）。章程中没有规定股东名册闭锁期间或基准日，同时未公告或在两周内进行公告的，不发生股东名册闭锁或基准日的效力。〔5〕基准日的公告中必须记载其目的，基准日不得用于规定目的之外的其他事项。〔6〕公司可并用股东名册闭锁制度与基准日制度。

（5）制度的利用

股东名册闭锁制度与基准日制度具有相同的目的，因此，公司仅利用基准日一项制度也足以达成目的。但韩国主要并用两种制度，这是因为上市公

〔1〕日本最高裁判所1916.3.9.民录22，247。

〔2〕日本最高裁判所1916.3.9.民录22，247。

〔3〕林泓根（会）235页；李哲松（会）338—339页；郑灿亨（上）718页；徐宪济（会）204页；权奇范（会）556页。

〔4〕孙珠瓒（上）645页；崔基元（会）322页；林泓根（会）234页；郑东润（上）476页；郑灿亨（上）717页。

〔5〕孙珠瓒（上）646页；林泓根（会）235页；郑东润（上）476页。

〔6〕郑东润（上）476页；李基秀、崔秉珪（会）257—258页；郑灿亨（上）718—719页。

司的众多股东通过证券市场进行交易，如果不闭锁股东名册，则难以确定权利人；同时也是为了在结算周期终了时，使定期股东大会中的表决权行使人与获得利益分配的人一致。笔者认为，限制股东权利三个月之久存在诸多不合理之处，股东名册闭锁期间应为确定权利人所必要的最短期间，最好是只适用基准日一项制度。

6. 实质股东名册

1）实质股东名册的含义

实质股东名册是指，记载根据《关于资本市场与金融投资业的法律》的预托结算制度进行预托的股票（股东名册上将被名义改书为韩国预托结算院）的实质股东的姓名、住所、所持有的股份种类及数量等的名簿。对于实质股东，实质股东名册发挥与股东名册一样的功能，是发行公司识别实质股东，实质股东行使股东权利的依据。

股份进行电子登记的情形中，不存在实质股东名册。电子登记股份，以股东名义登记在电子登记簿上，这又被原封不动地记载于股东名册上。电子登记机关或账户管理机关无法干涉股东名册上的记载，而实质股东本身是不存在的，只有商法上的股东名册。

2）实质股东名册的制作

（1）对于预托在韩国预托结算院的股票，发行公司规定股东名册闭锁期间或基准日的（第354条），应毫无迟滞地通知韩国预托结算院，而韩国预托结算院应将闭锁期间起始日或基准日的实质股东的姓名与住所、所持股份种类与数量等毫无迟滞地通知股票的发行公司或名义改书代理人（资金第315条第3项）。这时，韩国预托结算院无法通过预托人（证券公司）了解预托股份的实质股东相关事项，因此，韩国预托结算院应要求预托人就相关事项对其进行通知（资金第315条第4项）。

（2）韩国预托结算院就实质股东相关事项通知股票发行公司或名义改书代理人的，该股票发行公司或名义改书代理人应据此制作、备置实质股东名册（资金第316条第1项）

3）实质股东名册的效力

（1）实质股东名册上的记载具有与股东名册相同的效力（资金第316条第2项）。专属于韩国预托结算院的关于股票的权利由韩国预托结算院行使（资金第314条第3项）。记载于实质股东名册上的实质股东被推定为公司的实质股东（推定力），可向公司主张股东权利（对抗力），公司据此承认其为股东的，可免责（免责力）。实质股东依据实质股东名册取得实质股东地位，但就该记载的效力而言，溯及至股东名册闭锁期间的起始日或基准日。

（2）有些股东仅对自己直接持有的股份进行股东名册上的名义改书，而将剩余部分预托至韩国预托结算院。这种情形中，如果公司认为股东名册与实质股东名册记载的股东为同一人，那么，行使股东权利时就应合算两者的股份数量（资金第 316 条第 3 项）。

4）实质股东证书制度

实质股东证书是指韩国预托结算院颁发的文书，用以证明将股份预托至韩国预托结算院的预托人或其客户（投资人）是预托股份的实质股东（资金第 318 条第 1 项）。实质股东可依据该证书对发行公司行使股东权利（资金第 318 条第 3 项）。实质股东名册的制作仅限于设定了股东名册闭锁期间或基准日的情形，因此，实质股东证书制度的目的在于保障实质股东在其他情形中同样能够行使股东权利。

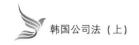

将股票预托至韩国预托结算院的实质股东申请发行实质股东证书的，韩国预托结算院应依据预托人账户或投资人账户的记载内容，发行记载实质股东姓名与住所、所持股份种类及数量、欲行使的股东权利内容及股东权利行使期间等内容的实质股东证书并毫无迟滞地通知股份发行公司（资金第 318 条第 2 项）。

7. 名义改书

1）名义改书的含义及必要性

股份移转欲对抗公司的，应进行名义改书（第 337 条第 1 项）。股票占有人仅仅被推定为合法持有股票，并非只要持有股票就可对公司行使股东权利。欲行使股东权利，必须进行名义改书。

名义改书（Umschreibung）是指在股东名册上记载股份取得人姓名与住所的行为。股份受让人请求名义改书的，只要出示股票即可，因为股票占有人被推定为合法的股票持有人（第 336 条第 2 项）。

名义改书是为了在股份大量流通、交易频繁的市场环境中，将进行名义改书的股东认定为股东的技术性制度。无论是通过股份转让取得股份，还是通过继承、合并等取得股份，未进行名义改书的，均不得对公司行使股东权利。但作为例外情形，对于根据证据预托结算制度预托的股份，只要向公司提交实质股东证书即可对抗公司（资金第 318 条），而对于电子登记的股份，

向公司提交所有人证明书[1]或通知持有内容[2]，即可对抗公司（电登第39、40条）

2）名义改书程序

（1）请求权人

根据股票的交付而合法承继股份的受让人或其代理人，可向公司出示股票而请求名义改书。请求名义改书的对象是公司，而非股票转让人。[3]股票持有人无需转让人的协助，可单独证明自己受让股份的事实，进而请求名义改书。[4]转让人不享有名义改书请求权。[5]

对于韩国预托结算院接受预托的股票，预托结算院可请求将其名义改书至自己名下（资金第314条第2项）。拍卖股票的情形中，拍卖执行官可以为了买受人的利益代替债务人实施名义改书所必要的行为（民执第211条）。

（2）出示股票

股份受让人请求名义改书时，应向公司出示股票。股票占有人被推定为合法持有人（第336条第2项），因此，除了出示股票外，无需证明其为实质权利人。[6]除了出示股票以外，章程规定请求名义改书时转让人应提交印章证明等材料的，并不具有约束力。[7]判例[8]认为，未出示股票而仅通知受让事实的，不构成合法有效的请求。但股份受让人根据继承、合并等概括继承受让股份或在发行股票前有效受让股份的（公司成立后或新股缴纳日期经

---

〔1〕股份进行电子登记的人尚未被记载于股东名册的情况下（电子登记股份的股东名册，只在权利行使基准日或《电子登记法》认为有必要掌握股东的特定日期制作）欲行使股东权利的，可要求电子登记机关签发记载股东姓名、住所，股份种类、类目、数量、取得日期，欲行使的权利内容等的所有人证明书并提交公司，行使股东权利。这种情形中，所有人证明书返还电子登记机关之前，应限制相关股份的处分（电登第39条）。

〔2〕上述情形中，还有电子登记机关直接通知公司相同内容的方法，以其代替向股东签发所有人证明书。这时，公司应规定通知的有效期限，在这一期间内限制相关股份的处分（电登第40条）。

〔3〕首尔高等法院1976.6.19.78NA840。

〔4〕大法院1995.3.24.94DA47728；同1995.5.23.94DA36421；同2006.9.14. 2005DA45537；同2018.10.25.2016DA42800，42817，42824，42831；同2019.5.16.2016DA240338。

〔5〕大法院2010.10.14.2009DA89665：原则上股份取得人可自由决定对取得的股份进行名义改书还是对其进行处理，因此，只要不存在特殊事由，股份转让人就不享有要求公司进行名义改书的权利。这种法理不仅适用于发行了股票并通过移交股票转让股份的情形，还适用于公司成立后经过六个月仍未发行股票，基于转让人与受让人之间的意思表示转让股份的情形。

〔6〕李哲松（会）350页。

〔7〕大法院1995.3.24.94DA47728。

〔8〕大法院1995.7.28.94DA25735。

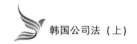

过六个月的），受让人可通过证明这些事实而请求名义改书。

大法院 1995. 7. 28. 94DA25735：请求名义改书的情形中，若无特殊理由，应向公司出示所取得的股票
股份取得人为了获得公司对其股东身份的认可，应在股东名册上记载取得人的姓名与住所。取得人请求名义改书的，若无特殊理由，应向公司出示所取得的股票，因此，获得股份赠与后，仅将受让事实通知公司的，并不能将其视为提出了名义改书请求。

大法院 1995. 3. 24. 94DA47728：即使章程规定请求名义改书时应提交相关材料，只要能够证明股份取得事实，公司就不得以手续不全为由拒绝名义改书
公司成立后或新股缴纳日期经过六个月后，公司尚未发行股票的，在没有特殊事由的情况下，取得该股份的人无需相对方的协助，也可单独证明其取得股份的事实，进而请求公司进行名义改书。即使章程规定名义改书应提交相关材料，也仅仅是为了使公司了解取得股份的合法性，因此，只要股份取得人能够证明股份取得事实，公司就不得以材料不全为由拒绝名义改书。同旨：大法院 1992. 10. 27. 92DA16386。

（3）公司的审查

股票占有人被推定为合法持有人（第 336 条第 2 项），因此，公司只需审查所出示股票的真假后进行名义改书即可，即公司只负有进行形式资格审查的义务，无需对名义改书请求人或其代理人进行实质性审查。[1]据此，只要公司进行形式审查不存在恶意或重大过失，即使由不具有实质资格的人申请并进行了名义改书，公司也可免责。[2]如上所述，公司并不具有对名义改书请求人进行实质审查的义务，因此，公司为了调查实质性权利而迟延名义改书的，应承担相应损害赔偿责任。

（4）股东名册闭锁期间的名义改书

原则上，股东名册闭锁期间不得进行名义改书，但对公司是否可以任意接受名义改书请求，存在肯定说、否定说及折中说。参考前述内容。

---

〔1〕 崔基元（会）393 页；大法院 2019. 8. 14. 2017DA231980。反对学说：郑东润（上）510 页。

〔2〕 在公司以变更商号为由请求名义改书的案件中，公司没有认真审查商号变更的合法性而进行名义改书的，视为具有重大过失。大法院 1974. 5. 28. 73DA1320。

（5）公示催告程序正在进行的情形

公司收到股东丢失股票或股票被盗申报，或者股票处于公示催告程序的情形中，只要公司无法证明请求人为无权利人，就不得拒绝该名义改书申请，[1]因为在公示催告期间也可善意取得。

3）电子登记股份的名义改书

股份电子登记的股东无法以提示股票要求名义改书。电子登记簿并非股东名册，因此，仅以替代账户的登记并不能认定已经进行了名义改书。只有根据电子登记机关关于股东明细的通报，统一制作股东名册之时，才可认为进行了名义改书。[2]但电子登记股份的股东明细制作于公司通知电子登记机关的权利行使日或掌握股东基准日后，至公司获得通知并制作股东名册为止，至少需要三日以上的时间。股东名册上的记载效力发生于名义改书之时，因此会发生股东自权利行使基准日起经过三日后才可对抗公司的问题。实际上，即使股东名册的制作是在公司规定的权利行使基准日之后，也应将其视为是在基准日进行了名义改书。应在《电子登记法》上设置关于名义改书的特例规定。[3]

4）名义改书的效力（股东名册记载的效力）

该问题已经在股东名册的效力部分讲解过。股份受让人一旦在股东名册中进行名义改书，就被推定为股东，无需向公司证明其实质性权利就可行使股东权利（第337条第1项，股东名册的推定力或赋予股东资格的效力）。但股东名册上的记载并不具有创设权利的效力，因此，未能按照实体法获得股份的人，即使进行了名义改书，也不一定能够取得股东权利。[4]但无论公司是否知道实际股东的存在，都不得将未进行名义改书的人认定为股东，也不得允许其行使股东权利，[5]法院也不得认定其为股东。

---

〔1〕日本最高裁判所1954.2.19.民集8.2.523。

〔2〕理论上，虽然不发行股票，但可根据电子登记簿的权利推定力试想一下请求名义改书的方法。股份以替代账户的方式进行转让的情形中，电子登记机关是根据受让人的请求通知公司相关登记内容。双方当事人之间的个别股份交易可按照这种方式进行，但在证券市场上进行股份交易的情形中，并不能特定转让人与受让人，因此这一方式是行不通的。

〔3〕朴哲荣：“基于电子证券制度的股份制度的变化与股东名册的功能强化”，载《企业法研究》第33卷第2号，2019年6月，第129页。

〔4〕大法院1989.7.11.89DAKA5345；同1993.1.26.92DA11008；同2006.9.14.2005DA45537。

〔5〕大法院2017.3.23.2015DA248342。

大法院 2000. 3. 23. 99DA67529：为不是股东的第三人完成股东名册上的名义改书并对其发行股票的情形中的名义改书效力
即使是发行股票前的股份转让，只要是公司成立六个月后进行的，就对公司具有效力，因此，无论有无进行名义改书，该股份受让人都将成为公司股东。此后，收到该股份转让通知的公司就该股份为第三人进行名义改书并对其发行股票的，该第三人也不能成为股东，而股份受让人也不会丧失股东权利。

5）名义改书未完成的股东的地位

（1）不当拒绝名义改书的情形

对于股份取得人合法提出的名义改书请求，公司无正当理由拒绝或迟延名义改书的，股份取得人可要求公司确认其股东身份，也可提起名义改书请求之诉。这时即使股份取得人未进行名义改书，也可行使股东权利，因此，可以主张关于利益分配、发行新股的权利，未收到股东大会召集通知的情形中，有权要求取消决议。据此，股份取得人可以名义改书请求之诉为主案，请求作出临时股东地位的假处分、[1]停止股东名册上的名义股东行使表决权的假处分或允许自己行使表决权的假处分（民执第 300 条第 2 项）。公司应对名义改书请求人承担损害赔偿责任，而对董事等处以过怠料的处罚（第 635 条第 1 项第 7 号）。

不以公司为当事人，而以股东名册上的股东为对象提出停止行使表决权假处分的，该假处分效力并不及于公司，只是赋予当事人不作为义务，因此，违反该项规定行使表决权的，不影响股东大会决议。[2]

大法院 1993. 7. 13. 92DA40952：公司无正当理由拒绝名义改书的情形中，即使未进行名义改书，股份转让行为与股份受让人的股东地位仍然有效
股份受让人已经提出名义改书请求，但同意上述股份转让并承认股份受让人之股东地位的代表董事在没有正当理由的情况下拒绝名义改书的，公司不得以未进行名义改书为由否认股份转让效力与股份受让人的股东地位。同旨：大法院 1995. 5. 23. 94DA36421。

---

〔1〕假处分是指为了保全以金钱债权以外的特定支付为目的的请求权或规定关于具有争议的权利关系的临时地位而作出的裁判。——译者注

〔2〕郑东润（上）563 页。

大法院判决 1998. 9. 8. 96DA45818：公司明知股东名册上的股东为形式股东或因重大过失未能知晓，或能够轻易证明而拒绝其行使表决权，却仍然允许其行使表决权的，该表决权的行使构成违法。股份公司向股东名册上的股东发出股东大会召集通知，并使该股东行使表决权的，即使该股东是单纯出借名义的形式股东，其表决权的行使也是合法有效的，但公司明知股东名册上的股东为形式股东，或能够轻易证明而拒绝其行使表决权，却仍然允许其行使表决权的，该表决权的行使构成违法。
这一案件中，法院认为，公司事先已经知晓股东名册上的股东并非实质股东，在能够轻易证明这一事实的情况下，仍然对上述形式股东发出了股东大会召集通知，并允许其行使表决权的行为违反相关规定，因此，该案中，股东大会决议是可以取消的。

（2）公司允许行使权利的情形

受让股份或以其他方式取得股份而未作名义改书或以他人名义进行名义改书的，未完成名义改书的实质股东的法律地位如何，是值得进一步探究的问题。实质股东以自己名义进行名义改书之前，无法向公司主张其股东地位，当然也不得行使股东权利。但公司事先知晓未进行名义改书的人为实质股东的情形中，能否认可其作为股东的权利，对此存在不同学说。

（a）肯定说（片面约束说）

肯定说依据为：①商法第 337 条第 1 项规定，如果不进行名义改书，则“不得对抗公司”，因此，只是实质股东不得向公司主张股东权利，但公司可以主动承认其股东地位；②因记载于股东名册而产生的股东资格，也仅仅是反映股票占有行为所具有的权利推定力，因此，如果发生股东名册记载的股东与股票占有人不一致的情况，则应否定股东名册之效力；③名义改书制度是为了方便公司处理事务，因此，公司主动放弃这种便利性、自己承担一定风险的情况下，没有必要阻止其欲将股票占有人认定为股东的行为。[1]根据这一学说，公司向未进行名义改书的实质股东发出股东大会召集通知，使其出席股东大会行使表决权是符合法律规定的。

（b）否定说（双方约束说）

否定说认为，不仅实质股东不能主张股东地位，公司也不得承认实质股

〔1〕 林泓根（会）300 页；郑东润（上）512 页；蔡利植（上）659 页；郑灿亨（上）757—758 页；权奇范（会）493 页。

东的股东资格。[1]即，即使公司明知实质股东另有其人，进行名义改书的人并非实质股东，也不得认定未作名义改书的人享有股东权利。这是因为：①名义改书制度的宗旨是统一处理错综复杂的公司法律关系；②如果按照肯定说，将导致公司根据自己意志自由判定股东名册上的股东与实质股东中任意一方的股东地位的结果，而且因股东名册上的股东为非实质股东而否定其股东权利，又因实质股东未作名义改书而否定其股东权利的做法，将导致关于该股份的权利行使完全被排除的不合理结果。如果股份受让人不作名义改书，那么，即使公司确认了股份受让人已成为股东的事实，也不得将其作为股东，使其行使权利；相反，证明股东名册上的股东已转让股份而丧失股东资格的，公司不得拒绝名义股东行使权利。[2]

（c）判例

判例[3]采纳了肯定说，认为“商法第 337 条并非关于股东权利移转的效力要件的规定，而是股东资格的认定问题，如果股份取得人不在股东名册上进行名义改书，则意味着其不得向公司主张股东权利，但公司可主动承认股份受让人的股东权利”。同旨：大法院 2017. 3. 23. 2015DA248342；同 2017. 8. 29. 2016DA267722；同 2017. 9. 21. 2017DA241017；同 2017. 12. 5. 2016DA265351；同 2019. 2. 14. 2015DA255258。

（d）笔者意见

名义改书本质上并不具有创设权利的效力，而只具有赋予资格的效力，因此笔者赞同肯定说。商法第 337 条第 1 项规定的名义改书仅仅是对抗要件，即，公司将股东名册上的股东认定为股东，则可免责，但这并不意味着否定未作名义改书的实质股东的权利。实质股东可随时进行名义改书，进而行使权利。仅以未作名义改书为由，否定其股东权利的做法明显不合理，笔者认为，肯定说与判例所采取的立场是准确的。据此，一般认为，公司已经知晓的情形中，可认定未进行名义改书的实质股东为股东。这里所谓的“公司已经知晓”是指代表董事已经知晓，主张代表董事已经知晓的人承担证明责任。

---

〔1〕 孙珠瓒（上）672 页；崔基元（会）398 页；李哲松（会）352—353 页；徐宪济（会）212 页。

〔2〕 崔基元（会）398 页；李哲松（会）352—353 页；金正皓（会）236 页；李基秀、崔秉珪（会）312 页；姜渭斗（会）402 页。

〔3〕 大法院判决 1989. 10. 24. 89DAKA14714；同 1992. 10. 27. 92DA16386；同 2001. 5. 15. 2001DA12973。

(3) 失期股（失念股）

广义的失期股是指在规定期间内未进行名义改书的股份[1]；狭义的失期股是指发行新股时由于旧股的受让人在分配日之前尚未进行名义改书，被分配给股东名册上的旧股转让人的新股。股东名册上的股东为非实质股东的情形中，公司将股份分配日股东名册上的股东（股份转让人）视为股东而对其进行利益分配（合并的情形中是合并交付金）或发行新股的，可以免责，但股份转让当事人之间会产生一系列关于这些利益或新股归属的问题。这是转让人与受让人之间的个体法上的问题，对此存在相互对立的学说，多数说认为，如果当事人之间没有其他约定，这些利益或新股应归属于股份受让人。对于股份受让人请求股份转让人返还已分配的利益或新股的依据，也存在对立学说，这一内容将在后面关于新股认购权的章节中详述。

6) 名义改书代理人

(1) 名义改书代理人的含义及立法宗旨

名义改书代理人是指为公司代行股份名义改书事务的人。[2]名义改书代理人资格由总统令规定。公司可根据章程规定设置名义改书代理人（第 337 条第 2 项第 1 文）。名义改书本应在备置股东名册的（第 396 条第 1 项）总公司进行，但由于通过证券交易所交易的股份数量庞大且集中，逐一在总公司进行名义改书具有诸多不便。因此，为了保障名义改书程序的安全性与快捷性，为股东提供方便的同时使公司合理处理相关事务，商法规定了原本只在上市公司中使用的名义改书代理人制度，使一般公司也可利用这一制度。

(2) 名义改书代理人的地位

名义改书代理人是代行名义改书的人，并非民法上的代理人，而是一种履行辅助人或是受托人。

(3) 名义改书代理人的选任

(a) 章程规定

公司可根据章程规定设置名义改书代理人（第 337 条第 2 项第 1 文），因此，是否设置名义改书代理人是公司的选择事项。但上市公司的情形中，名

---

〔1〕 股份进行电子登记的，股东无须个别进行名义改书，而是在权利行使基准日统一制作股东名册，因此不会出现未完成名义改书的失期股。

〔2〕 名义改书代理人是代行名义改书事务的人，并非公司的代理人，具有履行辅助人的地位。据此，相较于“名义改书代理人”，按照《关于资本市场与金融投资业的法律》（第 365 条），称其为“名义改书代行公司”更为准确。

义改书代理人是《有价证券上市规定》规定的公司上市要件之一，[1]欲上市的公司必须设置名义改书代理人。

（b）资格

资本市场法上的名义改书代行公司实行的是登记制。电子登记机关或全国性的银行具有相关资格，要求其具备名义改书业务所必要的电算设备等物质条件与利益冲突预防体系（资金第 365 条）。目前韩国预托结算院、KB 国民银行及韩亚银行兼营名义改书代行业务。

（c）公示

公司设置名义改书代理人的，应就商号及总公司住所地进行登记（第 317 条第 2 项第 11 号）并将其记载于股份要约书、新股认购权证书、公司债要约书等（第 302 条第 2 项第 10 号、第 420 条第 2 号、第 420 条之 2、第 474 条第 2 项第 15 号、第 516 条之 5）。

（4）名义改书代理人的权限

公司设置名义改书代理人的，应将股东名册或其复印本备置于名义改书代理人的营业场所（第 396 条第 1 项第 2 文）。名义改书代理人备置于营业场所的股东名册或其复印本中记载股份取得人的姓名与住所的，与股东名册上的名义改书具有同等效力（第 337 条第 2 项第 2 文）。名义改书代理人还可进行质权登记（第 340 条第 1 项）与记名公司债在“社债原簿”上的名义改书（第 479 条第 2 项）。此外，还可根据协议将股东大会的召集通知、分配金的支付、新股分配等应当按照股东名册处理的事务委任于名义改书代理人。根据《关于资本市场与金融投资业的法律》，名义改书代理人还可代行利益分配及偿还金支付业务与股票、债券等有价证券的发行业务（资金第 366 条）。

（5）名义改书代理人的责任

名义改书代理人与公司是委托关系，因此，名义改书代理人应对公司承担善管义务（民法第 680 条、第 681 条），无正当理由而不作名义改书，或未在股东名册或其复印本上记载应记载事项或作不实记载的，将被处以过怠料的处罚（第 635 条第 1 项第 7 号、第 9 号）。

---

〔1〕《有价证券上市规定》第 32 条、《KSDAQ 上市规定》第 6 条。

Ⅵ. 股份转让

1. 股份转让的含义

股份转让是移转代表股东权利的股份的法律行为。随着股份转让，股东基于其股东资格而具有的全部法律关系均概括转移至受让人。[1]但根据股东大会决议确定的分配金支付请求权等具体权利不属于股东权利，并不随着股份的转让一同移转至受让人。股份转让行为直接产生股份移转的效果，因此，股份转让的法律性质为准物权行为，区别于作为债权行为的买卖或赠与等原因行为。

2. 股份转让自由原则

1）原则上，股东可将自己持有的股份自由地转让给他人（第335条第1项本文），此即为股份转让自由原则（Grundsatz der freien Übertragbarkeit der Mitgliedschaft）。股份转让自有与由限责任制度构成股份公司的本质特点。股份公司没有人合公司中的退社制度，而是通过股份的自由转让保障所投资本的回收。

2）但无限地允许自由转让股份具有泄露公司机密、丧失公司控制权的风险，因此，应加以必要的限制，以维持基于出资额的持股比率，一方面保障经营安全，另一方面还可排除外部人士的参与，从而保护公司机密。限制股份自由转让的方法有：①规定股份转让应获得公司承认或董事会承认；②在股票票面上明示限制转让的意思。对此，商法规定（第335条第1项但书），“公司可根据章程规定要求股份的转让获得董事会承认”。

3）即使以章程进行限制也无法全面禁止股份转让，全面禁止股份转让的公司与股东的约定或股东之间的约定对公司无效。

大法院 2000.9.26.99DA48429：不得以章程全面禁止股份转让
商法第335条第1项但书规定是以股份转让为前提的，只表明了限制股份转让的方法，即可在章程中规定股份转让应获得董事会承认，并不意味着可以全面禁止股份转让，因此，即使章程规定了限制股份转让的内容，也

〔1〕 大法院 2007.6.1.2006DA80445。

续表

不得设置全面禁止股份转让的规定。……公司与股东之间或股东之间约定自公司设立之日起五年内不得出售或转让全部或部分股份给其他当事人或第三人的情形中，虽然该约定不是用来限制股份转让，但这一规定因全面否定了股东回收所投资本的可能性而无效，因此，不仅章程中的规定无效，公司与股东之间或股东之间对相同内容的约定同样无效。

4）股东之间的关于限制部分股份转让的约定（如，应获得董事会承认的约定），如果不构成对股东收回所投资本可能性的全面否定，也不违反公序良俗，则认为有效。未获董事会承认而在股东间转让章程限制转让的股份的情形中，该股份转让协议对当事人股东有效。〔1〕

3. 股份的转让方法

1）交付转让

（1）股份随着股票的交付而转让（第336条第1项）。〔2〕但随着股票预托制度与股票不持有制度的普遍适用，利用这种方式的股份转让逐渐减少。

交付转让，首先应就股份转让达成合议。〔3〕股票交付是指转移占有的移交，并不仅限于现实中的交付（民法第196条第1项），还包括简易交付（民法第188条第2项）、占有改定（民法第189条）及转让返还请求权（民法第190条）等，〔4〕这种情形中应具备指名债权转让的对抗要件。〔5〕股票交付是股份转让的生效要件，而非对抗要件。〔6〕据此，为了使股份转让（所有权移转关系）能够对抗公司，应进行股东名册上的名义改书（第337条）。

股票发行后的股份转让，只有交付股票才可生效。发行股票而不交付的情形，如制作、交付股份转让证书或股份转让合同书而转让股份的，视为存在关于股份转让的当事人意思表示，股份转让协议有效成立（2012. 2. 9. 2011DA62076，62083）。但已发行股票却在没有股票的情况下转让股份的，视为

〔1〕大法院2008. 7. 10. 2007DA14193。

〔2〕关于股票发行前的股份转让，前文已述，在此不再多论。

〔3〕大法院1994. 6. 28. 93DA44906。

〔4〕大法院2014. 12. 24. 2014DA221258；同2010. 2. 25. 2008DA96963；同2000. 9. 8. 99DA58471；同1977. 3. 8. 76DA1292。

〔5〕大法院2000. 9. 8. 99DA58471。

〔6〕郑东润（上）505页；李哲松（会）346页；蔡利植（上）654页；李基秀、崔秉珪（会）302页；郑灿亨（上）753页；大法院1993. 12. 28. 93DA8719。

股份转让无效，股份转让只有交付股票后才生效（1993. 12. 28. 93DA8719）。

大法院 2012. 2. 9. 2011DA62076，62083：发行股票后的股份转让
股票发行后的股份转让，交付股票后才发生效力，这时，股票交付与当事人之间关于股份转让的意思表示构成股份转让的生效要件，但即使不存在股票的交付，仅以当事人之间关于股份转让的意思表示，以转让股份为目的的股份转让协议也是有效成立的。

大法院 1993. 12. 28. 93DA8719：根据股票的交付转让股份的情形
根据指名债权转让的一般性原则，股票发行前的股份转让仅以当事人之间的意思表示一致即可发生效力，但股票发行后的股份转让，只有交付股票才可生效。

（2）如上所述，仅以股票的交付，股份转让即可生效，因此，股票占有人仅以占有本身，即具备了作为权利人的外观，而被推定为合法持有人（占有的推定效力）（第 336 条第 2 项）。[1]可以说"持有股票"就是向第三人及公司证明受让股份的方法。由于股票占有人被推定为合法持有人，证明其享有实质性权利的权利人可请求返还该股票。但第三人善意取得该股票的，不得请求返还股票（第 359 条，手第 21 条）。

大法院判决 1994. 6. 28. 93DA44906：股票占有的推定效力
如果股份转让协议被合法解除，那么，之前的股份受让人丧失了股份公司的股东地位，因此，即使占有股份公司的股票，也不能行使股东权利。

（3）如上所述，虽然法律认可了交付转让这一股份转让方式与对股票占有人赋予资格的效力，但股东欲对公司行使权利的，仍应在股东名册中进行名义改书（第 337 条）。

2）预托股份与电子登记股份的转让

证券预托结算制度的目的是使股票等有价证券的流通更加灵活。将有价证券预托在预托机关，以预托账户间的替代记载代替有价证券，从而迅速、

〔1〕大法院 2019. 8. 14. 2017DA231980；同 1989. 7. 11. 89DAKA5345（承认股票占有及名义改书具有资格授予效力的案例）。同旨：大法院 1987. 11. 10. 87NU620。

简便地处理随着交易而发生的证券移转（结算）问题。据此，预托在韩国预托结算院的股份的转让，是基于替代账户，而非股票交付（资金第311条第2项）。

随着证券预托结算制度使股票等有价证券以账户记录的状态发行、流通的做法的普遍化，将该种账户记录的性质从预托证券数量（持份）的表示转换为可与有价证券结合的权利的登记，不发行有价证券，此即为电子登记制度。以替代账户的方式转让股份的做法是一样的（资金第30条第1项）。但替代账户是电子登记证券固有的转让方式。

3）股份公开收购

股份的公开收购（TOB：take-over bid；tender offer）是指在总统令规定的期间内，从证券市场外的总统令规定的一定数量的人（10人）手中，收购、交换、竞标及有偿受让具有表决权的股份或其他总统令规定的有价证券的行为。这种情形中，收购一定股份后，本人与其特别关系人合计持有的股份超过股份总数5%的，应进行公开收购（资金第133条第3项）。《关于资本市场与金融投资业的法律》第133条至第146条规定了股份公开收购的要件与程序等相关内容。

4. 股份转让限制

1）总说

可根据法律或章程的规定对股份转让进行限制。法律上的限制可分为商法上的限制与特别法上的限制。

2）商法上的限制

（1）权利股的转让限制

（a）含义及限制目的

权利股是指公司成立前或新股发行发生效力前股份认购人的地位，即公司设立登记前或新股缴纳日期前，因股份认购而产生的权利。权利股的转让对公司不发生效力（第319条、第425条）。权利股不存在转让方法，如果允许权利股的转让，将会导致公司设立或新股发行事务变得繁杂，助长投机行为，因此设置了诸如“权利股的转让对公司不发生效力”等限制性规定（第319条、第425条）。

新股发行的时间顺序如下：

①抽象的新股认购权（分离于股票，不得转让）→②具体的新股认购权（发行了新股认购权证书，可以转让：第416条第5号）→③新股认购权人的缴

纳，权利股成立（不得转让：第319条、第425条）→④缴纳期间届满后的次日新股发生效力→⑤发行股票前（禁止转让）→⑥发行股票（允许转让）。

具体的新股认购权是权利股的前一阶段。具体的新股认购权人认购新股后，权利股才可成立。权利股的前一阶段，即赋予具体的新股认购权的阶段，已经可以转让，只是在此后的权利股阶段转让被禁止。在②阶段中应允许其进行转让，而③阶段中禁止转让的规定是否有失均衡？股份认购人可转让自身的新股认购权，新股认购权一旦被转让即丧失作为股份认购人的地位，而认为不得转让代表股份认购人地位的权利股，是否前后不一致？是否有必要禁止权利股的转让？

笔者认为，新股认购权产生于缴纳认股金之前，不行使新股认购权，股东会受到损失，因为股份数量的增加会减少其在公司的持股比例，从而降低对公司的控制力。据此，有必要转让新股认购权而保全其减少的份额。因此，应当允许新股认购权的转让。成为转让对象的新股认购权仅限于权利股之前的阶段。权利股是缴纳认股金后产生的股份认购人的地位。即使不允许缴纳认股金后产生的权利股的转让，股东在公司中的持股比例或对公司的控制力也不发生变化。禁止权利股的转让并不会导致股份认购人的财产损失或股份减少，因此，前一阶段发生的新股认购权可转让，而后一阶段产生的权利股不得转让的规定并不有失均衡。但目前禁止权利股转让的国家只有日本与韩国，而且禁止权利股的转让并不具有实际意义，只会使法律关系更为复杂，因此应尽早废除限制权利股转让的制度。[1]

（b）公司的承认问题

商法第319条规定了“权利股的转让对公司无效”，因此，公司能否承认权利股的转让是个疑问。我国通说与判例认为，即使公司承认，权利股的转让也对公司无效。[2]少数说则认为权利股是可以转让的，这也符合交易的实际情况。[3]笔者认为，由于权利股不具有转让方式，存续期间也非常短暂，因此，没有承认权利股转让的现实必要性。据此，“对公司无效”就意味着当事人不得主张转让之效力，而且不能获得公司对其效力的认可。而权利股的

---

〔1〕 崔埈璿：“对商法中股份转让限制规定的再检讨”，载《企业法研究》第29卷第3号，2015年9月，第20页。

〔2〕 崔基元（会）342页；郑东润（上）489页；李哲松（会）375页；蔡利植（上）650页；李基秀、崔秉珪（会）277页；郑灿亨（上）722页；朴相祚（会）366页；大法院1965.12.7，65DA2069。

〔3〕 姜渭斗（会）315页；郑熙喆（上）424页；林泓根（会）248页；权奇范（会）508页。

转让在当事人之间当然是有效的。发起人或董事转让权利股的，应予以相应处罚（第635条第2项）。

（2）发行股票前股份转让的限制

（a）含义及限制宗旨

公司成立后或新股缴纳日期经过后应毫无迟滞地发行股票。但发行股票前进行的股份转让对公司无效（第335条第3项）。主张股票发行前的股份转让对公司无效的理由是①股份转让应基于股票的交付（第336条第1项），但发行股票前股票并不存在，不存在转让方式与公示方法，因而无法保障交易安全；②此时尚未制作一般股东名册，事务的处理较为繁杂；③存在这样的技术难题，即股份转让缺乏名义改书而无法对抗公司。这与权利股的转让限制不具有实效性的情形一样，只会使法律关系更加复杂化，因此，应尽早废除这一限制。[1]

（b）发行股票前股份转让的效力

（i）根据通说与判例，股票发行前的股份转让在当事人之间具有债权性效力，[2]但公司成立后或新股缴纳日期经过后六个月内无股票转让股份的，即使公司对此作出承认并进行名义改书，也构成绝对无效（第335条第3项），受让人也不得请求公司对其发行并交付股票。这时，即使公司发行并交付股票给受让人，股票也不具有效力。[3]这种股份受让人参加股东大会行使表决权作出的决议无效，构成决议取消或决议不存在事由。这种股份受让人只不过是股份转让人的债权人，并不具有作出股东大会决议无效确认的法律上的利益。[4]但股份受让人可代位行使股份转让人对公司的股票发行请求权与股票交付请求权，从而请求公司向股份转让人（而非股份受让人自身）发行并交付股票。[5]

（ii）虽然股份转让是在公司成立后或新股缴纳日期经过后六个月内的股票发行前完成，但股票发行如果是在六个月后，那么，视为之前的股份转让

---

〔1〕前揭“对商法中股份转让限制规定的再检讨”，第34页。

〔2〕郑东润（上）489页；李哲松（会）377页；蔡利植（上）648页；李基秀、崔秉珪（会）277—278页；郑灿亨（上）724页；大法院1975.4.22.75DA174；同1983.2.22.82DA15。

〔3〕大法院1987.5.26.86DAKA982，983：根据旧商法第335条第2项规定，在股票发行前进行的股份转让，即使公司对其进行承认并将这一变更记载于股东名册或日后公司发行股票，在与公司的关系中仍然无效。

〔4〕大法院1962.5.17.4294民上1114。

〔5〕大法院1981.9.8.81DA141；同1982.9.28.82DAKA21。

瑕疵被消除。[1]即使视其为无效，转让人与受让人也可在六个月后发行股票前重新作出股份转让的意思表示而使该转让有效（第 335 条第 3 项但书），但如此一来，过程将变得极其复杂。判例认为，“发行股票前的股份转让是在公司成立后或新股缴纳日期经过后六个月内进行的，如果经过六个月后公司仍未发行股票，那么，该转让对公司有效”，以此追认了上述理论。如果六个月的期间届满仍未发行股票的情形中的股份转让对公司有效，那么六个月后发行股票的情形中，就更没有理由否定其效力。结论是，即使是在六个月之内转让股份，无论六个月后有没有发行股票，该转让均有效。

大法院 2002. 3. 15. 2000DU1850：发行股票前进行的股份转让，仅以当事人的意思表示即可发生效力；公司成立后或新股缴纳日期经过后六个月内公司仍未发行股票的情形中，转让仍对公司有效
商法第 335 条规定：“发行股票前进行的股份转让对公司无效，但公司成立后或新股缴纳日期经过后超过六个月的情形除外。”也就是说，根据指名债权转让的一般原则，仅以当事人的意思表示，股票发行前的股份转让就产生效力。即使股票发行前的股份转让是在公司成立后或新股缴纳日期经过后六个月内完成的，如果经过六个月后公司仍未发行股票，那么，视为该瑕疵被消除，从而构成对公司有效的股份转让。同旨：大法院 1988. 10. 11. 87NU481；同 1992. 10. 27. 92DA16386；同 1993. 12. 28. 93DA8719；同 1995. 5. 23. 94DA36421；同 1996. 6. 25. 96DA12726；同 2002. 3. 15. 2000DU1850；同 2002. 9. 10. 2002DA29411；同 2002. 3. 15. 2000DU1850；同 2003. 10. 24. 2003DA29661；同 2010. 4. 29. 2009DA88631；同 2012. 2. 9. 2011DA62076, 62083。

(c) 公司成立（新股缴纳日期）后经过六个月的情形的例外

(i) 允许股票发行前的股份转让

股票发行前的股份转让无效，因此，1984 年修订商法之前，法院判例的基调是即使公司承认股票发行前的股份转让并进行名义改书，股份转让也是

[1] 郑东润（上）489 页。

自始无效。[1]这种严格的解释导致这一规定被滥用于公司控股股东为了转让对公司的支配权而进行的股份转让已经过数年的情形中，否定其效力、剥夺对公司的支配权的结果。据此，1984 年修订商法为了给予长期不发行股票的公司股东以回收投资的机会，保护受让该股份的股东利益，新设了“公司成立后或新股缴纳日期经过六个月的，股票发行前的股份转让有效”的规定(第 335 条第 3 项但书)。

据此，公司成立后经过六个月的，对公司具有转让股份的效力，[2]股份受让人可通过证明股份受让事实要求公司进行名义改书与发行、交付股票。[3]但这时股票尚不存在，不得推定其具有合法性（第 336 条第 2 项），据此，应由主张发行股票前存在股份转让事实的人（受让人）根据一般原则对该事实进行证明。根据大法院 2017. 3. 23. 2015DA248342 判决，欲对公司主张股东权利的，应进行名义改书。

但根据这一新设规定，即使不依据股票交付也可合法进行股份转让，这也导致了商法第 336 条第 1 项规定丧失意义、公司怠于发行股票的结果。

（ii）股份转让方法

对于股票发行前的股份转让方法，商法未作任何规定。通说[4]与判例[5]认为，股票发行前的股份转让可根据民法关于指名债权的一般原则，基于当事人之间的意思表示进行转让。但存在认股金缴纳收据（receipt of payment for the share）的情形中，应通过交付该收据与转让证书转让股份。

这种情形中，股份受让人可在没有转让人协助的情况下，通过证明股份

---

〔1〕 大法院 1957. 4. 6. 4290 民上 10；同 1959. 11. 12. 4292 民上 527；同 1965. 4. 6. 64DA205；同 1967. 1. 31. 66DA2221；同 1975. 12. 23. 75DA770；同 1977. 10. 11. 77DA1244；同 1980. 3. 11. 78DA1793；大法院 1980. 10. 31. 80MA446；大法院 1981. 9. 8. 81DA141；同 1983. 9. 27. 83DO1622；同 1987. 5. 26. 86DAKA982. 983 等。采取相对无效说的判例认为，股票发行前的股份转让并非绝对无效，只是对公司不具有效力，因此，公司可将其认定为有效（大法院 1960. 11. 24. 4292 民上 874，875）。也有判例认为，股份转让人在股票发行前转让股份后争议其效力的做法有违信义原则，因此，股票发行前的股份转让应为有效（大法院 1983. 4. 26. 80DA580；同 1987. 7. 7. 86DAKA2675）。

〔2〕 大法院 1988. 10. 11. 87NU481；同 1991. 8. 13. 91DA14093；同 1992. 10. 27. 92DA16386；同 1995. 5. 23. 94DA36421；同 1996. 6. 25. 96DA12762；同 1996. 8. 20. 94DA39598；同 1999. 7. 23. 99DA14808；同 2000. 3. 23. 99DA67529；同 2002. 9. 10. 2002DA29411；同 2003. 10. 24. 2003DA29661。

〔3〕 大法院 2012. 11. 29. 2012DA38780。

〔4〕 崔基元（会）346、379 页；林泓根（会）273 页；郑东润（上）505 页；李哲松（会）377—378 页；蔡利植（上）463 页；李基秀、崔秉珪（会）280—281 页；郑灿亨（上）725 页；金正皓（会）225 页。

〔5〕 大法院 2012. 11. 29. 2012DA38780；同 2016. 3. 24. 2015DA71795；同 2019. 4. 25. 2017DA21176。

受让事实而请求公司进行名义改书并发行、交付股票。[1]但此时股票尚不存在，因而不能认定其具有合法性（第336第2项）。根据一般原则，应由主张受让事实的一方（受让人）证明股票发行前的股份转让事实。

（iii）股份合并的情形

股份合并的情形中，股份合并一旦发生效力，旧股票即丧失效力，公司应发行新股票，股东将获得相当于减少数量的新股票，交换的股票仍代表合并前的股份，与其具有同一性。旧股票因股份合并消失，而股份合并后经过六个月公司仍不发行新股票的，即使没有股票的交付，仅以当事人的意思表示，股份转让同样发生效力。据此，受让人可通过证明其受让股份的事实要求公司进行名义改书。[2]当事人关于股份转让的意思表示是在股票发行后股份合并前作出的情形也等同。未交付旧股票的情况下进行股份合并后六个月内公司仍未发行新股票的情形中，股份合并经过六个月后，仅以合并前当事人的意思表示，该股份的转让即可发生效力。[3]

（iv）对抗要件

如果仅以当事人之间的意思表示就认定股票发行前的股份转让有效，那么股份的转让时期并不明确，极有可能发生双重转让，因此，股份受让人应当具备对公司与第三人的对抗要件。

①对公司的对抗要件（股东权行使关系）。对公司行使股东权利的对抗要件是名义改书（第337条第1项：未进行名义改书的，不得对抗公司）。[4]名义改书的方法是受让人将关于股份转让的事实材料提交公司，证明商法第335条第3项但书规定（新股缴纳日期后经过六个月的，股票发行前的股份转让有效）的转让事实，以此请求公司进行名义改书，若无特殊情况，公司不得拒绝这一请求。基于民法第450条的对抗要件并非名义改书的前提条件，无须准于民法第450条第1项指名债权转让的对抗要件进行通知或获得公司的承诺。名义改书无需转让人的协助。[5]

②对第三人的对抗要件（双重受让人之间的关系）。股票发行前股份转让

---

〔1〕大法院 2014. 7. 24. 2013DA55386。

〔2〕大法院 2014. 7. 24. 2013DA55386。

〔3〕大法院 2012. 2. 9. 2011DA62076，62083。

〔4〕大法院 1995. 5. 23. 94DA36421：股东名册上的名义改书并非股份或新股认购权受让人相互间的对抗要件，而是合法的受让人在与公司的关系中行使股东权利的对抗要件。

〔5〕大法院 2012. 11. 29. 2012DA38780。

对第三人的对抗要件是，民法第 450 条第 2 项规定的以附有确定日期的证书作出通知（提出附有确定日期的转让协议书等证明材料或转让人与受让人向公司申报股份转让事实）或公司的承诺。〔1〕股票发行前的股份转让构成双重转让的，不论对该双重转让中的一部分是否进行了名义改书，都应区分优先顺位的权利取得人。原则上，对于双重受让人相互间的优先与劣后准于指名债权双重转让的情形作出判断，即以具有确定日期的转让通知到达公司的时间或作出具有确定日期的承诺的时间为依据进行判断。〔2〕

一般情况下，指名债权的转让中，如果债务人已经偿还第一受让人，该债权就不再存在，能够转让第二受让人的权利也不复存在。〔3〕但关于股份并没有偿还或消灭的概念，因此，第一受让人未以附有确定日期的证书作出转让通知或没有转让承诺，单纯通知公司或获得公司承诺后进行名义改书，而第二受让人以附有确定日期的证书将转让事实通知公司或获得转让承诺的情形中，第二受让人的权利优先于第一受让人。〔4〕公司的承诺是指代表董事的承诺。公司的承诺也应当具有确定日期，因此，不得将公司应允名义改书的事实视为公司的承诺。

（v）双重转让的法律关系

根据现行法律，双重转让的情形中，就第一次转让，以不具有确定日期的证书对公司进行转让通知，第一受让人进行股东名册上的名义改书之后，就第二次转让，转让人再次以不具有确定日期的证书通知公司的，第二受让人能否完成股东名册上的名义改书是个疑问。这种情形中，公司当然应当拒

---

〔1〕［日］田中诚二《公司法详论》（第三全订版，上卷），劲草书房 1993 年版，411—412 页；林泓根（会）276 页；郑东润（上）508 页；李哲松（会）378 页；郑灿亨（上）725 页；大法院 1995. 5. 23. 94DA36421。

〔2〕大法院 1986. 2. 11. 85DAKA1087；同 1985. 9. 10. 85DAKA794；同 2006. 6. 2. 2004DO7112；同大法院 2006. 9. 14. 2005DA45537；同 2010. 4. 29. 2009DA88631；同 2016. 3. 24. 2015DA71795。

〔3〕大法院 2003. 10. 24. 2003DA37426：民法第 450 条第 2 项规定的指名债权转让对第三人的对抗要件适用于被转让的债权存续期间内存在无法与该债权的受让人地位并立的取得法律上地位的第三人的情形，因此，被转让的债权因偿还等消灭的情形中，即使关于该债权的债权扣押及推寻命令（债务人对第三人的金钱债权被扣押的情形中，赋予债权人不经民法上的代位程序获得债权支付的权利的执行法院的命令。——译者注）已经送达，但该债权扣押及推寻命令是对根本不存在的债权作出的，因而无效，也就不会发生对抗要件的问题。

〔4〕大法院 1972. 1. 31. 71DA2697：双重转让的情形中，以具有确定日期的证书进行通知的债权受让人才能成为合法债权人，债务人也只对这一债权人负有偿还债务的义务，而未通过具有确定日期的证书进行通知，只有债务人承诺的债权转让的情形中，无需对债权受让人承担债务偿还义务。

绝第二受让人的名义改书要求。[1]在公司的立场上看，已经对第一受让人进行了名义改书，应将第一受让人推定为股东（股东名册的资格赋予效力），如果第二受让人是从第一受让人处取得股份的，则可对第二受让人进行名义改书，但从已经不是股东名册上股东的原来的转让人处获得股份转让通知的情形中，应视为该通知不具有效力。因此，虽然公司为第二受让人进行了名义改书，但该名义改书因违反相关法律而无效，[2]第二受让人无法成为股东；即使第二受让人行使股东权利，也应为无效。公司将第二受让人认定为股东而为其进行名义改书，第二受让人出席股东大会作出决议的情形中，该决议作为非股东作出的决议，构成决议取消之诉或决议不存在确认之诉的原因。

双重转让的情形中，以具有确定日期的证书进行的通知最为关键，该通知由转让人作出。但受让人可接受转让人委托作出代理通知。[3]双重转让的情形中，转让人以具有确定日期的证书将股份转让第二受让人的事实通知公司的情形是第三人之间的对抗要件问题，因此，以具有确定日期的证书“被通知”的第二受让人将取得股东资格。据此，公司应为第二受让人进行名义改书。这时公司以股东名册的资格赋予效力为由拒绝为第二受让人进行名义改书的，第二受让人可通过诉的方式确认其股东地位，从而要求公司进行名义改书，拒绝名义改书的公司应为不当拒绝名义改书而承担相应责任。

(vi) 对抗效力的溯及与否

即使因不具有确定日期的证书作出股份转让通知而未能具备对第三人的对抗要件，只要事后在该证书上获得确定日期，在这一日期之后即可具备对第三人的对抗效力，[4]但该对抗效力的取得并不溯及当初的转让通知。[5]例如，股份双重转让的情形中，如果第一受让人在未获得具有确定日期的证书通知的情况下进行名义改书，那么，即使第二受让人事后以具有确定日期的

---

[1] 大法院 2010. 4. 29. 2009DA88631：股票发行前股份的双重受让人均未能具备具有确定日期的通知或承诺要件的情形中，第二受让人不得要求注销以第一受让人名义进行的合法的名义改书而以自身名义进行名义改书。……即使公司接受这一请求为第二受让人完成名义改书，只要第二受让人无法主张优先于第一受让人的地位，具备股东权行使对抗力的第一受让人仍然可以行使股东权利，因此，第二受让人的名义改书违法，在与公司的关系中可行使股东权利的仍然是第一受让人。

[2] 大法院 2010. 4. 29. 2009DA88631。

[3] 大法院 2006. 9. 14. 2005DA45537；同 1997. 6. 27. 95DA40977：作为债权受让人的使者或代理人进行的转让通知的效力（有效）。

[4] 大法院 2006. 9. 14. 2005DA45537。

[5] 大法院 2010. 4. 29. 2009DA88631。

证书作出通知，作出该通知之前的既存法律关系也不发生任何变化，也不会导致由第一受让人参与、作出的股东大会决议无效。

（vii）双重转让人的不法行为责任

名义改书可由受让人单独进行，转让人不享有名义改书请求权，[1]但股份受让人欲以受让事实对抗公司以外的第三人的，转让人应准于指名债权的转让以具有确定日期的证书进行转让通知或作出承诺，据此，转让人负有以上述方式通知公司的义务，以使受让人具备对第三人的对抗要件。[2]因股票发行前股份转让人将该股份双重转让给第三人，第二受让人进行股东名册上的名义改书，致使第一受让人在与公司的关系中无法正常行使股东权利的，转让人应对第一受让人承担不法行为责任。[3]

★股份的双重转让有效吗？——混乱的学说与判例

股份转让人甲向第一受让人乙转让股份，已经不再剩余能够向乙转让的股份的情况下，能否将同一股份转让给第二受让人丙？

（1）韩国的判例准于指名债权的转让处理这一问题。有人认为，股份并非债权，而是社员权，准于指名债权转让方式的做法具有不妥之处。

（2）指名债权的转让是准物权行为，在转让当事人之间无需特别的方式，

---

〔1〕 大法院 2010. 10. 14. 2009DA89665：原则上股份取得人可自由决定对取得的股份进行名义改书还是对其进行处理，因此，没有特殊事由的，股份转让人并不享有要求公司将股份名义改书为受让人的权利。

〔2〕 大法院 2006. 9. 14. 2005DA45537。

〔3〕 大法院 2012. 11. 29. 2012DA38780：股票发行前，仅以转让人与受让人关于股份转让的意思表示一致，股份转让协议即可发生效力，因此，一旦签订股份转让协议，转让人即丧失股份，受让人获得移转的股份而成为股东。据此，股票发行前的股份受让人如果没有特殊事由，即使在没有转让人协助的情况下，也可通过向发行公司证明其取得股份的事实而请求名义改书，一旦进行名义改书，就具备可行使股东权利的资格。成为股份转让事由的买卖、赠与等其他债权协议中，只要不存在其他约定，转让人就具有基于该债权协议使受让人就所转让股份享有完整的权利及利益的义务。因此，转让人不得将已经转让的股份再次转让给第三人或作其他处理，从而侵害受让人作为股东的权利。而且，股份转让欲对抗公司以外的第三人的，应准于指名债权的转让，具备“以具有确定日期的证书进行转让通知或承诺”的要件，因此，作为这种义务的一环，转让人负有向公司作出这种转让通知或获得公司承诺的义务。据此，转让人违反前述原因合同上的义务将已经不属于自身的股份转让给第三人，因第二受让人在股东名册上的名义改书等致使第一受让人无法正常行使股东权利的情形中，构成对第一受让人合法取得的股东权利的侵害，转让人应对第一受让人承担因此产生的不法行为责任。股份的双重转让使各受让人处于无法并立的利害关系，各受让人处于这种对抗关系的情形中，受让人之间的优劣顺序取决于哪一方具备了时间上优先的第三人对抗要件。

作为准物权行为的转让合同生效的同时债权确定地被移转。[1]因此，第一转让生效的同时债权确定地移转至第一受让人。这种情形中，至少理论上转让人不再享有剩余的可供转让的债权。

(3) 也有意见认为，第二转让即意味着转让人转让其不再享有的权利，因此，债权的双重转让这一概念具有逻辑性矛盾，至少理论上是不成立的，因而无效。[2]股份的情形也等同。

(4) 如果对股份的双重转让给予肯定，认可第二受让人对股份的权利，那么，作为真正权利人的第一受让人将在毫无法律依据的情况下丧失其对所取得股份的所有权，而且相较于基于股票的转让，无股票的双重转让将会获得更有力的保护，这是矛盾的。这是因为已发行股票的情形中，即使转让人为无权利人也可善意取得股票，这种善意取得的成立，要求受让人为善意且无重大过失；相反，股票发行前的情形中，即使第二受让人从作为无权利人的转让人处受让股份，无论其善意还是恶意，优先获得"以附有确定日期的证书进行的通知或承诺"的一方均可主张权利。对于股票发行前的股份流通给予过度保护，会导致牺牲真正权利人，反而赋予不应成为权利归属主体的第二受让人以权利的不合理结果。

(5) 但目前的通说认为，债权是对特定人享有的相对权，不具有排他性，因此，不能排除相同内容的其他债权的成立。对于一项财产权也可成立双重的买卖合同，[3]这种情形中，因双重买卖而成立的两个债权处于自由竞争关系，在两个竞争债权人中，向谁履行债务由债务人决定，原则上，债务人对未被履行债务的债权人承担债务不履行责任，并不承担不法行为责任。[4]判例认为，以双重买卖有效为前提，"仅以就同一买卖标的物与第三人签订双重买卖合同的事实，并不能认定买卖合同法律上的履行不能"。[5]如前所述，以双重转让合同本身有效为前提，第二受让人具备附有确定日期的证书这一对抗要件的，应认定其具有优先权利。

(6) 判例还认为，股份双重转让的情形中，转让合同本身是有效的，但

---

[1] 李银荣：《债权总论》，博英社 2009 年版，第 616 页。

[2] 徐敏："关于债权转让的小考（上）"，载《法曹》第 31 卷第 11 号，1982 年；金亨培：《债权总论》，博英社 1998 年版，第 595 页。

[3] 李银荣，前揭书，第 61 页。

[4] 李银荣，前揭书，第 65 页；大法院 1996. 2. 23. 94DA53532。

[5] 大法院 1996. 7. 26. 96DA14616。

如果存在第三人积极参与股份转让人的双重转让这一背任行为，那么，对该第三人的转让行为构成违反社会秩序的法律行为，因而无效。〔1〕判例进一步认为："转让人对第一受让人违反合同义务，将已经不属于自身的股份转让给第三人，〔2〕第二受让人通过股东名册上的名义改书等致使第一受让人在与公司的关系中无法行使股东权利的，在这一范围内侵犯了第一受让人合法取得的股东权利，转让人应对第一受让人承担因此而产生的不法行为责任。"〔3〕

（7）从这些判例中可以得知，股份双重转让的情形中，双重转让合同本身是有效的，但第二受让人积极参与双重转让这一背任行为的，对第二受让人的转让行为构成违反社会秩序的法律行为而无效。〔4〕实施股份双重转让的转让人应承担债务不履行责任与不法行为责任。〔5〕

（3）禁止取得母公司股份

（a）含义

关于股份直接相互持有的规制，商法规定了以下两种情形：

第一，公司 A 与公司 B 是母子公司关系，如果母公司 A 持有子公司 B 发行股份总数 50%以上，则子公司 B 不得取得母公司 A 的股份，即商法对子公司取得母公司股份作出了类似禁止取得自己股份的禁止性规定（第 342 条之 2）。

第二，公司 A 与公司 B 不是母公司与子公司关系的情形中，如果 A 公司持有 B 公司发行股份总数 10%以上，则 B 公司可持有 A 公司股份，但该股份的表决权将受到限制（第 369 条第 3 项）。

（b）立法宗旨

子公司取得母公司股份是股份相互持有（wechselseitige Beteiligung, cross-ownership, participation réciproque）的一种形态。相互持股可稳定公司管理，从而确保生产资源和扩展市场，还可强化财阀旗下企业间的纵向结合，有益于加强企业间的经营信息交换与技术合作。但由于资本金空洞化现象，相互持股具有破坏资本金维持原则、损害一般股东利益、助长投机行为、歪曲股

---

〔1〕 大法院 2006. 9. 14. 2005DA45537。

〔2〕 "将已不属于自身的股份进行转让"是转让已经不存在的权利，因此，应将该转让协议视为无效，但仅认定其应承担不法行为责任的规定是具有逻辑矛盾的。

〔3〕 大法院 2012. 11. 29. 2012DA38780。

〔4〕 大法院 2006. 9. 14. 2005DA45537。

〔5〕 大法院 2012. 11. 29. 2012DA38780。

东大会决议、经营权永久化等风险，因此，法律在一定程度上对其作出了限制性规定。如，如果 A 公司持有 B 公司 60%的股份，则 A 公司将持有 B 公司 60%的资产。但如果 B 公司同时持有 A 公司 40%的股份，那么，等同于 A 公司持有相当于 24%的自己股份（40%中的 60%）。从本质上看，相互持股等同于持有自己股份，因此，法律禁止这种股份相互持有。

（c）相互持股的形态

相互持股的形态有：①A、B 两公司相互持有对方股份的直接相互持有（单纯相互持有）；②A 公司持有 B 公司股份，B 公司持有 C 公司股份，C 公司持有 D 公司股份，而 D 公司持有 A 公司股份的循环（环状）型相互持有（间接相互持有）；③A 公司持有 B、C 公司股份，B 公司持有 A、C 公司股份，C 公司持有 A、B 公司股份的列队型相互持有。商法仅对直接相互持有作出了禁止性规定。相互持股的问题也同样发生在股份公司与有限公司相互持有出资份额的情形中，但韩国与德国（德股第 19 条）及日本（日商第 242 条之 2、第 243 条第 3 项）不同，尚未对这一内容作出规定。

（d）限制相互持股制度的内容

禁止子公司取得母公司股份的情形，有以下三种：

①子公司不得取得已持有子公司发行股份总数 50%以上的[1]母公司的股份（第 342 条之 2 第 1 项本文）（禁止直接支配）。

A 公司（持有 B 公司 50%以上股份）←B 公司（不得持有 A 公司股份）

②母公司与子公司合计持有其他公司发行股份总数 50%以上股份的，该其他（孙）公司不得取得母公司股份（第 342 条之 2 第 3 项）（禁止间接支配）。

A 公司（持有 B 公司 50%以上股份）与 B 公司合计持有 C 公司 50%以上股份←C 公司（不得持有 A 公司股份）

③子公司持有其他公司发行股份总数 50%以上的，该其他（孙）公司不得取得母公司股份（第 342 条之 2 第 3 项）（禁止间接支配）。

〔1〕之前将禁止相互持有股份的母子公司关系的标准规定为持有发行股份总数 40%，但母公司欲完全支配子公司的，应持有半数以上的股份，因此，2001 年修订商法将这一持股要件修订为 50%，这与德国（德股第 15 条第 1 项、第 17 条第 1 项）及日本（日商第 211 条之 2）相同。

A 公司（持有 B 公司 50%以上股份）←B 公司（持有 C 公司 50%以上股份）←C 公司（不得取得 A 公司股份）

（e）违反禁止性规定的效果

（i）取得行为在私法上的效力：对于违反禁止取得母公司股份规定的行为的效力，存在相对无效说、[1]有效说、[2]绝对无效说。[3]相对无效说认为，关于该取得行为，转让人无恶意则有效；有效说认为，仅限于转让人存在恶意情形，将取得的原因行为视为无效；笔者赞同绝对无效说，即，与违反禁止取得自己股份规定的情形一样，取得行为绝对无效。

（ii）违反禁止性规定的董事等的责任：违反商法第 342 条之 2 规定而取得母公司股份的子公司的董事，应对公司或第三人承担损害赔偿责任（第 399 条、第 401 条）并受到一定程度的罚金刑的处罚（第 625 条之 2）。

（iii）作为例外，①股份的概括性交换与概括性移转、公司合并或受让其他公司的全部营业的情形，②公司行使权利过程中为了达成目的认为必要时，子公司可取得母公司股份（第 342 条之 2 第 1 项）。③信托公司或作为委托买卖人的公司，可因业务上的需要取得母公司股份。④商法所禁止的是子公司取得母公司股份，并不禁止子公司行使质权取得母公司股份。[4]这是因为，质权取得的情形中没有取得自己股份情形中存在的弊端。对于取得母公司的转换公司债或附新股认购权公司债，也没有禁止性规定，但这种情形中，子公司不得行使转换权或新股认购权。[5]

取得的母公司股份，应当自取得之日起六个月内进行处分（第 625 条之 2、第 342 条之 2 第 2 项、第 360 条之 3 第 7 项、第 523 条之 2 第 2 项、第 530 条之 6 第 5 项）。未在上述六个月期间内处分的，与取得该股份的情形一样，应承担损害赔偿责任并缴纳罚金。

（f）母公司股份的法律地位

子公司取得母公司股份的情形，与取得自己股份的情形一样（例外情形），不得行使表决权及其他共益权与自益权（全面休止说，通说）。同时，与

〔1〕孙珠瓒（上）667 页；李哲松（会）408 页。
〔2〕郑熙喆（上）433 页。
〔3〕郑东润（上）499 页；崔基元（会）373 页；郑灿亨（上）742 页；金正皓（会）219 页。
〔4〕郑东润（上）499 页。
〔5〕郑东润（上）499 页。

自己股份的无偿取得一样，可接受基于准备金转入资本金的无偿股的交付。[1]

（g）特别法对股份相互持有的规制

根据《关于资本市场与金融投资业的法律》，任何人不得超越一定标准而持有公共法人发行的股份（资金第167条第1项）。另外，对于外国人或外国法人取得有价证券，可根据总统令对其进行限制（资金第168条）。

根据《银行法》，同一人不得持有金融机构发行的具有表决权的发行股份总数10%以上（银行第15条）。金融机构对其他公司的股份投资也受到一定限制（银行第37条）。

《关于独占规制与公平交易的法律》禁止同属一家大型企业集团（所谓“财阀”）的系列公司间相互持有股份（独规第9条）。《保险业法》及《关于资本市场与金融投资业的法律》规定，禁止属于大型企业集团的保险公司及综合金融公司为了规避商法第341条及《关于资本市场与金融投资业的法律》第165条之2规定的对于取得自己股份的限制，而与属于其他大型企业集团的金融机构或公司相互交叉取得股份的行为（保业第110条第1项第2号，资金第345条第1项第2号）。

（4）自己股份取得限制

（a）自己股份取得的原则性禁止

（i）禁止取得自己股份的含义

公司以自己的计算（自己的损益及责任）取得的自己公司的股份称为自己股份（eigene Aktien，treasury stock）（第341条）。

原则上公司不得取得自己股份。公司不仅不得以自己的名义与资金取得自己股份，也不得以第三人的名义与资金取得自己股份。从逻辑上看，公司不能成为自身的社员，而实际上公司无法缴纳认股金，因此，公司在设立或发行新股时无法认购自己股份。

股票一经发行就成为有价证券这一财产权客体，因此，理论上自己股份的取得并非完全不可能，但基于以下几种政策性理由上的考虑，规定公司不得取得自己股份：①违背资本充实原则，损害公司债权人与股东的利益。股价下跌使公司遭受双重损失，而有偿取得实际上是认股金的返还。②自己股份的取得有可能助长投机行为、操作股价，从而损害投资人利益。而且仅给一部分股东以回收投资的机会，违背了股东平等原则。③有可能将自己股份

---

〔1〕崔基元（会）372页。

的表决权［以他人名义取得的情形（参照第625条第2号）］作为支配公司的手段。

实际操作中，自己股份的取得原因多种多样，如稳定股价、经营权防御、支付任员奖金、公司分割、有偿减资时的零股取得、股东还原、营业转让与受让、股份回购请求权的行使等。处理自己股份的目的在于通过自己股份的处理进行融资（包括通过发行交换社债的融资）、应对股份优先认购权的行使与对工作人员的成果补偿等。

（ii）基于公司金融支援的第三人的股份取得

第三人获得公司的金融支援而取得该公司股份的，既可以规避关于自己股份取得的禁止性规定，也可达成取得自己股份的目的，但这种做法因违反法律而无效。[1]即使第三人根据公司的金融支援取得了该公司股份，但因该股份的取得而产生的损益如果不归属于公司，就不属于自己股份取得禁止的范畴。亦即，第三人根据公司金融支援取得股份应满足以下两点才会被禁止：①第三人的股份取得是根据公司的金融支援；②因该股份取得而产生的损益归属于公司。[2]

（iii）自己股份取得行为的效力

①对于公司违反禁止取得自己股份原则而取得自己股份的效力，存在不同的学说。

（甲）有效说：这一学说将禁止取得自己股份的商法第341条规定视为约束性规定，自己股份的取得是为了保护股份流通的动态安全，因而有效，但应承担股东的违法行为导致的损害赔偿责任（第399条）。[3]

（乙）相对无效说：该说认为自己股份的取得在法律上无效，但无论转让人是善意还是恶意，均不得主张无效。从交易安全角度出发，只要转让人不具有恶意，公司、公司债权人、股东就不得向转让人主张无效。[4]

---

〔1〕 大法院2003.5.16.2001DA44109；同2003.7.11.2003DA16627；同2004.4.9.2003DA21056；同2005.2.18.2002DO2822（借用第三人名义的案例）；同2007.7.26.2006DA33609。

〔2〕 大法院2003.5.16.2001DA44109；同2007.7.26.2006DA33609；同2011.4.28.2009DA23610。英国与德国（德股第71条a第1项）规定了禁止根据公司的金融支援取得自己股份，这里不问损益的归属。

〔3〕 蔡利植（上）648页。

〔4〕 林泓根（会）259页；李哲松（会）396—397页；郑熙喆（上）426页；姜渭斗（会）321页。孙珠瓒教授认为自己股份的取得虽然无效，但以他人名义取得并且其损益归属于公司的情形中，只要转让人不具有恶意，即视为有效。这种主张也属于相对无效说的范畴。孙珠瓒（上）659页。

（丙）无效说：该说认为自己股份的取得违背资本金充实这一股份公司的本质要求，又因关于禁止取得自己股份的商法第341条是强制性规定，所以自己股份的取得绝对无效。[1]

大法院 2003.5.16.2001DA44109：违反禁止取得自己股份原则的自己股份取得无效。
股份公司以自己的计算（自己的损益及责任）取得自己股份，具有危害公司资本基础、损害股东及债权人利益与股东平等原则、导致不公正的公司治理等弊害，因此，商法为了预防这些弊端的产生，原则上禁止一切自己股份的取得，同时例外性地分类规定了允许取得自己股份的情形。除了商法第341条、第341条在之2、第342条之2或《证券交易法》等明示的可取得自己股份的例外情形以外，公司无偿或以他人的计算（他人的损益及责任）取得自己股份等对公司资本基础或股东利益没有危害的情形被明确分类规定的，也可例外地取得自己股份。除此之外，即使是为了避免有可能发生于公司、股东或债权人的重大损失等不得以的情况，也不得取得自己股份，违反相关规定而取得自己股份的，绝对无效。同旨：大法院判决 1964.11.12.64MA719。

（丁）笔者赞成无效说。

②董事的责任：取得自己股份的董事造成公司或第三人损失的，应承担连带赔偿责任（第399条、第401条）并受到相应刑事处罚（第625条）。

③与民法第746条的关系：违反商法第341条规定的自己股份取得无效（无效说），因此，公司与出售人应各自返还该股份与买卖价款。根据商法第341条规定，公司应当返还所取得股份，但股份出售人应返还的价款属于民法第746条规定的不法原因给付，是否也应将其返还公司是个疑问。

笔者认为，如果只有公司返还所取得股份，而股份出售人无需返还出售价款，那么，公司回收资金将面临困境，不符合追求资本维持原则的商法第341条规定，而且，民法第746条规定的“不法”仅限于“违反善良风俗及其他社会秩序的情形”，不包括违反商法第341条等强行法规的情形，这是民法学界最为普遍的解释倾向。因此，股份出售人不得适用民法第746条规定，

---

〔1〕同旨：徐燉珏、郑完溶（上）37页；崔基元（会）362页；郑东润（上）496页；郑灿亨（上）733—734页；金正皓（会）213页；大法院 同2003.5.16.2001DA44109；同2003.7.11.2003DA16627；同2004.4.9.2003DA21056；同2005.6.9.2004DA65343；2005.2.18.2002DO2822；同2003.5.16.2001DA44109。

而应返还买卖价款。

（b）取得自己股份的例外情形

（i）在可分配利益范围内的取得

公司应在可分配利益的范围内，即应在取得总额不超过“从前一结算期的资产负债表中的纯资产额扣除第 462 条第 1 项规定的金额后”的范围内，[1]①股份在交易所仍具有市值的，以在交易所取得的方式（第 341 条第 1 项第 1 号），[2]或②除了偿还股外，根据各股东持有的股份数量，以均等条件取得的方式等总统令规定的方法（第 341 条第 1 项第 2 号），以自己的名义与计算（损益与责任）取得自己股份（第 341 条第 1 项）。

公司在相关营业年度的结算期，其资产负债表上的纯资产额有可能不及可分配利益的，不得取得自己股份（第 341 条第 3 项）。违反这一规定而取得自己股份的，董事（或执行任员）就未及部分的金额，对公司承担连带赔偿责任（第 341 条第 4 项本文），[3]但董事（或执行任员）判断不存在第 3 项规定的顾虑并证明其尽了注意义务的情形除外（第 341 条第 4 项但书）。

章程中规定可以董事会决议进行利益分配的情形中，欲取得自己股份的公司可依据董事会决议取得自己股份。章程未作规定的，应以股东大会决议决定①可取得的股份种类与数量；②取得的总额限度；③在不超过一年的范围内可取得自己股份的期间等事项。

（ii）以特定目的取得自己股份

即使公司没有可分配利益，以下情形中仍可取得自己股份：①公司合并或受让其他公司全部营业的情形；②公司为了达成行使权利之目的而必要的情形；[4]③为处理零股而必要的情形；④股东行使股份回购请求权的情形等（第 341 条之 2）。

---

〔1〕只要有可分配利益，理论上即可取得自己股份的全部，这种解释并不合理，应在法律中规定可取得的限度。同旨：李哲松，逐条解释，第 82 页。

〔2〕但一般认为，即使是可在交易所进行交易的股份，也可根据第 341 条第 1 项第 2 号规定，以总统令规定的方法取得股份。

〔3〕实际取得自己股份的价额大于财产状况表中的纯资产额时，进行赔偿即可［参照关于中间分配的第 652 条之 3 第 4 项（分配额小于差额的情形中是分配额）］。李哲松，逐条解释，第 85 页。

〔4〕大法院 1977. 3. 8. 76DA1292。

大法院 1977. 3. 8. 76DA1292：可以取得自己股份的情形
商法第 341 条第 3 号规定的股份公司取得自己股份的情形中，“公司为了达成行使权利之目的而必要的情形”是指债务人被强制执行、被行使担保权等除了公司的股份以外无其他财产可供偿还的情况下，公司为了行使权利可通过竞买或代物偿还等方法取得自己股份的情形。

可行使股份回购请求权的股东是指根据章程限制股份转让的情形中，未能获得公司的转让承认的股东（第 335 条之 2 第 4 项）或反对股份的概括性交换与概括性移转、营业转让、合并或分割合并的股东等（第 360 条之 5、第 360 条之 22、第 374 条之 2、第 522 条之 3、第 530 条之 11 第 2 项）。给予董事、执行任员、监事、雇员等股份优先购买权人以自己股份的（第 340 条之 2 第 1 项），也应在可分配利益范围内取得自己股份。

但对于以特定目的取得自己股份的情形，没有“应在可分配利益范围内取得”的限制，即具有特定目的的情形中，可不受财产来源的限制而取得自己股份。这种情形可被解释为以自己资本也可取得股份，但这违反了资本金充实原则。如，“股东行使股份回购请求权的情形”中，可毫无财源限制地取得自己股份，但在公司资本严重不足的情况下取得自己股份将会导致资本金缺损，这种情形中保障债权人利益的公司责任财产减少。股东可行使股份回购请求权的情形包括：章程限制股份转让，而公司拒绝转让承认的情形，股东反对股份交换、公司合并、公司分割、公司分割合并或营业转让、受让、租赁的情形等。其中，对于公司合并及公司分割合并，可适用债权人保护程序（第 527 条之 5、第 530 条之 11 第 2 项），债权人可采取这一措施保护自身利益。但营业转让、受让、租赁等情形中，尚不存在任何法律程序可保护债权人利益，但不问公司是否处于资本缺损的状态而允许其取得自己股份的做法存在诸多问题。[1]笔者认为，公司资本缺损到需要获取自己股份的程度的，应从根本上制止行使股份回购请求权的行为本身。

此外，即使没有可分配利益，具有以下情形的，仍可取得自己股份：①进行委托销售的公司，因实行委托行为而以他人的计算（他人承担损益及责任）取得自己股份；②信托公司受托自己股份；③无偿受让自己股份；④作为履

〔1〕 崔埈璿：《2011 修订商法公司编解说》，韩国上市公司会自编：韩国上市公司协会实务专集 43，2011 年，第 68 页。

行债务的担保占有自己股份。

大法院 1989. 11. 28. 88NU9268：可无偿取得自己股份
除了商法第 341 条各项规定的情形以外，公司不得取得自己股份，但如果公司无偿取得自己股份，既不会导致因公司资产的减少而危害债权人利益的结果，也不会成为不当投机行为的手段，则公司可无偿取得自己股份。同旨：大法院 1996. 6. 25. 96DA12726.

（ⅲ）特别法规定的取得自己股份的情形

特别法规定的取得自己股份的情形，除了上市公司根据商法第 341 条规定的取得事由取得自己股份以外，还有根据《关于资本市场与金融投资业的法律》取得自己股份的情形（资金第 165 条之 3）。上市公司可在商法第 462 条第 1 项规定的可分配利益范围内取得自己股份（资金第 165 条之 3 第 2 项）。股东行使股份回购请求权而取得的自己股份应在三年内进行处分（资金第 165 条之 5 第 4 项，资金令第 176 条之 7 第 4 项）。

（c）自己股份的地位

对于公司取得自己股份的情形中，公司是否可以行使基于该自己股份的股东权利，应视具体情况而论。

（i）根据商法规定，自己股份不具有表决权（第 369 条第 2 项）。据此，计算表决权法定人数时，自己股份数量并不计入发行股份总数之中。

（ii）从少数股权或各种起诉权等表决权以外的共益权的性质上看，公司也不享有这些权利（通说）。

（iii）也有学说认为，公司享有自益权中的利益分配请求权或股份分配请求权、剩余财产分配请求权、发行新股时的新股认购权（部分休止说），〔1〕但今时今日已无学者主张这一学说。这是承认自益权中的部分权利，否认剩余部分权利的学说。对此，通说认为，自己股份的取得只是股份实效化或处理股份的临时措施，而股东权利是赋予公司以外的其他主体的权利；公司取得自己股份成为其自身成员的情形中，从性质上看无法享有该项权利。综上，公司也不享有自益权（全面休止说）。〔2〕

〔1〕 徐廷甲（上）224、267、447 页。

〔2〕 孙珠瓒（上）663 页；姜渭斗（会）323 页；郑东润（上）494 页；李哲松（会）401 页；李基秀、崔秉珪（会）286 页；郑灿亨（上）735 页；金正皓（会）215 页。

但因准备金转入资本金而发行的无偿股的交付同样适用于自己股份，即，通常无偿股应分配给已经持有股份的人，而公司持有自己股份的情形中，公司作为自己股份的持有人，也可获得无偿股的交付。[1]根据《关于资本市场与金融投资业的法律》，上市公司可为了经营权防御而无限制地取得自己股份（资金第165条之2），但如果所取得的自己股份的自益权被全面休止，那么，公司将准备金转入资本金时，为了维持自己股份的一定比例，极有可能陷入需要重新获得新股的困境。这也有悖于规定取得自己股份的例外情形的立法宗旨。据此，准备金转入资本金时，应承认其享有新股认购权。

（iv）公司取得的自己股份一旦移转至第三人，其股东权利全部复活。

（d）自己股份的处理

公司处理其所持有的自己股份的情形中，章程没有规定欲处理的股份种类与数量、股份处理价格与价款的支付日期、欲处理股份的相对方及处理方式等事项的，应由董事会对此作出决定（第342条）。[2]

★《关于资本市场与金融投资业的法律》中关于上市公司的特别规定

《关于资本市场与金融投资业的法律》规定的上市法人，可根据董事会决议，以①商法第341条第1项规定的方法，或②根据信托协议取得自己股份的信托业者在解除或终止信托协议时接受返还的方法（仅限于信托业者按照商法第341条第1项规定的方法取得上市公司自己股份的情形）取得自己股份。自己股份总额应在商法第462条第1项规定的可分配利益范围之内。以董事会决议取得或处理自己股份，应遵循总统令规定的要件与方法（资金第165条之3，资金令第176条之2）。

★关于自己股份处理的若干问题

（1）修订商法第342条删除了“应在一定时期内处理该股份”的内容，因此，商法第360条之6（代替新股发行的自己股份移转）“作为完全母公司的公司交换股份时，可以公司持有的自己股份代替新股发行，将其作为‘第342条规定的应在一定时期内处理的股份’而转移至其完全子公司的股东”是错误的规定。因为根据变更的第342条规定，“一定时期内处理”是不合理

〔1〕同旨：崔基元（会）372页；林泓根（会）260页（股份合并或股份分割的效力同样及于自己股份，因此，实质上股份分割的准备金转入资本金的情形中也作同样解释）。相反意见：郑东润（上）495页。

〔2〕首尔中央地方法院2015.7.7.2015KAHAB80597；首尔高等法院2015.7.16.2015RA20503。

的。本次修订商法仍未修改第360条之6的规定，因此，“第342条规定的应在一定时期内处理的股份”是立法上的误区。[1]

（2）总之，本次修订商法删除了“应在一定时期内处理股份”的规定，因此，公司不再承担处理自己股份的义务。[2]但《关于资本市场与金融投资业的法律》规定，因行使股份回购请求权而取得自己股份的，应在三年内进行处理（资金第165条之5第4项，资金令第176条之7第3项），这一规定与商法不符。修订商法规定相互持股的情形中，应在六个月内进行处理的同时（第342条之2第3项）并没有对自己股份的处理期限作出限制，据此，笔者认为，应取消《关于资本市场与金融投资业的法律》中关于处理期限的规定。

（3）关于取得自己股份后可将其用于偿还股的偿还、利益分配、合并交付金的支付的规定与在可分配利益范围内无特定目的地取得自己股份后，可通过董事会决议进行任意处分的规定存在若干问题。如，处理自己股份时存在经营权争议的情况下，将其处分给友好第三人的，对该第三人具有配发新股的效果。对此，修订商法前的部分下级审判决认为，自己股份的处理具有与配发新股同样的效力，因此，应按照新股发行程序（第418条第2项）进行处理，违反这一程序构成对股东平等原则的违反而无效。[3]但2011年修订商法明文规定，章程没有规定的，通过董事会决议进行处理，因此，也就没有必要作出这样的解释。2015年7月，第一毛织与三星物产的合并案件中，首尔高等法院以三星物产在合并前向友好股东KCC处分自己股份合法为由，驳回了禁止处理自己股份的假处分申请。[4]

（4）美国的公司法中，传统的立法模式包括《特拉华州公司法》[第160条（b）]、《纽约州公司法》[第151条（c）]、1969年《模范商业公司法》等。这些立法模式维持库存股（treasury stock）这一概念的同时，否定了处分库存股时的新股认购权，赋予其法定新股认购权的同时规定可以章程对其进行限制（对于自己股份的本质，采取资产说）。现代立法模式（法定资本制度废止模式或无面额股份模式，将股份分配与自己股份的取得均解释为利益分

〔1〕崔埈璿，《2011修订商法公司编解说》，第70页。

〔2〕李哲松，逐条解释，第88页。

〔3〕首尔西部地方法院2006.3.24.2006KAHAB393决定及同法院2006.6.29.2005GAHAB826判决。认为处分有效的判决有水原支法城南支院2007.1.30.2007KAHAB30决定与首尔北部地方法院2007.10.25.2007KAHAB1082决定。

〔4〕首尔高等法院2015.7.16.ZA 2015 RA 20503。

配，自己股份的取得是被分配的利益，因而被注销）包括美国《加利福尼亚州公司法》、1984 年《修订标准公司法》等（关于自己股份的本质采取未发行股份说）。《日本公司法》也在“募集股份”这一概念下（日会第 199 条第 1 项）对新股发行与自己股份处理作出了规定。根据现代立法模式，无论是对于库存股的处理还是新股发行，均否定股东的法定新股认购权，仅可以章程规定赋予股东以新股认购权，但大部分的公司均在章程中将其排除在外。

（5）韩国采取的是传统立法模式（资产说），承认面额股份与资本的概念，在维持库存股这一概念的同时赋予股东法定新股认购权（第 418 条第 2 项）。在这一模式下，自己股份被视为公司资产。而现代立法模式则否认股东的法定新股认购权。据此，韩国商法将自己股份视为一种有价证券，即公司资产，将关于自己股份的交易视为损益交易，实际操作中，自己股份作为稳定股价、提高每股收益、提高融资机动性的公司财政手段而被广泛利用。特别是在商法尚未规定毒丸（poison pill）〔1〕与发行次等表决权股份的情况下，这被视为防御敌对性企业并购的唯一手段。2011 年商法修订委员会也讨论了关于将毒丸制度引进商法作为防御敌对性企业并购的手段，但考虑到可分配利益范围内自己股份的取得与可通过董事会决议进行相对自由的处分，最终放弃了这一制度的引进。采取资产说还是未发行股份说是立法政策的选择问题。韩国立法采取的是资产说，自己股份的取得与处分并不影响公司资本，因此，应根据资产处理方式将自己股份的取得与处分视为损益交易。股东平等原则也不会成为问题。由于现代立法模式（未发行股份说）与法定新股认购权的废止相联系，如果立法采取未发行股份说，就必须否定法定新股认购权。

（6）现行商法规定，章程对自己股份的处理未作规定的，应通过董事会决议进行处理，但这并不意味着董事可任意进行处理。董事会应审查这一处分行为的合理性与公正性，还应审查董事有无违反信义义务。董事违反义务的，应承担相应责任。因此，董事会应慎重作出决定，不得损害公司与股东利益。笔者认为按照这一法理解决相关问题是可行的。

（7）从立法论的角度上看，商法应引进毒丸制度作为法律防御手段，改善并消除各企业高成本低效率的自己股份管理状态。

---

〔1〕 当公司遇到恶意收购时，为了抵御收购，公司允许股东以低价买入股票，以稀释收购者的股权比例。——译者注

3）基于章程的股份转让限制

（1）含义与立法宗旨

公司可在章程中规定，转让其所发行的股份应获得董事会承认（第335条第1项但书）。小规模股份公司为了保障股东相互间的信任关系与公司经营的稳定，认为有必要阻止外部投资人进入公司内部，因此规定了基于章程的股份转让限制。在大型上市公司中，无法在章程中规定股份的转让限制。法律规定应根据章程规定获得董事会承认，是因为股份转让是有关股东构成的重要内容，交由作为执行机关的董事会作出决定较为合适，而且从性质上看，也是公司自治范围内的事项。在没有社员退社制度的股份公司中，有必要保护欲收回投资的股东利益。因此，商法为了协调公司与股东之间的利益，规定了关于转让承认的详细内容（第335条之2至第335条之7）。

（2）股份转让限制的要件

（a）章程规定的转让限制依据

公司欲限制股东转让股份的，应事先将其规定在章程中。章程是根据股东的意思制作、变更的自治法，可以说根据章程规定限制股份转让是经股东合议的自治性约束。股份转让限制，既可规定在原始章程中，也可规定在变更章程中。据此，只要章程中未作规定，就不得以任何形式限制股份的转让。如，在章程未作规定的情况下，不得仅以股东大会或董事会决议限制股份转让。第335条第1项但书规定的宗旨是以股份转让为前提，仅将获得董事会承认作为限制股份转让的方法规定在章程中，并不意味着董事会可以决定禁止股份转让本身。即使以章程限制股份转让，也不得全面限制转让或使其事实上成为不可能。〔1〕这是因为公司应保障股东能够以转让股份的方式收回投资。

允许股份转让的限制，是为了防止股东向公司不愿接受的人转让股份，这一宗旨体现在公司可以拒绝作出转让承认、可指定转让相对方等方面。从这一点上看，只要不是明显不合理的内容，就可对股份受让人作出限制。基于同样的理由，将股份转让给既存股东甚至是特殊种类股东的情形中，可采取免除董事会承认的限制形态。〔2〕

---

〔1〕 大法院 2000.9.26.99DA48429。

〔2〕 权奇范（会）501页。

（b）董事会的承认

章程规定的限制转让的内容是股份转让应获得董事会承认，即应在章程中规定股份转让应获得董事会承认或规定股东获得董事会承认才可转让股份。法律明确规定应获得董事会承认，因此，不得将其他机关设定为承认机关。

但全体股东同意转让的情形与一人公司的股东未获董事会承认而转让股份的情形中，无论有无章程规定，均对公司有效。[1]这是因为商法第 335 条第 1 项但书规定是为了保护转让股份的股东以外的其他股东，而这些情形中不存在其他股东的保护问题。

章程中虽设有限制股份转让的规定，但仍在没有获得董事会承认的情况下转让股份的，该转让对公司不发生效力（第 335 条第 2 项），因此，受让人不得请求公司进行名义改书。这种转让仅对当事人有效，但限制股份转让的目的是保护转让人以外的其他股东之利益，因此，只要受让人无法行使股东权利，就没有必要否定对当事人的效力。[2]这时应由转让人行使对公司的权利。商法第 335 条之 7 关于股份受让人可提出承认请求的规定，也是以该转让有效为前提的。

（c）股份转让限制的适用范围

股份转让限制仅适用于以买卖或赠与、转让担保等方式受让股份的情形，不适用于继承、合并等概括性承继以及质押等情形。股份转让限制仅适用于重视股东间人合关系的小型闭锁性股份公司的章程中规定了相关内容的情形，也就是说只能对非上市公司的股份转让作出限制规定。从公开公司或上市公司的性质上看，不得对其作出股份转让限制。[3]

仅规定特定股东，如，作为公司从业人员的股东的股份转让应获得董事会承认或根据所持股份数量的多少确定其是否应当获得董事会承认的规定，因违反股东平等原则而无效。但股份转让给外国人、既存股东以外的人或公司从业员以外的人的情形中，可规定股份转让应当获得董事会承认。[4]公司

〔1〕 同旨：郑东润（上）481 页。

〔2〕 大法院 2008. 7. 10. 2007DA14193。

〔3〕 欲想新股上市，应取消股份的转让限制（有价证券上市规定第 32 条第 1 项第 14 号），上市公司设置限制股份转让的规定构成上市废止事由（有价证券上市规定第 80 条第 13 号）。

〔4〕 权奇范（会）501 页；李哲松（会）363 页；郑东润（上）482 页；郑灿亨（上）745 页；崔基元（会）331 页。

发行种类股的情形中，一般认为可限制特定种类股的转让，如仅限制普通股的转让或限制无表决权的优先股的转让等。

（d）股份转让限制的公示

章程规定股份转让应获得董事会承认的，应将该规定内容记载于股份要约书（第302条第2项第5号之2）、股票（第356条第6号之2）、可转换公司债与附新股认购权公司债的要约书、公司债原簿（第514条第1项第5号、第516条之4第4号）、新股认购权证券（第516条之5第2项第5号）中，并以登记方式（第317条第2项第3号之2）进行公示。公司变更章程限制股份转让的，应要求转让人提交股票并将限制内容记载于股票中。股份转让限制未记载于章程中，也未进行登记的，不得对抗善意第三人（第37条）。

（3）转让承认与取得承认的请求

（a）承认请求的当事人

（i）股东的转让承认请求：股份转让应获得董事会承认的，欲转让股份的股东（转让人）应以书面形式请求公司作出转让承认（第335条之2第1项）。承认请求必须以书面形式提出，口头形式的请求无效。[1]转让人的承认请求是事前请求。

承认请求书中应记载以下事项并由股东签名盖章或署名。

第一，应特别指定股份转让相对方，即股份受让人。相对方可为一人或数人，若不是数人共同受让股份，还应记载转让各相对方的股份种类与数量。

第二，公司发行种类股的，应记载股东欲转让的确切的股份种类与数量。未制作承认请求书的转让承认请求无效。

（ii）受让人的取得承认请求：章程规定股份转让应获得董事会承认的情形中，未获董事会承认而取得股份的人（受让人），也可以记载股份种类与股份数量的书面材料向公司提出受让承认请求（第335条之7第1项）。

转让人未获得董事会之转让承认的，受让人不得向公司主张股东资格，因此，商法规定了受让人也可在事后请求公司作出股份取得承认。特别是在以竞卖等方式取得股份的情形中，不可能或不适合作出事先承认，由受让人提出事后请求更为方便且适当。此时的股份受让人仅限于通过买卖或赠与等方式取得股份的人，不包括通过继承或合并等方式取得股份的人。

---

〔1〕郑东润（上）483页。

(b) 公司的承认程序

股份转让的承认机关是董事会，因此，公司收到股东提交的股份转让承认请求书的，应召集董事会作出承认与否的决定。董事会的承认应针对股东欲转让的全部股份，不得仅对部分股份作出承认或拒绝承认。章程没有其他规定的，董事会的承认要求半数以上董事出席会议并由出席董事的半数以上作出决议（第391条第1项）。

公司应当自收到股份转让承认请求之日起一个月内，将承认与否的结果以书面形式通知股东（第335条之2第2项）。公司在此期间内未向股东作出拒绝通知的，视为董事会承认股份转让（第335条之2第3项）。这也是为了保护欲转让股份的股东之权利。

股份转让的承认机关是董事会，违反章程中应获得董事会承认的规定而由代表董事作出承认通知的，只要股东不具有恶意或重大过失，就应视为该承认有效。[1]

(4) 拒绝承认的效力

(a) 转让相对方（买受人）指定请求与购买请求权

拒绝承认可产生两种效力：请求转让承认的股东或请求取得承认的受让人（以下称“股东或受让人”）收到股份转让承认拒绝通知的，自收到该通知之日起20日内，可请求公司为其指定转让相对方（转让相对方指定请求权）或请求购买该股份（股份回购请求权，appraisal right）（第335条之2第4项、第335条之7第2项）。仅对部分股份作出承认或附条件承认股份转让的，也视为拒绝承认。[2]

该请求并不要求必须以书面形式提出，以口头形式提出亦可，但这与前面要求书面形式的规定不一致。按照规定，股东或受让人收到公司的拒绝承认通知后，才可请求公司指定转让相对方，但可将其解释为股东或受让人向公司提出上述承认请求时，可一并提出若公司拒绝承认则指定其他转让相对方的请求。

(b) 转让相对方指定请求权

(i) 公司的指定通知

股东或受让人请求公司指定转让相对方的，公司应根据董事会决议作出

[1] 郑东润（上）483页；李哲松（会）364—365页；郑灿亨（上）746—747页。

[2] 郑东润（上）483页。

指定，并且应当自提出请求之日起两周内以书面形式通知股东或受让人以及被指定的相对方（被指定人）（第335条之3第1项、第335条之7第2项）。

指定转让相对方属于董事会的裁量权，滥用这一权限的，公司、股东或第三人应承担损害赔偿责任。公司可指定一人或两人以上的转让相对方，但必须是针对全部的转让股份。

公司自收到上述指定请求之日起两周内，没有对股东或受让人作出指定相对方通知的，视为董事会承认股份转让（第335条之3第2项、第335条之7第2项）。这是为了保护欲转让股份的股东、受让人的权利。据此，股东可向提出过承认请求的相对方转让股份，如果该相对方拒绝受让股份，则可请求公司购买该股份。

（ii）被指定为股份转让相对方的人（以下称“被指定人”）的出售请求

被指定人自收到指定通知之日起10日内，可书面请求股东或受让人将该股份出售给本人（第335条之4第1项、第335条之7第2项）。被指定人的这种权利被称为出售请求权，是一种形成权。〔1〕

这时，被指定人并非必须购买该股份，但公司事先获得被指定人同意后将其指定为转让相对方的情形中，被指定人应对公司承担购买股份的合同义务。〔2〕

被指定人在规定期间内请求股东出售股份的，被指定人与股东之间成立买卖合同。这是因为被指定人在规定期间内请求股东或受让人出售股份，意味着股东或受让人已经发出向公司指定的转让相对方出售股份的要约，而该被指定人请求股东或受让人出售股份则是对该要约作出的承诺。

但被指定人自收到指定通知之日起10日内未请求股东或受让人出售股份的，视为董事会作出股份转让承认（第335条之4第2项、第335条之3第2项、第335条之7第2项）。

据此，股东可向之前请求承认的相对方转让股份，如果该相对方拒绝受让股份，股东可请求公司购买该股份。

（iii）股份出售价格的决定

①达成协议的情形：被指定人请求出售股份的，由股东或受让人与出售请求人（被指定人）协商确定股份出售价格（第335条之5第1项、第335

〔1〕郑东润（上）484页；李哲松（会）369页。
〔2〕郑东润（上）484页；李哲松（会）369页。

条之7第2项)。

②未达成协议的情形:自收到出售请求之日起30日内未达成协议的,公司或股东可请求法院决定出售价格(第335条之5第2项、第335条之7第2项、第374条之2第4项)。法院决定股份出售价格的情形中,应参照公司的财产状况及其他具体情况公正地核定价格(第335条之5第2项、第335条之7第2项、第374条之2第5项)。这里的法院是指总公司住所地的地方法院[1](非讼第72条第2项)。

(c) 股份回购请求权

(i) 股东的股份回购请求权

股份转让未获董事会承认的,股东可请求公司指定转让相对方或对公司行使股份回购请求权。股东对公司行使股份回购请求权的,公司应自回购请求期间(股东大会决议之日起20日内)终了之日起两个月内购买该股份(第335条之6、第374条之2第2项)。股份回购请求权是形成权,[2]因此,股东一旦在规定期间内行使该项权利,公司与股东之间就成立买卖合同。[3]

(ii) 回购价格的决定

原则上,股份的回购价格由股东与公司协商决定,但自回购请求期间终了之日起30日内未达成协议的,公司或请求回购股份的股东可请求法院决定回购价格。法院应综合考虑公司的财产状况及其他具体情况公正地核定股份回购价格(第335条之6,第374条之2第2项至第5项)。

★股东的股份回购请求权

(1) 承认股份回购请求权的情形

商法规定的享有股份回购请求权的股东如下:①章程规定股份转让限制

---

[1] 根据三审制原则设置的高等法院的下级法院,一般作为一审法院进行裁判,但在一定范围内也履行二审法院的职能,目前首尔特别市设有民事地方法院与刑事地方法院,各广域市与道厅住所地各设有一处,共14个地方法院。地方法院以住所地名命名。由地方法院院长与法律规定的法官构成,为了处理部分事务,在管辖区域内设有44个支院与少年部支院及登记所。出处:《韩国民族文化大百科》,韩国学中央研究院。——译者注

[2] 大法院2014.12.24.2014DA221258:股份回购请求权是取得股份的受让人享有的形成权,因此,无论公司承诺与否,这一权利的行使均会产生关于相关股份的买卖合同的成立的结果,因此,未能取得股份的受让人即使请求公司回购股份,该请求也不具有任何效力,即使受让人事后具备了股份取得要件,这一瑕疵也不会被治愈。

[3] 郑东润(上)485页;李哲松(会)369页;徐宪济(会)312页;权奇范(会)677页;大法院2011.4.28.2010DA94953;同2011.4.28.2009DA72667。

的情形中，其股份转让承认被公司拒绝的股东（第335条之2第4项）；②反对关于股份概括性交换或概括性移转的股东大会特别决议的股东（包括无表决权或表决权被限制的股东）（第360条之5、第360条之22）；③反对关于营业转让或营业受让的股东大会特别决议的股东（第374条之2）；④反对关于合并或分割合并的股东大会特别决议的股东（第522条之3、第530条之11第2项）等。

（2）共同点

上述四种情形具有共同的目的，即都是为了保障股东能够回收投资。

（3）不同点

上述①是为了在限制股份转让情形中保护全体股东的利益，而②至④则是为了在股东大会决议事项与股东利益具有重大利害关系时保护少数股东的利益。

4）特别法规定的转让限制

出于政策上的原因，有些特别法也规定了关于股份转让限制的内容。

（1）《关于资本市场与金融投资业的法律》规定的内容包括：限制大量持有公共法人发行的股份（资金第167条），对公开购买的限制（资金第133条），限制外国人取得股份（资金第168条），禁止内部交易与短期买卖差额的返还义务（资金第172条、第174条），金融投资公司任职员的买卖交易限制（资金第63条），职工持股协会（employee stock ownership association）的处分限制（资金第165条之7第3项）等。

（2）《关于独占规制与公平交易的法律》规定的内容包括，禁止以限制竞争为目的的股份取得（独规第7条），禁止控股公司以控制子公司以外的国内公司为目的的持股行为（独规第8条之2），禁止大型企业集团附属公司的相互出资（独规第9条）等。

转让人为善意的情形中，为了交易安全，应将违反《关于独占规制与公平交易的法律》的股份取得视为有效。从《关于独占规制与公平交易的法律》的立法目的上看，虽然违反该法律而取得的股份不得行使表决权，但既可以行使自益权，也可以进行股份的有效转让。[1]

（3）另外，《银行法》（银行第15条、第37条）和《外国人投资促进

〔1〕崔基元（会）377页。

法》（外投第 6 条、第 7 条、第 23 条）中也有关于限制股份转让的规定。

5）根据协议的转让限制

除了根据章程限制股份转让以外，公司与股东之间、股东与股东之间或第三人与股东之间也可通过签订个别协议限制股份转让。这是为了避免以章程限制股份转让的情形中过于严格的程序与繁杂的买受人指定程序。笔者认为没有理由禁止这种通过协议限制股份转让的行为，而应视其为有效。但如果公司与股东之间关于股份转让限制的协议内容实际上构成股份转让的禁止或相较于章程规定的股份转让限制更为严格，则应视为协议无效。这种协议仅对当事人具有债权性效力，因此，股东违反该协议而转让股份的，转让本身是有效的，但转让人应承担损害赔偿责任或支付违约金的义务。〔1〕

5. 取得股份的通知义务

1）含义

公司取得其他公司 10%以上发行股份的，应毫无迟滞地通知该其他公司（第 342 条之 3）。这是 1995 年修订商法为了防止秘密取得大量股份后控制对方公司，保障善意的控制权竞争而新设的规定。〔2〕出于同一宗旨，《关于资本市场与金融投资业的法律》也规定同一人取得某一上市公司 5%以上股份的，应通知公司（资金第 147 条第 1 项）。

2）通知方法与通知时期

取得其他公司 10%以上股份的，无论有无进行名义改书，均应毫无迟滞地通知该公司。关于通知方法，德国股份法（德股第 20 条第 1 项）规定应以书面进行通知，但韩国对此未作任何规定，一般认为可采取任何方式进行通知。取得 10%以上股份后，毫无迟滞地请求名义改书的，视为已经通知。关于履行通知义务的证明责任，由负有通知义务的公司承担。〔3〕通知内容包括取得的股份种类与数量。

3）要求通知的情形

除了公司单独取得其他公司 10%以上发行股份的情形以外，母公司与子公司合计取得其他公司 10%以上股份的，该母公司也负有通知义务。除了取得股份的情形以外，还包括接受他人股份信托的情形。〔4〕一般认为，取得表

〔1〕崔基元（会）341 页。
〔2〕郑东润（上）503 页；李哲松（会）415—416 页。
〔3〕崔基元（会）367 页。
〔4〕郑东润（上）504 页；李哲松（会）417 页。

决权行使代理权的情形中无需进行通知。[1]这是因为，对特定股东大会的个别案件代理行使表决权的情形中，控制公司的可能性并不大，而且在股东大会会议日临近的时间点上，委托他人代理行使发行股份总数10%以上表决权不具有现实操作可能性，因此，也就没有对其进行限制的必要。

★表决权的限制行使在相互持有股份情形中的扩大适用

（1）如，因第三人以A公司或A公司的子公司的计算（损益及责任的归属）取得B公司股份而A公司有权请求第三人转让该股份的情形中，A公司仍应通知B公司。

（2）问题是A公司取得B公司12%股份后通知了B公司，暂不论其有无进行名义改书，通过处理其中部分股份而将持股率降至10%以下的情形中，是否仍应进行通知？《德国股份法》规定，这种情形中也应毫无迟滞地进行通知（德股第20条第5项），但韩国对此未作任何规定。一般认为，持股一旦达到10%以上，就负有通知义务。[2]

4）未通知的效果

即使不作通知，也不影响股份取得在私法上的效力，但超过部分不得行使表决权。[3]《关于资本市场与金融投资业的法律》也规定大量持有股份而不作任何报告的情形中，超过具有表决权的发行股份总数5%而持有的部分不得行使表决权（资金第150条）。

Ⅶ. 股份担保

1. 股份担保的含义

股份具有财产价值，而代表这一价值的股票具有转让性，因此，股份可成为担保标的。股份通过股票而流通，因此，股份的担保也通过股票而设定。股份担保是为了将股份的财产价值作为担保，因此，设定担保之后作为担保设定人的原股东仍然维持其股东地位，也可行使表决权及其他共益权。通说认为，股份所具有的权利中，只有自益权可成为担保设定对象。[4]设定股份

---

〔1〕郑东润（上）504页；大法院2001.5.15.2001DA12973。反对学说：李哲松（会）417—418页。

〔2〕崔基元（会）366页。

〔3〕郑东润（上）504页；李哲松（会）417页。

〔4〕孙珠瓒（上）681页；崔基元（会）414页；郑东润（上）522页；郑灿亨（上）770页。

担保的方法包括商法规定的质权与习惯法认可的转让担保。

2. 股份担保自由原则与限制

1）股份担保自由原则

原则上可自由地在股份上设定担保，但也有限制。这与股份可自由进行转让（第335条第1项）的同时，在特定情形中受到一定限制的情形一样。

2）股份担保的限制

（1）权利股的担保

权利股也可质押，对公司不具有效力，[1]而仅对当事人具有效力 。这与权利股的转让对公司不具有效力的情形一样（第319条）。

（2）股票发行前的股份担保

股票发行前对股份设定担保的，不论是质押还是转让担保，均对公司不发生效力，仅对当事人具有效力。这与股票发行前的股份转让对公司不具有效力的情形一样（第335条第3项本文）。

但公司成立后或新股缴纳日期经过六个月的，与股份转让的情形一样，视为没有股票也可对股份设定担保而对抗公司（参照第335条第3项但书）。这种情形中当然可在股东名册中进行质权登记。无论是设定质权还是转让担保，原则上均按照指名债权的转让方法进行，[2]欲以其对抗公司的，应通知公司或获得公司承诺（参照民法第346条、第349条、第450条第1项）。基于股东的新股认购权而发行新股认购权证书的情形中（第420条之2），依据该证书设定的质权同样对公司发生效力。[3]

大法院 2000.8.16.99GE1：对发行股票前的股份的质权设定及方法
发行股票前可以转让股份，也不存在发行股票前禁止以股票提供担保的法律规定，据此应当认为股票发行前也可在股份上设定质权。商法第338条第1项规定，以股份为质权标的的，应交付股票，但这是已经发行股票的情形中适用的规定。对于发行股票前的股份质押，不应适用商法第338条第1项规定，而应当适用民法第345条规定的设定权利质权的一般性原则，按照权利转让方式设定质权。

〔1〕孙珠瓒（上）656页；崔基元（会）405页；郑东润（上）516页；郑灿亨（上）770页。

〔2〕大法院 2000.8.16.99GE1。

〔3〕权利股的情形也等同。崔基元（会）405页。

（3）自己股份的担保

为了提高企业金融活动的便利性，商法规定自己股份的担保原则上应由公司自由决定。商法同时也规定，公司以“质权为目的”取得自己股份的，不得超过发行股份总数二十分之一（第341条之3本文），例外地对其数量作出了限制（后述）。

此外，对于是否可以转让担保的方法取得自己股份存在不同意见（后述）。

（4）子公司以母公司股份设定担保

原则上，禁止子公司取得母公司股份（第342条之2）。但对于子公司作为担保标的取得母公司股份的情形，商法未作规定，这是立法上的漏洞，与取得自己股份的情形一样，应对其类推适用商法第341条之3的规定。[1]对此，也有学者认为，由于商法未作规定，子公司可毫无限制地取得母公司的股份。[2]

（5）章程限制股份转让的情形

按照章程规定限制股份转让的情形中，设定转让担保时是否应获得董事会承认（第335条第1项但书）是个疑问。设定担保本身并非股份转让，无需董事会承认，但担保人一旦履行担保，就会发生股份转让的效力，因此，这种情形中应由作为受让人的担保权人就相关股份的取得获得董事会承认（第335条之7）。

3. 股份质押

1）性质

股份的质押，广义上可将其视为权利质（民法第345条、第346条），狭义上发行股票的情形中是有价证券的质押（商法第338条、第340条，民法第351条），未发行股票（第335条第3项但书）的情形中则为债权质（民法第349条）。[3]

2）质押方法

股份质押分为略式质与登录质。

（1）略式质

（a）略式质的成立要件

略式质通过设定质权的合议与向质权人交付股票而成立（第338条第1

---

〔1〕 崔基元（会）406页；李哲松（会）407页。

〔2〕 郑东润（上）517页；李基秀、崔秉珪（会）322页；郑灿亨（上）773页；权奇范（会）527页。

〔3〕 林泓根（会）307页；李哲松（会）419页；郑灿亨（上）773页。

项)。

(b) 略式质的对抗要件

质权人欲对抗公司及第三人的，应持续占有股票（第338条第2项）。

大法院 2012. 8. 23. 2012DA34764：关于股票形成重叠的占有媒介关系的情形中，最上位的间接占有人通过转让返还请求权的质权设定方法及其对抗要件
转移股票占有的方法，除了现实交付以外，还包括简易交付与转让返还请求权。将股票交由第三人保管的情形中，直接占有股票的质权设定人欲根据返还请求权的转让转移股票占有的，应将其对占有媒介人（即第三人）的返还请求权转让给质权人，这时作为对抗要件，应具备第三人的承诺或质权设定人对第三人的通知。这一法理同样适用于第三人重新将股票交由他人保管从而形成重叠的占有媒介关系的情形，因此，作为最上位间接占有人的质权设定人只需将其对占有媒介人（即第三人）的返还请求权转让给质权人，具备第三人的承诺或对第三人的通知这一对抗要件即可，无需具备直接占有人的承诺或对质权设定人、第三人的通知。

(c) 略式质的效力

(i) 一般效力：略式质一经设定，就可根据民法一般原则行使关于该质权的留置权（民法第355条、第335条）、优先受偿权（民法第35条、第329条）、转质权（民法第355条、第336条）、物上代位权（民法第355条、第342条）等权利。对于物上代位权，商法规定了补充性特别规则，即，股份注销、合并、分割或转换的情形中，对于前股东将会因此而获得的金钱或股份，也可行使以之前的股份为标的的质权（第339条）。此外，物上代位权还及于行使股份回购请求权的情形中的股份回购价款（第335条之2第4项、第335条之6、第374条之2、第522条之3）、公司回生程序中股东依据权利变更而获得的金钱（债回第252条第2项）、因新股发行无效而返还股东的认股金（第432条第3项）等。

略式质权人欲行使物上代位权的，应根据民法的一般原则在支付金钱或交付股票之前对其进行押留[1]（民法第342条）。

(ii) 利益分配请求权：略式质的情形中能否获得利益分配，对此存在不同意见。一种学说认为：①商法第340条规定了登录质的情形中可以获得利益分配，反过来解释就是略式质权人不得获得利益分配；②不适用具备这种

[1] 应债权人等的申请，国家机关要求他人不得处分财产或行使权利的强制行为。——译者注

权利的登录质制度，即表示不具有行使该种权利的意思；③略式质的情形中，将股份本身的财产性价值作为担保标的才是当事人的意思，因此，质权人不享有利益分配请求权及剩余财产分配请求权。[1]另一种学说则认为：①质权人当然享有孳息收取权（民法第355条、第343条、第323条）；②股东名册上登记与否只不过是判断有无形式资格的标准，实质上的权利关系并无变化，从这一点上看，应认为略式质权人享有利益分配请求权与剩余财产分配请求权。[2]但在支付分配金之前应对其进行押留。

（iii）股份分配请求权：公司对股东进行股份分配的，略式质权人能否请求公司将分配给质权设定人的股份分配给自己，对此法律未作明文规定，存在不同意见。这与股份分配的法律性质有关。根据股份分割说，基于物上代位，略式质的效力同样及于质权设定人将获得的股份，因此，对这一问题应持肯定态度；但利益分配说认为，肯定或否定取决于前面讲述的关于略式质利益分配的学说。股份分配的法律性质是利益分配，根据上述意见，笔者对此持肯定态度。

（iv）新股认购权：略式质或登录质的效力是否及于新股认购权，商法对此未作规定，存在对立学说。一种学说认为，发行新股的情形中，被质押的股份的担保价值降低，因此，略式质的效力及于新股认购权。[3]另一种学说则认为，股东虽享有新股认购权，但并不负有认购新股的义务，不得强制其认购新股，因此，略式质或登录质的效力并不及于新股认购权（多数说）。[4]笔者赞同否定说。

（v）其他共益权：质权效力仅及于财产性权利，因此，略式质权人不得行使表决权等共益权。

（2）登录质

（a）登录质的设定方式

登录质（正式质押）是指除了具备略式质的要件（设定质权的合议与股

---

〔1〕姜渭斗（会）378页；李哲松（会）421页；徐宪济（会）256页。孙珠瓒（上）685—686页与郑灿亨（上）774—775页中对利益分配请求权采取了否定说，但对于剩余财产分配请求权则采取的是肯定说，从而认为略式质权人享有剩余财产分配请求权。

〔2〕林泓根（会）309页；郑东润（上）518页；崔基元（会）412—413页；蔡利植（上）673页；金正皓（会）241页。

〔3〕郑东润（上）522页；蔡利植（上）673页；李基秀、崔秉珪（会）324页。

〔4〕同旨：崔基元（会）414页；林泓根（会）310页；李哲松（会）421—422页；郑灿亨（上）775页；金正皓（会）241页。

票的交付）以外，根据作为股东的质权设定人的请求，公司将质权人的姓名与住所记载于股东名册并将其姓名记载于股票上的情形（第 340 条第 1 项）。质权的登记，即股东名册上的记载，是登录质的生效要件。从这一点上看，没有必要在股票上记载质权人的姓名，实际操作也极为复杂，因此，一般认为即使股票上未作记载，也不影响质权设定的效力。公司设定名义改书代理人的情形中，质权人的姓名与住所一旦记载于备置于营业场所中的股东名册或其复印本中，即发生登录质的效力（第 337 条第 2 项）。股东名册闭锁期间不得进行登记或注销。

（b）登录质的对抗要件

股东名册上的记载是登录质对公司的对抗要件。据此，登录质权人欲对公司行使质权人权利的，无需提示股票或提供其他权利证明。但即使是登录质权人，欲以其权利对抗第三人的，亦应持续占有股票（第 338 条第 2 项）。

（c）登录质的效力

（i）利益分配与股份分配：相较于略式质权人，登录质权人的物上代位标的物的范围更为广泛，即登录质权人可获得对质押股份的利益分配、股份分配与剩余财产分配，以此优先于其他债权人受偿（第 340 条第 1 项）。不同于略式质的是，获得这些支付或行使物上代位权时，无需事先对其进行押留就可对公司行使权利（第 340 条第 2 项、第 3 项）。物上代位权的标的物为股份的情形中，质权人可直接请求公司交付相应股票（第 340 条第 3 项）。

不同于略式质权人，物上代位权的标的物为金钱并且其标的物的偿还期限先于质权人债权的偿还期到来的，登录质权人可向公司请求寄存该金钱，此时质权效力及于该寄存金（第 340 条第 2 项、民法第 353 条第 3 项）。

（ii）新股认购权：登录质权人不得行使法律无明文规定的新股认购权或表决权等共益权。[1]

3）自己股份的质押禁止

（1）含义及立法目的

公司不得超过发行股份总数二十分之一，以质权为目的取得自己股份（第 341 条之 3 本文），这是对取得数量的限制性规定。作出这种限制是因为如果无限制地允许以质权标的取得自己股份，有可能将其作为规避关于取得

〔1〕 大法院 2017. 8. 18. 2015DA5569。

自己股份的限制性规定的手段，而且在公司的财产状态恶化的情况下，由于担保价值的降低，可将公司损失最小化。

这里的以质权为目的不仅包括成为自己股份的质权人，还包括浅层意义上的以转让担保为目的的情形与作为最高额质押（根质）取得自己股份的情形。[1]但被视为等同于自己股份取得的买卖式担保（Sicherungskauf）或登录转让担保，在上述范围内同样被禁止。

（2）违反限制性规定的效果

公司违反自己股份的质取（债权人通过设定质权取得股份等有价证券的行为）限制或其例外规定而以质权为目的取得自己股份的情形中，对于超过二十分之一部分的质权效力与董事责任等问题，存在不同学说。

（a）对于超过部分的质权效力，存在无效说、相对无效说、有效说。

（i）无效说：对以质权为目的取得的自己股份加以限制是为了防止违反自己股份取得的限制性规定的行为，为了保护公司财产，应视为超过部分的质权无效。[2]

（ii）相对无效说：这一学说认为，即使超过限制比例而以自己股份提供担保，也并不导致绝对无效，但是为了保护交易安全，不得向善意的质权设定人主张无效。[3]

（iii）有效说：该学说认为，与取得自己股份不同，质取自己股份并不能利用于以投机为目的的行为，因此，原则上并不禁止质取自己股份，仅对其数量作出了限制。即使认定无效，公司也并不受益，对公司而言，相较于没有任何担保，以自己股份设定担保更为有利。[4]

（iv）笔者意见：如果按照有效说，连带着恶意的质权设定也将受到保护，这有悖于限制质取自己股份的立法宗旨。相对无效说认为，为了保护交易安全，公司不得向善意的质权设定人主张无效，但反过来，如果质权人能够主张无效，那么，极有可能助长质权设定人的投机行为。

笔者认为，限制自己股份的质取是为了防止违反自己股份取得的限制性规定的行为，因此，与违反自己股份取得限制规定的情形一样，应将其视为无效。

---

〔1〕郑灿亨（上）771页；李基秀、崔秉珪（会）322页。

〔2〕李基秀、崔秉珪（会）322页；崔基元（会）407页。

〔3〕郑熙喆（上）429页。

〔4〕孙珠瓒（上）683页；林泓根（会）315页；郑东润（上）517页；郑灿亨（上）772页。

(b) 董事违反限制质取自己股份的规定而使公司遭受损害的，应对公司承担连带损害赔偿责任（第399条），存在恶意或重大过失的，还应对第三人承担责任（第401条）。对相关董事处以相应处罚（第625条第2号）。

(3) 质取限制的例外规定

公司合并或受让其他公司全部营业的情形中，公司行使其权利过程中为了达成目的认为必要的，可以不受上述限制规定而取得自己股份（第341条之3但书）。

(4) 质取的自己股份之地位

就质取的自己股份而言，公司不仅可行使质权人所享有的优先受偿权（民法第329条）、转质权（民法第336条）、物上代位权（第339条、第461条第7项）等一般性权利，登录质的情形中，还可行使利益分配请求权与剩余财产分配请求权。略式质的情形中，可行使剩余财产分配请求权，但对于能否行使利益分配请求权，存在不同学说。笔者赞同肯定说。但质取的自己股份的表决权等共益权由作为股东的质权设定人享有。[1]

4. 股份的转让担保

1）股份转让担保的许可

转让担保制度是习惯法上认可的制度，商法中没有关于股份转让担保的规定。相较于质权，转让担保更加有利于保障债权，而且其执行也较为简便，因此，转让担保的利用也更加广泛。

股份转让担保分为略式转让担保与登记转让担保。相较于登记转让担保，无需公示的略式转让担保的适用更为广泛。[2]

2）转让担保的设定方法

略式转让担保，通过当事人之间关于转让担保的“合议”与“股票交付”发生效力（第336条第1项）。转让担保欲对抗公司及第三人的，转让担保权人应“持续占有股票”（类推适用第338条第2项）。

登记转让担保的设定，除了关于转让担保的合议与股票的交付之外，还应在股东名册上进行名义改书。

股份的略式质与略式转让担保在外观上基本相同，极易混淆，只能根据

〔1〕根据为行使股份上设定的担保权的约定，担保权人接受作为担保提供者的股东的委托行使表决权是被允许的：大法院 2014. 1. 23. 2013DA56839。

〔2〕大法院 1995. 7. 28. 93DA61338：如果以债权担保为目的进行股份转让约定当时已经是公司成立后经过六个月的时间而尚未发行股票的状态，那么，该约定则具有股份转让担保的效力。

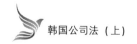

当事人的意思进行区分。对于当事人的意思不明确的情形，少数说[1]认为，为了保护债权人，应将其解释为略式质；多数说[2]则认为，应将其推定为有利于债权人（担保权人）的略式转让担保。

笔者认为，当事人意思不明确的情形中，应将其往有利于债权人的方向解释。笔者赞同将其推定为略式转让担保的多数说。

3）登记转让担保的效力

登记转让担保的情形中，对外的转让担保权人是股东。据此，包括表决权在内的共益权非由转让担保设定人行使，[3]而是归属于作为担保权人的受让人。[4]转让担保权人将被担保的股份转让给第三人的，该第三人正当取得股权，而转让担保权设定人则丧失股权。

大法院 1993. 12. 28. 93DA8719：转让担保中，对外的转让担保权人是股东
即使以债权担保为目的转让股份，使受让人成为转让担保权人，在与公司的关系中，具有股东资格的仍是转让担保权人（受让人）。

大法院 1992. 5. 12. 90DA8862：当事人可根据约定否定转让担保权人的表决权行使
对认股金债务承担连带保证责任的人欲以担保标的取得上述股份的，如果与公司约定认股金支付日为止不行使担保权，那么，在上述认股金支付日之前，并不处于能够行使表决权的股东地位。

大法院 1995. 7. 28. 93DA61338：以债权担保为目的的股份转让之效力
如果约定以债权担保为目的转让股份当时是公司成立后已经过六个月而仍未发行股票的状态，那么，该约定立即发生股份转让担保的效力。

4）作为转让担保标的取得自己股份的情形

对于作为转让担保标的取得自己股份的情形，商法未作规定。如前所述，商法第341条之3规定的“以质权为目的”包括浅层意义上的转让担保，但深层意义上的转让担保或买卖式担保的情形，对内与取得自己股份的情形一

〔1〕 李哲松（会）424页。

〔2〕 崔基元（会）410页；郑东润（上）519页；郑灿亨（上）778页。

〔3〕 大法院 1993. 12. 28. 93DA8719。

〔4〕 郑东润（上）522页；大法院 1992. 5. 26. 92DA84。

样。因此，这时不适用关于质取自己股份的规定（第 341 条之 3），而应适用关于自己股份取得的规定（第 341 条）。[1]

5. 预托股份及电子登记股份的担保

1）质权

对根据证券预托结算制度预托在韩国预托结算院的股份设定质权，与转让一样无须股票的移转，仅以账户簿上的记录即可完成设定。原则上，应以与预托股份的转让相同的方式，即以质权人账户替代质权设定人账户的方式设定质权，但实际上是以在质权设定人账户上记载相关股份为质物的意思与质权人的方式设定质权（资金第 311 条第 2 项）。质权设定人对相关股份的处分受到限制，而质权人可随时请求返还相关股份（资金第 312 条第 2 项），因此，可以说质权人“实际支配”着相关股份。这种预托股份的设质属于商法上的略式质（第 338 条）。登录质的设定，需由质权人获得预托股份的返还，并向公司或名义改书代理人提出质权登记的请求，因此，无法设定登录质。对于根据电子登记制度登记在电子登记簿上的股份的质权同样以电子登记的方式设定。与预托股份一样，应在质权设定人的电子登记簿上登记相关股份为质物的事实与质权人（电登第 31 条第 2 项）。

事实上，电子登记股份的设质，除了商法上的略式质以外，也可设定为登录质（第 340 条第 1 项）。质权人申请登录质的，公司设定权利行使基准日后电子登记机关通知股东明细，并将质权设定人与质权内容一并通知申请登录质的质权人，公司据此将关于质权的事项登记于股东名册中（电登第 37 条第 5 项）。原本设定质权时就应具备登录质的要件，但电子登记股份的情形中，无法个别进行名义改书，而是发生权利行使基准日等一定事由的情况下，根据股东明细的通知制成股东名册，因此，在这一时点才会具备登录质的要件。登录质的效果在产生分配金等成果之时发生，因此，笔者认为，此时成立登录质也无大碍。

2）转让担保

对于预托股份以及电子登记股份也可设定转让担保。转让担保要求担保股份的所有权移转，因此，与质权不同，应以担保权人的账户替代担保设定人的账户。但证券预托结算制度及电子登记制度上，并不存在为转让担保而

---

〔1〕 崔基元（会）406 页；郑东润（上）407 页；李基秀、崔秉珪（会）322 页；郑灿亨（上）773 页。

开设的账户。转让担保与通常意义上的转让一样，以担保权人的一般账户代替之。问题是无法区分作为担保权人固有财产的股份与以担保为目的而持有的股份。

Ⅷ. 股份优先购买权

1. 股份优先购买权的含义与性质

1）股份优先购买权的含义

股份优先购买权（stock option）是指根据章程规定，通过股东大会的特别决议，对为公司设立、经营及技术革新等做出贡献或可能做出贡献的董事、执行任员、监事或雇员赋予以优惠的价格认购新股或购买自己股份的权利。韩国商法将股份优先购买权定义为：对为公司设立、经营及技术革新等做出贡献或可能做出贡献的董事、执行任员、监事或雇员赋予以事先定好的价格（以下称“行使价格”）认购新股或购买自己股份的权利（第340条之2第1项）。

股份优先购买权制度是将股份购买权与任职员的业绩联系起来的一种奖励制度，具有确保优秀人才，提高生产力，改善财务结构的效果。但这一制度也有弊端，如，股市不景气时不产生任何收入，而股市繁荣时则能产生高于付出的回报，可短期内快速提高业绩等。

美国在1933年《证券法》、1934年《证券交易法》、1940年《联邦投资公司法》等联邦法与州法律中均规定了股份优先购买权制度，[1]《法国公司法》也规定了这一制度。[2]韩国通过1997年的《证券交易法》，首先将股份优先购买权制度引用到上市公司，后通过1999年的修订商法，将这一制度的适用扩大到了股份公司。2009年修订商法吸收了证券交易法中关于股份优先购买权的相关条文。

2）股份优先购买权的性质

通过与公司签订协议可取得股份优先购买权。享有优先购买权的人行使这一权利，无需公司的承诺即可发生效力，因此，股份优先购买权是一种形成权。

---

〔1〕 RMBCA §6.24.

〔2〕《法国公司法》（1970年12月31日，修订为法第70-1322号）第280条之1至第280条之7。

那么，任职员行使股份优先购买权而取得的股份的市价与行使价格间的差价，是否构成商法第 388 条规定的报酬呢？一般认为，股份优先购买权不得转让给第三人，也无法保障股份市价总是高于行使价格，因此，难以将其差价视为报酬。但笔者认为，报酬是执行职务的对价，因此，应将行使股份优先购买权取得的股份市价与行使价格的差价视为报酬。股份优先购买权的赋予应按照章程规定作出股东大会特别决议，无需另行作出商法第 388 条规定的关于报酬的股东大会决议。[1]

2. 股份优先购买权的赋予方式

股份优先购买权的赋予方式包括交付自己股份方式、新股认购权方式及交付股价差额方式三种（第 340 条之 2 第 1 项，资金第 165 条之 2 第 1 项、第 2 项）。不得创设新的方式或混合上述方式。

1）交付自己股份方式

交付自己股份方式是指公司事先持有自己股份，待股份优先购买权人行使权利而缴纳行使价款后向其交付自己股份的方式。公司可在可分配利益限度内取得自己股份（第 341 条），[2]因此，只要交付所取得的股份即可。上市公司也可以可分配利益为限，通过证券市场或公开购买的方法，以该法人的名义与计算（承担损益与责任）取得自己股份（资金第 165 条之 2 第 2 项）。这时公司发行的股份总数不发生变化。

2）新股认购权方式

新股认购权方式指股份优先购买权人一经行使权利、缴纳行使价款，就向其发行并交付新股的方式。此时，股东的新股认购权在这一范围内被排除。

3）交付股价差额方式

交付股价差额方式是指股份优先购买权人在行使该权利时，行使价格低于股份实际价格的，以现金或自己股份对行使价格与市场价格之差额进行缴纳的方式。该方式具有股份优先购买权人无需缴纳行使价款的优点。公司发行的股份总数不发生变化。

3. 股份优先购买权的实质行使要件

1）股份优先购买权的赋予主体

股份优先购买权的赋予主体为商法规定的股份公司（第 340 条之 2 第 1

---

〔1〕 崔基元（会）779 页。

〔2〕 上市公司的情形中，可在可分配利益限度内取得自己股份（资金第 165 条之 2 第 2 项）。

项）与《关于养成风险企业的特别措施法》规定的风险企业（venture business）[1]（同法第16条之3第1项）。

2）股份优先购买权的赋予对象

（1）商法

商法规定的可赋予股份优先购买权的主体为公司董事、执行任员、监事或雇员等对公司设立、经营及技术创新做出贡献或可能做出贡献的人（第340条之2第1项）。外国立法例将股份优先购买权单纯视为对经营成果的报酬，这些立法例将监事排除在了股份优先购买权的赋予对象范围之外。不仅在没有监事制度的美国，即使在设有监事制度的德国和日本，也均将监事排除在了股份优先购买权赋予对象范围之外。韩国法律虽然赋予监事股份优先购买权，但这是脱离了股份优先购买权制度基本宗旨的规定。[2]

持有除无表决权股份外发行股份总数10%以上的股东，对董事、执行任员、监事的选任与解任等公司主要经营事项产生实际影响的股东，以及上述股东的配偶、直系尊卑属，均被排除在了股份优先购买权赋予对象范围之外（第340条之2第2项）。

上市公司的情形中，不仅对公司的任职员，对于总统令规定的关联公司的董事、执行任员、监事或雇员等也可赋予股份优先购买权。但为了防止大股东等滥用该项制度，上市公司的（i）最大股东及其特殊关系人，（ii）主要股东及其特殊关系人，均被排除在了股份优先购买权的赋予对象范围之外（第542条3第1项，商施令第9条第2项）。

（2）《关于养成风险企业的特别措施法》

《关于养成风险企业的特别措施法》规定，原则上可赋予股份优先购买权的主体包括：①风险公司的任职员（总统令规定的人除外）；②总统令规定的具备技术及经营能力的人；③大学或总统令规定的研究机构中，对该机构的设立或技术、经营创新等做出贡献或能够做出贡献的人（同法第16条之3第1项）。

3）股份优先购买权的赋予限度

（1）商法

商法规定，公司的任职员可以优惠价格认购的新股或可受让的自己股份

---

〔1〕开发尖端新技术与创意并将其作为挑战事业的技术集约型中小企业。——译者注

〔2〕崔基元（会）784页。

不得超过公司发行股份总数 10%。这是为了防止股份优先购买权制度的滥用而设的规定。但对于可赋予股份优先购买权人一人的股份优先购买权的限度并没有限制。

上市公司缓和了股份优先购买权的赋予限度，可在发行股份总数 20%的范围内，以总统令规定的限度（15%）为限赋予股份优先购买权（第 542 条之 3 第 2 项，商施令第 9 条第 3 项）。

（2）《关于养成风险企业的特别措施法》

该法规定，股份优先购买权的赋予限度不得超过公司发行股份总数的 50%（同法第 16 条之 3 第 7 项，同法施行令第 11 条之 3 第 6 项）。

4）股份优先购买权的行使价格

股份优先购买权是指董事、执行任员、监事或雇员以事先规定好的价格购买自己公司股份的权利，这时事先规定好的购买价格即为行使价格。行使价格具有以下特点：

（a）采取赋予新股认购权方式的，行使价格应高于股份优先购买权赋予日的股份实际价格与股票面额中较高的金额。发行无面额股份的情形中，将计提为资本金的金额中相当于一股的金额作为票面额（第 340 条之 2 第 4 项第 1 号）。[1]

（b）采取转让自己股份方式的，行使价格应高于股份优先购买权赋予日的股份实际价格（第 340 条之 2 第 4 项第 2 号）。

（c）采取缴纳股价差额方式的情形中，股份优先购买权的行使价格低于股份实际价格的，公司可以金钱支付其差额或转让相当于该差额的自己股份。这种情形中，以股份优先购买权的行使日为准确定股份的实际价格（第 340 条之 2 第 1 项但书）。

4. 股份优先购买权的形式行使要件

1）章程规定

（1）商法规定，欲赋予股份优先购买权的，应在章程中记载：①在一定情况下，可赋予股份优先购买权的意思；②因行使股份优先购买权而可发行或转让的股份种类与数量；③被赋予股份优先购买权的人的资格要件；④股份优先购买权的行使期间；⑤在一定情况下，可依据董事会决议取消赋予股

〔1〕第 340 条之 2 第 4 项第 1 号但书中还留着“资本”这一表述，这是立法上的误区，应将其变更为“资本金”。

份优先购买权的意思（第340条之3第1项）。

（2）《关于养成风险企业的特别措施法》也规定了类似于商法的章程应规定的内容（同法第16条之3第2项）。

2）股东大会特别决议

（1）商法规定，应以股东大会特别决议规定以下事项：①将被赋予股份优先购买权的人的姓名；②股份优先购买权的赋予方式；③股份优先购买权的行使价格与关于价格调整的事项；[1]④股份优先购买权的行使期间；⑤因行使股份优先购买权而发行或转让的股份的种类与数量（第340条之3第2项）。但上市公司可在发行股份总数10%的范围内，以总统令规定的限度为限，简化程序，以董事会决议赋予股份优先购买权（第542条之3第3项）。

（2）《关于养成风险企业的特别措施法》也规定了类似于商法中关于股东大会及董事会特别决议事项的内容（同法第16条之3第2项）。

3）股份优先购买权赋予协议的签订

（1）公司应根据股东大会决议与被赋予股份优先购买权的人签订股份优先购买权赋予协议，并在一定期间内制作书面协议（第340条之3第3项）。当事人可在不违反商法规定的前提下，自主决定股份优先购买权赋予协议的内容，如股份优先购买权的行使方式与程序，取消股份优先购买权的相关事项，股份优先购买权的担保受到一定限制的意思等。

（2）商法中关于签订股份优先购买权赋予协议的规定，同样适用于《关于养成风险企业的特别措施法》规定的股份优先购买权（同法第16条之3第6项）。

4）登记与公示

（1）登记

公司决定赋予股份优先购买权的，应进行登记（第317条第2项第3号之3）。

（2）公示

公司应将股份优先购买权赋予协议备置于总公司，供股东在营业时间内阅览，直至股份优先购买权的行使期间终了（第340条之3第4项）。

（3）关于上市公司的特别规定

通过上市公司的股东大会作出股份优先购买权赋予决议的，应根据总统

---

〔1〕赋予股份优先购买权后，作为被购买对象的股份被分割，按照分割比例对每股的购买价格进行减额的情形中，无需股东大会特别决议。大法院2011.10.27.2009DU11645。

令规定，将其申报至金融委员会与证券交易所。金融委员会与证券交易所应自申报之日起将申报内容备置于金融委员会与证券交易所，供一般群众阅览，直至股份优先购买权的行使期间终了（资金第165条之17第1项）。

（4）《关于养成风险企业的特别措施法》规定，欲赋予股份优先购买权的风险企业作出相关股东大会决议的，应依据总统令规定将决议内容申报至中小企业厅厅长[1]（同法第16条之3第5项）。

5. 股份优先购买权的行使

1）股份优先购买权的行使方式

（1）股份优先购买权是形成权，依据股份优先购买权人的单方意思表示即可行使。股东名册闭锁期间也可行使股份优先购买权，但对于闭锁期间的股东大会决议，不得行使表决权（第340条之5、第350条第2项）。

（2）行使股份优先购买权而从公司受让旧股（自己股份）没有问题，但认购新股的情形中，对于申请书的制作、新股认购要约书的记载事项、缴纳银行、缴纳金保管人的变更、缴纳金保管人的证明等事项，准用关于附新股认购权公司债权人行使新股认购权的规定（第340条之5，第516条之9第1项、第3项、第4项）。

2）股份优先购买权的行使期间

（1）自股东大会决议之日起在任或任职两年以上才可行使股份优先购买权（第340条之4第1项）。这是为了认可长期为公司作出贡献的人的权利而设置的规定。据此，被赋予股份优先购买权的人，即使是因退休、死亡、人事调整、公司机构重组等非本人归责事由而离任，任职未满两年的非上市公司的任职员也不得行使股份优先购买权，也不得通过章程或股东大会决议缓和商法第340条之4第1项规定的要件。[2]这种解释在一定程度上过于严苛，因为上市公司中的本人不具有离任归责事由的情形中，即使没有任职两年以上，也可行使股份优先购买权（第542条之3第4项，商施令第9条第5项），而在非上市公司中没有设置这种例外规定是立法上的漏洞。特别是对于禁止通过章程或股东大会特别决议缓和股份优先购买权赋予要件的规定，笔者难以认同。股份优先购买权的具体行使期间应规定在章程中（第340条之3

---

〔1〕中小企业厅是主管中小企业与中坚企业的中央行政机关。出处：斗山百科－Small and Medium Business Administration（SMBA，中小企业厅）。——译者注

〔2〕大法院2011.3.24.2010DA85027。

第2项第4号）。

（2）上市公司的股份优先购买权人，自关于赋予股份优先购买权的股东大会或董事会决议作出之日起至该法人在章程中规定的股份优先购买权行使期间终了之日对公司享有权利，这时被赋予股份优先购买权的人除了总统令另有规定的情形以外，应当自股东大会或董事会决议之日起任职或在任两年以上才可行使权利（第542条之3第4项）。将股份优先购买权的行使期间规定为至该任职员退任或离职日的情形中，该任职员因非本人归责事由而离任的，应自离职日起追加3个月以上的行使期间（商施令第9条第7项）。

（3）《关于养成风险企业的特别措施法》中也规定了相同内容（同法第16条之3第6项）。

3）股份优先购买权的转让禁止

（1）股份优先购买权只能由本人行使，不得转让他人。但被赋予股份优先购买权的人死亡的，其继承人可以行使股份优先购买权（第340条之4第2项）。

（2）《关于养成风险企业的特别措施法》也规定了相同内容（同法第16条之3第7项）。

6. 股份优先购买权的行使效果

1）赋予股份优先购买权的公司之义务

股份优先购买权一经行使，公司就应承担按照股份优先购买权的赋予方式转让自己股份，或发行新股，或交付相当于股价差额的现金或自己股份的义务。

2）成为股东的时期

（1）因行使股份优先购买权而成为股东的时期为：①以新股认购权方式行使股份优先购买权的情形中，认股金缴纳完毕（行使价额）之时（第340条之5，第516条之10）；②对于以交付自己股份方式行使股份优先购买权的情形，商法未作规定，根据股份转让的一般性原则，为缴纳购买价款（行使价额）后获得股票交付之时（第336条第1项）；③以交付股价差额方式行使股份优先购买权的情形中，如果以现金交付就不存在这一问题，而交付自己股份的，股份优先购买权人行使股份优先购买权之时即为成为股东之时。

（2）对新股分配利益的情形中，视为新股在根据章程规定行使该股份优先购买权的时期所属的营业年度的前一营业年度末发行（第340条之5、第350条第3项第2文）。

7. 变更登记

公司因行使股份优先购买权而发行新股的，资本金增加。公司应在股份优先购买权行使日期所属月份的最后一日起两周内，在总公司住所地进行变更登记（第340条之5、第351条）。

8. 股份优先购买权的取消

1）股份优先购买权的取消属于公司的自律行为。商法规定，公司应在章程中规定在一定情况下可根据董事会决议取消赋予股份优先购买权的意思，据此，可根据章程规定取消股份优先购买权（第340条之3第1项第5号）。

2）上市公司也可根据章程规定以董事会决议取消股份优先购买权，但取消事由仅限于以下几种情形：①被赋予股份优先购买权的任职员，按照本人意思离职或退休的；②被赋予股份优先购买权的任职员，因故意或过失使法人遭受重大损失的；③因法人破产或解散等事由，无法行使股份优先购买权的；④发生股份优先购买权赋予协议规定的其他取消事由的情形（商施令第9条第6项）。

Ⅸ. 股份注销

1. 股份注销的含义

股份注销（Einziehung von Aktien）是在公司存续过程中，绝对性地消灭特定股份的公司行为。随着股份的注销，股东资格也绝对性地消灭。股份注销是消灭“公司存续过程中的特定股份”，从这一点上区别于公司解散情形中的股份的全部消灭；又从消灭“股份本身”这一点上，区别于不消灭股份只消灭股票的股票除权判决（第360条）与取消股份认购人资格的失权程序（第307条）。[1]注销股份的方法分为依据减资程序的注销方法与注销自己股份的方法。此外，还有偿还偿还股的方法（第345条），相关内容已在前面讲述。

2. 股份注销方法

1）按照减资程序注销股份

注销股份只能按照减少资本金的规定进行（第343条第1项本文）。按照

[1] 股东权利只能因股份转让、股份的注销或失权程序等法定事由而丧失，单纯的当事人之间的特别约定或放弃股份的意思表示并不能消灭股份或因此而丧失股东地位。大法院 1991.4.30.90MA672；大法院 1963.11.7.62DA117；同 1999.7.23.99DA14808；同 2002.12.24.2002DA54691。

减资方法注销股份的，应启动债权人保护程序（第439条第2项）。但为了填补亏损而减少资本金的情形（第439条第2项但书）以及根据董事会决议作为应分配利益注销自己股份的情形中（第343条第1项但书），则无需启动债权人保护程序。注销股份的方法具体包括注销自己股份（后述）与合并股份。

通过注销可绝对性地消灭特定股份，相应的股东资格也随之消灭。如，注销特定股东持有的股份后，公司未支付股份价款的情形中，根据再发行该注销股份的公司与股东签订的恢复原状约定而产生的交付义务，因被注销的股份作为特定物被绝对消灭而构成履行不能〔1〕(一般认为股份为种类物，因此，如基于名义信托保管股份的保管人，将保管的股份出售给他人的，其股份返还义务也不构成履行不能)。无法支付对注销股份的股份价款而仅对以前的股东发行相当于被注销股份的新股的，等同于向已丧失股东资格的第三人发行新股，这种情形因违反第418条第2项规定而无效。〔2〕但注销利益后公司不支付价款的情形中，以公司持有或新认购的自己股份返还被注销利益的民事约定有效。〔3〕

2）注销自己股份的情形

作为应分配给股东的利益，公司可注销自己股份。〔4〕如上所述，具体的操作依据董事会决议进行，而非按照减资程序（第343条第1项但书）进行，因此，无需启动债权人保护程序（第439条第2项、第232条）。作为利益分配注销自己股份的规定是登记事项（第317条第2项第6号）。公司可任意购买自己股份而采取失效程序，若以给予特定股东利益的方法购买自己股份，将违反股东平等原则。公司对其获得的自己股份启动失效程序时，股份注销发生效力（第341条第1号、第342条）。

★若干问题

1. 2011年修订商法第343条（股份的注销）第1项是适用于公司发行面额股的情形的规定。〔5〕无面额股的注销本身与资本金的减少无关。无论是面额股还是无面额股，注销的同时减少资本金的，均应作出股东大会特别决议（第438条）并采取债权人保护程序（第439条第2项）。第343条第1项

---

〔1〕大法院 2015.5.29.2012DA104854。

〔2〕大法院 2009.3.12.2007DA10399。但如果将其认定为具有经营目的的第三人分配，则有效。

〔3〕大法院 2015.5.29.2012DA104854。

〔4〕大法院 1992.4.14.90DAKA22698。

〔5〕李哲松，逐条解释，第95页。

(只能按照关于减资的规定注销股份) 虽然沿袭了之前的规定，但发生因注销股份而减少资本金的情形就应适用商法第 438 条关于资本金减少的规定，因此，这一规定并不具有实际意义。

2. 但“根据董事会决议注销自己股份的情形中无需按照减资程序”的第 343 条第 1 项但书规定具有重要意义。笔者认为，立法者的意图是，“取得自己股份的基本形态应为第 341 条规定的可分配利益，由于取得自己股份后通过董事会决议进行注销的情形中不发生资本金减少的结果”，因此无需适用关于减资的规定。问题是第 343 条规定的注销自己股份的情形并不仅限于第 341 条规定的以可分配利益取得自己股份的情形，还包括第 341 条之 2（以特定目的取得自己股份）规定的情形。第 341 条规定的自己股份取得具有“可分配利益”这一财产来源限制，但第 341 条之 2 中的自己股份取得却没有财产来源限制。据此，以特定目的取得自己股份的情形中，如果公司资本不充足，极有可能发生资本金缺损的情况。发生资本金缺损却无需采取减资程序（债权人保护程序）的规定当然有问题。因此，也有人主张第 343 条第 1 项但书规定的注销对象应仅限于无面额股。[1]无面额股的注销与资本金的减少无关，因此，按照这一解释，上述但书规定就没有任何问题。

3. 笔者认为，现行法规定的所有自己股份，均应以董事会决议进行处分。据此，无论是以可分配利益取得自己股份的情形，还是以特定目的取得自己股份的情形，均可通过董事会决议进行注销。公司自己资本的不足极易引起资本金的缺损，对此未规定债权人保护程序不得不说是法律上的漏洞，但这也是法律对自己股份作出的政策性判断，即，股份优先购买权的行使原因，如公司合并、分割、分割合并等情形中，已经采取了债权人保护程序，因此，无需重新启动债权人保护程序（但营业的转让、受让、租赁等情形中不存在债权人保护程序）。

4. 第 343 条第 2 项是不必要的规定，因为按照减资规定注销股份的情形中，“适用”而不“准用”关于减资的规定（第 440 条、第 441 条）是理所当然的。

3. 股份注销的效果

随着股份的注销，该股份被消灭，注销的股份数量即为减少的发行股份

---

〔1〕 李哲松，逐条解释，第 96 页。

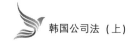

总数。公司注销股份应进行变更登记（第317条第2项第3号）。根据减少资本金的方法注销股份的，资本金随之减少，但注销自己股份情形中的财产来源是利益，因此，资本金不发生变化。被注销的股份作为预定发行股份总数中的未发行股份而复活，因此，被注销的股份数量即为可再发行的股份数量。以注销自己股份的方式注销股份的情形中，发行的股份票面总额与资本金总额并不一致。

X．股份分割与合并

1. 股份分割

1）股份分割的含义

股份分割（stock split-up，share division）是指以一股分割为两股或两股分割为三股等方式拆分原有股份。股份分割不会使公司财产或资本金发生变化，只会增加发行股份总数。面额股份的分割即意味着票面额的分割，即面额股份的分割是分割票面额（如将5000韩元的票面额分割为1000韩元或500韩元等），据此，所发行的新股按照各股东的持股数量进行分配。由于无面额股份没有票面额，因此其股份数量是根据分割比例增加，公司资本金除以发行股份总数的形式上的股份价值将会减少。

股份分割经常被用于股价过高时提高股份流通性或公司合并的情形中合并比率的决定。

2）股份分割程序

（1）股东大会的特别决议

股份分割应通过股东大会的特别决议进行（第329条之2第1项）。股份分割后，所发行的股份总数增加，面额股份的每股票面额减少。面额股份的票面额（第289条第1项第4号）与预定发行股份总数（第289条第1项第3号）是章程记载事项，因此，票面额减少时应变更章程。股份分割后因股份数量的增加导致股份数量超过章程规定的预定发行股份总数的，也应变更章程。如上所述，需要变更章程的，不仅应召开分割股份的股东大会，还应召开变更章程的股东大会。发行面额股份的，分割后的每股金额不得低于最低票面额100韩元（第329条之2第2项）。

（2）新股票的发行与交付

发行面额股份的公司分割股份的，股票的票面额将发生变化，因此，公司应发行新的股票并将其交付股东。对于股份分割程序（旧股票的提交，新股票的交付)、效力的产生、零股的处理等，准用关于股份合并的规定（第440条至第443条，第329条之2第3项)。

据此，①欲分割股份的，公司应规定一个月以上的期间，将分割股份的意思与应在规定期间内将股票提交公司的内容进行公告，并分别通知股东名册上记载的股东与质权人（第329条之2第3项、第440条)，该规定期间届满的，股份分割发生效力（第329条之2第3项、第441条)。但股份电子登记的公司不设定股票提交期限，因此，公司应规定分割股份之日（分割基准日）后进行两周的公告，分别通知股东名册上的股东与质权人。股份分割的效力发生于分割基准日（电登第65条第3项)。②因股票的遗失等原因无法将旧股票提交公司的，可按照公示催告程序再发行旧股票，但商法规定了更为简便的方法，即，公司可根据遗失人的请求，规定三个月的期限，面向利害关系人作出如果对该股票存在异议可在此期间内提出的公告，规定的期间经过后可将新股票交付请求人（第329条之2第3项)。无法提交不宜分割的股票（即零股）的情形中，也可作同样的处理（第329条之2第3项、第443条第2项、第442条第1项)。③对于不宜分割的股份，即零股，可将其加起来，竞卖对此发行的新股，获得的款项按股份数量分别支付给股东，但也可以将尚具有行情的股份通过交易所进行处理，而对于没有行情的股份，可在获得法院许可后，以竞卖以外的方式出售（第329条之2第3项、第443条第1项)。

3）股份分割的效果

分割股份的，公司应发行新股并交付股东，由于发行股份总数有所增加，还应进行变更登记（第317条第2项第3号)。这种股份分割使公司发行的股份总数增加，各股东所持有的股份数量也随之增加，但公司资本金与财产不发生变化。据此，各股东的实质地位也不会发生变化。分割前后的股份具有相同性质，因此，分割前在股份上设定的质权，也可对分割后的新股行使(第339条)。

2. 股份合并

股份合并（share split-down，Zusammenlegung von Aktien）是将属于同一股东的数股股份加起来，从而减少旧股数量。如，将票面总额为5000韩元的两股股份合并成为票面额为5000韩元的一股。通常股份合并会产生零股，从而影响股东利益，因此，仅限于减少资本金（第440条）与公司合并（第530条第3项）等例外情形，才可进行股份的合并。详细内容将在“资本金的减少”部分讲解。

第四节　股份公司的机关

Ⅰ. 总说

1. 公司机关的概念

1）公司机关的含义

公司作为法人，具有法律上的人格。但公司本身不能行动，具体活动只能通过自然人进行。作为公司的活动主体，决定公司意思并实行该意思的组织，为公司机关（Organe）。公司机关是公司的内部组织。

2）股份公司的机关的特点

股份公司的机关具有明确而专门的划分，这是区别于人合公司的最大特点。原则上，人合公司的各社员（股东）享有业务执行权与代表权，因此，机关资格与社员资格并未分离，由社员构成公司机关（自己机关，当然机关）；而股份公司并不重视股东本身的个性，原则上董事资格并不以股东资格为前提条件，并非股东人数众多就可成为公司机关。据此，股份公司对第三机关的需求、机关资格与社员资格分离是股份公司机关的特色。归根结底，这是股份公司的重要经济性特色，即是企业所有权与经营权分离的法律体现。

原则上董事资格并不以股东资格为前提条件，也并不因股东人数众多，股东就可成为公司机关。据此，股份公司中有必要设置第三机关，机关资格与社员资格分离是股份公司机关的特色。

3）股份公司的机关的分类

从历史沿革与比较法的角度上看，股份公司各机关相互间的权限分配存在很大区别。韩国现行商法规定的股份公司机关大致可分为必要机关与临时机关。必要机关包括股东大会、业务执行机关与监查机关。股东大会是公司的意思决定机关，主要决定公司的基本事项；业务执行机关包括董事会、代表董事与执行任员；监查机关包括监事和监查委员会，主要监督董事业务及会计事项。临时机关包括法院或股东大会为了调查股份公司的设立程序或业务执行及财产状态等而选任的检查人。此外，还有根据《关于股份公司等的外部监查的法律》设置的对一定规模以上的股份公司进行会计监查的会计监查机关，即外部监查人。

2. 商法中股份公司的机关的变迁

1）依用商法

依用商法中的公司机关分为作为意思决定机关的股东大会、作为执行机关的董事会以及作为监督机关的监事。这是典型的三权分立式的机关划分方式。股东大会是最高机关、万能机关，而监事享有会计监查权与业务监查权，不存在代表董事或董事会的概念，各董事既是代表机关，也是执行机关。

2）1962 年商法

1962 年商法对以前的三权分立式的机关划分方式进行修改，重新划分了各机关权限。这是采取英美法中的董事会制度的结果，缩小了股东大会的权限，而将业务执行机关分为董事会与代表董事，其权限得到相当大的强化，即股东大会只能对法律或章程规定的事项作出决议（第 361 条），而将从前属于股东大会的发行新股、发行公司债券等权限移转至董事会，这就是所谓的授权资本金制度。依用商法中的董事是业务执行机关，但随着董事会制度的引入，将董事会变成了意思决定机关，董事会可选任执行业务的董事与代表公司的代表董事，从而将原来的业务执行机关分为董事会与代表董事。

如上所述，随着股东大会中心主义向董事会中心主义的转变，股东大会的许多权限也随之转移到了董事会。在依用商法中享有业务监查权与会计监查权的监事，在 1962 年商法中被规定为只享有会计监查权，业务监查权转移到了董事会的权限范围内。

★对股东大会中心主义的反思与向董事会中心主义的转变

1962 年商法引进英美公司法中的授权资本金制度与董事会制度，实现了依用商法中股东大会中心主义向董事会中心主义转变的经营体制的一次重大变革。依用商法下的股份公司经营体制以股东大会为中心，这是将公司资本金分割为股份，由股份所有人构成的股东大会这一最高万能机关支配公司的体制。这是一种通过分散的股份实现企业支配力的统合形式，目的在于达到由股东大会决定公司意思，董事会作为执行机关执行该意思决定，监事监督执行机关的业务执行的三权分立式的牵制与均衡，从而实现资本民主主义。

但是，近代企业的发展与产业的复杂性，要求企业经营具备高度的专业知识与技术，而随着股份的分散，导致股东数量的增加与投资股东、投机股东、机关投资人等的出现，股东种类发生了质的变化，最终导致股东大会丧失了其原有的功能，大部分股东缺乏关于公司的专业知识与关注，也不再出席股东大会。企业家股东即使持有少量股份也可支配股东大会，因此，股东大会成了部分大股东支配公司的方便而巧妙的法律装置，[1]以至于出现了股东大会高高在上却不能支配公司等丧失功能的现象，其运营也变得极其形式化，甚至被评为“没有观众的喜剧”。实际上，公司实权全部集中在大股东与受其控制的董事等少数人手中。这种对股东大会“无功能化”的反省，在一定程度上使股东大会中心主义向董事会中心主义的转变具备了必然性。

3）1984 年与 1995 年修订商法

1984 年修订商法重新调整了股份公司机关之间的权限，即为了方便融资，赋予董事会新股发行权（基于准备金转入资本金）、可转换公司债的发行权等，弱化股东大会权限的同时，也极大地强化了董事会权限。移转至董事会的权限有：准备金的资本金转入权（第 461 条），可转换公司债券的发行权（第 513 条），设立、移转、撤除分公司的权利（第 393 条第 1 项后段）等。为了复活监事的业务监查权，使其进行业务监查，大幅度地强化了监事权限。

1995 年修订商法中，监事的权限得到进一步强化。但 1984 年与 1995 年修订商法维持了 1962 年商法中关于股份公司机关的基本框架。

4）1998 年修订商法以后公司治理结构的改善问题

1998 年至 2001 年的商法修订均是在改善公司治理结构的大前提下进行的。

韩国经济在 1997 年第一次发生因外汇储备匮乏而对外支付能力不足的危机，我们称之为 1997 年金融危机，当时大量企业倒闭，国家的对外信用也一落千丈。虽然韩国因国际货币基金组织（International Monetary Fund，IMF）的救济基金而度过了这一危机，但强化对企业经营者的监视与企业经营者责任，保障企业经营的透明度等调整公司治理结构的必要性也随之显现出来。

公司治理结构（Corporate Governance）是一种管理、治理公司的体系（1992 年英国卡德伯利报告书，Cadbury Report）。公司的监督管理，董事会、管理层及股东之间的关系，是公治理结构的核心内容，主要是关于公司机关结构的问题。公司治理结构不合理，将破坏牵制与均衡，使机关中的部分功能与权限过于集中，导致企业经营的透明度下降，营私舞弊与腐败层出不穷，最终导致公司面临倒闭的局面。

---

〔1〕 林泓根（会）332 页。

关于公司机关，1998 年修订商法将“所有公司均应设置三人以上董事”的义务性规定修改为“小型股份公司可设置一名董事或两名董事”。据此，董事只有一人的公司中不存在董事会，其功能被分散至股东大会与代表董事，使业务执行机关一元化为代表董事，从而极大地简化了机关的组织与运营。1999 年修订商法引进了在董事会内设置由两人以上组成的各种委员会的制度。与此同时，为了保障经营的客观性与透明性，还引进了外部董事（outside director）制度，从而在原有的监督机关——监事以外，新设以外部董事为中心的监查委员会，以此大大地强化了对董事的监督。公司可在监事与监查委员会中任选其一作为其监督机关。

2001 年修订商法为了使董事会更具灵活性，规定代表董事应就有关董事或被雇用人的业务向董事会进行报告，同时还规定董事应定期向董事会报告业务执行情况，从而强化了董事会的信息访问权限。

2009 年修订商法将已废止的《证券交易法》中规定的关于选任上市公司外部董事、常务监事及监查委员会的事项重新规定其中。该修订法特别规定，成为监查委员会设置主体的前一营业年度资产总额为两兆韩元以上的上市公司，应由股东大会选任监查委员。

2011 年修订商法引入执行任员制度，规定可由公司自行决定是否设置“执行任员”作为公司业务执行机关，明示了“执行任员的法律地位”和执行任员与公司的“委任关系”，同时还规定了设置执行任员的公司中关于选任、解任执行任员的董事会权限（第 480 条之 2 至第 480 条之 9）。

Ⅱ. 股东大会

1. 股东大会的含义

股东大会（Hauptversammlung，general meeting of shareholders，assemblée générale）是根据全体股东的意思，在公司内部就商法或章程规定的事项，决定公司意思的最高权力机关。

1）股东大会由股东构成。即使董事或监事出席股东大会，也不是股东大会的组成员。有学者认为，持有无表决权股的股东只要不享有表决权，就不能成为股东大会的组成员，[1]但笔者认为，无论股东是否享有表决权，都应

〔1〕 林泓根（会）331 页；郑东润（上）536 页；郑灿亨（上）820 页。

被视为股东大会的组成员。[1]

2）股东大会的决议事项，仅限于商法或章程规定的内容。依用商法中的股东大会，只要不违反强制性规定或公序良俗，就可对任何事项作出决议，其权限范围非常广泛，可谓是名副其实的公司最高万能机关。现行商法规定，股东大会的决议事项仅限于商法或章程规定的内容（第361条），从其权限上看已不再是万能机关。但股东大会仍可选任或解任董事与监事（第382条第1项、第385条第1项、第409条第1项、第415条），享有章程变更权（第433条），可通过行使这些权利监督公司的业务执行，还可利用章程扩大股东大会的权限范围，因此，股东大会作为公司最高权力机关的地位并没有发生变化。

3）股东大会是公司内部意思决定机关，其对外行为由代表董事实施。股东大会的意思决定由股东在现实集会中作出，这种集会被称为股东大会。股东通过股东大会参与公司经营。

4）股东大会是股份公司中必须设置的必要机关，即使全体股东同意，也不得省略股东大会的召开。从抽象的存在形式上看，股东大会可被视为常设机关，但作为会议体，从活动形式上看却系非常设机关，无需每次召开时重新组成。[2]

2. 股东大会的权限

1）决议事项的限定

随着董事会制度的引入，商法缩小了股东大会的权限，即，将股东大会的决议事项限定在商法或章程规定的范围之内（第361条），对规定之外的其他事项作出决议，原则上应视为无效。但也可对法定事项以外由章程规定的事项作出决议。

2）法定决议事项

股东大会的法定决议事项，根据决议方式的不同，分为普通决议事项、特别决议事项、特殊决议事项。普通决议事项是指以“出席股东的半数以上与发行股份总数四分之一以上的表决权数”作出的决议（第368条第1项）。特别决议事项是指以“出席股东的三分之二以上与发行股份总数三分之一以上的表决权数”作出的决议（第434条）；特殊决议事项是指以全体股东的同

---

〔1〕 同旨：崔基元（会）421页；李哲松（会）479页；李基秀、崔秉珪（会）449页。

〔2〕 郑东润（上）536页；徐宪济（会）275页；权奇范（会）573页。

意（第400条）作出的决议。

但在董事只有一人的小型股份公司中，需要董事会承认或决议的大部分事项均为股东大会权限范围内的事项（普通决议事项，第383条第4项），因此，股东大会的权限也有相应的扩大。

股东大会的法定决议事项均为重要事项，因此，即使章程有所规定，也不得委任其他机关对此作出决定。

3）章程中的股东大会权限

可根据章程规定扩大股东大会权限。具体分类如下：

（1）商法未作规定的事项，只要不违反股份公司本质与强行法规，即可作为股东大会的决议事项。

（2）商法规定为股东大会权限范围内的事项［如代表董事的选任（第389条第1项）、新股发行（第416条）、准备金转入资本金（第461条第1项）、可转换公司债券的发行（第513条第2项）、附新股认购权公司债券的发行（第516条之2第2项）等］，也可以通过章程将其规定为股东大会权限。

（3）商法规定为股东大会以外机关权限的事项，是否也可以规定在章程中作为股东大会权限，对此存在不同意见。多数说认为，基于股东大会的最高权力机关性及权限分配的自律性等，在不违反股份公司本质与强行法规的情况下，可在章程中将商法规定的董事会权限规定为股东大会权限，[1]但如董事会召集股东大会的权限等，从性质上看不得作为股东大会权限的内容除外。少数说则认为：①关于机关权限分配的规定，从其性质上看是强制性规定；②如果按照多数说，商法规定为股东大会权限的事项（如第389条第1项但书，第416条但书等）将变得毫无意义；③据此，股东大会将大量吞噬董事会权限，这有违股份公司所有权与经营权相分离的理念，因此，只要商法没有规定"可根据章程规定作为股东大会权限"，就不得将董事会权限作为股东大会权限。[2]

笔者认为，从理论上看，少数说是正确的，但从"可将董事视为股东的代理人"这一观点上看，多数说是正确的。如，中间分配的决定权是董事会

---

〔1〕崔基元（会）435页；林泓根（会）347页；郑东润（上）541页；蔡利植（上）498页；李基秀、崔秉珪（会）450页；金正皓（会）260页；权奇范（会）576页。

〔2〕李哲松（会）482页；郑灿亨（上）823页。

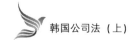

权限（第642条之3第1项），如果章程将之规定为股东大会权限，也未尝不可。大法院采取多数说作出的判决认为，对于董事自己交易的承认这一董事会专门决议事项，股东大会虽不得事后追认，但如果章程规定该承认权限属于股东大会，就可由股东大会对董事自己交易作出承认。[1]

4）特别法规定的股东大会权限

根据《关于股份公司等的外部监查的法律》，公司在选任监查人时，应获得监事（监查委员会）或监查人选任委员会的承认，并应在选任监查人后首次召集的定期股东大会（第365条）中对这一事实进行报告（外监第4条第2项、第3项）。《保险业法》规定，保险公司因解散、合并等原因移转保险合同的，应作出股东大会的特别决议（保业第138条、第39条第2项）。

5）法定决议事项以外的权限事项

虽然不是法定决议事项，但从性质上看应当被认为属于股东大会权限的事项包括，股东大会选任的监查人（第366条第3项、第367条）的报酬及其解任，股东大会会议长的选任，股东大会延期、续行的决定（第372条第1项是注意性规定）等。

3. 股东大会的召集

1）召集权人

（1）董事会

如果商法未作特别规定，则由董事会［清算中的清算人会（第542条第2项、第362条）］就股东大会的召集日期、场所、议案等作出决定（第362条），由代表董事［清算人代表（第542条第2项、第389条第3项）］具体履行召集程序（第389条第3项、第209条）。未经董事会决议，在代表董事单独召集的股东大会中作出决议的，构成决议取消之诉的事由。[2]代表董事为两人以上的，可以其中一人的名义召集股东大会，也可在章程中规定履行召集程序的代表董事，[3]规定召集权限优先顺序的，应依其规定。在无召集权人召集的股东大会中作出的决议，原则上视为股东大会决议不存在。[4]但如果股东大会是由不是代表董事的董事根据董事会决议召集的，那么股东大会的程序瑕疵只不过是股东大会决议的取消事由，而不得以此为由认定股东

---

〔1〕大法院2007.5.10.2005DA4284，4291。

〔2〕大法院1980.10.27.79DA1264。

〔3〕大法院1980.10.27.79DA1264。

〔4〕大法院1987.4.28.86DAKA553。

大会决议无效或决议不存在。[1]

★公司清算与公司回生

清算公司中不存在董事会，而是组成清算人会，股东大会的召集由清算人会决定（第542条第2项、第362条），由清算人代表履行召集程序。

公司回生的情形中，选任管理人之前与回生前的公司并无区别，但一旦选任管理人，公司业务执行权与财产管理处分权均专属于管理人（债回第56条），因此，管理人享有召集股东大会的权限。

（2）少数股东

持有发行股份总数3%以上的少数股东，可将记载会议目的与召集理由的书面材料或电子文书提交董事会，以此请求召集临时股东大会（第366条第1项）。这时，代表董事不得在没有董事会决议的情况下，按照请求召集股东大会。发行股份总数不包括无表决权股份、公司自己股份以及因股份相互持有而使表决权受限制的股份（通说）。[2]发行股份总数3%以上的股份，只需持有至提出召集股东大会的请求之时即可。[3]

董事会未按照少数股东的请求毫无迟滞地履行股东大会召集程序的，少数股东可在获得法院许可后直接召集股东大会（第366条第2项）。未履行股东大会召集程序是指，未召开董事会（以召开股东大会）、未闭锁股东名册、未进行公告或未发送召集通知或迟延履行这些行为的情形。

少数股东申请法院许可召集股东大会的，应阐明董事怠于召集股东大会的事实（非讼第80条第1项）。法院应对这种申请以附理由的决定作出裁判（非讼第81条第1项），对引用该申请作出的裁判不得提出不服申请（非讼第81条第2项），只能提出《民事诉讼法》第449条规定的特别抗告。[4]这时，少数股东只是临时处于公司执行机关的位置，股东大会的召集费用应由公司承担。在少数股东召集的股东大会中，可为公司财产状态恶化寻找对策或解

---

〔1〕大法院1993.9.10.93DO698。

〔2〕也有见解认为，股东大会召集请求权并非自益权，而是为修正公司的病理现象的共益权，从这一点上看，这些股份也应包含于发行股份总数中：崔基元（会）447页。少数股东权是股东的监督纠正权的一种，因此，持有无表决权股的股东也包含其中：郑东润（上）542页。

〔3〕同旨：李哲松（会）487页。相反意见：林泓根（会）352页（认为应持有至股东大会终结之时）。

〔4〕大法院1963.9.23.63MA15；大法院1991.4.30.90MA672。

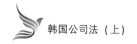

任公司任员。据此，股东大会可以为了调查公司业务与财产状况而选任检查人（第366条第3项）。

上市公司的情形中，六个月连续持有发行股份总数15‰以上具有表决权的股份或取得关于行使股权的委任书，又或为了共同行使两人以上股东的股权而持有股份的人，可要求召集商法第366条规定的临时股东大会（第542条之6第1项）。也有判例认为，根据旧《证券交易法》，上市公司的少数股东欲召集临时股东大会的，无需满足上述上市公司特别规定中的少数股东要件（六个月连续持有发行股份总数15‰以上具有表决权的股份），只要具备商法第366条第1项规定的要件，即持股比例为3%以上的股东（无需连续持股六个月以上）也可行使股东大会召集请求权（择一说）。[1]但在2009年修订商法第542条之2中设置了上市公司特例规定，即，“本节优先适用于本章其他章节”。因此，这种解释不再具有合理性，对于上市公司应当适用降低后的持股比例特别规定，而不是“连续持有六个月以上”的规定（特则说）。[2]

少数股东召集股东大会的，可由法院根据利害关系人的请求或依其职权，选任股东大会的会议长（第366条第2项第2文）。这是因为，一般情况下，根据章程规定由代表董事担任股东大会会议长，而少数股东召集的股东大会中，同样由代表董事担任会议长主持会议显然是不恰当的。

★《关于资本市场与金融投资业的法律》等特别法规定

特别法放宽了少数股东请求召集临时股东大会的要件。具有一定规模的金融投资业者（资金第29条第5项）、金融机关（银行第17条第6项）、综合金融公司（资金第350条、第29条第5项）情形下，连续六个月持有发行股份总数万分之一百五十（总统令规定的法人需持有万分之七十五）以上者，可要求召集商法第366条规定的临时股东大会。

（3）监事或监查委员会

监事或监查委员会可将记载会议目的与召集理由的书面材料提交董事会，

〔1〕 大法院2004.12.10.2003DA41715；大田地方法院2006.3.14.2006KAHAB242（关于股东提案权）；首尔高等法院2011.4.1.2011RA123（关于股东大会的召集）。

〔2〕 首尔高等法院2015.7.18.2012NA86163；首尔高等法院2015.7.16.2015RA20485；首尔中央地方法院2015.7.1.2015KAHAB80582；首尔中央地方法院2012.10.5.2011GAHAB80239；仁川地方法院2010.3.4.2010KAHAB159；首尔中央地方法院2010.12.27.2010BIHAB512；首尔中央地方法院2011.1.13.2010KAHAB3874。但首尔高等法院2011.4.1.2011RA123取消了2010BIHAB512的决定。

以此请求召集临时股东大会（第412条之3第1项、第415条之2第7项）。代表董事应按照这一请求，通过董事会召集股东大会。收到请求后，董事会应毫无迟滞地履行股东大会召集程序，否则监事或监查委员会可在获得法院许可后直接召集股东大会（第412条之3第2项、第366条第2项、第415条之2第6项）。这种情形中，以监事或监查委员会的名义召集股东大会。法院许可监事或监查委员会召集股东大会的，董事会不得就同一议案召集股东大会。获得法院许可后，在相当一段时间内监事或监查委员会未召集股东大会的，监事或监查委员会的召集权消灭。股东大会的召集及召开会议所需的费用由公司承担。

赋予监事或监查委员会股东大会召集权，是为了在股东大会中获得监事对监查结果的报告并对此制定对策，以保障监事进行监查的实效性。

（4）法院

有理由怀疑公司的业务执行中存在不当行为或违反法令、章程的重大事实的，应根据少数股东的请求，由检查人对公司业务与财产状态进行调查（第467条第1项），并将调查结果报告法院（第467条第2项），法院根据该检查人的调查报告认为有必要的，可命令代表董事召集股东大会（第467条第3项）。这种情形中并不要求董事会决议，因此，代表董事也无需等待董事会作出召集决定，而应立即召集股东大会。代表董事违反该命令的，处以过怠料的处罚（第635条第1项第20号）。

在根据法院命令召集的股东大会上，应提交检查人的报告书，董事与监事应就报告书的准确性进行调查并报告股东大会（第467条第3项后段、第310条第2项）。

2）召集时期

根据召集时期的不同，股东大会可分为每个结算期召开的定期股东大会与必要时随时召开的临时股东大会（第365条）。

定期股东大会与临时股东大会从效力上看并无差异（通说）。董事等的任期计算以定期股东大会为准（第383条第3项）。

（1）定期股东大会

定期股东大会（general meeting，ordinary meeting，ordentliche Generalversammlung）原则上在每年的一定时期召集一次（第365条第1项），而规定每年两次以上结算期的公司，应在每一结算期召集一次股东大会（第365条第2项）。在定期股东大会中承认财务报表、决定利益或损失的处理，因此也将定期股东大会称为结算股东大会。召集时期应规定在章程中，但如果章程中未作规定，则应在每个结算期后三个月内召开会议（参照第354条第2项、第3项）。[1]

定期股东大会除了可承认财务报表及董事、监事的改选等例行事项以外，还可决定变更章程、合并合同书或分割合同书、分割合并合同书等事项，因此，无需为了这些事项在定期股东大会之后再次召开临时股东大会。根据法院命令召开的股东大会与定期股东大会的召集时期一致的，可在该定期股东大会中对相关事项作出决议。定期股东大会因某种事由而在章程规定的时期之后召开的，该股东大会并不是临时股东大会，因此，也可在该大会中对财务报表作出承认。

有学者认为，将监事或董事的任期规定为定期股东大会终结之时的，该任期并非延长至定期股东大会实际终结之时，而是在本应召开定期股东大会的期间经过之时终结，[2]但这一规定的立法宗旨在于使董事、监事在退任之前出席股东大会，因此，这一主张并不准确。

（2）临时股东大会

临时股东大会（special meeting，extraordinary meeting，auβerordentliche Generalversammlung）是指必要时随时召开的股东大会（第365条第3项）。临时股东大会一般根据公司需求任意召集，但根据具体情况，有时也会强制召集临时股东大会（第467条第3项、第526条第1项、第533条第1项、第540条第1项等）。定期股东大会与临时股东大会仅在召开时间上存在差异，其权限或召集程序等均无区别，但在临时股东大会中不得对财务报表进行承认。

3）召集地与召集场所

（1）召集地

召集地是指最小独立行政区域（市、郡）。章程中未作其他规定的，股东大会应在总公司所在地或与此临近的地点（即临近总公司所在地的最小独立行政区域）召集（第364条）。违反关于召集地的规定构成决议取消之诉的事由。

（2）召集场所

关于股东大会的具体召集场所，商法未作规定，但应将其解释为召集地

〔1〕 同旨：林泓根（会）355页；郑东润（上）543页；李基秀、崔秉珪（会）451页；郑灿亨（上）826—827页。

〔2〕 林泓根（会）355页；郑灿亨（上）827页。

内的特定场所，一般记载于股东大会召集通知书中。通知书中未记载召集场所的，总公司即为召集场所。召集场所的位置与规模等应便于股东出席大会，因此，交通不便的场所或无法容纳全部出席股东的狭小场所，构成召集程序不公正因素，也可成为股东大会决议取消之诉的原因。判例认为，建筑物的天台或茶社也可成为股东大会的召集场所。〔1〕因召集通知书中记载的场所不能或不适于召开股东大会而需要变更股东大会召集场所的，无需重新履行召集程序而直接变更大会场所，但应当采取适当措施，将变更后的场所通知出席股东大会的股东，以便股东能够按时到达变更后的场所。〔2〕

4）召集程序

（1）召集通知

（a）公司应在股东大会召开日两周前，以书面或电子文书的形式向各股东发送股东大会召集通知书（第 363 条第 1 项本文）。未通知大部分股东的，构成决议不存在事由，〔3〕但仅对部分股东未作召集通知的，构成决议取消事由。〔4〕

在海外发行证券预托凭证的，公司只需通知在发行公司实质股东名册上记载为实质股东的海外存托机关即可免责，并没有通知预托凭证的实际所有人的义务。〔5〕

股东大会的召集通知，应在股东大会召开日两周前以书面形式作出或在获得股东同意后以电子文书形式发送。据此，除了股东同意的情形以外，不得以口头形式进行通知。〔6〕为了使召集程序更加迅速、简便，2001 年修订商法中引入了电子文书通知形式。2009 年修订商法明文规定，以电子文书形式发送通知的，应事先获得股东同意，以此阻断了股东权利被侵害、滥用的可能性。但由于商法没有对电子文书作出定义，对于如何确定电子文书的概念至今仍存在争议，笔者认为，应准用《电子交易基本法》的规定。〔7〕公司将

---

〔1〕大法院 1983. 8. 23. 83DO748。

〔2〕郑东润（上）543 页。大法院 2003. 7. 11. 2001DA45584；同 2016. 6. 10. 2016DA201685。

〔3〕徐燉珏、郑完溶（上）361 页；李炳泰（上）594 页；大法院 1979. 6. 26. 78DA194。

〔4〕大法院 1981. 7. 28. 80DA128。

〔5〕大法院 2009. 4. 23. 2005DA22701。

〔6〕郑东润（上）544 页；郑灿亨（上）829 页。

〔7〕《电子交易基本法》中的电子文书是指通过电脑等具有信息处理功能的装置以电子形态制作、发送、收取或保存的信息（同法第 2 条第 1 号）。除了其他法律作出特别规定的情形以外，电子文书并不因其电子形态的特点而被否定作为文书的效力（同法第 5 条）。

通知发送至股东名册上记载的地址的，视为在正常的到达期间内到达（第353条第2项、第304条第2项），公司不再承担关于到达迟延或未到达的责任。[1]

（b）召集通知书中应记载会议的目的事项（第363条第2项），变更章程、减少资本金、公司合并等特定情形中，还应记载相关议案要点（第433条第2项、第438条第2项、第522条第2项）。

会议的目的事项指会议的议案或会议事项，只需通过记载能够了解待决议事项即可。议案要点指议案的重要内容，如，变更章程的情形中，“变更章程”是目的事项，而具体变更章程中的第几项条款及如何变更等均为议案要点。股东大会不得对通知书中未记载的事项进行决议。可通过股东大会决议删除议题或在不损害同一性的范围内进行修改，但不得追加新的议案或议题。[2]据此，对通知书中未记载的议案或议题作出决议的，构成决议取消之诉的原因。

反对股东大会就关于公司营业转让、受让、租赁等以及股份交换、股份移转、公司合并、分割合并的事项做出的特别决议的股东享有股份回购请求权，因此，就这些事项进行股东大会召集通知的，应明示股份回购请求权的内容及其行使方式（第374条第2项）。违反这一规定的，同样构成决议取消之诉的原因。

（c）股东大会的召集通知书持续三年未到达股东名册记载住所的，公司可以不对该股东作出股东大会召集通知（第363条第1项但书）。这是为了省略对长期行踪不明的股东进行召集通知，从而预防法律纠纷，降低召集股东大会的成本与繁琐性，保障公司运营的便利性。

（d）上市公司中，对持有股份数量少于总统令规定数量（发行股份总数的百分之一）的股东，可根据章程规定，在股东大会召开日两周前，将召集股东大会的意思与会议目的，在两家以上日报中公告两次以上或在金融监督院或韩国交易所运营的电子公示系统（Data Analysis，Retrieval and Transfer System，DART）上进行公示，以此代替第363条第1项规定的召集通知（第542条之4第1项）。上市公司以选任董事、监事作为大会目的事项发出股东大会召集通知或进行公告的，还应将董事、监事候选人的姓名、履历、推荐

〔1〕同旨：林泓根（会）359页。

〔2〕郑东润（上）545页；大法院1969.2.4.68DA2284。

人、候选人与最大股东的关系、候选人与相关公司最近三年内的交易内容等事项一并进行通知或公告（第 542 条之 4 第 2 项）。发出股东大会召集通知或公告时，还应对外部董事等的活动内容与报酬、业务概况等总统令规定的事项一并进行通知或公告，但登载于网站等媒介上供一般人阅览的情形除外（第 542 条之 4 第 3 项）。

（e）作为特例，资本金为 10 亿韩元以下的公司召集股东大会的，可在股东大会召开日十日前，以书面形式通知各股东或获得各股东同意后以电子文书形式作出通知（第 363 条第 3 项）。资本金为 10 亿韩元以下的公司中全体股东同意的，无需经过召集程序即可召开股东大会，可以书面决议代替股东大会决议。全体股东以书面形式就大会的目的事项表示同意的，视为以书面作出的决议已形成（第 363 条第 4 项）。这时，书面决议与股东大会决议具有同等效力。对于以书面形式作出的决议准用关于股东大会决议的规定（第 363 条第 5 项、第 6 项）。

（2）无表决权的股东

对于持有无表决权股份、限制表决权股份、因股份的相互持有而使表决权被限制的股份及自己股份的股东，无需进行通知（第 363 条第 7 项本文）。但反对召集通知书中记载的会议目的的股东的股份回购请求权被认可的情形中，则应通知该股东（第 363 条第 7 项但书）。

（3）召集通知的撤回与会议延期

公司发出股东大会召集通知后，可撤回通知或延长会议日期，也可撤回部分股东大会目的事项。这时应重新履行召集程序，但撤回通知应在已通知的会议日之前到达。〔1〕纵观关于股东大会召集通知撤回的判例的变迁，以前是“采取适当措施使股东大会组成员知晓存在召集通知的撤回或取消决定的，该召集通知的撤回或取消即可发生效力”，〔2〕而之后的案例作出的判决是：“为了撤回或延期，代表董事应准用召集程序，通过董事会决议将其意思以与召集该股东大会相同的方法进行通知。本案中，仅在股东大会召开日三日前，董事会将大会延期的决定非以书面形式，而是以手机短信的方式通知各股东，并在日报及股东大会召开场所对大会延期进行了公示，这种方式不能被视为

〔1〕 孙珠瓒（上）703 页；林泓根（会）361 页；郑东润（上）546 页；李哲松（会）506 页。
〔2〕 大法院 2007. 4. 12. 2006DA77593。

股东大会的延期决定经过了合法程序，因此，不能视为股东大会被合法延期”。[1]紧接着，在“在股东大会召开场所出入口处张贴召集撤回的公告文，对于未出席董事会的董事，利用快递送达大会召集撤回通知书，同时利用电报与移动电话进行撤回通知的”案件中[2]，认定临时股东大会的召集通知被合法有效地撤回。在已经召开的股东大会中，作出会议续行或大会延期决议的，无需重新履行召集程序。[3]

（4）召集程序的瑕疵

（a）召集程序瑕疵的结果

召集程序瑕疵可成为股东大会决议取消（第376条）或决议不存在（第380条）之事由。这种情形中，对代表董事处以过怠料的处罚（第635条第1项第2号）。此外，还存在如下几个问题。

（b）一人公司与全员出席股东大会的情形

（i）一人公司

通说认为，在一人公司的情形下，即使未履行股东大会召集程序，也视为有效。大法院认为，一人公司即使没有履行召集程序，只要该一人股东出席并制作了会议录，就可视为临时股东大会有效成立。[4]

（ii）全员出席股东大会

过去的判例认为，非一人公司的公司中，“只要不是召集权人召集的股东大会，即使由全体股东作出决议，也只不过是股东的集会，在这种集会中作出的决议不能被视为股东大会决议，因此，该决议不存在或当然无效”，以此否定了全员出席股东大会的效力。[5]但法律规定召集程序是为了给予所有股东出席股东大会的机会与准备时间，因此，全体股东放弃该利益而同意召开股东大会的，应视为大会有效成立。

大法院认为“股东大会作出特别决议时，即使该股东大会召集程序不符合商法规定，只要全体股东出席会议并一致同意作出决议，该股东大会即为

---

〔1〕大法院2009.3.26.2007DO8195。

〔2〕大法院2011.6.24.2009DA35033。

〔3〕大法院1989.2.14.87DAKA3200。

〔4〕大法院1964.9.22.63DA792；同1966.9.20.66DA1187，1188；同1967.2.28.63DA981；同1976.4.13.74DA1755；同1977.2.8.74DA1754；同1992.6.23.91DA19500；同1993.6.1.93DA8702；同2002.12.24.2002DA54691。

〔5〕大法院1960.9.8.4292民上766。

全员出席股东大会，作出的决议也是有效的股东大会决议”。[1]这时并非必须由股东亲自出席大会，代理人出席大会也无妨。[2]判例还认为，免除董事对公司的损害赔偿责任的情形中，可将一人公司中的一人股东的同意视为全体股东的同意。[3]

大法院 2002. 12. 24. 2000DA69927：判定全体股东出席的股东大会有效的判例
股份公司的临时股东大会，虽然未按照法律或章程所要求的董事会决议及召集程序召开，但股东名册上的全体股东出席大会，同意召开股东大会并且毫无异议地一致同意作出决议的情形中，若无特殊事由，则视为该决议有效。

（c）根据全体股东的同意省略召集程序

股份公司是否也与有限公司（第 573 条）一样，可根据全体股东同意而省略股东大会召集程序，对此存在不同意见。有学者认为，股份公司从本质上区别于有限公司，因此，对于股份公司不得类推适用关于有限公司的规定。但笔者认为，股份公司的情形中，可通过全体股东同意省略召集程序。但这种做法会使股东发生变化，因此，并非仅以一次同意就可永久性地省略召集程序，而是每次召集股东大会都应获得全体股东的同意。全体社员同意省略召集程序而召开股东大会的，即使存在缺席者，也视为股东大会有效成立。资本金 10 亿韩元以下的股份公司中全体股东同意的，可省略召集程序（第 363 条第 4 项）。

(5) 股东大会检查人

公司或持有发行股份总数 1%以上的股东，为了调查召集程序或决议方法的合法性，可在股东大会召开前请求法院选任检查人（第 367 条第 2 项）。[4]原则上，1%持股要件的持续期间应为自提出选任请求之时起至作出选任决定之时，但一般认为只要在提出选任请求之时满足要件即可。这与“代表诉讼的情形中，少数股东的持股要件只不过是提诉要件”的情形相似。股东大会作出决议后，确认股东大会召集程序与决议方法是否符合法律规定并非易事，

---

〔1〕 大法院 1979. 6. 26. 78DA1794；同 1981. 7. 28. 80DA2745. 2746；同 1993. 2. 26. 92DA48727；同 1996. 10. 11. 96DA24309；同 2002. 7. 23. 2002DA15733；同 2002. 12. 24. 2000DA69927。

〔2〕 大法院 1993. 2. 26. 92DA48727。

〔3〕 大法院 2002. 6. 14. 2002DA11441。

〔4〕 通常少数股东的持股要件在上市公司中有所缓和，但在股东大会检查人选任这一事项上并无缓和，这是立法上的漏洞。

因此，近年来有很多关于股东大会决议的诉讼案件。据此，为了调查股东大会召集程序的合法性、委任书的有效性、投票及开票的公正性等，事先减少关于股东大会决议瑕疵的诉讼以节省公司成本与时间，商法根据《日本公司法》第 306 条第 1 项的立法例，引进了股东大会检查人制度。法律规定检查人不仅有权调查股东大会召集程序与决议方法的“合法性”，还可对其“公正性”进行调查。

5）股东提案权

（1）含义

股东提案权（Antragsrecht）是指少数股东将一定事项作为股东大会议案与议题向公司提出建议的权利（第 363 条之 2）。英国（《公司法》第 376 条）、德国（德股第 126 条、第 127 条）、日本（日商第 232 条之 2）、美国（《证券交易委员会规则》第 14a-8 条）等国家的相关法律中均规定了关于股东提案权的内容。

（2）提案权人

可行使股东提案权的人是指，除无表决权股份与自己股份外持有发行股份总数 3%以上的少数股东（第 363 条之 2 第 1 项）。上市公司为了通过激活少数股东权提高企业经营的透明度，放宽了 3%的要件，规定连续六个月持有发行股份总数 10‰（前一营业年度末资本金为 1000 亿韩元以上的公司，持股比例为 5‰）以上者可行使股东提案权（第 542 条之 6 第 2 项）。

有判例认为，旧《证券交易法》规定，上市公司的少数股东欲将“推荐外部董事候选人”作为股东大会的议题或议案的，根据上市公司特别规定可行使第 363 条之 2 规定的股东提案权（无连续持有六个月的要件，取而代之的持股比例为 3%），以代替外部董事候选人推荐权（具有连续六个月以上持有股份的要件）（择一说）。[1]但根据 2009 年修订商法第 542 条之 2 中设置的上市公司的特别规定，这种解释不再具有合理性。上市公司应适用放宽了持

---

〔1〕 大田地方法院 2006. 3. 14. 2006KAHAB242：上市公司的少数股东欲将外部董事候选人的推荐作为股东大会的议题或议案的情形中，可选择性地行使商法中的股东提案权或证券交易法上的外部董事候选人推荐权。同旨：大法院 2004. 12. 10. 2003DA41715（关于股东大会的召集）；首尔高等法院 2011. 4. 1. 2011RA123（关于股东大会的召集）。

股比例的特别规定，以代替连续六个月以上的持股要件（特别规则适用说）。[1]

（3）相对方

股东提案权的相对方为“董事”（第363条之2第1项）。《关于资本市场与金融投资业的法律》规定的提案权相对方亦为董事（资金第29条第6项）。

（4）提案权的内容

股东提案权的内容包括议题提案权与议案提案权两种。

大会目的被称为议题，如，作出选任董事的董事会决议的情形中，议题为“董事选任案件”。关于议题的具体的提案被称为议案，如“将甲作为董事候选人”等。具体标记为“选任董事甲的案件”或“将一股股票票面额降至100韩元的章程变更案件”等的情形中，已经包含了议题与议案。

（5）行使程序

享有股东提案权的少数股东，可在股东大会召开日六周前，以书面或电子文书的形式建议董事将某一议案追加为大会的目的事项（第363条之2第1项），并请求董事将议案要点记载于股东大会召集通知书中（第363条之2第2项）。

规定股东可在大会召开日六周前行使股东提案权是为了使公司充分履行股东大会召集程序。据此，如果股东在股东大会召开日前六周内行使了股东提案权，公司虽没有采纳该提案的义务，但可将其提交股东大会。[2]

商法规定股东大会的召集通知应在会议日两周前发出（第363条第1项），而规定上市公司中的股东应在会议召开日六周前提出关于选任董事的目的事项与会议日的请求，是明显不合理的。按照这一规定，股东最迟也应在股东大会召开日六周前知晓会议日期。定期股东大会的情形中，其前一年度的股东大会日期可成为会议日的基准（定期股东大会的情形，其前一年度的定期股东大会日在本年度中的日期，第542条之7第1项），但临时股东大会选任董事的情形中，不了解公司情况的一般股东提出的集中投票请求不具有可行性。少数股东至少应在会议日六周前，行使临时股东大会召集请求权的

---

〔1〕 首尔高等法院2015.7.18.2012NA86163；首尔高等法院2015.7.16.2015RA20485；首尔中央地方法院2015.7.1.2015KAHAB80582；首尔中央地方法院2012.10.5.2011GAHAB80239；仁川地方法院2010.3.4.2010KAHAB159；首尔中央地方法院2010.12.27.2010BIHAB512；首尔中央地方法院2011.1.13，2010KAHAB3874。但首尔高等法院2011.4.1.2011RA123取消了前述2010BIHAB512决定。

〔2〕 同旨：郑东润（上）548页；郑灿亨（上）833—834页。

同时一并行使股东提案权。

（6）行使效果

少数股东行使股东提案权的，董事应将其报告董事会，除了股东提案内容违反法令或章程的情形以外，董事会应将其作为股东大会目的事项。股东提出请求的，应给予该股东在股东大会上对议案进行说明的机会（第363条之2第3项）。违反法令或章程的议案是指无视利益分配要件的利益处分议案，将不具资格的人选任为董事的议案等。

董事收到股东提交的议案后，应在股东大会召集通知中记载这些议案的要点（第363条之2第2项）。

公司不当拒绝股东提交的议题而作出股东大会决议的情形，即股东的提案未被采纳为议题的，视为关于该提案的决议本身不存在。[1]据此，对于不存在的决议当然也不存在决议瑕疵的问题。[2]判例认为，变更议题（如，提出的是"除了目前在职的董事以外追加选任两名董事"的提案，却将其变更为"除了目前在职的董事外追加选任两名董事是否适当"）[3]作出股东大会决议的情形或股东的提案未按照原提案被采纳的情形中，视为关于该提案的决议本身不存在。[4]对于不存在的决议，当然不存在决议瑕疵的问题。[5]对于其他事项的决议当然有效。这种无视股东提案权的做法不合法，提案被拒绝的股东可提出"将被拒绝的议案作为股东大会目的事项"的假处分申请，[6]还可向董事提出损害赔偿请求，对董事处以过怠料的处罚（第635条第1项第19号之3）。但从判例上看，对于股东提案权被无视的情形，仅适用关于损害赔偿（特别是具体损害无法计算的情形）与过怠料处罚的规定，小股东的利益仍无法受到有效保护。

具有以下情形的，可拒绝股东提案：①股东提案的内容违反法律或章程；②提案在股东大会中因赞成票为10%以下而被否决，自被否决之日起三年内

---

〔1〕 孙珠瓒（上）709页；林泓根（会）370页；郑东润（上）548页；郑灿亨（上）834页。

〔2〕 首尔中央地方法院2015.4.9.2014GAHAB529247；首尔高等法院2015.8.28.2015NA2019092；大法院2015.11.6.2015DA236318。

〔3〕 首尔中央地方法院2015.4.9.2014GAHAB529247；首尔高等法院2015.8.28.2015NA2019092；大法院2015.11.6.2015DA236318。

〔4〕 孙珠瓒（上）709页；林泓根（会）370页；郑东润（上）548页；郑灿亨（上）834页。

〔5〕 首尔中央地方法院2015.4.9.2014GAHAB529247；首尔高等法院2015.8.28.2015NA2019092；大法院2015.11.6.2015DA236318。

〔6〕 首尔北部地方法院2007.2.28.2007KAHAB215。

重新提出的；③关于股东私人的事项；④股东持有一定比例以上股份才可行使权利的少数股东相关事项；[1]⑤关于解任仍在任期中的上市公司任员的事项；⑥公司无法实现的事项，或提案理由虚假或毁损特定人名誉的事项等。股东提案权的行使构成权利滥用的，其权利行使将受到限制并且可能承担损害赔偿责任。[2]

6）停止召开股东大会假处分与股东大会决议禁止假处分

股东大会召开之前或作出股东决议之前能够预见因存在程序或内容上的瑕疵而使作出的股东大会决议效力存在争议的，应根据《民事执行法》（民执第300条）提出禁止召开股东大会或禁止决议的假处分申请，分别被称为停止召开股东大会假处分与股东大会决议禁止假处分。这里的假处分不同于单纯的命令禁止行为的假处分，而是形成一种剥夺假处分债务人可召开股东大会的权能或对该决议事项作出决议的权能的临时地位。[3]假处分申请人为少数股东权人、监事（监查委员会委员）等股东大会召集权人。

假处分是要求相对方禁止召开股东大会或禁止作出决议的不作为命令，一经送达相对方立即发生效力。但不顾假处分的存在仍召开股东大会作出决议或作出被禁止的决议的，其决议并不当然无效，而是构成决议不存在确认之诉的事由。

此外，能够预见因召集程序存在瑕疵或决议事项明显违反法律或章程而导致决议不存在或无效的情形中，由于召开此类股东大会、作出决议构成代表董事的违法行为，可成为商法第402条规定[4]的留止请求的对象。

4. 股东的表决权

1）表决权的性质

表决权（Stimmrecht，voting right）是指股东出席股东大会参与决议的权利，是股东为了保障其作为财产权利人的地位与利益而参与公司经营的基本权利。行使表决权是公司意思的决定方法，既是以多数决原则为理论前提的共益权，也是除了法律特别认定的情形以外不得被剥夺的固有权利。据此，

---

〔1〕 少数股东享有董事解任请求权（第385条），但对上市公司的任员不得提起解任提案的施行令规定有失与非上市公司的均衡，也脱离了施行令的界限，因而应视为无效。

〔2〕 东京高判2015.5.9.判决，日本商事法务，第2079号，2015.9.25。

〔3〕 崔基元（会）467页。

〔4〕 第402条（留止请求权）：因董事实施违反法令或章程的行为有可能造成公司无法挽回的损害的情形中，监事或持有发行股份总数1%以上的股东可要求董事留止该行为。——译者注

即使依据章程规定也不得剥夺或限制股东表决权，股东也不得事先放弃表决权。〔1〕

表决权并不是具体的、债权性的权利，因此，不得与股份分离而单独转让。〔2〕表决权并非人格性、专属性的权利，作为保护股东自益权的权利，它是一种财产性的、非公开性的权利。〔3〕

2）表决权数

（1）一股一表决权原则

股东的表决权以一股一表决权为原则（第 369 条第 1 项，股数主义）。这区别于人合公司或组合的社员或组合员根据人头数享有表决权的情形（第 195 条、第 269 条，民法第 706 条）。一股一表决权原则是强制性规定，只要商法中没有其他规定，即不得在章程中规定例外情形（参照依商第 241 条第 1 项但书）。〔4〕也不得依据当事人之间的协议剥夺特定股份的表决权或限制股东持有的股份中超过一定数量的股份表决权。股东大会决议的结果中赞同与反对同数的，视为决议被否决，不得将决定权交由会议长行使。

韩国商法没有规定对特定股份赋予数个表决权的复数表决权制度。〔5〕

（2）例外

韩国商法虽未规定表决权股（Mehrstimmakti，旧德商第 185 条、第 252 条第 2 项），但作为一股一表决权原则的例外情形，却规定了无表决权股与限制表决权股。在股东大会中行使表决权，原则上内容不同的种类股（无表决权股及限制表决权股，第 344 条第 1 项）完全不具有表决权或对部分事项不具有表决权，但作为例外情形，章程中规定复活条件的，当满足这些条件时，表决权可复活，从而可在种类股东大会中行使表决权（第 435 条、第 436 条）（前文已述）。

〔1〕李哲松（会）511 页；郑灿亨（上）835 页。

〔2〕李哲松（会）511 页；郑灿亨（上）835 页。

〔3〕林泓根（会）372 页；郑东润（上）550 页；李基秀、崔秉珪（会）461 页；郑灿亨（上）835 页。

〔4〕大法院 2009. 11. 26. 2009DA51820：限制“不是最大股东的股东与其特殊关系人等”就超过一定比例持有的股份对监事的选任及解任事项行使表决权的章程规定或股东大会决议无效。

〔5〕参照《德国股份法》第 12 条第 2 项。

3）表决权的行使

（1）行使方法

股东无需出示股票，仅以股东名册上的名义改书即可行使表决权。[1]即，以股东大会当日为基准（规定有基准日的为基准日），记载于股东名册上的股东可行使股东权利，公司有义务调查出席大会的人是否为股东名册上的股东。在大部分上市公司中，通常将股东大会当天持有召集通知书（股东大会出席状）的人视为股东并允许其出席股东大会。股东为自然人的，由股东本人或其代理人行使表决权；股东为法人的，由代表机关或法人的代理人行使表决权。

（2）表决权的代理行使

（a）含义

原则上应由股东本人行使表决权，但也可要求代理人提交证明其代理权的书面文书（委任书）而代为行使表决权（第368条第2项）。承认股东表决权的代理行使，是因为股份公司的股东个性并不重要，公司通过表决权的代理行使，反而较容易保障法定人数，也可使股东表决权的行使更为方便。关于表决权代理行使的商法规定是强制性规定，不得在章程中作出禁止或限制性规定。接受委任而行使表决权的代理人，可再委任第三人代理行使表决权。[2]

德国法律规定了股东使他人行使其表决权的资格转让制度（Legitimationsübertragung，德股第129条第3项）；美国法律则广泛地认可股东以书面协议将表决权信托给他人一定期间，使其行使表决权的表决权信托制度（voting trust）。[3]

（b）代理人资格

关于表决权的代理行使，最普遍的做法是在章程中将代理人资格限定为该公司的股东。关于是否可以章程限制代理人资格，存在以下几种学说：①有效说[4]认为，为了防止非股东出席股东大会扰乱大会秩序、保护公司利

[1] 股东在股东大会上只不过是基于其股份持有人的资格行使表决权，并不属于刑法中作为业务妨害罪保护对象的“业务”，因此，妨害表决权的行使并不构成业务妨害罪：大法院 2004. 10. 28. 2004DO1256。

[2] 大法院 2014. 1. 23. 2013DA56839。

[3] MBCA 第7.30条；《特拉华州公司法》第128条；《加利福尼亚州公司法》第706条等。

[4] 孙珠瓒（上）721页；李炳泰（上）599页；崔基元（会）476；林泓根（会）376页；李奇秀、崔秉珪（会）468页；郑灿亨（上）842页；徐宪济（会）322页；权奇范（会））617页。

益，可以作出这种限制；②限制性有效说[1]认为，原则上有效，但不得限制法人股东将其员工选任为代理人或个人股东将其家庭成员选任为代理人；③无效说[2]认为，这实质上是限制股东行使表决权的做法，应一律认定为无效。

笔者认为，并不是将代理人资格限定在公司组成员的范围内就能够限制股东行使表决，因此，应在一定程度上将“限制”交由公司自治决定。据此，将代理人资格限定在股东范围内的章程规定原则上是有效的。但股东为法人的情形中，并非必须由代表机关行使表决权，公司的其他职员或从业人员也可代理行使表决权，而股东为个人的，可由其家庭成员代理行使表决权。将代理人限定为股东是为了防止股东大会秩序被扰乱，从而避免公司利益被侵害，即使允许上述规定，也不存在扰乱股东大会秩序或侵害公司利益的风险。只有不存在股东大会秩序被扰乱的风险时，才可代理行使表决权，从这一点上看，笔者赞同限制性有效说。[3]

大法院 2001. 9. 7. 2001DO2917：可限制代理人的选任
为了保障股东自由行使表决权，应当保障股东委任代理人行使表决权，但并非可以无限制地选任表决权行使代理人，具有因表决权的代理行使无法按时召开股东大会或公司利益被侵害等特殊情况的，公司有权拒绝表决权的代理行使。

对于代理人人数，商法未作明文规定。也有学者主张，参照“数人共有股份的情形中，应指定一人行使股东权利（第 333 条第 2 项）”的规定，不得选任多数代理人。[4]根据这一学说，公司可以拒绝一人以外的其他代理人出席股东大会。一般认为，没有理由否定多数代理人的存在，但可在章程中限制多数代理人的表决权行使。[5]实际上，证券投资信托中的受托公司、韩国预托结算院等实质上持有多数人的股份的情形中，可以让多个代理人出席

〔1〕 郑东润（上）556 页；林泓根（会）376—377 页；大法院 2009. 4. 23. 2005DA22701，22718。

〔2〕 李哲松（会）523—524 页；蔡利植（上）473 页；金正皓（会）281 页。

〔3〕 章程中将代理人的资格限定为股东的情形中，股东所选任的律师不得行使表决权：东京高等法院 2010. 11. 24. 判决（日本商事法务，第 1942 号）。

〔4〕 同旨：林泓根（会）378 页；郑东润（上）556 页。

〔5〕 崔基元（会）478 页；李哲松（会）525 页；蔡利植（上）473 页；郑灿亨（上）842 页。

股东大会。[1]

(c) 代理行使表决权的方法

股东应要求代理人向股东大会提交证明其代理权的书面材料（第368条第2项第2文），代理人一般会提交代理委任书。每次股东大会都应提交委任书，[2]还是可以提交概括性委任书，[3]对此没有明确规定。但对于在银行、信托公司管理下的公司来说，实际上有必要使用概括性委任书，因此，这种情形中应当认可概括性委任书的使用。判例认为，股东权既可以概括性地进行委任[4]，也可以进行再委托[5]。

对于证明代理权限的书面材料是否应为原件，判例认为，由于复印件易于伪造，应当提交原件。笔者认为，判例的立场是可取的。但提前通知公司代理行使表决权的意思或提交经过认证的复印件等可保障其真伪的书面材料的，不得限制表决权的代理行使。

大法院2004.4.27.2003DA29616：商法第368条第2项规定的宗旨以及“证明代理权的书面材料”不包括委任书的复印件或传真件
商法第368条第2项规定的宗旨在于明确代理权存在与否，从而使股东大会决议得以顺利进行，因此，证明代理权的书面材料应为容易识别真伪的原件。一般情况下，复印件不包含于书面材料中，通过传真打印出来的委任书，从其性质上看，同样不能被视为原件。

大法院1995.2.28.94DA34579：证明代理权的书面材料的复印件被认可的情形
证明代理权的书面材料应为容易识别真伪的原件。一般情况下，复印件不包含在该书面材料中……公司的股东只有甲与公司的代表董事乙、丙三人，乙、丙明知甲将其部分股份名义信托给丁、戊并且丁、戊只是单纯的甲的名义受托人的事实，三人长期共同经营公司至今。如果甲收到召开股东大会的通知后，事先将由其代理律师代为行使表决权的意思在大会召开前告知了公司，律师出席股东大会提交了甲的委任书原件，那么，即使该律师

[1] 郑东润（上）556页。

[2] 李哲松（会）527—528页；李基秀、崔秉珪（会）467页；林泓根（会）378页。

[3] 崔基元（会）478页；郑东润（上）555页；蔡利植（上）473页；金正皓（会）280页；权奇范（会）619页；朴相祚（会）476页。

[4] 大法院1969.7.8.69DA688。

[5] 大法院2014.1.23.2013DA56839。

续表

持有的丁、戊的委任书与印章认证书均为复印件，也应认为已经充分证明了甲将其全部表决权委任其律师代为行使的事实，公司代表董事不得限制该律师代理行使表决权。同旨：大法院 2009. 4. 23. 2005DA22701，即使不提交印章认证书、出席证等材料，只要股东或其代理人能够以其他方式证明委任书的真实性或委任事实，公司就不得否定其代理权。同旨：大法院 2009. 5. 28. 2008DA85147。

代理人违反股东关于行使表决权的指示而任意行使表决权的，不影响决议效力，代理人应承担损害赔偿责任。[1]代理人的表决权行使不利于股东的，该表决权行使仍然有效。[2]但公司为表决权代理行使劝诱人的情形中，公司已经事先知晓股东的意思，因此，违反该意思的表决权行使无效（民法第130条），甚至会构成决议取消事由。[3]

(d) 表决权代理行使劝诱

公司积极劝诱股东将表决权委任给公司，从而使公司自己行使表决权的制度，称为表决权代理行使劝诱制度。在大型公司中，由于股东大会法定人数的不足而难以就议案作出决议的情形极其普遍。公司为了满足表决法定人数、积极反映股东意思而经常使用表决权代理行使劝诱制度。如果这一制度被滥用，极易造成股东大会虚构化，甚至有可能被恶意地用作经营者维持控制权的手段。

公司通过委任书的劝诱（proxy solicitation）实现代理行使劝诱，通常是在公司发送股东大会召集通知书的同时一同附送空白委任书，股东并不在该空白委任书中指定代理人，而是签名盖章后再次发送给公司。这种通过附送空白委任书的代理行使劝诱是关于代理人选任权的要约，而股东反送过来的委任书则是承诺，因此，股东反送过来的委任书到达公司时，关于代理人选任权的委任协议成立（民法第680条）。但公司进行劝诱的情形中，并非公司直接行使表决权，而是由公司指定的第三人行使表决权，因此，根据委任书的发送与反送成立的仅仅是关于选任代理人的中介协议，公司基于委任书选

〔1〕 大法院 2014. 3. 18，2013MA2488：（对于回生计划案）代理人原本欲表达同意的意思，但因过失作出不同意之意思表示而使议案被否决的案件中，即使本人提交取消不同意并以同意为宗旨的同意书，也不得被视为满足赞成要件。

〔2〕 大法院 2014. 1. 23. 2013DA56839。

〔3〕 朴相祚（会）477页；郑东润（上）557页。

任第三人为代理人后，该第三人与股东之间签订的才是代理行使表决权的委任协议。[1]

商法对此并未作出任何规定，但《关于资本市场与金融投资业的法律》规定了关于上市股份的（包含与该上市股份有关的预托证券）表决权代理行使劝诱的内容（资金第152条第1项，资金令第160条）。

（3）表决权的不统一行使

（a）不统一行使的含义及认定宗旨

股东持有两个以上表决权的，可以不统一行使表决权（第368条之2第1项第1文）。这是因为，与信托公司或证券公司持有股份的情形一样，名义股东与实质股东不一致的情形中，名义股东有必要根据各实质股东的意思分别行使表决权。

（b）不统一行使的程序

股东不统一行使表决权时，为了保障股东大会运营上的便利，应在股东大会召开日三日前，以书面或电子文书的形式将不统一行使表决权的意思与理由通知公司（第368条之2第1项）。公司进行委任书劝诱的情形中，公司在该委任书中记载表决权不统一行使的意思、理由以及赞成与反对的票数后，在股东大会召开日三日前反送公司的，可将其视为关于表决权不统一行使的通知。[2]即使违反三日的通知期间规定，只要公司认为对股东大会运行没有影响，就可接收通知。[3]

但并非作了通知就必须不统一行使表决权。对于概括性通知，即仅以一次不统一行使的通知代替数次股东大会中的不统一行使通知，存在肯定说[4]与否定说，[5]笔者赞同肯定说。

股东未作通知而直接不统一行使表决权的，公司不得在决议后对其作出承认。如果允许决议后承认，将会导致公司在事后决定赞成或反对的结果，明显不当。这属于决议存在瑕疵的情形，构成决议取消之诉的原因。[6]但作

---

〔1〕 郑东润（上）557页。

〔2〕 孙珠瓒（会）717页；郑东润（上）558页。

〔3〕 大法院2009.4.23.2005DA22701。

〔4〕 孙珠瓒（上）717页；林泓根（会）383页；郑东润（上）558页；蔡利植（上）525页；李基秀、崔秉珪（会）470页；郑灿亨（上）845页；金正皓（会）277页。

〔5〕 李哲松（会）521页。

〔6〕 郑东润（上）558页；李哲松（会）521页；郑灿亨（上）845页；金正皓（会）278页。

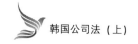

出不统一行使表决权的通知后，也可以统一行使表决权。不统一行使是针对每个议案实施的，因此，也可仅对一部分议案不统一行使表决权，而对其他议案则统一行使表决权。表决权的不统一行使合法有效的，正常计算各表决权的数量，并不与相反的表决权数相抵。

（c）表决权不统一行使的拒绝

表决权的不统一行使，除了股东接受股份信托或为他人持有股份的情形（如委任买卖股份、股票寄存于韩国预托结算院、共有股份）以外，并无现实必要性，因此，公司可拒绝股东的表决权不统一行使（第 368 条之 2 第 2 项）。

表决权不统一行使的拒绝，应在决议之前作出。公司合法拒绝表决权不统一行使的，股东不得进行不统一行使表决权，违反这一规定而不统一行使表决权的，均无效。

（4）书面行使表决权

（a）书面行使表决权的含义

股东可按照章程规定不出席股东大会而以书面形式行使表决权（第 368 条之 3 第 1 项）。这种行使表决权的方法被称为书面投票。从实际召开股东大会这一点上看，书面投票制度不同于全体股东以书面形式作出决议而不召开股东大会的书面决议制度。[1] 书面投票的意义在于股东可将自己的意思直接反映到股东大会决议中。

（b）立法宗旨

大型公司的股东一般分散在全国各地，有很多股东并不住在总公司所在地，甚至居住在国外，使这些股东出席股东大会行使表决权并不现实。如上所述，书面投票制度可诱导不愿或难以出席股东大会的少数股东参与公司经营，公司还可不受股东人数的限制而安排股东大会场所。基于上述书面投票制度的优越性，同时为了保障股东大会的顺利运行，在 1999 年修订商法中引进了该项制度。[2]

但以书面形式行使表决权的，不能在议事进行过程中适当适时地对议案采取修正、同意等应对措施，也不能反映股东们的讨论结果，因此，大部分股东进行书面投票可能会导致股东大会形骸化的结果。日本[3] 及美国大部分

---

〔1〕 根据商法规定，有限公司中可以作出书面决议（第 577 条）。

〔2〕 书面投票是从日本引进的制度，日本相关法律规定只有股东人数为 1000 人以上的大公司可进行书面投票（参见《关于股份公司监事等的商法特例的法律》第 21 条之 3）。

〔3〕《关于股份公司监事等的商法特例的法律》第 21 条之 3。

州的股份公司法均采纳了该项制度。

（c）书面行使表决权的要件

欲以书面形式行使表决权的，应在章程中规定相关内容（第368条之3第1项）。但从书面投票的性质上看，议案的内容应为仅仅需要赞成或反对意见的单纯议案，如提交章程修正案的具体内容后，只要求对该议案提出赞成或反对意见的情形，只要求对解任特定董事或监事的议案表示赞同或反对的情形等。对于议案的修订或同意等，不得进行书面投票。

公司应在股东大会召集通知书中附上股东以书面形式行使表决权时所需要的书面材料与参考资料（第368条之3第2项）。股东行使表决权的书面材料，最迟应在股东大会召开日前一日到达公司。

（d）书面行使表决权的方法

欲以书面形式行使表决权的股东，应在公司召集通知书中附上书面材料，记载必要事项，并最迟于召开日的前一日提交到公司。书面行使表决权的情形中，也可代理行使表决权或不统一行使表决权。不统一行使表决权的，股东应在股东大会召开日三日前以书面形式将不统一行使表决权的意思与理由通知公司（第368条之2第1项）。

书面行使表决权之所以发生实质效力，是因为通过在股东大会中的投票表决作出决议。据此，即使书面行使表决权的书面材料提交期间已经过，在决议作出之前也可随时撤回书面形式的表决权行使。提交书面行使表决权相关材料的股东直接出席股东大会参与议案审议的，视为撤回书面行使表决权的意思。代理人出席股东大会的情形亦同。

（e）书面行使表决权的效果

股东书面行使表决权与股东直接出席股东大会行使表决权具有同等效力。计算出席法定人数时，书面投票的数量计入发行股份总数（参照第371条第1项），计算表决法定人数时，同样计入出席股东的表决权数中（参照第371条第2项）。

未表示赞同或反对的书面投票，构成表决权的无效行使。对于书面投票的对象议案，股东大会提出修正提案的情形中，赞成原提案的书面投票被视为反对修正提案，而反对原提案的书面投票则被视为弃权。对“讨论与议题无关的事项”的同意，只有出席股东大会的股东才可行使表决权。

（5）以电子方式行使表决权

（a）以电子方式行使表决权的含义

公司可以董事会决议决定股东不出席股东大会，而以电子方式行使表决权（第 368 条之 4 第 1 项）。这种通过电子方式行使表决权的制度，被称为电子投票制度。根据电子投票制度，股东可以不出席股东大会，利用互联网等电子方法行使表决权，从而促使股东积极参与股东大会，降低召开股东大会的成本。电子投票制度并不是强制性制度，公司可根据其具体情况选择性地适用。日本及美国大部分州的公司法均规定了这一制度。

（b）以电子方式行使表决权的要件及方法

以电子方式行使表决权的，应由董事会作出决定（第 368 条之 4 第 1 项）。如果股东与股东大会现场并非同步在线联系，议案内容应为只需表示赞成或反对意见的单纯内容，这一点与书面投票相同。对议案的修订表示同意等事项，不得采取电子投票方式。

规定以电子方式行使表决权的，公司应以电子方式向股东提供行使表决权所需要的样式与参考资料（第 368 条之 4 第 3 项）。就同一股份以电子投票方式或书面投票方式行使表决权的，应在两者中选择一种方式（第 368 条之 4 第 4 项）。股东确认等以电子方式行使表决权的程序与其他事项，均由总统令规定（第 368 条之 4 第 6 项）。

（6）表决权行使的限制

任何股东均可在股东大会中行使表决权，这是股东的固有权利，因此，原则上除了商法另有规定的情形以外，即使章程也不得对股东的表决权作出限制。但法律规定了以下几种限制表决权行使的情形：

（a）公司持有的自己股份（第 369 条第 2 项）不具有表决权。虽然是他人名义的股份，但实际上作为公司财产而持有的，视为不具有表决权。[1]自己股份本身具有表决权，只是在被公司持有期间其表决权被休止，由公司以外的人持有则具有表决权，从这一点上看，自己股份区别于无论由谁持有均不具有表决权的无表决权股份。这种自己股份也计入发行股份总数（第 371 条第 1 项）。自己股份不具有任何共益权与自益权（全面休止说）。

（b）公司持有特定比例（发行股份总数十分之一）以上的相互持有股份（第 369 条第 3 项），也不具有表决权。法律禁止母公司与子公司相互持有股

〔1〕 林泓根（会）373 页。

份，虽不禁止非母子公司间的股份相互持有，但相互持有一定比例以上股份的，该股份的表决权将受到限制。限制方式与股份的相互持有限制类似。如上所述，限制这种非母子关系的公司间相互持有股份的主要目的是防止非出资人通过相互持股行使表决权，从而破坏股东大会决议与公司治理结构。

具体包括以下三种类型：

①A 公司持有 B 公司发行股份总数十分之一以上的情形中，B 公司持有的 A 公司股份不得在 A 公司股东大会上行使表决权。

A 公司（持有 B 公司十分之一以上股份）←B 公司（不得以 A 公司股份行使表决权）

②处于母子公司关系的 A 公司与 B 公司合计持有 C 公司发行股份总数十分之一以上的情形中，C 公司持有的 A 公司股份不得在 A 公司股东大会上行使表决权。

处于母子关系的 A 公司与 B 公司（合计持有 C 公司十分之一以上股份）←C 公司（不得以 A 公司股份行使表决权）

③子公司持有其他公司发行股份总数十分之一以上的情形中，该其他（孙）公司所持有的母公司股份不得行使表决权。

A 公司（持有 B 公司 50%以上股份）←B 公司（持有 C 公司十分之一以上股份）←C 公司（不得以 A 公司股份行使表决权）

第二种类型与第种三类型为循环出资形态，但 A 公司与 B 公司必须是母子公司关系，从这一点上看，与目前韩国的循环出资形态并不完全相同。目前韩国一般的循环出资形态中，A、B、C 公司之间相互持有股份至可成为母子公司程度的情形并不常见，而是从 5%到 100%不同程度持有彼此的股份。

关于第种三类型的判例参照大法院 2009. 1. 30. 2006DA31269 判决。事实关系如下：

①A 公司持有 B 公司 92%的股份，欲在 2005 年 3 月 18 日召开股东大会。

②C 公司以 2004 年 12 月 31 日为基准日，持有 A 公司 43. 4%的股份。

③B 公司于 2005 年 1 月 26 日取得 C 公司 27%股份。

上述第三种类型的事例
①持有 92%
A

②持有 43.4%（表决权?）C ③2005 年 1 月 26 日取得 27%B

从 2005 年 1 月 26 日起，（A+B）←C（27%）的关系形成，C 公司所持有的 A 公司 43.4%的股份所具有的表决权，是否在 A 公司的股东大会上受到限制，对此存在三种意见。

（i）基准日说：该学说认为，于基准日 2004 年 12 月 31 日，若不处于上述第三种类型的相互持股关系中，表决权则不受限制。〔1〕即使是在设定基准日之后，若上述第三种类型的相互持股关系成立，就认为表决权的限制符合第 369 条第 3 项的立法宗旨。

（ii）股份实质取得日说：该学说认为，决定有无表决权的时期为对方公司取得十分之一以上股份的日期，即 2005 年 1 月 26 日。〔2〕

（iii）股东大会日说：该学说认为，于 2005 年 3 月 18 日，若第三种类型的相互持股关系成立，就应当限制表决权。这也是判例所采取的立场。笔者赞同这一学说。〔3〕关注股份持有现状的目的在于切断 A 公司行使相当于自己股份的表决权，以 A 公司的股东大会日为基准作出判断是较为合理的。未进行名义改书的股东也可在股东大会上证明自己的股东身份后行使表决权，与是否在股东名册上进行了名义改书无关。根据判例，在 2005 年 3 月 18 日的 A 公司股东大会上，C 公司所持有的 A 公司 43.4%的股份是不能行使表决权的。但根据大法院 2017.3.23.2015DA248342 判决，表决权应依据股东名册上的记载而行使，因此，是否必须进行名义改书是个疑问。这时应当认为，无论有没有进行股东名册上的名义改书，表决权均应受到限制。

---

〔1〕崔基元（会）497 页；朴赞雨："关于股份相互持有限制的商法规制"，载《延世法学研究》第 2 集，1992 年，第 596 页。

〔2〕孙珠瓒：《修订商法逐条解释》，韩国司法行政学会，1984 年，第 326—327 页；朴明绪："股份相互持有的法律规制"，载《金丙泰教授花甲纪念论文集》，1998 年，第 797—798 页。

〔3〕李哲松（会）411 页。日本是明文规定以股东大会日期为基准判断限制表决权股份之数量的同时，规定基准日的情形中将基准日作为相互股的判断起始点，基准日以后相互股发生变动的，以相关公司"知晓相互股变动事实之日"为准（参见《日本公司法施行令》第 67 条）。

大法院 2009.1.30.2006DA31269：采取股东大会日说的判例
商法第369条第3项规定：“公司、母公司与子公司或子公司持有其他公司发行股份总数十分之一以上的，该其他公司所持有的公司或母公司的股份不具有表决权。”规制与母公司无关的公司之间相互持股的主要目的在于防止未进行出资的人通过相互持股行使表决权，从而歪曲股东大会决议与公司治理结构。商法第354条规定的基准日制度只是为了规定一定日期，确定在这一日期股东名册上的股东为行使权利的股东，并不能成为确定其他公司股东的标准。即使基准日不符合商法第369条第3项规定的要件，只要在实际行使表决权的股东大会日满足要件，就属于商法第369条第3项规定的相互持股情形，不具有表决权。从限制相互持股的目的上看，公司、母公司与子公司或子公司持有其他公司发行股份总数十分之一以上与否，应以实际持有的股份数量作为判断标准，而与是否进行了股东名册上的名义改书无关（因此，在上述案件中，2005年3月18日A公司的股东大会上，C公司所持有的A公司43.4%的股份不得行使表决权）。

A公司取得B公司发行股份总数十分之一以上的，A公司应毫无迟滞地通知B公司（第342条之3）。这是因为B公司持有的A公司股份不具有表决权（第369条第3项），应当使B公司知晓这一事实。

相互持有股份的情形中，该股份本身虽具有表决权，但在相互持有的两公司之间的表决权应被休止，即使B公司持有A公司股份，如果A公司持有的B公司股份比例低于10%，则该股份也当然具有表决权。与自己股份的情形一样，相互持有的股份也不具有表决权，因此，不得将其计入发行股份总数。

商法规定处于非母子公司关系中的公司相互持有的股份不具有表决权，但是否具有其他共益权或自益权是个疑问。一般认为，这种股份也具有自益权。[1]问题是是否具有除了表决权之外的共益权？对此存在不同学说：第一种学说认为，这种股份具有除了表决权以及以表决权为前提的共益权以外的其他所有共益权；[2]第二种学说则否定了第一种学说[3]。笔者赞同第一种

---

〔1〕 崔基元（会）496页；郑东润（上）552页；蔡利植（上）520页；李基秀、崔秉珪（会）476页。

〔2〕 崔基元（会）496页；郑东润（上）552页；蔡利植（上）520页；李基秀、崔秉珪（会）476页。

〔3〕 孙珠瓒：“关于修订商法第369条第3项的解释论与立法论”，载《考试界》1984年5月，第135页。

学说。

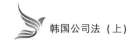

（c）特别利害关系人持有的股份的表决权也受到一定限制（第 368 条第 3 项）。计算表决法定人数时，表决权被限制的股份数并不计入发行股份总数之中（第 371 条第 2 项）。与股东大会决议具有特别利害关系的人，不得以其所持股份行使表决权。特别利害关系人所持有的股份本身具有表决权，该股份在被特别利害关系人持有的期间内也是具有表决权的，但当议案与该股东具有特别利害关系时，表决权被休止。据此，作为特别利害关系人的股东人数虽然计入成立股东大会所需要的法定人数，但并不计入出席股东大会的股东表决权数中（表决法定人数，第 371 条第 2 项）。

这里所谓的特别利害关系人是指特定股东在个人立场，而非股东立场上具有利害关系。〔1〕据此，董事免责决议中作为被免责董事的股东（第 400 条第 1 项、第 415 条、第 324 条）、营业转让决议中作为相对方的股东（第 374 条）、决定董事报酬的决议中作为相关董事的股东（第 388 条、第 415 条）等，均为特别利害关系人，不享有表决权。但股东在股东立场上具有利害关系的情形，如董事、监事的选任或解任决议中的当事人股东，财务报表承认决议中作为董事或监事的股东等，均不属于特别利害关系人。〔2〕不仅股东本人，其代理人也不得行使具有特别利害关系股东的表决权。〔3〕

（d）选任监事的情形中，大股东的表决权受到一定限制。计算表决法定人数时，不具有表决权的股份数不计入发行股份总数（第 371 条第 2 项）。在选任监事的股东大会决议中，除不具有表决权的股份以外持有发行股份总数 3%以上的股东，不得就该超过部分的股份行使表决权（第 409 条第 2 项，单纯 3%规则或个别 3%规则）。公司可根据章程规定设定低于上述 3%的持股比例，但不得规定高于 3%的持股比例（第 409 条第 3 项）。在选任监事的决议中限制表决权是为了降低大股东对决议施加的影响力，从而将立场中立的人选任为监事。

上市公司中的最大股东、最大股东的特殊关系人、由总统令规定的人合计持有的具有表决权的股份总数超过该公司除无表决权股份以外的发行股份总数 3%的（章程规定低于 3%的，以该比例为准），该股东不得以超过部分

〔1〕 孙珠瓒（上）713 页；林泓根（会）390 页；郑东润（上）552 页；李哲松（会）516 页；郑灿亨（上）838—839 页；金正皓（会）271 页。

〔2〕 与此相反的学说认为，这种情形中也认为是特别利害关系人。孙珠瓒（上）713 页。

〔3〕 林泓根（会）392 页；郑东润（上）552 页；李哲松（会）517 页。

的股份对监事或不是外部董事的监查委员的选任、解任行使表决权（第542条之12第3项）。[1]应当设置监查委员会的上市公司（前一营业年度资产总额为2兆韩元以上的公司）中，除不具有表决权的股份外持有发行股份总数3%以上的股东，在选任作为外部董事的监查委员时，不得就该超过部分行使表决权。但可在章程中规定低于3%的持股比例（第542条之12第4项，合算3%规则）。

选任监事的情形中，大股东所持股份的表决权仅限于选任监事这一特定议案受到限制，对于其他议案则不受限制。表决权被休止股份的表决权数计入发行股份总数之中，但不计入出席股东表决权数中（表决法定人数，第371条第2项）。

（e）若要排除集中投票，应将排除集中投票的内容规定于章程中（第382条之2第1项）。章程中没有关于排除集中投票的规定的，可通过变更章程规定排除集中投票，从而排除集中投票的适用。资产规模为2兆韩元以上的上市公司欲排除集中投票或通过变更章程排除集中投票的，除不具有表决权的股份外持有发行股份总数3%以上的股东，不得就超过部分行使表决权。章程可规定低于3%的持股比例（第542条之7第3项）。

（f）持有股东名册闭锁期间内（第354条第1项）被转换股份的股东，不得对这一期间内作出的股东大会决议行使表决权（第350条第2项）。但只要转换前的股份不是按照规定获得分配的不具有表决权的股份，转换前的股份就可行使表决权。[2]

（g）获得表决权行使禁止假处分的股东不得行使表决权。但该股份数量包含于关于股东大会决议要件的发行股份总数（第368条）之中。[3]

（h）其他特别法规定的限制表决权的情形如下：

（i）《关于资本市场与金融投资业的法律》的限制规定包括：违反限制持有规定而超过持有公共法人股份的，就该超过部分不得行使表决权（资金第167条第1项至第3项）。违反这一规定行使表决权的，处以刑事处罚（资金第446条第29号）。

违反《关于资本市场与金融投资业的法律》中的公开购买规定而购买股份的，从购买之日起不得就该股份（包括因行使与该股份相关的权利而取得

[1] 对于最大股东以外的人不得作出这种限制：大法院 2009. 11. 26. 2009DA51820。

[2] 崔基元（会）494页。

[3] 大法院 1998. 4. 10. 97DA50619。

的股份）行使表决权，金融委员会可规定六个月的期间并命其在这一期间内处分该股份（资金第 145 条）。《关于资本市场与金融投资业的法律》规定，大量持有上市公司（指有价证券及 KOSDAQ 市场上的股票上市公司）股份的人，应在规定期限内就其持股情况与变动事项报告金融委员会与交易所（资金第 147 条第 1 项），未作报告的，在总统令规定的一定期间内不得就超过具有表决权的发行股份总数 5%的部分行使表决权（资金第 150 条第 1 项）。

（ii）以韩国预托结算院的名义持有已进行名义改书股份的股东，在股东大会召开日五日前，未向韩国预托结算院表示其将直接行使、代理行使或不行使表决权之意思的，韩国预托结算院即可行使该表决权（资金第 314 条第 5 项），因此，可以说实质股东的表决权行使在这一范围内是受到限制的。

（iii）《关于独占规制与公平交易的法律》中的限制规定包括：经营金融业或保险业的大型企业集团公司，即使持有国内关联公司的股份，如果不是为了经营金融保险业务或保险资产的有效管理与运营而已经依据保险业法等获得许可的情形，则不得行使表决权（独规第 11 条）。股份的取得或持有导致企业结合的，《关于独占规制与公平交易的法律》禁止这种股份的取得或持有（独规第 7 条第 1 项第 1 号），违反这一规定的，可剥夺相关股份的表决权（独规第 16 条第 1 项、第 18 条第 1 项）。

（iv）《金融控股公司法》及《银行法》中的限制规定包括：同一人（包括特殊关系人）不得持有金融控股公司中的银行控股公司或银行法规定的银行的具有表决权的发行股份总数 10%以上，超过 10%的股份不得行使表决权（金持第 8 条第 1 项、第 10 条第 1 项，银行第 15 条第 1 项、第 16 条第 1 项）。

（v）《债务人回生法》中的限制规定包括，启动回生程序当时，公司负债总额超过资产总额的，股东不享有表决权。但根据同法第 282 条规定提交变更计划案之时，公司资产总额超过公司负债总额的情形除外（债回第 146 条第 3 项）。

（7）关于表决权行使的特别规定

（a）表决权约束协议

股东事先约定以一定方式行使表决权的情形，美国称之为表决权协议（shareholders' voting agreements），而德国称之为表决权约束协议（Stimmbindungsvertrag）。大股东之间签订表决权约束协议以选任代表其利益的人为董事的情形比较普遍，而实际上金融投资人在进行投资时，作为投资条件，基本上都会作出“选任自己中意的董事”这一关于表决权行使的约定。表决权约束协议通常由控股股东通过私下合意达成，因此很容易歪曲股东大会决议的真实意图。判例认为，股东权是可以自由进行处分的公益权，〔1〕因此，笔者认为也可就典型共益权（即表决权）进行交易。

表决权约束协议的内容未显失公正、未损害其他股东权利、未违反公序良俗及强行法规定、未违反股份公司本质的，应当视为有效。〔2〕但这种协议在组织法上是无效的，对公司不具有约束力。违反这一协议而行使表决权的，原则上应视为有效，并不得构成股东大会决议取消之诉的原因。〔3〕章程规定的表决权约束协议因违反公司法而无效。

但由于表决权约束协议是个人法上的债权协议，可将损害赔偿作为违反协议时的事后救济手段。〔4〕为此可事先约定违约金。作为事前救济手段，可在将请求行使基于表决权约束协议的表决权将来履行之诉（民诉第 251 条）作为本案提出的同时，提出确定临时地位的假处分请求（民执第 300 条第 3 项），以防止违反表决权约束协议而行使表决权，并通过该判决获得“命令其按照表决权约束协议行使表决权”的判决。忽视这一判决行使表决权的，可以该确定判决代替表决权行使（民执第 362 条第 1 项）。〔5〕可向第三人授予不可撤回委任状，以使其按照表决权约束协议行使表决权，但即便如此，股东依然可随时直接行使表决权，〔6〕因此，这也不是一项有效手段。〔7〕

德国的表决权约束协议一直被广泛认可，但为了保护公司利益，现行《德国股份法》规定了限制性内容，即股东与第三人签订的其应按照公司、董事、监事或从属公司的指示行使表决权的协议或按照股东间合议要求股东

---

〔1〕 大法院 1985. 12. 10. 84DAKA319：股东权是可以自由进行处分的权利，不得以其为公益权为由限制其处分。

〔2〕 首尔北部地方法院 2007. 10. 25. 2007KAHAB1082：约定按照交换社债债权人的指示，行使发行交换社债的公司作为交换对象而持有的股份的表决权的（债权法上），构成有效的表决权约束契约。李哲松（会）532 页。

〔3〕 权五晟：“关于表决权约束协议的小考”，载《辩护士》第 38 集，首尔地方律师会 2008 年，第 286 页。

〔4〕 同理，减少违反股东之间股份转让禁止协议的损害赔偿金额的案例：釜山高等法院 2007. 1. 11. 2005NA13783。

〔5〕 权五晟，前揭论文，第 298—299 页。

〔6〕 大法院 2002. 12. 24. 2002DA54691：股东权只能基于股份的转让或注销等法律规定的事由而丧失，并不因单纯的当事人之间的特别约定或放弃股东权的意思表示而丧失，若无其他特别事由，股东权的行使不受限制。同旨：大法院 1999. 7. 23. 99DA14808。

〔7〕 权五晟，前揭论文，第 301 页。

往赞成董事或监事提案的方向行使表决权的协议无效（德股第136条第2项）。[1]美国将关于表决权的股东协议视为公司法上具有约束力的协议，即可强制履行的协议（specific performance）；[2]日本对此存在争议，大体上与韩国对这一问题采取的态度类似。[3]

（b）表决权信托（voting trust）

表决权信托是为了统一行使表决权，由多数股东以协议的方式，在一定期间（美国大部分州规定为10年）内或直至达成一定目的为止，将自己所持有的股份信托转让给少数受托人，由受托人对公司行使股东权利，而信托人从受托人处获得表决权信托证书（voting trust certificate），使其流通或以此获得利益分配的制度。[4]这是使他人行使股东权利的方法中最强有力的形式。[5]该制度在美国被广泛利用，但由于受托人无需任何投资，可在不承担任何风险的情况下行使支配权，因此，表决权信托制度被滥用的风险较大。韩国法律对这种信托协议未作任何限制性规定，为这一制度的引进提供了可能性。

（c）资格转让（Legitimationsbertragung）

资格转让是股东授予他人以该他人的名义行使表决权资格的行为（德股第129条第3项）。在发行无记名股份的德国，金融机关（Kreditinstitut）接受多数客户的股份寄存（bailment）时，一般会签订金融机关可行使相应表决权的资格转让协议。但金融机关不得以自己的名义行使表决权，而应按照股东的指示，作为其代理人以该股东的名义行使表决权（德股第135条）。表决权的行使期间不得超过15个月。[6]

（8）关于表决权行使的假处分

如前所述，以公司为对象，要求确认自己为股东或提起名义改书请求之诉后，可以此为主案，请求股东名册上的名义股东停止行使表决权的假处分或申请允许自己行使表决权的假处分请求。违反这一假处分构成决议取消之诉的原因。但在主案诉讼中败诉的，并不影响决议效力。[7]

---

〔1〕崔基元（会）498页。

〔2〕MBCA第7.31条。

〔3〕李哲松（会）532页。

〔4〕MBCA第7.30条；《特拉华州公司法》第128条；《加利福尼亚州公司法》第706条等。孙珠瓒（上）720页；崔基元（会）503页。

〔5〕崔基元（会）502页。

〔6〕崔基元（会）480页。

〔7〕郑东润（上）563页。

以股东名册上的股东为对象，提出停止行使表决权假处分请求的，假处分效力并不及于公司，只是赋予了当事人不作为的义务。违反这一规定行使表决权的，也不影响股东大会决议的效力。[1]

5. 股东大会的议事与决议

1）议事过程

关于股东大会的议事过程，商法未作任何规定，可按照章程、股东大会决议或惯习进行议事。

（1）开会与闭会

股东大会随着开会而成立，随着闭会而终了。社会通常观念允许范围内的开会迟延并不影响会议的召开。宣布开会或闭会是会议长的权限，议事日程结束之前宣布闭会的行为因构成权利滥用而无效。[2]

（2）续会

即使是在股东大会议事日程结束之前，如果会议长认为有必要，也可通过决议中断会议或续行会议（第372条第1项）。续行是指，进入议事程序后，由于时间不足或其他原因未完成审议，而将未完成的议事留待日后继续进行审议的制度。根据续行决议召开的股东大会被称为续会（继续会议）。续会维持与最初股东大会的同一性，因此，无需重新履行大会召集程序。[3]但欲维持大会同一性的，应在一定期间内召开续会。续行决议可按照普通决议的方式作出。可出席续会行使表决权的股东均为最初可出席股东大会的股东，一般认为缺席最初股东大会的股东也可出席续会。[4]股东大会作出续会决议的，应在决议中确定续会日期与场所。未规定日期而只决议延期的，应重新发出召集通知。全权委任会议长决定续会日期与场所的，也视为有效的延期或续会决议。

2）会议长

（1）选任

股东大会是会议体机关，应设置负责议事进程的会议长。通常由代表董事根据章程规定担任会议长。但如果章程未作规定，则应在股东大会中选任会议长（第366条之2第1项）。一般情况下，根据章程规定由代表董事担任

〔1〕郑东润（上）563页。

〔2〕林泓根（会）399页。

〔3〕大法院1989. 2. 14. 87DAKA3200。

〔4〕林泓根（会）366页。

会议长。为了应对代表董事因故无法担任会议长的情形，通常还会规定担任会议长的其他人选（副社长、专务董事、常务董事、总务董事等）顺序。会议长并不一定是股东，与股东大会决议具有特别利害关系的人也可推进议事进程。

大法院 2001.5.15.2001DA12973：认为股东大会选任的临时会议长有效的判例
股东大会尚未完成对议案的审议，在法律上或事实上可进行议事的情况下，会议长有违股东意思而自行退出会场的，不得视为股东大会闭会，这种情形中，会议长并没有放弃以适当的意思表示终了全部议事日程的职责，也不能视为其未行使会议长的权限，因此，会议长退出会场的，留在会场的股东选出临时会议长继续议事进程而作出的股东大会决议合法有效。同旨：大法院 1983.8.23.83DO48。

少数股东获得法院许可召集临时股东大会的，可由法院根据利害关系人的请求或依其职权选任股东大会会议长（第366条第2项）。但除了少数股东获得法院许可召集股东大会的情形以外，由代表董事根据法院命令召集股东大会的（第467条第3项），也应由法院选任股东大会会议长。因为与根据少数股东的请求召集股东大会的情形一样，这种情形也属于因对代表董事等的不信任等公司运营上的问题而由法院命令召集股东大会的例外情形。这一内容没有体现在第467条第3项中。未修订第467条规定是立法上的漏洞，应对其作出明文规定。

（2）会议长权限

股东大会的会议长享有维持大会秩序、整理议事进程的权限（第366条之2第2项）。会议长还享有制止在会场以不当发言或行为故意妨碍议事进程等显著扰乱大会秩序的人的权利（第366条之2第3项）。[1]这是为了防止"专业破坏人"严重扰乱大会秩序、妨碍大会进程，保障股东大会顺利进行而赋予会议长的权限。这时被退场的股东人数不计入股东表决权数中（类推适用第371条第2项）。股东认为会议长所采取的措施并非不可避免的，可提起决议取消之诉（第376条）。

3）议事录

股东大会议事应制作议事录（第373条第1项）。议事录中应记载议事过程

---

〔1〕 大法院 2001.9.7.2001DO2917：表决权代理人拒绝代表董事的退出股东大会会场的要求并以辱骂等行为致使代表董事放弃召开股东大会的情形，构成业务妨害罪。

要点与结果并由会议长与出席大会的董事签名盖章或署名（第373条第2项）。

根据《公证人法》的规定，进行法人登记时附于申请材料中的股东大会等的议事录，应获得公证人的公证，但发起设立资本金10亿韩元以下的公司（第292条）或设立总统令规定的公共法人或非营利法人的情形除外（公证法第66条之2）。

董事应将议事录备置于总公司与分公司（第396条第1项），股东或公司债权人在公司营业时间内可随时请求阅览或誊写议事录（第396条第2项）。议事录是为了提供证据，即使不备置于规定场所，也不影响决议效力。

4）决议

（1）含义

股东大会决议是基于多数决原则而形成的股东意思表示，一旦宣布决议成立，全体股东与公司各机关等全部关系人均受其约束。

（2）法律性质

对于股东大会决议的法律性质，存在不同学说：契约说〔1〕认为，股东大会决议是一种传统法律行为；合同行为说〔2〕认为，股东大会决议是一种合同行为；特殊法律行为说〔3〕则认为，股东大会决议不属于任何传统意义上的法律行为，而是一种独立的法律行为类型。契约说与合同行为说的区别在于，前者原则上适用民法中关于意思表示的规定（民法第107条至第112条），但后者并不适用民法规定。有学者批判性地认为，将股东大会决议视为特殊类型的法律行为的学说具有概念模糊不清的弊端。〔4〕

笔者认为，股东大会决议是以意思表示为必要要件的法律行为。这一法律行为是将对议案的复数意思表示集约成赞成或否定的意思表示，满足决议要件而成立的社团法上的合同行为。因此，原则上应对其适用民法上关于意思表示与法律行为的一般性原则，但同时决议也是团体法上的集体意思表示，从这一点上看其在非真实意思表示、〔5〕虚假表示及意思表示撤回时受到一定

---

〔1〕 李英俊：《民法总则》，博英社1991年版，第155页。

〔2〕 郑灿亨（上）851页；郭润直：《民法总则》，博英社1992年版，第436页。

〔3〕 郑东润（上）566页；李哲松（会）539—540页；李基秀、崔秉珪（会）479页；金正皓（会）302页；徐宪济（会）304页；权奇范（会））637页。

〔4〕 郑灿亨（上）851页。

〔5〕 大法院2014.3.18.2013MA2488。

限制。股东个人的意思表示可通过决议瑕疵之诉认定无效或取消。[1]如上所述，如果从决议不适用民法关于意思表示与法律行为的大部分规定这一点上看，可以主张特殊法律行为说，但所谓的“特殊”是在理论解释穷尽时才会使用的表述，因此，笔者并不赞同这一学说。

（3）决议方式

关于股东大会决议方式（无记名、记名、举手、起立等），商法未作规定。章程有规定的依其规定，章程未作规定的，可采取任何方式。

（4）决议要件

一般而言，股东大会的决议要件为一定人数的组成员出席（法定人数，出席法定人数，议事法定人数，quorum）与出席组成员中的一定数量的赞成票（表决法定人数或表决数，voting requirement）。但股东较分散的大型股份公司中，很难确保能够使股东大会有效成立的出席法定人数。据此，1995年修订商法废止了股东大会决议要件中的出席法定人数要件，规定只要满足表决法定人数即可作出大会决议，同时，为了防止只有少数股东出席而形成股东大会决议，还规定了应满足发行股份总数中一定数量以上的赞成票。

获得表决权行使禁止假处分的股东不得行使表决权，但其所持有的股份数仍包含于发行股份总数（第368条）之中。[2]

根据股东大会决议要件的不同，可将大会决议分为普通决议、特别决议与特殊决议。

（a）普通决议

（i）普通决议要件：普通决议是指以出席股东的半数以上与发行股份总数四分之一以上作出的决议，商法或章程没有特别规定的，股东大会决议均按照普通决议方式作出（第368条第1项）。一般认为普通决议可规定在章程中，因此，可加重或者减轻其要件。[3]加重的程度可达到“全体一致同意的决议”这一超级多数决（supermajority voting），而减少的程度则可达到“出席股东表决权的半数以上”，可去掉“发行股份总数的四分之一”。德国、中国是以出席表决权的单纯多数进行表决，英国则是出席两人以上的情况下以单纯多数进行表决，而日本是以“过半数出席+过半数赞成”进行表决，但大部

---

〔1〕 李哲松（会）540—541页。

〔2〕 大法院1998.4.10.97DA50619。

〔3〕 郑东润（上），568页。

分的公司是以出席表决权的过半数进行表决，实际上是通过章程规定去掉了过半数的出席要件。

对此，部分意见认为“发行股份总数的四分之一以上”是条理上能够允许的最低限度的要件或是能够体现“大会代表性”的最低限度的要件，因此，这一要件只可加重，不得减轻。[1]但并没有“发行股份总数的四分之一以上”符合条理的依据，而“大会代表性”也无法用数字表示，同样没有依据。判例认为，商法虽然没有规定普通决议的意思定足数（法定人数），但章程可对其作出规定。[2]章程规定赞同与反对同数的情形，应由会议长决定的，因其有悖于股东平等原则而无效。

（ii）普通决议事项：普通决议事项主要是关于公司运营的事项，包括关于公司机关构成、会计、业务监督的事项等。

①关于公司机关构成的事项：监事的选任（第366条第3项、第367条第1项、第542条第2项），董事、监事或清算人的选任与其报酬决定事项（第382条第1项、第409条第1项、第388条、第415条、第542条第2项）等。

②会计相关事项：董事、清算人提出的财务报表等的承认（第449条第1项、第533条第1项），准备金转入资本金（第461条第1项但书），股份分配的决定（第462条之2），可转换公司债券的发行事项的决定（第513条第2项但书），附新股认购权公司债券发行事项的决定（第516条之2第2项但书），清算终结的承认（第540条第1项）等。

③关于业务监督的事项：董事、监事或清算人的责任解除的保留（第450条、第542条第2项），解任清算人（第539条第1项）等。

（b）特别决议

（i）特别决议要件：特别决议是指以出席股东三分之二以上的表决权与发行股份总数三分之一以上作出的决议（第434条）。不得以章程减少表决法定

---

〔1〕李哲松（会），544页。

〔2〕大法院2017.1.12.2016DA217741。该案中，将规定“以集中投票的方式就董事选任进行决议的情形中，持有发行股份总数半数以上的股东应出席大会”的公司章程第22条认定为合法。该案例中加重了商法规定的决议要件，笔者认为，缓和要件的情形中也等同。

人数。对于是否可以加重表决法定人数，存在肯定说[1]与否定说。[2]否定说认为，加重法定要件将会导致给予股东事实上的否决权的结果，从而使公司经营出现僵持状态，甚至会危及企业的存续。但一般认为，商法关于特别决议要件的规定，并不能被视为是禁止强化决议要件的规定，因此，可通过章程加重表决法定人数要件。据此，可通过章程加重“发行股份总数三分之一”这一要件，但不得减轻。关于加重的限度，有学者认为，只能加重至出席人数的半数以上与发行股份总数三分之二以上，不得规定超过这一限度的超级多数决（supermajority voting）[3]。但普通决议事项可通过章程随意加重决议要件的规定，对于相较普通决议事项更为重要的特别决议事项设定这种限制明显不合理。[4]笔者认为，可将要件加重至全体股东的同意。

（ii）特别决议事项：特别决议事项包括关于公司基本结构变更与公司资本金的事项。

①关于公司基本结构变更的事项具体包括变更章程（第433条、第434条），解散公司（第518条），公司继续（第519条），公司合并协议的承认（第522条），新设合并时设立委员的选任（第175条第2项），公司分割计划书或分割合并计划书的承认（第530条之3第2项），董事与监事的解任（第385条第1项、第415条），全部或主要营业的转让（第374条第1项第1号），出租全部营业或委任经营，利益共同协议（与他人共同承担全部损益的协议）以及准于此的其他协议（如营业租赁、经营授权、共同销售卡特尔等）的签订、变更或解约（第374条第1项第2号），受让对公司经营产生重大影响的其他公司的全部或部分营业（第374条第1项第3号），事后设立（公司成立后两年内，为了继续使用公司成立前的财产经营公司，以相当于资本金5%的对价取得成立前财产的协议）（第375条），股份交换协议书或股份移转协议书的承认（第360条之3第2项、第360条之16第2项）等。

②关于公司资本金的事项具体包括股份优先购买权的赋予（第340条之2

〔1〕 崔基元（会）431页；林泓根（会）405页；郑东润（上）569页；蔡利植（上）530页；李基秀、崔秉珪（会）481页；郑灿亨（上）853—854页。

〔2〕 李炳泰（上）440页。

〔3〕 李哲松（会）546页。首尔中央地方法院2008.6.2.2008KAHAB1167判决认为，上市公司通过章程将董事解任决议要件强化至出席股份数的75%、发行股份总数的50%以上的情形中，不得规定这种超级多数决要件，因此作出了停止变更后的章程效力的决定。

〔4〕 崔基元（会）432页。

第1项)，资本金的减少（第438条第1项)，股份的折价发行（第417条第1项)，向股东以外的人发行可转换公司债券事项的决定（第513条第3项)，向股东以外的人发行附新股认购权公司债券事项的决定（第516条之2第4项）等。

③股东大会的特别决议事项中，尤其成为问题的是①营业的全部转让或重要部分的转让（第374条第1项第1号）以及②受让对公司产生重大影响的其他公司全部或部分营业的情形（第374条第1项第3号)。规定对于“受让对公司产生重大影响的其他公司全部或部分营业的情形”应当作出股东大会特别决议是为了强化对于公司经营中的重要事项的股东表决权。与营业转让的情形不同，仅限于从“其他公司”受让营业时才需要股东大会的特别决议，从个人处受让营业的情形中无需作出特别决议。这是因为受让其他公司的营业会产生与吸收合并或分割合并相同的效果。

★重要营业财产的转让

1. 转让重要营业财产的含义

2001年修订商法之前，对于“需要股东大会特别决议的商法第374条第1项第1号规定的‘营业’是指包括商法总则（第41条）规定的事实关系在内的，有组织的、有机一体化的功能型财产，还是连同单纯作为物件与权利之集合体的重要营业用财产也包含在内”这一问题存在争议。而且，对于股份公司实际上已经中断营业的情形也存在疑问。但2001年的修订商法修改了第393条，将“重要资产的处分及转让、大规模财产的借入”规定为董事会的决议事项。据此，关于重要营业财产的转让是否为股东大会的决议事项的争论也丧失了必要性。但重要财产的处分足以导致营业废止的，属于对公司营业产生重大影响的情形，因此，根据商法第374条第1项第1号规定，仍可解释为对于这类财产的处分应当作出股东大会特别决议。

2. 学说

(1) 股东大会特别决议的不必要说[1]认为：①原则上，同一法律上的同一用语应作相同的解释；②如果按照判例，具有危害交易安全的风险；③如果考虑股东大会权限逐渐缩小的趋势，将关于重要营业财产转让的决议权限规定为董事会权限更为恰当。

---

〔1〕 林泓根（会）336页。

（2）股东大会特别决议的必要说[1]则认为，第41条与第374条的立法目的并不相同，因此，无需作出相同解释。

（3）折中说认为，为了交易安全，原则上应采取股东大会特别决议不必要说，同时又为了保护股东利益，将事实上的营业转让纳入商法第374条第1项第1号的适用范围内。据此，事实上的营业转让导致营业废止的情形中，应当作出股东大会特别决议（判例）。

3. 判例

从判例上看，并不转让营业本身，仅转让营业财产，产生与转让全部或部分营业或营业废止相同效果的，也应作出股东大会特别决议。[2]但在处分营业财产当时，已经处于事实上的营业中断状态的，并不因没有股东大会特别决议而导致处分行为无效。[3]从结果上看，判例采取的是折中说，即只要存在事实上的营业转让，就无需作出股东大会特别决议。

大法院 1987. 4. 28. 86DAKA553：处分重要财产应当作出股东大会特别决议
公司处分营业用财产而非营业本身，导致公司转让或废止全部或部分重要营业结果的，对于该处分行为应作出商法第374条第1项第1号规定的股东大会特别决议。对于以制作销售混凝土管为主要业务的公司，其所有的混凝土管模子是制作混凝土管时必不可少的营业用财产，以全部混凝土管模子作为出售担保的行为，导致该公司转让或废止全部或重要营业的结果，属于应作出股东大会特别决议的事项。同旨：大法院 1991. 1. 15. 90DA10308；同 1991. 11. 8. 91DA11148；同 1992. 2. 14. 91DA36062；同 1994. 5. 10. 93DA47615；同 1997. 4. 8. 96DA54249. 54256；同 2004. 7. 8. 2004DA13717。

〔1〕郑东润（上）540页；蔡利植（上）491页；权奇范（会）171页；李基秀、崔秉珪（会）482页。

〔2〕大法院 1955. 12. 15. 4288民上136；同 1958. 5. 22. 4290民上460；同 1962. 6. 25. 62DA538；同 1969. 11. 25. 64DA569；同 1966. 1. 25. 65DA2140；同 1977. 4. 26. 75DA2260；同 1965. 12. 12. 65DA2009，2100。

〔3〕大法院 1988. 4. 12. 87DAKA1662；同 1998. 3. 24. 95DA6885；同 2002. 4. 12. 2001DA38807。

大法院 1988.4.12.87DAKA1662：处于事实上中断营业状态的情形中，即使没有股东大会特别决议，也不导致处分行为无效
股份公司处分作为公司存续基础的重要财产当时，已经处于事实上的营业中断状态的，并不能认为因该处分行为导致了中断或废止全部或部分营业的结果，因此，即使未作出股东大会特别决议，也不导致该处分行为无效。同旨：大法院 1998.3.24.95DA6885；同 1996.10.11.95DA1460。

大法院 1994.10.28.94DA39253：认为不需要股东大会特别决议的判例
商法第 374 条第 1 项第 1 号规定的需要作出股东大会特别决议的“全部或重要营业的转让”是指，整体转让为一定目的而组织起来的、发挥有机整体功能的财产的一部分或重要部分，此过程必定伴随着受让公司对转让公司营业活动的全部或重要部分的承继，因此，单纯的财产转让不属于这一情形。同旨：大法院 1964.7.23，63DA820；同 1987.6.9.86DAKA2478；同 1991.5.28.90DA20084；同 1997.6.27.95DA40977，40984；同 1997.7.25.97DA15371；同 1998.3.24.95DA6885；同 1999.4.23.98DA45546（基于股份转让而转让营业的情形）；釜山地方法院 2009.7.8.2009GAHAB1682（将三个事业部门中的一个分离出来进行转让的情形）。

4. 笔者意见

（1）从判例内容上看，处分公司独一无二的财产的，应作出股东大会特别决议。如果此类财产转让直接导致营业废止或中断的结果，则实质上与转让“有机的、一体化的功能性财产”并无二致。这种情况下，不得放任董事处分财产，造成事实上的营业废止，最终导致公司走向解散。

（2）它的立法宗旨也在于保护股东利益，哪怕是在交易安全上作出些许牺牲。

（3）同样的用语，根据法律的内容、目的不同，作出不同解释实属正常。换言之，应将有可能导致全部或部分营业废止或中断的营业财产的处分行为视为与转让具有同等效力。

（4）处分营业财产时，事实上已经处于营业中断状态的，即使没有股东大会特别决议，也并不必然导致财产处分行为的无效。笔者赞同折中说。

5.“重要营业的部分转让”的判断标准

是否属于“重要营业的部分转让”（第 374 条第 1 项第 1 号）或“对营业产生重大影响的部分转让”，应综合考虑转让对象营业的资产、销售额、收益等在整体营业中占据的比重，部分营业的转让对公司的营业规模、收益等产生的影响而作出判断。[1]《关于资本市场与金融投资业的法律》第161条第1项第7号中另行规定了判断标准。[2]

6. 以重要的营业财产提供担保

如果认为重要的营业财产转让需要股东大会的特别决议，那么以重要的营业财产提供担保是否同样需要股东大会的特别决议呢？商法只规定了关于“转让”的内容，因此，对于设定抵押权等一般担保的行为，无需股东大会特别决议。[3]问题是设定买卖式担保的情形。判例认为，这种情形中也应作出股东大会特别决议。[4]根据与判决宗旨相反的学说，买卖式担保实质上是以提供资金为目的，以设备改善、维持、继续经营为前提的担保，与公司发行附担保权公司债券时对公司重要的营业用财产设定担保权的情形一样，作出董事会决议即可。[5]

笔者赞同判例所采取的立场。这是因为，设定买卖式担保可防止全部或部分营业的废止或中断，还可维持和继续营业；而买卖式担保的设定导致法律上的所有权完全转移至债权人，公司对担保权人只享有内部权利，[6]这种情形中，如果认为无需作出股东大会决议，那么规定重要营业财产的转让应作出股东大会特别决议将会变得毫无意义。

换言之，存在全部或部分营业被废止或中断风险的情形中，应将以重要营业财产提供担保的行为视为与转让具有同等效力。

④简易营业转让、受让、租赁：实施营业转让、受让、租赁等属于第374条第1项中各号规定之行为的公司的股东大会同意或行为相对方持有该公司发行股份总数90%以上的情形中，可以董事会的承认代替股东大会的承认（第374条之3第1项）。这时，公司应当自营业转让、受让、租赁的合同制作之日起两周内，将不获得股东大会承认的情况下进行营业转让、受让、租

---

〔1〕 大法院2014.10.15.2013DA38633。

〔2〕 相当于上一营业年度末资产总额与销售额10%以上的转让，因受让与营业受让，继受的负债总额为上一营业年度末资产总额10%以上的情形。釜山地方法院2009.7.8.2009GAHAB1682：虽转让相当于公司整体营业额11.5%的部分营业，但不是股东大会的特别决议事项，因为对于转让对象的营业价值应从量与质两方面进行综合考虑，而且转让营业后也维持着正常的营业。

〔3〕 大法院1978.1.27.77DA930，931。

〔4〕 大法院1962.6.25.62DA538；同1965.12.12.65DA2099，2100；同1987.4.28.86DAKA 553。

〔5〕 崔基元（会）430—431页。

〔6〕 蔡利植（上）492页；李基秀、崔秉珪（会）486页。

赁的意思进行公告或通知股东，但全体股东同意的情形除外（第 374 第 2 项）。自公告或通知之日起两周内，股东以书面形式就反对营业转让、受让、租赁的意思通知公司的，自这一期间经过之日起 20 日内，可以书面形式（记载股份种类与数量）请求公司购买其持有的股份，这时应认为反对股东享有股份回购请求权。

（c）特殊决议

特殊决议作为特别决议的特殊形态，其要件更为严格。特殊决议是指要求“全体股东同意”或“依据全体股东的一致同意”及其他特殊要件的决议。特殊决议股东大会中的全体股东包括持有无表决权股份的股东。商法规定了两种特殊决议类型：

第一，要求全体股东同意的决议，如免除董事、监事、发起人、清算人对公司责任的情形（第 400 条第 1 项、第 415 条、第 324 条、第 542 条第 2 项），依据全体股东的一致意见将股份公司变更为有限公司或有限责任公司的情形（第 604 条第 1 项、第 287 条之 43 第 1 项）。这时也包括无表决权股份。之所以规定这些事项应获得全体股东的一致同意，是因为其对股东利益产生重大影响。但在大部分上市公司中，基本上很难满足这一决议要件。

第二，由“出席的股份认购人的三分之二以上”与“被认购的股份总数的半数以上”同意作出的决议，如股份公司的募集设立、新设合并、分割或分割合并时的创立大会作出的决议（第 309 条、第 527 条第 3 项、第 530 条之 11 第 1 项）。此处的股份认购人包括无表决权的股份认购人。创立大会决定关于公司设立或公司合并等的重要事项，因此，其要件相较于特别决议要件更为严格。

此外，简易股份交换的同意（第 360 条之 9 第 1 项）、简易合并（第 527 条之 2 第 1 项）及简易公司分割合并的同意（第 530 条之 11 第 2 项）等情形中，虽然要求全体股东同意，但并非必须通过召开股东大会表示同意，也可以书面形式表示同意，因此，严格地说，不得将这些事项视为股东大会的决议事项。

5）种类股东大会

（1）种类股东大会的含义

公司发行种类股的情形中，因变更章程等原因导致某一种类股股东受到损害的，除了股东大会决议以外，还需要仅由该种类股股东作出的决议，这种股东大会被称为种类股东大会。种类股东大会既不是独立的股东大会，也不是公司机关，而是为了使股东大会决议发生效力的追加要件（大法院称之为“一种特别要件”）。

（2）应当召开种类股东大会的情形

应当召开种类股东大会的情形有以下三种：

第一，公司发行种类股的情形中，由于变更章程而导致某一种类股股东受到损害的情形（第435条第1项）。

第二，对于因新股认购，股份合并、分割、注销，股份交换，股份移转或公司合并、分割、分割合并[1]等发生的股份分配，根据股份种类作出特殊规定的情形（第436条前段、第344条第3项）。法律条文中虽未明确规定，但对于这种情形，也并不是只要有特殊规定，即使没有损害，也应召开种类股东大会，而是仅限于发生损害的情形，才应召开发生损害的种类股的股东大会。据此，如，公司发行新股赋予A种类股股东更多的新股认购权，那么，无需召开A种类股东大会，而只需召开除了A种类股以外的其他种类股东大会（如，B种类股份）。

第三，因公司分割或分割合并、股份交换、股份移转及公司合并等导致某一种类股股东受到损害的（第436条后段），除了关于这一损害的董事会决议或股东大会决议以外，还应作出种类股东大会决议。

（3）种类股东大会的决议方式

种类股东大会决议，应以出席的该种类股股东的三分之二以上与该种类股发行总数的三分之一以上作出（第435条第2项）。[2]通说认为，对于这一决议要件不得以章程加重或减轻。在种类股东大会中，持有无表决权股份的股东也可行使表决权（第435条第3项），因此，无表决权股份当然包含在发行股份总数之中，也计入表决权数中。

（4）未作出种类股东大会决议的效果

对此存在以下三种学说。

（a）股东大会取消事由说。这一学说认为，种类股东大会决议的欠缺构成程序上的瑕疵，是一般股东大会决议取消事由（第376条），如果不在自决议作出之日起两个月内提出决议取消之诉，视为一般股东大会有效。[3]德国

---

〔1〕 法律条文中遗漏了股份交换、股份移转、分割合并，但关于因这些事由进行的股份分配，根据股份种类作出特殊规定的情形中，也应召开种类股东大会。

〔2〕 2011年修订商法第344条第4项（对于种类股东大会决议准用第435条第2项）是不必要且不准确的规定，应将之删除。

〔3〕 李哲松（会）623页。

法将种类股东大会决议的欠缺视为程序上的瑕疵，同时认为为了保障法律的稳定性，应迅速处理关于股份公司的法律关系。

（b）股东大会无效事由说。这一学说认为，欠缺种类股东大会决议构成一般股东大会决议无效事由（第380条），利害关系人可随时主张决议无效。[1]

（c）股东大会决议不生效说（浮动性无效说）。这一学说认为，未作出种类股东大会决议，构成决议不发生效力（不完全）的事由。这时的股东大会决议既不有效，也不无效，而是处于一种浮动状态，在此之后如果作出种类股东大会决议，则成为有效决议，否则无效。对此，并不类推适用关于股东大会决议瑕疵的商法规定，而应根据民事诉讼法规定提起决议不生效（或不完全）确认之诉。[2]

（d）判例（特别效力说）。大法院2006.1.27.2004DA44575，44582判决：[3]“种类股东大会决议是章程变更发生法律效力的特别要件之一，因此，关于变更章程未形成种类股东大会决议的，只是不发生变更章程的效力，变更章程的股东大会决议本身不存在任何瑕疵”，即并不影响（全体）股东大会本身的效力，只是种类股东大会决议不生效。[4]

（e）笔者意见（特别效力说）：未作出种类股东大会决议的一般股东大会不属于商法第376条规定的“股东大会召集程序或决议方法违反法令或章程或显著不公平、决议内容违反章程规定的情形”，也难以将其视为商法第380条规定的“股东大会决议内容违反法令”的情形。未经种类股东大会决议的情形中，本应召开种类股东大会的事项只是不能当然地、确定地发生效力，与股东大会本身的效力无关。

为了使应在种类股东大会中作出决议的事项（如变更章程）发生效力，应事先召开种类股东大会，未召开种类股东大会构成生效要件的欠缺，相关

〔1〕 徐燉珏、郑完溶（上）503页；孙珠瓒（上）739、894页。

〔2〕 郑东润（上）576—577页。

〔3〕 该案中，发行新股时对于以“对优先股股东十年后继续保障其累积性、参加性的最低分配率（有利的一面）并且分配无法转换为普通股（不利的一面）的优先股”为内容的章程变更，没有召开优先股股东的种类股东大会。

〔4〕 大法院判决认为，因对“变更章程的决议内容是否损害某一种类股东的利益”存在争议，公司明确拒绝召开种类股东大会的情形中，该种类股股东以公司为对象提起民事诉讼上的确认之诉时，只需以不具备变更章程所必要的特别要件为由请求确认章程变更无效即可，无需引用“以章程变更为内容的股东大会决议尚未发生效力（即所谓的不生效状态）”的法理而确认该股东大会决议处于这种不生效状态。

事项当然不发生效力。之后召开种类股东大会的，相关决议事项生效。未经种类股东大会并不导致股东大会整体无效、决议取消或决议不生效，对股东大会本身并无影响。这种情形中，该种类股东以公司为对象，通过民事诉讼法上的确认之诉即可进行该种类股东大会决议事项的无效确认。

6）反对股东的股份回购请求权

（1）股份回购请求权的含义

反对公司关于营业转让、受让、租赁或股份交换、股份移转、公司合并、分割合并等的特别决议的股东（包括无表决权或表决权被限制的股东），在股东大会之前以书面形式通知公司其对相关事项的反对意思的，可从作出该股东大会决议之日起20日（回购请求期间）内，以记载股份种类与数量的书面材料要求公司购买自己所持有的股份（第374条之2第1项、第360条之5、第360条之22、第522条之3、第530条之11第2项），此即为反对决议股东的股份回购请求权（the appraisal right of dissenter，the shareholder's cash-out right，Abfindungsrecht）。

公司营业的转让、受让，股份交换、股份移转及公司合并、分割合并等情形对股东具有重大利害关系。据此，商法规定对于这些事项应作出股东大会特别决议的同时，还规定反对该决议的少数股东可要求公司回购其所持有的公司股份，从而使其能够回收所投资本，断绝与公司的关系。这实质上等同于退还认股金，违反禁止认股金退还原则。但为了保护多数决原则下少数股东之利益，在参考了美国、德国、日本等国的立法后，韩国商法也引进了该项制度。

（2）股份回购请求权的性质

只要具备一定要件的股东以法定方式行使股份回购请求权，公司即产生购买该股份的义务，因此，股份回购请求权是一种形成权。[1]也有学者认为，一旦行使股份回购请求权，关于该股份的买卖协议随即成立。根据这一学说，公司应自收到购买请求之日起两个月内支付所购股份的对价，即股份购买价款的支付期间为两个月（买卖协议成立说）（判例）。[2]

对此，还有学者主张，股份回购请求权虽为形成权，但在股东请求回购

〔1〕崔基元（会）436页；郑东润（上）574页；李哲松（会）578页；李基秀、崔秉珪（会）490页；郑灿亨（上）859页；大法院 2011. 4. 28. 2010DA94953；同 2011. 4. 28. 2009DA72667。

〔2〕孙珠瓒（上）731页；崔基元（会）437页；郑东润（上）573页；李哲松（会）578页。

股份时，股份认购价格尚未确定，因此，并不能仅以购买股份的请求本身就认为买卖协议成立，在这一时点上，只能够使公司承担对股份回购价格进行合议的义务。换言之，在回购价格尚未确定的情况下，不得视为股份买卖协议已经成立。购买协议义务产生说认为，应将“公司应自收到股份回购请求之日起两个月内购买该股份”解释为在两个月内协商购买价格，而对于协商价格之后的支付日期，商法未作任何规定，因此，当事人应在协商价格的同时协商确定支付日期。[1]

判例认为，一旦行使形成权，权利关系就发生变化，因此，行使作为形成权的股份回购请求权即可成立股份买卖协议。[2]据此，虽然买卖价格尚未确定，但自行使回购请求权的次日起产生迟延利息。

大法院 2011. 4. 28. 2010DA94953：股东的股份回购请求权为形成权，无论公司认可与否，一经行使就成立关于股份的买卖协议
【1】从规定反对营业转让的股东的股份回购请求权的商法第 374 条之 2 第 1 项至第 4 项的宗旨看，反对营业转让的股东的股份回购请求权为形成权，无论公司认可与否，一经行使即成立股份买卖协议。商法第 374 条之 2 第 2 项规定的“自公司收到股份回购请求之日起两个月”是关于股份回购价款支付义务履行期间的规定。即使上述两个月内股份的购买价格尚未确定，也适用这一法理。 【2】反对营业转让的股东虽行使了股份回购请求权，但在两个月的购买期间内未支付购买价款而认定公司负有迟延支付责任的案件中，反对股东在决定股份购买价格时主张其认为合理的价格是商法赋予的权利，对法院决定的股份购买价格进行抗告及再抗告同样是非诉案件程序法赋予的权利。因此，只要无法认定反对股东滥用这些权利，就不得仅以反对股东对法院决定的股份购买价格提出抗告、再抗告经过了相当期间为由减免迟延履行金。同旨：大法院 2011. 4. 28. 2009DA72667。

（3）股份回购请求权的产生要件

（a）股东反对以下事项的，可行使股份回购请求权：①公司全部或重要部分营业的转让（第 374 条第 1 项第 1 号）；②签订、变更或解除租赁或委任经营、与他人共同承担营业损益的协议及其他任何准于此的协议（第 374 条第 1 项第 2 号）；③受让其他公司的全部营业（第 374 条第 1 项第 3 号）；

〔1〕 李基秀、崔秉珪（会）490 页；郑灿亨（上）860 页。

〔2〕 大法院 2011. 4. 28. 2010DA94953；同 2011. 4. 28. 2009DA72667。

④公司受让对公司营业产生重大影响的其他公司的部分营业（第 374 条第 1 项第 4 号）时必要的特别决议事项（第 374 条之 2 第 1 项）；⑤关于股份交换或股份移转的特别决议事项（第 360 条之 3 第 2 项、第 360 条之 16 第 2 项）（第 360 条之 5、第 360 条之 22）；⑥关于合并或分割合并的特别决议事项（第 522 条、第 530 条之 3 第 2 项）。但公司解散后转让营业或作为《债务人回生法》规定的公司回生计划的一个环节而转让营业或合并的情形中，不得行使股份回购请求权。上述内容均为股东大会的特别决议事项，就这些事项进行股东大会召集通知时，应明示股份回购请求权的内容及行使方法。

（b）欲行使股份回购请求权的股东，应在相关案件的董事会决议后股东大会召开前，以书面形式将反对该决议的意思通知公司（第 360 条之 5 第 1 项、第 360 条之 22、第 374 条之 2 第 1 项、第 522 条之 3 第 1 项、第 530 条之 11 第 2 项）。这是对购买请求的预告，是为了使公司重新考虑是否仍将该事项作为议案，也是为了寻求对购买请求的对策。这种事先表示反对的通知，应在股东大会召开日之前到达公司，股东承担对通知到达事实的证明责任。

（c）简易合并中，除了全体股东同意的情形外，被消灭的公司应自制作合并协议之日起两周内，就未获得股东大会承认情况下进行合并的内容进行公告或通知股东，欲行使股份回购请求权的股东应自公告或通知之日起两周内以书面形式将反对合并的意思通知公司（第 522 条之 3 第 2 项）。简易股份交换（第 360 条之 9、第 360 条之 5 第 2 项）及简易分割合并（第 530 条之 11 第 2 项、第 527 条之 2、第 522 条之 3 第 2 项）的情形亦同。

（d）从商法第 374 条之 2 第 1 项的条文解释上看，欲行使股份回购请求权的股东无需出席关于上述决议事项的股东大会而重新对该决议表示反对（第 360 条之 5 第 1 项、第 360 条之 22、第 374 条第 1 项、第 522 条之 3、第 530 条之 11 第 2 项）。〔1〕即使反对的股东不出席股东大会，也应将反对股东的表决权计入反对票数中，否则会发生即使存在多数反对者，议案仍被通过的矛盾现象。反对股东既可以出席股东大会，也可以出席股东大会推翻原来的反对意思。推翻原来的反对意思的，视为撤回之前的反对意思。〔2〕

〔1〕 孙珠瓒（上）734 页；崔基元（会）425 页；郑东润（上）573 页；李哲松（会）574 页。但旧《日本商法》第 245 条之 2 明文规定，在股东大会上表示反对意思的股东可对公司行使回购请求权。

〔2〕 郑东润（上）573 页。

（4）股份回购请求权的行使

（a）回购请求权人

股份回购请求权人是可对公司行使股东权利的股东（包含无表决权股东与限制表决权股东），是事先以书面形式向公司作出反对通知的股东（第360条之5第1项、第360条之22、第374条之2第1项、第522条之3第1项、第530条之11第2项）。这时“可对公司行使股东权利的股东”是指转让全部营业情形中的转让公司及受让公司的股东（第374条第1项第1号、第2号），转让部分营业情形中的转让公司的股东（第374条第1项第1号）。但2001年修订商法规定，受让对公司营业产生重大影响的其他公司全部或部分营业的，也应作出股东大会特别决议，因此，这种情形中受让公司的股东也可行使股份回购请求权（第374条第1项第3号）。此外，还有股份交换情形中的完全子公司或完全母公司的股东（第360条之3第1项、第2项），股份移转情形中的完全子公司的股东（第360条之16第1项、第2项），公司合并或分割合并情形中被消灭的公司及存续公司的股东（第522条第1项、第530条之3第1项至第3项）等。回购请求权人转让股份的情形中，受让人并不一并受让股份回购请求权，因此，受让人并不享有股份回购请求权。[1]

上市公司中的股份回购请求权人，是对商法中的合并、营业转让、受让等的董事会决议持反对意见的股东（包括无表决权股东），仅限于作出董事会决议之前的股份持有人以及作出董事会决议的次日之前签订股份认购协议的人（资金第165条之5第1项）。由于这一规定不符合为了保护少数股东而引进的股份回购请求权制度的宗旨，因此，将这一制度引入资本市场法的同时，并未将其规定在旧《证券交易法》中。

（b）回购请求权的相对方

股份回购请求权的相对方为股份回购请求权人所属的公司。公司被吸收合并的，由存续公司承担支付回购股份对价的责任。

（c）回购请求的方法

作为股份回购请求权人的反对股东，可在回购请求期间内以记载股份种类与数量的书面材料请求公司回购其所持有的股份。事先通知与回购请求两阶段的意思表示应由同一人作出。股东可要求公司只回购其持有的部分股份。

---

〔1〕李哲松（会）577页。

（d）回购时期

公司收到股份回购请求后，应当自回购请求期间终了之日起两个月内回购该股份（第360条之5第3项、第360条之22、第374条之2第2项、第530条第2项、第530条之11第2项）。

上市公司应自该回购请求期间终了之日起一个月内回购相应股份（资金第165条之5第2项）。

（e）回购价格的决定

股份回购价格应由股东与公司协商决定，协商不成的，由法院作出决定。自回购请求期间终了之日起30日内尚未达成回购价格协议的，公司或提出回购请求的股东可请求法院决定股份回购价格（第374条之2第4项）。这时，法院应参照公司的财产状态及其他具体情况，公正地确定股份回购价格（第374条之2第5项）。

股份回购请求权人为多人的，每个股东的股份回购价格有可能各不相同。这是因为各股东提出回购请求的时期、持股数量以及协议价格有可能存在差异。

上市公司的情形中，①由股东与公司协商确定回购价格，② 协商不成的，以董事会决议日以前证券市场上该股份的交易价格为基准，按照总统令规定的方法确定价格，③相关法人与请求回购的股东仍不同意回购价格的，可请求法院决定回购价格（资金第165条之5第3项）。〔1〕

（f）回购股份的处理

即使没有可分配利益，公司也可从请求回购股东处购买股份，回购股份构成自己股份的取得（第341条之2第4号）。对于所取得的股份，公司应按照章程规定或董事会决议进行处理（第342条）。

作为例外，上市公司取得的自己股份，应在总统令规定的期间内（三年内）进行处理，也可作为分配给股东的利益进行注销（资金第165条之5第4项、第165条之3）。

（g）股份回购请求权的失效

公司中止作为股份回购原因的合并行为或撤回相关决议的，提出股份回购请求的原因消灭，股份回购请求也随之失去效力。股东自股东大会决议之

〔1〕《关于资本市场与金融投资业的法律》规定的价格决定方法：（董事会决议日前一个月的加权算数平均价格+过去一周的加权算数平均价格+最近日加权算数平均价格）÷3×30%（系列公司进行合并的情形中为10%）的范围内进行折价或增额的价格（资金令第176条之5第1项第1号）。

日起20日内未提出股份回购请求的，股份回购请求权失效。

（h）与股东大会决议瑕疵之诉的关系

股份回购请求以有效的股东大会决议为前提，因此，有学者认为提出股份回购请求的，应放弃对股东大会决议效力提起诉讼的权利（择一说）。但并存说则认为，即使是已经发出反对股东大会决议通知的股东，也可在回购股份前或提起股份回购请求的同时提起股东大会决议瑕疵之诉（第376条、第380条）。股份回购请求的提出并不会使决议瑕疵得到治愈，即使作出反对股东大会决议的通知，股份回购请求权也可能失效。但在支付股份对价之前，关于决议效力的判决已经确定的，股份回购请求权失效；相反，判决确定之前已收取股份回购对价的，由于原告已丧失股东地位，提起的决议取消之诉因当事人资格欠缺而被驳回。[1]

7）利益供与禁止

（1）利益供与禁止的宗旨

利益供与禁止是指公司不得对任何人提供与股东权利的行使相关的财产上的利益（第467条之2第1项）。“专业破坏人”扰乱股东大会秩序与股东大会的形骸化是股份公司一直以来的弊病。对于股东大会会场上的扰乱行为，会议长可行使维持秩序权对其予以制止（第366条之2），而对于导致股东大会形骸化的背后主使行为，商法规定了关于妨害权利行使等的赠收赂罪（第631条）与利益供与禁止（第467条之2）。这是为了预防这些人向公司索要钱财，与提供钱财的公司按照事先排好的计划压制普通股东的发言，从而在短时间内终止股东大会的情形。对于这种情形可适用关于妨害权利行使等的赠收赂罪，但这以收受财产上的利益或基于“不正当请求”实施利益供与为要件，而这一要件的证明极其困难且不具有实效性。

商法规定关于利益供与禁止的内容，不仅是为了保障股东大会的顺利召开，更是为了保护公司利益：①阻止图谋不轨之人在股东大会上的横行霸道；②保障正确行使股东权利；③因供与的金钱构成不法原因给付或非债偿还而公司无法获得返还的，使公司能够根据这一规定提出返还请求；④规定了该返还请求权的行使方法。

关于禁止利益供与的宗旨，存在公司财产浪费说与公司运营健全性保障说。商法第634条之2规定了利益供与罪，结合利益供与禁止规定与利益供

---

〔1〕 郑东润（上）574页。

与罪来解释，公司财产浪费说是正确的。理由如下：①这些规定均禁止了财产上的利益供与；②均规定了违反这些规定而供与财产利益的，应将之返还；③返还应通过代表诉讼进行；④根据通说，利益供与罪的目的也在于保护公司财产；⑤若无公司财产的浪费，也就不构成刑法上的利益供与罪，据此，除了公司以外，对其他股东进行利益供与的，并不会受到刑事处罚；⑥危害公司运营的健全性并非犯罪构成要件；⑦商法中的赠收赂罪（商法第631条）是为了保障公司运营健全性，将防止公司财产浪费视为利益供与罪所保护的法益更为准确；⑧对于扰乱股东大会秩序的行为，法律规定了会议长的秩序维持权（第366条之2）。在日本，公司运营健全性保障说是通说，韩国主张这一学说的学者也呈现逐渐增加的趋势。在股东大会的“专业破坏人”逐渐消失的今天，利益供与禁止的规定被认为是保障公司运营健全性的规定，可以说这是大环境发生变化的结果。[1]

（2）利益供与要件

（a）利益供与人是公司。这里所谓的公司是指“以公司的计算（归属于公司的损益）”。[2]据此，董事、监事、职务代行人、支配人等其他公司使用人以自己的财产供与利益的情形不属于利益供与；相反，虽然是以公司以外之人的名义实施行为，但以公司的计算实施供与行为的，则视为公司的利益供与。

（b）关于利益供与的相对方没有限制，并不仅限于股东。这是因为对于股东以外的人，公司也可为了使其无法行使股东权而以其将来不取得股份为条件提供财产上的利益。又如，对参加决议的全体股东进行利益供与的，同样违反本条规定。[3]

（c）应为关于股东权利行使的利益供与。股东权利是指包括自益权与共益权在内的全部股东权利，不仅包括以权利行使与不行使为条件的情形，还包括关于权利行使方法的全部内容与在股东大会上和股东大会以外的场合行使权利的情形。[4]但证明是否为关于权利行使的利益供与并不简单。据此，

---

〔1〕 崔埈璿：“关于股东表决权行使的利益供与的小考”，载《成均馆法学》第27卷第1号，2015年3月，第191页。

〔2〕 郑东润（上）1025页。

〔3〕 大法院 2014. 7. 11. 2013MA2397。

〔4〕 借给公司资金的同时规定其享有“向公司推荐任员一名的权利”后，签订以公司每月向其支付一定金额代替任员推荐权行使为内容的支付约定书的案件中，任员推荐权是股份出售协议中规定的合同上的特殊权利，这是基于股东资格而享有的共益权，而非自益权，因此，任员推荐权并非能够成为利益供与禁止对象的利益，只不过是对资金借贷的代价。大法院 2017. 1. 12. 2015DA68355，68362。

商法设置了推定性规定，即对于特定股东的无偿利益供与以及对价明显较低的有偿利益供与，推定为是关于股东权利行使的利益供与（第467条之2第2项）。相对方欲拒绝利益返还请求的，应证明该利益与股东的权利行使无关，公司则应证明相对方的股东身份、无偿利益供与的事实或有偿利益供与的情形中公司获得的利益明显少于供与利益的事实。

（d）应对财产上的利益进行利益供与。财产上的利益是指包括金钱在内的动产、不动产、有价证券及其他各种权利。请客吃饭、工程发包、为股东大会参与人提供的高价纪念品、股东大会会费的使用等均属于财产上的利益。判例将会员制的高尔夫球场为参与事先投票的股东提供价值20万韩元的商品券与可转让球场预约券的行为认定为利益供与。[1]

（3）利益供与的效果（利益返还义务）

（a）股东等的利益返还义务

（i）公司违反利益供与禁止规定而进行财产上的利益供与的，获得利益供与的人应将其返还公司（第467条之2第3项第1文）。利益供与协议因违反法律而无效，因此，所获利益构成不当得利。但利益供与从其性质上极有可能被视为非债偿还（民法第742条）或不法原因给付（民法第746条），对公司的返还义务有可能被否定，据此，作为关于不当得利的特别条款，商法规定获得利益供与的人应将其返还公司，给予公司对价的，同样可获得返还（第467条之2第3项）。利益返还与对价返还是同时履行的关系。即使获得的利益已经移转至第三人，也可请求支付相应金额。

（ii）公司的利益返还请求由代表董事提出。但持有发行股份总数1%以上的少数股东，也可为了公司利益提起关于利益返还请求的代表诉讼（第467条之2第4项）。上市公司中可以提起此类代表诉讼的少数股东为六个月连续持有上市公司发行股份总数万分之一以上的人（第542条之6第6项）。少数股东胜诉的，可要求公司支付诉讼费用及其他因诉讼发生的费用。

（iii）利益的受领只不过是行使表决权的一个契机，因此，即使作为获得利益的代价行使表决权，股东大会决议本身仍然有效。[2]对此，大法院曾判决“利益供与构成决议取消事由”。[3]如果按照公司运营健全性保障说去理

〔1〕 大法院2014.7.11.2013MA2397。

〔2〕 李哲松（会）978页；蔡利植（上）736页；郑灿亨（上）1146页。

〔3〕 大法院2017.7.11.2013MA2397。

解利益供与禁止规定与利益供与罪，那么这种判决也是合理的。

（b）董事等的责任

（i）故意或因过失违反法律进行利益供与的董事，应对公司承担损害赔偿责任（第399条）。监事或监查委员会委员就董事的利益供与行为有所懈怠的，也应对公司承担损害赔偿责任（第414条第1项、第415条之2第6项）。这一责任可以全体股东的同意免除，也可根据章程规定限制责任（第400条、第415条之2第7项）。

（ii）违反本条规定进行利益供与的董事、执行任员、监事、监查委员会委员及使用人等，构成关于股东权利行使的利益供与罪，处以一年以下有期徒刑或300万韩元以下的罚款（第634条之2第1项）。这种情形中，对于收受利益或对第三人进行利益供与的人也一并处以刑事处罚（第634条之2第2项），也可处以关于妨害权利行使的赠收赂罪（第631条）。

6. 股东大会决议瑕疵

1）四种诉

股东大会决议瑕疵，不仅包括外观上虽具备足以被认定为股东大会决议的要件，但决议程序、决议内容具有不当之处或违反法律、章程而无法认定其效力的情形，还包括股东大会召集程序或决议方法存在重大瑕疵，以至于无法认定股东大会决议存在的情形。

即使决议具有瑕疵，如果允许其任意主张瑕疵而推翻已形成的法律关系，则难以保障股东、债权人及一般公众稳定的合法权益。商法为了合理地、协调统一地确定公司关系，保障交易关系的稳定性，保护股东等利害关系人利益，规定了四种关于决议瑕疵的诉的类型：决议取消之诉（第376条），决议无效确认之诉（第380条），决议不存在确认之诉（第380条），特别利害关系人提起的不当决议取消或变更之诉（第381条）。

通常股东大会决议瑕疵之诉由被排除在中小企业经营与控制之外的少数股东提起，这种诉讼大多数以“要求多数股东以合理价格购买股份等进行和解为目的”，而非胜诉本身，因此，法院应准确把握原告的诉讼意图。[1]

---

〔1〕［日］江头宪治郎：《株式会社法》，有斐阁2006年版，第333页。

各种诉之比较

诉之种类基准	决议取消之诉（第376条至第379条）	决议无效确认之诉（第380条）	决议不存在确认之诉（第380条）	不当决议取消或变更之诉（第381条）
诉之原因	形式瑕疵：召集程序、决议方法违反法律，明显不公正，决议内容违反章程	实质瑕疵：决议内容违反法律	重大形式瑕疵：召集程序、决议方法具有重大瑕疵	决议明显不当的情形
诉的性质	形成之诉	形成诉讼说/确认诉讼说		形成之诉
提诉权人	股东、董事、监事	具有诉之利益的人		作为特别利害关系人的股东
被告	公司			
提诉期限	自决议之日起两个月内	无		自决议之日起两个月内
诉之程序	专属管辖、提诉期间的公告、合并审理、提诉股东的提供担保义务、登记等相同			
法院的裁量驳回	可以（第379条）	不可以		
判决的对世效力	有			
判决的溯及力	有			
败诉责任	具有恶意、重大过失的，对公司承担的连带责任相同			

★诉的变更

1. 含义

主张决定召集股东大会的董事会决议不存在或股东大会召集通知等具有程序上瑕疵的，应提起股东大会决议不存在确认之诉或决议取消之诉，但有时也会提起决议无效确认之诉。对于这种提诉人错误理解请求宗旨的情形，应将其视为不符合法律规定之诉而驳回，还是应尽可能认可其请求宗旨的同一性，存在不同见解。关于股东大会瑕疵的四种诉的要件与性质各不相同，对于诉讼请求符合当事人未主张的其他种类之诉的诉讼要件的，法院是否可以受理案件，学说与判例采取不同立场。

2. 学说

根据所谓新诉讼客体理论，关于股东大会决议瑕疵的四种诉的最终目的是消解股东大会决议的对世效力，从这一点上看，应视为四种诉讼具有相同的诉讼目的，甚至相同的诉讼客体。[1]即，在实现诉讼经济化与忠实于权利救济的层面上，无视诉讼形式上的差异，否定决议效力，视为具有相同诉讼客体（诉讼物一元论）。[2]

3. 判例

（1）决议取消之诉与决议不存在确认之诉

过去的判例认为，具有决议不存在原因却提起取消诉讼的，应将其视为不符合法律规定之诉而驳回。[3]但决议取消原因与决议不存在原因，其瑕疵只不过是在量上具有差异，实际上对两者的界限进行判断非常困难，而且决议不存在原因当然也构成决议取消原因，因此，对于这种情形应作出取消决议的判决。

判例认为，若在提起股东大会决议取消之诉的期间内（自决议之日起两个月内）提起决议不存在确认之诉，经过两个月后将诉讼变更或追加为以同一瑕疵为由的取消之诉的，应将其认定为决议取消诉讼。[4]

（2）决议不存在确认之诉与决议无效确认之诉

有判例认为，具有决议不存在原因却提起无效确认之诉的，可作为决议不存在确认之诉受理案件。[5]从这一判例中可知，视为不存在确认请求与无效确认请求具有同一诉讼物。反过来，具有决议无效原因却提起决议不存在确认之诉的情形中，可将其视为决议无效确认之诉。[6]

---

〔1〕 李时润：《民事诉讼法》，博英社 2011 年版，第 330 页。

〔2〕 李哲松（会）612 页。

〔3〕 大法院 1978. 9. 26. 78DA1219。

〔4〕 大法院 2003. 7. 11. 2001DA45584。

〔5〕 大法院 1983. 3. 22. 82DAKA1810（从法律上看，无法视为存在社员大会决议，但原审提出的“本案中明显将决议无效确认之诉解释成了决议不存在确认之诉，具有正当性，只要不提出不存在确认请求，无效确认请求即因不合法而被驳回”的论点毫无依据）。这是关于有限公司的社员总会的判决，但对于股份公司的情形也同样适用。

〔6〕 首尔高等法院 2001. 1. 18. 2000NA45404。

(3) 决议无效确认之诉与决议取消之诉

提起股东大会决议取消之诉的法定期间内提起决议无效确认之诉后，决议取消之诉的提起期间一经过，即将其变更或追加为以同一瑕疵为由的决议取消之诉的，视为遵守了关于决议取消之诉提诉期间的规定。[1]股东大会就多个议案分别作出决议的，应对每个议案分别作出是否遵守了决议取消之诉提诉期间规定的判断。据此，对于董事选任决议，可以自该决议作出之日起两个月内提起股东大会决议无效确认之诉，但对于变更章程的决议及选任监事决议，自决议作出之日经过两个月之后各自追加合并股东大会决议无效确认之诉，之后再将上述各决议的无效确认之诉变更为取消之诉的，由于追加合并当时已经超过了两个月的提诉期限，上述变更章程决议及选任监事决议的取消部分不合法。[2]

★股东大会决议瑕疵之诉与资本金减少无效之诉的关系

对于资本金减少，公司合并、分割、分割合并，股份交换、股份移转等应当作出股东大会特别决议。章程将新股发行规定为股东大会决议事项的，发行新股也应作出股东大会决议。这些决议存在瑕疵的情形中，各利害关系人是应提起股东大会决议瑕疵之诉，还是关于减资无效、合并无效、新股发行无效的特殊之诉，对此存在不同意见。

从判决效力上看，资本金减少无效之诉与股东大会决议瑕疵之诉均具有对世效力与溯及效力（但合并无效之诉与新股发行无效之诉不具有溯及效力）。两者的区别在于，股东大会决议瑕疵之诉应自决议作出之日起两个月内提起，而资本金减少无效之诉等特殊之诉应自登记（发行新股的情形为新股发行日）之日起六个月内提起。

关于这一问题，过去存在完全吸收说与并用说：前者认为，特殊诉讼吸收一般股东大会决议瑕疵之诉，决议瑕疵之诉的提起期间（两个月）经过后，瑕疵被治愈，因此，不得以此为由提起特殊诉讼；后者认为，在决议瑕疵之诉的提起期间内可任选其中一种方式提起诉讼，诉讼种类一经确定，资本金减少、合并、新股发行即告无效。目前通说与判例采取的是生效后吸收说。

---

〔1〕 首尔高等法院 2001. 1. 18. 2000NA45404。日本的学说与判例认为，主张股东大会决议瑕疵的各种诉是诉讼标的不同的诉讼，但当事人主张的实质内容与请求宗旨不同的情形，如以取消决议事由提起决议无效确认之诉的情形中，可将其拟制或转换为决议取消之诉，此即为转换说。江德美：“一人公司的股东大会程序上的瑕疵”，载崔基元等编：《商事判例研究Ⅰ》，博英社 1996 年版，第 449 页。

〔2〕 大法院 2010. 3. 11. 2007DA51505。

根据生效后吸收说，判例认为合并等发生效力之前可提起决议取消之诉。但合并等发生效力后，不得单独提起合并决议无效确认之诉，而应立即提起合并无效之诉。[1]如新股发行无效的情形中，“即使董事会或股东大会的新股发行决议具有导致其被取消或无效的瑕疵，只要不是足以导致新股发行不存在的重大瑕疵等特殊情形，在新股发行发生效力后，就只能提起新股发行无效之诉”。[2]合并无效的情形中，主张合并无效的理由为股东大会决议具有瑕疵，因股东大会决议日后经过两个月而无法提起股东大会决议取消之诉的（第376条第1项），也可在合并登记后六个月内提起合并无效之诉。[3]

合并等发生效力之前提起的决议取消之诉，一旦合并生效就应驳回，之后再提起合并无效之诉。这时，应通过诉（请求）的变更（民诉第262条）将其变更为合并无效之诉，[4]未请求变更的，因欠缺诉的利益而被驳回。[5]

2）决议取消之诉

（1）诉的原因

股东大会的召集程序或决议方法违反法律、章程或明显不公平，或决议内容违反章程的情形中，股东、董事或监事可自决议之日起两个月内以公司为对象提起决议取消之诉（第376条第1项）。对于决议取消之诉的被告，商法未作规定，通说与判例将其限定为公司。[6]

召集程序存在瑕疵的情形包括：未作出董事会决议或根据具有瑕疵的董事会决议召集股东大会的情形[7]（但如后所述，非召集权人召集股东大会的情形构成决议不存在事由）；代表董事的职务代行人未获得法院许可召集临时

---

〔1〕 大法院1960.11.24.4292民上880；同1993.5.27.92NU14908。

〔2〕 大法院2004.8.20.2003DA20060（新股发行无效的情形）；同2010.2.11.2009DA83599（减资无效的情形）；同2009.12.24.2008DA15520（股份合并无效的情形）；崔基元（会）544—545，558页；郑东润（上）589页。

〔3〕 大法院2010.7.22.2008DA37193。

〔4〕 崔基元（会）544—545，558页；郑东润（上）589页。

〔5〕 郑东润（上）589页。

〔6〕 大法院1982.9.14.80DA2425。

〔7〕 大法院1980.10.27.79DA1264：即使在未作出董事会决议的情况下召集股东大会，如果召集权人是按照合法程序召集大会，那么，未经董事会决议的事实只构成取消事由。同旨：大法院1987.4.28.86DAKA553；同1989.5.23.88DAKA16690。

股东大会的情形；[1]对部分股东未作召集通知的情形；[2]召集通知期间不足的情形；[3]欠缺召集通知书的情形；[4]大会召开日期、时间、场所不适当的情形等。但如前所述，一人公司[5]或全体股东出席股东大会的情形中，[6]召集程序的瑕疵并不构成决议取消事由。可以未对其他股东作召集通知等对其他股东的召集程序存在瑕疵为由请求取消决议。[7]公司无正当理由拒绝名义改书并且未对其作出召集通知的，同样构成决议取消的原因。[8]

决议方法违反法律或章程的情形包括：不是股东或不是股东代理人的人参加决议的情形；[9]违反表决要件的情形（表决法定人数的不足）；[10]根据章程规定不能成为会议长的人作为会议长干预议事的情形；[11]董事不出席的情形；就未记载于召集通知书中的事项进行表决的情形；[12]不当阻碍股东进

---

〔1〕 因代表董事无正当事由未召集股东大会而由专务董事召集股东大会的情形中，应取消该股东大会决议。大法院 1962.1.11.4294 民上 490。

〔2〕 大法院 1993.10.12.92DA21692：在由正当的召集权人召集的股东大会中，超过法定人数的股东出席大会并且全体出席股东同意作出的决议，即使对部分股东未作召集通知或未遵守法定期间进行书面通知召集股东大会，这种股东大会召集程序上的瑕疵也不构成决议不存在或决议无效事由，而是单纯的决议取消事由。大法院 1981.7.28.80DA2745，2746：在由获得法院召集临时股东大会许可的合法召集权人召集的股东大会中，持有股份总数的半数以上的股东出席并以出席股东的全体同意作出决议的情形中，对未参加该决议的其他股东未作遵守法定期间的书面召集通知的瑕疵，构成决议取消事由，并不构成决议无效事由。同旨：大法院 1987.4.28.86DAKA553；同 1993.1.26.92DA11008；同 1993.12.28.93DA8719。

〔3〕 大法院 1987.4.28.86DAKA553。即使是在未作出遵守法定期间的书面通知的情况下召集临时股东大会，只要是超过法定人数的股东出席并作出的决议，该决议仍合法有效：大法院 1991.5.28.90DA6774。

〔4〕 大法院 1987.4.28.86DAKA553（口头进行召集通知的情形）。

〔5〕 大法院 1966.9.20.66DA1187.1188；同 1967.2.28.63DA981；同 1976.4.13.74DA1755；同 1977.2.8.74DA1754；同 1992.6.23.91DA19500。

〔6〕 大法院 1979.6.26.78DA1794；同 1981.7.28.80DA2745，2746；同 1993.2.26.92DA48727；同 1996.10.11.96DA24309；同 2002.7.23.2002DA15733；同 2002.12.24.2000DA69927。

〔7〕 大法院 1981.7.28.80DAKA2745，2746；同 2003.7.11.2001DA45584。

〔8〕 大法院 1996.12.23.96DA32768 等。

〔9〕 大法院 1983.3.23.83DO748。

〔10〕 大法院 1983.8.23.83DO748；同 1996.12.23.96DA32768，32775，32782；同 2001.12.28.2001DA49111。

〔11〕 大法院 1977.9.28.76DA2386。股东大会的会议长违背股东的意思退场，剩下的股东选任临时会议长后作出的股东大会决议合法有效：大法院 2001.5.15.2001DA12973。

〔12〕 大法院 1979.3.27.79DA19：根据商法第 363 条第 1 项、第 2 项规定，召集股东大会应发送记载会议目的的书面通知，因此，原则上股东大会只能对召集通知中记载的目的事项进行决议。将目的事项以外的案件提交大会作出决议的，若无特殊事由，应视为股东大会召集程序或决议方法违反法令。……即使原告参与作出股东大会决议，而后又请求取消该决议，也不得认为其违背信义原则或禁反言原则。同旨：大法院 1962.1.31.4294 民上 452；同 1969.2.4.68DA2284。

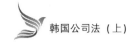

入会议场的情形；[1]决议方式违背股东平等原则的情形；未备置财务报表及监查报告书的情形；股东大会延期或续行决议存在瑕疵的情形等。

决议方法不公平的情形包括：不当限制发言；强制特定股东退场；不当地省略说明的情况下强行作出决议等。

决议内容违反章程的情形包括：选任章程规定的人数以上的董事；选任不具备章程规定的董事资格的人为董事等。

一直以来，违反章程规定的决议都是决议无效确认之诉的对象，但1995年修订商法将其规定为决议取消之诉的对象。因为只有公司的利害关系人才能就违反章程的决议提起诉讼，所以将其规定为决议取消之诉的对象无疑是正确的。

首尔高等法院 2006. 4. 12. 2005NA74384：拒绝股东名册的阅览、誊写的情形，不构成决议取消事由
【事实】原告为了劝诱表决权的代理行使，提出请求股东名册阅览、誊写的假处分申请，在获得法院的假处分决定后再次向被告请求阅览、誊写股东名册的情形中，法院的假处分决定送达被告之前，被告没有义务回应该假处分决定，而且原告曾试图对被告进行敌对性合并（M&A），因此，被告以需要一定时间判断阅览、誊写的要求是否合理为由，拒绝了阅览、誊写股东名册的要求。最终原告在未能获得相关信息，也未能劝诱表决权代理行使（取得委任状）的情况下召开了股东大会。 拒绝阅览、誊写股东名册等瑕疵与召集程序或决议方法无关，因此不能成为股东大会决议取消事由。（这种情形有可能发生损害赔偿请求的问题，但由于很难确定具体损害，这种损害赔偿请求无实际意义。——笔者注）

因决议方法违反法令或章程而使决议被否决的，无法取消不存在的决议，因此，首先应按照民事诉讼法中的确认之诉确定决议的存在。对于无效决议或不存在的决议不得进行追认，[2]但对于具有决议取消事由的决议可进行追认。[3]

[1] 大法院 1996. 12. 20. 96DA39998：事实上由股东二人构成的股份公司的一方股东不当妨害其他股东进入会场，而其议事与决议也不是以最大限度地保障迟延进入会场的其他股东的表决权行使的方式进行的情形中，该股东大会的决议方式有违信义原则，从而构成决议取消事由。

[2] 水原地方法院 1984. 10. 31. 84GAHAB212。

[3] 郑东润（上）589页；参照《德国股份法》第224条。

（2）诉的性质与提诉期限

决议取消之诉是形成之诉，[1]应当自决议作出之日起两个月内提起诉讼。两个月的期间为除斥期间，期间一旦经过，既不得继续主张形式上的决议瑕疵，也不得追加新的决议取消原因。不得以决议内容是登记事项或股东或董事对决议不知情为由延长除斥期间的起算日期。[2]

（3）诉的当事人

（a）原告是股东、董事或监事。股东可提起决议取消之诉。[3]也有学说主张持有无表决权股的股东不享有提起决议取消之诉的权利，[4]但决议取消的诉权为共益权，因此，应视为持有无表决权股的股东也享有提起决议取消之诉的权利。[5]提起诉讼的股东应维持股东资格至判决确定为止。股东转让股份的，转让人的诉讼地位不被承继。诉讼过程中作为原告的股东死亡的，由其继承人承继诉讼。[6]但董事基于其地位提起诉讼后，在诉讼过程中或在事实审辩论终结后死亡的，该诉讼并不因该董事的死亡而中断，而是立即终止。董事是作为股份公司意思决定机关的董事会之组成员，而意思决定机关的组成员地位是具有专属性的，并不具有可继承性。[7]清算公司中的清算人也享有提诉权（第542条第2项、第376条）。

（b）被告是公司，[8]由代表董事代表公司。董事为原告的，由监事代表公司（第394条）。将现任代表董事选任为董事的股东大会决议成为决议取消之诉的对象的，也由代表董事代表公司。[9]

（4）诉的程序

（a）原告向总公司所在地[10]管辖法院提起取消之诉的（第376条），公

〔1〕大法院1987.4.28.86DAKA553。

〔2〕大法院1966.10.4.65DA2269。

〔3〕大法院1977.9.28.76DA2386；同1979.3.27.79DA19。

〔4〕孙珠瓒（上）742页；李炳泰（上）614页；林泓根（会）417页。

〔5〕同旨：李哲松（会）590页；崔基元（会）541页；郑东润（上）579页；权奇范（会）652页。

〔6〕崔基元（会）541页；郑东润（上）579页。

〔7〕大法院2019.2.14.2015DA255258。

〔8〕大法院1982.9.14.80DA2425。但在被告仅限于公司的前提下，对于与诉讼结果具有特别重大利害关系的人，应认可共同诉讼的辅助参加：崔基元（会）542页。

〔9〕大法院1983.3.22.82DAKA1810。

〔10〕总公司所在地并不是指关于公司营业的指挥决定形成的实质意义上的总公司所在地，而是记载于章程并进行登记的场所，即形式意义上的总公司所在地（江头宪太郎，前揭书，第334页）。

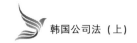

司应毫无迟滞地对此进行公告（第 376 条第 2 项、第 187 条）。同时提起多个诉讼的，法院应合并审理（第 376 条第 2 项、第 188 条）。

对同一股东大会决议提起决议取消之诉、决议无效确认之诉或决议不存在确认之诉的，为了避免就同一决议作出内容冲突的判决，应合并审议。[1]

股东大会决议瑕疵之诉并非以财产权为目的的诉讼，因此，诉讼标的额为 50 000 100 韩元（即合议部管辖）（民事诉讼等印纸法第 2 条第 4 项，民事诉讼等印纸规则第 15 条第 2 项、第 18 条之 2 但书）。

（b）不是董事或监事的股东提起诉讼的，为了防止滥诉的发生，法院可根据阐明该股东具有恶意的诉讼请求（第 377 条第 2 项、第 176 条第 4 项），命令股东提供适当的担保（第 377 条第 1 项）。这里所谓的恶意是指，股东具有无正当理由使公司陷入困境的意图。提供担保是为了担保公司因诉讼的提起受到的损害，因此，担保额度可以公司可能遭受的损失为准，由法院自由裁量决定。[2]

（c）决议取消之诉是确定多数人权利义务的诉讼，因此，当事人之间不得进行和解或互相认可承诺。[3]

（5）判决效力

（a）原告胜诉的情形：决议取消判决的效力不仅及于当事人，也及于第三人（对世效力）（第 376 条第 2 项、第 190 条本文）。这是为了统一处理法律关系，对民事诉讼法中既判力的主观范围（民诉第 218 条）所作的例外性扩张。1995 年修订商法规定，对于决议取消判决，仅准用商法第 190 条本文规定，从而承认了判决的溯及效力。[4]对此，有学者认为，是否认定溯及效力的问题，应由学说与判例作出解释。不准用关于不溯及既往规定并不意味着认可溯及效力，因此，决议取消判决效力溯及与否，应综合考虑各种因素后作出判断[5]。但笔者不赞同这一观点（后述，参照决议不存在确认之诉的判决效力部分）。如，选任董事的股东大会决议取消判决一经作出，其效力溯及至依据该决议选任的董事构成的董事会选任的代表董事，导致其丧失代表董事的资格，该代表董事在选任董事的股东大会决议取消判决确定之前实施

〔1〕 李哲松（会）605 页。

〔2〕 大法院 1963. 2. 28. 63MA2。

〔3〕 大法院 1993. 5. 27. 92NU14908；同 2004. 9. 24. 2004DA28047。

〔4〕 大法院 2004. 2. 27. 2002DA19797。

〔5〕 郑东润（上）581 页。

的行为是无代表权人实施的行为，因而无效。[1]

决议事项已登记的情形中，决议取消判决一经确定，就应在总公司与分公司的所在地进行登记（第378条）。

★原告胜诉情形中的溯及效力与不实登记（第三人保护）等问题

具有瑕疵的股东大会中选任的（代表）董事，在选任登记后已经实施若干法律行为［如设定最高额抵押（根底当）以借入资金］，但该股东大会被确定为无效、取消或不存在，导致（代表）董事的选任被取消的情形中，在决议取消之前所为的法律行为的命运将会如何？如果代表董事选任无效或被取消导致设定最高额抵押的行为也无效，那么第三人（抵押权人）的利益将无法得到有效保护。这时，第三人能否以代表董事选任登记属于商法第39条规定的不实登记为由追究公司责任呢？判例认为，决议不存在确认之诉的情形中，不得追究公司的不实登记责任，而决议取消之诉的情形中，可追究公司的责任。这是根据公司的干预程度，对公司具有不实登记归责事由时的责任作出的判断，因为不存在的决议大体上是与公司无关的人（公司之外的人）作出的决议。

（1）大法院2011.7.28.2010DA70018（引用股东大会决议不存在确认之诉的情形）：欲根据商法第39条规定追究登记申请权人责任的，原则上登记申请权人应为故意或过失进行登记。股份公司的情形中，关于不实登记有无故意或过失，应以代表董事为准作出判断。虽然不是由登记申请权人亲自进行登记，但具有干预登记或明知不实登记的存在而放任等可视为登记申请权人因故意或过失进行不实登记的特殊情况的，可根据商法第39条追究登记申请权人的不实登记责任。也就是说，只要不是作为登记申请权人的公司干预了不实登记，也不存在能够认定为公司因故意或过失进行不实登记的特殊情形，就不得根据商法第39条追究公司的不实登记责任。据此，确定选任代表董事的股东大会决议不存在的，该代表董事实施的行为（即使该代表董事已经登记）无效。同旨：大法院2008.7.24.2006DA24100。

（2）大法院2004.2.27.2002DA19797（引用股东大会决议取消之诉的情形）：对选任董事的股东大会决议作出取消判决的，虽然该决议被溯及而无效，但与被取消决议选任的代表董事进行交易的相对方可通过适用或类推适

---

〔1〕大法院2004.2.27.2002DA19797；同2013.2.28.2012DA74298：对选任董事的股东大会决议的取消判决已经确定的情形中，通过该决议选任的董事构成的董事会选定的代表董事丧失其资格，不再享有代表公司的权限，因此，该代表董事在取消判决确定之前实施的诉讼行为无效。

用商法第39条而受到保护。股份公司进行法人登记的情形中，公司虽然是通过法人代表申请登记，但登记申请权人为公司本身，因此，根据被取消的股东大会决议选任为董事的代表董事进行的董事选任登记属于商法第39条规定的不实登记。[1]公司应就该代表董事的行为承担责任。

（b）原告败诉的情形：原告败诉的，不具有对世效力，虽然可由他人再次提起诉讼，但实际上因提诉期间的经过，难以主张取消决议。原告败诉的情形中，仅限于原告具有恶意或重大过失的情形对公司承担损害赔偿责任（第376条第2项、第191条）。这是为了防止提诉权的滥用。

（6）法院的裁量驳回

（a）裁量驳回的类型

在关于公司的诉讼中，即使原告的主张或请求正当合理，法院也有可能驳回。商法规定的裁量驳回类型有以下两种：

（i）股东大会决议取消之诉（第379条）的情形。

（ii）关于合名公司的设立无效或设立取消之诉的商法第189条（瑕疵修复与驳回请求）与准用该条规定的其他诉的情形［股份公司设立无效之诉（第328条第2项、第189条），新股发行无效之诉（第430条、第189条），减资无效之诉（第446条、第189条），可转换公司债券发行无效之诉，附新股认购权公司债券发行无效之诉，合并无效之诉（第530条第2项、第240条、第189条），分割无效之诉（第530条之11第1项、第240条、第189条），分割合并无效之诉（第530条之11第1项、第240条、第189条），股份的概括交换或移转无效之诉（分别为第360条之14第4项、第189条，第360条之23第4项、第189条）］。

★股东大会决议取消以外的情形

上述两种裁量制度的区别在于，（ii）中将瑕疵修复作为驳回裁量的要件。法院不得忽视这一点。大法院1987. 9. 8. 86DAKA2971，2004. 4. 27. 2003DA29616，2010. 7. 22. 2008DA37193：“成为诉之原因的瑕疵是事后无法修复之瑕疵的情形中，即使不修复该瑕疵，法院也可斟酌整体情况后裁量驳回该诉”，从而忽视了法律条文中明确规定的裁量驳回要件瑕疵修复。判例的这种态度有悖于对法律条文的文义解释与裁量驳回制度的宗旨，将会导致公司的不法经

[1] 大法院2004. 2. 27. 2002DA19797。

营。裁量驳回导致：①将因股东的反对难以满足变更章程所需要的表决法定人数，从而作出续行决议，自1984年8月11日至1985年9月4日，以两天或一个月不等的间隔续行股东大会达29次的不正常股东大会认定为有效（2004.4.27.2003DA29616，但这一案件中，存在原告妨害关于变更章程的特别决议成立的情形，从结果上看可被视为正确的判决）；②将在减资无效之诉中，"因不当拒绝接收委任状而限制表决权的行使"的情况下召开的股东大会视为有效；③将在分割合并无效之诉中，向股东三人作了召集临时股东大会的口头通知，对其他持有发行股份总数9.22%的原告等少数股东未作任何通知的股东大会认定为有效，从而认定分割合并有效（2010.7.22.2008DA37193）。这些均为法院滥用裁量驳回制度的案例。《日本公司法》规定，裁量驳回制度仅适用于股东大会决议取消之诉（日会第831条第2项）。

（b）对股东大会决议取消之诉的裁量驳回的宗旨

参照股东大会决议内容、公司现状与整体情况，认为取消诉讼不适当的，法院可驳回该请求（第379条）。这是为了防止对于具有轻微瑕疵的情形提起诉讼的滥诉的发生，同时也是为了保护公司。如，即使取消决议，对于公司或股东毫无益处或决议已被执行的情形等，法院也可裁量驳回决议取消之诉。

大法院 1987.9.8.86DAKA2971：法院裁量驳回制度的宗旨
商法第379条规定，对于股东大会决议取消之诉法院可裁量驳回的宗旨在于，在取消决议对公司或股东并无益处的情形，或由于决议已被执行，即使取消决议也无任何效果的情形，防止因决议的取消造成公司的损失、危害交易安全、危害公司秩序等情况的发生。……全国相互信用金库联合会（federation of savings banks）决议变更结算期，财务部对其进行了批准和承认，据此，股东大会就变更结算期为内容的章程变更作出决议时，由于处于经营权争斗中的持股三分之一的股东反对结算期的变更，经营层自1984年8月11日至1985年9月4日续行股东大会多达29次，在享有三分之一表决权的股东未出席股东大会，享有三分之二表决权的股东赞成的情况下作出股东大会决议的，可视为具有决议取消事由。但从决议内容、被告现状、其他金融机关的实际情况、原告提起诉讼的目的等整体情况上看，原审驳回原告请求是合理的，也不具有法理上的违法情形。同旨：大法院2003.7.11.2001DA45584（拒绝裁量驳回）；首尔高等法院1998.8.25.98NA5267（裁量驳回）；蔚山地方法院2003.11.19.2003GAHAB1485（裁量驳回）。

（c）裁量驳回的要件

（i）股东大会决议的存在：股东大会决议本身应从法律意义上存在。股东大会决议在法律上不存在的，决议取消之诉为不合法之诉，当然也不适用商法第 379 条之规定。[1]

（ii）具有形式上的违法情形（决议取消事由的存在）：决议取消之诉的裁量驳回，原则上是因除斥期间的经过导致股东大会具备可被自动治愈的程序瑕疵而认可的制度，因此，只能适用于决议取消之诉。决议无效之诉或者决议不存在确认之诉中根本不存在因决议无效或不存在而可取消的诉。[2]法院裁量驳回制度的目的在于，只存在形式上的违法而不具有实质上的损害或没有正当诉讼利益的情形中，防止以轻微瑕疵为由的滥诉的提起，从而保护公司利益。

问题是如何认定形式上的违法。商法并未明确规定裁量驳回的标准，因此，法院可将裁量驳回的范围规定得比较广泛。但裁量驳回是为了保障股东大会的顺利召开，防止股东滥用提起决议取消之诉的诉权而适用的制度，因此，从这一制度本身的意义出发，应将适用裁量驳回制度的情形限定在一定范围内。[3]

关于裁量驳回制度的适用范围，韩国有以下几种学说：

①具有轻微瑕疵的情形：这是构成决议取消事由的瑕疵非常轻微的情形，如对少数股东未作股东大会召集通知的情形等。

相反，从瑕疵的性质与程度上看属于重大瑕疵的，即使该瑕疵不会对决议结果产生影响，法院也不得裁量驳回。[4]这里所谓的从瑕疵性质与程度上看属于重大瑕疵的情形是指，法律、章程所保障的股东利益受到侵害的情形。[5]

②对公司或股东无任何利益的情形：这是即使取消决议，对公司或股东

---

〔1〕 大法院 1978. 9. 26. 78DA1219；首尔中央地方法院 2015. 4. 9. 2014GAHAB529247；首尔高等法院 2015. 8. 28. 2015NA2019092；大法院 2015. 11. 6. 2015DA236318。

〔2〕 李哲松（会）606—607 页。

〔3〕 崔基元（会）546 页。

〔4〕 日本最高裁判所 1971. 3. 18. 民集 25. 2. 183 页，[日] 上柳克郎等编：《注释会社法》(5)，有斐阁 1986 年版，第 375 页。大阪地方裁判所 2018. 9. 25. 判决：没有董事会决议的情况下由代表董事召集的股东大会属于违反法律的重大事项，构成取消决议之事由，其裁量驳回也不被认可（金判第 1553 号第 59 页）。

〔5〕 日本最高裁判所 1993. 9. 9. 金商 937. 20：即使章程中没有关于召集场所的规定，也不得认为未在总公司所在地或邻近地召集大会的事实不重大或未影响股东大会决议，因此，不得驳回决议取消请求。

也没有任何利益的情形，如，由于决议已经被执行，即使取消也没有任何效果的情形等。[1]

商法限制决议取消之诉的提诉权人与提诉期限（可提起决议取消之诉的主体仅限于股东、董事、监事，提诉期限为自决议之日起两个月内）的立法宗旨在于防止滥诉的发生，因此，即使提诉权人以正当理由提起决议取消之诉，如果没有诉的利益，该诉求也应被驳回。[2]

③原告的表决权不影响决议结果的情形：原告的表决权不影响决议结果的事实非常明确的情形中，如果没有特殊事由，法院可驳回取消决议的请求，如，无表决权人虽然参与了决议，但由于其表决权数非常少，对决议结果并不产生影响的情形等。对于该瑕疵不影响决议结果的事实，应由公司承担证明责任。[3]

但如前所述，从瑕疵性质与程度上看属于重大瑕疵的，即使该瑕疵不影响决议结果，法院也不得裁量驳回。[4]这是因为，若仅以是否对决议结果产生影响为标准，将会导致持有股东大会成立必要数量股份的股东任意实施违法行为的结果。[5]

④决议取消权的滥用：违反诚实信用原则而具有不良诉讼动机的，只会使公司陷入困境，为了高价出售而提高股价的行为即为典型。[6]

⑤对外影响力：决议取消的对外影响力巨大有可能造成社会混乱的情形中，法院也可裁量驳回决议取消之诉。大法院 2003. 7. 11. 2001DA45584 判决中，法院没有采纳要求驳回“请求取消股东大会决议的原告主张”的被告主

---

〔1〕 姜渭斗（会）499 页。

〔2〕 大法院 1995. 2. 24. 94DA50427：在请求取消股东大会的任员选任决议的诉讼中，根据该决议被选任的任员全体未就任或辞任，之后基于新的股东大会决议选任任员并已进行选任登记的情形中，如果选任继任任员的新的股东大会不存在任何程序瑕疵，那么，即使最初的任员选任决议存在瑕疵，也不具有请求取消该决议的诉之利益。同旨：大法院 2003. 7. 11. 2001DA45584。

〔3〕 崔基元（会）546 页。

〔4〕 日本最高裁判所，1971. 3. 18. 民集 25. 2. 183 页。［日］上柳克郎等编：《注释会社法》(5)，有斐阁 1986 年版，第 375 页。

〔5〕 日本最高裁判所，1971. 3. 18. 民集 25. 2. 183 页：股东大会召集程序或决议方法具有重大瑕疵的情形中，法院应受理决议取消请求。笔者认为，股东大会召集程序或决议方法具有重大瑕疵的情形中，仅以该瑕疵没有对决议结果产生影响为由驳回决议取消请求而继续维持决议的有效状态，是为了严格规制股东大会召集程序或决议方法，从而确保股东大会的正常运行，否则将会导致脱离欲保护股东及公司利益的商法的规定宗旨。［日］上柳克郎等编：《注释会社法》(5)，有斐阁 1986 年版，第 375 页。

〔6〕［日］上柳克郎等编：《注释会社法》(5)，有斐阁 1986 年版，第 378 页。

张。这是因为原告要求取消的对象仅限于股东大会决议中赋予任员股份优先购买权（stock option）的部分，而该决议内容可以说是关于任员报酬问题的一部分，即使取消决议也不会影响决议的对外效力。

⑥此外，还有已经实行资本金增加或减少，取消资本金增加或减少决议明显不利于公司与一般交易的情形。[1]

（d）裁量驳回判决的效力

法院的裁量驳回判决不具有对世效力，但法院是为了保护既存状态而驳回原告的正当请求，因此，事实上是具有对世效力的。此外，原告不承担损害赔偿责任。这是因为，原告是基于法律规定的正当取消事由而提出请求的。据此，即使第三股东重新提起股东大会决议取消之诉，仍会被驳回。但事实上，自决议作出之日起经过两个月的，不得再次提起诉讼。

3）决议无效确认之诉

（1）含义

股东大会决议内容违反法律的，原则上任何人在任何时候可以任何方式主张决议无效，必要时还可提起决议无效确认之诉（第380条）。

（2）诉的原因

决议无效确认之诉仅以积极决议（赞成决议）为其对象。被否决的决议，内容上不存在违反法律的问题，因此不能成为诉的对象。[2]

决议内容违反法令的情形包括：内容违反股东平等原则的决议，[3]违反股东有限责任原则的决议，违反股份公司本质的决议，违反资产评价原则而制作的财务报表的承认，对违反法律的利益分配方案的承认，对股东大会权限以外事项的决议，将关于专属股东大会决议事项的决定权全权委任董事或任员的决议，侵害股东固有权的决议，[4]决议内容违反公序良俗等其他社会秩序的情形以及其他违反法令的决议等。[5]

决议内容并无瑕疵，仅仅是作出决议的动机或目的违反法律或社会秩序

---

〔1〕［日］上柳克郎等编：《注释会社法》（5），有斐阁1986年版，第372—373页。

〔2〕林在渊：《公司法Ⅱ》，博英社2012年版，第199页。

〔3〕但遭受不合理待遇的股东全体同意的情形除外。大法院1980.8.26.80DA1263：股东大会决定以大股东30%、小股东33%的比例进行利益分配等同于大股东主动放弃获得利益分配的权利或进行转让的情形，并不能认定违反了第464条的规定。

〔4〕郑东润（上）582页。

〔5〕崔基元（会）555页。

的情形中，并不导致决议无效。[1]

也有人认为，不公正的决议，特别是滥用多数决原则的决议无效。如，以下决议均具有内容不公正的瑕疵，构成决议无效事由：大股东积极追求自己或第三人的个人利益，利用多数决原则对客观上显失公平的内容作出决议；比照公司规模、营业绩效、董事的职务内容等，给予股东过多报酬的决议；以明显不利的条件转让营业的决议；根据少数股东的请求，将获得解任判决的董事再次选任为董事的决议；为了避免与大股东控制的公司或其他公司的竞争而变更公司目的事项的决议等。[2]但对于内容不公正的决议或滥用多数决原则的决议，主张决议无效或主张具有决议取消事由的，并没有实体法（实定法）上的根据，因此，对这一学说应更加慎重。公司或其他人（包括股东）劝诱股东将其享有的股东大会上的表决权委任给自己或第三人代理行使的行为被称为委任书劝诱（参照资金第3节第152条）。违反委任书劝诱规则的，构成决议取消事由，而非决议无效事由。[3]

（3）部分无效

股东大会就多个案件作出决议的情形中，仅部分案件具有决议无效事由的，应视为其他决议有效（民法第137条）。[4]据此，只能就无效案件提起决议无效确认之诉，如，章程规定只能由股东担任公司任员，但将部分非股东选任为董事或监事，剩余部分由股东担任董事的情形中，无资格的任员选任无效，有资格的任员选任有效，[5]这并非因为适用了“部分无效”的法理，而是将各任员的选任视为独立的案件交由股东大会分别作出决议的结果。在一个案件中，不可能作出部分无效的判决，只能是全部有效或全部无效。这一点与决议取消或决议不存在的情形相同。[6]

（4）诉的性质

关于股东大会决议无效确认之诉（决议不存在确认之诉也等同）（第

---

〔1〕郑东润（上）582页。

〔2〕李哲松（会）593页。对此，也有学者认为多数派股东滥用表决权的，构成决议取消的原因。郑东润（上）578页。

〔3〕杨万植：“委任书劝诱与股东大会决议的取消”，载《企业法研究》第23卷第3号，2009年9月，第184—186页。

〔4〕崔基元（会）558页。

〔5〕大法院1962. 10. 18. 62DA395。

〔6〕李哲松（会）593页。

380条）的性质，存在相互对立的两种学说，即形式之诉说[1]与确认之诉说。[2]如果认为是形成之诉，那么只能以诉的形式主张决议无效；如果认为是确认之诉，则可选择其他方式主张无效。形成不同学说的主要原因是旧商法第380条准用了第190条，规定了决议无效之诉判决的不溯及效力。

但1995年修订商法规定，对于第380条仅准用第190条的本文规定承认了溯及效力，意味着对决议无效的确认。结果，继续探讨诉的性质的实际意义大大减少。

★关于诉的性质的对立学说

1. 形成之诉说

这一学说认为，即使将商法第380条及第190条但书解释为具有决议无效事由，在决议无效判决被确定之前仍应将其视为有效，因此，决议无效确认之诉是形成之诉，只能以诉的形式主张决议无效。[3]该学说还认为，商法第380条明确规定了诉讼程序并赋予判决以对世效力也是应将其视为形成之诉的依据。该学说强调，确认之诉说与商法规定的无效确认判决的对世效力是明显矛盾的，即承认无效确认判决的对世效力使得无效判决的效力创设性地及于所有利害关系人，这与形成判决具有同等效力。从结果上看，如果不提起诉讼，无效确认之诉将成为确认之诉，提起诉讼则成为形成之诉，这是相互矛盾的。此外，多数原告就同一决议各自向同一个或不同法院提起诉讼的，法院有可能以决议无效为前提进行后续诉讼，也有可能以决议有效为前提作出判决，极有可能作出相互矛盾的判决。[4]形成之诉说具有稳定、统一

---

〔1〕 郑东润（上）585页；李哲松（会）594—597页。

〔2〕 同旨：孙珠瓒（上）748—749页；林泓根（会）424页；崔基元（会）554页；姜渭斗、林载镐：《商法讲义》（上）（第2版），萤雪出版社2006年版，第729页；蔡利植（上）509页；郑灿亨（上）880页；徐宪济（会）343页；权奇范（会）658页。日本的通说参见［日］江头宪治郎：《株式会社法》，有斐阁2006年版，第341页；［日］神田秀树：《公司法》（第13版），弘文堂2011年版，第185页。

〔3〕 方顺元：《民事诉讼法》（上），韩国私法行政学会1989年版，第186页；李时润：《新民事诉讼法》（第15版），博英社2009年版，第171页；李英燮：《民事诉讼法》（上）（第7版），博英社1980年版，第198页；宋相现：《民事诉讼法概论》（上），经文社1979年版，第187页；郑东润（上）585页。

〔4〕 如，对于在同一股东大会中决议的董事报酬，董事的报酬支付请求诉讼与公司提起的债务不存在确认之诉的结果有可能完全不同。林在渊，前揭书，第195页。

处理法律关系的优点，也是日本的少数说。[1]

2. 确认之诉说

这一学说认为，若具有决议无效事由，决议当然无效，无效确认之诉是寻求这种确认的诉讼。区别于决议取消之诉的是商法未对提诉权人与提诉期间加以限制，这也构成应将其视为确认之诉的依据。如果将其视为形成之诉，只能以诉的形式主张决议无效，那么即使作出危害公共利益或损害资本金充实原则的决议，甚至是违背股份公司本质的决议，这些决议也是有效的。这是明显不合理的。而且提出以决议无效为前提的请求，如，请求返还违反法律的分配金、对根据无效决议选任的董事所获报酬提出不当得利返还请求时，将会造成强制其履行双重程序的结果。据此，无效主张不必以诉的形式提起，以诉之外的抗辩也可主张。[2]既然决议无效，也不发生溯及力的问题（当然溯及）。[3]

3. 笔者意见（确认诉讼说）

之所以主张是形成之诉，是因为无效确认判决的对世效力（商法第380条，第190条本文），但对世效力是商法为了统一决议无效确认之诉的法律关系而规定的政策性内容，而且，如果不提起诉讼，将导致任何人可以任何方式提起决议无效确认诉讼，而如果提起诉讼，则会成为具有对世效力的形成之诉，这是现行商法承认决议无效确认之诉的对世效力的必然结果。正如现实中普遍存在的欠缺要件的无效票据被结算的情形，无效决议毫无异议地被执行的情形也广泛存在。对此一旦提起诉讼，立即产生对世效力。虽然形成之诉说的最大优点是稳定、统一地处理法律关系，但商法已经在立法层面上承认了决议无效确认之诉的对世效力，因此，这一优点并无多大意义。

---

〔1〕形成之诉说认为，1995年修订前商法规定，决议无效确认之诉与决议取消之诉一样，其判决不具有溯及效力，两者并无区别，这也是将决议无效确认之诉定性为形成之诉的依据。这种观点的根源是《日本商法》的规定。《日本商法》规定，对于内容违反章程的决议可提起决议无效确认之诉。但1981年修订商法将其变更为可提起决议取消之诉（参照2005年修订《日本公司法》第831条第1项第2号）。对于违反章程的决议，只能由社团关系人提起相关诉讼，因此，规定应提起决议取消之诉的规定无疑是正确的。原本韩国也规定违反章程的决议是决议无效确认之诉的对象，但1995年修订商法将其规定为决议取消之诉的对象，以此认定了其具有溯及效力。形成之诉说的依据变得更为薄弱。崔基元（会）553页。

〔2〕大法院1962. 5. 17. 4294民上1114；同1992. 8. 18. 91DA39924；同1992. 9. 22. 91DA5365。

〔3〕大法院2011. 10. 13. 2009DA2996。

笔者认为：①决议违反股份公司本质或强行法规、公序良俗等其他社会秩序的，应视为自始无效。[1]②如果认为决议无效的主张必须以诉的形式提起，在行使以决议无效为前提的请求权过程中，将会导致强制履行双重程序的结果，最终导致限制行使以决议无效为前提的请求权的不合理结果。[2]如，股东欲提起分配金支付请求之诉的，可以财务报表承认决议无效为由请求支付分配金，但根据形成之诉说，首先应提起决议无效之诉，胜诉后再重新提起分配金支付请求之诉。③在形成之诉中应限定提诉权人，但商法第 380 条中并未对提诉权人作出限制性规定。[3]

4. 判例的态度

判例采取了确认之诉说。[4]判例认为，决议效力是第三人之间解决其他问题的先决条件的情形中，决议无效确认之诉同样具有确认之诉的性质，[5]因此采取了确认之诉说。

5. 两种学说的实质性区别

形成之诉说认为，决议无效确认之诉是关于后续法律关系的诉讼的先决诉讼，但确认之诉说却持相反意见。即，形成之诉说认为，决议无效的主张只能以诉的形式提起，作出无效判决之前，应视为决议有效。据此，决议无效确认之诉构成关于后续法律关系的诉讼的先决诉讼。但确认之诉说认为，可以诉以外的方法，如，可以诉中的请求原因或抗辩主张无效。由于决议自始无效，无需另行主张决议无效即可以该无效为前提主张决议的后续行为无效。假设根据无效的股东大会决议，A 被选任为董事并领取了一年的报酬，但监事 B 欲代表公司以不当得利为由请求 A 返还这一报酬。这种情形中，根据确认之诉说，B 一开始就可以 A 为对象请求返还不当得利，理由是选任 A

---

〔1〕 崔基元（会）554 页。

〔2〕 崔基元（会）554 页；《德国股份法》第 249 条第 1 项第 2 文明文规定可以无效确认之诉以外的方法主张无效（Es ist nicht ausgeschlossen，die Nichtigkeit auf andere Weise als durch Erhebung der Klage geltend zu machen）。

〔3〕 崔基元（会）554 页。

〔4〕 大法院 1963. 5. 17. 4294 民上 1114：股东大会的决议内容违反法令或章程的情形中，作出的决议当然无效，因此，任何人可以任何方式按照一般原则主张无效，而并不能认为只能以诉的方式主张无效。

〔5〕 大法院 1992. 9. 22. 91DA5365：股东大会决议的效力成为该公司与第三人之间的诉讼的先决条件的情形中，当事人可在任何时候在该诉讼中主张股东大会决议自始无效或决议不存在，并非必须先以公司为对象提起诉讼。对于这种与第三人的法律关系，并不适用商法第 380 条、第 190 条。同旨：大法院 2011. 6. 24. 2009DA35033。

为董事的股东大会决议无效。但根据形成之诉说，选任 A 为董事的股东大会决议是有效的，因此，B 只有在提起股东大会决议无效确认之诉并获得胜诉判决后，才能以此为依据请求返还不当得利。[1]

（5）诉的当事人

（a）原告：只有对无效确认具有法律上的正当利益（诉的利益）的人，才能提起诉讼。[2]股东、董事、监事及公司债权人等基本上均具有诉讼利益，其他第三人则应证明其具有诉讼利益。无表决权的股东与出席股东大会表示赞成的股东均可提起诉讼。[3]即使决议当时不是股东，只要与确认之诉具有利益关系，就享有提诉权，不丧失当事人之地位。[4]同理，提起诉讼后，转让股份的股东只要与确认之诉具有利益关系，就不丧失提诉权人与当事人的地位。[5]但德国有学者对此持反对意见。[6]判例认为，在确认新股发行无效的诉讼过程中，转让作为原告适格依据的股份的，受让人如果具备提诉期间等要件，不仅可以股东身份提起新的诉讼，还可合法承继转让人已经提起的相关诉讼。[7]

根据判例，不具有诉讼利益的人包括：

（i）股东资格不被认可的人（如名义借用股东、股票发行前或名义改书前的股份受让人、获得除权判决的股份持有人），不具有诉讼利益。[8]据此，发行股票前的股份受让人只不过是股份转让人的债权人，因此不具有要求股东大会决议无效确认的法律上的利益。[9]

（ii）辞任的董事与监事，只要其在任时的行为没有问题，就不具有提起其他股东大会决议无效之诉的法律上的利益。[10]

（iii）法院作出解散判决并已完成解散登记，而且法院选任的清算人已经

---

〔1〕 李哲松（会）596 页。

〔2〕 大法院 1959. 12. 3. 4290 民上 669。

〔3〕 大法院 1980. 8. 26. 80DA1263；同 1977. 4. 26. 76DA1440. 1441（原审：首尔高等法院 1976. 4. 20. 75NA1890. 1891）。

〔4〕 崔基元（会）556 页。

〔5〕 崔基元（会）556 页。

〔6〕 崔基元（会）556 页。

〔7〕 大法院 2003. 2. 26. 2000DA42786。

〔8〕 大法院 1991. 5. 28. 90DA6774。

〔9〕 大法院 1962. 5. 17. 4294 民上 1114。

〔10〕 大法院 1992. 8. 14. 91DA45141；同 1982. 9. 14. 80DA2425。

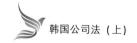

完成就任登记的，即使解散当时的董事因解散判决前被非法解任而导致股东大会的董事解任决议无效，该董事也不能取得清算人地位，同时对该董事的股东地位也不产生任何影响，因此，其不具有请求解散判决前作出的股东大会决议无效确认的法律上的利益。〔1〕

（iv）任员选任决议无效确认之诉中，根据该决议被选任的所有任员没有就职或辞任，依据新的股东大会决议选任的继任任员已经完成选任登记的，只要该新的股东大会决议不是因“无召集权人召集的股东大会”这一瑕疵以外的其他程序、内容上的瑕疵而被认定不存在、无效或不具有决议被取消的特别情形，那么，即使任员选任决议存在瑕疵，当初的任员也不具有要求确认决议不存在、无效或请求取消旧决议的法律上的利益。〔2〕

（v）经营会员制高尔夫球场的股份公司，根据与由部分股东会员构成的股东会员俱乐部签订的、以“欲变更股东会员享有的优惠内容的，应与股东会员俱乐部进行协商，重要事项应提交股东大会”为内容的协议作出的减少优惠的股东大会决议，不具有统一规制公司与其机关、股东之间的团体性法律关系的性质，因此，反对这一决议的股东会员不具有提起决议无效确认之诉的诉讼利益。〔3〕

具有诉讼利益的主体包括：

（i）根据无效的股东大会决议被解任的代表董事（或董事），不论其是否为股东，均可提起股东大会决议无效确认之诉。〔4〕

（ii）因辞任发生法律或章程规定的董事人数不足情形的，辞任董事具有请求确认决议无效的法律上的利益。〔5〕

（iii）因任期届满而卸任的董事，在继任者就任之前仍保有董事的权利义务，因此，具有提起选任继任者的股东大会决议无效确认之诉的法律上的利益。〔6〕

（iv）任期届满之前根据股东大会决议被解任的董事也可成为原告。但此后按照合法程序选任继任者的，即使当初的董事解任决议无效，该决议的无

---

〔1〕大法院 1991.11.22.91DA22131。

〔2〕大法院 1993.10.12.92DA21692；同 1995.2.24.94DA50427；同 1996.10.11.96DA24309；同 2008.8.11.2008DA33221。

〔3〕大法院 2013.2.28.2010DA58223。

〔4〕大法院 1962.1.25.4294 民上 525；同 1966.9.27.66DA980；同 1975.4.22.74DA1464；同 1982.4.27.81DA358。

〔5〕大法院 1985.12.10.84DAKA319；同 1992.8.14.91DA45141。

〔6〕大法院 1982.12.14.82DAKA957。

效确认也是对过去的法律关系及权利关系的确认，作为确认之诉欠缺权利保护要件。……但没有选任继任董事的股东大会决议的情形中，具有提起继任董事选任决议无效确认之诉的诉讼利益，当初被解任的董事重新被选任为继任董事的情形也不例外。[1]

(v) 未收到股东大会召集通知的股东也具有请求确认决议无效的法律上的利益。[2]

(vi) 增资的情形中，即使在股票发行之前，新股认购人也是事实上的股东，因此具有请求确认决议无效的正当利益。[3]

(vii) 因公司重组而丧失股东地位的人也可主张相应股东大会决议的瑕疵。[4]因公司重组本身而丧失股东地位的股东（如依据股东大会决议收取合并交付金而丧失股东地位的人），当然具有提起股东大会决议无效确认之诉的法律上的利益。

(b) 被告：对于股东大会决议无效确认之诉的被告，商法未作任何规定，通说与判例认为应将其限定为公司，[5]因为股东大会决议是公司的意思决定，公司是行为主体。公司以外的主体不得成为共同被告。

在请求确认选任董事、监事的股东大会决议无效的诉讼中，通常认为根据该决议选任的董事或监事可以代表公司。对此，过去的判例均持否定态度，[6]但最近的判例持肯定态度。[7]该董事或监事在这一诉讼中，不仅是最重要的利害关系人，也是最了解前后情况的人，因此，笔者认为，这种情形中董事或监事可以代表公司。但被解任的董事或监事不得代表公司，仅可以公司为对象提起股东大会决议无效之诉。

---

〔1〕 大法院 1995. 7. 28. 93DA61338。

〔2〕 大法院 1995. 7. 28. 93DA61338。

〔3〕 首尔高等法院 1967. 1. 27. 66NA880；大邱高等法院 1969. 10. 22. 69NA265。

〔4〕 东京高等法院 2010. 7. 7. 判决（日本商事法务，第 1942 号）。

〔5〕 大法院 1982. 9. 14. 80DA2425；首尔高等法院 1967. 3. 14. 66NA1816，1853。

〔6〕 大法院 1963. 4. 25. 62DA836。

〔7〕 大法院 1983. 3. 22. 82DAKA1810：主张董事选任决议无效或不存在而提起的决议无效或决议不存在确认之诉中，代表公司的主体为目前登记为代表董事履行其职责的人，即使该代表董事是根据成为无效或不存在确认请求对象的决议选任的董事，仍由登记为代表董事的人代表公司。对该判决的评析参考郑东润："争议选任作为代表董事的董事的股东大会决议之效力的诉讼中能够代表被告公司者"，载韩国民事诉讼法学会：《民事诉讼》（第 3 册），2000 年 2 月，第 74 页。同旨：1985. 12. 10. 84DAKA319。

（6）提诉期间

与决议取消之诉不同的是，商法并没有对决议无效确认之诉的提诉期间作出限制性规定。

（7）诉的程序

被告、管辖法院、公司的公告、原告提供担保、诉的程序及判决效果等商法关于决议取消之诉的大部分程序性规定，均准用于决议无效确认之诉（第380条）。但法院自由裁量驳回请求的规定（第379条）以股东大会决议本身依法存在为前提，因此，股东大会决议本身无效或不存在的，不得适用此规定。[1]股东大会决议不存在、无效确认判决或决议取消判决一经确定，其效力即及于当事人以外的第三人，第三人不得对此提出其他主张。因此，在主张股东大会决议存在瑕疵的诉讼中，不得就该决议不存在或无效确认进行和解或调停，即使达成和解或调停也无效。[2]

（8）判决效力

决议无效确认之诉的判决与决议取消之诉的判决具有同等效力，即均具有溯及效力与对世效力。[3]无效的法律行为，即使追认也不发生效力（民法第139条本文），但当事人明知无效而进行追认的情形，被视为新的法律行为（民法第139条但书），[4]因此，追认决议不具有溯及效力。

4）决议不存在确认之诉

（1）含义

股东大会的召集程序或决议方法存在重大瑕疵，以至于无法认为存在决议的，必要时可提起决议不存在确认之诉。[5]股东大会召集程序或决议方法存在重大瑕疵的，可提起决议不存在确认之诉，据此，除了瑕疵的重大程度以外，本质上与决议取消之诉一样，但商法将决议不存在确认之诉与决议无效确认之诉规定在同一条文中（第380条），从而不受提诉权人与提诉期间的限制，这一点应区别于决议取消之诉。决议取消之诉与决议不存在确认之诉从诉的形式上看具有同一性，但从瑕疵的大小上看又存在差异。具有轻微程

---

〔1〕同旨：崔基元（会）557页；郑东润（上）586页；郑灿亨（上）879页；大法院1978.9.26.78DA1219。

〔2〕大法院2004.9.24.2004DA28047。

〔3〕大法院2011.10.13.2009DA2996。

〔4〕大法院2011.6.24.2009DA35033。

〔5〕李哲松（会）598页。

序瑕疵的情形下，如果未在两个月内提起决议取消之诉，则视为决议有效，而具有重大程序瑕疵的情形构成决议不存在确认之诉的事由，无论经过多长时间，这一瑕疵均无法治愈。

在小型闭锁股份公司数量较多的韩国，股东大会不实经营的情形大量存在，因此，决议不存在确认之诉被广泛利用。与决议取消之诉尤为不同的是，决议不存在确认之诉中没有对提诉期间与提诉权人的限制，因此，具有决议取消事由的情况下，提起决议不存在确认之诉的倾向比较明显。[1]但攻击股东大会决议瑕疵的诉讼大部分是由在中小企业中被排除在经营权与支配权之外的少数股东提起的，而提起此类诉讼也是为了要求多数股东以适当价格购买其股份，因此，法院应正确掌握原告的诉讼意图。[2]

（2）诉的原因

股东大会召集程序或决议方法中具有无法认定股东大会决议存在的重大瑕疵导致决议不存在，原因包括决议本身不存在的情形，如：无召集权人召集股东大会的情形；[3]会议有效终了后仅由部分股东聚集作出决议的情形；[4]股东大会流会后，未经合法召集程序，在同一场所、同一日期的其他时间召开的股东大会中作出的决议；[5]未履行召集程序作出的股东大会决议；未经董事会决议由无权利人口头通知部分股东而召开的股东大会中作出的决议；[6]未通知股东或在没有股东出席的情况下，由不是股东的人聚集而召开的临时股东大会中作出的决议；[7]由大部分的非股东作出的股东大会决议；[8]议事

---

〔1〕 李哲松（会）599页。

〔2〕 江头宪治郎，前揭书，333页。

〔3〕 大法院1959.11.19.4292民上604；同1959.12.31.4291民上150.151；同1962.12.27.62DA473；同1969.9.2.67DA1705；同1973.6.9.73DA326；同1973.6.29.72DA1611；同1990.2.9.89NU4642；同2010.6.24.2010DA13541；同2011.6.24.2009DA35033。如果是根据由不是代表董事的董事召集的董事会决议召集的股东大会，那么，该股东大会召集程序上的瑕疵只不过是股东大会决议取消事由，并不直接导致股东大会决议的无效或不存在。大法院1993.9.10.93DO698；洪復基（会）275页。

〔4〕 大法院1993.10.12.92DA28235.28242；首尔南部支院2001.6.14.2001KAHAB841。

〔5〕 大法院1964.5.26.63DA670；同1993.10.12.92DA28235，28242。

〔6〕 大法院1973.6.29.72DA2611；同1990.2.9.89NU4642；同2010.6.24.2010DA13541。但未经董事会决议召集股东大会的情形中，如果是正当的召集权人召集的股东大会，那么只构成决议取消事由。大法院1987.4.28.86DAKA553；同2009.5.28.2008DA85147；日本最高裁判所1970.8.20.判决607-79。

〔7〕 大法院1989.7.25.87DAKA2316；同1995.7.28.93DA61338。

〔8〕 大法院1968.1.31.67DA2100。

录中记载着决议过程，但实际上未作出决议的情形；[1]仅对一般股东作出召集通知，而未通知大股东的情形；[2]由股份受托人作出的决议；[3]未对持有发行股份总数50%以上的股东进行召集通知的情形；[4]由尚未进行名义改书的股份受让人作出的决议；[5]由根据不存在的股东大会决议选任的代表董事召集的股东大会中作出的决议；[6]因不可抗力之事由，包括代表董事在内的全体董事未出席股东大会的情形；[7]由股票发行前的股份受让人作出的股东大会决议[8]等。此外，虽然合法召开股东大会，但大部分股东未出席的情况下作出决议的情形，也构成决议不存在事由。[9]

韩国大法院判例以发行股份总数50%的持股比例为标准，认为未收到召集通知的股东的持股比例超过50%的，视为“决议不存在”，[10]而持股比例不足

〔1〕 大法院 1969. 9. 2. 67DA1705；同 2004. 8. 20. 2003DA20060。如果实际上未经召集程序与会议程序，那么，即使是由获得持有绝大多数股份的大股东的委任的受托人制作股东大会决议书的情形，也构成股东大会决议不存在事由。大法院 1992. 9. 22. 91DA5365。日本最高裁判所 1963. 8. 8. 民集 17 卷 6 号 323 页。

〔2〕 大法院 1980. 12. 9. 80DA128。

〔3〕 大法院 1975. 7. 8. 74DA1969。

〔4〕 大法院 1973. 6. 9. 72DA2611；同 1978. 11. 14. 78DA1269；同 1980. 12. 9. 80DA128。相反，对持有发行股份总数 41%、43%或 9. 22%的股东未作召集通知的，构成决议取消事由。大法院 1993. 1. 26. 92DA11008；同 1996. 12. 23. 96DA32768；同 2010. 7. 22. 2008DA37193。关于该判决的评析参照金成振：“少数股东股份回购请求权的剥夺是否导致股东大会决议无效”，载《企业法研究》第 25 卷第 3 号，2011 年 9 月，第 95 页。

〔5〕 大法院 1980. 1. 15. 79DA71。

〔6〕 大法院 1975. 7. 8. 74DA1969；同 1989. 7. 11. 89DAKA5345；日本最高裁判所 1990. 4. 17. 民集 44-3-526。这种情形中，董事的选任被溯及而无效，因而有可能发生连锁性的法律关系的混乱。据此，也有学者主张作为切断决议不存在的连锁效果的解释论，应否定董事选任决议不存在确认判决的溯及效力或应对这种情形作弹性解释（江头宪治郎，前揭书，343 页）。但确认股东大会决议不存在的判决是确认该事实（董事选任决议）自始不存在的判决，因此，认为判决被确定之前该事实一直存在的主张具有逻辑上的矛盾，这种解释论并不正确。[日] 田边光政：《会社法读本》，中央经济社 2008 年版，第 188 页。

〔7〕 大法院 1964. 5. 26. 63DA670。

〔8〕 大法院 1977. 6. 7. 77DA54。按照 1984 年修订商法可作不同的解释。

〔9〕 李哲松（会）601 页。

〔10〕 因未通知 50%以上的股东而认定决议不存在的判例：大法院 1973. 6. 9. 72DA2611；同 1978. 11. 14. 78DA1269；同 1980. 12. 9. 80DA128；同 1991. 8. 13. 91DA14093；同 1993. 7. 13. 92DA40952；同 2002. 10. 25. 2002DA44151。

50%的，则视为“决议可取消”，[1]但这是过于形式化的标准。仅通知持有大部分股份的寡头股东，不通知少数股东的，极易导致侵害少数股东利益的结果。这是因为自决议之日起经过两个月的，合计持有的股份数量不及50%的少数股东不得主张股东大会存在瑕疵。将持有少量股份的股东完全排除在出席会议、讨论、行使表决权之外，甚至无视法律规定的股东大会召集程序而仅由部分意见一致的股东作出的决议，即使该少数股东合计持有的股份不及50%，也应判定为决议不存在。尤其对合并等事项持反对意见的股东为少数的情形中，该少数股东未能收到关于合并决议的股东大会召集通知的，将无法得知决议存在与否，而且根据商法第360条之5第1项规定的股份回购请求应自股东大会决议之日起20日内以书面形式提出，此为除斥期间内，因此，行使股份回购请求权的机会也会被剥夺，这明显有悖于正义与衡平原则。大法院应修正这种以50%为基准的形式化标准。[2]但在这种情形中，如果自合并登记之日起6个月内提起合并无效诉讼，那么少数股东也可获得救济。[3]

判例认为，一人公司的情形中，即使不存在召开股东大会的事实，在没有其他特殊事由的情况下，只要制作了议事录，大体上也可认定为决议存在；[4]即使没有制作议事录，只要有证据证明召开了股东大会，就可认定决议存

---

〔1〕 因未通知50%以上的股东而认定决议取消的判例：大法院1981.7.28.80DA2745，2746；同1987.4.28.86DAKA553；同1993.1.26.92DA11008；同1993.12.28.93DA8719；同1996.12.23.96DA32768；同2010.7.22.2008DA37193。

〔2〕 金成振，前揭“少数股东股份回购请求权的剥夺是否导致股东大会决议无效”，第109页。

〔3〕 首尔西部地方法院2007.6.15.2006GAHAB5550。这是关于分割合并的案件，该案中由于对部分股东未作股东大会召集通知，相关股东行使股份回购请求权的机会被剥夺，从而提起了分割无效的诉讼。不承认股东的股份回购请求权的单纯分割的情形中，是否可以提起以股东大会召集通知瑕疵为由的分割无效之诉，有必要进一步讨论。参照金相坤、李承桓：“分割关联诉讼”，载《BFL》总第54号，2017年7月，第35页注释。因未对少数股东作股东大会召集通知而使股东遭受严重损失的，即使是单纯分割的情形，也可提起分割无效诉讼。

〔4〕 大法院1964.9.22.63DA792；同1966.9.20.66DA1187，1188；同1967.2.28.63DA981；同1976.4.13.74DA1755；同1977.2.8.74DA1754；同1992.6.23.91DA19500；同1993.6.1.93DA8702；同2002.12.24.2002DA54691。但也有判例认为，在未经股东大会召集程序的情况下，根据持有发行股份总数98%的控股股东之意思制作议事录的情形构成决议不存在事由。大法院2007.2.22.2005DA73020。

在。[1]此外，两名共同代表董事中的一人未与另一人共同召集临时股东大会的，并不构成决议不存在事由。[2]未通知尚未进行名义改书股东而作出的股东大会决议，[3]未通知持有发行股份总数50%以下股东的情形，也不构成决议不存在事由，而是决议取消事由。[4]

判例认为，提起股东大会决议不存在确认之诉的情形应为，股东大会决议本身虽然存在，但大会的召集程序或决议方法具有无法认定股东大会决议存在的重大瑕疵的情形，或因召开股东大会并具备决议外观，导致权利或法律关系上的障碍，因此有必要消除这一外观的情形。如果股东大会本身从未召开过，也没有能够认定决议存在的任何外观特征，就不具有确认决议不存在的利益，因而不符合法律规定（非决议，后述）。[5]

在日本，决议不存在不仅包括实际上决议本身不存在的情形，还包括无代表权的董事召集股东大会的情形，[6]未作召集通知的情形，[7]召集通知的遗漏[8]等从法律上无法认定为股东大会决议存在的情形。判例还认为，不是会议长的人主持的股东大会中作出的决议，也构成法律上决议不存在的事由。[9]但韩国判例认为，根据章程规定不应担任会议长的人无正当理由

---

〔1〕 大法院 2004. 12. 10. 2004DA25123：股份公司成立后由一人持有全部股份的所谓一人公司的情形中，该股东作为唯一的股东出席股东大会即为全体出席的股东大会，决议无疑会按照该股东的意思而作出，因此，无需履行股东大会召集程序，即使不存在实际上召开股东大会的事实，只要制作股东大会会议录表明该一人股东作出了决议且不存在特殊事由，即可视为相同内容的决议存在。实质一人股份公司（本案中，虽然使用着会长这一职称，但不持有任何股份而是由其子女三人分别持股，如果实质上由该会长经营公司，则应认定为具有实质一人股东的事实上的一人公司——笔者注）的情形也等同，即使没有制作股东大会议事录，只要有证据证明，即可视为股东大会决议存在。……对任员退职金支付规定作出了决议，或虽然未制作股东大会会议录，但上述规定中的退职金事实上一直是根据一人公司的实质一人股东的承认而支付（惯行）的，可视为作出了关于上述规定的股东大会决议。

〔2〕 大法院 1993. 1. 26. 92DA11008。

〔3〕 大法院 1989. 5. 23. 88DAKA16690；同 1996. 12. 23. 96DA32768。

〔4〕 大法院 1993. 1. 26. 92DA11008（对其他共同代表董事与持股41%的股东未作召集通知的情形）；同 1993. 12. 28. 93DA8719。

〔5〕 大法院 1993. 3. 26. 92DA32876。

〔6〕 日本最高裁判所 1970. 8. 20. 判时607号，79页；东京地判 2010. 10. 26. 2010年（ワ）第40317号。

〔7〕 东京地判 2010. 6. 24. 判时 2090号，137页；东京地判 1955. 7. 8. 下民集，第6卷，第7号，1353页。

〔8〕 日本最高裁判所 1958. 10. 3. 民集 第12卷，第14号，3053页；福岛地方裁判所 2007. 11. 22. 金判第1321号，56页。

〔9〕 东京地判 2011. 1. 26. 2009年（ワ）第5675号。

担任会议长而干预意思表决的，不构成决议不存在事由，而是决议取消事由。[1]

关于决议不存在确认之诉的规制内容，与决议无效确认之诉的情形相同(第380条)。

（3）证明责任

对于召开了股东大会的事实本身，应由公司承担证明责任，而对于决议中存在能够认定决议不存在的重大瑕疵，则应由股东承担证明责任。[2]

（4）诉的性质

（a）商法上的诉：由于1984年修订商法之前并没有关于决议不存在确认之诉的规定，因此，学界和判例对于应将其视为民事诉讼法上的诉还是商法上的诉持不同见解。1984年修订商法将决议不存在确认之诉与决议无效确认之诉一同规定在了第380条中，从而解决了这一问题。

（b）确认之诉或形成之诉：关于股东大会决议不存在确认之诉是形成之诉还是确认之诉，存在不同学说，判例认为是确认之诉。[3]笔者赞同判例的立场。决议被确认无效的，自始无效，因此对于将其定性为确认之诉的观点毫无异议。决议不存在的情形与决议无效的情形一样，也是自始当然不存在，因此，并非必须以诉的方式主张决议不存在。

（5）诉的当事人

（a）原告

原告应为对确认股东大会决议不存在具有法律上的正当利益（诉的利益）的人。

（i）首先，大部分股东具有诉讼利益。赞成决议的股东也可主张决议不存在，[4]发行股票前违反股份转让限制规定的股份转让人亦可主张决议不存在。[5]但受让股份却未进行名义改书的股东不具有主张决议不存在的利益，[6]

---

〔1〕 大法院 1977. 9. 28. 76DA2386。

〔2〕 崔基元（会）564页；李哲松（会）598页；大法院 2010. 7. 22. 2008DA37193。

〔3〕 大法院 1992. 8. 18. 91DA39924；同 1992. 9. 22. 91DA5365。

〔4〕 大法院 1977. 4. 26. 76DA1440. 1441。

〔5〕 大法院 1970. 3. 10. 69DA1812；同 1980. 1. 15. 79DA71。上述判例虽然判决违反股票发行前的股份转让限制规定而进行的股份转让绝对无效，因此，转让人具有提起决议不存在确认之诉的诉益，但1984年修订商法规定新股缴纳日后经过6个月的，股票发行前的股份转让有效。因此，这一判决宗旨难以维持至今。

〔6〕 大法院 1991. 5. 28. 90DA6774。

只有记载于股东名册上的人才可提起决议不存在确认之诉。[1]此外，转让公司所有权或经营权的控股股东，[2]未履行股票交付义务的股份转让人[3]等，均因违背信义原则而不享有诉权。

（ii）其次，大部分任员也具有诉的利益。卸任的董事或监事在继任董事或监事就任之前，仍维持作为董事或监事的权利义务的情形中，也可主张决议不存在。[4]根据不存在的决议被解任的董事可主张该决议的不存在，[5]根据瑕疵决议选任的董事也可对其在任期间的股东大会决议主张不存在。[6]辞任的董事不具有主张决议不存在的利益。[7]即使根据改任任员的股东大会决议，在任期届满之前解任董事后选任了继任董事，如果之后又按照合法程序重新选任继任董事，对当初的董事改任决议的不存在确认也只是对过去法律关系以及权利关系的确认，欠缺作为确认之诉的权利保护要件。[8]因继任董事的选任决议不存在或具有决议无效事由，旧董事根据商法第386条第1项规定继续享有权利义务的情形中，具有请求确认当初的解任决议不存在的法律上之利益。[9]在定期股东大会中合法选任了具有代表权的董事，但为了方便登记，将大会议事录制作成使人认为在非定期股东大会日召开定期股东大会并选任了董事的样子以完成董事就任登记的，不具有基于该议事录要求确认股东大会决议不存在的诉的利益（即董事的选任合法）。[10]

（iii）最后，公司债权人也享有诉的利益。如，股份公司的金钱性债权人享有请求确认该公司的股东大会决议不存在的法律上利益，[11]而公司的单纯

---

〔1〕 大法院 2017. 3. 23. 2015DA248342。

〔2〕 大法院 1992. 8. 14. 91DA45141；同 1988. 10. 11. 87DAKA113。

〔3〕 大法院 1991. 12. 13. 90DAKA1158；同 1992. 2. 28. 91DA8715。

〔4〕 大法院 1985. 12. 10. 84DAKA319；同 1992. 8. 14. 91DA45141。

〔5〕 大法院 1962. 1. 25. 4294 民上 525。

〔6〕 大法院 1969. 9. 27. 66DA980。

〔7〕 大法院 1982. 9. 14. 80DA2425。

〔8〕 大法院 1991. 12. 13. 90DAKA1158。

〔9〕 大法院 1985. 12. 10. 84DAKA319；同 1991. 12. 13. 90DAKA1158；同 1992. 2. 28. 91DA8715；同 1995. 2. 24. 94DA50427；同 2002. 9. 24. 2002DA8452。

〔10〕 大法院 2006. 11. 9. 2006DA50949。

〔11〕 大法院 1970. 2. 24. 69DA2018。

债权人，仅限于其权利或法律地位因该决议受到具体影响的情形具有诉的利益。[1]据此，对于选任董事或在章程中追加业务目的等关于公司内部事项的决议，债权人不得主张决议不存在。[2]

(b) 诉讼参与

提起决议不存在确认之诉的情形中，可适用诉讼参加制度。[3]

(c) 被告

决议不存在确认之诉的被告仅限于公司，这与决议取消之诉与决议无效确认之诉的情形相同。[4]

(6) 提诉期间

与决议无效确认之诉的情形一样，商法对于决议不存在确认之诉的提诉期间未作任何限制。

(7) 诉的程序

诉的程序与决议无效确认之诉的情形相同。

(8) 判决效力

与决议取消之诉、决议无效确认之诉的情形一样，决议不存在之诉的判决亦具有溯及效力与对世效力。[5]关于溯及效力的范围，应认为一律具有溯及效力。[6]对此，也有学者认为，不应以决议事项为基准，而应根据不同法律关系决定是否认可溯及效力，如，就某一决议（董事选任决议）的取消而言，对有些问题（报酬请求权）的解决应认可溯及效力，而对于其他问题（交易行为）则应否定溯及效力。[7]1995 年修订商法规定不准用关于不溯及

---

〔1〕 大法院 1977. 5. 10. 76DA878；同 1980. 1. 29. 79DA1322；同 1980. 10. 27. 79DA2267；同 1992. 8. 14. 91DA45141。

〔2〕 大法院 1980. 1. 29. 79DA1322；同 1980. 10. 27. 79DA2267；同 1992. 8. 14. 91DA45141。

〔3〕 大法院 1988. 10. 11. 87DAKA113。该案件中，法院虽然阐明了原则上可以共同诉讼参加，但法院认为本案是违反信义原则提起的诉讼，以诉权的滥用为由拒绝了共同诉讼参加。

〔4〕 大法院 1982. 9. 14. 80DA2425：决议不存在确认判决的效力及于第三人，该不存在确认诉讼的被告仅限于公司。大法院 1991. 6. 25. 90DA14058：确认诉讼是只有在具有立即确定的利益，即为了消除对原告的权利或法律地位的危险或不安因素，获得确认判决在法律上最为有效适当的情形中才允许的方式。合名公司或合资公司的社员总会决议是公司的意思决定，基于此发生的法律关系的主体是公司，因此，通过获得以公司为对象的社员总会决议存在与否或有无效力的确认判决，可有效解除因该决议而产生的对原告权利或法律地位的危险或不安因素；而以社员等个人为对象作出的确认判决效力并不及于公司，不具有立即确定的利益，因此，欲获得这种确认判决的诉讼不符合法律规定。

〔5〕 大法院 2011. 10. 13. 2009DA2996。

〔6〕 大法院 2004. 2. 27. 2002DA19797（关于决议取消之诉的判决）。

〔7〕 郑东润（上）581 页。

的规定，但这并不意味着认可溯及效力，因为（取消）判决是否具有溯及效力，应综合考虑具体情况后作出判断。但这一主张会导致法院恣意决定溯及效力范围的结果，因此，笔者不赞同这一主张。

正如判例所示，如果一律具有溯及效力，那么，决议取消或决议无效被确认后如何保护善意第三人将成为问题。第三人的保护问题应根据商法第39条关于不实登记效力的规定、商法第395条关于表见代表董事的规定、民法第126条外观理论等来解决。[1]基于这一宗旨，判例认为，选任董事的股东大会决议的取消判决已经确定的，公司应根据商法第39条规定承担不实登记责任。相反，认定股东大会决议不存在的，不得依据商法第39条规定追究公司的不实登记责任。[2]股东大会决议取消之诉的情形，董事选任登记虽属于商法第39条规定的不实登记，但由依据不存在的股东大会决议选任的董事构成的董事会选任的代表董事申请登记的，不得依据商法第39条规定追究公司的不实登记责任。由此可知，这是根据公司的干预程度作出的判断，即公司具有关于不实登记的归责事由的，应承担责任。

问题是根据不存在的股东大会决议选任的董事与第三人进行交易的情形中，是否可以根据商法第395条规定由公司对表见代表董事的行为承担责任。这种情形中，仅限于具备表见代表董事成立要件的情形才认定公司责任。[3]

(9) 不存在决议的追认

就被确定为不存在的决议（如判定董事解任决议不存在）内容重新作出决议的（再次作出解任董事决议）情形中，是否具有溯及效力是个问题。既然决议不存在，从形式论上应解释为不具有追认效力。但日本判例援用了《日本民法》第119条无效行为（民法第139条）的解释论，承认了这一追认效力。[4]如，解任董事的股东大会决议被判定不存在，但可在之后对该不存在决议进行追认（一经追认，决议内容将被确定，董事的解任也被确定）。随着追认，解任才得以被确定，据此，该董事可以获得拖欠的报酬，还可获得因不当解任而遭受的损害赔偿。[5]对于这种法律上不存在的股东大会的追认

[1] 李哲松（会）604页。
[2] 大法院 2011. 7. 28. 2010DA70018；同 2008. 7. 24. 2006DA24100。
[3] 大法院 2011. 7. 28. 2010DA70018。
[4] 无效行为的追认只有在不损害第三人利益的范围内才具有溯及效力。
[5] 东京地判 2011. 1. 26. 2009年（ワ）第5675号。

决议，原则上不具有溯及效力。[1]根据民法第139条但书规定，明知不存在而进行追认的，应被视为新的法律行为。

5）非决议

（1）概念

非决议是指“股东大会的意思决定本身不存在的情形”。决议不存在是指虽然具有股东大会召集、召开、形成决议等公司内部意思决定过程，但因召集程序或决议方式存在重大瑕疵而不能视为决议存在的情形，而非决议是指与公司无任何关系的人伪造议事录[2]，或在未召开股东大会的情况下制作议事录，又或召开了不是股东大会的会议后制作议事录[3]等从外观上看股东大会不存在的情形。[4]判例认为，这些情形不得被视为决议不存在。[5]

（2）实际利益

对于非决议并不适用商法第380条的规定，因此，1995年修订商法前，非决议是一项非常有用的制度。现行法规定不存在的决议也具有溯及效力，因此，认定非决议的溯及效力的实际意义也随之减小，[6]但一般认为非决议的意义在于不受商法第380条的制约（诉讼程序、判决的对世效力等），可以民事诉讼法上的一般确认之诉自由主张非决议。[7]但关于公司的诉讼均应按照公司法规定寻求解决方案，因此，为了回避商法上的诉讼而依靠一般诉讼

---

〔1〕东京地判2011. 1. 26. 2009年（ワ）第5675号。

〔2〕大法院1992. 8. 18. 91DA39924。

〔3〕大法院1992. 8. 18. 91DA14369；同1992. 8. 18. 91DA39924；同1995. 9. 15. 95DA13302；同1996. 6. 11. 95DA13982。同旨：大法院1993. 9. 14. 91DA33926。

〔4〕有见解认为，决议不存在事由分为非决议与表见决议［郑东润（上）582页；郑灿亨（上）882页］，大法院认为商法第380条不适用于非决议的同时，将2007. 2. 22. 2005DA73020、1992. 8. 18. 91DA14369及1992. 8. 18. 91DA39924解释为非决议判决［郑东润（上）582—583页；郑灿亨（上）882页］。也有学者认为股东大会的意思决定本身不存在的情形构成表见决议，根据大法院的意见，商法第380条不适用于表见决议［李哲松（上）603页］。如，郑东润、郑灿亨两位教授认为商法规定的是表见决议，而没有规定非决议，因此不得适用商法。而李哲松教授则认为关于表见决议商法未作规定，也不适用商法。在德国，表见股东大会（Scheinversammlung）是指由与公司毫无关系的人召集的股东大会，在这种股东大会中作出的决议被称为非决议（Nichtbeschluß）；非决议不发生任何效力［崔基元（会）559页］。由此可知，对于同一现象的用语不同。笔者认为，将作出决议的情形视为表见决议，外观上未作决议的情形则视为非决议的区分方式较为合理。据此，对于非决议不适用商法规定。

〔5〕大法院1992. 8. 18. 91DA39924。

〔6〕洪復基（会）276页。

〔7〕李哲松（会）603页。

的做法并不可取。笔者认为，应逐渐取消非决议的概念。

（3）判例

对于难以认定股东大会决议存在的情形，判例承认了非决议的概念，即判例认为："股东大会的意思决定本身不存在的，除了根据商法第 39 条（不实登记）、第 395 条（表见代表董事的行为与公司责任）或民法关于保护第三人的规定救济善意第三人的情形以外，若无特别事由，无需使股份公司对这种自始不存在的股东大会决议承担责任，……商法第 380 条规定的股东大会决议不存在确认判决是对虽然存在'股东大会决议'这一股份公司内部的意思决定，但因股东大会召集程序或决议方法存在重大瑕疵而无法将该决议视为法律上有效的股东大会决议进行确认的判决。具有未经召集程序与实际开会程序就制作虚假股东大会议事录，或与公司无关的第三人伪造议事录，或未制作议事录，也没有能够被视为决议存在之事实等重大瑕疵的情形中，不存在任何诉的实际利益，因此，不得提起商法第 380 条规定的股东大会决议不存在确认之诉，也不准用商法第 190 条规定。"〔1〕

大法院判决："股东大会决议外观的显现与公司相关的情形中，如，制作议事录等显现出股东大会决议外观的人持有半数以上的公司股份，或即使不持有半数以上股份，却是实际上控制公司运营的股东的情形等，对于判决确定前与公司进行交易的第三人，公司应承担责任。"〔2〕这一判决的宗旨在于保护信赖形式上通过内部意思决定的公司外部行为有效而与其进行交易的第三人。这时应当认为，这种交易行为是与大股东的意思一致的交易行为，因而有效。〔3〕

1995 年修订商法极大地淡化了非决议的含义，认可了决议不存在确认判决的溯及效力，因此，根据被取消或被确定无效、不存在的股东大会决议实施的全部行为均被溯及而无效。从 1995 年修订商法认可股东大会决议不存在确认判决的溯及效力后的判决上看，在"对各股东未作任何召集股东大会的书面通知或召集公告，也未作任何实际决议，仅制作了看似全体出席股东大

〔1〕 大法院 1992. 8. 18. 91DA39924；同 1992. 8. 18. 91DA14369；同 1992. 9. 22. 91DA5365；同 1993. 3. 26. 92DA32876；同 1994. 3. 25. 93DA36097. 36103；同 1995. 6. 29. 94DA22071；同 1995. 9. 15. 95DA13302；同 1996. 6. 11. 95DA13982。

〔2〕 大法院 1996. 6. 11. 95DA13982；同 1993. 9. 14. 91DA33926；同 1992. 8. 18. 91DA14369。

〔3〕 也有学者认为，这是对未经股东大会决议的交易行为之效力的认可，会导致股东大会决议本身失去意义，因而并不合理。郑东润（上）586 页；李哲松（会）604 页。

会并作出股东大会决议的虚假股东大会议事录”的案件中，法院认可了股东大会决议不存在确认之诉。〔1〕笔者认为，在不远的将来，非决议将会成为一个不必要的概念。

（4）非决议的效力

被判定为非决议的，当然具有溯及效力，但与股东大会决议不存在确认之诉不同的是，非决议并不具有对世效力。

6）不当决议取消或变更之诉

（1）含义

特定股东因具有特别利害关系而未能在股东大会上行使表决权的情况下作出的决议明显不合理，而如果该股东行使表决权则能够制止作出不当决议的情形中，该具有特别利害关系的股东可自决议之日起两个月内以公司为被告提起不当决议取消或变更之诉（第381条第1项）。限制具有特别利害关系的股东行使表决权是为了防止因自身利益而无法作出公正决议的情况发生，但其他股东恶意利用对该股东的表决权限制而作出有失公正的决议的，有必要恢复决议的公正性。〔2〕允许变更决议是为了避免不断反复相同的股东大会程序，也是为了防止其他股东重新作出相同的决议。但不当决议取消或变更之诉也是决议取消诉讼的一种（日会第831条第1项第3号），因此，不具有将其规定为单独的诉讼类型的现实必要，目前也没有关于这类诉讼的判例。

（2）诉的性质

不当决议取消或变更之诉为形成之诉。〔3〕

（3）诉的要件

（a）与决议具有特别利害关系的股东未能行使表决权：按照商法第368条第3项规定具有特别利害关系的股东未能行使表决权。如，股东因自身原因未出席股东大会而未能行使表决权的，不能成为本诉对象。〔4〕

（b）决议明显不当：虽然决议没有违反法律或章程，但从社会普遍观念的角度看，决议具有明显危害利害关系人利益的情形，如以明显低廉的价格将营业转让给第三人的决议等。〔5〕

---

〔1〕大法院 2004. 8. 20. 2003DA20060。

〔2〕崔基元（会）567页；李哲松（会）611页。

〔3〕郑东润（上）586页。

〔4〕李哲松（会）611页。

〔5〕李哲松（会）611页。

（c）如果具有特别利害关系的股东行使表决权，可制止决议的作出：即使具有利害关系的股东行使表决权也不影响决议结果的情形中，不能提起这类诉讼。对此，应将具有特别利害关系的股东所持有的股份数量计入会议日出席股东的表决权数之中（第 371 条第 2 项），再根据赞成决议的表决权数是否符合决议要件作出判断。[1]

（4）诉的当事人

（a）原告：与股东大会决议具有特别利害关系而未能在大会上行使表决权的股东为原告（第 381 条第 1 项）。

（b）被告：公司为被告（第 381 条第 1 项）。

（5）提诉期间

此类诉讼应当自决议作出之日起两个月内提起（第 381 条第 1 项），此为除斥期间。[2]

（6）诉讼程序

不当决议取消或变更之诉的管辖、提诉期间、诉的合并、原告胜诉判决的对世效力、原告败诉时的赔偿责任、提诉股东的担保义务、决议取消登记程序、溯及效力等与决议取消之诉的情形相同（第 381 条第 2 项），但并不准用关于法院自由裁量驳回请求（第 379 条）的规定（第 381 条第 2 项）。

（7）判决效力

与合名公司的设立无效或设立取消之诉的判决一样，不当决议取消或变更之诉判决也具有对世效力与溯及效力（第 381 条第 2 项、第 190 条本文、第 191 条）。

7）股东大会决议的效力与执行假处分

因股东大会决议存在形式或实质瑕疵，或作出不当决议，或因决议不存在等事由而提起诉讼的情形中，可以此为主案提出执行决议或停止效力的假处分申请。[3]但对于因董事选任决议的瑕疵而进行假处分的情形，按照商法第 407 条规定，以停止董事履行职务假处分进行处理。[4]

这是确定临时地位的假处分。假处分的当事人是主案诉讼的原告与被告。对于需要执行的股东大会决议，应作出停止执行的假处分，而对于不需要执

〔1〕李哲松（会）611 页。
〔2〕郑东润（上）587 页。
〔3〕崔基元（会）568 页。
〔4〕崔基元（会）568 页。

行即发生效力的决议，应作出停止效力的假处分。[1]

Ⅲ. 董事、董事会、代表董事、执行任员

1. 概论

董事不是公司机关，而是董事会的成员，是成为代表董事的前提资格。构成股份公司的业务执行机关的是董事会与代表董事或设置执行任员的股份公司中的执行任员。

商法采纳董事会制度，从而修订了依用商法上的股东大会中心主义，即限定股东大会权限、执行业务及其他股东大会权限以外的全部事项由全体董事组成的董事会慎重商讨后作出决定，从而充分贯彻了董事会中心主义；还赋予了代表董事或执行任员根据董事会决定执行业务和决定日常业务具体事项并对外代表公司的权限。但在只有董事一人的小型股份公司中不存在董事会，董事会功能分散至股东大会与代表董事（第 383 条第 6 项），因此，业务执行机关向代表董事的一元化转变代替了董事会中心主义。

2. 董事

1）董事的法律地位

（1）董事是董事会成员，当然享有参与关于业务执行的意思决定的权限，还享有对包括代表董事在内的其他董事的业务执行进行监督的权利。董事可出席股东大会，在股东大会的会议录上签名盖章或署名（第 373 条第 2 项），享有提起股东大会决议取消之诉（第 376 条）等各种诉讼（第 328 条、第 429 条、第 445 条、第 529 条）的权利。董事与公司的关系是委任关系，因此准用民法关于委任的相关规定（第 382 条第 2 项，民法第 680 条以下）。

（2）对于董事是否具有机关性质，存在肯定说[2]与否定说（多数说），[3]笔者赞同否定说。

（3）股份公司的业务执行机关分为作为意思决定机关的董事会与作为执行机关、代表机关的代表董事。董事作为董事会成员，是成为代表董事的前提资格，而非公司机关。

---

[1] 崔基元（会）568 页。

[2] 李哲松（会）627 页。

[3] 郑东润（上）590 页；朴相祚（会）535 页；李基秀、崔秉珪（会）332 页。

★公司内部董事、外部董事及其他不从事日常事务的董事

（1）按照商法规定，股份公司中只有代表董事为业务执行机关，但通常公司也会对代表董事以外的董事赋予对内的业务执行权，这类董事被称为内部董事（insider director）或业务执行董事。

（2）商法中的外部董事（outsider director）是指不从事公司日常事务[1]并且不符合以下任何一项的人（第382条第3项第1文，外部董事缺格事由）：

①从事公司日常事务的董事、执行任员及被雇用人或最近两年内从事公司日常事务的董事、监事、执行任员及被雇用人；

②最大股东为自然人的，该自然人本人及其配偶、直系尊卑属；

③最大股东为法人的，该法人的董事、监事、执行任员及被雇用人；

④董事、监事、执行任员的配偶及直系尊卑属；

⑤公司的母公司或子公司的董事、监事、执行任员及被雇用人；

⑥与公司具有交易关系等重要利害关系的法人的董事、监事、执行任员及被雇用人；

⑦公司的董事及被雇用人担任董事的其他公司的董事、监事、执行任员及被雇用人。

成为外部董事后符合上述任何一项的，立即丧失相关职位（第382条第3项第2文）。

（3）上市公司外部董事的情形中，除了具备上述缺格事由外，其缺格事由的范围有所扩大。成为上市公司外部董事后具备缺格事由的，立即丧失相关职位（第542条之8第2项）。扩大范围内的缺格事由包括：

①未成年人、被成年后见人[2]或被限定后见人[3]；

②被宣告破产后尚未恢复权利的人；

③被处以禁锢[4]以上的刑罚，在执行结束或免除执行后，尚未经过两年

---

〔1〕 大法院2007.6.28.2006DA62362：公司的日常事务是指在公司继续营业的过程中通常业务范围内的事务。

〔2〕 因疾病、残疾及其他事由引起的精神制约使处理事务能力持续欠缺的人，是获得家庭法院成年监护开始判决的人（民法第9条）。——译者注

〔3〕 因疾病、残疾及其他事由引起的精神制约使处理事务能力持续不足的人，是获得家庭法院限定监护开始判决的人（民法第12条）。——译者注

〔4〕 不要求受刑者进行强制劳动并将其拘禁于看守所的刑罚。

的人；

④违反总统令另行规定的法律而被解任或免职后，尚未经过两年的人；

⑤以无表决权股份以外的发行股份总数为基准，上市公司的股东本人或与其具有总统令规定的特殊关系的人（以下称“特殊关系人”）所持股份数量是其中最多的情形中，该本人（以下称“最大股东”）或其特殊关系人；

⑥不论以何人名义，以自己的计算（损益及责任归属）购买无表决权股份以外的发行股份总数10%以上或对董事、监事的选任与解任等上市公司的主要经营事项发挥实际影响力的股东（以下称“主要股东”）及其配偶与直系尊卑属；

⑦此外，还有总统令规定的、难以充分履行作为外部董事的职责或有可能对公司经营产生影响的人。

⑧此外，商法施行令第34条第4项与第5项详细规定了公司外部董事的缺格事由，即，作为最大股东的特殊关系人，其配偶（包括事实婚姻关系中的配偶）、六寸[1]以内的血亲、四寸[2]以内的姻亲等不得成为外部董事；在上市公司担任外部董事六年以上或在上市公司或其关联公司担任外部董事合计超过九年以上的人，也不得成为公司外部董事等。

(4) 不是执行业务的内部董事的同时，因具备上述第2及第3之要件而不能成为外部董事的董事，被称为其他不从事日常事务的董事。母公司的内部董事欲成为子公司的登记董事的，构成外部董事缺格事由，因而既不得登记为子公司的外部董事，也不能登记为子公司内部董事的情形中，可登记为其他不从事日常事务的董事。

(5) 商业登记簿上应分别对内部董事、外部董事、其他不从事日常事务的董事进行登记（第317条第2项第8号）。

★劳动者与董事的区别

劳动者是指与职业种类无关，以获得工资为目的，向用人单位提供劳动的人（《劳动基准法》第2条第1项第1号）。是否为劳动者与合同形式无关，应当仅凭实际上有无获得工资的目的，在从属性的关系中是否为使用人提供劳动为依据作出判断。

股份公司的董事是接受公司委任处理一定事务的人（第382条第2项）。

---

[1] 六寸，四寸（表亲或堂亲）的子女为六寸关系。——译者注

[2] 四寸，父亲或母亲的兄弟姐妹的子女为四寸关系，也就是中国的表（堂）亲。——译者注

董事通过股东大会的选任决议被任命（第382条第1项），应进行登记。按照这一程序被合法选任的董事才能作为董事会成员行使业务执行与意思决定等商法规定的权限。〔1〕

如果董事负责的全部事务实质上并不仅限于在使用人的指挥、监督下提供一定的劳动，那么，即使一并处理公司的经营业务，也可视为该董事是在处理接受委任的事务。〔2〕董事地位并不因报酬或退职金的支付情况而发生变化。〔3〕

2）董事的选任

（1）董事的选任机关

董事的选任应作出股东大会普通决议（第382条第1项）。不得将董事选任事项委任于第三人或其他机关。但发起设立公司的情形中，由发起人进行互选（第296条第1项），募集设立的情形中则由创立大会选任董事（第312条）。

上市公司在股东大会中选任董事（或监事）的，应在作出股东大会召集通知或公告的候选人中进行选任（第542条之5）。违反这一规定的，处以过怠料的处罚（第635条之25第2号）。这是为了保障事先检验董事资格，从而选任适格的董事。问题是事先通知或公告的候选人死亡或辞职等不可避免的情形。作出关于董事候选人的通知或公告后，股东大会上选任其他候选人为董事的，可取消该选任决议。〔4〕

★上市公司及金融机关的外部董事选任

上市公司的外部董事应占董事总数的四分之一以上。对于上一会计年度末资产总额为2兆韩元以上的上市公司的外部董事选任，适用以下特别规则：外部董事应为三人以上并占董事总数的半数以上（第542条之8第1项）；应在获得外部董事候选人推荐委员会推荐的候选人中选任外部董事；外部董事候选人推荐委员会的委员中，外部董事应占半数以上（第452条之8第4项、第5项）。外部董事候选人推荐委员会进行推荐时，按照上市公司特别规定，可行使股东提案权（第542条之6第2项）的股东应当在股东大会召开日（召开定期股东大会的，前一年度定期股东大会召开日在本年度中的相应日

〔1〕参照大法院 1992. 12. 22. 92DA28228；同 2000. 9. 8. 2000DA22591 等。

〔2〕大法院 2013. 9. 26. 2012DA28813；同 2015. 4. 23. 2013DA215225；同 2017. 11. 9. 2012DA10959。

〔3〕大法院 2013. 9. 26. 2012DO6537。

〔4〕首尔中央支法 2004. 3. 18. 2003GAHAB56996。

期）六周前将推荐的外部董事候选人包含在被推荐人名册中（第 542 条之 8 第 5 项）。[1]上市公司的外部董事只可兼任其他一家公司的董事、执行任员、监事（商施令第 34 条第 5 项第 3 号），因此，最多只能兼任两家公司的外部董事。

金融机关也应选任外部董事，《关于金融公司治理结构的法律》第 5 条（任员的资格要件）与第 6 条（外部董事的资格要件）规定了详细内容。

（2）董事的选任方法

（a）董事选任决议

选任董事，应根据一股一表决权原则作出普通决议（第 368 条第 1 项）。可以章程强化普通决议的要件，但不得缓和其要件。[2]发起设立公司的情形中，选任董事的表决权数应占全体发起人的半数以上（第 296 条第 1 项），而由创立大会选任的情形中，应以出席会议的股份认购人的三分之二以上、被认购股份总数的半数以上进行选任（第 309 条）。

根据 2009 年修订商法，应分别对公司的内部董事、外部董事、其他不从事日常事务的董事进行登记（第 317 条第 2 项第 8 号）。据此，上市公司的股东大会召集通知也应按照上述区分分别进行（第 542 条之 4 第 2 项、第 542 条之 5）。但非上市公司召开股东大会的，无需分别进行通知。[3]股东大会不得将内部董事、外部董事、非常务董事的选任作为一项单独的议案进行表决，而应分为三种单独议案分别进行表决，将其记载于会议录中并附登记申请书。

（b）选任决议的效力

董事由股东大会选任，股东大会作出选任决议，被选任人对此表示同意的立即取得董事地位，[4]而不是在大会决议具备公司代表人的要约与被选人的承诺并签订聘用协议后才可成为董事。但大部分的上市公司均会在章程中

---

〔1〕 2011 年修订商法在第 542 条之 8 第 5 项中追加了“六个月以上持有发行股份总数 15‰以上的股东”也可推荐外部董事的规定。但在 542 条之 6 第 2 项中已经规定了持有发行股份总数 10‰（总统令规定的上市公司的情形是 5‰）的股东可以推荐外部董事候选人，因此，这种规定毫无意义。但通常视为第 542 条之 6 第 1 项中包括不具有表决权的股份，因此，2011 年修订商法之后，即使是无表决权股的持有人，只要持有的股份达到 10‰，就可推荐外部董事。同旨：李哲松，逐条解释，第 252 页。

〔2〕 郑东润（上）591 页；崔基元（会）569 页。相反学说：李哲松（会）632 页。

〔3〕 首尔高等法院 2010. 11. 15. 2010RA1065。

〔4〕 大法院 2017. 3. 23. 2016DA251215。

明示任期起始日期。董事选任进行登记后才具备对外效力，因此，选任董事后应按照前述方式进行登记（第317条第1项、第2项第8号、第4项，第183条）。未登记的董事不得行使商法规定的董事职务权限。[1]

3）集中投票制

（1）含义

在一次股东大会中选任董事两人以上的，可适用集中投票制（cumulative voting）。集中投票制是指对每一股份赋予与待选董事人数相等数量的表决权，每一股东可对其中一人集中行使表决权的制度。

（2）立法宗旨

集中投票制是为了使少数股东的代表能够被选任为董事，从而保护少数股东利益。该制度源于美国（《修订标准公司法》第7.28条、第8.04条）与日本（日商第256条之3）等立法例，规定在1998年修订商法中。选任少数股东代表为董事，可制衡由多数股东选任的董事的独断行为。但因董事会成员的异质性，有可能损害公司经营的灵活性。

（3）要件与程序

除无表决权股以外持有发行股份总数3%以上的股东，在章程没有其他特别规定的情况下，可在股东大会召开日七日前以书面或电子文书形式请求公司以集中投票方式选任董事（第382条之2第1项、第2项）。

（a）章程中应没有任何排除集中投票制的规定（第382条之2第1项）。可在章程中排除集中投票制的适用。实际上大部分上市公司的章程也都排除集中投票制的适用，这一制度事实上成了一种装饰物。据此，2009年修订商法规定，根据上市公司的资产规模，上一会计年度末资产总额为两兆韩元以上的公司，欲在章程中排除集中投票制或变更已排除集中投票制的章程的，持有除无表决权股以外发行股份总数3%（在章程中规定低于3%的，以该比例为准）以上的股东，不得就超过部分行使表决权（第542条之7第3项）。欲将“变更已排除集中投票制的章程”作为股东大会议案而提交股东大会决议的，应将其与变更章程其他事项的议案区分开，分别进行表决（第542条之7第4项）。

---

〔1〕大法院2003.9.26.2002DA64681：商法规定董事与监事应通过股东大会的选任决议进行任命并进行登记，只有按照这一程序合法选任的董事与监事才能行使董事与监事的法定职权。未经法律规定的选任程序，只是被公司形式性地赋予董事这一头衔的人，不得作为商法规定的董事行使职权。

判例认为，商法虽没有规定普通决议的意思法定人数，但可以章程对其进行规定，而且以集中投票方式选任董事的情形中，也应按照章程规定满足意思法定人数这一条件。[1]

（b）公司选任董事两人以上的情形中，可实行集中投票制。在国外，为了选任董事两人以上，同时排除集中投票制的适用，规定不同的董事任期的情形较为常见。

（c）应由少数股东提出请求，即持有除无表决权股外发行股份总数3%以上的股东，可在股东大会召开日七日前以书面或电子文书形式请求公司以集中投票方式选任董事（第382条之2第2项）。上市公司中请求以集中投票方式选任董事的，应在股东大会召开日（定期股东大会的情形，上一年度的定期股东大会日在本年度的相应日）六周前以书面或电子文书形式提出请求（第542条之7第1项），而上一会计年度末资产总额为两兆韩元以上的上市公司的情形中，可请求集中投票的持股比例为除无表决权股以外发行股份总数的1%以上（第542条之7第2项），有一定程度的缓和。这里的不具有表决权的股份不仅包括作为种类股的无表决权股，还包括自己股份、公司超过特定比例（发行股份总数的十分之一）持有的相互持有股份、特别利害关系人持有的股份等表决权被限制的股份。

（d）公司应进行公示。股东提出集中投票请求的，会议长应在作出选任董事决议之前，将请求事实进行公告（第382条之2第5项）。[2]这是告知出席股东将以集中投票方式进行表决的行为。会议长没有事先就存在集中投票请求的事实进行公告而直接采用集中投票制的，构成决议取消事由。公司应将请求集中投票的书面材料备置于总公司供股东阅览，直至股东大会结束（第382条之2第6项）。违反这一规定的，构成股东大会决议取消之诉的原因。[3]

公司采取集中投票方式的，应在股东大会召集通知书中记载董事人数，

---

〔1〕 大法院 2017. 1. 12. 2016DA217741。

〔2〕 如果会议长在没有告知存在集中投票请求的情况下作出决议，则构成股东大会决议取消之诉的原因。郑东润（上）593页；郑灿亨（上）892页；金正皓（会）440页。

〔3〕 崔基元（会）577页；郑灿亨（上）892页。

以使股东能够提出集中投票请求。[1]股东大会不得超过这一人数选任董事。这是因为股东将根据应选任的董事人数决定是否提出集中投票请求。

（e）对于创立大会中选任最初董事的情形（第312条），不得适用集中投票制。

（4）投票方式与选任决定

一旦具备上述要件，即可按照规定程序选任董事，各股东的每一股份享有与待选董事人数相同的表决权，可将其集中投票给某一董事候选人或数人（第382条之2第3项）。当然也可分散投票。候选人按照得票数量依次被选任为董事（第382条之2第4项）。得票数相同的情形中，如果将其全部选任为董事也不超过事先欲选任的董事人数，可将其全部选任为董事。但将其全部选任为董事超过预定董事人数的情形中，章程或股东大会决议中有决定标准的，按其规定，没有规定的，应进行最终投票。这时如果选任两人以上的董事，应进行集中投票。

4）董事资格

对于董事资格没有任何限制，董事可以不是股东。但对于外部董事的资格具有严格限制（第382条第3项、第542条之8第2项）。金融机关也应选任外部董事，《关于金融公司治理结构的法律》第5条（任员的资格要件）与第6条（外部董事的资格要件）规定了详细内容。

章程规定董事持股数量的（资格股）情形中，只要没有其他特别规定，董事即应将相应数量的股票寄存于监事或监查委员会（代表委员）（第387条、第415条之2第6项）。

法人可成为发起人，也可成为破产管理人（债回第355条第2项），但不得成为董事。[2]也有学说主张，法人董事较之自然人董事在对外信用或资金力上更具优势，而且没有理由限制法人成为非业务担当董事。从这几点上看，法人也可成为董事。[3]我国商法规定，有限责任公司中可由法人担任业务执行人（第287条之15）。

---

〔1〕 首尔高等法院2010.11.15.2010RA1065。这是因为会有根据董事人数决定是否行使表决权的股东。如，只选任少数董事的情形中，可以预见股东的集中投票不会产生影响，因而放弃表决权的行使。

〔2〕 林泓根（会）448页；崔基元（会）581页；李哲松（会）628—629页；郑灿亨（上）893—894页。

〔3〕 孙珠瓒（上）759页；李炳泰（上）626页；郑东润（上）594页；徐宪济（会）353页。

但原则上对外信用或资金力与股份公司的董事资格并无关联，而且很难严格区分业务执行董事与非业务执行董事。董事处于执行业务（即使是非业务执行董事）或监督执行董事之业务执行的地位，因此，对其能力与性质具有一定要求，而且董事是成为代表董事的前提资格。从这几点看，董事应当仅限于自然人。[1]之所以允许法人成为发起人或破产管理人，是因为这些均为临时机关。

还有无行为能力人不得成为董事的主张[2]；只要是自然人董事，不问其有无行为能力，均可成为股东的主张[3]（类推适用民法第 117 条）。笔者赞同后一主张，因为代理人并非一定要具备行为能力。但董事成为被成年监护人是其终止任期的事由。监事从其职务性质上看也不得成为董事（第 411 条），被宣告破产的人也不得成为董事（参照民法第 690 条）。

支配人及其他商业使用人[4]未经营业主许可，不得成为其他公司的董事（第 17 条第 1 项），代理商、人合公司的无限责任社员或资合公司的董事未经本人、其他社员或董事会（社员总会）承认，不得成为以同种业务为营业目的的其他公司的董事（第 89 条第 1 项、第 198 条第 1 项、第 269 条、第 397 条第 1 项、第 567 条）。董事不得成为特别法上处于竞争关系的其他公司的任员或从业员（独规第 7 条第 1 项第 2 号）。在《银行法》《保险业法》《关于资本市场与金融投资业的法律》中也设有关于银行、保险公司、证券公司的任员资格的限制性规定（银行第 18 条第 1 项，保业第 13 条第 1 项，资金第 24 条）。

5）董事人数与任期

董事人数应为三人以上。资本金总额为 10 亿韩元以下的公司董事可为一人或两人（第 383 条第 1 项）。

综合考虑资产规模等条件后应按照总统令规定选任外部董事的上市公司，因外部董事辞任、死亡等事由导致外部董事人数未达到总统令规定要件的，应在该事由发生后首次召开的股东大会中选任外部董事（第 542 条之 8 第 3

---

〔1〕 权奇范（会）685 页。

〔2〕 郑东润（上）594 页；李哲松（会）629 页。

〔3〕 孙珠瓒（上）759 页；蔡利植（上）546 页；权奇范（会）685 页。

〔4〕 商业使用人区别于具有独立性的代理商、委任买卖人、作为公司机关的业务执行社员、代表董事、对经营活动起辅助作用的生产职工、事务文员等。商业使用人以代理权的范围为基准，分为支配人、享有部分概括代理权的使用人、店铺使用人等。出处：Doopedia。——译者注

项）。

董事任期不得超过三年（第383条第2项），但可在章程中规定将董事任期延长至其任期中关于最终结算期的定期股东大会终结之时（第383条第2项）。[1]任期的起算点为章程中规定的日期，章程中没有规定的，选任决议后，被选任人作出同意的日期为任期起算日。[2]

如上所述，将董事（监事等同）的任期规定为至定期股东大会终结之时的，董事（监事）的任期并非持续至被称为定期股东大会终结之时，而是在原本应召开股东大会的期间经过后终了。

合并后的存续公司或新设公司的董事是在合并前就任的，除了在合并协议中另有规定的情形外，其任期延长至合并后关于首次结算期的定期股东大会终了之时（第527条之4）。通过股份交换成为完全母公司的公司董事是在股份交换前就任的情形亦同（第360条之13）。

6）董事的终任

（1）一般终任事由

公司与董事是委任关系（第382条第2项），因此，董事可随时辞任（民法第689条）。辞任是一种单独行为，无需公司的许可，因而只要辞任的意思表示到达代表董事，即使没有辞任的变更登记，也可发生效力。[3]辞任的意思表示应向公司的代表董事作出。全权委任代表董事处理辞任事务的情形中，代表董事受理辞职书的，即可发生辞任效力。[4]代表董事辞去董事一职的情形中，存在其他代表董事的，应向该其他代表董事作出辞任的意思表示；没有其他代表董事的，应召集董事会并向董事会作出辞任的意思表示；无法召集董事会或虽然召集了董事会但董事会不成立的，也可向其他所有董事分别作出辞任的意思表示。[5]

董事任期因董事被宣告死亡、破产，被宣告为被成年后见人或公司破产而终结（民法第690条）。董事死亡的，无需通知公司或交易相对方即发生效

〔1〕大法院2010.6.24.2010DA13541：商法第383条第2项仅适用于董事的任期终结于最终结算期的最后一日与关于该结算期的定期股东大会之间的情形。

〔2〕大法院2017.3.23.2016DA251215。

〔3〕大法院1997.9.11.97 MA 1474；大法院1993.9.14.93DA28799。

〔4〕大法院1998.4.28，98DA8615。

〔5〕崔基元（会）585页。

力。[1]

此外，董事任期届满、丧失章程规定的董事资格、被解任或公司解散等均为董事终任事由。董事终任的，应进行登记（第317条第2项第8号、第4项，第183条）。[2]

（2）董事的解任

（a）解任决议

公司可随时以股东大会特别决议方式解任董事，但已规定董事任期的情形中，无正当理由在任期届满之前解任董事的，该董事可要求公司赔偿因解任而受到的损失（第385条第1项）。[3]

这里所谓的已规定董事任期的情形是指以章程或股东大会决议规定任期的情形。未规定董事任期的情形中，即使在最长任期三年内被解任，也不得要求因此而产生的损害赔偿，而且即使章程中规定了与商法第383条第2项同样的内容，即董事任期不得超过三年，也不得将其解释为董事任期为三年。[4]这里所谓的正当理由不仅指丧失股东与董事、监事之间单纯的主观信赖关系的情形，还包括董事、监事实施违反相关法令或章程的行为，或精神与肉体上都难以承担经营者职责的情形，因未能制订公司重要的经营计划或很好地推进业务而丧失对其经营能力的基本信任等严重影响董事、监事业务执行的客观情形等。只有这些才能成为任期届满前解任董事的正当事由。是否存在正当事由应以解任当时的具体情况为准作出判断，由请求损害赔偿的董事对此承担举证责任。[5]

法人在章程中规定的董事解任事由及解任程序等内容，不仅使法人与董事的关系更加明确，同时还具有保障董事身份的意义，因此，此时若没有董事严重违反义务或无法正常执行业务等特别事由，则不得以章程中未规定的

---

〔1〕 大法院 1963. 9. 5. 63DA233。

〔2〕 大法院 1968. 2. 28. 67MA92。但退任的董事维持董事的权利义务至继任董事就任为止的情形中，应在继任董事就任之日起两周或三周内进行退任登记。大法院 2005. 3. 8. 2004MA800。

〔3〕 大法院 2013. 9. 26. 2011DA42348。

〔4〕 大法院 2001. 6. 15. 2001DA23928。

〔5〕 大法院 2004. 10. 15. 2004DA25611；同 2005. 1. 14. 2004DA47529 同 2012. 9. 27. 2010DA94342；同 2013. 9. 26. 2011DA42348；同 1993. 4. 9. 92DA53583：代表董事违反商法第397条第1项竞业禁止义务的，构成少数股东解任请求的对象。参照大法院 1990. 11. 2. 90MA745。大法院 2010. 9. 30. 2010DA35985：构成虚假缴纳罪的董事行为属于商法第385条第2项规定的具有“关于职务履行的不当行为或违反法令的重大事实”的情形，因而构成董事解任请求之事由。

事由解任董事。[1]

可要求赔偿的损害是指可在任期内获得的报酬额。任期届满之前无正当理由被解任的董事，将相当于报酬的金额作为损害赔偿额向公司提出损害赔偿请求的，应从损害赔偿额中扣除其在剩余任期内从事其他职务而获得的利益。[2]但董事以自愿免职的形式被解任的，不得提出损害赔偿请求。[3]

与股东大会决议具有特别利害关系的人不得行使表决权（第368条第3项），但在董事解任决议中被解任董事为股东的情形中，不能被视为特别利害关系人，据此，该董事持有的股份也具有表决权。解任决议一经作出立即发生解任效力，而非在通知被解任董事之时发生效力。[4]

（b）解任请求之诉

董事履行职务过程中存在不正当行为或违反法律、章程的重大事实，而董事解任决议在股东大会中被否决的，持有发行股份总数3%以上的少数股东可自作出决议之日起一个月内向法院请求解任该董事（第385条第2项）。[5]股东大会流会的，视为决议被否决。[6]提起解任请求之诉的股东应持有法定数量的股份至判决确定为止，因股份转让等欠缺这一要件的，法院应驳回请求，但提起诉讼后因发行新股而导致少数股东达不到法定持股比例的情形除外。持有无表决权股的股东也可提出董事解任请求。

上市公司中行使少数股东权利的持股要件有所缓和（第542条之6第3项）。金融机关（银行第17条第2项）、综合金融公司（资金第350条、第29条第4项）、具有一定规模的证券公司（资金第29条第4项）与保险公司（保业第19条第2项、第58条）及资产运营公司（资金第29条第4项）的

---

〔1〕 大法院 2013. 11. 28. 2011DA41741。

〔2〕 大法院 2013. 9. 26. 2011DA42348。但如果解任与新获得的报酬之间不存在因果关系，那么，即使公司与董事是委任关系，将新获得的报酬与损害赔偿债务相抵的做法也是存在问题的。同旨，李哲松：“基于董事、监事解任的损害赔偿损益相抵”，载《法律新闻》2014年3月10日第4205号。

〔3〕 大法院 1993. 8. 24. 92DA3298。

〔4〕 郑东润（上）596页。

〔5〕 在任时具有解任事由的董事在股东大会上再次被任命的情形中，不得以过去的解任事由提起解任之诉：京都地方裁判所 2009. 9. 25. 判决；宫崎地方裁判所 2010. 9. 3. 判决（日本商事法务第1942号）。

〔6〕 大法院 1993. 4. 9. 92DA53583；首尔高等法院 1992. 10. 30. 92NA24952。

持股要件也有所缓和。

对于董事解任请求之诉中的被告，有人认为是被解任董事〔1〕，也有人认为是公司，〔2〕笔者认为被解任董事与公司应为共同被告。〔3〕这是因为董事解任请求之诉以修订公司的董事解任决议为目的的同时，其判决效力也及于即将被解任的董事。被解任董事提起诉讼的，由代表董事代表公司。〔4〕

董事解任请求之诉为形成之诉。据此，解任董事的判决一经确定，立即发生解任效力。董事解任的，应进行变更登记（第 317 条第 4 项、第 183 条）。

（c）董事职务执行停止假处分与董事职务代行人选任假处分

（i）含义：提起选任决议无效或取消之诉，或提起董事解任之诉的情形中，使该董事担任职务至判决确定时明显不合理。因此，商法设置了特别规定，即法院可根据当事人的申请，在提起主案诉讼之后或发生紧急情况时，甚至是在提起主案诉讼之前，以假处分停止董事的业务执行，并选任职务代行人（第 407 条第 1 项）。〔5〕这种假处分是《民事执行法》上所谓的“确定临时地位的假处分”（民执第 300 条第 2 项），〔6〕被称为董事职务执行停止假处分或董事职务代行人选任假处分。但董事职务执行停止假处分并非总是有董事职务代行人选任假处分紧随其后，例如，董事职务执行停止导致欠缺章程或法律规定的董事人数要件的情形中，必要时才会作出董事职务代行人选任假处分。〔7〕

董事职务执行停止假处分申请人是主案诉讼的原告或可成为原告的人，而被申请人从其性质上看，应为董事，而非公司。〔8〕假处分命令公司去禁止董事履行职务的同时，对董事个人也构成不得执行职务的命令，据此，也有人主张公司与董事均为被申请人。〔9〕

---

〔1〕 徐燉珏、郑完溶（上）431 页；孙珠瓒（上）768 页。

〔2〕 林泓根（会）462 页；李炳泰（上）630 页。

〔3〕 崔基元（会）590 页；郑东润（上）597 页；郑灿亨（上）901 页。

〔4〕 大法院 2013. 9. 9. 2013MA1273。

〔5〕 大法院 1997. 1. 10. 95MA837。

〔6〕 从“与本案诉讼的关系及假处分的取消、变更登记程序试图实现简易化、迅速化”这一点上，也有学者将其视为特殊的假处分。崔基元（会）560 页。

〔7〕 郑东润（上）603 页。

〔8〕 郑东润（上）602 页；郑灿亨（上）897 页；大法院 1972. 1. 31. 71DA2351；同 1982. 2. 9. 80DA2424。

〔9〕 崔基元（会）593 页。

大法院 1991. 3. 5. 90MA818：认为不构成假处分事由的判例
按照持股60%的股东的意思选任代表董事等任员的，即使因选任程序存在瑕疵而导致决议无效，也不认为具有停止职务执行并选任代行人的必要性。

大法院 1990. 10. 31. 90GE44：职务代行人的资格
法院根据商法第407条第1项规定，以假处分停止董事等的职务执行并选任其代行人的，不得选任其他根据假处分被停止职务执行的董事等为职务代行人。

大法院 1997. 1. 10. 95MA837：董事的职务执行停止申请并不必须以提起主案诉讼为前提
依据商法第385条第2项规定，董事在履行职务过程中存在不正当行为或违反法令、章程的重大事实，股东大会却否决该董事的解任决议的，持有发行股份总数5%以上（1998年商法修订后，其持股比例为3%）的股东，可自股东大会决议之日起一个月内提出解任该董事的请求。以该解任之诉为被保全权利的董事职务执行停止申请，可在已经提起主案诉讼之后提出，如果情况紧急，也可在提起主案诉讼之前提出，第407条对此作了明确规定。不仅如此，此类职务执行停止申请与《民事诉讼法》第714条第2项中的（目前为第300条第2项——笔者注）确定临时地位的假处分申请并无不同，因此，并非必须以主案诉讼的提起为前提。

（ii）董事职务执行停止假处分的效力：被停止职务执行的董事违反假处分宗旨实施的行为对于第三人绝对无效，即使之后取消该假处分，也并不溯及既往而使其有效。职务执行停止期间不发生与该职务相关的任何责任，[1] 在主案诉讼中，假处分申请人胜诉并确定判决的，董事职务执行停止假处分丧失效力。[2]

（iii）董事职务代行人的权限：假处分命令中另有规定或未获得法院许可的，董事职务代行人不得实施不属于公司日常事务的行为（第408条第1项）。这里所谓的公司日常事务是指在公司持续经营过程中，通常意义上属于

---

〔1〕 大法院 1980. 3. 11. 79NU322。

〔2〕 大法院 1989. 5. 23. 88DAKA9883；同 1989. 9. 12. 87DAKA2691；同 1989. 9. 12. 88DAKA17877。

公司业务的事务。[1]董事职务代行人违反这一规定而实施一定行为的，公司均应对善意第三人承担责任（第408条第2项），这时不问第三人有无过失。这是为了保护交易安全。判例认为，对于董事职务代行人实施的行为属于公司日常事务的举证责任，应由与公司进行交易的第三人承担。[2]

认为不属于公司日常事务的判例如下：

大法院 1982.4.27.81DA358：取消对一审判决的抗诉不属于公司日常事务
基于确定临时地位（假地位）的假处分决定而选任的董事或清算人的职务代行人，除了该假处分决定中另有规定的情形以外，不得实施不属于公司日常事务的行为。取消对一审判决的抗诉不属于公司日常事务。

大法院 1975.5.27.75DA120：作出诉讼上的认可不属于被告公司的日常事务
依据假处分选任的被告公司代表董事的职务代行人，代表被告公司作出的诉讼上的认可并不属于被告公司的日常事务，因此应当获得特别授权，未获特别授权而作出认可的，构成《民事诉讼法》第422条第1项第3号（再审事由：目前为《民事诉讼法》第451条第1项第3号——笔者注）规定的再审事由，但这又与完全欠缺代理权的情形不同，因而并不适用《民事诉讼法》第427条（提起再审的期间：目前为《民事诉讼法》第457条——笔者注）规定。

大法院 1984.2.14.83DAKA875.876.877：全权委任他人经营公司的行为不属于公司日常事务
根据法院的假处分命令选任的代表董事的职务代行人，不发挥其作为业务执行机关的功能而将其全部权利委任他人的，会导致假处分命令中规定的代表董事的职务代行人作为公司经营责任人的地位发生变化，这不仅是违背假处分命令的行为，也脱离了通常意义上的公司业务过程，因而不属于公司日常事务。

〔1〕 大法院 2007.6.28.2006DA62362：代表董事的职务代行人在未获法院许可的情况下召集以可能对公司经营及控制产生影响的事项为议案的定期股东大会并作出决议的，构成决议取消事由。

〔2〕 大法院 1965.10.20.65DA1677。

认为属于公司日常事务的判例如下：

大法院 1991. 12. 24. 91DA4355：商法第 408 条第 1 项规定的“日常事务”的含义
商法第 408 条第 1 项所称“日常事务”一般是指公司继续营业过程中通常业务范围内的事务，即对公司经营不产生重要影响的普通业务。职务代行人的地位从本案诉讼判决时的暂定情况来看，相当于从根本上改变公司事业或营业目的，或处理重要的营业财产，在该纠纷的最终判决作出后，如果须经由正式的董事确认或经委任新上任者认为不值得肯定的，则属于职务代行人的日常事务。

此外，委任律师代理诉讼并签订其报酬协议的行为属于公司日常事务。〔1〕但公司关于支付报酬给对方律师的约定不属于公司日常事务，因此，未获得法院许可就不发生效力。〔2〕

召集定期股东大会属于公司日常事务，但召集临时股东大会不属于公司日常事务。〔3〕职务代行人在未获得法院许可的情况下召开的临时股东大会中作出的决议并不当然无效，而是构成决议取消事由。〔4〕但临时股东大会决议内容与假处分命令内容相反或不一致的，决议无效。〔5〕

新股发行、募集公司债券等均不属于公司日常事务。

董事的职务代行人实施的行为属于公司日常事务的主张应由与公司进行交易的第三人提出并承担证明责任。〔6〕

（iv）董事职务代行人的责任：职务代行人与公司并非委任关系，但应类推适用第 399 条（董事对公司的责任）及第 401 条（董事对第三人的责任）的规定，视为与董事承担相同的责任。〔7〕

（v）假处分的变更与取消：法院可依据当事人的申请变更或取消假处分（第 407 条第 2 项）。即使根据董事职务执行停止假处分或董事职务代行人选任假处分被停止职务执行的董事辞任并按照股东大会决议选任其继任者，也并不立即导致该假处分失效或该代行人权限的消灭，而是取消假处分后才会发生

〔1〕大法院 1970. 4. 14. 69DA1613；同 1989. 9. 12. 87DAKA2691。

〔2〕大法院 1989. 9. 12. 87DAKA2691。

〔3〕大法院 1959. 12. 3. 4290 民上 669。

〔4〕日本最高裁判所 1964. 5. 27，民集 18. 4. 608。

〔5〕大法院 1959. 12. 3. 4290 民上 669。

〔6〕大法院 1965. 10. 20. 65DA1677。

〔7〕郑东润（上）603 页。

相应后果。[1]即使由继任董事组成的董事会作出决议确定代表董事，在假处分存续期间，该代表董事也不得行使其作为代表董事的权利。[2]

具有董事职务执行停止假处分、董事职务代行人选任假处分或具有假处分变更、取消情形的，应通过法院的嘱托登记[3]进行公示（第 407 条第 3 项，民执第 306 条）。这是因为这些假处分是规定临时地位的假处分，假处分效力不仅及于当事人，也及于第三人。

7）董事空缺的情形

发生董事空缺的情形中，因任期届满或辞任而离任的董事继续享有董事权利义务至新任董事就任为止（第 386 条第 1 项）。[4]这种情形中，法院认为有必要的，可根据董事、监事及其他利害关系人的请求选任执行临时董事职务的人（临时董事、假董事），并在总公司所在地进行登记（第 386 条第 2 项）。这时不得以行使董事权利义务的离任董事为对象提出停止职务执行的假处分申请。[5]但即使部分董事的任期届满，只要任期未满的董事能够维持正常的经营活动，就没有必要使任期届满的董事继续履行董事职务。虽然离任当时法律或章程规定的董事人数充足，但实际上离任董事依然行使董事权利、履行董事义务的，可提出停止职务执行的假处分申请。[6]

商法第 386 条第 2 项规定的可选任临时董事的要件中，“必要时”是指法律或章程规定的董事人数发生空缺的所有情形，并不仅限于董事任期届满或董事辞任的情形，具体包括全部董事空缺的情形，因死亡导致董事空缺的情形，未召开股东大会的情况下董事空缺较长时间的情形，[7]原来的董事被解任的情形，董事因病辞任或长期不在任等使离任董事不能行使权利、履行义务的情形及其他不当情形等。而具体哪些情形属于上述情形，应结合临时董事制度的宗旨，具体问题具体分析。[8]

---

〔1〕 大法院 1997. 9. 9. 97DA12167；同 2010. 2. 11. 2009DA70395。

〔2〕 大法院 1992. 5. 12. 92DA5638。

〔3〕 原则上登记应由当事人申请而进行（共同申请主义），但法律另有规定的，应由法院及其他官署嘱托登记机关进行登记，这种登记即为嘱托登记。——译者注

〔4〕 大法院 1991. 12. 27. 91DA4409. 4416；同 1971. 3. 9. 71DA251。这时的变更登记（第 317 条第 2 项第 8 号）应当自继任董事就任之日起两周内在总公司所在地进行。大法院 2005. 3. 8. 2004MA800。

〔5〕 大法院 2009. 10. 29. 2009MA1311。

〔6〕 大法院 2009. 10. 29. 2009MA1311。

〔7〕 大法院 2000. 11. 17. 2000MA5632；同 2001. 12. 6. 2001GE113。

〔8〕 大法院 2000. 11. 17. 2000MA5632；同 2001. 12. 6. 2001GE113。

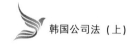

对于临时董事的资格并无任何限制，因此，并非只有与公司具有利害关系的人才可成为临时董事（假董事）。[1]即使选任申请人推荐的人未被选任，也不得将其视为不合法的决定，不得对此提出异议。[2]

判例将临时履行董事职务的人（即临时董事）也称为职务代行人，[3]因而有可能混淆临时董事与因董事职务执行停止而被选任的职务代行人，但后者只能实施属于公司日常事务的行为（第408条），相比之下，只要法院未作限制，前者的权限与原董事的权限一致，从这一点上应将两者区分开。[4]

8）董事的权限

董事作为董事会的成员，不仅从其个人地位上享有商法规定的诸多权限，还享有对关于业务执行的意思决定与包括代表董事在内的董事的业务执行的监督权。原则上非代表董事的董事不享有业务执行权与代表权，但目前韩国公司中的董事作为业务执行机关，基本上都享有章程或公司内部规则赋予的、对内的业务执行权。

董事可要求代表董事就其他董事或被雇用人的业务执行情况向董事会进行报告（第393条第3项），而董事应就业务执行情况至少每三个月报告一次（第393条第4项）。这是为了使董事会具备灵活性，从而强化董事对公司业务的信息掌控。这是2001年修订商法新设的规定。

9）董事的报酬

（1）报酬的含义

董事的报酬是公司支付给董事的对其业务执行的对价，包括工资、各种补贴、奖金、退职金等。董事不是《劳动基准法》上的劳动者，[5]因而其报酬也不是《劳动基准法》中规定的工资。但也有人主张董事兼任支配人等其他使用人的，应将属于使用人的工资包含在董事报酬中。这是因为将使用人的工资排除在报酬之外会导致脱离商法第388条规定的结果。[6]但笔者认为，使用人的工资是根据劳动合同对其劳务支付的对价，具有与董事报酬完全不

〔1〕 大法院 1985.9.8.80DA2511。

〔2〕 大法院 1985.5.28.85GE50。

〔3〕 大法院 1985.9.8.80DA2511；同 1964.4.28.63DA518；大法院 1998.9.3.97MA1429；同 1985.5.28.85GE50 等。

〔4〕 大法院 1968.5.22.68MA119。

〔5〕 大法院 1992.12.22.92DA28228。

〔6〕 李哲松（会）646页；林泓根（会）451页。

同的法律性质，因此应将其排除在董事报酬之外。[1]另一种主张则认为，使用人工资体系业已确立的情形中，不包含在董事报酬之内，但工资体系尚未确立的，应将其包含在董事报酬中并且应当召开股东大会。[2]

不履行董事、监事的实质性职责的所谓名义上的董事或监事同样具有商法规定的权利与义务并承担违反义务的责任，因而享有章程规定或经股东大会决议的报酬请求权。[3]但根据民法规定，受托人只有完成受托任务后才可获得相应报酬，对此持批判性意见的学者认为，未处理任何公司事务，仅仅因其负有责任而认定其享有报酬请求权并不合理。但民法中的委任是任意性规定，因此，如果已经以章程或股东大会决议对报酬作了决定，那么，应当认为该规定或决定具有优先性。

（2）报酬额的决定方法

对于董事与公司的关系准用关于委任的相关规定（382 条第 2 项），但与民法上的受托人不同的是，董事可获得报酬。[4]章程中未规定董事报酬额的，应通过股东大会决议确定董事报酬（第 388 条）。在股东大会中无需对董事的报酬分别作出规定，可在规定全体董事报酬总额后将各董事的分配额全权委任给董事会决定，也可规定报酬总额的最高额，在这一范围内将具体金额的决定与各董事的分配比例全权委任董事会决定。但以将报酬额的决定与支付全权委任给董事会或代表董事为内容的股东大会决议无效。[5]

决定董事报酬额的股东大会决议中，作为股东的董事是特别利害关系人。但由股东大会决定董事报酬总额，董事会对具体分配方法进行决议的情形中，应获报酬的各董事不是特别利害关系人。这是因为将作为特别利害关系人的董事排除在决议之外的目的在于排除相关董事，使其他董事作出决定，从而保障决议的公正性，但全体董事具有共同利害关系的情形中，无需排除特别利害关系人的表决权。

---

〔1〕 郑东润（上）598 页；李基秀、崔秉珪（会）348 页；郑灿亨（上）905 页。

〔2〕 崔基元（会）603 页。

〔3〕 大法院 2006. 9. 8. 2006DA21880；同 2014. 12. 24. 2013DA76253；同 2015. 7. 23. 2014DA236311；同 2015. 9. 10. 2015DA213308（并非出借名义的对价，应认定为报酬）。

〔4〕 同旨：大法院 1964. 3. 31. 63DA715。

〔5〕 郑东润（上）599 页；李基秀、崔秉珪（会）348 页；郑灿亨（上）905—906 页。

（3）退职金

支付退职金给任期届满的董事是惯例。退职金是董事报酬的一种，[1]而非《劳动基准法》规定的工资。因此，对于退职金适用一般债权时效，而非工资债权时效。[2]一般认为退职金包含在章程或股东大会决议确定的报酬总额中。[3]退职金通常依据公司内部制定的《退职金支付条例》支付，此类条例中通常会规定退职金的支付应获得股东大会承认。对于没有股东大会决议的情况下，是否可以支付退职金，股东大会是否可以作出不支付退职金的决议，存在较大争议。

★关于董事报酬及退职金的判例

（i）大法院 1992. 12. 22. 92DA28228：没有股东大会决议的，不得行使董事报酬或退职金请求权。

章程及相关法规规定董事报酬或退职金应通过股东大会决议确定的情形中，如果没有证据能够证明已经就退职金的金额、支付方式、支付时期等作出股东大会决议，则董事不得行使报酬或退职金请求权。同旨：大法院 2004. 12. 10. 2004DA25123；同 2014. 5. 29. 2012DA98720；同 2019. 7. 4. 2017DA 17436。

（ii）大法院 1977. 11. 22. 77DA1742：《退职金支付条例》规定支付退职金的，股东大会不得作出不支付的决议。

退职金是作为董事在任职期间执行职务的对价而支付的报酬的一种。已经确定退职金的金额并且规定应当获得股东大会承认后进行支付的目的在于规制支付时期与支付方法……支付董事的退职金规定在《退职金支付条例》中，而其中又规定应获得股东大会承认后支付的，只不过是为了规制支付时期与支付方法的内部程序性规定，因此，股东大会作出的不支付决议无效。

（iii）大法院 1979. 11. 27. 79DA1599：规定应通过股东大会决议确定退职金的情形中，只要未作出股东大会决议，关于支付退职金的约定就无效。

---

[1] 大法院 1977. 11. 22. 77DA1742；同 1988. 6. 14. 87DAKA2268；同 1999. 2. 24. 97DA38930；大法院 2000. 6. 8. 2000MA1439；同 2003. 9. 26. 2002DA64681。

[2] 大法院 1988. 6. 14. 87DAKA2268。但在使用人的指挥监督下提供一定的劳动而获得报酬的董事或监事属于劳动者，所获报酬及退职金属于《劳动基准法》规定的薪资，因而适用《劳动基准法》中关于薪资债权时效的规定。大法院 1993. 8. 24. 92DA923；同 1997. 10. 24. 96DA33037，33044；同 2000. 9. 8. 2000DA22591；同 2005. 5. 27. 2005DU524。

[3] 大法院 1999. 2. 24. 97DA38930；同 2019. 7. 4. 2017DA17436。

公司章程规定董事报酬及退职金的支付应通过股东大会决议确定的情形中，代表董事作出的关于支付董事报酬及退职金的约定，即使该代表董事持有本公司 3000 股中的 2000 股，如果没有股东大会决议，则仍对公司无效。同旨：大法院 1992. 12. 22. 92DA28228。

（iv）大法院 1978. 1. 10. 77DA1788：虽然没有股东大会决议，但关于支付董事功劳奖励金的约定有效的判例。

有效持有公司股份 80%以上的代表董事未作出股东大会决议就约定支付董事功劳奖励金的情形中，股东大会当然会作出支付的决议，这无异于作出了股东大会决议。同旨：大法院判决 1979. 2. 27. 78DA1852，1853。

（v）大法院 1988. 6. 14. 87DAKA2268：支付董事的报酬并非《劳动基准法》规定的工资，也不适用关于工资时效的规定。

享有公司业务执行权的董事等任员是接受公司委任处理相关事务的人，而非在使用人的指挥监督下提供一定劳动并获取工资的劳动者，因此，其所获报酬不属于《劳动基准法》规定的工资。……根据公司的相关规定支付给董事等任员的退职金也非《劳动基准法》规定的退职金，而是作为其在任职期间执行业务的对价而支付的一种报酬，因此，对于董事等任员的退职金请求权并不适用《劳动基准法》第 41 条关于工资债权的时效规定，而应适用一般债权的时效规定。

（vi）大法院 1969. 5. 27. 69DA327：基于股东大会默示性承认的退职金规定。

公司关于退职金的规定是未经股东大会承认的情况下根据董事会决议而形成的，即使没有关于退职金的章程规定或股东大会决议，也不能仅以此认定没有支付退职金的依据，因此，对于原告自担任常务董事起至辞任专务董事期间获得报酬的情况与公司在某种情况下未作关于退职金的决议等情况，未作任何审理或判断（原审）而驳回原告请求的决定存在违法之处（从这一判决中可以看出，股东大会默示性地承认了董事会制定的内部规定）。

（vii）大法院 2006. 11. 23. 2004DA49570：股份公司与董事在雇佣合同中约定，若违背董事之意思而被解任，股份公司除了支付退职金以外还应支付解任补偿金的情形中，董事欲向股份公司请求解任补偿金的，应作出股东大会决议。

（viii）大法院 2016. 1. 28. 2014DA11888：因丧失经营权而即将卸任的董事为了获得最大限度的报酬而制定明显超出合理水平的报酬支付标准，利用其职务之便，使少数股东反对的股东大会决议成立的情形中，上述行为均无效（可能成立背任罪）。

（ix）大法院 2017. 10. 26. 2017DA239755：《任员退职金支付规定》规定了退职金数额的情形中，若无特别规定，退职金的支付并不需要股东大会决议，被告公司负有在任员退职之时支付退职金的义务。

（x）大法院 2019. 7. 4. 宣判 2017DA17436：章程规定董事的退职金应通过股东大会决议的同时，仅规定退职金的数额的情形中，如果没有证据能够证明存在关于退职金中间结算的股东大会决议，董事就不得行使退职金中间结算金请求权。

3. 董事会

1）董事会的法律地位

董事会（Board of Directors，Vorstand，Conseil d'administration）是为了监督公司关于业务执行的意思决定与代表董事履行职务的情况而由全体董事组成的会议体必要机关。董事会是会议体机关，因此，作出意思决定应召开会议。这种董事会议，商法称之为董事会。但董事为一人的小型股份公司无法成立董事会，因此，由该董事单独作出关于业务执行的意思决定（第 383 条第 6 项）。

★英美法国家的公司治理结构

1. 公司治理结构

公司治理结构（Corporate Governance）是管理、支配公司的体系［1992 年英国卡德伯利报告（Cadbury Report）］。公司治理结构的核心内容是公司的监督管理，涉及董事会、管理层、股东之间的关系，主要是关于公司机关结构的问题。

英美国家的董事会起源于股份合资公司（joint stock company）。200 多年前，与一些英国公司一样，美国公司中监督公司经营的几个股东也会定期会面并进行讨论。当时优质的家具非常昂贵，坐在高级椅子（chairs）上围绕一张高级桌子（table）开会的情形极其罕见，大部分时候是采取临时措施，将木板（board）搭在锯木架（sawhorse）上充当桌子，周围放置一圈小板凳（stools），坐在小板凳上召开会议。当时这种团体被称为 The Board。该团体的领导者并不坐在小板凳上，而是坐在 perch 上，被称为 Chairman。

在当时的美国设立的伦敦弗吉尼亚公司（Virginia Company of London）与

普利茅斯弗吉尼亚公司（Virginia Company of Plymouth）由两个委员会进行经营，一个是进行当地（美国）日常活动的经营者委员会，另一个是位于伦敦的监督委员会，由后者牵制前者。相较于公司政策与战略等事项，监督委员会更加深入地干预公司日常事务的决定。

美国于独立战争后构建了自己的公司治理结构。1791年11月，美国新泽西州通过了亚历山大·汉密尔顿（Alexander Hamilton）设立Society for Establishing Useful Manufactures公司（以下简称“SUM公司”）的特别许可法案，该公司生产船舶风帆、女士鞋等多种产品。200多年过去了，目前美国的公司治理结构与SUM公司的治理结构非常类似，由此可见美国公司治理结构并未发生大的变化。SUM公司的商业计划书规定由13名董事运营公司。亚历山大·汉密尔顿在公司中设置了最初形态的监查委员会（audit committee），即在董事会之外由5名股东构成的检查委员会（committee of inspectors）。股东可在其同僚中选任检查委员会成员5名，基本上是选任从董事一职上落选的股东。该检查委员会可自由浏览公司的会计账簿，享有监查公司全部业务的权限。〔1〕

2. 关于公司治理结构的法律规范

在美国，规制公司治理结构的法律规范多种多样，州公司法、联邦法院《萨班斯·奥克斯利法案》（Sarbanes-Oxley Act）、联邦《证券交易法》及以此为基础的《证券交易委员会（Securities Exchange Commission，SEC）规则》、证券交易所制定的自律规则等均规制着公司治理结构。此外，市场的经营控制与律师的事后经营控制也发挥着重要作用。其中，证券交易所自律规则发挥着最为强有力的作用。

3. 公司法关于公司治理结构的规定

首先，美国的州公司法规定，公司的全部权限应根据章程规定由董事会或依其授权行使，而公司的经营与业务则应在董事会的指示与监督下实施。〔2〕董事会并不亲自执行业务，大型公开公司〔3〕将公司经营委任于通过附属章程或

---

〔1〕 Stanly C. Vance, *Corporate Leadership: Board, Directors, and Startegy*, New York: McGraw-Hill, 1983, pp. 3-6.

〔2〕 MBCA §8.01（b）.

〔3〕 美国的股份公司分为三类，其中股东数为2000人以上、总资产为1亿美元以上的公司被称为大型上市公司（large publicly held corporation）［美国法律协会（American Law Institute, ALI）《公司治理结构原则》第1.24条］；全三铉：“外部董事与监查委员会”，自由企业中心，1999年，55页，注79。

董事会决议选任的社长、副社长、财务董事等执行任员（officer），而董事会只负责建立公司基本的经营政策（如关于生产、劳务、价格、薪资、劳工关系、利益分配、融资、变更章程、公司合并等的政策），发挥监督公司经营的作用。[1]但在中小型公司中也有可能由董事会负责经营。

原则上董事任期为一年，也可在定期股东大会中规定为两年或三年。[2]董事分为兼任任员的常勤内部董事与不兼任任员的外部董事。外部董事的主要功能是通过监查委员会等机关监督公司经营。

董事会根据附属章程任命社长等任员，任员则可根据附属章程或董事会授权任命一人以上的任员或助理任员。[3]

4. 现代美国典型的董事会面貌

目前美国公司的董事会与两百年前亚历山大·汉密尔顿设立的公司董事会类似。众所周知，美国各州公司法规定着各不相同的关于公司资本构成、附属章程、意思决定方式及公司治理结构的内容。但美国各州公司法均规定了董事会制度。[4]经营管理机构分为董事（Director）与任员（Officer），并未采用董事以外的独立的监查制度。据此，美国公司具有的是一种由董事会发挥业务执行功能与监督功能的一元化经营管理结构。

如上所述，美国法上的董事会的主要功能是意思决定与业务执行，但近几年董事会功能被细分，主要变化趋势为由执行（经营）委员会作出关于业务执行的意思决定，而董事会只发挥监督业务执行的功能。[5]

美国公司的经营机构是一种以经营执行人CEO为中心的经营执行层与辅佐、监督经营执行人的外部人构成的董事会相分离的体系。这种体系的特点是董事人数较少，由执行任员接受委任执行公司业务。董事只不过是外部顾问（advisor），也不是相关业务专家。大部分董事通过对管理层提交的经营计

---

〔1〕 Henn & Alexander, *Law of Corporations and Other Business Enterprises*, 3rd ed., West Publishing Co., 1983, p. 564; Robert A. G. Monks and Nell Minow, *Corporate Governance*, Blackwell Business, 1995, p. 183.

〔2〕 MBCA §8.05, §8.06.

〔3〕 MBCA §8.40.

〔4〕 Melvin Aron Eisenberg, *Corporation and other Business Organization*, Foundation Press, 2000, p. 1279; Brian R. Cheffins, *Company Law: Theory, Structure and Operation*, Clarendon Press, 1997, p. 643.

〔5〕 姜熙甲："韩国公司治理结构立法论的检讨"，韩国上市公司协会，1999 春季号，22 页；［日］武井一浩："美国型董事的实态与导入日本的问题（1）"，载《商事法务》第1505号，1998年10月5日，第77页；Henn & Alexander, op. cit., p. 564.

划提出一般性的、常识性的问题而获取必要的信息，其主要任务是在第三人的立场上审查公司建立的计划是否存在误区或逻辑矛盾、有无按照合法程序进行等。根据“信任内部信息的情形免责”的规定，即使董事无法得知经营判断的详细内容，原则上也不承担法律责任。美国公司的内部董事仅占全体董事的20%，内部董事担任的是董事会与管理层之间的媒介角色，因此，通常认为内部董事无需参与董事会。董事会实际上是追认管理层行为的机关，这一点与韩国的情形相同。

★德国二元化的董事会制度

《德国股份法》采用了二元化制度，即由监督董事会（Aufsichtsrat）与经营董事会（Vorstand）两个不同的独立机关构成公司运营体系。职工数为500—1999人与2000人的情形中，分别由股东大会选任监督董事会成员的三分之二和半数，其余由职工按照共同决定制度选任。监督董事会的会议长由股东大会选任的监督董事担任，副会议长由职工选任的监督董事担任，监督董事会决议中赞成与反对票数相同的情形中，由会议长作出决定。德国式公司经营的特点，即职工参与经营，就是通过这种监督董事会制度实现的。

监督董事会可选任或解任经营董事会的组成员。据此，监督董事会作为监督机关（德股第111条）、人事机关（德股第84条）、代表机关（德股第88条、第89条、第112条：董事与公司之间的法律关系）分别发挥着监督董事的业务执行、行使董事的选任权与解任权以及一定情况下代表公司的功能。《德国股份法》还规定，在执行一定业务时应获得监督董事会同意（德股第111条第4项第2文），而且赋予了监督董事会对年度结算的承认权（德股第172条）。因此，从法律所赋予的权限及其功能上看，监督董事会发挥着单纯监督机关以上的功能，即与作为业务执行机关的经营董事会一同发挥着公司运营机关的功能与作用。监督董事的责任与经营董事的责任相同（德股第116条）。从这一点上看，德国的监督董事会并非单纯的会计监查机关，还是对企业政策设定自身立场并就其与经营董事会进行讨论，从而协同作出正确合理的企业政策的机关，可以说监督董事会作为批判性的企业运营机关，是带着特定意图设计出来的机关。[1]

---

〔1〕 林重镐：“德国股份公司的监查制度”，载《成均馆法学》第9卷，1998年。

2）董事会权限

（1）意思决定权

除了商法或章程规定为股东大会权限的事项以外，董事会享有对所有业务执行作出意思决定的权限（第393条第1项）。[1]对于董事会没有具体委任代表董事并且不属于公司日常事务的重要事务，应作出董事会决议。[2]董事会无需亲自决定业务执行的具体细节，但不得将基本事项，特别是法定权限事项，委任其他机关（如常务会等）作出决定。[3]但一般认为，除了重要事项以外，可将董事会权限委任于代表董事或业务执行董事。即使是关于业务执行的重要事项，也可在章程中将其规定为股东大会权限，但已经规定应由董事会作出决定的事项不得全权委任代表董事进行。

商法明文规定为董事会决议的事项包括：股东大会的召集（第362条），股东提案内容违反法令或章程与否的决定（第363条之2第3项），董事会召集权人的特别规定（第390条第1项但书），重要资产的处分及转让，[4]大规模资产的借入，分公司的设立、转移或废止，支配人的选任与解任（第393条第1项），代表董事的选任与共同代表的决定（第389条），董事竞业的承认与介入权的行使（第397条第1项、第2项），对董事与公司间交易的承认（第398条），执行任员、代表执行任员的选任与解任等（第408条之2第3项），新股发行事项的决定（第416条），财务报表的承认（第447条），营业报告书的承认（第447条之2），准备金转入资本金（第461条第1项本文），实施中间分配的决定（第462条之3第1项），发行公司债券的决定（第469条），向股东发行可转换公司债券事项的决定（第516条之2第2项本文），向股东发行附新股认购权公司债券事项的决定（第516条之2第2项本文），与最大股东及其特殊关系人进行一定规模以上交易的承认（第542条之9第3项）等。

《关于资本市场与金融投资业的法律》规定，上市公司对“排除股东的新股认购权，而以不特定多数人（包括该法人的股东）为对象募集新股的方式进行增资”作出决议的情形（资金第165条之6第1项），为了经营权防御而取得、处分自己股份的情形，目的、金额、方法、股份种类、数量及其他总

---

〔1〕大法院1997.6.13.96DA48282。

〔2〕大法院2010.1.14.2009DA55808；同2019.8.14.2019DA204463。

〔3〕崔基元（会）618页；郑东润（上）605页。

〔4〕大法院2005.7.28.2005DA3649；同2011.4.28.2009DA47791。

统令规定的事项的决定（资金第 165 条之 2 第 1 项，资金令第 176 条之 2 第 1 项）以及可交换公司债券的发行（资金第 165 条之 11 第 1 项，资金令第 176 条之 12 第 2 项）等均为董事会决议事项。

为了能够使董事会灵活行使业务执行权，商法保障了董事对公司业务的信息掌控权，即董事可要求代表董事就其他董事或被雇用人的业务执行情况向董事会进行报告（第 393 条第 3 项）。董事应当至少三个月报告一次（第 393 条第 4 项）。

（2）监督权限

董事会享有监督董事执行业务的权限（第 393 条第 2 项）。既然董事会享有代表董事的选任权与解任权，那么当然也享有对代表董事的监督权，同时还享有对其他业务执行董事的监督权。董事会为了实质性地发挥这种监督功能，需要公司提供关于业务执行的信息。2001 年修订商法强化了董事的信息掌控权。董事会的监督权不仅及于业务执行的合法性，还包括业务执行的合理性。

3）董事会的召集

（1）召集权人

董事会由董事召集（第 390 条第 1 项本文），但也可以董事会决议另行规定召集权人（第 390 条第 1 项但书）。另行规定召集权人的，未被指定为召集权人的董事可要求作为召集权人的董事召集股东大会。作为召集权人的董事无正当理由拒绝召集董事会的，其他董事可召集董事会（第 390 条第 2 项）。[1] 执行任员（第 408 条之 7）、监事（第 412 条之 4）或监查委员会委员（第 415 条之 2 第 7 项）也可将记载会议目的与召集理由的书面材料提交董事（有召集权人的情形中提交召集权人），请求召集董事会。这时，董事应毫无迟滞地启动董事会召集程序，否则该执行任员可在获得法院许可后召集董事会，法院可根据利害关系人的请求或依其职权选任董事会的会议长。董事没有毫无迟滞地召集董事会的，监事或监查委员会委员无须法院许可即可召集董事

---

〔1〕对于这种情形，之前的判例参照了第 390 条第 1 项各公司享有召集董事会权限的规定，认为提出召集董事会要求的董事享有董事会召集权限（大法院 1975. 2. 13. 74MA595；大法院 1976. 2. 10. 74DA2255）。2001 年修订商法对其作出了明文规定。

会。[1]

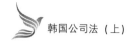

对于董事为一人的小型股份公司，不适用商法第 390 条关于董事会召集的规定（第 383 条第 5 项）。

大法院 1975. 2. 13. 74MA595：代表董事无正当理由拒绝召集董事会的，可由要求召集董事会的董事召集董事会
商法第 390 条第 1 项规定仅仅是为了使代表董事行使原来可由各董事行使的董事会召集权，因此，其他董事有正当理由要求代表董事召集董事会的，代表董事无正当理由不得拒绝召集董事会；代表董事无正当理由拒绝的，可由要求召集该董事会的董事召集董事会。

（2）召集程序

董事应当至少三个月一次向董事会报告业务执行情况（第 393 条第 4 项），因此，应至少三个月召开一次董事会。董事会召集通知应在会议日一周前发送各董事及监事[2]（第 390 条第 3 项本文）。可在章程中缩短这一期间（第 390 条第 3 项但书）。全体董事及监事同意的，可省略召集程序（第 390 条第 4 项），也可以口头形式召集董事会。章程或董事会规则中规定例会日的情形中，也可省略董事会召集程序。如上所述，相较于股东大会，董事会的召集程序并不那么严格。基于同样的目的，还可解释为各董事可放弃接收召集通知的权利。[3]未作召集通知而全体出席的董事会同样成立。

与股东大会不同的是，董事会召集通知书中无需记载会议目的。[4]那么，未通知部分董事而召开的董事会中作出的决议是否无效呢？判例认为，公益

〔1〕 执行任员要求召集董事会的情形中，法院可根据利害关系人的请求或依其职权选任董事会的会议长（第 408 条之 7），但由监事或监查委员召集董事会的情形中，不适用第 408 条之 7 的规定。这是立法上的错误。

〔2〕 釜山高等法院 2004. 1. 16. 2003NA12328：因未对监事作召集通知而在监事未出席的情况下作出关于召开股东大会的董事会决议的情形中，难以认定对该董事会的意思形成产生了决定性的影响，因此，不得视为董事会决议无效。之后在重新召开的董事会中再次作出关于召集股东大会的决议时，虽然比章程规定的通知日期迟延了一日，但在召开董事会六日前对监事作出董事会召集通知，对此监事以书面陈述了自己的意见，那么，最初的董事会召集程序上的瑕疵就被治愈，因而不得取消股东大会决议。

〔3〕 林泓根（会）471 页；郑东润（上）606 页；权奇范（会）812 页。

〔4〕 林泓根（会）470 页；郑东润（上）606 页；蔡利植（上）558 页；郑灿亨（上）908—909 页；大法院 2011. 6. 24. 2009DA35033。

法人的情形中哪怕是仅对一名董事未作召集通知，也会导致董事会无效。[1]但这是否同样适用于营利法人是个疑问。这是因为公益法人中并无代表董事的概念，法律上是由各董事代表法人，因此，一名董事的不出席就相当于一名代表董事的缺席。日本判例认为，对部分董事不作召集通知的，原则上董事会决议无效，但如果存在该董事出席会议也不影响决议结果的特殊情况，则认为不影响决议效力。[2]股东大会召集通知瑕疵构成侵权，但董事的表决权行使是关于业务执行的意思决定手段，而非董事权利，因此，评价程序瑕疵的标准多少可以得到缓和。笔者赞同本判例中的主张，即“对部分董事不作召集通知的，原则上董事会决议无效，但如果存在该董事出席会议也不影响决议结果的特殊情况，则认为不影响决议效力”。韩国判例认为，具有三名董事的情形中，对于将关于公司经营的所有事项委任其他董事，仅在必要时在董事会议事录中签名盖章的董事不作召集通知而召开的董事会中作出的决议有效。[3]

4）董事会决议

（1）决议要件

董事会决议按照一人一表决权的多数决原则作出。董事会决议应由半数以上董事与出席董事半数以上作出表决，可在章程中规定更高的出席比例(第 391 条第 1 项)，如，可将表决比例规定为全体董事的半数以上或三分之二以上，但不得缓和这一要件。表决比例不得加重至董事能够行使否决权的程度。[4]这里的董事指在任董事。在任董事人数不及法律或章程规定之人数

---

〔1〕 社会福祉法人的董事会对于特定董事未作合法的召集通知，在该董事未出席的情况下召开董事会的情形中，该董事会决议无效。大法院 1994. 9. 23. 94DA35084。

〔2〕 日本最高裁判所 1969. 12. 2. 民集 23 卷 12 号，2396 页。日本最高裁判所 1969. 12. 2. 民集第 23 卷第 12 号，2396 页：对部分董事未进行董事会召集通知，是对“复数董事的熟虑合议”这一程序的怠慢，从这一层面上看，是对公司及全体股东的善管注意义务基本内容的违反，因此，原则上董事会决议无效。但仅以欠缺董事会召集通知这一理由认定任何情形中的董事会决议均无效的话，难免会引起对法律的解释过于僵硬的批判。据此，应解释为，仅限于具有即使未进行通知的董事出席，对决议结果也不产生任何影响的特殊事由的情形，通知的欠缺这一瑕疵才不会影响决议效力，决议仍然有效。同旨：对一人董事的意思决定具有巨大影响力的董事（该一人董事的配偶）未进行召集通知的，该董事会决议无效。东京高等裁判所 2018. 10. 17. 金判第 1557 号，42 页。

〔3〕 大法院 1992. 4. 14. 90DAKA22698。

〔4〕 同旨：李哲松（会）66—668 页；郑灿亨（上）915 页。对此也有学者认为，支配权的分配可由组成员自由决定，实际上闭锁公司中有必要行使否决权，因此，关于决议要件的强化并无界限。郑东润（上）609 页。

的，法律或章程规定的人数即为法定人数（定足数）。意思法定人数（出席定足数）不足的，董事会不成立，因此，在这种集会中作出的决议无效。〔1〕

判决认为：董事会会议长人选的确定应遵循章程或董事会会议规则，但大体上由公司会长或代表董事、社长担任会议长。章程规定由会长担任董事会会议长而会长因故不能担任，从而由社长担任会议长的情形中，如果会长收到合法有效的召集通知后也不出席董事会，视为会长因故不能出席，继而由社长担任董事会会议长。〔2〕

董事职务代行人（第408条）在其权限范围内计入在任董事人数中，因董事任期届满而发生董事空缺的，至其继任者就任为止承担董事权利义务的人（第386条第1项）与在这种情形中被选任的临时董事（假董事）（第386条第2项）也计入在任董事人数中。据此，即使全部董事任期届满，在选任其继任者之前，半数以上董事出席会议并由出席董事的半数以上表决通过的决议仍有效。〔3〕

不仅在董事会召开之时，而且在进行商讨、决议的整个过程中，董事会均应维持表决法定人数。

（2）赞同与反对同数的情形

有学者认为，赞同与反对同数的情形中，将决定权赋予特定人的章程规定有效。〔4〕这是因为董事会应当高效作出关于业务执行的意思决定，而无需像股东一样强烈要求表决权的平等性。但这不仅违背商法第391条第1项但书只可加重决议要件的规定，还会导致毫无法律根据地赋予特定人以复数表决权的结果，因此应否定这一主张。〔5〕

（3）特别利害关系人

与决议具有特别利害关系的董事不得行使表决权（第391条第3项，第

---

〔1〕 大法院1995.4.11.94DA33903：如果是董事6人中3人出席会议并以出席董事全体同意作出关于连带保证的决议，那么，上述董事会决议是在不足半数以上的董事出席、未满足商法第391条第1项规定的意思定足数的董事会中作出的，应为无效。……即使章程中规定董事会决议应由全体董事的半数以上作出，如果赞同与反对票同数，则由董事会会议长作出决定，并且参与上述各董事会决议的董事中包括董事会会议长，结果也相同。

〔2〕 大法院1984.2.28.83DA651。

〔3〕 大法院1963.4.18.63DA15。

〔4〕 林泓根（会）475页。认为关于董事会的法定权限外的业务执行事项的决议有效的意见：崔基元（会）610—611页；郑东润（上）607页。

〔5〕 孙珠瓒（上）776页；李哲松（会）668页；姜渭斗（会）501页；蔡利植（上）558页；郑灿亨（上）915—916页；金正皓（会）406页。

368 条第 3 项)。与董事会决议具有特别利害关系的董事中，最具代表性的是与公司进行交易的董事。作为特别利害关系人的董事也可在收到召集通知后出席董事会陈述意见。作为特别利害关系人的董事人数包含在董事会成立所需的法定人数中，但并不算入出席董事的表决权数中。

大法院 1992. 4. 14. 90DAKA22698：作为特别利害关系人的董事人数包含在董事会成立所需的法定人数中，但并不算入出席董事的表决权数中
虽然具有特别利害关系的董事不得在董事会上行使表决权，但其人数算入意思法定人数中，而不算入决议成立所要求的出席董事人数中，因此，如果公司董事三人中，与代表董事具有特别利害关系的董事二人出席会议表决，就具备了半数以上董事出席的要件，即使排除具有特别利害关系的董事表决权，只要可参与决议的唯一出席董事（即代表董事）表示赞同，就满足半数以上同意的要件，决议即合法有效。同旨：大法院 1991. 5. 28. 90DA 20084。

选任代表董事的董事会决议中的该代表董事不属于特别利害关系人。同理，被解任的代表董事也不属于特别利害关系人。[1]将章程或股东大会规定的董事报酬总额分配给各董事的董事会决议中的各董事也不属于特别利害关系人。

（4）表决权的代理行使

从董事的职责上看，董事应亲自出席会议并参与讨论、作出决议，因而不得由他人代理行使表决权。[2]

大法院 1982. 7. 13. 80DA2441 ：不得代理行使董事表决权
与股东大会不同的是，召开董事会原则上应由享有召集权的董事向其他全体董事发出召集通知，董事本人应出席董事会并参与决议，而不得由代理人出席会议。据此，董事不得委任他人出席董事会或行使表决权，违反这一规定的董事会决议无效。

---

[1] 崔基元（会）613 页；李哲松（会）670 页。相反学说：郑东润（上）608 页。

[2] 崔基元（会）611 页；郑东润（上）608 页；李哲松（会）669 页；林泓根（会）474 页；郑灿亨（上）916 页；金正皓（会）406 页；大法院 1982. 7. 13. 80DA2441。

（5）决议方法

对于董事会的决议方法，商法未作任何规定。章程中未作其他规定的，可以举手、起立、投票等方式作出决议。但以投票方式进行决议的，董事应对决议结果承担责任（第399条第2项），因而不得进行无记名投票。[1]董事会应采取具体的会议形式，不得以书面或共览、传阅等方式作出决议，[2]但除了章程中另有规定的情形以外，全部或部分董事可以不出席会议，而是依据所有董事同时发送、接收信息的远程通信方式参加决议。董事利用通信手段参加董事会的，视为董事直接出席董事会（第391条第2项）。这是因为随着目前多媒体通信的发展，全体董事利用电话会议（conference call）或电视会议（video conference）听取或发表意见已成为可能。[3]

（6）监事出席会议与陈述意见的权利

监事可出席董事会陈述意见（第391条之2第1项）。监事认为董事行为违反法令、章程或有可能实施这些行为的，应将其报告董事会（第391条之2第2项）。监事并不是董事会的成员，因此不得参与董事会。

（7）董事会的延期与续行

董事会可对会议的延期或续行作出决议。这种情形与股东大会的情形一样，无需重新履行召集程序（第392条、第372条）。

（8）董事会决议的瑕疵

对于董事会决议的瑕疵并无特别规定，视为当然无效。但如前所述，对于部分董事未作召集通知的董事会是否无效，存在不同意见。无效说[4]认为，法律规定应作出董事会决议（第393条、第416条、第469条等）或按照章程等公司内部规定应当作出股东大会决议或董事会决议的情形中，为了保护公司利益，在没有这种决议的情况下，代表董事所实施的对外行为无效；有效说[5]认为，在没有董事会承认的情况下进行的交易也是代表董事的行

---

〔1〕李哲松（会）670页；郑灿亨（上）917页。

〔2〕崔基元（会）611页；郑东润（上）608页；蔡利植（上）557页；郑灿亨（上）916页；金正皓（会）406页。

〔3〕MBCA §8.20.

〔4〕但也有学者主张，即使在章程规定有些交易应获得董事会决议的情形中，交易相对方的保护仍会成为问题，因此，只要相对方不具有恶意或重大过失，就视为有效：崔基元（会）635页。

〔5〕目前韩国没有主张这一学说的学者。

为，为了保障交易安全，应视为有效；相对无效说[1]则认为，原则上应为无效，但不得对善意第三人主张董事会决议不存在。

根据相对无效说，对于应当作出董事会决议的对外交易行为，股份公司的代表董事未经董事会决议而实施的情形中，由于这种董事会决议事项的决定属于公司内部的意思决定，因此，如果不是该交易相对方明知或可能知晓董事会决议不存在的情形，则应当认为该交易行为有效。据此，根据无效的董事会决议实施的董事行为，如果是公司对内事项，应视为无效；如果是公司对外事项，为了保障交易安全，应视为有效。

笔者赞同相对无效说：只要第三人是善意的，决议即有效（参照第389条第3项、第209条第2项）。因为在大部分情况下，法律规定的董事会决议事项的重要性远不及股东大会决议事项。而且对于章程等公司内部规则规定应当作出股东大会或董事会决议的事项，并不能期待第三人对其有所预见。因此，在这种情况下，相较于公司利益，应优先保护第三人利益。

判例采取的是相对无效说，即代表董事就董事会权限事项未作决议或违反决议而实施的行为，只要相对方为善意，原则上即应视为有效。[2]但相对方为恶意或具有重大过失的，代表董事的行为无效。[3]对于相对方具有恶意或重大过失的事实，应由主张这一事实的公司承担证明责任。[4]但像发行新股或发行公司债券等集团行为的效力，并不根据第三人的善意或恶意发生变化，而是自始有效。[5]没有董事会决议（违反第362条）的情况下，由代表董事召集的股东大会中作出决议的，不论股东为善意还是恶意，均构成决议

---

[1] 孙珠瓒（上）786页；姜渭斗（会）519—520页；李基秀、崔秉珪（会）380页；郑灿亨（上）685—686页；郑东润（上）619页；李哲松（会）932—933页；蔡利植（上）566页；金正皓（会）418页。

[2] 大法院1973.10.31.73DA954；同1978.6.27.78DA389；同1980.1.29.78DA1237；同1981.9.8.80DA2511；同1984.12.11.84DAKA1591；同1988.8.9.86DAKA1858；同1989.5.23.89DO570；同1993.6.25.93DA13391；同1994.10.11.94DA24626；同1994.10.28.94DA39253；同1995.4.11.94DA33903；同1996.1.26.94DA42754；同1997.8.26.96DA36753；同1997.8.29.97DA18059；同1998.3.24.95DA6885；同1998.7.24.97DA35276；同1999.10.8.98DA2488；同2003.1.24.2000DA20670；同2005.5.27.2005DA480；同2005.7.28.2005DA3649；同2008.5.15.2007DA23807；同2013.7.11.2013DA16473等。

[3] 大法院1995.4.11.94DA33903；同1994.10.28.94DA39253。

[4] 大法院1978.6.27.78DA389；同1996.1.26.94DA42754；同1999.10.8.98DA2488；同2003.1.24.2000DA20670；同2005.7.28.2005DA3649；同2011.4.28.2009DA47791（认为被告明知或可能知悉原告公司的董事会决议瑕疵的判例）。

[5] 郑东润（上）619页；郑灿亨（上）934—935页。相反意见：崔基元（会）635—636页。

取消之诉的原因（第376条第1项）。[1]

对于具有瑕疵的董事会决议，利害关系人可随时以任何方式主张决议无效，[2]必要时还可提起决议无效确认之诉。该诉讼的被告为公司，[3]作出的判决具有溯及效力，[4]但不具有对世效力。[5]但如果已经规定了确定董事会决议的后续行为效力的方法（如合并无效之诉等），就应采取该方法，不得单独确定董事会决议无效。不得对无效的董事会决议进行追认；董事会决议被追认的，视为作出了新的决议。[6]

大法院 1978.6.27.78DA389：采取相对无效说的判例
对于应当作出董事会决议的对外交易行为，股份公司的代表董事未经董事会决议而进行交易的情形中，由于这种董事会决议事项的决定属于公司内部的意思决定，因此，如果不是该交易相对方明知或可能知晓董事会决议不存在的情形，则应认为该交易行为有效。这种相对方的恶意应由主张这一事实的公司证明，无法证明的视为有效。

大法院 1997.6.13.96DA48282：对于应当作出董事会决议的事务，如果交易相对方明知或可能知晓董事会决议的不存在，那么，关于该交易的约定对公司无效
法律或章程规定无需作出股东大会决议或董事会决议的事务中，对于董事会未具体委任代表董事的事务，即不属于日常事务的重要事务，董事会享有对这种事务的意思决定权。约定的内容根据章程规定属于代表董事日常事务之外的重要事务，因而应作出董事会决议，而代表董事未经董事会决议作出该约定的情形中，如果约定当时相对方明知或可能知晓不存在董事会决议的事实，那么，该约定对公司不具有任何效力。同旨：大法院 1995.4.11.94DA33903；同 2012.8.17.2012DA45443。

〔1〕郑东润（上）619页；郑灿亨（上）934—935页。

〔2〕大法院 1982.7.13.80DA2441。

〔3〕大法院 1982.9.14.80DA2425。

〔4〕大法院 2004.2.27.2002DA19797。

〔5〕大法院 1978.6.27.78DA389；同 1982.7.13.80DA2441；同 1988.4.25.87NU399。

〔6〕大法院 2011.6.24.2009DA35033。

大法院 1988.4.25.87NU399：提起董事会决议无效确认之诉后获得胜诉判决的，该判决不具有对世效力
对于董事会决议存在瑕疵的情形，商法未作任何规定，但决议具有无效事由的，利害关系人可随时以任何方式主张决议无效。作为提出这种无效主张的方法，提起董事会决议无效确认之诉后获得胜诉判决的，该判决并不具有准用商法第190条规定的根据，因而不具有对世效力。

5）董事会会议录

董事会议事应制作会议录（第391条之3第1项）。会议录中应记载所议之案件、经过要点、议事结果、反对人及其反对理由，并由出席董事及监事签名盖章或署名（第391条之3第2项）。

参加决议的董事未在会议录中记载异议的，推定为赞成决议事项（第399条第3项）。

股东可在营业时间内请求阅览、誊写董事会会议录（第391条之3第3项）。公司可附理由拒绝股东的这一请求，[1]这时股东可在获得法院许可后再次请求阅览、誊写会议录（第391条之3第4项）。股东不得以民事诉讼的方式请求阅览、誊写董事会会议录。[2]这是为了防止通过阅览、誊写董事会会议录泄露公司商业秘密而限制股东的阅览、誊写请求权的同时保护股东利益而设置的规定。公司债权人不得请求阅览、誊写董事会会议录。否认债权人的这种权利是为了避免商业信息的泄露。

6）董事会中的委员会

（1）委员会含义

董事会可根据章程规定设置委员会（第393条之2第1项）。在董事会内设置若干委员会是为了提高董事会运营效率，保障意思决定的客观性，据此，1999年修订商法引进了美国的委员会制度。美国的很多公司均设有执行委员会（executive committee）、监查委员会、提名委员会（nominating committee）、赔偿委员会（compensation committee）等各种委员会，有些公司还设有财务委员会（finance committee）、期权委员会（stock-option committee）、年金委员会

〔1〕不得仅以股东试图进行恶意并购为由拒绝股东的阅览、誊写请求。即使是提交董事会的相关材料，如果没有附加在议事录中，也不能成为阅览、誊写请求的对象。大法院 2014.7.21.2013MA657。

〔2〕大法院 2013.3.28.2012DA42604。

（pension committee）、公共政策委员会（public policy committee）、企业责任委员会（corporate responsibility committee）及环境委员会（environmental committee）等主要监查公司资金，审查资本的需求与分配。公司设置何种委员会完全是公司的自律行为，主要根据章程的规定而设置。

（2）委员会的构成

（a）委员人数

董事会内的委员会至少应由两人以上的董事构成（第 393 条之 2 第 3 项）。

委员会人数不足法律或章程规定人数的，任期届满或辞任的委员应继续承担委员的权利义务至新委员就任为止（第 393 条之 2 第 5 项，第 386 条第 1 项）。

关于设置委员会章程未作任何规定的，不得通过董事会决议设置委员会并对其委任董事会权限。由于委员会由两名以上董事构成，因此，只有一名或两名董事的公司不得设置委员会。〔1〕

（b）资格、选任、终任、任期

委员会存在于董事会内部，因此，只有具备了董事资格才能成为委员（第 393 条之 2 第 3 项）。对委员的选任或解任，商法未作任何规定，应由董事会作出规定。商法对委员任期也未作任何规定，章程有规定的，依其规定；章程未作规定的，由董事会作出决定。一般认为随着董事任期终止，委员的任期也终止。

（3）委员会的运营

原则上，委员会的运营方式与董事会运营方式相同。因此，关于董事会的召集（第 390 条）、决议方法（第 391 条）、会议录（第 391 条之 3）、延期与续行等的规定，均准用于委员会（第 393 条之 2 第 5 项）。

（4）委员会的权限

委员会是董事会内部的专门委员会，原则上只可行使董事会下放的权限。商法规定，董事会可委任委员行使以下事项以外的权限：①需要股东大会承认的事项的提案；②代表董事的选任与解任；③委员会的设置及委员的选任与解任；④章程规定的事项（第 393 条之 2 第 2 项）。据此，只要不是上述事项，董事会就可自由地将其权限委任给委员会。

---

〔1〕 崔基元（会）622 页。

在接受董事会委任的范围内，委员会决议与董事会决议具有同等效力（第393条之2第2项）。委员会应将已经决议的事项通知各董事。这时，收到通知的各董事对委员会决议持有异议的，可要求召集董事会，董事会可对委员会已经决议的事项重新作出决议（第393条之2第4项），但对于监查委员会作出决议后通知董事会的事项，董事会不得重新作出决议（第415条之2第6项）。

（5）决议瑕疵

对于委员会决议的瑕疵，商法并无规定，通常认为应与董事会决议瑕疵作同等处理。据此，具有瑕疵的决议，无论是程序瑕疵还是内容瑕疵，均当然无效。利害关系人可随时以任何方式主张决议无效，必要时还可提起决议无效确认之诉。为了保障交易安全，应将董事根据无效的委员会决议实施的对外行为视为有效（相对有效说）。

7）关于一人董事公司的特别规定

资本金总额为10亿韩元以下的公司中，董事为一人的（第383条第1项但书），无法成立董事会，这类公司由一人董事作出关于业务执行的意思决定并执行，因此，商法规定了以下关于一人董事会的特别规定：

（1）将董事会的权限事项作为股东大会权限事项的情形

股份转让的承认（第335条第1项但书、第2项，第302条第2项第5号之2，第317条第2项第3号之2，第356条第6号之2）、股份转让承认的请求（第335条之2第1项、第3项）、股份转让相对方的指定请求（第335条之3第1项、第2项）、股份受让人的承认请求（第335条之7第1项）、一定情况下取消股份优先购买权的赋予（第340条之3第1项第5号）、董事的竞业承认及介入权的行使（第397条第1项、第2项）、公司商业机会及资产的流用禁止（第397条之2第1项）、对董事与公司间交易的承认（第398条）、新股发行事项的决定（第416条本文）、公司发行无面额股份时资本金的计提（第451条第2项）、准备金转入资本金（第461条第1项本文、第3项）、中间分配（第462条之3第1项、第464条之2第1项）、[1]公司债券的募集（第469条）、可转换公司债券的发行（第513条第2项本文）、附新股认购权公司债券的发行（第516条之2第2项本文）等股东大会权限中，

---

[1] 商法重复规定了可由单独董事一人决定中间分配事项（第383条第6项、第462条3第1项），这是立法上的误区。通常认为单独董事可以作出这一决定。

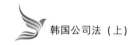

要求股东大会承认或决议的事项，应当获得股东大会的承认或决议（第383条第4项前段）。另外，反对合并股东的股份回购请求权行使相关的“存在董事会决议时”（第522条之3第1项），根据第363条第1项的规定视为“存在股东会的召集通知时”（第383条第4项后段）。

（2）由董事一人单独行使董事会权限的情形

董事会权限中，关于自己股份的注销（第343条第1项但书），发行关于股份转换的种类股时的通知（第346条第3项），召集股东大会的决定（第362条），将股东提案事项提交为议题（第363条之2第3项），以电子方式行使股东大会表决权（第368条之4第1项），重要资产的处分及转让，大规模资产的借入，支配人的选任与解任，分公司的设置、转移、废止（第393条第1项），中间分配的决定（第462条之3第1项）等的权限，可由一人董事单独行使（第383条第6项），而少数股东的召集股东大会请求（第366条第1项）、监事的临时股东大会召集请求（第412条之3第1项）等向一人董事提出即可。

（3）不适用于一人董事公司的情形

董事会相关规定中，关于以下事项的规定不适用于董事为一人的公司（第383条第5项）：自己股份的取得（第341条第2项但书），董事会的召集（第390条），决议方法（第391条），监事出席董事会（第391条之2），会议录（第391条之3），董事会的延期与续行（第392条），对董事职务执行的监督、对代表董事的业务报告要求、业务执行情况的报告（第393条第2项至第4项），赞成董事会决议的董事对公司的责任（第399条第2项），执行任员的设置（第408条之2第3项、第4项），执行任员的任期（第408条之3第2项），执行任员的权限（第408条之4第2号），代表执行任员（第408条之5第1项），执行任员对董事会作出的报告（第408条之6），执行任员的董事会召集请求（第408条之7），监事的董事会召集请求（第412条之4），关于承认财务报表的特别规则（第448条之2），利益分配（第462条第2项但书）等。

另外，公司合并的规定中，关于可以董事会公告替代的报告大会及创立大会（第526条第3项、第527条第4项），简易合并及小规模合并（第527条之2、第527条之3第1项、第527条之5第2项），关于股份交换的规定中简易股份交换及小规模股份交换（第360条之9、第360条之10）等的规定均不适用于董事为一人的公司（第383条第5项）。一人董事制作的财务报表（第447条）与营业报告书（第447条之2）也应直接提交股东大会（第449条）。这是因为自己承认自己制作的财务报表或营业报告书不具有任何意义。

（4）董事为两人的情形

资本金为10亿韩元以下的公司中，董事为两人的（第383条第1项但书），可组成董事会。但对其中一人的竞业、公司机会及资产流用、自己交易等作出承认的情形中，该董事作为利害关系人不得行使表决权（第368条第3项），因此，应以股东大会普通决议作出承认。此外，对于商法中无明文规定的内容，由董事一人作出决定，而董事会对董事的职务监督也由其他董事进行。

董事为两人的公司未组成董事会的，由各董事（按照章程选任代表董事的，指该代表董事）代表公司（第383条第6项）并在股东大会的召集决定（第362条），股东议案的提交（第363条之2第3项），以电子方式行使股东大会表决权（第368条之4第1项），重要资产的处分及转让，大规模资产的借入，支配人的选任与解任，分公司的设立、转移、废止（第393条第1项），监事的临时股东大会召集请求（第412条之3第1项）等事项上发挥董事会的作用。

8）常务会

大部分公司在董事会之外运营着常务会，这是以代表董事（或会长）为中心，由主要负责公司业务的任员组成的会议体组织，其运营实体千差万别，名称也多种多样，如运营委员会、干部会议、任员会议、任员座谈会、执行委员会等。有些公司以章程、内部规则或董事会决议为设置依据，将其作为正式机构运营，有些则为非正式机构。

设有常务会的大部分公司中，董事会趋于形式化，只是消极处理法律规定应作出董事会决议的事项，而业务执行与重要经营政策的决定通常都由常务会作出，甚至连董事会决议事项也由常务会进行内部调节、决定，董事会只作出形式上的附和，即由董事会决定业务执行的商法规定实际上已沦落为形式化的规定。

4. 代表董事

1）代表董事的法律地位

代表董事（Chief Executive Officer，President，Vertretende Vorstandsmitglieder）是对外代表公司、对内执行公司业务的必要常设机关，是实际上具体执行股东大会或董事会决定事项的业务执行机关。

关于代表董事的地位，存在两个争议性问题。

首先，代表董事由董事会任命并受其监督，那么，代表董事是董事会的下级机关[1]，作为不同于董事会的独立机关，是与董事会并列的机关。

其次，代表董事是派生于董事会的派生机关，还是独立于董事会的独立机关？如果将董事会视为唯一的业务执行机关，那么，代表董事就是由董事会任免并受其监督、接受董事会委任行使业务执行权的派生机关。[2]这一见解的优点是可以准确说明董事会监督权的存在理由。但董事会是会议体机关，从其性质上看，很难认定其享有业务执行权，据此，将两者视为各不相同的独立机关是正确的，即将董事会视为业务执行的意思决定机关，而代表董事则是执行业务并对外代表公司的机关。[3]另外，股东大会可直接选任代表董事，而作为近代企业的合理经营方法，分工作业极其普遍，从这几点上看，独立机关说也是合理的。

是否为代表董事取决于是否享有代表权，因此，只要被赋予代表权限，无论对内名称是会长、社长、专务还是常务，均为代表董事。但代表董事对外称呼上应附上“代表董事”的名称。

2）代表董事的选任

（1）代表董事的选任机关

原则上代表董事应由董事会选任（第389条第1项本文），但也可根据章程规定由股东大会直接选任（第389条第1项但书）。此时的候选人不是特别利害关系人（第368条第3项），因而可行使自己的表决权。董事只有一人的小型股份公司中，董事即为代表董事（第383条第6项）。代表董事的姓名、居民身份证号码、住所等均为登记事项（第317条第2项第9号）。

代表董事并非依据其选任决议当然地成为代表董事，无论有无进行登记，均应由被选任人对选任决议作出承诺。[4]如果没有选任机关的选任决议，即

---

〔1〕孙珠瓒（上）783页；郑东润（上）612页。

〔2〕李炳泰（上）649页；蔡利植（上）517页。

〔3〕林泓根（会）486页；郑灿亨（上）923页；郑东润（上）612页；崔基元（会）626页；金正皓（会）345页；李基秀、崔秉珪（会）372—373页；大法院1991.5.28.90DA20084。

〔4〕同旨：大法院1959.7.23，4291民上759；同1995.2.14.94DA42174。

使董事实际上履行了代表董事的职责，也不能成为代表董事。[1]

（2）代表董事的资格

关于代表董事的资格没有任何限制性规定，各董事均可成为代表董事。[2]但可在章程中对代表董事的资格作出限制。

（3）人数

对于代表董事的人数也没有限制性规定，可选任一名或数名代表董事，也可将全部董事选任为代表董事。有的学说认为，虽然将全体董事选任为代表董事并不违反法律，但董事会是监督代表董事业务执行的机关，因此，这种做法不符合代表董事制度的宗旨，也无法达到管理与指挥合一的效果，因而有违商法理念。[3]但董事地位与代表董事地位具有严格区别，从这一点上并不能认为违反董事会制度的宗旨，而且根据实际的业务分工，也有可能赋予其他董事代表权。笔者赞同这一观点，[4]同时还认为上市公司应选任外部董事，因而无法将全体董事选任为代表董事。[5]

3）代表董事的终任

（1）代表董事丧失作为其前提资格的董事资格的，任期终止。此外，还可因自行辞任代表董事一职或根据解任决议（章程规定由股东大会选任代表董事情形中的股东大会决议）而终止任期。因丧失资格而使任期终止的，通知本人即发生效力。代表董事任期终止的，应进行登记（第317条第2项第9号、第4项，第183条）。

（2）即使无正当事由，公司也可作出解任决议。但已规定任期的情形中，公司无正当事由在任期届满前解任代表董事的，该代表董事可要求赔偿因解任而发生的损失（类推适用第385条第1项但书）。[6]董事会（或股东大会）

---

〔1〕大法院1994.12.2.94DA7591；同1989.10.24.89DAKA14714。

〔2〕并不要求代表董事必须是股东，因此，即使代表董事出售其所持有的全部股份，也不丧失代表公司的权限：大法院1963.8.31.63DA254。

〔3〕郑东润（上）613页；蔡利植（上）561页。

〔4〕崔基元（会）626页；林泓根（会）486页；李哲松（会）680页；郑灿亨（上）924—925页。

〔5〕崔基元（会）626页。

〔6〕也有判例认为，对于从代表董事职位上被解任而成为非常勤董事的情形，不得类推适用第385条第1项但书规定，丧失该职位的代表董事不享有对公司的损害赔偿请求权：大法院2004.12.10.2004DA25123。

一经作出解任决议，立即发生解任效力，而不是在告知当事人时发生效力。[1]

（3）代表董事可随时辞去代表董事一职。但在公司的非常时期辞任而给公司造成损害的，应当赔偿因此而发生的损失（民法第689条第2项）。辞任的意思表示到达公司时发生效力。

（4）因代表董事的终任，规定的代表董事人数不足的，至新选任的代表董事就任为止，原来的代表董事仍应享有代表董事的权利，并承担相应义务，必要时，董事、监事、其他利害关系人可要求法院选任临时代表董事（第389条第3项、第386条）。临时代表董事与代表董事享有同等权利、承担同等义务。[2]

4）代表董事的权限

（1）代表权

代表董事对外代表公司（第389条第1项）。

（a）代表权的范围

代表权的范围及于公司营业的诉讼行为与诉讼外的所有行为，即使限制这一权限也不得对抗善意第三人（第389条第3项、第209条）。[3]判例认为，从代表权性质上看，代表董事的代表权是不能被限制的，但可根据章程、董事会决议等内部程序或内部规定作出限制。作出这种限制的情形中，仅可在限制范围内行使代表权，但即使是脱离限制的行为，只要是在公司权利能力范围内，就应保护不知晓这一限制的第三人的信赖利益。[4]据此，可以说代表董事的代表权与公司的权利能力是一致的。综上所述，代表权具有总括性与不可限制性。特别是从“代表董事是否具有进行诉讼的资格”的判例上看，代表董事在将其自身选任为董事的股东大会决议无效或不存在确认之诉中，仍代表公司进行诉讼。[5]因董事在任期间发生的事由提起诉讼，而作为被诉对象的董事业已离职的情形中，仍由代表董事代表公司。[6]原告公司的

---

〔1〕 郑东润（上）614页。反对学说：崔基元（会）628页；郑灿亨（上）926页。

〔2〕 大法院1968.5.22.68MA119。

〔3〕 善意的情形中不问有无过失：李哲松（会）685—686页。

〔4〕 大法院1997.8.29.97DA18059。

〔5〕 大法院1983.3.22.82DAKA1810；同1985.12.10.84DAKA319。

〔6〕 大法院1977.6.28.77DA295；同2002.3.15.2000DA9086；同2013.9.9.2013MA1273（辞任的情形）。

董事兼代表董事与被告的利害关系一致，而与公司的利害关系相悖的情形中，上述代表董事同样可代表公司进行诉讼。[1]

代表董事合法的代表行为本身被视为公司行为，从这一点上看，与行为效果归属于公司的代理行为具有本质区别。但只要行为性质上允许，关于代理的规定也可准用于代表董事（民法第59条第2项）。

★支配人[2]与代表董事的区别

①支配人的支配权是个体法上的代理权的一种，而代表董事的代表权则是团体法上的概念；②支配权的行使仅限于营业场所的营业，而代表权则及于全部营业；③支配人不得选任或解任其他支配人（第11条第2项之相反解释），而代表董事可干预支配人的选任与解任（第389条第1项）；④对于支配人的不法行为，由业主承担用人责任（民法第756条），而对于代表董事的不法行为，则由公司承担连带责任（第210条、第389条）。

(b) 代表权的行使方式

代表董事进行交易时，应向交易相对方明确说明交易行为是公司的交易还是本人的交易，即如果是公司的交易，则应表明其作为公司代表进行交易的意思。对此，有学者认为，在存在多数利害关系人的公司法律关系中，虽不能划一地排除显名主义，但即使准用第48条规定而不进行显名，只要相对方具有与公司进行交易的意图，而且明知对方为公司代表董事，就应视为交易有效。[3]特别是实施票据、支票行为等书面要式行为的情形中，代表董事必须遵守显名主义，表明自己的代表资格并签名盖章或署名。

公司存在两名以上代表董事的，原则上各代表董事应独立代表公司（各自代表）。但也有例外情形，即为了防止代表权的滥用或误用，可以董事会决议或股东大会决议确定由各代表董事共同代表公司（共同代表董事，第389条第2项）（后述）。[4]

---

〔1〕 大法院1962.1.11.4294民上558。

〔2〕 支配人是指从属于特定商人（营业主）的企业，享有可实施关于营业的全部诉讼上或诉讼外行为的权限的商业使用人（第10条至第14条）。支配人的权限也被称为代理权。是否为支配人，应根据其实质，即是否享有覆盖营业主全部营业的概括性代理权限，作出判断。出处：《法律用语词典》，法文BOOKS 2011年版。——译者注

〔3〕 李哲松（会）684页。

〔4〕 判例认为以董事会决议确定共同代表董事的情形中，共同代表董事的废止也应依据董事会决议：大法院1993.1.26.92DA11008。

（2）业务执行权

商法仅对对外代表权作了直接规定（第389条第3项、第209条）。代表董事还享有股东大会或董事会规定的对内的业务执行权。除了股票与公司债券的签名盖章（第356条、第478条第2项）这种商法明示的代表董事权限以外，更多的是规定为“董事”职务权限的事项，如股份、公司债券要约书的制作（第420条、第474条第2项），章程、股东名册、公司债券原簿、股东大会会议录（第396条第1项）的备置，公告财务报表、附属明细表、营业报告书的制作、提交、备置（第447条、第447条之2、第447条之3、第448条第1项、第449条第2项）等，从性质上看，均为代表董事的职责。

大法院 1998. 3. 24. 95DA6885：不得直接或代位行使公司基于代表董事的业务执行权或股东的股东权而对第三人享有的财产上的请求权
代表董事的业务执行权并非代表董事个人的财产上的权利，股东权也并不以某种特定的具体请求权为内容，因此，如果没有特别事由，不得直接或代位行使公司基于代表董事的业务执行权或股东的股东权而对第三人享有的、对特定物的物权性请求权等财产上的权利。

（3）业务决定权

代表董事应在董事会的委任范围内自行决定并执行关于业务执行的具体事项或日常事务。

5）不合法的代表行为

不合法的代表行为包括代表董事的不法行为、专断的（违法的）代表行为以及代表权滥用等。

（1）代表董事的不法行为

代表董事因执行业务而给他人造成损害的，公司与该代表董事承担连带赔偿责任（不真正连带责任，第389条第3项、第210条）。这里的“因执行业务”即意味着“因代表行为”，即代表行为在一定范围内与公司的业务执行有关并在外观上可被视为属于代表董事职务范围内的情形。判例同样认为，[1]这是为了深层次保护被害人而规定的代表董事的连带责任，因此，公司已经赔偿

〔1〕 大法院 1990. 11. 13. 89DAKA26878；同 1990. 3. 23. 89DAKA555；同 1988. 11. 8. 87DAKA958；同 1980. 1. 15. 79DA1230；同 1959. 8. 27. 4291 民上 395。

的，可向代表董事进行追偿。如果行为人并非代表董事，而仅仅是董事，那么公司的用人责任就应另当别论，并不适用该条规定（参照关于董事对第三人的责任部分，后述）。

大法院 2009.3.26.2006DA47677：认定公司与代表董事承担连带责任的判例
股份公司的代表董事不经董事会决议而为他人债务提供担保或作出其他类似约定，并使误以为该约定有效的债权人继续进行交易而造成损失的，股份公司与该代表董事应承担连带损害赔偿责任。

（2）专断的代表行为（代表权的限制规定与该规定的违反）

（a）代表权的限制

股份公司的代表董事是对外代表公司，对内执行公司业务的必要常设机关。代表董事的代表权及于关于公司经营的所有诉讼行为与诉讼外的行为（第389条第3项、第209条第1项）。但代表董事的代表权受到来自法律、章程以及董事会规则等公司内部规则的限制。

（i）法律上的限制：应作出股东大会决议的全部或部分营业的转让（第374条），事后设立（第375条）等；应当作出董事会决议的重要资产的处分及转让，大规模财产的借入，支配人的选任或解任，分公司的设立、转移、废止等（第393条第1项）；应当作出股东大会或董事会决议的有董事的自己交易（第398条）、新股发行（第416条）、公司债券的募集（第469条）等。清算中公司的代表董事不享有代表权，而是由代表清算人代表公司（第542条第1项、第254条第3项），而破产公司则由破产管理人代表公司（债回第355条以下）。这种情形中，代表董事均不享有代表权。在董事与公司的诉讼中，无论原、被告是哪一方，均不得由代表董事代表公司，[1]而应由监事代表公司（参照第394条）。违反法律的限制性规定而实施的代表董事行为无效。

（ii）公司内部的限制：对于公司的业务执行应作出董事会决议（第393条），据此，可通过公司章程、董事会规则、董事会决议等公司内部程序或内部规则限制代表董事的代表权，如：规定代表董事欲实施一定行为的，应作出董事会决议；规定设置社长、副社长、专务董事、常务董事等不同职位，从而形成上下领导关系；数名代表董事之间存在业务分工的情形中，规定应

〔1〕 大法院 1990.5.11.89DAKA15199。

遵循关于业务执行的内部准则；[1]将代表董事的权限限定在特定业务或营业场所等。可以这些方法限制代表董事的代表权。

（b）专断的代表行为的效力

违反代表权限制规定的行为，称之为专断的代表行为。专断的代表行为具有以下效力：

（i）对内的行为效力：代表董事应获得股东大会或董事会决议而未获决议实施的行为或违反决议实施代表行为的情形中，对于该行为效力，通说认为，由于其行为本身违法，因此，未作出股东大会决议的变更章程、未作出董事会决议的公司与董事间的交易（第398条）、准备金转入资本金（第461条）等内部行为均无效。

（ii）对外的行为效力：代表董事实施的对外行为关系到交易安全，因此，其行为效力尤为重要。

①欠缺股东大会决议的情形：法律规定应当作出股东大会决议（如第374条、第375条）而未作决议的代表董事行为，原则上应视为无效（但与事实上掌管公司运营的股东意思一致的行为，即使没有股东大会决议，也视为有效）。[2]这是因为股东大会决议事项是重要事项，即使是第三人也应知道决议的必要性，所以，这种情形中应优先保护公司利益。[3]据此，未经股东大会特别决议的全部或部分重要营业的转让（第374条第1项第1号）或对公司经营产生重大影响的部分营业的受让（第374条第1项第3号）等均无效。这种情形中，股东大会决议也是合同的生效要件。未经股东大会特别决议进行诉前和解的，属于无特别授权的诉讼行为，构成再审事由。[4]

②违反董事会决议的情形：如前所述（参照董事会决议的瑕疵），商法对于董事会决议瑕疵并无特别规定，视为当然无效。对于部分董事未作召集通知而召开的董事会是否无效，存在不同意见。无效说认为，法律规定应作出

---

〔1〕大法院1990.12.11.90DAKA25253：经营高尔夫俱乐部的公司的代表董事不依据俱乐部关于入会的程序及资格要件的内部规定，劝诱原告加入高尔夫俱乐部并以代表董事的名义向缴纳入会金的原告开具会员证与收据的情形中，信赖原告为正式会员符合经验法则。

〔2〕首尔北部支法2008.12.10.2008GAHAB7301，大法院1993.9.14.91DA33926：持有发行股份总数72%的代表董事未经股东大会决议，仅制作关于出售不动产的临时股东大会会议录后进行的与第三人的交易有效。因为这是与大股东的意思一致的交易，应视为有效。同旨：大法院1996.6.11.95DA13982；同1992.8.18.91DA14369。

〔3〕郑东润（上）618页；李基秀、崔秉珪（会）380页；李哲松（会）685页。

〔4〕大法院1980.12.9.80DA584。

董事会决议（第 393 条、第 416 条、第 469 条等）或章程等公司内部规则要求作出股东大会或董事会决议而代表董事未作决议实施的对外行为，为了保护公司利益，应视为无效。有效说则认为，未经董事会承认的交易也是代表董事的行为，为了保障交易安全，应视为有效。相对无效说认为，原则上应为无效，但不得对第三人主张董事会决议不存在。通说与判例采取的是相对无效说。

③违反内部限制性规定的情形：即使对代表权设有内部限制，无法得知这一事实的第三人也不受该限制的影响。但相对方明知该代表董事的具体权限范围而对脱离该范围的行为具有恶意的，可由主张这一事实的公司举证证明，从而否认其行为效力。〔1〕这也适用于清算人的情形。〔2〕但发行新股或发行公司债等集团行为的效力，并不因第三人的善意或恶意而发生变化，而是始终有效。〔3〕

（3）代表权滥用

（a）代表权滥用的含义

代表权滥用是指享有代表权的人实施从客观上、形式上看虽在代表权范围之内，主观上却是为本人或第三人利益实施行为的情形，即享有代表权的人为了公司以外的利益（即本人或第三人的利益）而行使代表权的情形（违反代表权限制的情形中，不追究其是不是为了代表董事本人或第三人利益而实施的行为，从这一点上区别于代表权滥用）。表见代表董事滥用代表权的，同样适用这一法理。〔4〕

（b）代表权滥用的效力

代表董事滥用代表权的，在内部关系中应对公司承担损害赔偿责任。

大法院 1989. 1. 31. 87NU760：因代表董事滥用代表权而认定其承担损害赔偿责任的判例
对于股份公司的代表董事滥用代表权而实施的不法行为，除了商法第 399 条规定的损害赔偿请求权以外，还可行使以该不法行为为由的损害赔偿请求权。

对于代表权滥用行为的对外效力，存在不同学说。即使主观上是为追求

〔1〕大法院 1988. 8. 9. 86DAKA1858；同 1996. 1. 26. 94DA42754。

〔2〕大法院 1981. 9. 8. 80DA2511。

〔3〕郑东润（上）619 页；郑灿亨（上）934—935 页。相反意见：崔基元（会）635—636 页。

〔4〕大法院 2013. 7. 11. 2013DA5091。

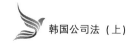

个人利益，只要客观上是代表权范围内的行为，就应认为该行为有效。〔1〕但即使将这种行为视为公司行为而认定其有效，如果行为相对方或第三人明知代表董事的行为是为追求个人利益而实施的行为，公司也无需承担责任。判例与学说一致认为，相对方为恶意的，公司可通过证明该恶意的存在而免除责任，但对于其理论构成，存在不同意见。

（i）权利滥用说

这一学说认为，即使相对方对于代表董事的权限滥用具有恶意，只要代表行为本身从客观上看是在代表权范围内，就是有效的公司行为，但对公司行使基于该有效主张而取得的权利的行为，构成权利滥用或违反信义原则，因此，应禁止这种权利行使。〔2〕据此，代表权滥用行为首先是有效的，因此，具有恶意的人（包括善意却具有重大过失的人）将取得的权利转让给善意第三人的情形中，不得再争议其效力。

（ii）代表权限制说（内部限制说）

代表权限制说认为，代表权滥用是对代表权的内部限制，如果相对方为恶意，则应免除公司责任。〔3〕内部限制说以“代表董事的代表权行使具有基于董事忠实义务应为公司行使代表权的内部限制”为前提，而代表权滥用则是对这一内部限制的违反。

但代表权的内部限制一般是指对代表董事行使代表权的某种限制或制约，即，从保护公司及股东利益的角度，根据章程或董事会决议以及董事会规则，对委任给代表董事的权限（专项执行权）进行限制的情形。而代表权的滥用是指代表董事的某一行为从客观上、形式上看虽然在其权限范围内，但实际上是为公司以外的利益而实施的情形。这与代表董事的专断行为，即违反代表权内部限制的情形，是完全不同的两个问题。如上所述，代表权的滥用与代表权的限制是完全不同的两个概念，而内部限制说明显混淆了两者的含义。

（iii）相对无效说（利益衡量说）

相对无效说欲以公司与相对方的利益衡量来解决问题。该说认为，代表董事应为了公司利益行使代表权，为其个人利益而实施的行当然无效，但如

---

〔1〕 这种情形中也有代表董事对交易相对方承担不法行为责任的情形：大法院 1988. 11. 8. 87DA KA958。

〔2〕 姜渭斗（会）543 页；郑东润（上）618 页；孙珠瓒（上）786 页；李哲松（会）688 页；李基秀、崔秉珪（会）381 页；郑灿亨（上）936 页；权奇范（会）832 页。

〔3〕 郑镇世：《（判例演习）公司法》，三宇社 2001 年版，第 318 页。

果认定这种行为无效，将会造成善意第三人意想不到的损害，从而危及交易安全，因此，不得对善意第三人主张行为无效，但可对恶意的相对方或具有准用恶意的重大过失的相对方主张无效。

但相对无效说将外观上毫无瑕疵的代表行为视为当然无效，对此，笔者难以认同。

（iv）内心保留说

日本判例与韩国大法院判例均采取了内心保留说，这一学说的宗旨在于类推适用民法第 107 条第 1 项但书的规定。根据这一学说，对于代表董事滥用权限的行为适用民法第 107 条第 1 项但书规定，据此，仅限于行为的直接相对方不具有恶意或重大过失的情形才对公司有效，而该相对方明知或可能知晓权利滥用事实的，则对公司无效。这种情形中，即使进行追认，仍然构成无效。〔1〕相对方具有恶意的事实，应由公司证明。〔2〕

内心保留说的问题在于该说欲适用民法第 107 条规定，但民法第 107 条的“真意”是指欲实施法律行为的效果意思不存在于表意者内心的情形，而代表权滥用是既实施了法律行为，也存在（实际存在于内心）使其发生效力的意思（效果意思）的情形。因此，代表权滥用并不是民法第 107 条的适用对象。

（v）判例

判例采取的是权利滥用说与内心保留说，〔3〕但采取内心保留说的判例为多数。〔4〕

---

〔1〕 崔基元（会）637，639 页；蔡利植（上）567 页；朴相祚（会）255 页；徐宪济（会）549 页。

〔2〕 大法院 1987. 1. 13. 86DAKA1522；同 1997. 8. 29. 97 DA18059；同 2014. 5. 29. 2014DA202004。

〔3〕 大法院 1987. 10. 13. 86DAKA1522；同 1990. 3. 13. 89DAKA24360；同 2016. 8. 24. 2016DA222453。

〔4〕 大法院 1975. 3. 25. 74DA1542；同 1987. 7. 7. 86DAKA1004；同 1987. 8. 18. 87DAKA1086；同 1987. 11. 10，86DAKA371；同 1988. 8. 9. 86DAKA1858；同 1990. 3. 13. 89DAKA24360；同 1990. 12. 11. 90DAKA25253；同 1993. 6. 25. 93DA13391；同 1997. 8. 29. 97DA18059；同 2004. 3. 26. 2003DA34045；同 2005. 7. 28. 2005DA3649；同 2008. 5. 15. 2007DA23807；同 2013. 7. 11. 2013DA16473；同 2014. 5. 29. 2014DA202004；同 2016. 12. 15. 2015DA214479 等。

大法院 1990. 3. 13. 89DAKA24360：采取权利滥用说的判例
股份公司的代表董事为了偿还与公司经营目的无关的本人债务，以公司代表的名义发行并交付本票的，只不过是对其权限的滥用，并不能认为不存在发行票据的因果关系，但相对方明知或可能知晓代表董事的真实意思的情形中，向公司主张基于该票据的权利是对信义原则的违反，因此，公司可证明相对方存在恶意后否定其行为效力。

大法院 1988. 8. 9. 86DAKA1858：采取内心保留说的判例
即使代表董事的行为在代表权限范围之内，如果权利的行使不是为了公司利益，而是为了本人或第三人利益，而相对方又明知或可能知晓代表董事的真实意图，那么，该代表董事的行为对公司无效。

（vi）笔者意见

滥用代表权的情形中，相对方为恶意的，公司无需承担责任，但如前所述，其理论构成存在对立学说。笔者赞同权利滥用说。对此持批判性意见的学者认为，权利滥用说欲以信义原则、禁止权利滥用等一般性规定解决问题，从这一点上看，其理论依据较为薄弱。[1]但与代表董事进行交易的相对方明知其滥用代表权的事实而以不当方式取得某种权利并行使的情形是典型的权利滥用，因此，没有必要以其他复杂的理论进行说明或类推适用毫无整合性的规定。

6）共同代表董事

（1）共同代表董事的含义

共同代表董事是指与其他代表董事共同代表公司的董事。股份公司可规定由数名代表董事共同代表公司（第 389 条第 2 项）。关于共同代表董事的规定应进行登记（第 317 条第 2 项第 10 号）。[2]

共同代表董事制度的优点在于：①可在代表董事为数人的情况下，将他们规定为共同代表董事，从而使其统一对外执行业务；②可慎重作出意思决

---

〔1〕 崔基元（会）638 页。

〔2〕 商法规定只能由数人共同实施的法律行为的情形，除了股份公司的共同代表董事以外，还有共同支配人（第 12 条），有限公司的共同代表董事（第 562 条第 3 项），合名公司、合资公司的共同代表社员（第 208 条第 1 项、第 269 条）等，对此均适用相同原理。

定，从而预防代表董事在公司内部滥用代表权或实施不当代表行为。〔1〕共同代表董事制度以代表权的共同行使为其基本要素，因此，不仅以决定权的共同行使，即共同代表董事之间的内部意思表示一致为要件，而且为了保障对外业务执行的统一性，还以代表人的共同显名为要件。

（2）共同代表权的行使方法

（a）共同代表董事不得单独决定、执行业务或代表公司，必须与其他共同代表一同实施这些行为。这时对于共同代表董事不适用多数决原则，而应在意见对立时作出董事会决议。共同代表中的一人在没有其他共同代表董事同意的情况下单独实施的代表行为无效。〔2〕

（b）原则上，对内的业务执行权也应由共同代表董事共同行使。但纯粹的对内业务，即使单独行使也不存在任何效力上的问题，只是有可能发生该代表董事对公司的责任问题。

（c）共同代表董事的意思表示并非必须同时作出，也可先由一人作出意思表示，其他代表董事对此作出表示。这种情形中，最后的意思表示作出之时即为代表行为形成之时。〔3〕

（d）共同代表董事单独代表公司与第三人实施的法律行为无效，但公司可对其进行追认，追认的意思表示可对单独作出代表行为的共同代表董事或该法律行为的相对方（第三人）中的任何一方作出。〔4〕

（3）共同代表权的委任

（a）能动性代表权的总括性委任

对于共同代表董事中的部分董事可否将代表权委任给其他共同代表董事行使，通说认为代表权的一般性的、总括性的委任，实际上可能造成单独代表的结果，而且违反以共同行使代表权为要件的共同代表制度的宗旨及其本质，因此，不得委任其他代表董事行使其代表董事的职权。〔5〕

---

〔1〕 李哲松："共同代表理事制度"，载《考试界》1990 年 4 月，第 39—40 页；蔡利植（上）571 页；郑东润（上）620 页。

〔2〕 崔基元（会）639 页。其他共同代表董事容许甚至放任的情形中，单独代表行为有效：大法院 1996. 10. 25. 95NU14190。

〔3〕 李哲松，前揭论文，第 43 页。Kölner Kommentar zum Aktiengesetz，§ 78 Anm. 18.

〔4〕 大法院 1992. 10. 27. 92DA19033。

〔5〕 大法院 1989. 5. 23. 89DAKA3677。

（b）能动性代表权的个别委任

对于代表权的个别委任，即就特定交易或一定种类的交易是否可以委任行使代表权，存在不同学说。

（i）积极说

积极说认为，共同代表董事制度的目的在于慎重、适当行使公司内部权限，即达到内部权利行使的最佳化。以此为前提，只要共同代表董事内部的意思表示一致，即共同行使业务决定权，其外部表示即可进行个别委任，并非必须由全体共同代表董事共同对交易相对方作出意思表示。即，对于外部意思表示本身，可在内部进行合议或委任。〔1〕如，对于票据、支票行为等要式行为，只要具有内部合议，可由共同代表董事中的一人单独实施。〔2〕

白纸委任说是在积极说上更进一步的学说，该学说认为，一旦进行个别委任，共同代表董事不仅可将对外的意思表示委任其他共同代表董事进行，还可通过全体共同代表董事的合议，将其意思表示的内容委任于共同代表董事中的一人。

（ii）消极说（表示行为委任说）

消极说认为，共同代表董事制度的宗旨在于保障代表董事之间对外执行业务的统一性，因此，仅以共同代表董事之间的内部意思表示一致，即共同行使表决权，并不足以实现该制度的目的，还要求共同作出对外的意思表示，据此，公司代表的名义表示也应由共同代表董事共同作出。〔3〕就票据、支票行为等要式行为而言，当然要求各自签名盖章，而对于非要式行为，即使时期与方法（如追认方法）不同，全体共同代表董事的意思也应全部到达相对方。第三人对公司作出意思表示的情形，即被动代表的情形中，根据对“只

---

〔1〕 李基秀、崔秉珪（会）378—379页；蔡利植（上）571页；郑东润（上）620页；日本最高裁判所1974.11.14，民集28.8.1605；日本最高裁判所1979.3.8，民集33.2.245；［日］服部荣三：“代表董事的公司代表权”，载《法学seminar》第120号，1966年，第72页；［日］田中诚二：《会社法详论》（上）（再全订版），劲草书房1982年版，第569页；［日］铃木竹雄、竹内昭夫：《会社法》，有斐阁1984年版，第263页；［日］北泽正启：《新版会社法》，青林书院新社1982年版，第362页。《德国股份法》第78条第3款第1句规定公司可在章程中规定董事单独或与一名支配人共同代表公司。［日］中西正明：“共同代表情形中的代表权行使方法”，载［日］竹内昭夫编：《铃木竹雄先生古稀纪念：现代商事法的课题》（下），有斐阁1972年版，第1523页。

〔2〕 崔基元（会）641页。

〔3〕 ［日］野津务：“代表董事”，载［日］田中耕太郎编：《株式会社法讲座Ⅲ》，有斐阁1958年版，第1096页；［日］米泽明：“共同代表董事与表见代表董事”，载［日］小室直人、本间辉雄等编：《企业与法：西原宽一先生追悼论文集》（上），有斐阁1977年版，第192页。

要对共同代表董事中的一人作出意思表示，即可发生效力”（第 389 条第 3 项、第 208 条第 2 项）的反向解释，意思表示也应由全体代表董事共同作出。

（iii）笔者意见

综上所述，就个别委任而言，如果按照积极说，意思决定甚至意思表示均可委任于共同代表中的一人；而根据消极说，不仅意思决定，意思表示也不得委任共同代表中的一人进行。

如果采取消极说，共同代表制度将变得过于僵硬，结果使公司法理论与现实渐行渐远。贯彻这一学说将会导致违反迅速终了主义，降低公司组织运营效率，脱离现实的结果。在现代的公司运营（如部分共同代表董事长期海外出差的情形）中，无论采取何种形式，代表行为的委任是不可避免的现实需求。据此，笔者赞同积极说。

(c)被动代表的情形

共同代表董事的情形中，积极行使代表权的情形为主动代表，而交易相对方对公司的意思表示即为被动代表。被动代表的情形中，即使向共同代表董事中的一人作出意思表示，对公司也具有效力（第 389 条第 3 项、第 208 条第 2 项）。关于意思表示的受领，不存在对外意思表示的统一问题，也没有权限滥用的问题，因此，可各自受领意思表示。诉讼材料的送达也是对其中一人作出即可（民诉第 167 条）。请求偿还、提示票据等行为，也只需对共同代表董事中的一人作出即可。对某一事实的知情与否对该法律行为的效力产生影响的情形中，共同代表董事中的一人知晓事实即可。

（4）单独行使代表权的效力

（a）对外效力

（i）交易行为：公司对第三人的意思表示应由代表董事共同代表公司作出（第 389 条第 2 项）。违反这一规定的代表行为构成无权代表行为，不论相对方为善意或恶意，原则上均无效。[1]但共同代表董事自行主张单独代表行为无效的，违反禁反言原则，据此，对于部分共同代表董事实施的代表行为，只要其他共同代表董事进行追认，就应当视为有效。[2]

①共同代表董事的责任：不知其为共同代表董事而进行交易的相对方，

---

〔1〕 日本最高裁判所 1974. 11. 14. 民集 28. 8. 1605。

〔2〕 BGH WM 1959, 881, 883；东京高等法院判决 1967. 11. 30，金融商事判例，第 92 号，16 页。共同代理也可成立越权代理，参见［日］椿寿夫：《日本注释民法》（4），有斐阁 1967 年版，第 142 页。

可根据无权代理的法理，追究共同代表董事的无权代表甚至越权代表责任，也可追究该共同代表董事个人的不法行为责任（民法第750条）或董事对第三人的责任（第401条）而请求损害赔偿。

②公司的责任：共同代表董事一人的单独行为引起的损害属于“因执行公司业务而发生的损害”，对此，公司应承担连带损害赔偿责任（第389条第3项、第210条）。[1]大部分情形中，该共同代表董事同样具备表见代表董事（第395条）的要件，因此，对于这种表见代表董事的行为，公司同样应当承担责任。

（ii）不法行为：共同代表董事制度只适用于交易行为，而不适用于不法行为。即，根据全体共同代表董事作出的决议给他人造成损害的情形与共同代表董事中的部分代表董事因执行公司业务而给他人造成损害的情形中，该董事与公司承担连带损害赔偿责任（第389条第3项、第210条）。这是因为公司的不法行为制度是对违反法令、章程而执行业务的董事进行制裁的制度，而公司存在共同代表董事的情形中，公司并非只对共同的不法行为承担责任。

大法院 2012.7.12. 2012DA20475：因不法行为引起的损害赔偿请求权的短期消灭时效起算点的含义
因不法行为引起的损害赔偿请求权的短期消灭时效起算点为知晓损害及加害人之日。法人知晓损害及加害人的日期一般为公司代表知晓损害及加害人之日，但法人代表对法人实施不法行为的，法人与法人代表的利益相反，不仅难以期待法人代表行使损害赔偿请求权，而且其代表权通常也会被否定，因此，仅法人代表“知晓损害及加害人”是不充分的，至少应达到能够正当保护法人利益的其他代表、任员、社员、职员等能够行使损害赔偿请求权的知晓程度，才可起算短期消灭时效。任员等（如监事）与法人代表共同实施不法行为的，对于该任员（监事）等不适用关于知晓损害及加害人之日的规定。

（b）对内效力

共同代表董事中的一人单独代表公司的情形中，由于该董事的行为违反法令或章程，应对公司承担损害赔偿责任（第399条），同时也构成董事解任事由（第385条第1项）。

---

[1] 李哲松，前揭论文，第50页。

（5）登记的积极公示力与共同代表董事制度的关系

无论是单独代表董事还是共同代表董事，代表董事的住所与姓名均为登记事项。因此，公司规定共同代表董事的，应将各代表董事的姓名及住所、由数名代表董事共同代表公司的意思进行登记（第317条第2项第8号、第10号）。未进行登记的，不得对抗善意第三人（第37条第1项）；虽然进行登记，但第三人存在正当理由未能得知登记事实的，同样不具有对抗效力（第37项第2项），即第三人具有正当事由未能得知登记事实的情形中，即使由共同代表董事中的一人代表公司进行交易，公司也不得主张该交易无效。

从交易相对方的角度考察商法第37条的内容，公司选任共同代表董事并进行登记后，如果交易相对方不能证明其因正当事由未能得知选任共同代表董事的事实，即可认定其具有恶意（第37条）（登记的积极公示效力）。即，交易相对方明知存在其他共同代表董事，仍与其中部分共同代表董事进行交易的情形中，并没有对这种恶意第三人提供法律保护的价值。但登记并非能够使所有人知晓事实的完美方法，在日常交易中也不能一一阅览登记簿后再进行交易，而明知存在共同代表董事仍故意与部分共同代表董事进行交易的情形并不常见。问题是如何保护未确认登记簿的情况下进行交易的相对方。

（6）共同代表董事的单独代表行为是否构成表见代表行为

选任共同代表董事情形中，由其中一人使用社长或代表董事等能够被认定为其享有单独代表权的名称实施代表行为的，能否类推适用商法第395条关于表见代表董事行为的公司责任规定，对此，存在肯定说（扩张适用说）与否定说（限定适用说）。判例与通说均采取了肯定说（参照本书关于表见代表董事的商法第395条的适用范围部分，后述）。[1]

7）表见代表董事

（1）表见代表董事的含义

对于使用社长、副社长、专务、常务及其他轻易让人认为其享有代表公司之权限的职称而实施的董事行为，即使该董事不享有代表公司之权限，公司仍对善意第三人承担责任（第395条），实施行为的该董事即为表见代表董

〔1〕郑东润（上）624页；崔基元（会）653页；李基秀、崔秉珪（会）390页；蔡利植（上）577页；权奇范（会）847—848页；田中诚二，前揭书，第575页，北泽正启，前揭书，第370页；［日］松田二郎：《会社法概论》，岩波书店1968年版，第219页；首尔民地判1971.11.4.71GAHAB 1945；大法院1991.11.12.91DA19111；同1992.10.27.92DA19033；同1993.12.28.93DA47653；日本最高裁判所1967.4.28.民集21.3.796。

事。股份公司中只有代表董事享有代表权，不是代表董事的人不享有代表公司的权限。但第三人单从表见代表董事的名称上就信任其享有代表权而与其进行交易的情形时有发生。据此，商法第 395 条规定公司应对信任表见代表董事而进行交易的善意第三人承担责任。

（2）表见代表董事制度的宗旨与法理依据

韩国通说与判例认为，表见代表董事制度的法理依据是英美法上的禁反言原则或德国法上的外观理论。[1]本来非代表董事不享有代表权，但在 1962 年制定商法之前，股份公司的代表董事及董事会制度尚未引进到韩国法律制度中，而是由各董事代表公司执行业务。这就很容易将不享有代表权的社长、副社长、专务董事、常务董事等误认为是享有代表权的董事，因此，有必要保护信赖这些称号而进行交易的善意第三人，从而保障交易安全。出于这一目的，商法规定了表见代表董事制度。

大法院 1988. 10. 11. 86DAKA2936：关于表见代表董事责任规定的宗旨
商法第 395 条关于表见代表董事责任规定的宗旨在于，在不是代表董事的董事使用外观上足以认定其享有公司代表权的名称进行交易而公司对这种外观上的代表行为具有归责事由的情形中，保护信赖该外观进行交易的善意第三人，从而保障商事交易的安全与诚信。

（3）商法第 395 条的适用要件

（a）外观存在

（i）表见名称的使用：不是代表董事的董事使用了足以使他人认定其享有公司代表权的名称（表见名称）。商法第 395 条列举了社长、副社长、专务董事、常务董事等表见名称，此外，还包括总务、会长等社会通常观念上认可的所有名称。[2]根据判例，允许不是代表董事的董事使用副社长这一名称的，即使该董事不享有代表权，若不能证明相对方对该行为存在恶意，则认为公司应承担第 395 条规定的责任。[3]但也有判例认为，财务担当董事（CFO）不属于能够被认定为享有公司代表权的名称。[4]

[1] 大法院 1973. 2. 28. 72DA1907；同 1979. 2. 13. 77DA2436；同 1998. 3. 27. 97DA34709。

[2] 常务董事的情形：大法院 1959. 12. 3. 4292 民上 123。副社长的情形：大法院 1971. 6. 29. 71DA946。

[3] 大法院 1971. 6. 29. 71DA946。

[4] 大法院 2003. 2. 11. 2002DA62029。

（ii）需要董事资格与否：根据商法第395条规定，表见代表董事以具有董事资格为要件。商法明确规定了应具备董事资格，因此，不得以任何形式排除这一规定的适用。但这一制度是为了保护信赖表见名称而进行交易的善意第三人，因此，不是董事的人使用表见名称的，应类推适用商法第395条认定公司责任。判例也认为，对于不具董事资格的使用人〔1〕或辞任董事一职的人，也可类推适用该条规定。〔2〕

大法院1998.3.27.97DA34709：认定类推适用的判例
商法第395条是关于使用足以认定其享有代表公司权限的名称的董事行为的公司责任的规定，因此，以表见代表董事具备董事资格为要件。但这一规定的宗旨在于根据禁反言原则或外观理论保护信赖代表董事外观的善意第三人，从而使对于这种外观的存在具有归责事由的公司对善意第三人承担责任。因此，应解释为，不仅对于公司允许不具有董事资格的人使用表见名称的情形，对于公司明知不具有董事资格的人正在使用表见代表董事的名称却未采取任何措施，而是任意放置或消极默认的情形，同样应当类推适用上述规定。

（iii）名称的使用方法：对于名称的使用方法无任何限制。要式行为应明确记载表见名称与自身的姓名，但对于不要式行为无需每次都表示其名称，只要使相对方产生其为代表人的认知，即为表见代表董事。

（b）公司的允许

公司应允许或默认名称的使用，从而具有为表见代表行为具备外观要件提供原因的归责事由。〔3〕据此，在没有公司允许的情况下自行使用表见名称实施代表行为的，公司不承担责任。

允许由代表董事作出即可，但数名代表董事中只有一人知晓的，视为默

〔1〕大法院1979.2.13.77DA2436；同1979.7.28.91DA35816；同1985.6.11.84DAKA963；同1987.7.7.87DAKA504；同1992.7.28.91DA35816；同1998.3.27.97DA34709；同2009.3.12.2007DA60455。

〔2〕大法院1989.5.23.89DAKA3677。

〔3〕认定公司具有归责事由的判例：大法院1955.11.24.4288民上340；同1988.10.11.86DAKA2936；同1988.11.22.86DAKA2843；同1994.12.2.94DA7591。认定公司不具有归责事由的判例：大法院1972.9.26.71DA2197；同1974.11.12.74DA1091；同1975.5.27.74DA1366；同1992.8.18.91DA14369；同1992.9.22.91DA5365；同1994.12.27.94DA7621.7638；同1995.11.21.94DA50908。

认许可。全体董事表示允许当然有效，半数以上董事表示允许的同样视为有效。[1]允许方法可以是任命、委任等积极的意思表示，也可以是允许其使用名称的消极承认。承认包括明示性承认与默示性承认。默示承认包括毫无异议地履行表见代表董事签订的合同或明知使用名称的事实（如携带印有职位的名片）而不制止、任意放置的情形；[2]合法的代表董事长期放置公司业务，由董事一人作为实质性代表董事进行对外交易的情形；[3]控股股东兼代表董事转让股份给他人的同时委任经营，事实上由该受托人行使经营权的情形[4]等。如，不享有董事选任权的人宣称自己为持有相当数量股份的股东并伪造虚假股东大会决议等外观要件选任董事的情形中，公司并无归责事由，不得根据商法第395条关于表见代表董事的规定追究公司责任。[5]

大法院 1975. 5. 27. 74DA1366：第395条规定的公司责任，仅适用于公司以明示或默示方法承认表见代表人使用名称的情形
第395条规定的公司责任，仅适用于公司以明示或默示方法承认表见代表人使用名称的情形，对于公司没有允许使用名称的情况下任意使用名称的行为，虽然从公司对名称的使用不知情而未能制止这一点上看，公司存在过失，但不得将公司责任转嫁给善意第三人。同旨：大法院 1994. 12. 27. 94DA7621；同 1994. 12. 2. 94DA7591；同 1995. 11. 21. 94DA50908。

（c）表见代表董事的代表行为

可适用商法第395条的行为仅限于代表行为，不包括不属于代表行为的对内的业务执行行为，而且该行为应为代表董事权限范围内的行为。据此，对于代表董事不得实施的行为或性质上应作出股东大会或董事会决议的行为，不得适用商法第395条规定。对于不法行为与诉讼行为，同样不适用本条规定。

（d）外观信赖

（i）第三人的善意：第三人应当不知晓表见代表董事并非代表董事的事

---

〔1〕 大法院 1992. 9. 22. 91DA5365；同 2011. 7. 28. 2010DA70018。

〔2〕 大法院 1985. 6. 11. 84DAKA963；同 2005. 9. 9. 2004DA17702。否定这一情形的判例：大法院 1979. 5. 27. 74DA1488。

〔3〕 大法院 1988. 10. 11. 86DAKA2936。

〔4〕 大法院 1994. 12. 2，94DA7591；同 1998. 3. 27. 97DA34709。

〔5〕 大法院 2008. 7. 24. 2006DA24100；同 2013. 7. 25. 2011DA30574。

实。[1]这也包括第三人未能得知表见代表董事不享有代表权的情形，并不仅限于形式上的不知晓。[2]

第三人不仅包括直接的交易相对方，还包括信赖其名称进行交易的全部第三人。[3]据此，信赖并取得表见代表董事发行的票据的所有第三人均应得到保护。对于第三人具有恶意的事实，应由公司承担举证责任。[4]

(ii) 举证责任：通说与判例认为，应由欲免除责任的公司承担第三人为恶意的举证责任。这是因为在具备了貌似享有代表权的外观的情形中，第三人普遍会信赖该外观而进行交易。

(iii) 过失的存在与否：商法第395条中所谓的“善意”是指无法得知表见代表董事实际上并非代表董事的事实，即不享有公司代表权的事实。问题是第三人的善意中存在过失的情形应如何处理。与表见代表董事进行交易的第三人为善意的同时，是否要求其应为无过失，对此存在不同学说。

①恶意免责说认为，从商法第395条字面上看，其仅规定了应为善意，并没有排除重大过失的意思，而该条规定原本是为保护信赖外观而进行交易的第三人的制度，与商业登记制度具有本质区别。从这几点上看，公司责任的免除应当仅限于第三人存在恶意的情形。

②重大过失免责说认为，可忽略第三人具有轻微过失的情形，但具有重大过失的，公司可免责。其依据为，该条规定是为了保护第三人的正当信赖，如果存在足以怀疑表见代表董事代表权的重大事由的情况下，仍怠于查阅登记簿或调查公司的支付能力而进行交易的，就失去了继续保护的价值（多数说）。[5]这里所谓的第三人的重大过失是指只要第三人稍加注意，即可知晓表见代表董事的行为并非基于代表权的事实，却盲目信赖其享有代表权，明显违反了通常交易观念上要求的注意义务，从公平的观点上看，不再需要保护第三人的状态。第三人是否具有重大过失，应参照通常的交易观念作出个别而具体的判断。[6]

---

〔1〕 大法院 1971. 12. 28. 71DA2141。

〔2〕 大法院 1998. 3. 27. 97DA34709。

〔3〕 首尔民事地方判决 1986. 2. 12. 85GAHAB50；大法院 2003. 9. 26. 2002DA65073。

〔4〕 大法院 1971. 6. 29. 71DA946。

〔5〕 崔基元（会）652页；郑东润（上）622页；金正皓（会）430页。

〔6〕 大法院 2008. 9. 11. 2007DA90982；同 2010. 1. 28. 2009DA73400；同 2013. 2. 14. 2010DA91985。

③判例采取了重大过失免责说。[1]

④笔者认为，要证明第三人的恶意并非易事，而且可通过登记簿的阅览与对公司支付能力的调查确认是否享有代表权。从这一点上看，重大过失免责说是正确的。

（4）商法第 395 条的适用效果

（a）公司责任

就表见代表董事的行为而言，公司对第三人承担的是等同于享有代表权的董事行为的责任。

（b）无权代理规定的适用与否

（i）积极说

该学说认为，对于表见代表董事的行为可以适用民法上关于无权代理的规定，因此，第三人享有撤销权（民法第 134 条），而公司则享有追认权（民法第 130 条、第 133 条）。

（ii）消极说

这一学说认为，如果适用商法第 395 条，那么民法关于无权代理的规定就应被排除适用，但可根据《票据法》第 8 条以及《支票法》第 11 条规定追究表见代表董事的无权代理人责任。[2]

笔者认为，虽然从法源的适用顺位上看，应优先适用商法规定，但商法中没有关于第三人的撤销权与公司的追认权的规定，因此，可按照民法规定认定这些权利。

（c）公司的损害赔偿请求权

公司因表见代表董事的行为承担责任并遭受损失的，可对该表见代表董事行使损害赔偿请求权。这是因为表见代表董事的行为不仅脱离了对内权限，而且公司允许其使用名义并不意味着对表见代表董事无权代理行为的认可。

（5）商法第 395 条的适用范围

（a）一般适用范围

商法第 395 条的目的在于保护交易安全，因此，仅适用于代表董事权限

---

〔1〕 大法院 1973. 2. 28. 72DA1907；同 1994. 12. 2. 94DA7591；同 1999. 11. 12. 99DA19797；同 2003. 7. 22. 2002DA40432；同 2003. 9. 26. 2002DA65073；同 2009. 9. 10. 2009DA34160；同 2013. 2. 14. 2010DA91985；同 2013. 7. 11. 2013DA16473。

〔2〕 崔基元（会）655 页；郑东润（上）624 页。

范围内的法律行为。[1]这里所谓的法律行为包括准法律行为以及被动的代表行为。该条不适用于表见代表董事的不法行为。

(b) 无权代行

商法第395条原则上适用于表见代表董事使用表见名称与第三人进行交易的情形。表见代表董事使用真正代表董事的名称而非自己名称的情形是否同样适用该条规定仍是疑问。

(i) 否定说

否定说认为，如果连使用真正代表董事名义的行为也被视为表见代表行为，将会导致保护“第三人的第二阶段的误认”的结果（第一阶段，误认为享有代表权；第二阶段，误认为享有其他代表董事的代理权），而第395条的宗旨在于仅凭第三人对外观名称的信赖，不再追究其未查阅登记簿的过错。从这一点上看，过多的保护将会脱离第395条的规定范围。因此，这种情形中只能适用民法第126条关于表见代理的规定解决问题。[2]

(ii) 肯定说

肯定说认为，[3]只要行为人是表见代表董事，无论其使用何种名称，为了交易安全，公司均应承担责任。如果相对方信赖的是在交涉阶段表示的表见代表董事名称而进行交易，那么，对于在合同签订阶段或票据行为的签名盖章阶段表见代表董事直接以代表董事的名义实施行为的情形，也有必要提供保护。这时，如果认为表见代表董事以其自身名义进行交易才能适用第395条规定，将会导致相同的行为根据使用的名称不同产生不同效果的结果，明显有失均衡。这一学说还认为，表见代表董事享有的所谓代表权也包括代替代表董事签名盖章的权限。

(iii) 判例

大法院判决称，商法第395条原则上适用于表见代表董事使用自己名称实施的行为，[4]但在之后的判决中又采取了肯定说，称只要行为人是表见代表

---

〔1〕 代表董事权限范围外的行为不适用第395条。大法院1964. 5. 19. 63DA293。

〔2〕 李哲松（会）704—705页；郑灿亨（上）944—945页。

〔3〕 崔基元（会）654—655页；郑东润（上）621页；朴吉俊：“表见代表董事”，载《徐燉珏教授退休纪念论文集：商事法论集》，1986年版，第194页；金教昌：“表见代表董事的行为”，载《法政》第219号，1968年10月，第68页；徐廷甲：“表见代表董事的法律行为与社会责任”，载《法律新闻》1988年12月12日，第11页。

〔4〕 大法院1968. 6. 11. 68DA334，335；同1968. 7. 30. 68DA127；同1969. 9. 30. 69DA964。

董事，对于使用其他代表董事的名称实施行为的情形同样适用该条规定。[1]这时“相对方的恶意或重大过失”是关于是否有权代理代表董事实施行为的问题，而非关于表见代表董事的代表权的问题。[2]

大法院 1988. 10. 25. 86DAKA1228：对于使用其他代表董事的名称实施行为的情形适用商法第 395 条
商法第 395 条关于表见代表董事行为引起的公司责任的规定，不仅适用于表见代表董事使用自己名称实施法律行为的情形，还适用于使用其他代表董事的名称实施行为的情形。

（iv）笔者意见

肯定说将商法第 395 条的适用范围扩大到以他人名义实施的法律行为，而否定说将商法第 395 条的适用范围限定在以自己名义实施的行为。表见代表董事以自己名义实施法律行为的情形中，相对方的信赖是对代表权的信赖，而以他人名义实施行为的情形中，相对方的信赖是对代行权的信赖，两者具有明显区别。但商法第 395 条的宗旨在于保护信赖外观的善意第三人，因此，采取的是代理方式还是代行方式并不是重要因素。笔者赞同肯定说。

（c）共同代表董事的单独代表行为

存在共同代表董事的情形中，对于其中一人使用社长或代表董事等足以认定其享有单独代表公司的权限的名称实施代表行为的情形，能否类推适用第 395 条，使公司承担关于表见代表董事行为的责任，存在肯定说（扩张适用说）与否定说（限定适用说），多数说与判例采取的是肯定说。[3]

（i）否定说认为，对于共同代表董事不得适用商法第 395 条规定，理由是：①该条规定是关于无代表权人，即表见代表董事的规定，不得适用于享有代表权的共同代表董事；②共同代表董事制度是为保护公司利益的制度，若适用该条规定，则不符合设置共同代表董事制度的宗旨；③共同代表是登

〔1〕 大法院 1979. 2. 13. 77DA2436；同 1988. 10. 11. 86DAKA2936；同 1988. 10. 25. 86DAKA1228；同 1998. 3. 27. 97DA34709；同 1999. 11. 12. 99DA19797；同 2003. 7. 22. 2002DA40432；同 2011. 3. 10. 2010DA100339；同 2013. 7. 11. 2013DA5091；同 2013. 7. 11. 2013DA16473。

〔2〕 大法院 2003. 7. 22. 2002DA40432；同 2011. 3. 10. 2010DA100339；同 2013. 7. 11. 2013DA16473。

〔3〕 郑东润（上）624 页；崔基元（会）653 页；李基秀、崔秉珪（会）390 页；蔡利植（上）577 页；权奇范（会）848 页；首尔民事地方判决 1971. 11. 4. 71GAHAB1945；大法院 1991. 11. 12. 91DA19111；同 1992. 10. 27. 92DA19033；同 1993. 12. 28. 93DA47653；日本最高裁判所 1967. 4. 28，民集 21. 3. 796。

记事项，如果适用该条规定，商法第 37 条关于登记对抗力的规定将失去意义。

也有学者认为，由于代表董事是法律承认的名称，因此，单纯使用代表董事名称的情形中，不得认定公司对于未使用共同代表董事这一名称具有归责事由，据此，不得类推适用商法第 395 条规定。[1]

（ii）肯定说认为，对于共同代表董事也应适用商法第 395 条规定，理由是：①从商法第 395 条的解释上看，公司不仅应对不享有代表权的普通董事的行为承担责任，还应对非董事实施的表见代表董事行为承担责任，如果认定公司不对享有更广泛权限的共同代表董事的行为承担责任，则有违衡平原则；②共同代表制度只能在不危害交易安全的范围内实施，也就是说，为了交易安全，多少可以牺牲共同代表董事制度的实效性；③具有高于登记公示力的更强表见性时，为了保护善意第三人，应排除商法第 37 条的优先适用。

（iii）笔者赞同肯定说。虽然共同代表董事制度与表见代表董事制度的宗旨有所不同，但除了上述肯定说主张的理由以外，无论是共同代表董事越权实施代表行为，还是非代表董事实施足以被误认为其为代表董事的行为，均构成无权代表或越权代表，在这一点上两者是相同的。相较于其他名称，代表董事是单从字面上就极易被认定为享有公司代表权的名称，如果认定仅以共同代表董事的登记就可对抗第三人，将会危害交易安全。[2]虽然共同代表董事制度是为保护公司利益的制度，但并非无论公司有无过失，均无条件地保护公司。仅登记为共同代表而实际上由单独代表实施代表行为的公司为了逃避公司责任主张共同代表的情形，反而是共同代表董事制度的滥用，违反信义原则与禁反言原则，因此，不得对抗善意第三人。

公司具有允许或默认名称使用等归责事由的情形中，对于共同代表董事中的一人以代表董事的名称单独实施的交易行为，适用商法第 395 条关于表见代表行为的公司责任的规定。欲对共同代表董事中一人的行为类推适用关于表见代表董事的规定的，相对方必须为善意并无重大过失。交易相对方是否具有恶意或重大过失，应由公司承担证明责任。能够认定共同代表董事中一人的代表行为等同于单独代表行为的，可类推适用民法第 126 条关于表见

〔1〕 李哲松，前揭论文，第 50 页。

〔2〕 日本判例认为，在单独代表董事制度下由代表董事发行票据，在公司变更为共同代表董事制度后，继续以单独代表董事的名义对票据进行改书的情形，构成表见代表董事的票据行为，公司不承担责任（东京地判 1967. 3. 13，判例时报，第 492 号，79 页）。

代理的规定（越权的表见代理）。

大法院 1991. 11. 12. 91DA19111：对于共同代表董事中的一人单独实施代表行为的情形，应适用关于表见代表董事的法理
公司允许或放任只能共同代表公司的董事使用代表董事这一名称的，等同于公司允许不具有董事资格的人使用表见代表董事名称或明知不具有董事资格的人使用代表董事名称而放任其使用，对此，公司不得免除商法第 395 条规定的责任。同旨：大法院 1993. 12. 28. 93DA47653；同 1992. 10. 27. 92 DA19033。

（d）民法上的表见代理

表见代表董事的行为同时构成民法上的表见代理（民法第 125 条、第 126 条、第 129 条）的情形中，应适用商法规定还是民法规定是个问题。商法是民法的特别法，因此，从法源的适用顺位上看，应优先适用商法，自然就排除了民法的适用。

（e）事实上的代表董事

董事由股东大会选任，组成董事会并通过董事会决议在董事中选任代表董事。但因选任董事与代表董事的股东大会决不存在、决议瑕疵或董事会决议瑕疵而导致董事或代表董事的选任无效的，对于无效判决之前实施的董事（事实上的董事）及代表董事（事实上的代表董事）的交易行为，是否能够适用商法第 395 条规定存在疑问。

对此，1995 年修订商法之前，由于不承认股东大会决议瑕疵判决的溯及效力，不论第三人是善意还是恶意，公司均应承担责任。[1]但随着 1995 年修订商法对溯及效力的承认，这种判决效力溯及至董事及代表董事的选任，从而导致选任无效，这就可能引起一系列的问题。这种情形中，公司对董事及代表董事的交易行为具有归责事由的，应类推适用商法第 395 条。

---

〔1〕 大法院 1992. 7. 28. 91DA35816；同 1992. 9. 22. 91DA5365。平时公司进行借贷资金交涉时，在获得代表董事的同意后一直使用常务董事这一名称的使用人，利用这一名称进行金钱消费借贷［消费借贷是指当事人一方（出借人）约定将金钱及其他代替物的所有权转移至相对方（借用人），相对方则约定以同种、同质、同量的物件进行偿还而成立的合同（民法第 598 条至第 608 条）——译者注］的情形中，类推适用关于表见代表董事的规定（日本最高裁判所 1960. 10. 14.）。代表董事因故不在时，由其他全体董事以书面承认的方式决定行使代表权的人并据此实施代表行为的情形中，虽然不存在有效的董事会决议，但可类推适用关于表见代表董事的规定（日本最高裁判所 1969. 11. 27；同 1981. 4. 24）。

商法第 39 条规定，“故意或因过失对与事实不符的事项进行登记的人，不得以此为由对抗善意第三人”。但因作为选任董事与代表董事并进行登记的依据的股东大会决议不存在、决议瑕疵或董事会决议瑕疵，导致董事或代表董事的选任无效的情形中，获得无效判决之前的董事（事实上的董事）与代表董事（事实上的代表董事）代表公司与第三人进行的交易行为的效力又将成为问题。这时公司是应承担不实登记（第 39 条）责任，还是应承担基于表见代表董事制度的责任，对此存在争议。原则上，符合商法第 39 条规定的，应使其承担不实登记责任。判例区分决议不存在确认之诉与决议取消之诉的情形分别进行了处理。确认决议不存在的，公司无需承担不实登记责任，〔1〕而确定决议取消的，公司则应承担不实登记责任。〔2〕

（f）与商业登记的关系

根据商法第 37 条，登记事项一经登记，只要第三人无正当事由，即视为其已经知晓（即恶意）登记事项（商业登记的积极公示效力）。但表见代表董事制度是保护信赖未进行登记者的代表行为而进行交易的相对方的制度，据此，具有未阅览登记簿之过失的相对方将自动受到保护，这一结果与商法第 37 条是矛盾的。学说对于“表见代表董事的情形中不考虑是否对登记事项存在善意或恶意”并无异议，但对其理论依据却存在不同学说。

（i）异次元说认为，登记的积极公示效力在具有登记基础事实时才具有公示的效果（没有登记基础事实的，是商法第 39 条规定的不实登记的效力问题），而关于公司对表见代表董事行为的责任的规定是关于董事及其他使用人实际上不享有公司代表权的情况下使用足以被认为其享有代表权的名称而产生的公司责任的规定，是为保护信赖与事实不符的外观的人的规定。据此，适用于具有登记基础事实情形的商法第 37 条与关于没有登记基础事实的情况下的外观信赖保护的商法第 395 条的适用层次完全不同。〔3〕

判例采取了异次元说。

---

〔1〕 大法院 2011. 7. 28. 2010DA70018。

〔2〕 大法院 2004. 2. 27. 2002DA19797。

〔3〕 郑东润（上）623 页；李哲松（会）697—698 页；李基秀、崔秉珪（会）300—391 页。

大法院 1979.2.13.77DA2436：采取异次元说的判例
纵观商法第 395 条与商业登记的关系，应认为第 395 条是在与商业登记完全不同的层面上规定了公司的表见责任，在追究这一责任时不应考虑是否进行了商业登记。据此，对于原判决认定的就被告的商号变更原告具有恶意的判断，本院不予支持 。

（ii）正当事由说认为，交易相对方依据代表董事的名称误认为其享有代表权的情形，属于商法第 37 条第 2 项规定的正当事由，因而对于该相对方不发生积极的公示效力。这里所谓的商法第 37 条第 2 项规定的正当事由是客观事由。对此持批判性意见的学者认为，该学说对正当事由范围的解释过于宽泛，以至于将主观事由也包含其中。

（iii）例外说认为，商法第 395 条是第 37 条的例外性规定。〔1〕异次元说批判性地认为，例外说是一种无视表见代表董事制度本质的结果论。

（iv）笔者认为，虽然理论上异次元说较有说服力，但例外说无疑是正确的。对于公示力强于登记的表见代表董事的代表行为，应区别于登记的一般公示效力作出判断，从而认定公司责任。

（g）不适用于诉讼行为

表见代表董事是为保护交易安全的制度，因此，商法第 395 条不适用于诉讼上的行为。〔2〕

5. 董事义务

1）总说

董事与公司是委任关系，因此，董事应尽一个善良管理人的注意义务，忠实地为公司执行业务。董事与公司之间存在一定的信任关系（Fiduciary Relation），因而董事还负有忠实义务，即董事不得利用其地位为谋取个人或第三人利益而危害公司利益。由于董事熟知公司情况并参与具体的业务执行，因此，完全有可能利用其董事地位谋取私利。为了制止董事的这种行为，维护公司利益，商法规定了竞业禁止、禁止流用公司营业机会及资产、限制自己交易等董事义务。

此外，董事负有向监事进行报告的义务与监督代表董事业务执行的义务。这是董事作为享有对代表董事职务行为的监督权（第 393 条第 2 项）的董事

〔1〕 蔡利植（上）543 页；崔基元（会）645—646 页；权奇范（会）841 页；徐宪济（会）393 页。

〔2〕 但也有对于专务董事取消抗诉的行为适用商法第 395 条的案例。大法院 1970.6.30. 70 HOU 7。

会成员所承担的当然义务。

2）善管注意义务

关于董事的善管注意义务，商法第 382 条（董事的选任，与公司的关系及外部董事）规定“对于公司与董事的关系准用民法关于委任的规定”，民法第 681 条（受托人的善管注意义务）则规定“受托人应根据委任本意，以一个善良管理人的注意处理受托事务”。善管注意义务是“善良管理人的注意义务”的简称，规定在民法第 374 条中。〔1〕〔2〕民法第 374 条与受《法国民法典》第 1137 条（善良家父的注意）第 1 文〔3〕影响的依用民法第 400 条、〔4〕《中华民国民法典》（1929—1930 年）第 219 条、“伪满洲国民法”第 361 条类似。善良家父的注意来源于罗马法上善良的家父（bonus paterfamilias）或思虑深的家父（diligens paterfamilias）。〔5〕

德国法上称之为“交易上要求的注意”（《德国民法典》第 276 条第 2 项），〔6〕英美法上则称之为“due diligence with good faith”，可将其翻译为“带有善意的相当的注意”，即“善良管理人的注意”。

韩国与日本的通说认为，〔7〕善管注意义务是指“债务人的职业、其所属的社会地位等通常所要求的注意”，〔8〕具体可将其解释为一般人所给予的合理的、平均的注意。违反这一注意义务构成过失（抽象的轻过失），而严重违反的情形构成重大过失。但董事与公司是委任关系，因此，对于董事可适用民

---

〔1〕 第 374 条（特定物移交债务人的善管注意义务）：特定物移交为债权之目的的，至移交该特定物为止，债务人应以一个善良管理人的注意义务进行保管。

〔2〕 除了民法第 681 条以外，第 61 条也规定，法人的董事应以“善良管理人的注意”履行其职责。

〔3〕 §1137 Code civil des Français, Code Napoléon: L'obligation de veiller à la conservation de la chose, soit que la convention n'ait pour objet que l'utilité de l'une des parties, soit qu'elle ait pour objet leur utilité commune, soumet celui qui en est chargé à y apporter tous les soins d'un bon père de famille（负有保管管理物件之义务的债务人，无论合同是为当事人一方的利益还是双方利益，均应负担一个善良家父的义务）。

〔4〕 《日本民法》第 400 条（移交特定物时的注意义务）：移交作为债权标的物的特定物的情形中，至移交为止，债务人应以一个善良管理人的注意保管该特定物）。

〔5〕 玄胜钟、曹圭昌：《罗马法》，法文社 1999 年版，第 676 页。

〔6〕 § 276 Bürgerliches Gesetzbuch (Verantwortlichkeit des Schuldners) (2) Fahrlässig handelt, wer die im Verkehr erforderliche Sorgfalt außer Acht lässt.（懈怠交易所要求的注意义务的人具有过失。）

〔7〕 ［日］我妻荣：《新订债权总论》，岩波书店 1964 年版，第 26 页。

〔8〕 李哲松：“关于善管注意义务与忠实义务理论的发展与前景”，载《比较私法》第 22 卷第 1 号，2015 年 2 月，第 4 页。

法中关于委任的规定。董事以一般人的平均的注意处理公司业务作出经营判断的，并不能认定其尽了充分的注意义务。董事是从事高度专业工作的人，应承担比一般善管注意义务更为严格的注意义务。为了保护公司本身与股东及各种利害关系人的利益，董事应严谨地履行其受托的公司管理业务。

3）忠实义务

1998 年修订商法中新设了关于董事忠实义务（duty of loyalty）的规定，即“董事应根据法律与章程规定忠实履行其职责”（第 382 条之 3）。这来自于英美法上的诚信义务（fiduciary duty）。明文规定董事忠实义务的立法例有美国《标准公司法》第 8. 30 条（a）(General Standards for Directors)〔1〕、《日本公司法》第 355 条等。

★美国判例法上董事诚信义务（fiduciary duties）的发展

1. 诚信义务

美国法上，传统的董事（director）与高级任员（officer）作为接受公司或股东〔2〕委任管理他人资金的义务人，负有诚信义务，具体包含以下三种义务：

（1）注意义务（duty of care）: requires deliberative decision-making processes based on full and credible information.

（2）忠实义务（duty of loyalty）: prohibits self dealing, misappropriation of corporate assets, conflicts of interest, lack of independence or disloyal conduct.

（3）诚实义务（duty of good faith）: forbids conduct motivated by an actual intent to impede, interfere with or harm the corporation, or violate the law.

2. The Caremark decision

1996 年，美国特拉华州衡平法院（Delaware Chancery Court）在 In re CaremarkInternational Inc. Derivative Litigation 案〔3〕中判决（以下简称“Care mark 判决”），董事的注意义务（duty of due care）包括妥善监管公司业务的职责（duty to properly oversee company operations）。在 Caremark 判决之前，一

---

〔1〕《加利福尼亚州公司法》第 309 条（a）、《纽约州公司法》第 717 条（a）等中均规定了应诚实（in good faith）履行职责的义务。

〔2〕普通法上的忠实义务首先是对公司的义务，然后才是对股东的义务，但目前普遍认为首先是对股东的义务，其次才是对其他利害关系人的义务。Roberta Karmel, “Should a Duty to the Corporation Be Imposed on Institutional Shareholders?”, 60 *Business Lawyer* 1 (2004), p. 1.

〔3〕698 A. 2d 959 (Del. Ch. 1996).

直认为只有董事积极实施违法行为（affirmative wrongful conduct）时，才承担违反诚信义务的责任。但自 Caremark 判决之后，董事也承担监督责任（oversight liability），据此，董事不仅应承担积极实施违法行为时的责任，还应承担未能察觉公司任职员的系统性（systematic）地违反法规的行为并及时制止的责任。

3. Disney and Stone

2006 年，特拉华州最高法院在 In re Walt Disney Company Derivative Litigation〔1〕与 Stone v. Ritter 案〔2〕中判决，董事违反监督义务，即“故意不履行明知的行为义务或有意识地无视自身义务的表现，不仅违反注意义务（duty of care，这一点已在 Caremark 判决中确认），同时也违反了诚实义务与忠实义务（fiduciary duties of good faith and loyalty）”。

4. 关于董事监督义务的最新发展

关于董事诚信义务的判决还有 2008 年特拉华州法院的 Lyondell Chemical Company v. Ryan〔3〕，McPadden v. Sidhu〔4〕，In re Lear Corporation Shareholders Litig.〔5〕（以下简称“Lear 案”）等。特别是在 Lear 案中，法院认为在董事“持续地系统地违反监督义务”（a sustained or systematic failure … to exercise oversight）的情形中才认定董事的监督责任。也就是说，不以董事个人的监督能力作出判断，而是从构建内部监控制度的角度出发，只有不履行系统的体系化的监督义务时才承担责任。

对于忠实义务的法律性质，存在同质说〔6〕与异质说。〔7〕同质说认为，忠实义务是善管注意义务（duty of due care and diligence）的具体表现；异质说则认为，善管注意义务是董事在履行职务过程中应尽的注意义务，而忠实义务是以“董事不得利用其职务之便，置公司利益于不顾，谋取个人或第三

---

〔1〕 906 A. 2d 27 (Del. 2006).

〔2〕 911 A. 2d 362 (Del. 2006).

〔3〕 970 A. 2d 235 (Del. 2009).

〔4〕 964 A. 2d 1262 (Del. Ch. 2008).

〔5〕 967 A. 2d 640, 654655 (Del. Ch. 2008).

〔6〕 孙珠瓒（上）795 页；崔基元（会）660—661 页；郑灿亨（上）957 页；金正皓（会）462 页。

〔7〕 林泓根（会）501 页；朴相祚（会）625 页；郑东润（上）627—628 页；权奇范（会）716 页。

人利益”为内容的义务。

异质说认为，民法上的受托人原则上不获取报酬（民法第686条），而对于与委任无关的事项，则没有义务优先考虑委任人（公司）利益而无视自身利益，因此，仅以善管注意义务不足以充分保护委任人的利益。商法引进英美法中的董事会制度后，随着董事会权限的扩大，其应承担的义务也相应扩大，据此，应承认董事的忠实义务。[1]根据这一学说，董事作为公司机关应给予充分注意的义务为善管注意义务，而董事作为个人应优先考虑公司利益的义务为忠实义务。[2]商法规定忠实义务的具体内容包括竞业禁止义务（第397条）、禁止流用公司营业机会及资产的义务（第397条之2）、禁止自己交易的义务（第398条）。《关于资本市场与金融投资业的法律》中的董事（内部人）的股份交易限制（第172条）等也是董事的忠实义务的体现。

对此，同质说则认为，忠实义务与善管注意义务的内容没有明确区别，除了善管注意义务以外无需要求董事再承担忠实义务。[3]如果弹性地解释善管注意义务，其内容等同于忠实义务的内容，因此，忠实义务与善管注意义务具有相同性质的含义，或者可以说忠实义务是善管注意义务的具体表现。[4]

★关于董事责任的两种学说的区别（从异质说的观点上看）

异质说认为：①违反善管注意义务的责任，原则上应以故意或过失为要件，而违反忠实义务的责任是一种结果责任，不以故意或过失为要件；②从责任范围上看，违反善管注意义务只需赔偿公司遭受的损失即可，而违反忠实义务的，不仅应赔偿公司的损失，还应将其全部所得利益返还公司；[5]③美国判例法中的“经营判断规则（Business Judgement）”不适用于违反忠实义务的情形。[6]

笔者认为，如果异质说追求的是从公司中杜绝有违公司利益的董事行为，那么，按照善管注意义务的法理可得出相同的结论，因此，区分两者没有实

---

〔1〕 郑东润（上）628页。

〔2〕 郑东润（上）628页。

〔3〕 孙珠瓒（上）795页。

〔4〕 崔基元（会）660页。

〔5〕 北泽正启，前揭书，第372页。

〔6〕［日］中村一彦、西岛梅治编：《论点公司法》，同文馆1989年版，第231页。

际意义。1998 年修订商法明文规定董事的忠实义务是为了明确接受公司委任的董事负有为公司利益诚实履行职责的义务。日本在 1950 年的修订商法中规定了董事的忠实义务（日会第 355 条），但多数说与判例均认为这一规定是善管注意义务的具体表现或注意性规定。韩国大法院判例也认为“因恶意或重大过失懈怠任务是指违反董事的忠实义务或善管注意义务的具有违法性的行为”。[1]可以看出两者以相同含义而被使用。

可以说商法所认可的董事的竞业禁止义务（第 397 条）、禁止流用公司营业机会及资产的义务（第 397 条之 2）、禁止自己交易的义务（第 398 条）、保密义务（第 382 条之 4）、向监事报告的义务（第 412 条之 2）与判例认可的董事的监视义务[2]等并非忠实义务的具体表现，而是对董事善管注意义务的具体化。这意味着无论董事是常勤还是非常勤，抑或有无报酬，董事均应承担善管注意义务，其义务范围及于与董事职务相关的所有行为。[3]

大法院 2002. 3. 15. 2000DA9086：作为金融机关的银行董事的善管注意义务内容及银行董事是否违反了善管注意义务、懈怠任务的判断标准
银行作为金融机关以股份公司的形式运营，但与以创造利益为目的的营利法人（即一般的股份公司）不同的是，银行应通过保护储蓄者财产、维持金融秩序、提高资金中介功能的效率性，发挥为金融市场的稳定及国民经济的发展做出贡献的公共性作用，因此，执行银行业务的董事，除了一般股份公司的董事应尽的善管注意义务以外，还应承担符合其公共性质的善管注意义务。据此，对于金融机关的董事是否违反上述善良管理人的注意义务而懈怠了董事任务，应从金融机关的公共性作用出发，综合考虑提供贷款的条件与内容、规模、偿还计划、担保提供情况、债务人的财产状况及经营情况、成长可能性等因素，明确贷款负责任员是否在提供贷款过程中具有无法忽视的过失后作出判断。同旨：大法院 2005. 10. 28. 2003DA69638。

4）保密义务

董事在任期内及离职后均不得泄露因职务关系而获知的公司的营业秘密（第 382 条之 4）。这是为了在强化董事的信息获取权（第 393 条第 3 项、第 4

[1] 大法院 1985. 11. 12. 84DAKA2490；同 2006. 7. 6. 2004DA8272。
[2] 大法院 1986. 6. 25. 85DAKA1954。
[3] 李哲松（会）717—718 页；郑灿亨（上）958 页。

项）的同时防止信息滥用，对2001年修订商法之前就已从解释上认定的保密义务所作的明文规定。基于善良管理人的注意义务及忠实义务（382条之3），虽然可要求在任期内的董事承担保密义务，但对于离职后的董事则有必要作出这种特别规定。同理，代理商在合同终止后同样负有保密义务（第92条之3）。

公司的营业秘密是关于企业组织或经营的尚未公开的信息，是企业能够进行排他性管理并由该企业或第三人利用其经济价值的企业秘密。[1]这种关于公司营业秘密或企业信息的董事义务，可区分为保守企业秘密（企业信息）的义务（保密义务）与不为私利所用的义务（禁止私自利用的义务）。保密义务不仅包括不得公开其获知的公司营业秘密，还包括防止他人公开秘密的注意义务。

法律规定应进行公示的财务报表等虽不是企业秘密，但履行法定公示义务之前被视作企业秘密，如包含当季度营业业绩的财务报表在根据商法等相关法律进行公示之前属于企业秘密。《关于资本市场与金融投资业的法律》第161条列举的关于上市公司申报及公示的事项（破产、营业停止、合并、分割、增资等）在公示前也被视为企业秘密。对此，董事应当承担保密义务。

商法欲通过竞业禁止义务（第397条）、禁止流用公司营业机会及资产的义务（第397条之2）、禁止自己交易的义务（第398条）等，间接防止董事为谋取私利利用企业秘密（企业信息）的行为，而《关于资本市场与金融投资业的法律》则严格规制着董事等公司内部人员利用未公开信息进行股份相关交易的行为，即董事等公司内部人员利用或使他人利用尚未公开的企业信息买卖有价证券的，处以十年以下有期徒刑或处以不当得利三倍以下的罚款（资金第174条及第443条）。显然，这种内部人员的交易违反了商法规定的注意义务（第399条第1项）。

5）竞业禁止义务

（1）竞业禁止义务的含义

未经董事会同意，董事不得以自己或第三人的计算（损失及责任归属）进行公司营业范围内的交易（竞业禁止义务）或担任以同种营业为目的的其

---

〔1〕李哲松（会）715页。《关于防止不正当竞争及保护营业秘密的法律》中使用了营业秘密这一用语，将其定义为未公开的、具有独立经济价值并以相当的努力维持其秘密性的生产方法、销售方法及其他对营业活动有用的技术上或经营上的技术（不竞第2条第2号）。参照大法院2004.9.23.2002DA60610。

他公司的无限责任社员或董事（兼任禁止义务，第397条第1项）。董事担任竞业对象公司的控股股东并参与该公司的意思决定与业务执行的，也应获得其所属公司的董事会承认。[1]

（2）竞业禁止义务的内容

（a）竞业禁止义务

未经董事会承认，董事不得以自己或第三人的计算（损失及责任的归属）进行公司营业范围内的交易。公司营业范围内的交易是指在市场中与公司的实际营业发生竞合，可能引起公司与董事间的利害冲突的交易，不仅包括章程记载的目标营业，还包括附属于该目标营业的交易。但董事欲担任实际上为其所属公司的分公司或营业部门并与公司追求共同利益的其他公司的控股股东的，无需获得其所属公司董事会的承认。[2]

（b）兼任禁止义务

未经董事会承认，董事不得担任以同种营业为目的的其他公司的无限责任社员或董事。这里所谓的以同种营业为目的的其他公司包括尚处于购买工厂用地等营业准备阶段的竞业对象公司。

大法院1993.4.9.92DA53583：就任尚未开始营业的公司的代表董事的情形，构成竞业禁止义务的违反
商法第397条第1项关于董事竞业禁止义务规定的宗旨在于，禁止董事利用职务之便谋取个人利益从而有可能极大地危害公司利益的竞业行为，使董事尽到一个善良管理人的义务，有效适当地经营公司，忠实履行职责。因此，在未开始营业的情况下推进购买工厂用地等营业准备的竞业对象公司，同样属于以同种营业为目的的其他公司。……董事设立以同种营业为目的的其他公司并担任该其他公司的董事兼代表董事，着手营业准备工作的情形中，即使在开始营业活动前辞去该其他公司的董事及代表董事职务，同样违反了商法第397条第1项规定的竞业禁止义务，若无特殊事由，该种行为即属于商法第385条第2项规定的具有“违反法律的重大事实”的情形。同旨：大法院1990.11.2.90MA745。

董事与商业使用人的兼任禁止义务的区别在于，商业使用人不得兼任任何公司的无限责任社员、董事或其他公司（商人）的使用人，而股份公司的

〔1〕 大法院2013.9.12.2011DA57869。

〔2〕 大法院2013.9.12.2011DA57869。

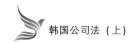

董事不得兼任的范围仅限于以同种营业为目的的其他公司的无限责任社员与董事，即股份公司的董事可担任以不同种类营业为目的的其他公司的无限责任社员或董事。

单从法律条文上看，董事可成为商业使用人，但从商业使用人的兼任禁止义务的宗旨上看，股份公司的董事不得成为其他公司（商人）的商业使用人。

一些特别法中规定了董事等公司任员的兼任禁止或兼任限制（独规第7条第1项第2号，银行第20条，保业第14条，信托业法第22条，资金第45条第2项、第250条第7项、第251条第3项）。

（3）承认

董事会不得进行事后承认（追认），[1]即使进行事后承认，也不得免除其损害赔偿责任。虽不得进行白纸式承认（空白承认），但持续交易的情形中可进行概括承认。董事会的承认应由半数以上董事出席和出席董事的半数以上作出。这与自己交易的承认或流用公司机会的承认应由三分之二以上的董事作出承认的规定不一致。董事为一人或两人的资本金10亿韩元以下的公司，应通过股东大会普通决议作出关于竞业的承认。

（4）违反竞业禁止义务的效果

董事违反竞业禁止义务并不影响交易在私法上的效力，但公司可解任该董事（第385条），发生损害的情形中，可提出损害赔偿请求（第399条），还可行使介入权（第397条第2项）。

（a）交易在私法上的效果

董事未经董事会承认进行竞业交易的情形中，交易本身有效，即使交易相对方知晓该事实，交易仍然有效。

（b）损害赔偿与解任

公司因董事违反竞业禁止义务而遭受损失的，可要求董事赔偿损失（第399条），董事的损害赔偿责任可根据全体股东的同意免除（第400条第1项）。违反竞业禁止义务的董事责任并不限于一年报酬额的6倍（第400条第2项），公司可解任董事（第385条）。

---

〔1〕 同旨：林泓根（会）505页；郑东润（上）630页；李哲松（会）723页；蔡利植（上）556页。

（c）介入权

（i）介入权的含义：董事以自己的资金（损失及责任的归属）进行交易的，公司可通过董事会（董事为一人情形中的股东大会）决议将该交易视为以公司计算进行的交易；董事以第三人的计算进行交易的，公司同样可通过董事会决议要求该董事转让因该交易而获得的利益（第397条第2项、第383条第4项）。这种权利也被称为攫取权。仅以损害赔偿不足以保护公司利益，而且有必要维持公司的交易关系，据此，介入权的行使并不影响损害赔偿请求的提出。[1]

从性质上看，董事违反兼任禁止义务的情形中，公司不得行使介入权，而只能解任该董事或要求其赔偿损失。

（ii）性质与行使：介入权是根据公司的单方意思表示发生效力的形成权，但其行使效果是债权性的（债权归属说），即董事与第三人之间的交易仍然有效，董事只是承担将交易的经济性效果归属于公司的义务，并非公司成为交易当事人。介入权由代表董事根据董事会决议行使（第397条第2项）（董事为一人的，根据股东大会决议行使，第383条第4项）。

（iii）行使期间：自交易之日起经过一年的，介入权消灭（第397条第3项）。这一期间为除斥期间。

（iv）效果：行使介入权的效果体现在形成公司可请求董事将交易的经济性效果归属于公司的债权，公司并不因此直接成为合同当事人。据此，董事负有将通过交易取得的物的所有权或债权移转至公司的义务。

（5）罚则

违反竞业禁止义务构成商法中的特别背任罪（第622条第1项）。

6）禁止流用公司营业机会

（1）禁止流用营业机会的含义

未经董事会承认，董事不得为自己或第三人利益利用现在或将来可能成为公司利益的营业机会，即履行职务过程中知悉或利用公司信息获得的营业机会、与公司正在履行的或即将履行的营业具有密切关系的营业机会。董事会欲对此作出承认的，应由三分之二以上的董事作出承认。

公司营业机会的流用禁止论或公司机会理论（the doctrine of corporate opportunity）是从美国判例法发展而来的，指公司任员与执行任员作为受托人，

---

[1] 但《德国股份法》规定可由公司在两者中任选其一（德股第88条第2项）。

不得利用其地位及信赖关系不当攫取公司机会（wrongful usurpation of a corporate opportunity），追求私人利益。[1]与自己交易及竞业的情形一样，流用公司营业机会也是违反董事忠实义务的典型表现。

营业机会的流用禁止不是针对董事与公司之间的交易，从这一点上区别于董事的自己交易（第398条）。虽然类似于董事的竞业禁止义务（第397条），但竞业禁止义务是限制董事直接进行与公司营业相同种类的营业，而公司机会流用禁止并不仅仅是对同种营业的限制。

（2）法律性质

流用公司营业机会是韩国商法规定的违反董事忠实义务（第382条之3）的情形之一。据此，公司营业机会流用禁止构成董事忠实义务的具体内容，而非施加给董事的新的义务。

（3）应获得董事会承认的主体

法律禁止董事与执行任员流用公司营业机会（第408条之9、第397条之2）。对于该条规定应作严格解释，一般认为对于使用人不适用本条规定。从公司营业机会流用禁止的性质上看，也应禁止离职董事流用公司营业机会，但法律并未对此作出规定。据此，即使董事离任后流用公司营业机会设立其他公司，也不存在任何问题。这是非常严重的法律漏洞。此外，关于禁止流用公司营业机会的董事的范围，一般认为禁止自己交易的情形中应获董事会承认的董事（控股股东等除外，后述）也被禁止流用公司营业机会。

（4）禁止流用的公司营业机会的范围

（a）在履行职务过程中知悉或利用公司信息获取的营业机会（第397条之2第1号）

只要是履行职务过程中知悉或利用公司信息获取的营业机会，即使与公司的营业完全无关，也禁止董事流用。[2]美国判例根据营业范围基准认为，该种机会应在公司营业范围内并且公司应对该机会具有利益或合理的期

---

〔1〕“Corporate officers and directors are not permitted to use their position of trust and confidence to further their private interests.” Guth v. Loft, Inc., 5 A. 2d 503, 510 (Del. 1939).

〔2〕外国立法例有美国法律协会的《公司治理结构原则》第5.05条。根据该条文，在履行职务过程中知悉或利用公司信息获取的营业机会属于公司机会。

待。[1]禁止利用履行职务过程中知悉或利用公司信息获取的营业机会实施的所有行为的做法过于严苛。公司没有计划在不久的将来利用该营业机会的情形中，应允许董事利用该营业机会。人类是具有创造性的生物，在执行业务过程中会积累信息和创意，在公司没有利用这种信息或创意的情况下，仍然禁止董事利用，显然不利于人类文明的发展。

（b）与公司现在或将来的营业具有密切关系的营业机会（第397条之2第2号）

这与美国法上的营业范围基准类似。这种营业是指处于现在或将来的营业延长线上（in the line of business）的营业。那么，什么是与现在或将来的营业具有密切关系的营业机会？对此，应综合考虑公司是否具有利用相关营业机会的必要性、公司是否对特定或类似的营业机会表现出兴趣、公司是否具有能够利用该营业机会的法律能力与经济能力及有无实现可能性（legal capacity, financial ability and business practicality）等因素作出判断。法律能力是指是否脱离"公司章程规定的目的范围"。营业机会来源于董事个人能力而非公司能力、公司并不需要该营业机会、公司对营业机会没有兴趣或期待等情形中，应当认为不存在营业机会流用的问题。如果董事为了流用营业机会非法使用公司资源且该资源与营业机会的创造、营业机会的利用及收益的产生具有因果关系，则比较容易证明流用事实的存在。最终还是应由法院综合考虑客观情况作出具体判断。

★美国的公司机会理论的适用范围

公司营业机会流用判断标准是通过1939年的Guth案确立的，[2]该案法院认为，适用公司营业机会流用禁止理论的要件是受托人应为了自身或第三人利益实施"营业范围内"的行为。自Guth案判决作出后，大部分的美国法院均遵循了这一判决。但在Northeast Harbor Golf Club, Inc. 案判决中，对于与公司营业（高尔夫球场运营）没有直接关联的利害冲突关系（购买高尔夫球场周边土地）同样适用了公司营业机会流用禁止理论。[3]可以看出，美国也

〔1〕 Equity Corp. v. Milton［43 Del. Ch. 160, 221 A. 2d 494（1966）］判决："Guth基准要求，如果机会在公司的营业范围内，且公司对该机会具有实际上的或期待的利益，那么任员不得从该机会中取得自己的利益。"

〔2〕 5 A. 2d 503, 510（Del. 1939）.

〔3〕 崔埈璿："关于公司机会流用禁止理论的考察"，载《Justice》2006年12月，第123—137页。

没有一个统一的公司营业机会流用禁止理论的适用条件，各州之间存在细微的差别。

可适用公司营业机会流用禁止理论的案例如下：

（i）某建筑公司董事在与房地产中介人用餐过程中，获悉有优质房产有待出售的信息后，未将该信息报告董事会以使公司购买，而是以自己或家庭成员等第三人的名义与资金进行购买。

（ii）A公司能够设立采购本公司电子产品零部件的子公司，但A公司会长却以自己的资金另设立B公司，使B公司生产零部件并垄断性地提供给A公司，将B公司变成A公司的安全稳定的供货公司（参照Guth案判决）。[1]

（iii）A电子公司的技术部副会长甲通过参与技术专家聚会和订阅相关技术类杂志与不少电子工业专家建立了深厚关系。在一次专家聚会中，从一位年轻教授处获知关于一项创新技术的信息并将其报告给了公司owner。但该owner拒绝将该项新技术作为公司项目。甲认真研究该项新技术后，认为其具有实现可能性。后甲辞去公司职务，与该年轻教授合作开发该项新技术。通过两年多的努力，甲的事业大获成功。对此，A公司的律师主张，甲攫取了A公司的营业机会，因此提起诉讼，要求将甲的营业转让给A公司。类似争议在美国普遍存在。[2]

（iv）A高尔夫球俱乐部会长甲获悉高尔夫球场周边土地所有人欲出售该土地，于是以自己的资金购买了高尔夫球场周边土地并在该土地上建设住宅小区以高价出售（参照Northeast Harbor Golf Club，Inc. 案判决）。[3]

（5）允许公司营业机会流用

董事会中三分之二以上董事承认的，可允许公司营业机会流用。[4]与自己交易的承认不同的是，公司营业机会流用无需获得事先承认。据此，一般认为可以进行事后追认。为了获得承认，应事先向公司公开欲利用的营业机会。

---

〔1〕 参照5 A. 2d 503，510（Del. 1939）。

〔2〕 Pat K. Chew，“Competing Interests in the Corporate Opportunity Doctrine”，67 *N. C. L. Rev.*.（1989）435，436.

〔3〕 Supreme Judicial Court of Maine（1995），661 A. 2d 1146，1151.

〔4〕 大法院2013. 9. 12. 2011DA57869：为了公司利益，董事会通过正当程序放弃有可能为公司带来利益的营业机会或对某一董事利用这一营业机会给予承认的，并不能认为该董事或参与董事会承认决议的董事违反了善管注意义务或忠实义务。同2017. 9. 12. 2015DA70044。

董事为一人或两人的公司无需组成董事会，因此，应通过股东大会普通决议对董事与公司间的交易作出承认（第383条第4项）。

对于一人公司的股东为董事的情形是否成为第397条之2的适用对象，存在不同学说，一般认为无需获得董事会承认。

（6）违反公司营业机会流用禁止的效力

（a）交易在私法上的效力

流用公司营业机会的法律效果并不归属于公司，因此，与商法规定的其他情形（代表董事违反内部限制、代表权滥用、董事的自己交易等）不同，即使交易相对方为恶意，也不影响交易在私法上的效力。这一点与违反竞业禁止义务的情形相同。

（b）损害赔偿责任

违反公司营业机会流用禁止规定给公司造成损失的董事与作出承认的董事承担连带损害赔偿责任，将董事或第三人因流用公司营业机会而取得的利益推定为公司遭受的损失（第397条之2第2项）。董事的这种损害赔偿责任可通过全体股东的同意免除（第400条第1项），违反营业机会流用禁止情形中的董事责任并不仅限于董事一年报酬额的6倍（第400条第2项）。与违反竞业禁止义务不同，违反营业机会流用禁止的情形中，不得行使介入权。但笔者认为，营业机会流用禁止与竞业禁止具有相似之处，因此，违反营业机会流用禁止的情形中，同样适用违反竞业禁止的情形中的介入权及除斥期间。如果不认可除斥期间，那么自最初利用公司机会时起经过10年后营业大获成功的情形中，仍然有可能因流用公司营业机会而被卷入损害赔偿诉讼当中。

★关于董事损害赔偿责任的商法第397条之2在立法上的误区

1. 第397条之2第2项规定："违反第1项造成公司损害的董事及作出承认的董事承担连带损害赔偿责任……"第1项规定欲利用公司营业机会的，应获得董事会承认，那么获得了承认，就应免责，但第2项又规定"作出承认的董事"应承担连带损害赔偿责任，前后明显矛盾。

2. 首先，从对第2项的解释上看，作出承认的董事承担责任应具备两个要件，一是违反第1项，二是使公司遭受损害。欲利用公司营业机会的董事将机会流用案件提交董事会获得承认的，由于没有违反第1项，无需适用第2项规定。第1项规定"董事未经董事会承认……不得……"据此，已经获得董事会承认的，就不违反第1项，这时即使公司遭受了损害，也应认为获得承认的董事及作出承认的董事不承担责任。

3. 但并不是说只要获得了承认，就允许其造成公司损害。无论承认与否，利用公司营业机会造成公司损害的董事都应承担责任。这时也可根据商法399条追究董事对公司的责任，但如果根据第397条之2追究公司责任，就可将董事或第三人流用公司营业机会获得的利益推定为公司受到的损失。从证明损害事实的层面上看，根据第397条之2追究董事责任更加有利于公司。

4. 最终，不仅未获承认的董事，获得承认后造成公司损害的董事也应承担责任。从法律条文上看，这种情形中，不是流用公司营业机会当事人的其他作出承认的董事也应承担连带责任。仅以作出承认为由，使其对流用公司营业机会当事人给公司造成的损害承担连带责任，显然过于苛刻。任何人都无法保障流用公司营业机会不会给公司造成损害，如此一来就不会有董事作出承认。即，作出承认的董事应保障流用公司营业机会当事人的事业绝对不会使公司遭受损害，但这就意味着任何人都不得流用公司营业机会，而董事会的承认就成了无法实现的条件。

5. 第2项规定从结构上看是错误的。违反第1项规定而流用公司营业机会的情形中，流用行为应为相对无效。只规定无论有无承认，因流用公司营业机会造成损害的董事都应承担损害赔偿责任即可。第2项一并规定了应被视为相对无效的事项与应进行损害赔偿的事项，也是产生混淆的原因。违反第1项的情形是流用公司营业机会当事人的单独行为，其他董事没有理由承担连带责任。反之，如果作出承认，就不存在第1项的违反，当然无需承担连带责任。法条规定“违反第1项造成公司损害的董事及作出承认的董事承担连带损害赔偿责任”是相互矛盾的，是立法上的错误。只要将其规定为“尽管董事会作出了承认，但董事仍实施第1项中列举的行为而使公司发生损失的，该董事应承担损害赔偿责任，应将因该行为董事或第三人获得的利益推定为公司受到的损失”即可。

（c）董事的解任及刑事处罚

公司可以解任违反营业机会流用禁止义务的董事，该董事可构成特别背任罪（第622条第1项）。

7）自己交易限制

（1）自己交易限制的含义

自己交易是指董事等以自己或第三人的计算（损失及责任的归属），以公司为相对方实施的财产上的法律行为。这种自己交易行为极有可能危害公司利益，[1]因此，实施行为的董事应事先获得董事会承认（第398条第1文）。董事进行自己交易的，应①事先向董事会表明关于相关交易的重要事实并获得董事会承认；②董事会的承认需由三分之二以上的董事作出；③交易内容与程序应公正。

（2）法律性质

董事自己交易的禁止属于韩国商法规定的董事忠实义务范畴（第382条之3），据此，自己交易的禁止构成董事忠实义务的具体内容，而非赋予董事的一项新的义务。董事自己交易禁止的目的在于保护公司与股东的利益。这是因为从结果上看，保护公司财产也有利于公司债权人的利益，但禁止董事自己交易是董事忠实义务的内容之一，而忠实义务基本上是对公司与股东的义务。债权人保护只是附随性的。

（3）应获董事会承认的主体

应获董事会承认的主体包括：

①董事、执行任员或主要股东（第542条之8第6号）；

②董事、执行任员或主要股东（第542条之8第6号）的配偶及直系尊卑属；

③董事、执行任员或主要股东的配偶的直系尊卑属；

④上述①至③列举的主体单独或共同持有具有表决权的发行股份总数50%以上的公司及其子公司；

⑤上述①至③列举的任何主体与上述④中的公司合计持有具有表决权的发行股份总数50%以上的公司。

这里所谓的董事（执行任员）是指交易当时的董事与准用董事的主体，包括董事辞任或因任期届满离任的情形中，至新选任的董事就任为止继续享有董事权限的人（第386条第1项）或法院选任的临时董事（第386条第2项），法院根据假处分选任的职务代行人（第407条第1项）等。对于清算人也适用商法第398条（第542条第2项），但不包括交易当时已经离开董事或执行任员职位的人。[2]董事应当是由股东大会合法选任的人，因此，以专务董事的名称实际参与公司业务期间具有与公司进行交易的事实，只要未曾通

〔1〕 大法院1973.10.31.73DA954；同2010.3.11.2007DA71271；同2012.12.27.2011DA67651。

〔2〕 大法院1988.9.13.88DAKA9098。

过股东大会被选任为董事，就不受商法第398条的限制，[1]即业务执行指示人等（第401条之2）实质上的董事被排除在了该条规定的适用范围之外。即使是“对公司产生实际影响的人”，只要不是股东，就不包含在内。配偶仅指法律上的配偶，不包括事实上的配偶。④中所谓共同是指董事、执行任员、主要股东（①）与②或③中列举的主体共同持有股份的情形。一般认为，母公司董事与子公司的交易无需获得母公司董事会的承认。子公司与完全母公司进行交易的情形中，也无需获得子公司董事会的承认。④与⑤中的公司包括有限公司、合资公司、合名公司、有限责任公司、合资组合、外国公司等。

★立法上的误区

股东不是业务执行人，因而逻辑上不能成为自己交易的主体。纵看各国立法，没有一个国家将股东包含在自己交易的主体范围内。韩国法律的这种规定不得不说是“奇怪”之举。对于主要股东追求私利的问题，不应适用自己交易规定来解决。法律规定的被限制自己交易的主要股东是“第542条之8第2项第6号中的主要股东”，也就是上市公司的主要股东。据此，非上市公司的主要股东与公司间的交易不属于自己交易。对此，也有学者认为，因其为非上市公司的主要股东而将其排除在限制自己交易的对象范围之外的做法存在不当之处，但法律明确将限制对象规定为“第542条之8第2项第6号中的主要股东”，因此，应排除非上市公司的主要股东。

（4）被限制的交易

商法第398条所谓的交易是指财产上的交易，不仅包括有偿行为，还包括免除董事债务等单独行为。对于从行为性质上看不具有发生公司与董事间利害冲突可能性的交易行为，当然没有进行限制的必要。[2]如，对于债务的履行、相抵、股份认购及实物出资行为、依据一般交易约定实行的程序性交易行为（储蓄协议、运输合同、仓储合同等）、董事的赠与行为或董事的债务承担行为等，董事会无需作出承认决议。判例认为，以个人名义持有公司债权的代表董事以其保管的公司资金偿还自身债权的行为，不属于具有利益冲突的自己交易行为，代表董事未经董事会承认偿还自己对公司享有的债权的行为是在代表董事权限范围内实施的对公司债务的票据行为，因而有效。根

---

〔1〕 大法院1966.1.18.65DA880 881；同1981.4.14.80DA2950。

〔2〕 大法院1962.3.13.62 RA 1；同2010.3.11.2007DA71271；同2010.1.14.2009DA55808。

据该判决，认定代表董事不具有获得非法利益的意思，因而也不构成侵占罪(横领罪)[1]。

对于何种交易属于应获得董事会承认的自己交易这一问题，应根据具体交易行为中董事与公司的利益是否发生冲突作出判断。据此，应认为有可能发生利益冲突的交易均应获得董事会承认。应获得董事会承认的自己交易如下：

(a) 直接交易，即以自己或第三人的计算（损失及责任的归属）实施的交易行为，不仅包含董事直接成为公司的交易相对方的情形（自己交易形式），还包括作为与公司进行交易的相对方的代理人或代表人实施的交易行为（双方代理形式）。如董事受让公司财产或董事从公司获得贷款的情形；再如兼任两家公司的代表董事并分别代表两家公司与对方签订合同的情形中，对于两家公司均构成直接交易行为，也属于自己交易，这时，两家公司均应获得董事会承认。[2]又如，公司的代表董事与其担任平董事(外部董事，社外董事）的其他公司签订合同的，构成对该其他公司的直接交易行为，即自己交易，因此应获得该其他公司董事会的承认。公司的代表董事对其担任董事长的私立学校法人进行捐赠的行为，同样构成自己交易。[3]

(b) 间接交易，即形式上为公司与第三人之间的交易，而实质上可能引起公司与董事的利益冲突的交易，如公司就董事个人的债务与第三人签订担保合同的情形。[4]从商法第 398 条规定上看，只有董事成为公司的直接相对方或相对方的代理人、代表人的情形（直接交易）属于自己交易。但早前判例就认定，商法第 398 条规定的交易不仅包括董事与股份公司间将要成立的利益相反的行为，还包括就董事个人债务使债权人免责性或重叠性地承担债务等利于董事而不利于公司的行为，[5]据此，对于间接交易也一直

[1] 大法院 1999. 2. 23. 98DO2296；同 2002. 7. 26. 2001DO5459；同 2010. 1. 14. 2009DA55808。

[2] 大法院 1969. 11. 11. 69DA1374；同 1996. 5. 28. 95DA12101，12118。

[3] 大法院 2007. 5. 10. 2005DA4284. 4291。

[4] 大法院 1974. 1. 15. 73DA955；同 1984. 12. 11. 84DAKA1591；同 1992. 3. 31. 91DA16310（公司就董事个人债务与第三人签订连带保证合同的情形）。

[5] 大法院 1965. 6. 22. 65DA734。

适用商法第398条。[1]《日本公司法》规定，公司对董事的债务提供担保的行为或在与董事以外的其他人之间实施的公司与董事利益相反的行为，均应获得董事会承认，以此明确了间接交易也属于自己交易（日会第356条第1项第1号）。[2]间接交易分为自己交易形式[3]与双方代理形式。[4]

大法院1980.7.22.80DA828：股份公司的董事为本公司代表董事提供借款的情形中，公司为该债务提供连带保证的行为属于自己交易
股份公司的董事为本公司代表董事提供借款，而公司为该债务提供连带保证的，构成董事与公司间利益相反的行为，因此，未经董事会承认的上述连带保证行为无效。……（通过代表董事向董事借贷资金）公司从董事处借用资金的行为是董事与公司间的利益相反的交易行为，若无董事会决议，则该连带保证无效。

大法院1996.5.28.95DA12101：兼任甲、乙两公司代表董事的人进行的两公司之间的交易也属于自己交易，未经董事会承认则无效
由兼任甲、乙两公司代表董事的人签订甲、乙之间的土地及建筑物买卖合同并以乙公司名义办理所有权移转手续的情形中，该买卖合同的签订属于“董事的自己交易”，若无其他特殊事由，该交易能够在甲公司与其董事间引起利害冲突甚至使甲公司遭受损失，由于未经甲公司董事会承认，该买卖合同对乙公司无效。同旨：大法院1984.12.11.84DAKA1591，公司应证明作为交易相对方的第三人明知连带保证未获董事会承认的事实，无法证明的，连带保证有效（相对无效说）。

（c）票据行为：对于票据行为是否也应作为自己交易获得董事会承认，

---

〔1〕同旨：大法院1974.1.15.73DA955，对于董事的个人债务，由该董事代表公司对债权人进行债务承担的，构成对公司的不利行为。大法院1980.7.22.80DA828：股份公司的代表董事借给他人金钱的情形中，公司对该债务提供连带保证的行为构成董事与公司间利益相反的交易行为，因此，如果未获得董事会承认，则连带保证行为无效。同旨：大法院1980.7.22.80DA341.342。同旨：大法院1989.1.31.87NU760，代表董事为了供其个人使用而以公司名义发行支票或对他人发行的本票以公司名义进行背书的情形。同旨：大法院1980.1.29.78DA1237，董事受让公司债权的情形。

〔2〕担任A、B两家公司代表董事的甲，对于A公司的债务，代表B公司签订债务承担合同（东京地方裁判所1961.9.11.）、签订最高额抵押合同（东京地方裁判所1963.1.30.）或签订连带保证合同（大阪地方裁判所1966.12.15.）的情形均属于自己交易。

〔3〕大法院1965.6.22.65DA734；同1980.1.29.78DA1237；同1980.7.22.80DA828。

〔4〕担任两家公司代表董事的人，对其中一家公司的债务，代表另一家公司提供连带保证的情形。大法院1984.12.11.84DAKA1591。

存在肯定说与否定说。根据否定说，票据行为是区别于原因关系的交易手段，仅以其本身不会产生利益冲突，据此，对于票据行为不适用关于董事与公司间交易的规定。票据关系本身是有效的，但如果因原因关系未能获得董事会承认而认定其无效，也只是构成主观的抗辩事由。〔1〕

票据行为人基于票据行为承担新的票据债务，该票据债务伴随着抗辩切断、举证责任调转、破产引起的交易停止处分等不利结果，因此，难以将票据行为视为没有利害冲突的行为。据此，票据行为也属于自己交易行为，应获得董事会承认。〔2〕判例采取同样的立场。〔3〕

（5）自己交易的允许

（a）公开重要事实

作为交易当事人的董事应在董事会作出承认决议之前公开关于自己交易的重要事实。〔4〕如果没有事先向董事会公开关于自己交易的事项，对“该交易作为利益相反的交易是否公正”未作审议，而是单纯作为通常交易作出允许交易的董事会决议，则应视为不存在董事会承认。〔5〕董事会审查董事与公司交易的公正性时，对于与该交易相关的重要信息未作充分审查即作出承认的，构成董事注意义务的违反，属于重大过失。若没有事先向董事会公开重要事实，则构成未获董事会承认的交易而无效。

（b）承认方法

自己交易的承认应由出席董事的三分之二以上作出。这是董事会的专门决议事项，只能由董事会作出，股东大会不得作出该项承认决议。〔6〕但全体股东同意的情形〔7〕或章程规定为股东大会权限事项的，股东大会也可作出承认决议。〔8〕全体股东同意的情形中，也只是免除商法第399条规定的责任（第400条第1项），仍可以不法行为为由要求董事赔偿损失。〔9〕

---

〔1〕 徐燉珏、郑完溶（上）393页。

〔2〕 同旨：李炳泰（上）673页；郑灿亨（上）740—741页；崔基元（会）674页；郑东润（上）634页；李哲松（会）971页；金正皓（会）471页。

〔3〕 大法院1965.6.22.65DA734；同1966.9.6.66DA1146；同1978.3.28.78DA3；同1994.10.11.94DA24626；同2004.3.25.2003DA64688。

〔4〕 大法院2007.5.10.2005DA4284，4291；《特拉华州公司法》第144条。

〔5〕 大法院2007.5.10.2005DA4284，4291。

〔6〕 大法院2007.5.10.2005DA4284，4291。

〔7〕 大法院1992.3.31.91DA16310；同2002.7.12.2002DA20544。

〔8〕 大法院2007.5.10.2005DA4284，4291。

〔9〕 大法院1989.1.31.87NU760。

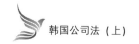

董事会的承认应根据作为利益冲突行为当事人的董事的要求个别作出。作为例外，在反复进行同种交易的情形中，可规定种类、期间、金额限度等事项，在合理的范围内进行囊括性承认。[1]承认并非必须采取董事会会议的方法，只要存在其他董事的合议即可。[2]就承认举证责任而言，第三人主张其通过与公司交易而取得权利的情形中，应由该第三人主张并证明“获得了董事会承认”的事实。[3]但公司主张交易无效的情形中，应由公司证明“未获得董事会承认”及“交易相对方，即第三人明知未获承认的事实（恶意）”。[4]董事欲主张自己交易有效的，应由董事证明“获得了董事会承认或无需获得董事会承认的事实”。[5]

尽管第三人为善意，但能够证明其因重大过失未能知晓未获承认之事实的，应视为其具有恶意。此处的恶意是指第三人只要稍加注意就能知晓该交易为董事与公司间的交易，应获得董事会承认却未获董事会承认的事实，而盲目信任该交易已获得董事会承认等明显违反通常交易观念上注意义务的情形，即从公平的观点上看，被认定为无需保护第三人的情形。[6]

承认时期仅限于事前承认，不得进行事后承认（追认）。2011 年修订商法之前，认为董事会可对董事的自己交易进行追认，[7]但 2011 年修订商法中明文规定“应事先向董事会公开关于交易的重要事实并获得承认”，以此否定了事后承认。相关董事作为特别利害关系人不得行使表决权。

（c）承认效果

董事会的承认只不过是董事自己交易的有效要件，董事的责任并不因此而被免除。据此，因已获承认的董事的自己交易而使公司遭受损失的，作为当事人的董事与赞成承认决议的董事应承担连带损害赔偿责任（第 399 条第 1

---

〔1〕 郑东润（上）635 页；李哲松（会）742 页；郑灿亨（上）973 页；李基秀、崔秉珪（会）399 页。

〔2〕 大法院 1967. 3. 21. 66DA2436。

〔3〕 大法院 1966. 11. 15. 66DA1652。

〔4〕 大法院 1984. 12. 11. 84DAKA1591；同 1994. 10. 11. 94DA24626。

〔5〕 大法院 2006. 3. 9. 2005DA65180。

〔6〕 大法院 2004. 3. 25. 2003DA64688；同 2013. 7. 11. 2013DA16473。

〔7〕 大法院 2007. 5. 10. 2005DA4284，4291：并不能认为商法只规定了董事与公司之间的交易应获得董事会的事先承认，而排除了事后承认。

项、第2项)，还应承担因不法行为引起的损害赔偿责任。[1]承认后交易内容与程序应当公正（第398条第2文)。

（d）一人公司或董事为一人的情形

资本金为10亿韩元以下的公司可设置董事一人，而董事为一人的公司中不设置董事会，因此，对于董事与公司的交易应以股东大会普通决议作出承认（第383条第4项)。据此，欲避免召集股东大会等繁琐程序的，应设置三人以上的董事（董事为两人的，也应由股东大会作出承认)。董事为三人以上的情形中，作为利害关系当事人的董事一人不得参与决议，其他董事二人应对承认案件表示赞同。

一人公司的股东为董事的情形中，对于该董事与公司之间的交易是否为第398条的适用对象存在不同学说。第一种学说认为，董事个人与公司并非利益相反的关系，因此，作为一人股东的董事与公司间的交易并不属于自己交易，也不需要董事会承认。[2]第二种学说认为，公司财产是对所有债权人的担保，即使一人股东为董事，也不能保障其与公司的利益一致，因此，作为一人股东的董事进行的交易也是第398条的适用对象。[3]笔者赞同第一种学说。

大法院1992.3.31.91DA16310：对于公司对董事承担债务的行为，如果事先获得全体股东同意，即使未获得董事会承认，公司也不得规避这一责任
虽然认为公司对董事承担债务的行为属于商法第398条规定的董事的自己交易行为而需要董事会承认，但该条规定的宗旨在于防止公司及股东遭受意想不到的损害，因此，就该承担债务的行为，如果事先获得了全体股东的同意，那么，公司不得以未获董事会承认为由规避责任。

〔1〕 大法院1989.1.31.87NU760：代表董事为了供其个人使用而以公司名义发行支票或对他人发行的本票以公司名义进行背书，从而使公司承担支付责任，致使公司遭受损失的情形中，该代表董事的行为属于商法第398条规定的董事与公司间利益相反的交易行为，因此，不论有没有获得董事会承认，股份公司均可行使商法第399条规定的损害赔偿请求权，也可行使滥用代表权实施的违法行为引起的损害赔偿请求权。

〔2〕 崔基元（会）675—676页；郑东润（上）634页；大法院1992.9.14.92DO1564；日本最高裁判所1975.12.26；同1970.8.20。

〔3〕 孙珠瓒（上）799页；李哲松（会）741页。

（6）未获承认的自己交易行为的效力

关于未获董事会承认的董事的自己交易行为的效力，存在不同学说。

（a）有效说认为，关于自己交易限制的规定是确定董事义务的命令性规定，而董事会的承认要件只不过提示了一种业务执行的决议方法，因此，为了保护交易安全，应将其视为有效，而公司利益可通过董事的损害赔偿责任与对恶意取得者的恶意抗辩获得保护。〔1〕

（b）无效说认为，未获董事会承认的自己交易违反董事的忠实义务，没有必要以牺牲公司利益为代价保护违反法律的董事或利用该董事谋取利益的第三人，因此应为无效。可通过民法中关于善意取得的规定保护交易安全。〔2〕

（c）相对无效说认为，未获承认的自己交易在公司与董事之间无效，而对外如果无法证明相对方为恶意（或虽为善意，但存在重大过失），则有效（判例）。〔3〕根据相对无效说可协调公司利益与交易安全，笔者赞同该学说。

违反自己交易限制规定的情形中，只有公司才能主张交易无效，而相关董事及第三人不得以违反自己交易限制规定或相对方为恶意为由主张交易无效。〔4〕

（7）违反自己交易限制规定的董事责任

（a）损害赔偿责任

违反自己交易限制规定的董事对公司承担损害赔偿责任（第399条）与不法行为责任。〔5〕董事的损害赔偿责任可通过全体股东的同意免除，〔6〕但这种情形中董事的不法行为责任并不消灭。〔7〕违反自己交易限制规定而承担的损害赔偿责任不同于一般的损害赔偿责任，其责任金额并不仅限于董事一年

---

〔1〕徐廷甲（上）286页。梁承圭：《商法事例研究》，三英社1983年版，第148页。

〔2〕崔基元（会）681—682页。

〔3〕李炳泰（上）800页；郑灿亨（上）743页；李哲松（会）974—975页；郑东润（上）636页；孙珠瓒（上）800页；大法院1973.10.31.73DA954；同1974.1.15.73DA955；同1978.3.28.78DA4；同1978.11.14.78DA513；同1978.12.26.77DA907；同1994.10.11.94DA24626.同1978.12.28.77DA907；同1980.7.22.80DA341，342；同1981.9.8.80DA2511；同1984.12.11.84DAKA1591；同1990.12.11.90DAKA25253；同1996.1.26.94DA42754；同2004.3.25.2003DA64688；同2005.5.27.2005DA480。

〔4〕大法院2012.12.27.2011DA67651。

〔5〕大法院1989.1.31.87NU760。

〔6〕大法院1978.12.28.77DA907；同1980.7.22.80DA341，342。

〔7〕大法院1989.1.31.87NU760。

报酬额的 6 倍（第 400 条第 2 项）。

（b）董事的解任及刑事处罚

公司可解任违反自己交易限制规定的董事，相关董事可构成特别背任罪（第 622 条第 1 项）。

（8）关于上市公司自己交易的特别规定

商法禁止上市公司与其主要股东、特殊关系人、董事（包括第 401 条之 2 规定的业务执行指示人）、执行任员、监事进行信用交易（金钱等具有经济价值的财产的借贷，债务履行担保，资金支援性质的证券购买及其他总统令规定的交易），因此，即使获得董事会承认，也不得实施上述行为，但可实施福利性质的金钱借贷或法律允许的不危害上市公司经营健全性的资金借贷（第 542 条之 9 第 2 项）。

资产规模 2 兆韩元以上的上市公司欲与其最大股东或特殊关系人进行一定规模以上交易的，应获得董事会承认，并在该承认决议作出后最初召开的定期股东大会中就该项交易进行报告（第 542 条之 9 第 3 项）。但相关法人根据其经营范围进行的日常交易、根据金融机关条款进行的交易、董事会就交易金额作出承认的交易等，无需获得董事会承认（第 542 条之 9 第 5 项）。关于董事会的承认，商法未作任何规定，因此，不应按照第 398 条规定，由三分之二以上的董事作出决议，而是要求半数以上的董事出席会议并由出席董事的半数以上作出表决。

8）报告义务

（1）报告义务的含义及认定理由

（a）董事发现明显可能危害公司利益之事实的，应及时向监事或监查委员会进行报告（第 412 条之 2、第 415 条之 2 第 6 项）。作为保障监查实效性的方案之一，这是为了使监事或监查委员会更加易于实行监查，事先防止公司损失而新设于 1995 年修订商法中的一项规定。根据这一规定，董事不仅承担监事或监查委员会要求的消极的报告义务（第 412 条第 2 项、第 415 条之 2 第 6 项），还承担监事或监查委员会未提出要求时的积极的报告义务。

（b）除了这种对监事或监查委员会的报告义务外，董事还可要求代表董事就其他董事或被雇用人的业务向董事会进行报告（第 393 条第 3 项）。董事应将业务执行情况至少每三个月报告董事会一次（第 393 条第 4 项），据此，董事还负有对董事会的报告义务。

（2）报告义务的内容

董事对监事或监查委员会的报告并非在所有业务执行过程中进行，而是仅限于“发现明显可能危害公司利益之事实”的情形，这时并不要求必须存在董事的违法行为。关于报告方式没有任何限制，可以口头或书面形式进行报告。监事为数人的，向其中一名监事报告即可，而向监查委员会报告的情形中，向其中的委员一人报告即可。发现上述事实后应立即进行报告（第412条之2）。

（3）违反报告义务的效果

董事违反报告义务给公司造成损害的，应向公司承担损害赔偿责任（第399条第1项），监事或监查委员会应将其记载于监查报告书中（第447条之4第2项第10号）。收到董事报告的监事未向董事会进行必要的报告（第391条之2第2项）或未采取请求召集临时股东大会（第412条之3）等必要措施而使公司遭受损失的（参照第413条），可能发生第414条规定的赔偿责任。

9）监视义务

（1）监视义务的含义

董事通过董事会监督包括代表董事在内的其他董事的业务执行情况（第393条第2项）。所有董事均对公司承担善管注意义务，因此，代表董事、共同代表董事、业务担当董事、非业务担当董事（外部董事或非常勤董事）负有互相监视的义务。[1]特别是对于业务担当董事的监视义务的程度，判例认为“在一定的业务分工下，执行公司日常业务的业务担当董事所承担的注意义务应高于完全不执行业务的外部董事”。[2]

所有董事个人也应对公司承担善管注意义务，因此，董事应当承担监视义务。[3]

大法院1985.6.25.84DAKA1954：认定董事的监视义务的判例
股份公司中不执行业务的外部董事的职责并不仅限于作为董事会一员对董事会议案作出赞同或反对的意思表示，还包括对代表董事等业务担当董事的全部业务执行进行监督，因此，外部董事有理由怀疑业务担当董事的业务执行违法却违反这种监视义务而放任之的，应赔偿公司因此而受到的损失。

〔1〕郑东润（上）626页；李哲松（会）709—713页；郑灿亨（上）980页；金正皓（会）459页。

〔2〕大法院2008.9.11.2007DA31518。

〔3〕郑东润（上）626页；李哲松（会）709—713页；郑灿亨（上）980页；金正皓（会）459页。

续表

旧商法规定，监事仅享有会计监查权，但由于监事一直干预公司交易相对方的经营，处于足以知晓董事违法行为（税法中的申报不履行）的地位，因此，如果通过行使会计监查权就能发现这一事实，就应赔偿因违反监督义务使公司遭受的损失。……因董事、监事懈怠股份公司的任务而引起的损害赔偿责任是基于委任关系的债务不履行责任，其时效消灭期间为10年。大法院2002. 5. 24. 2002DA8131；同2004. 12. 10. 2002DA60467，60474；同2006. 7. 6. 2004DA8272；同2007. 9. 20. 2007DA25865；同2007. 9. 21. 2005DA34797；同2007. 12. 13. 2007DA60080；同2012. 7. 12. 2009DA61490；同2008. 9. 11. 2006DA68636：大型公司的共同代表董事与业务担当董事，即使根据内部业务分工专门负责各自的专业领域，也不得免除对其他董事业务执行的监视义务，而且还应承担对第三人的损害赔偿责任。同2014. 12. 24. 2013DA76253；同2019. 1. 17. 2016DA236131：股份公司的董事有理由怀疑其他业务担当董事的业务执行违法而放之任之的，对公司受到的损害承担赔偿责任。

（2）义务范围（非业务担当董事的监视义务）

即使认定非业务担当董事的监视义务，对于该监视义务的范围也存在争议。

（a）消极说认为，非业务担当董事无需承担类似业务担当董事的不断积极地对公司的整体经营给予注意的义务。

（b）积极说认为，非业务担当董事得知其他董事违反职责的情形或通过对公司业务执行情况的了解，认为有可能违反法律或构成不当业务执行的情形中，均负有对其采取纠正措施的义务。

（c）判例认为，非业务担当董事有理由怀疑业务担当董事实施不当行为而放任之的，构成对监视义务的违反。[1]

（d）笔者认为，非业务担当董事积极掌握了解公司的整体业务执行情况，并对公司的业务执行是否违法或存在不当情形进行监视不具有现实性。据此，应理解为非业务担当董事只有在明知其他董事的业务执行违法的情况下才承担监视义务（折中说）。[2]

---

〔1〕大法院1985. 6. 25. 84DAKA1954。

〔2〕郑东润（上）627页；李哲松（会）711—713页；郑灿亨（上）981—982页；大法院1985. 6. 25. 84DAKA1954。

（3）违反监视义务的效果

董事违反监视义务构成对善管注意义务的违反与懈怠任务，因此，该董事应对公司承担损害赔偿责任（第399条）。如果董事为恶意或具有重大过失，还应对第三人承担损害赔偿责任（第401条）。对于董事对公司的该种责任的消灭时效存在争议，判例认为，这种责任是基于委任关系的债务不履行责任，消灭时效应为10年。[1]

6. 董事的责任

董事的责任可分为对公司的责任与对第三人的责任。

1）董事对公司的责任

董事对公司的责任包括损害赔偿责任与资本金充实责任。非业务担当董事所承担的董事责任与业务担当董事没有区别。

（1）责任依据

董事与公司是委任关系（第382条第2项），因此，董事作为公司的受托人应承担善管注意义务，违反这一义务的，应承担债务不履行责任或不法行为责任。除了这些一般法规定的责任以外，商法第399条也规定了董事责任，对于该条规定的责任性质存在争议。法定责任说认为，董事不仅承担民法中因不履行委任协议引起的损害赔偿责任，由于其作为董事会成员参与公司的业务决定，根据其地位的重要性与行为产生的深远影响，还应承担严格的法定责任。与此相反的债务不履行责任说则认为，这是董事因违反委任协议中的善管注意义务而对公司承担的责任。大法院1985.6.25.84DAKA1954判决也认为，商法第399条第1项规定的因懈怠任务引起的责任并非一般的不法行为责任，而是基于委任关系而产生的债务不履行责任，[2]因此，其消灭时效同样为10年。笔者认为，商法第399条第2项、第3项规定了与民法中的委任协议不同的董事连带责任，因此，应认为这是一种法定责任。

责任主体不仅包括外部董事，还包括业务执行指示人（实质董事）（第401条之2，后述）。

（2）损害赔偿责任

董事故意或因过失实施违反法令或章程的行为或懈怠任务的，应对公司承担连带损害赔偿责任（第399条第1项）。

---

[1] 大法院1985.6.25.84DAKA1954。

[2] 同旨：大法院1996.4.9.95DA56316。

（a）董事实施违反法令或章程的行为如：违反商法取得自己股份（第341条）、提交违法分配议案（第462条）、未获董事会承认进行自己交易（第398条）、与认购人共谋以明显不公平的发行价格认购股份（第424条之2第3项）、违反竞业禁止义务（第397条）、违反履行任务时应遵守的商法规定或公司在经营活动中应遵守的法律规范的情形。但违反政府或公司的方针政策或公司内部规定的，不属于违法行为。因违反法令或章程而引起的损害赔偿责任是过失责任。董事一旦违反法令或章程，就推定其具有过失，因此，无过失的证明责任应由董事自己承担。

（b）董事懈怠任务如：因董事的监督不充分，支配人浪费公司财产、疏忽监视义务、放弃回收公司债券、因未能很好地制作财产状况表而进行不当利益分配等未能尽到善良管理人的注意义务的情形。[1]单纯未能很好地作出经营判断（business judgment，后述）不属于懈怠任务的情形。仅违反政府或公司方针政策也不构成懈怠任务。[2]这时的损害赔偿责任是过失责任。[3]

（c）与民法中基于委任合同的赔偿责任不同，董事承担的损害赔偿责任是连带责任，实际上，不仅实施违法行为或懈怠任务的代表董事或董事，如果行为是基于董事会决议作出的，董事会中对该项决议表示赞同的董事也应承担连带责任（第399条第2项）。[4]董事会会议录中没有关于董事就该项决议提出异议的记载的，视为赞成该项决议（第399条第3项）。将董事出席董事会后放弃作出决议的情形记载于议事录的情形，并不将其推定为赞成决议。这里所谓的董事不仅包括代表董事，还包括无代表权的董事、名义董事（仅在登记簿上记载为董事）[5]等。

懈怠任务的证明责任应由主张这一事实的公司或第三人承担。[6]

---

〔1〕大法院 2006. 7. 6. 2004DA8272。

〔2〕大法院 2004. 9. 24. 2004DA3796；同 2005. 1. 14. 2004DA34349。

〔3〕大法院 1985. 11. 12. 84DAKA2490：从过失责任的意义上看，仅以单纯的迟滞债务履行这一事实，并不能视为具有懈怠任务的违法情形。

〔4〕大法院 2007. 5. 31. 2005DA56995。

〔5〕大法院 2003. 4. 11. 2002DA70044；同 2006. 9. 8. 2006DA21880；同 2010. 2. 11. 2009DA95981；东京高等法院 2011. 12. 8. 判决。

〔6〕郑东润（上）641页；蔡利植（上）564页；郑灿亨（上）987页。

大法院 2002. 2. 26. 2001DA76854：以代表董事懈怠任务为由，认定其对公司承担损害赔偿责任的判例
相互信用金库的代表董事在其任职期间，超过贷款限度为同一人提供贷款而未设定充分的担保，导致相互信用金库难以回收贷款，因而遭受损失的情形中，该代表董事应向相互信用金库赔偿未能回收的贷款中超过贷款限度的部分。同旨：大法院 2002. 6. 14. 2002DA11441。可参考事件的整体情况限定赔偿金额。大法院 2004. 12. 10. 2002DA60467，60474；同 2005. 10. 28. 2003DA69638。

（d）具备商法第 399 条规定的要件的，不追究违反民法中的委任协议的责任，对此没有异议。同时，对于其与民法上的不法行为责任发生竞合也无异议（请求权竞合说）。[1]

（e）损害赔偿责任的限制：损害赔偿的范围是与违反法令或章程的行为或懈怠任务行为具有因果关系的公司损害。[2]判例认为，可参照发生损害的整体情况，根据公平分担损害这一损害赔偿原则，限制董事的损害赔偿金额。[3]

（3）资本金充实责任

发行新股进行变更登记后存在尚未认购的股份或股份认购要约被取消的，视为董事共同认购该股份（第 428 条第 1 项）。这是为了充实公司资本金而规定的认购担保责任，是一种无过失责任，由全体董事作为共同认购人连带承担缴纳责任（缴纳担保责任，第 333 条第 1 项）。但履行认购担保责任后公司仍发生损失的，董事应承担连带损害赔偿责任（第 428 条第 2 项），该责任是懈怠任务引起的损害赔偿责任，是过失责任。

---

〔1〕大法院 1989. 1. 31. 87NU760：股份公司的代表董事为了供其个人使用以公司名义发行支票或对他人发行的本票以公司名义进行背书，从而使公司承担支付责任，致使公司遭受损失的情形中，该代表董事的行为属于商法第 398 条规定的董事与公司间利益相反的交易行为，因此，不论有没有获得董事会承认，股份公司均可行使商法第 399 条规定的损害赔偿请求权，也可行使滥用代表权实施的违法行为引起的损害赔偿请求权。

〔2〕大法院 2005. 4. 29. 2005DA2820；同 2007. 7. 26. 2006DA33609。

〔3〕大法院 2004. 12. 10. 2002DA60467；同 2005. 10. 28. 2003DA69638；同 2007. 7. 26. 2006DA33609；同 2007. 9. 21. 2005DA34797；同 2007. 10. 11. 2007DA34746；同 2007. 11. 30. 2006DA19603；同 2014. 4. 10. 2012DA82220。

（4）责任的追究

公司（代表董事）没有对董事提起追究责任之诉的，少数股东可为了公司利益，根据一定要件直接对董事提起诉讼（第403条以下）（代表诉讼），甚至可以提起关于该董事的解任请求之诉。

（5）责任的免除与解除

（a）积极的责任免除

董事对公司的损害赔偿责任可通过包括无表决权股东在内的全体股东同意而免除（第400条第1项）。[1]商法第400条规定的通过全体股东的同意免除的董事责任是已经发生的具体责任，而非将来可能发生的损害责任，因此，对此不得作出事先同意。[2]股东大会的同意可以默示性意思表示作出，[3]事实上的一人公司中的一人股东作出的同意也可被视为股东大会的同意。[4]但董事的不法行为引起的损害赔偿责任不得被免除。据此，根据商法第399条规定提起的诉讼并不具有中断因不法行为引起的损害赔偿请求权的消灭时效的效力。[5]

大法院1989.1.31.87NU760：商法第400条规定的董事责任免除中不包括不法行为责任
全体股东就"因代表董事实施的行为发生的损失作为特别损失处理"作出决议的，属于商法第400条规定的董事责任免除，但因此而合法消灭的损害赔偿请求权仅限于商法第399条规定的权利，因不法行为引起的损害赔偿责任并不消灭。同旨：大法院1996.4.9.95DA56316；同2017.3.9.2016DA259073。

（b）责任的减轻

公司可根据章程规定，对于超过董事实施该行为之日的前一年报酬额（包括奖励金与通过股份优先购买权的行使取得的利益等）6倍（外部董事的情形为3倍）的金额免除第399条规定的董事责任。但董事故意或因重大过失造成损失的情形，或属于违反竞业禁止义务（第397条）、违反禁止流用公

〔1〕大法院2002.6.14.2002DA11441。

〔2〕首尔高等法院1995.11.1.94NA41364。

〔3〕大法院2008.12.11.2006DA5550；同2008.12.11.2005DA51471；同2017.3.9.2016DA259073。

〔4〕大法院2002.6.14.2002DA11441。

〔5〕大法院2002.6.14.2002DA11441。

司营业机会及资产的义务（第397条之2）、违反禁止自己交易的义务（第398条）等情形的，不得免除董事责任（第400条第2项）。董事以第三人之计算（损失及责任归属）实施这些行为的，即使董事未获得任何利益，也应承担无限责任，这是为了对实施这些行为的董事加以惩戒。章程中没有规定应以股东大会决议免除责任的，免除权人可通过董事会决议免除责任（第400条第2项）。

（c）消极的责任免除（解除）

定期股东大会对财务报表作出承认后两年内未作出其他决议（责任追究或责任保留等）的情形中，只要董事没有实施不当行为，即视为公司解除董事责任（第450条）。这里所谓的其他决议不仅包括股东大会决议，还包括董事会决议或提起诉讼行为。不当行为不仅包括恶意的加害行为，还包括不法行为及其他不正当的董事行为。[1]对追究董事责任进行决议的，相关董事与作为监事的股东属于关于该决议的特别利害关系人。[2]

大法院2007. 12. 13. 2007DA60080：根据商法第450条规定被解除责任的事项，仅限于被记载于财务报表中的或能够通过财务报表得知的事项
某建筑公司为了使缴纳法人税及持续的经营活动更加顺利，不可避免地进行了虚假结算（window dressing settlement），这是明显的违法行为，不能成为经营判断对象而被免责。对于董事的懈怠任务行为不适用关于不法行为的3年的消灭时效，而应适用基于委任关系的债务不履行责任的10年消灭时效。根据商法第450条规定被解除责任的事项，仅限于被记载于财务报表中的或能够通过财务报表得知的事项。……非常任监事与常任监事承担相同的职责与责任。确定损害赔偿范围时，应综合考虑相关营业的内容与性质、相关董事或监事违背职责的过程及状态、公司遭受的损害及损害扩散的客观情况和程度、平时董事或监事对公司的贡献度、相关董事或监事有无通过违反职责行为获得利益、公司组织结构有无缺陷、有无构建风险管理体系等整体情况，根据公平分担损害这一损害赔偿理念限定赔偿金额。

★立法上的误区

1. 第450条第1项规定："在定期股东大会中获得前条第1项规定的承认后两年内没有作出其他决议的……"这里的前条原来是指第449条（财务报表

〔1〕首尔高等法院1977. 1. 28. 75NA2885。

〔2〕大法院2007. 9. 6. 2007DA40000。

等的承认、公告），但 2011 年修订商法中新设了第 499 条之 2（关于财务报表承认等的特别规则），因此，目前的“前条”应为第 449 条之 2。据此，应将第 450 条中的“前条第 1 项规定的承认”修改为“第 449 条第 1 项规定的承认”。

2. 如果不修改第 450 条第 1 项中“前条第 1 项规定的承认”这一表述，那么，只要有关于财务报表的外部监查人的适当意见与全体监事（监查委员会）的同意，董事会就可代替股东大会对财务报表作出承认，这时只要将财务报表报告股东大会即可。这就造成了只有这种情形中才可根据第 450 条规定解除董事与监事责任的结果。也就是说，在股东大会中承认财务报表的，不得免除董事责任，董事会对财务报表作出承认后报告股东大会才可免除责任。这是立法上的误区。如果从规制力的角度上认为股东大会的承认较强，董事会的承认较弱，就应作出相反的规定，原则上两种情形中都可解除责任。应将第 450 条第 1 项修改为“根据第 449 条第 1 项及第 449 条之 2 第 1 项作出承认后，若无其他决议，则认为公司解除董事与监事的责任”。应将此处的其他决议理解为第 449 条中的股东大会其他决议与第 449 条之 2 中的董事会其他决议。

（d）为了保护债权人，即使全体股东同意，也不得免除董事的资本金充实责任。

（6）责任时效

董事对公司承担的损害赔偿责任是基于委任关系的债务不履行责任，而非不法行为责任，因此，其责任时效应为 10 年（民法第 162 条）。[1]资本金充实责任的情形也相同。但法人代表实施不法行为情形中的损害赔偿请求权的短期消灭时效的起算点（因为作为被害人的公司知晓不法行为之时是指实施该不法行为的代表董事知晓之时）为除了不法行为人（即代表董事）以外的其他任员知晓该不法行为之时。[2]

2）董事对第三人的责任

（1）责任内容

董事故意或因重大过失懈怠其任务的，该董事应与其他参与决议的董事

---

〔1〕 大法院 1985. 6. 25. 84DAKA1954；同 1969. 1. 28. 68DA305；同 1985. 6. 25. 84DAKA1954；同 2006. 8. 25. 2004DA24144；同 2007. 5. 31. 2007DA248。

〔2〕 大法院 2012. 7. 12. 2012DA20475。

对第三人承担连带损害赔偿责任（第401条第1项）。[1]规定这一责任是为了通过使董事慎重履行职责，保护第三人利益，但董事应集中迅速处理诸多繁杂事务，因此，对于轻微过失无需承担责任。除了日本与韩国以外，其他国家没有关于董事对第三人的责任的立法，而是均以法人人格否认论处理这一问题。在股东同时为董事的小型股份公司中，以商法第401条（董事对第三人的责任）规定代替了法人人格否认论。[2]

★对于代表董事、董事、被雇用人不法行为的公司及个人责任

（1）代表董事因执行业务给他人造成损害的，公司与该代表董事应承担连带损害赔偿责任（不真正连带责任）（第389条第3项、第210条）。第210条是民法第35条（法人的不法行为责任）的特别规定。可将这里的“因执行业务”理解为“因代表行为”。据此，该条规定适用于代表行为与执行业务有关且从行为外观上看在代表董事职务范围内的情形（即使是为了追求代表董事个人利益或违反法令）。[3]这是为了更好地保护被害人而规定的代表董事的连带责任，[4]据此，公司赔偿他人损失后，可向代表董事追偿。此外，对于代表董事对第三人实施的不法行为，适用民法第750条规定。此外，对于非代表董事不适用第389条第3项及第210条规定。公司的使用人责任（民法第756条）另当别论。

如上所述，规定公司承担代表董事对第三人实施的不法行为引起的责任，是因为作为公司机关的代表董事的行为即被认为是公司行为，而且这也是出于为救济被害人提供万全之策的政策上的考量。公司机关的不法行为即为公司的不法行为，据此，通常认为公司也具有不法行为能力。这也与民法第35条第1项的宗旨相同。

对于代表董事的行为不适用民法第756条规定。这是因为，公司代表即

〔1〕 大法院 1985. 11. 12. 84DAKA2490：对于因代表董事单纯的履行迟延而给交易相对方造成的损害，不适用商法第401条规定。

〔2〕 李哲松（会）774页；郑灿亨（上）995页。

〔3〕 大法院 1990. 3. 23. 89DAKA555。同旨：大法院 1990. 11. 13. 89DAKA26878；同 2005. 2. 25. 2003DA67007；同 2017. 9. 26. 2014DA27425。

〔4〕 大法院 1980. 1. 15. 79DA1230：因代表董事在业务执行过程中的违法行为致使第三人遭受损害的，代表董事与公司承担连带损害赔偿责任，这时的不法行为不仅包括故意行为，还包括具有过失的情形。

为公司本身。[1]代表董事并非使用人，即使公司能够证明其作为使用人在选任、监督代表董事方面不具有过失，也不得免除代表董事因业务执行对第三人实施的不法行为所引发的责任。

(2) 董事故意或因重大过失懈怠其任务的，该董事个人应对第三人承担连带损害赔偿责任（第401条，民法第750条）。董事根据董事会决议实施行为的情形中，赞成该项决议的董事也应承担责任（第399条第2项），董事会会议录中没有关于董事就该项决议提出异议的记载的，视为赞成该项决议（第399条第3项）。公司应对董事的行为承担使用人责任（民法第756条）。[2]

(3) 公司根据民法第756条规定对代表董事及董事以外的被雇用人的不法行为承担损害赔偿责任。被雇用人个人也应对其不法行为承担损害赔偿责任（民法第750条）。

大法院 2013.6.27.2011DA50165：代表董事实施不法行为的，公司与代表董事承担连带不法行为责任
股份公司的代表董事执行业务过程中，故意或因过失实施违法行为给他人造成损失的，股份公司根据商法第389条第3项、第210条规定对第三人承担损害赔偿责任，该代表董事则根据民法第750条或商法第389条第3项、第210条规定，与股份公司承担连带不法行为责任（中标人以留置房地产的建筑商为对象，要求其承担不法行为责任的案件）。同旨：大法院1990.3.23.89DAKA555；同 2013.4.11.2012DA116307。

(2) 责任原因

董事对第三人承担责任的情形是指董事故意或因过失懈怠其任务的情形，如董事在股份要约书、公司债券要约书、财务报表等中作虚假记载的情形，虚假登记或虚假公示的情形，比照公司资产、经营情况等发行期满后无支付可能性的票据而给第三人（票据持有人）造成损失的情形等。代表董事虽正

---

〔1〕 卢在虎：《民法教案》（第6版），文声社2009年版，第40页（仅对于非代表机关之行为才会产生第756条规定的使用人责任问题）。池元林：《民法讲义》（第7版），弘文社2009年版，第130页（代表机关的不法行为责任即为法人自身的不法行为责任，因此，法人的使用人责任并不成立，只有代表机关承担民法第35条规定的责任）。

〔2〕 光州地方法院 1995.12.21.94GAHAB8183（常务董事实施违法行为的情形中，作为法人的金融公司应承担使用人责任）。

常经营公司却无法支付债务的情形是经营判断范畴内的问题，应慎重作出判断。单纯迟延履行公司债务的，不承担第 401 条规定的责任。

大法院 2002. 3. 29. 2000DA47316：董事因故意或过失懈怠其任务的情形中才对第三人承担责任
商法第 401 条第 1 项规定的股份公司的董事对第三人的损害赔偿责任，以董事因故意或过失懈怠任务为要件。单纯的不履行债务的行为虽不能被视为因故意或重大过失懈怠任务，但足以构成违反职务上的忠实义务及善管注意义务的行为，具有违法性，属于因故意或重大过失懈怠任务的情形。……作为房地产购买人的股份公司的代表董事与出售人约定以支付余额的方式将房地产抵押给金融公司并以所获贷款支付余款，但获得贷款后仅将部分贷款用于支付部分余款，其余款项用作其他用途，在未支付完余款的情况下，因未偿还被担保债务，该房地产被竞卖，出售人因此受到了损失。这种情形中，可认为代表董事的行为属于因故意或重大过失懈怠任务的情形。同旨：大邱高等法院 2002. 3. 13. 2000NA8336；大法院判决 2003. 4. 11. 2002 DA70044。

（3）责任性质

关于董事对第三人的责任性质，存在不同学说。

（a）法定责任说

该学说主张董事对第三人的责任是法律为了保护第三人利益而特别规定的责任。[1]该学说还认为，董事责任不同于民法中的不法行为责任，这两种责任可发生竞合，董事懈怠任务，主观上应为故意或具有重大过失，董事责任的消灭时效与一般债权的消灭时效一样，均为 10 年。[2]

（b）不法行为责任说

这一学说主张董事对第三人的责任是不法行为要件中免除了轻微过失的不法行为责任。[3]不法行为责任说又分为不法行为特别规定说与特殊不法行为责任说。

①不法行为特别规定说不承认与民法上不法行为责任的竞合。该说认为，对于第三人的加害行为，董事应为故意或具有重大过失。第三人的损失仅限

---

〔1〕 孙珠瓒（上）809 页；崔基元（会）697 页；姜渭斗（会）567 页；郑东润（上）644 页；李哲松（会）770 页；郑灿亨（上）999 页；徐宪济（会）424 页；金正皓（会）508—509 页。

〔2〕 大法院 2008. 1. 18. 2005DA65579；同 2008. 2. 14. 2006DA82601。

〔3〕 徐廷甲（上）288 页；李炳泰（上）692 页。

于直接损失，董事责任的消灭时效等同于不法行为责任的消灭时效，均为 3 年（目前韩国没有学者主张这一学说）。

②特殊不法行为责任说[1]除了 3 年的责任消灭时效以外，其他内容与法定责任说相同。据此，该学说承认与民法上不法行为责任的竞合。

根据法定责任说与特殊不法行为责任说，认定董事对第三人的责任与一般不法行为责任的竞合，而根据不法行为特别规定说则不认定竞合。根据法定责任说，责任的消灭时效为 10 年，而根据不法行为特别规定说与特殊不法行为责任说，其责任消灭时效为 3 年。

笔者认为，即使董事因执行业务而给第三人造成损失，也无需直接对该第三人承担责任。董事的行为即公司行为，因此，董事因执行业务而给第三人造成损害的，等同于公司给第三人造成损害，应由公司承担损害赔偿责任。但商法无视这种基本原则，规定应由董事承担直接责任。只能说这是法律为了保护第三人利益而规定的政策性的特别责任。笔者赞同法定责任说（关于董事的不法行为，前文已述）。

不同学说之间的差异

<table>
<tr><th>学说</th><th>责任性质</th><th>故意或重大过失的存在</th><th>损害范围</th><th>第三人范围</th><th>与民法上不法行为责任的竞合</th><th>消灭时效期间</th></tr>
<tr><td>法定责任说</td><td>为保护第三人制度的政策性的特别责任</td><td rowspan="2">只要具有懈怠任务的情形即可</td><td rowspan="2">直接损失与间接损失</td><td rowspan="3">不包含股东</td><td rowspan="2">可以竞合</td><td>10 年</td></tr>
<tr><td>特殊不法行为责任说</td><td>本质上是不法行为责任，无法以民法上的一般不法行为要件进行规制的情形中，为了保护第三人，董事责任被强化了的特殊不法行为责任</td><td rowspan="2">3 年或 10 年</td></tr>
<tr><td>不法行为特别规定说</td><td>在一般不法行为成立要件中排除了轻微过失，从而减轻了董事责任的不法行为特别规则</td><td>不仅要求懈怠任务，还应具有加害行为</td><td>直接损失</td><td>不得竞合</td></tr>
</table>

[1] 徐燉珏、郑完溶（上）396 页。

（4）承担责任的董事

（a）对第三人承担责任的董事是因故意或重大过失懈怠其任务的董事，这种董事为数人的，应承担连带责任（第401条第1项）。董事的这种懈怠任务的行为是通过董事会决议作出的情形中，对该决议表示赞同的董事也应承担连带责任（第401条第2项、第399条第2项）。参加决议的董事未将异议记载于董事会会议录的，推定为赞同该决议（第401条第2项、第399条第3项）。

大法院2003.4.11.2002DA70044：代表董事对第三人的责任
代表董事将其全部业务委任给其他董事从而完全不履行其作为代表董事的职责的，构成对忠实义务及善管注意义务的违反，是商法第401条第1项规定的懈怠任务行为。同旨：大法院2006.9.8.2006DA21880；同2010.2.11.2009DA95981。

大法院2009.1.30.2006DA37465：董事或社员（股东）共同承担不法行为责任的判断标准
法人代表因执行业务造成他人损失，从而认定法人承担损害赔偿责任的情形中，法人代表的行为构成对第三人的不法行为的，该法人代表不得免除对第三人的损害赔偿责任（民法第35条第1项）。社员与上述法人代表共同实施不法行为或参与该不法行为的，应与上述法人代表共同对第三人承担损害赔偿责任。但社员总会、代议员总会、董事会的决议原则上均为法人内部行为，因此，没有特殊事由的情况下，不得仅以赞同该表决为由使其对第三人承担不法行为责任，即，不得将其视为侵害第三人债权的人，或参与、帮助法人代表行为的人，使其对第三人承担不法行为责任。对于参与决议的社员等是否直接参与或与法人代表共同实施了不法行为，应综合考虑参与该决议的法人机关对于该事项是否享有意思决定权以及是否处于牵制法人代表执行行为的地位、该社员在意思决定过程中有无积极要求或诱导法人代表实施不法行为的情形、该决议对法人代表的业务执行产生具体影响的程度、所侵害的权利内容、包括表决行为的形态在内的违法程度等因素作出判断，即判断依据应达到在与第三人的关系中能够被认定为违反社会常规的违法行为的程度。

（b）责任主体不仅包括外部董事，还包括业务执行指示人（实质董事）（第401条之2）。登记簿上登记为代表董事或董事而实际上完全不参与公司业务执行的董事（挂名董事，figure-head director）也应通过法定程序进行选任，

从这一点上看，其法律地位与参与业务执行的董事并无二致。[1]

大法院 2015.7.23.2014DA236311：名义董事的责任与报酬请求权
不履行作为董事或监事的实质上的职责的所谓名义上的董事或监事也享有商法规定的权利，并承担违反义务的责任，因此享有章程或股东大会决议规定的报酬请求权。同旨：大法院 2006.9.8.2006DA21880；同 2015.9.10.2015DA213308（应认定为报酬，而非出借名义的对价）；同 2014.12.24.2013DA76253。外部董事不出勤，也不参与董事会，只能说明该外部董事没有履行其作为外部董事的职责，根据其他情况也不能认为外部董事基于其地位给予了相当程度的注意，而且即使给予了相当程度的注意，也没有达到能够认定其未能得知虚假记载事实的程度，因此，并不能免除其责任。东京高等法院 2011.12.8 判决。据此，所谓名义上的董事或监事也享有章程或股东大会决议规定的报酬请求权。

★《关于资本市场与金融投资业的法律》规定的董事责任

（1）金融投资业者任员的责任

金融投资业者实施违反法令的行为或疏忽其业务致使投资人遭受损失，从而承担损害赔偿责任的情形中，相关任员（指董事及监事）具有归责事由的，该任员应承担连带损害赔偿责任（资金第 64 条第 2 项）。

（2）上市公司董事对于虚假公示的责任

具有募集或出售证券的事实或证券在交易所上市的公司，就募集或出售证券的证券申报书、定期公示公司经营状态的营业报告书（包括季度报告书与半季度报告书）、公示公司主要经营事项的主要事项报告书、公开购买申报书中的重要事项作虚假记载或未作标示，又或因未记载重要事项或未作标示而导致证券取得人受到损失的，申报人（申请人）及申报（申请）当时的董事等应对该损失承担责任（资金第 125 条第 1 项、第 142 条第 1 项、第 162 条第 1 项）。

（5）第三人范围

商法第 401 条中的第三人当然包括股东。但对于股东基于其股东资格（而非作为第三人遭受的直接损失）受到的、因董事懈怠任务行为发生的股价下跌等间接损失，是否适用第 401 条规定，存在不同学说。

---

[1] 日本最高裁判所 1969.11.26，民集 23.11，2150；同 1980.3.18，判例时报，第 971 号，101 页；崔基元（会）701—702 页。

（a）学说

否定说（少数说）认为：[1] ①股东可通过代表诉讼等追究董事责任，如果代表诉讼的结果使董事赔偿公司损失，那么股东的间接损失将被自动填补；②股东优先受偿因股价下跌等受到的间接损失的，公司的损害赔偿请求权消灭，公司债权人的利益将受到损害，这与商法第 400 条“经全体股东同意可免除董事对公司的责任”的规定相矛盾，将直接导致获得赔偿的股东与未获得赔偿的股东之间的不均衡；③如果董事已经赔偿股东的损失，而公司的损害赔偿请求权仍未消灭，则会导致董事承担双重责任的结果。

肯定说（多数说）则认为：[2] ①大多数时候难以具体区分直接损失与间接损失；②代表诉讼权与商法第 401 条规定的权利要件完全不同，因此，不具有认定间接损失的实际利益；③如果认为董事赔偿股东多少，其对公司的赔偿义务就消灭多少，那么董事承担双重责任的可能性也将消失，而股东获得赔偿后董事责任消灭，也就不存在是否适用商法第 401 条的问题。

（b）判例

判例采取了否定说，即商法第 401 条第 1 项规定的损失不包括股东基于股东资格受到的间接损失。[3]

大法院 1993. 1. 26. 91DA36093：股东基于股东资格而受到的间接损失不属于商法第 401 条第 1 项规定的损失
股份公司的股东因代表董事的故意或重大过失导致的懈怠任务行为受到直接损失的，可根据商法第 401 条、第 389 条第 3 项、第 210 条规定，要求董事与公司进行损害赔偿，但因代表董事的侵占行为导致公司财产减少，从而使公司遭受损失，股东又因此受到的间接性经济损失，不属于商法第 401 条第 1 项规定的损失，不得根据上述条款请求损害赔偿。这一法理同样适用于股东为《中小企业创业支援法》规定的中小企业创业投资公司的情形。

董事对侵占财产、操纵股价、不实公示等事实未进行公示的情况下，投资者取得股份后，因这些事实的事后公开导致股价下跌的情形中，该投资者

[1] 同旨：李炳泰（上）694 页；林泓根（会）523 页。

[2] 孙珠瓒（上）810—811 页；崔基元（会）703 页；郑东润（上）645 页；郑灿亨（上）1000—1001 页；蔡利植（上）568 页；金正皓（会）510 页。

[3] 大法院 1993. 1. 26. 91DA36093；同 2003. 10. 24. 2003DA29661；同 2012. 12. 13. 2010DA77743；首尔高等法院 1997. 4. 1. 96NA26703。

(股东) 受到的损失属于间接损失。

大法院 2012. 12. 13. 2010DA77743：股东虽有可能因不实公示而遭受损失，但认为原审未对股份取得时间、因果关系等进行充分审查的判例
侵占公司财产的董事因故意或重大过失进行不实公示，导致公司财务情况恶化，但因这一消息没有被公开，所形成的股份发行价高于正常股价，股份购买人不知这一事实，取得股份后，因这一事实在证券市场上事后被公开而导致股价下跌的情形，可视为股东受到了直接损失，股东可向董事提出第 401 条第 1 项规定的损害赔偿请求。 ※原审对能够影响股价的情形，也就是对董事何时就何种内容进行不实公示或操纵股价、哪一不实公示或操纵股价行为导致了错误的股份评价、股东取得多少高于正常股价的股份等，未作充分审理就引用原告股东的请求作出了判决，二审法院认为原审判决对旧商法第 401 条第 1 项及关于相当因果关系的法理存在误解（违法），从而撤销了原审判决并发回重审。——笔者注

（c）笔者意见

应排除既存股东（非新投资人）基于其股东资格而受到的间接损失。这是因为股东遭受的间接损失可通过代表诉讼等方法获得救济，公司以此获得赔偿的，股东的间接损失也将随之获得补偿。

★董事的保证责任

公司与银行进行借贷资金等持续性交易的情形中，普遍要求公司董事承担连带保证责任。这种连带保证责任不仅在董事任期内，若无特殊情况，董事离职后也应继续承担。

大法院 1990. 2. 27. 89DAKA1381：公司任员或职员离职后，因情况变化解除保证合同的案例
应公司要求，不得已对公司与第三人之间的持续性交易引起的债务承担保证责任的公司任员或职员，因离职而不再具有任员或职员地位的，属于保证合同成立当时的情况发生明显变化的情形，可以情况变化为由解除保证合同。即使上述持续性保证合同中规定了保证期间，只要设置这一保证期间的目的不在于离职后继续使其承担保证债务的责任，就应认为对上述解除权没有影响。同旨：大法院 2002. 5. 31. 2002DA1673。

大法院 1993. 2. 12. 92DA45520：董事对公司与第三人的持续性交易引起的债务承担连带保证责任的，若无特殊情况，离职后仍应作为连带保证人承担责任
董事等对公司与第三人之间持续性交易引起的债务提供连带保证的情形中，欲使董事仅对其在职期间发生的债务承担责任的，应当是董事因董事地位不得已对公司持续性交易引起的债务提供连带保证的情形，而且存在交易相对方每次交易时都要求交易当时在公司任职的董事提供连带保证的特殊惯例。对于没有上述特殊情况的连带保证，不存在上述责任范围的限制。同旨：大判 1995. 4. 7. 94DA736；同 2000. 3. 10. 99DA61750；同 2010. 6. 10. 2010DA1791。

大法院 1997. 2. 14. 95DA31645：即使是在对保证当时已被特定的确定债务提供保证后离职，董事责任也不因情况变化而受到限制
保证人是公司董事，能够以“按照银行贷款规定不得已为公司债务提供连带保证”为由，将该保证人的责任限定在其作为董事任职期间发生的债务的情形，仅限于为包括性最高额保证或限定最高额（包括性根保证与限定根保证）保证这种债务金额不确定且因持续性交易引起的债务提供保证的情形。董事任职期间为保证当时已经确定的债务提供保证后离职的，董事责任不因情况变化而受到限制。

（6）责任时效

商法第 401 条规定的董事对第三人的损害赔偿责任是商法为了保护第三人而规定的特别责任（法定责任），从这一点上看，不应适用民法第 766 条第 1 项规定的一般不法行为责任的短期消灭时效，而应适用民法第 162 条第 1 项规定的 10 年的消灭时效。[1]

7. 业务执行指示人（实质董事）等的责任

1）实质董事的含义

虽不是法律规定的董事，但利用其对公司的影响力实质上发挥董事功能的人（即实质董事），与法律规定的董事一样，应对公司或第三人承担责任（第 401 条之 2）。

一直以来，少数的家族集团持有大量股份的同时，通过相互持有系列公司的股份控制大型企业，单独决定董事任免与公司经营政策的事例比比皆是。这些控股股东组建秘书室、企业重组本部、社长团会议等集团管理机构，以集团会长身份创建非法定机关，实质上行使着支配权，却不承担任何责任。

[1] 大法院 2006. 12. 12. 2004DA63354；同 2008. 2. 14. 2006DA82601。

为了提高企业经营透明度，强化公司经营层的责任，1998 年修订商法参照《德国股份法》第 117 条（影响力行使人）及英国《公司法》（2006 年法第 251 条，影子董事：shadow directors）新设了第 401 条之 2。据此，法律上不具有董事地位而实质上发挥董事功能的人，同样承担商法第 399 条与第 401 条规定的法律责任。

大法院 2003. 1. 10. 2001DA37071：商法第 401 条之 2 的立法宗旨
商法第 401 条之 2 的立法宗旨在于强化虽不是股份公司的董事但实际上为业务执行指示人的责任。

商法规定的实质董事分为以下三种类型：

（1）业务执行指示人

业务执行指示人是指不是法律规定的董事，却利用其对公司的影响力指示董事执行业务的人（第 401 条之 2 第 1 项第 1 号）。

（2）无代行权人

无代行权人是指不是董事却以董事之名直接执行业务的人（第 401 条之 2 第 1 项第 2 号）。符合商法第 401 条之 2 第 1 项第 1 号与第 2 号规定的人被统称为背后董事。背后董事在公司组织上不具有任何职称，从这一点上区别于表见董事。

（3）表见董事

表见董事是指不是董事却使用名誉会长、会长、社长、副社长、专务、常务、董事及其他足以被认为其享有执行公司业务权限的名称执行业务的人（第 401 条之 2 第 1 项第 3 号）。

2）责任性质

关于商法第 401 条之 2 第 1 项第 1 号规定的业务执行指示人所承担的责任性质，存在不同学说。

（1）不法行为责任说

根据这一学说，实质董事并非公司机关，从而不可能发生实质董事懈怠公司任务的情形，因此，实质董事的责任在于指示法定董事实施懈怠任务的行为，而非其自身懈怠任务。据此，应以法定董事懈怠任务为条件认定实质董事的责任。[1]

---

〔1〕李哲松（会）779 页。

（2）机关责任说

根据这一学说，实质董事责任与董事责任一样，是对业务执行承担的责任，是基于董事地位而产生的作为公司机关的责任。[1]

（3）笔者意见

根据商法规定，实质董事也应承担董事责任。但董事只是董事会的成员，其本身并非公司机关。实质董事在商法第399条、第401条、第403条的适用上是被拟制的董事，[2]随之被拟制为机关组成员，据此，实质董事所承担的是被拟制的机关成员的责任，而非作为公司机关的责任。

3）责任要件

（1）业务执行指示人（第401条之2第1项第1号）

（a）对公司的影响力

行使影响力的对象应为公司。实质董事对董事个人行使影响力的情形并不包含在内。行使影响力的主体并不仅限于自然人，还包括控股公司等法人。[3]

典型的行使影响力的情形是指大量持有股份以控制股东大会，通过被选任的董事间接对公司经营行使影响力的情形。控股股东当然也可通过在股东大会中行使表决权正当行使影响力。也有学说认为，这还包括公司债权人或交易中处于优势地位的人，或具有公法上、政治上的优势地位的人行使影响力的情形，[4]但这些债权人或承包企业是为了实现自身的正当利益而行使影响力，而行使政治压力强迫金融机关提供贷款的行为，大部分不是对公司内部意思决定的干预，而是在公司外部行使一次性影响力。因此，不具有董事身份而行使影响力的人不属于背后董事。[5]

（b）业务执行指示

业务执行指示的相对方是代表董事或董事。但一般认为，对未登记的董事、支配人、部长、科长[6]或其他使用人的指示也属于对业务执行的指

〔1〕崔基元（会）707页；郑东润（上）648页；孙珠瓒（上）812页。

〔2〕大法院2009.11.26.2009DA39240。

〔3〕崔基元（会）709页；大法院2006.8.25.2004DA26119。

〔4〕李哲松（会）777—778页。

〔5〕孙珠瓒（上）814页；郑东润（上）648页。

〔6〕部长或科长相当于公司一个部门或科室的经理。——译者注

示。[1]

业务执行指示的内容是指直接或间接与达成公司目的相关的所有业务处理，不仅包括与营业有关的法律行为（如签订合同），还包括事实行为（如物的移交）与不法行为。[2]指示应为通常的、惯例性的指示，而非一次性指示。

有学者认为，业务执行还包括变更章程、营业转让、合并、组织变更、解散等变更营业组织本身的行为；[3]反对意见则认为，上述行为均为股东大会特别决议事项，不得由董事单独作出，因此不属于执行业务行为。[4]笔者赞同后者。

指示并不一定是直接的，也可作出间接、迂回、默示性的指示[5]。单纯的劝说不属于指示，但强制性的劝说应被视为指示。[6]

（c）董事的业务执行

不论是对内业务还是对外业务，董事均应服从实质董事所行使的影响力，根据其指示执行业务。

（d）董事责任的产生

董事应按照实质董事的指示执行业务，而该业务执行构成懈怠任务，造成公司或第三人损失，从而满足商法第 399 条与第 401 条规定的要件。

（2）无代行权人

商法第 401 条之 2 第 1 项第 2 号规定了不是董事的人以真正（名义上的）董事名义直接执行业务的责任。由于这些人是在公司组织上没有权限却以董事之名执行业务，因而可以说是无代行权人。无代行权人承担责任是因为这些人虽不是公司组织上的董事，却已被拟制为董事。但无代行权人并非自始处于董事地位，而是事后被评价为具有董事资格的人，因此不可能存在第 399 条规定的懈怠任务情形。这是立法上的错误。[7]

无代行权人是以名义上的（真正）董事之名实施行为的人，从这一点上

---

〔1〕 孙珠瓒（上）815 页；郑东润（上）649 页。《德国股份法》第 117 条第 1 项明文规定了除董事以外，对监事、支配人及使用人的影响力行使。

〔2〕 孙珠瓒（上）814 页。

〔3〕 崔基元（会）709 页。

〔4〕 郑东润（上）649 页。

〔5〕 孙珠瓒（上）814 页。

〔6〕 孙珠瓒（上）814 页。

〔7〕 据此，只能将无代行权人的责任与实质董事的责任定性为不法行为责任。参照李哲松（会）785 页。

区别于非董事自我标榜为董事的表见代表董事或冒充的代表董事。

这时无代行权人与名义上的董事承担连带责任。

（3）表见董事

商法第401条之2第1项第3号规定了非董事使用名誉会长、会长、社长、副社长、专务、常务、董事及其他足以被认定为其享有执行业务权限的名称执行业务之人的责任。除了上述例示性的职称以外，集团企划调整室室长、集团秘书室室长等也属于表见董事。[1]

表见董事的职称本身即为行使影响力的依据，因此，是否行使了影响力并非其责任要件。[2]但正如下面的判例所示，表见董事会导致对公司不具有影响力的非登记董事承担与董事相同责任的结果，这是不合理的立法。因为韩国大型企业中，从普通职工升迁至董事的人就有数百人之多，而这些人均可成为表见董事，虽不享有董事之权限，却承担与董事相同的责任。

大法院2009.11.26.2009DA39240：表见董事职称本身就标榜着其业务执行权，因此，不以“对公司具有影响力的人”为要件
关于被拟制为董事的人，商法第401条之2第1项第1号规定的是“利用自身对公司的影响力指示董事执行业务的人”，第2号规定的是“以董事名义直接执行业务的人”，第3号规定的是“不是董事而使用名誉会长、会长、社长、副社长、专务、常务、董事等足以被认定为其享有执行业务权限的名称执行业务的人”。第1号与第2号以对公司具有影响力为前提，但第3号的情形中，职称本身就标榜着业务执行权，因此，应当认为不以“对公司具有影响力的人”为前提。 该案件是对公司不具有影响力的非登记董事根据上级指示进行虚假会计（假账）后承担表见董事之责任的案件。同旨：首尔中央地方法院2009.1.9.2006 GAHAB 78171。——笔者注

大部分情形中，表见董事即为表见代表董事，因此，应同时考察两者。

★表见代表董事与表见董事的区别

商法第395条规定的表见代表董事与第401条之2规定的表见董事，在以下几个方面具有区别：

---

〔1〕孙珠瓒（上）816页。

〔2〕郑东润（上）649页；李哲松（会）781页。

①责任主体（公司/实质上的董事个人）；

②追究责任的主体（第三人/公司及第三人）；

③认定依据（外观信赖的保护/防止实质上的业务执行人的责任规避）；

④作为归责事由的名称使用的许可要件（需要许可/无需许可）；

⑤第三人的外观信赖要件（需要/不需要）；

⑥董事要件（不是董事也成立/应为不是董事的人）；

⑦追究责任方法［不适用代表诉讼（第403条）/可以代表诉讼为救济手段］。

4）责任内容

（1）对公司的责任

商法规定董事应对公司承担资本金充实责任（第428条）与损害赔偿责任（第399条），但实质董事仅承担损害赔偿责任。实质董事对公司的责任原因、责任内容、责任追究、责任免除与解除等与董事对公司的损害赔偿责任的情形相同（第401条之2第1项、第399条、第403条）。

（2）对第三人的责任

实质董事对第三人的责任内容、性质等与董事对第三人责任的情形相同（第401条之2第1项、第401条）。

（3）责任的连带性

实质董事对公司或第三人承担损害赔偿责任的情形中，董事也负有责任的，该董事与实质董事承担连带责任（第401条之2第2项）。

8. 股东对业务执行的直接监督

1）直接监督的必要性

商法规定由董事会监督公司的业务执行，股东则是通过在股东大会中选任、解任董事或承认财务报表等间接行使监督权。这是商法采用董事会制度赋予董事会对代表董事与董事的业务执行权的结果，但股东地位也随之减弱，因此，有必要强化股东地位。据此，商法承认了股东作为公司机关的地位，认定股东享有对业务执行的两种直接的监督纠正权，其中包括作为事先预防措施的违法行为留止请求权与作为事后救济措施的提起代表诉讼的权利。[1]

这两种权利均来自美国公司法，美国法与日本法均将这两种权利认定为

---

〔1〕大法院2001.2.28.2000MA7839。

单独股东权，但韩国为了防止权利滥用，将其规定为少数股东权。其中股东的违法行为留止请求权是模仿英美法上的禁令（injunction）制度而来。

2）违法行为留止请求权

（1）含义

股东的违法行为留止请求权是指为了事先禁止董事（准用于清算人）的违法行为而赋予少数股东的权利（第402条）（监事也可行使留止请求权）。违法行为留止请求权制度与英美法上的禁令制度的最大区别在于，后者由股东个人申请，而前者由少数股东或监事提出请求。

★违法行为留止请求权与新股发行留止请求权的区别

股东的留止请求权包括违法行为留止请求权与新股发行留止请求权。两者的共同点是均应在行为终了之前行使。两者的区别在于：

（1）目的：前者是在公司可能发生无法弥补的损失的情形中，以防止公司发生损失为其直接目的；而后者则是在股东有可能遭受不利益的情形中，以防止股东个人遭受损害为其直接目的。

（2）请求权人：前者由少数股东行使，而后者由股东个人行使。监事可行使前者，不得行使后者。

（3）相对方：前者的相对方为董事，而后者的相对方为公司。

（4）行使要件：前者行使要件为董事实施违反法令或章程的行为而有可能使公司遭受不可挽回的损害，后者行使要件为公司违反法令或章程或以明显不公平的方式发行新股。

（2）留止请求权人

可行使留止请求权的人为少数股东权人，即持有发行股份总数（包含无表决权股）1%以上的股东或监事。只要在提出留止请求当时满足少数股东的条件即可。

2009年修订商法为了通过促进上市公司中少数股东权的行使，提高企业经营透明度，缓和了1%的持股要件，规定“6个月连续持有上市公司发行股份总数0.05%（总统令规定的法人持股比例为0.025%）以上的股东”可行使违法行为留止请求权（第542条之6第5项）。

金融机关（银行第17条第3项）、金融投资业者（资金第29条第2项）的情形中，该要件有所缓和。

(3) 行使要件

行使要件包括：①成为权利行使对象的行为应为违反法令或章程的董事行为；②该违法行为有可能给公司造成无法挽回的损害；③应在行为终了前行使。对于违反法令或章程的行为，不问其是否为公司目的范围内的行为，也不问有无行为效力，而不可挽回的损害并不仅限于完全不可能挽回的情形，还包括在成本、努力等方面挽回损害具有相当难度的情形。〔1〕

具备上述要件后是否行使该项权利由股东决定，但监事或监查委员会必须行使该项权利，否则构成懈怠任务。〔2〕

(4) 行使方式

可以诉讼外的方式行使留止请求权。如果不中止相关行为，则可以董事为被告提起诉讼，并基于该诉讼的假处分留止该行为（民执第300条）。商法中没有关于留止之诉的规定，应当类推适用关于代表诉讼的规定（第403条至第406条）。

(5) 行使效果

董事无视留止请求而继续实施违反法令或章程行为的情形中，若该行为是团体法上的行为（如发行公司债券），则不论相对方是善意还是恶意，均有效。但如果是个别交易行为并且相对方为恶意（如明知行使留止请求权的事实），则可向对方主张无效，〔3〕相关董事应承担违反法令或章程的责任。这时，董事被拟制为具有重大过失。

留止之诉是为公司提起的诉讼，其判决效力及于公司（民诉第218条第3项）。对于接受关于留止请求的不正当请托，收受或要求财产上利益的人，处以刑事处罚（第631条第1项第3号）。

3) 代表诉讼

(1) 代表诉讼的含义

代表诉讼是从美国法中引进的一项诉讼代表制度，也称为代位诉讼，是

---

〔1〕 林泓根（会）512页；郑东润（上）652页；李哲松（会）784页；郑灿亨（上）1004页；金正皓（会）517页。

〔2〕 同旨：李哲松（会）784页；郑灿亨（上）1008—1009页。

〔3〕 孙珠瓒（上）820—821页；崔基元（会）716页。认为进行个别交易的情形中，不论相对方为善意还是恶意，均不影响其效力的学说：李哲松（会）786页。对此，郑东润教授则认为："仅限于相对方知道留止请求之事实的情形才可主张无视留止请求的行为无效，实际上是对于欠缺董事会决议具有恶意的效果，并非留止请求的效果……"郑东润（上）653页。

指少数股东为公司利益追究董事责任而提起的诉讼。代表诉讼是为了追究董事对公司的责任而提起的诉讼，而非为了追究董事对第三人的责任。代表诉讼继受了英美衡平法上的代表当事人诉讼（class action）与代表诉讼制度（stockholders’ representative suit，derivative suit）。追究董事责任本应由公司（代表董事）自行为之，但从公司内部关系上无疑是难以实现的。据此，公司对于追究董事责任有所顾忌的情形中，可由少数股东为了公司利益提起诉讼。本来是因为由股东一人代表全体股东，因而被称为代表诉讼，后来从股东代位公司提起诉讼的观点上也被称为代位诉讼（derivative suit）。[1]

（2）代表诉讼的性质

代表诉讼是少数股东为了公司利益，以公司代表机关的资格进行的诉讼，属于“第三人的诉讼担当”。据此，判决效力当然及于公司，少数股东的这一权利属于共益权的一种。

（3）诉的当事人（原告适格）

（a）代表诉讼的被告是包括外部董事与实质董事（第401条之2）在内的董事或曾为董事的人，原告是持有包括无表决权股在内的发行股份总数1%以上（1998年商法修订前为发行股份总数5%以上）的股东（第403条第1项）。代表诉讼是基于成员资格而提起的诉讼，因此，只要是股东，即使是持有无表决权股的股东，也可提起代表诉讼。[2]以他人名义认购股份的情形中，名义出借人才可提起代表诉讼。[3]

（b）2009年修订商法规定了关于上市公司的特别规则，即上市公司为了通过促进少数股东权的行使提高企业经营的透明度，缓和了1%的持股要件，规定“6个月连续持有上市公司发行股份总数0.01%（万分之一）以上的股东”可提起代表诉讼（第542条之6第6项）。上市公司可在章程中降低提起代表诉讼的持股比例或规定短期的持股期间（第542条之6第7项）。此外，金融机关（第29条第1项）、综合金融公司（资金第350条、第29条第1项）、一定规模以上的证券公司（资金第29条第1项）、一定规模以上的保险公司（保业第25条第1项、第65条）及资产运营公司（资金第29条第1项）的情形中，这一要件更为缓和。

---

〔1〕 郑东润（上）654页。

〔2〕 林泓根（会）544页；李哲松（会）790—791页；崔基元（会）718页；郑东润（上）655页；郑灿亨（上）1008—1009页；大法院2011.5.26.2010DA22552。

〔3〕 大法院2011.5.26.2010DA22552。

（c）少数股东的持股要件应在要求公司提起诉讼之时或提起诉讼时就已具备，而非法庭辩论终止之时。董事实施违法行为当时，可以不是股东。

（d）提起诉讼后持股数量可以减少，但至少应持有一股。完全不持有股份将会导致当事人不适格，应驳回诉讼。代表诉讼提起权是共益权，因此，即使作为原告的股东转让股份，受让人也不得参加诉讼或承继诉讼（民诉第81条、第82条）。部分股东完全不持有股份的，不再是适格原告，其提起的诉讼不符合法律规定。[1]其他股东或公司已经参加共同诉讼的，这些参加人可继续诉讼。驳回诉讼的判决宣告之前，公司可参加共同诉讼。上市公司应具备连续6个月的持股要件，因此，未经过这一期间的，新股东不得提起诉讼。在非上市公司中具备持股要件的，可以自己的名义提起诉讼。

（e）诉讼担当人（具有代理人资格的人）丧失资格或死亡的，原来的诉讼程序中断，由继任担当人继受诉讼程序（民诉第237条），但在代表诉讼中的股东对于诉讼客体具有利害关系，因此，可由概括承继权利义务的继承人或存续公司等继受诉讼（民诉第233条、第234条）。公司因合并而消灭或成为完全子公司的情形中，原股东成为另一公司（合并后的存续公司或母公司）的股东的，由于被告不存在，应驳回诉讼，但《日本公司法》第851条明文规定，被消灭的公司的股东继续维持其原告资格。

（f）未完成名义改书的股东，即使能够证明其为实质性的权利人，也不得提起诉讼。[2]

（4）诉的要件

（a）欲提起代表诉讼的，首先应以书面形式请求公司（代表董事）提起追究董事责任的诉讼（第403条第1项、第2项）。[3]公司自收到请求之日起30日内未提起诉讼的，股东才可为了公司利益提起诉讼（事先提诉请求要件）（第403条第3项）。但公司拒绝提起诉讼或按上述程序操作有可能给公司造成无法挽回之损害的（如，董事隐匿财产或可能造成公司无资金力，或

---

〔1〕 大法院2013.9.12.2011DA57869：因提起代表诉讼的股东中的部分股东处分股份而导致完全不持有股份的结果，因而丧失股东地位的情形中，如果没有特别事由，该股东丧失原告资格，其提起的诉讼将不符合法律规定，即使与之一同提起代表诉讼的其他原告维持着股东地位，结果也是一样的。首尔高等法院2011.6.16.2010NA70751。

〔2〕 大法院2017.3.23.2015DA248342。

〔3〕 代表诉讼的提诉请求的接受人应为公司的代表董事，但即使将监事作为请求的接受人也没有任何问题。如果监事享有判断是否提起诉讼的权利，那么可向代表董事或监事中的一方提出请求。日本最高裁判所2009.3.31.民集，第63卷，第3号，7页（日本商事法务，第1942号）。

公司债权超过时效的情形等），请求公司提起诉讼的股东可不受30日的限制而立即提起诉讼（第403条第4项）。原告不待30日的期间经过提起诉讼的，法院应首先审查商法第403条第4项规定的“因上述期间的经过是否有可能使公司遭受不可挽回的损害”，不存在这种情形的，自向公司提出请求之日起30日内驳回诉讼请求。[1]如，即使在提起诉讼的前一日以书面请求公司提起诉讼，自提出该请求之日起经过30日的，可视为提起诉讼前的程序瑕疵已被治愈。[2]商法第403条第3项是一种训示性规定，而不是效力性规定。但公司拒绝提起诉讼或履行相关程序可能导致公司遭受不可挽回的损害的（如，董事隐匿财产或可能无资金力，或公司债权超过时效的情形等），可立即提起诉讼（第403条第4项）。向公司提出请求明显无益的情形（如，按照商法规定应追究董事责任的监事具有归则事由的情形）中，同样无需等到30日的期间经过。

（b）根据少数股东的请求，公司以董事为对象提起诉讼的情形中，由监事代表公司（第394条第1项第2文）。[3]

（5）代表诉讼的认定范围

（a）对于可成为代表诉讼对象的董事的责任范围，存在不同学说：①少数说认为，仅指董事根据商法第399条（董事的违法行为责任）及第428条（董事的新股认购担保责任）对公司承担的债务（限定债务说）；[4]②通说认为，除了这种债务以外，还包括董事对公司承担的其他全部债务（全债务说），[5]即不仅包括损害赔偿责任（第399条）、资本金充实责任（第428

---

〔1〕 大法院2010.4.15.2009DA9805：不存在给公司造成无法挽回的损害的可能性，而为了公司立即提起诉讼的，该诉讼作为不符合法律规定的诉讼应被驳回。

〔2〕 郑东润（上）657页；首尔民事地方法院1998.7.24.97GAHAB39907。

〔3〕 退任的董事为被告的情形中，由代表董事代表公司。大法院1977.6.28.77DA295；同2002.3.15.2000DA9086；同2013.9.9.2013MA1273（辞任的情形）。

〔4〕 姜渭斗（会）588页；［日］北泽正启：《会社法》（第6版），青林书院2001年版，第448页；［日］江头宪治郎：《股份公司法》（第4版），有斐阁2011年版，第458页；［日］近藤光男：《最新股份公司法》（第6版），中央经济社2011年版，第330—331页。限定债务说认为，如果采取全债务说，代表诉讼的适用范围将过于宽泛，随之会过度制约公司经营上的判断，具有滥诉的风险。

〔5〕 林泓根（会）543页；孙珠瓒（上）821页；崔基元（会）720页；郑东润（上）655页；李哲松（会）789—790页；蔡利植（上）610页；郑灿亨（上）1007页；金正皓（会）520页；［日］大隅健一郎、今井宏：《公司法论》（中）（第3版），有斐阁1992年版，第272页；［日］田中诚二：《公司法论》（上），劲草书房1993年版，第702—703页；［日］铃木竹雄：《新版公司法》（第5版），弘文堂1994年版，第201页；［日］前田庸：《公司法入门》（第12版），有斐阁2009年版，第439页。

条)，还包括在与公司的关系中承担的其他全部责任（如从公司获得资金借贷的董事的偿还责任等）。一旦认定为董事责任，不仅应承担其就任前发生的责任，对于董事任期内发生的责任，离职后也可通过代表诉讼进行追究。

（b）关于代表诉讼的规定不仅适用于董事责任的追究，还准用于发起人、监事、清算人（第324条、第415条、第542条第2项）、以不公正的价格认购新股的人（第424条之2）以及就股东权的行使获得利益供与之人（第467条之2）的责任追究。

（c）判例认为，破产程序进行过程中，可提起追究董事或监事责任的诉讼的主体为破产管理人，而非股东。对于破产程序进行中的公司，不适用股东代表诉讼制度。[1]

（6）诉的程序

（a）专属关系。代表诉讼由总公司所在地的地方法院专属管辖（第403条第7项、第186条）。

（b）提供担保命令。法院可根据被告的申请，命令原告提供相应的担保(第403条第7项、第176条第3项)。但被告应阐明原告具有恶意，才可请求法院作出提供担保的命令（第403条第7项、第176条第4项）。此时的担保权人为董事。恶意是指被告董事知道原告股东将损害被告董事，并不要求原告具有不当加害被告董事的意思。

（c）诉讼参加与诉讼告知。判决一经确定即具有既判力，也就不得再追究董事对公司的责任。因此，为了有效且适当地进行诉讼，商法规定少数股东提起诉讼的情形中，只有公司可参加诉讼（第404条第1项）。这是因为多数股东参加诉讼将会导致诉讼进程过度迟延，增加法院负担。据此，少数股东提起代表诉讼的情形中，为了给予充分的参与诉讼的机会，应毫无迟滞地告知公司（第404条第2项）。股东未进行诉讼告知的，应对公司承担损害赔偿责任。

公司参加股东代表诉讼的法律性质为共同诉讼参加。[2]

（d）撤销诉讼的限制。一旦少数股东提起诉讼，公司即不得自行提起诉讼。公司根据少数股东的请求提起诉讼或少数股东直接提起代表诉讼的，当事人未经法院许可，不得撤销诉讼，放弃、允诺请求，或进行和解（第403

〔1〕 大法院2002.7.12.2001DA2617。

〔2〕 大法院2002.3.15.2000DA9086。

条第6项）。这是为了保护具有利害关系的其他股东。

（e）通常，被提起代表诉讼的公司的营业或财产均具有一定规模，因此，如果与一般的关于财产权的诉讼一样根据诉讼标的额计算案件印纸代[1]，必将导致因巨额印纸代等诉讼费用问题难以提起代表诉讼的结果。据此，《民事诉讼等印纸法》规定，为了减轻提诉股东的负担，应将代表诉讼视为无法得知诉讼标的额的诉讼，无论请求金额为多少，均视诉讼标的额为50 000 100韩元而计算印纸代（23万韩元）（同法第2条第4项，同规则第15条第1项、第18条之2）。

（7）判决效果

（a）判决效力。少数股东的代表诉讼实际上是股东作为代表机关进行的诉讼，但形式上并非作为公司代表进行诉讼，而是以自身名义，为了公司利益而进行诉讼（所谓的“第三人的诉讼担当”），其判决效力当然及于公司（民诉第218条第3项）。

（b）诉讼费用的负担。作为原告的少数股东胜诉的，诉讼费用由败诉董事负担（民诉第98条），但败诉董事无力承担或律师费等不包括在诉讼费用中的费用，不应由原告承担，而应由从诉讼中获得利益的公司承担。据此，商法规定原告可请求公司支付诉讼费用及其他因诉讼支出的费用中的一部分，支付诉讼费用的公司可对董事或监事行使求偿权（第405条第1项）。金融机关（银行第17条第5项）、综合金融公司（资金第350条、第29条第8项）、一定规模以上的证券公司（资金第29条第8项）、一定规模以上的保险公司（保业第19条第5项、第58条）及资产运营公司（资金第29条第8项）的情形中，也可根据特别法规定请求公司支付诉讼费用及其他因诉讼产生的全部费用。这是为了能够在大型公司中更为容易地提起代表诉讼而设置的规定。

原告败诉的情形中，只要不具有恶意，即使存在过失，也无需对公司承担损害赔偿责任（第405条第2项）。这里所谓的恶意是指明知会损害公司利益而提起不当诉讼的情形。

（c）对于代表诉讼中的收受贿赂行为，处以刑事处罚（第631条第1项第2号、第2项）。

---

〔1〕印纸代（法院手续费）是国家发行的“收入印纸”的简称。这里所谓的“收入印纸”是政府作为征税的一种手段发行的票证。贴附于诉状上的印纸代包含于进行诉讼时支付给法院的诉讼费用。印纸代与诉价（诉讼标的额或者请求金额）成正比，通常在法院的邮局内，根据诉价购买印纸代并贴附于诉状上即可。印纸代为1万韩元以上的情形中，应向法院银行以现金缴纳。——译者注

(8) 再审之诉

虽然提起了代表诉讼，但原告与被告共谋以损害公司利益为目的进行诉讼的，公司或股东（不限于少数股东）可对确定的最终判决提起再审之诉（第406条第1项）。

再审由总公司所在地的地方法院专属管辖（第403条第7项、第186条，民诉第453条第1项）。单独股东也可提起再审之诉。当事人应在判决确定后知晓再审事由之日起30日内提起再审之诉，判决确定后经过5年的，不得提起再审之诉（民诉第456条第1项、第3项）。提起再审之诉的股东胜诉的，可请求公司支付诉讼费用及其他因诉讼发生的实际费用的一部分。即使败诉，只要无恶意，就无需承担损害赔偿责任（第406条第2项、第405条）。

★双重代表诉讼

母公司的少数股东要求母公司提起追究子公司董事责任的代表诉讼，而作为子公司股东的母公司未作回应的，母公司的少数股东是否可以提起追究子公司董事责任的诉讼？这种情形中的诉讼被称为双重代表诉讼（double derivative suit），判例并不认可这种诉讼。[1]其理论依据为，现行商法第403条使用了“股东对公司”这一表述，这是“甲公司股东对自己公司，即对甲公司”的意思，因此，甲公司不得要求乙公司提起诉讼。

2014年修订的《日本公司法》规定，完全母公司股份的账面额超过最终完全母公司等[2]的总资产额五分之一的情形中（外国公司除外），赋予最终完全母公司等的股东（持有母公司表决权1%或发行股份1%以上的股东，上市公司的情形需持股6个月）提起多重代表诉讼的权利（日会第847条之3第4项）。但以谋取股东或第三人之不正当利益、损害子公司或最终完全母公司利益为目的的情形，以及构成责任原因的事实并未造成最终完全母公司损害的情形中，不得提起多重代表诉讼。股东丧失股东地位的情形中，通过股份交换、股份移转持有完全母公司股份，或通过吸收合并公司消灭后，持有存续公司的完全母公司之股份的，可提起代表诉讼。但构成代表诉讼之原因的事实应发生在股份交换等发生效力之前（日会第847条之2），即如果成为代表诉讼之原因的事实存在于股份交换等发生效力之前，因股份交换等持有

〔1〕 大法院2004.9.23.2003DA49221。

〔2〕 崔埈璿：“双重代表诉讼制度研究”，载《成均馆法学》第19卷第2号，2006年12月，第125—135页。

完全母公司股份的人也可提起代表诉讼。

母公司股东未曾选任子公司的董事，而子公司中俨然存在股东的情况下，允许母公司股东以子公司董事为对象提起诉讼的做法，侵害了公司法人格的独立性，因此，正如《日本公司法》规定，应当仅在完全母公司之间允许提起多重代表诉讼。

4）经营判断原则

（1）经营判断原则的含义

（a）渊源。经营判断原则（business judgment rule）是指董事或任员根据经营性判断履行任务的情形中，即使事后因该判断被认定为错误而给公司造成损害，只要能够认定该判断在一定程度上诚实合理并且是在其权限范围内作出的，法院就不会事后介入评价经营判断适当与否，从而追究董事违反诚实义务的责任。经营判断原则是由法院适用的原则，亦被称为不干涉经营判断原则或尊重经营判断原则。经营判断原则通过1829年美国路易斯安那州最高法院判决确立，是股东对作为经营负责人的董事提起损害赔偿请求诉讼或行为的取消、留止诉讼时，限制董事责任的法理，亦是在普通法系国家的判例中非常发达且常见的理论。美国法上经营判断原则最早出现于1829年Percy v. Millaudon案中〔1〕，之后在Casey v. Woodruff案（1944年）中被公式化。〔2〕Percy v. Millaudon案中，路易斯安那州最高法院判决董事对于善意的失误（honest mistake）不承担责任。〔3〕特拉华州最高法院在1984年Aronson v. Lewis案判决与1985年Smith v. Gorkom案判决、Moran v. Household International Inc. 案判决中称：“如果董事基于充分的信息，按照诚实信用原则实施行为，则推定该董事是以公司最大利益为前提实施行为。”这一原则被美国大部分州法院的判决频繁引用，最终得以确立。〔4〕

美国《加利福尼亚州公司法》中明文规定了经营判断原则〔5〕，而阿拉

〔1〕 8 Mart.（n. s.）68（La. 1829）.

〔2〕 崔秉珪：“美国法上的经营判断原则与引进我国的可能性”，载《安岩法学》总第12号，2001年，第280—281页注3）。

〔3〕 *Id*, pp. 77-78; D. Gordon Smith, “The Shareholder Primacy Norm”, 23 *Journal of Corporation Law*（1998）277, 309.

〔4〕 权相老：“关于是否引进美国、德国法上的经营判断原则的研究”，载《法学研究》第33集，2009年2月，第243页；宋寅旁：“董事责任与经营判断原则”，载《法学研究》第31集，2008年8月，第272页。

〔5〕 California Corporations Code §7231（c）.

斯加州等大部分州并未将其成文化，仅仅作为判例法上的一项原则〔1〕。《德国股份法》2006 年于第 93 条第 1 项第 2 文中明文规定了这一原则。

（b）经营判断过程。根据美国判例，董事未诚实履行其职责的情形中，追究董事责任的人证明董事执行业务过程中存在诈骗、违法、利益冲突、信息缺乏等事实的，该董事就应证明其没有违反注意义务或忠实义务的事实。特拉华州最高法院的判决在判断董事是否违反注意义务时，以前是将业务执行内容作为判断依据，目前则是以“在意思决定过程中的慎重”作为其要件，〔2〕以此制止法院对董事经营判断的实质内容进行审查，使其着重审查经营判断程序的公正性。实际上法院也并不审查经营上的判断内容是否适当，而是重点审查作出经营判断之前是否进行了充分调查、董事会决议是否合法、有无采取合理措施等，这也提高了法院判决的客观性。〔3〕在 1989 年 In re RJR Nabisco, Inc. Shareholders Litigation 案中，〔4〕特拉华州衡平法院（Court of Chancery）的判决就“对于经营判断的合理性是否应进行司法考虑”得出了否定性结论：“判断是由不具有利害关系的董事善意地、在给予充分注意的基础上作出的情形中，如果认定法院享有对‘是否公正’（fairness）、‘是否合理’（reasonableness）、‘是否理性’（rationality）等决定实体的审查权限，将会使法院成为‘超级董事’（super-director）。”出于相同宗旨，也有学者主张，原告无法证明董事在意思决定过程中存在“重大过失”的，根据经营判断原则（不审查经营判断内容是否适当），董事可以免责。〔5〕这一见解将经营判断原则解释为关于举证责任分配的原则。

美国经营判断原则的特点是：①重视经营判断的过程；②应由原告证明董事在意思决定过程中违反注意义务的事实。但韩国的判例是在使用“经营判断”这一用语的同时，对经营行为的内容是否合理作出事后判断，而不是针对经营判断的过程，而且使被告董事承担无重大过失的证明责任，这与美

---

〔1〕 Fred W. Triem, “Judicial Schizophrenia in Corporate Law: Confusing the Standard of Care with the Business Judgment Rule”, 24 *Alaska Law Review* (2007) 23, 26.

〔2〕 文祯海：“基于美国最近的判决动向的经营判断原则接受可能性的检讨：以关于经营判断原则的概念的司法审查的接近方式为中心”，载《商事法研究》第 27 卷第 4 号，2009 年，第 177—181 页。

〔3〕 文祯海，前揭论文，181 页。

〔4〕 [1988-1989 Transfer Binder] Fed. Sec. L. Rep. (CCH) 94, 194 (Del. Ch. Jan. 31, 1989).

〔5〕 丁凤镇：“关于董事的注意义务与经营判断原则之间的美国法考察”，载《商事法研究》第 21 卷第 2 号，2002 年 8 月，第 361 页。

国的经营判断相差甚远。如，大法院判决 2002. 6. 14. 2001DA52407 认为：“作出与贷款相关的经营判断时，作为一般的金融机关任员，根据当时适当的信息，按照合理的程序，为了公司的最大利益，以诚实信用作出贷款审查的，只要在意思决定过程中不存在明显不合理的情形，就认为该任员的经营判断是在允许的裁量范围内作出的，视为其已经尽到了善管注意义务与忠实义务。对于金融机关的任员是否违反善管注意义务而懈怠了任务，应综合考虑在贷款过程中负责贷款的任员是否具有不可忽视的过失、贷款的条件与内容、贷款规模、偿还计划、有无担保与担保内容、债务人的财产及经营状况、成长可能性等因素后作出判断。”这并非是对经营判断过程的合理性作出的判断，而是事后对经营判断的内容作出了客观的、综合性的判断，法官将其自身放在了超级董事的位置。

日本最高裁判所曾在判断董事行为是否违背义务时提及经营判断原则，并以各行业注意义务内容各不相同的一般论为前提，作出了银行董事注意义务的程度“高于一般股份公司的董事”的判决。[1]但也有人对该判决是否与“若为了作出合法的经营判断而进行的信息收集、分析与审查在当时的情况下并不缺乏合理性，并且以此为前提的判断推理过程及内容并非明显不合理，即认为没有违反注意义务”的经营判断原则一致提出了疑问。[2]即，法院在适用经营判断原则时，不得审查判断内容的合理性，而只应审查判断过程的合理性。

（c）适用范围。原则上经营判断原则是关于董事对公司承担责任的问题。在与第三人的关系中，无需考虑董事的经营判断，董事均应承担责任。经营判断原则不适用于董事的不作为，但通过经营判断决定不采取某种措施的，并非单纯的不作为，因而可适用经营判断原则。适用经营判断原则的董事是指商法规定的合法的公司董事或代表董事，不包括企业外部的事实上的业务指示人。[3]

（2）经营判断原则的适用条件

美国《修订标准公司法》第 8.30 条（General standards for directors）规

---

〔1〕 日本最高裁判所 2009. 11. 9. 刑事判例集 63 卷 9 号 1117 页。

〔2〕［日］落合诚一编：《会社法コンメンタール21，杂则〔3〕· 罚则》，商事法务 2011 年版，第 71 页，第 960 条注释部分。

〔3〕 姜东旭：“关于背任罪的本质与主体的考察”，载《法与政策研究》第 10 集第 1 号，2010 年 4 月，第 241—243 页。

定，对于董事诚实地，以通常的思虑周全之人在类似情况下所给予的同等程度的注意，确信能够为公司创造最大利益而实施的行为，免除董事责任。

美国法律协会《公司治理结构原则》第4.01条（c）规定的要件为：①董事或任员作出意思决定的过程中不存在个人利益冲突（no conflict of interest）；②以充分的信息为基础作出判断和意思决定（imformed decision）；③确定能够为公司带来最大利益，理性地作出意思决定（rational basis）。美国判例根据经营判断原则，要求董事免责应具备以下要件：①不介入个人利益；②根据合理的信息，给予充分的注意并作出决定；③符合公司的最大利益；④不存在董事滥用裁量权或其他违法行为。〔1〕《德国股份法》第93条第1项第2文中也明文规定了类似的经营判断原则。

学说一般认为，欲适用经营判断原则，应满足以下条件：①经营判断应为经营上的决定；②董事不具有利害关系；③给予了相当程度的注意；④善意地相信符合公司最大利益；〔2〕⑤没有滥用裁量权。符合这些要件，作出业务执行判断，即使导致公司遭受损害，也不得追究董事责任。

9. 关于韩国引进经营判断原则的探讨

1）学说

韩国也有学者主张应当引进经营判断原则。〔3〕对此，持反对意见的学者认为，韩国公司的控股股东或经营层对市场的监督功能并不完善，为了增加董事责任，保护股东利益，必须受到司法部的严格审查，从这一点上看，不

---

〔1〕 Smith v. Van Gorkom, 488 A. 2d 858 (Del. 1985) 案中，法院判决称董事会完全没有就股份的出售价格进行商议，董事们没有事先获得充足信息的情况下，仅仅听取20分钟的说明就对合并案作出表决的行为构成重大过失行为，违反了诚实信用原则，因而无法援用经营判断原则保护董事。金宅柱："经营判断原则的适用要件"，载《企业法研究》第20卷第1号，2006年3月，第45—49页；权相老，前揭论文，第245页；文祯海，前揭论文，第176页；宋寅旁，前揭论文，第276页。

〔2〕 大法院2002.6.14，2001DA52407：金融机关的任员就提供贷款进行经营判断时，如果是作为一个通常的合理的金融机关任员，在当时情况下，基于适当的信息，按照合理程序，为了公司的最大利益，根据诚实信用原则就贷款进行审查，那么在其意思决定过程中若没有显著的不合理的情形，就认为该任员的经营判断是在允许的裁量范围内作出的，已经尽到了善管注意义务以及忠实义务。

〔3〕 李哲松（会）599页；李荣凤："关于接受经营判断罚则的检讨"，载《商事法研究》第19卷第1号，2000年6月，第47页；权相老，前揭论文，255—259页；宋寅旁，前揭论文，278—279页；韩哲薰："管理层的损害赔偿责任与经营判断原则"，载《商事法研究》第27卷第4号，2009年2月，第138—141页等。

应引入经营判断原则。[1]

2）判例

判例认为："根据当时适当的信息，按照合理的程序，为了公司的最大利益，以诚实信用作出贷款审查的，只要在意思决定过程中不存在明显不合理的情形，就认为该任员的经营判断是在允许的裁量范围内作出的，视为其已经尽到了善管注意义务与忠实义务……"[2]但实际上尚没有出现适用经营判断原则免除董事损害赔偿责任的案例。尽管如此，大多数学者仍然认为韩国已经引进了经营判断原则。这是因为自2002年起[3]，"经营判断"或"经营判断原则"用语已经开始使用，并经常出现在判例中。[4]判例虽使用着"经营判断"这一用语，但这是美国法上的经营判断的适用，还是仅仅提示了董事善管注意义务的一个解释标准，尚不明确。笔者认为，韩国法院并没有全面引进经营判断原则，只是在判断董事是否履行了善管注意义务时，借用了美国法上经营判断原则的部分法理，在个别案件的判决书中使用"经营判断"这一用语。如前所述，"经营判断"也开始出现在日本最高裁判所的判决书中，但并不能认为其已经明确引进了这一原则。

再者，经营判断原则的适用局限于董事违反注意义务的行为属于懈怠任务的情形，因董事违反法令的行为造成公司损害的情形并不适用经营判断原则。[5]董事对于资金支援并未作出董事会决议，虽然会造成公司经营上的负

---

〔1〕 权载烈："经营判断原则"，载《比较私法》第6卷第1号，1999年6月，第37页；"再论经营判断原则的导入与否"，载《商事法研究》第19卷第2号，2000年10月，第506页；孙永和："关于美国法上的经营判断原则与引进与否的考察"，载《商事法研究》第18卷第1号，1999年6月，第322页；韩国在对董事的懈怠任务进行解释时，也有必要引进经营判断原则，但也有学者认为基于否定说的论据，即因公司制度、诉讼制度、企业文化等的差异，应慎重考虑这一问题。崔秉珪，前揭论文，302页；洪復基："董事义务与经营判断原则的适用"，载《KDIC金融研究》第4卷第4号，2003年12月，第55—56页；也有人主张应在企业信息的公开得到一定的强化后再引进经营判断原则：金大渊："股东代表诉讼与经营判断原则"，载《商事法研究》第17卷第3号，1999年2月，第144页。

〔2〕 大法院 2002. 6. 14. 2001DA52407；同 2003. 7. 25. 2003DA7265；同 2004. 3. 26. 2002DA60177；同 2004. 8. 20. 2004DA19524；同 2005. 1. 14. 2004DA8951；同 2006. 6. 16. 2005DA31194。

〔3〕 大法院 2002. 6. 14. 2001DA52407。

〔4〕 大法院 2002. 6. 14. 2001DA52407；同 2008. 4. 10. 2004DA68519；同 2007. 10. 11. 2006DA33333；同 2009. 7. 23. 2007DO541。

〔5〕 大法院 2008. 4. 10. 2004DA68519；同 2005. 7. 15. 2004DA34929；同 2005. 10. 28. 2003DA69638；同 2006. 7. 6. 2004DA8272；同 2006. 11. 9. 2004DA41651. 41668；同 2007. 7. 26. 2006DA33609；同 2007. 7. 26. 2006DA33685；同 2007. 11. 16. 2005DA58830（关于监事）；同 2019. 1. 17. 2016DA236131。

担，却在“防止关联公司等的破产才是维持公司信用度且有利于公司”这样一种一般的、抽象的期待下，单方面为关联公司提供资金，从而使公司遭受损害的情形中，不适用经营判断原则。〔1〕不得仅以经营上的判断为由免除背任罪的处罚。〔2〕美国判例同样认为，对于诈骗（fraud）、非法（illegality）、权利滥用行为（ultra vires conduct）、浪费公司资产等，不适用经营判断原则。

3）评价

美国判例重视的是作出经营判断的过程，而且经营判断原则除了单纯的实体法上的意义以外，还具有诉讼法上的意义。按照经营判断原则，推定董事作出关于经营的决定不是为了个人利益，而是在充分进行了解的情况下，信赖其行为能够为公司带来最大利益而实施行为。因此，在代表诉讼中，股东欲追究董事责任的，应由原告举证推翻这一推定事实，一旦原告举证成功，就应由董事证明交易的公正性。

相比之下，韩国法院的判决并未考虑诉讼法上的意义。法院不仅审查经营判断的内容，而且在没有关于经营判断的法律政策或理论基础的情况下，仅在诉讼过程中简单地援用经营判断原则。〔3〕

10. 执行任员

1）执行任员的含义

执行任员是在董事会监督下专门负责执行公司业务的人。在过去，大部分公司以章程或公司内部规章制度设置执行任员，等同于美国的首席执行官（Chief Executive Officer，CEO），但法律对此未作任何规定，直至2011年修订商法对其进行立法。通过设置执行任员，分离了董事会的业务执行功能与监督功能，将业务执行交由执行任员，而董事会则是忠实地履行监督功能。

2）执行任员的设置

执行任员的设置与否由公司自主决定。〔4〕也有学者主张可由董事会决议是否采纳执行任员制度，但一般认为欲设置执行任员的，章程中应规定相关

---

〔1〕 大法院 2007. 10. 11. 2006DA33333。

〔2〕 大法院 1999. 6. 25. 99DO1141；同 2000. 3. 14. 99DO4923；同 2000. 5. 26. 99DO2781；同 2004. 7. 9. 2004DO810；同 2004. 6. 10. 2004DO1463；同 2005. 5. 26. 99DO2781；同 2009. 7. 23. 2007DO541。

〔3〕 日本最高裁判所在 2010. 7. 15 判决中使用了“经营判断”这一用语，以此引入了判例法上的经营判断原则（参照日本商事法务，第1942号）。

〔4〕 在日本，设置委员会的公司有义务设置执行任员（设置执行任员的义务化）。

内容。[1]

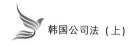

设置执行任员的公司（执行任员设置公司）不得设置代表董事（第408条之2第1项）。对于执行任员设置公司与执行任员的关系准用民法中关于委任的规定（第408条之2第1项）。董事可以兼任执行任员。

执行任员设置公司的董事会享有以下权限：①选任、解任执行任员与代表执行任员；②监督执行任员的业务执行；③在执行任员与执行任员设置公司的诉讼中，选任执行任员设置公司的代表人；④委任执行任员作出关于业务执行的意思决定（属于商法规定的董事会权限事项的除外）；⑤执行任员为数人的，执行任员的职责分担、指挥与命令关系及其他关于执行任员相互关系的决定权；⑥章程未作规定或股东大会未承认的情形中，执行任员的报酬决定权等（第408条之2第2项）。

执行任员设置公司应设置董事会会议长以主持董事会。关于董事会会议长，章程未作规定的，通过董事会决议进行选任。

3）执行任员的选任、任期、解任

由董事会选任或解任执行任员与代表执行任员（第408条之2第3项第1号）。执行任员与代表执行任员的姓名与居民身份证号码为登记事项（第317条第2项第8号至第10号、第3项）。章程没有规定执行任员任期的，任期不得超过两年（第408条之3第1项）。据此，一般认为公司选任执行任员时，可在不超过两年的范围内任意规定其任期。[2]可在章程中将执行任员的任期规定为“至任期中关于最终结算期的定期股东大会终结后，最初召开的董事会终结之时”（第408条之3第2项）。

关于执行任员的报酬，章程未作规定或股东大会未作承认的，由董事会决定（第408条之2第3项第6号）。

商法中关于董事的职务执行停止、选任职务代行人、职务代行人权限（第407条、第408条）等的规定同样准用于执行任员（第408条之9）。

4）代表执行任员

选任执行任员两人以上的，应以董事会决议选任代表执行任员，但执行任员为一人的，由该执行任员担任代表执行任员（第408条之5第1项）。代

---

〔1〕《日本公司法》第326条第2项规定：委员会的设置与否，依据章程规定。

〔2〕《日本公司法》第402条第7项规定：执行役（执行董事）的任期为关于选任执行役后的一年内终了的最终营业年度的股东大会终结后，首次召开的董事会终结之时。

表执行任员的姓名、居民身份证号码及住所为登记事项（第317条第2项第9号）。商法对于代表执行任员未作其他规定的，准用关于股份公司代表董事的规定（第408条之5第2项）。对于执行任员设置公司准用公司对表见代表董事行为的责任的商法第395条规定（第408条之5第3项）。[1]

5）执行任员的权利与义务

（1）执行任员的权利

（i）执行任员享有执行任员设置公司的业务执行权，以及根据章程或董事会决议接受委任执行业务时的意思决定权（第408条之4）。

（ii）执行任员认为必要的，可将记载会议目的与召集事由的书面材料提交董事（有召集权人的，提交召集权人），以请求召集董事会（第408条之7第1项）。收到请求的董事未毫无迟滞地召集董事会的，请求召集董事会的执行任员可在获得法院许可后召集董事会（第408条之7第2项）。这时可由法院根据利害关系人的请求或依其职权选任董事会的会议长（第408条之7第3项）。

（iii）执行任员设置公司不得设置代表董事（第408条之2第1项）。据此，除了商法明确规定的执行任员的权限以外，从性质上看属于代表董事业务的事项均为执行任员或代表执行任员的权限事项。如，股票或公司债券上的签名盖章（第356条、第478条第2项）等商法规定的代表董事的权限事项，同样属于执行任员或代表执行任员的业务权限。

★对于董事为一至两人的情形准用执行任员相关规定的整理

董事为一至两人的公司可以设置执行任员，但该执行任员非商法规定的执行任员，而是任意的执行任员。

对于董事为一至两人的公司不适用执行任员制度更为合理，据此，不仅不应适用第408条之2第3项、第4项，第408条之3第2项，第408条之4第2项，第408条之5第1项，第408条之6，第408条之7，还应规定不得适用第408条之2至第408条之9的规定，否则应在第408条之2第2项中明文规定，除了董事为一至两人的公司，任何公司均可设置执行任员。如，对

[1] 只要使用的是能够被误认为其享有代表权的名称并且公司对此具有归责事由，即为表见代表董事。据此，通说与判例认为，不仅董事，公司使用人也可成为表见代表董事。具有代表权的人不仅指代表董事，还包括执行任员设置公司中的代表执行任员。执行任员使用能够被误认为其享有代表权的名称的情形，适用商法第395条规定，而不应为“准用”。

于设置执行任员的公司不适用“第 408 条之 4（执行任员的权限）执行任员的权限包括以下两项：1. 执行任员设置公司的业务执行；2. 关于根据章程或董事会决议接受委任的执行业务的意思决定”中的第 2 号规定，仅适用第 1 号（没有排除准用的规定）的修订商法解释难以理解。第 408 条之 5 中也规定了对于未设置执行任员的公司准用“就代表执行任员，本法中没有其他规定的，准用关于股份公司代表董事的规定”或“对于设置执行任员的公司准用第 395 条”，但这是没有意义的。第 408 条之 8（执行任员的责任）同理。笔者认为需要对本条表述进行更为精确的整理分析。

（2）执行任员的义务

（i）执行任员应每三个月向董事会报告业务执行情况一次以上（第 408 条之 6 第 1 项）。但董事会提出要求的，执行任员应随时出席董事会，对要求事项进行报告（第 408 条之 6 第 2 项）。董事可要求代表执行任员就其他执行任员或被雇用人的业务执行情况向董事会进行报告（第 408 条之 6 第 3 项）。

（ii）此外，对于执行任员还准用关于董事的忠实义务（第 382 条之 3）、保密义务（第 382 条之 4）、章程的备置与公示义务（第 396 条）、竞业禁止义务（第 398 条）、禁止流用公司商业机会及资产的义务（第 397 条之 2）、禁止自己交易义务（第 398 条）、回应监事的报告要求及调查权限的义务、向监事报告的义务（第 412 条及第 412 条之 2）等的商法规定（第 408 条之 9）。

6）执行任员的责任

（i）执行任员故意或过失实施违反法令或章程的行为或怠于完成任务的，该执行任员对执行任员设置公司负有赔偿责任（第 408 条之 8 第 1 项）。执行任员故意或因重大过失懈怠任务的，该执行任员对第三人承担责任（第 408 条之 8 第 2 项）。执行任员对执行任员设置公司或第三人负有损害赔偿责任的情形中，其他执行任员、董事或监事也负有责任的，该其他执行任员、董事或监事承担连带赔偿责任（第 408 条之 8 第 3 项）。但执行任员为数人的情形中，并不组成董事会这种会议体，因此不负有与会议体决议相关的连带责任。

（ii）对于执行任员适用关于董事责任免除（第 400 条）与业务执行指示人责任（第 401 条之 2）的商法规定（第 408 条之 9）。对公司的责任免除，仅限于章程有规定的情形，章程中没有规定免责应依据股东大会决议的，视为免除权人可依据董事会决议免除责任（第 400 条第 2 项）。立法论上认为，执行任员的责任应根据股东大会或董事会决议免除，而根据董事会决议免责的，正如《日本公司法》的规定，[1]应获得监事（委员会）的同意。

(iii) 但商法第450条的董事与监事的免责规定被遗漏在了准用范围之外。据此，定期股东大会中承认了财务报表并在两年内未作出其他决议的，视为免除董事与监事责任的商法第450条规定并不适用于执行任员。根据修订商法，执行任员的责任重于董事或监事，执行任员、董事、监事中，执行任员所承担的责任最为严格。从行使权限上看，执行任员虽然听从董事指挥，处于劣后地位，承担的责任却远远大于董事。将商法第450条规定纳入对执行任员的准用范围之内，方可解决这一问题。

(iv) 为追究董事责任的关于留止请求权与代表诉讼（第402条至第406条、第412条、第412条之2）的商法规定准用于执行任员（第408条之9）。

Ⅳ. 监事、监查委员会、检查人、外部监查人、遵法监视人

1. 股份公司的监查制度概览

作为典型资合公司的股份公司中，为保护出资人股东与债权人的利益，监督公司经营的健全性与适当性的监查制度尤为重要。商法规定了作为必要常设机关的监事与作为临时监查机关的检查人，而实际上是由多个机关重叠履行监查职能。即，监查（由于监查的性质，其分类并不一定明确）大致包括业务监查与会计监查，监事、股东大会、检查人进行业务监查与会计监查，董事会只进行业务监查，外部监查人进行会计监查。少数股东也可通过请求召集临时股东大会或会计账簿的阅览等参与会计监查。此外，根据《关于资本市场与金融投资业的法律》等规定，证券公司、银行、保险公司等金融机关中还设有遵法监视人，这一制度是为了使这些金融机关遵守法律、健全地运营资产，从而保护投资人利益。这些机关应制定相关任职员应遵守的程序与标准，检验遵守情况并向监事或监查委员会进行报告。

股份公司的监事为必设机关，区别于作为任意机关的有限公司的监事（第568条）。股份公司的监事又是常设机关，从这一点上又区别于作为临时机关的检查人。商法并不要求监事为常勤。但2009年修订商法规定，资产达到总统令规定的资产规模以上的股份公司，应设置常勤监事或监查委员会。监事为数人的，各监事独立行使职权，在这一点上，监事区别于《德国股份法》规定的会议体形式的监查会（Aufsichtsrat）。

---

[1] 《日本公司法》第425条第3项、第426条第2项、第427条第3项。

★极其复杂的股份公司监查制度

为了保障企业经营与会计的透明度，法律规定了重叠的监查装置，但究竟有没有一项制度发挥其应有的功能，仍然是个疑问。

（1）股份公司中设有监事这一常设机关的，由监事进行业务监查与会计监查。股份公司可设置监查委员会，以代替监事。

（2）股东大会可进行业务监查与会计监查。少数股东可通过请求召集临时股东大会或会计账的阅览等参与会计监查。

（3）董事会的主要功能之一是业务监查。

（4）检查人可进行业务监查与会计监查。

（5）上市公司的遵法支援人监视遵法部分。

（6）《关于资本市场与金融投资业的法律》规定，证券公司、银行、保险公司、相互储蓄银行、与信专门金融公司、金融投资公司中应设置遵法监视人（资金第28条）。遵法监视人可进行业务监查。

（7）前一营业年度末的资产总额达到一定规模以上的比较大的股份公司应制作财务报表（包含合并财务报表），根据《关于股份公司等的外部监查的法律》接受监事的监查，并应另行接受会计师事务所的会计监查（外监第2条）。

（8）适用《关于股份公司等的外部监查的法律》的公司应采用内部会计管理制度（外监第2条之2），并根据内部会计管理制度控制并修正会计信息的错误，通过对会计信息的定期检验与调整等内部验证，监查会计的适当性与正确性。

2. 监事

1）监事的法律地位

监事（auditor，Aufsichtsratsmitglieder，membre du conseil de surveilance，commissaire aux comptes）是监查董事职务履行的必要的常设机关。旧商法中的监事为会计监查机关，1984年修订商法强化了监事权限，规定监事享有业务监查权。1995年修订商法进一步强化了监事权限，为了实现监查活动的忠实性，除了业务监查权以外，还赋予了监事诸多其他权限，在寻求对策的同时，开启了一条小股东选任监事的道路（第409条第2项、第3项，第542条之12第3项、第4项），可以说这是一项保障监事功能实效性的里程碑式的措施。

★上市公司的三种类型

资本金为10亿韩元以下的非上市公司可以不设置监事（第409条第4项），而资本金为10亿韩元以上的非上市公司则必须设置监事或（一般或特例）监查委员会，但监事可为非常勤。上市公司中监查制度的适用可分为以下几种情形：

（i）小型公司：资产总额为1000亿韩元以下的公司可以只设置非常勤监事。公司可任意设置常勤监事，也可设置一般或特例监查委员会。

（ii）中型公司：资产总额为1000亿韩元以上2兆韩元以下的公司必须设置常勤监事。可设置特例监查委员会，以代替常勤监事。

（iii）大型公司：资产总额为2兆韩元以上的公司必须设置第542条之11规定的特例监查委员会。

2）监事的选任与终任

（1）监事的选任

（a）监事由股东大会选任（第409条第1项）。被选任为监事的人承诺就任的，立即取得监事地位。[1]选任监事依据普通决议，为了防止选任监事过程中大股东滥用表决权，特别设置了限制表决权行使的规定，即商法认可了一股一表决权原则的例外情形，以限制大股东的表决权，持有除无表决权股外发行股份总数3%以上的大股东，不得就超过部分行使表决权（第409条第2项）（3%规则）。公司可在章程中规定低于3%的比例，从而强化表决权的限制，但不得规定高于3%的比例缓和表决权的限制（第409条第3项）。

监事的姓名与居民身份证号码为登记事项（第317条第2项第8号）。

大法院 1995. 2. 28. 94DA31440：监事的选任生效时间为公司的代表机关根据股东大会选任决议发出聘用要约后被选任人作出承诺之时
与股份公司签订聘用合同而就任监事职位的监事，作为享有履行职务之权利并承担义务的人，如果尚未记载于公司登记簿上，则无法基于登记对抗善意第三人，无法完整地履行监事职责。据此，监事可基于聘用合同，要求公司履行变更监事的登记程序，但关于选任监事的股东大会决议是将被

〔1〕大法院 2017. 3. 23. 2016DA251215。

续表

选任人选任为监事的公司内部决定，因此，股东大会的监事选任决议的存在并不能使被选任人马上取得监事地位。公司的代表机关根据股东大会的选任决议发出聘用合同的要约，被选任人对此作出承诺后，被选任人才可取得监事地位并履行监事职务。也就是说，只有股东大会的监事选任决议而未与公司签订聘用合同的人，尚未取得监事地位，据此，该监事不得基于聘用合同，以监事选任登记迟延为由要求公司履行变更登记程序。

★上市公司的监事及监查委员的选任

（1）资产总额为2兆韩元以上的上市公司的最大股东、最大股东的特殊关系人、总统令规定的人合计持有的具有表决权的股份数量超过该法人具有表决权的发行股份总数3%（章程规定更低比例的，按照章程规定的比例）的，该超过部分不得对监事或监查委员会委员（非外部董事）的选任或解任行使表决权（第542条之12第3项）。这一规定强化了在选任监事或监查委员会委员过程中对最大股东行使表决权的限制。但在选任或解任监事（或监查委员会委员）时，以限制“不是最大股东的股东与其特殊关系人等”超过一定比例而持有的股份表决权为内容的章程或股东大会决议无效。[1]这种对最大股东表决权的限制构成对第二大股东以及第三大股东的逆差别，也是该项规定的不合理之处。一般认为，对于第二大股东以下的股东，并不与其特殊关系人合计计算持股比例，而是仅对超过其自身持有的具有表决权的股份数量的3%的部分，限制其表决权。

（2）资产总额为2兆韩元以上的上市公司中，持有除不具有表决权股份以外发行股份总数3%以上的股东，在选任外部董事为监查委员会委员时，不得就该超过部分行使表决权，可在章程中规定低于3%的持股比例（第542条之12第4项）。

（3）资产总额为2兆韩元以上的上市公司在股东大会中选任董事后，应在所选任的董事中选任监查委员会委员（第542条之12第2项）。

（4）股东大会就选任监事进行表决时，应与选任董事的议案分别作出决议（第542条之12第5项）。这是为了防止大股东对选任董事与选任监事的议案一并作出表决，从而解决实际操作中大股东行使影响力的问题。

---

〔1〕 大法院 2009. 11. 26. 2009DA51820。

(5) 股东大会选任监事的情形中，应在股东大会召集通知或公告的候选人中选任（第542条之5）。违反这一规定的，处以过怠料的处罚（第635条之25第2号）。这是为了事先验证监事资格，以便能够选出具有独立性的监事，提高上市公司经营透明度。发生事先通知或公告的候选人死亡或被辞退等不可抗力的情形，根据下级审判例，股东大会未从事先通知或公告的候选人中选任董事的，可取消选任决议（前述）。[1]

(6) 2011年修订商法第371条第2项明文规定，超过一定比例的股份不计入出席股东表决权数中。但问题是这只规定了选任监事的情形中超过3%的股份（第409条第2项）或具有特别关系的股东所持股份（第368条第3项）不计入出席股东表决权数中，而未明确规定计入发行股份总数中。超过3%的股份同样应从发行股份总数中扣除。例如，第一大股东持股70%、第二大股东持股20%、第三大股东持股10%的公司中，各自只能行使3%的股份表决权，剩余部分不计入出席股东表决权数中，因此，将三人可行使表决权的股份数量加起来也只不过9%，出席的表决权也仅仅是9%。据此，应由发行股份总数的25%赞成的普通决议也无法成立，最终导致无法选任监事。这是立法上的误区。对此，大法院认为，选任监事时超过3%的股份不计入发行股份总数中，[2]但这是明显有悖于商法规定的判断。

(b) 资本金总额为10亿韩元以下公司的情形中，尽管有关于股东大会的监事选任（第409条第1项）、发起设立情形中的监事选任（第296条第1项）及创立大会的监事选任规定（第312条），但仍可以不选任监事（第409条第4项）。未选任监事的公司对董事或董事对该公司提起诉讼的情形中，公司、董事或利害关系人应向法院申请选任公司代表人（第409条第5项）。根据第409条第4项规定未选任监事的，监事对董事的报告要求与调查（第412条）、董事对监事的报告义务（第412条之2）及监事对子公司的调查权（第412条之4第1项、第2项）中的“监事”为“股东大会”（第409条第6项）。

(2) 监事的人数与资格

对于监事的人数与资格并无限制，可在章程中规定监事的资格。监事在其

---

〔1〕 首尔中央地方法院 2004. 3. 18. 2003GAHAB56996。

〔2〕 大法院 2016. 8. 17. 2016DA222996。

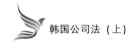

职务性质上与董事一样，仅限于自然人，法人不得成为监事。[1]监事地位应具有独立性，因此，监事不得兼任公司或其子公司的董事或支配人等其他使用人之职务（第411条）。[2]这里所谓的“使用人”范围比商业使用人宽泛，包括公司顾问、厂长等。但母公司的监事可兼任子公司的监事，母公司的董事等也可兼任子公司监事。

监事无需组成类似董事会的会议体，因此，只要一人以上即可；监事为两人以上的，各监事为独立的监查机关，单独行使职权（独任制）。股份公司的数个监事中的一人向董事提起诉讼的情形中，未提起诉讼的监事有权撤销诉讼。[3]

2009年修订商法之前，商法规定公司应设置一名以上监事，但并没有关于监事是否应常勤的明文规定，实际上近半数的上市公司设置的是非常勤监事，基本上由大股东或代表董事的亲属担任。2009年修订商法规定，总统令规定的上市公司（上一营业年度末资产总额为1000亿韩元以上的法人）应设置一名以上常勤监事（设置监查委员会的情形除外，第542条之10第1项）。

★常勤监事的资格

不得成为常勤监事的人包括未成年人、被成年后见人或被限定后见人、尚未恢复权利的破产人，被处禁锢（自由刑之一，只囚禁不劳役）以上刑罚，执行完毕或确定不执行刑罚之后未经过两年的人，依据总统令另行规定的法律解任或免职后未经过两年的人，以自己的计算（损失及责任归属）持有除无表决权股份以外发行股份总数10%以上股份或对董事、执行任员、监事的选任与解任等上市公司的主要经营事项行使实际影响力的股东及其配偶与直系尊卑属（第542条之10第2项第1号），从事公司日常事务的董事、执行任员及被雇用人，或最近两年从事公司日常事务的董事、执行任员及被雇用人，但现任或曾任上市公司监查委员会委员的董事除外（第542条之10第2项第2号）。此外，还包括总统令规定的能够影响公司经营的人（第542条之10第2项第3号）。上述列举的主体不得成为常勤监事，符合其中任意一项

---

〔1〕 同旨：郑灿亨（上）1015页。反对：崔基元（会）735页；林泓根（会）555页；郑东润（上）667页。

〔2〕 应在第411条监事的兼任禁止规定中一并规定执行任员的兼任禁止，但实际并未作任何规定，这是立法上的漏洞。

〔3〕 釜山高等法院2002.12.18.2002NA8957。

的，立即丧失其职位（第542条之10第2项本文）。常勤监事的资格条件同样准用于资产总额为2兆韩元以上的上市公司的监查委员会（特例监查委员会）的监查委员（非外部董事）（第542条之11第3项）。

（3）监事的任期

监事任期为3年。监事就任后3年内的关于最后结算期的定期股东大会终结之时任期终了（第410条）。这一任期不得以章程或股东大会决议延长或缩短。任期的起始点是就任之时，而非选任决议作出之时（第410条）。但实际上，事先获得候选人同意后，以选任决议作为就任条件的情形比较常见。

（4）监事的报酬

关于监事报酬的事项与董事的情形相同（第415条、第388条）。2009年修订商法规定，上市公司将监事报酬作为议题（目的事项）提交股东大会的，应区别于决定董事报酬的议案分别作出决议（第542条之12第5项）。

（5）监事选任决议瑕疵

监事选任决议具有瑕疵的情形中，关于该监事的职务执行停止假处分及职务代行人选任假处分制度与董事的情形相同（第415条、第407条）。

（6）监事的终任

关于监事的任期终结，大体上与董事的情形相同（第415条、第385条、第386条）。随着监事任期终结，法律或章程规定的监事人数不足的，应毫无迟滞地召集股东大会选任继任监事（第415条、第386条第2项）。因任期届满或辞任而导致法定人数不足的，直到新任监事就任为止，前任监事继续享有权利，履行义务（第415条、第386条第1项）。但因辞任监事不享有监事权利、负担监事义务，或继续享有监事权利、负担监事义务不适当（如死亡、解任、因疾病而辞任等）而认为必要时，法院可根据利害关系人的请求选任临时履行监事职务的人（临时监事、假监事）（第415条、第386条第2项）。

与董事一样，应以股东大会的特别决议解任监事（第415条、第385条第1项）。这时被解任监事可在股东大会中陈述自己的意见（第409条之2）。可在股东大会中陈述意见的主体，不仅包括被解任监事，还包括作为其同事的其他监事。意见陈述并不仅限于监事解任案违法或解任明显不当的情形，即使不具有这种事由，也可陈述意见。笔者认为，从立法论上看，为了与选任监事时的大股东表决权限制（第409条第2项）达到均衡，应当强化监事解任条件。

2009年修订商法规定，与上市公司选任监事的情形一样，解任监事时同样限制最大股东及其特殊关系人的表决权行使（第542条之12第3项），而且缓和了可提出解任监事请求的持股比例，即六个月连续持有发行股份总数0.5%（总统令规定的法人为0.25%）以上者，可行使监事解任请求权（第542条之6第3项）。

即使公司解散，清算中公司仍然需要监事，因此，监事的任期并不因公司解散而当然终结（参照第534条）。监事的终任应进行登记（第317条第2项第8号）。

监事在履行职务过程中实施不当行为或具有违反法令或章程的重大事实，而股东大会拒绝解任该监事的，少数股东（持有相当于发行股份总数3%以上的股东）可自股东大会决议之日起一个月内请求法院解任该监事（第415条、第385条第2项）。

3）监事的权限

（1）业务监查权与会计监查权

监事监查董事的业务执行（第412条第1项，业务监查权）。据此，监事可随时要求董事就经营情况进行报告或调查公司业务与财产状况（第412条第2项）。这是对监事的业务监查权与会计监查权的明文规定。为了有效行使调查权，监事可以公司的费用聘请专家，获得帮助（第412条第3项）。

★监事的业务监查权

监事监查业务的范围是仅限于董事执行业务的合法性，还是包括董事执行业务的合理性，对此，存在限定说与无限定说。

限定说又分为两种学说。第一种学说认为，法律明文规定［第413条（是否具有明显不当事项），第447条之4第2项第5号（会计方针的变更是否正当）、第8号（明显不当的情形）］的情形中可监查业务执行的合理性，但原则上仅限于业务执行的合法性。〔1〕这一学说的主要论据是，合理性监查是关于经营政策的问题，可交由董事会监查，这也符合股份公司机关分化与权限分配这一股份公司法的基本宗旨。如果规定由监事监查业务执行的合理性，最终会导致董事对业务执行的自由判断受监事约束的不合理结果。

第二种学说认为，不仅商法明文规定合理性监查的情形（第413条，第

〔1〕孙珠瓒（上）831—832页；李炳泰（上）714页；朴相祚（会）672页；李哲松（会）821页；林泓根（会）557页；郑东润（上）669页；郑灿亨（上）1018—1019页；金正皓（会）558页。

447 条之 4 第 2 项第 5 号、第 8 号)，认为董事的业务执行明显缺乏合理性的情形中，也可对业务执行的合理性进行审查。[1]

无限定说则认为，[2]监事具有监查董事执行业务的合法性与合理性的权限与义务，这种解释也符合 1984 年修订商法中复活监事业务监查权的立法目的。此外，韩国的董事会不具有英美国家董事会的独立性，这种情况下，很难期待董事会完美地行使业务监查权；董事会也可监查合理性与合法性，对两者的监查是相互补充的，理论上区分两种监查权的界限毫无意义；商法规定应进行合理性监查的事项并不是对合理性监查界限的明示，而只是规定应以监事享有合理性监查权为前提，注意性地对不当事项陈述意见或将其记载于监查报告书（第 413 条，第 447 条之 4 第 2 项第 5 号、第 8 号)。从以上几点上看，无限定说更为准确。

笔者认为，从董事会业务监查的性质上看，监查内容不仅有单纯的业务执行的合法性（Gesetzlichkeit)，还有包括业务执行的政策决定在内的合理性监查甚至经济性、效率性的监查，即董事会的业务监查以合目的性(Zweckmäßigkeit) 监查为其内容。据此，可以说监事的业务监查是在第三人的立场上，事后琢磨关于董事会与代表董事及业务负责董事的意思决定及其执行、代表行为并将其报告股东，以合法性监查为其主要内容，而合目的性监查仅限于消极事项。这是因为，关于业务执行的合理性、效率性、经济性的判断是存在于业务执行行为及经营中的固有问题，因此，应将其全部视为董事会的监查对象。不直接参与业务执行的监事是否能够对业务执行的合理性作出适当的判断也是个疑问。如果监查过度，会约束对经营的自由判断，极有可能限制业务执行机关的独立性与自发性。

如上所述，由于监事监查权与董事会监查权的性质与内容完全不同，可解释为监事监查仅以业务执行的合法性为监查对象，并不及于业务执行的合理性，但对于商法第 447 条之 4 第 2 项第 5 号规定的“会计方针的变更是否正当”例外性地享有合理性监查权。笔者认为，商法第 413 条及第 447 条之 4 第 2 项第 8 号中的“是否具有明显不当的事项”或“明显不当的情形”等是关于董事违反善管注意义务的问题。按照这一解释，限定说中的第一学说最

---

〔1〕 蔡利植（上）583 页；徐宪济（会）453 页。

〔2〕 崔基元（会）737—738 页；姜渭斗（会）590 页；李基秀、崔秉珪（会）517 页；权奇範（会）864—865 页。

为准确。但在大部分情况下，对于合法性与合理性难以作出明确区分。

（2）其他权限

为了能够使监事充分行使业务监查权，商法规定了监事的以下职务权限。

（a）要求董事进行报告的权利与调查权

监事可随时要求董事及执行任员进行营业报告或调查公司的业务与财产状况（第412条第2项）。这种情形中的董事及执行任员进行报告是基于监事要求的消极报告义务。1995年修订商法中规定了董事的积极报告义务，即董事发现有可能损害公司利益的显著事实的，应立即将其报告监事（第412条之2）。

董事拒绝监事的要求或妨碍调查的，处以过怠料的处罚（第635条第1项第3号、第4号），监事应将无法进行必要调查的内容及其理由记载于监查报告书中（第447条之4第3项）。

（b）临时股东大会的召集请求权

监事可将记载会议目的事项与召集理由的书面材料提交董事会，请求召集临时股东大会（第412条之3第1项）。收到上述请求后，董事会没有毫无迟滞地履行股东大会召集程序的，提出请求的监事可在获得法院许可后自行召集股东大会（第412条之3第2项、第366条第2项）。

（c）要求子公司进行营业报告的权利与调查子公司的业务与财产状况的权利

母公司的监事为了履行其职责必要时可要求子公司进行营业报告（第412条之5第1项）。这里所谓的“为了履行职责必要时”是指母公司的监事为了履行职务认为必要的情形，如，母公司与子公司进行加工交易，作虚假结算的情形中，不对子公司进行调查就不能对母公司进行充分的监查。子公司没有毫无迟滞地进行报告或有必要确认该报告内容的，可调查子公司的业务与财产状况（第412条之5第2项）。子公司无正当理由不得拒绝报告或调查（第412条之5第3项）。调查商业秘密事项或报告损害子公司的重大利益的情形可视为“正当理由”。

（d）董事会召集请求权

监事认为必要的，可将记载会议目的事项与召集理由的书面材料提交董事（具有召集权人的情形中，提交召集权人），请求召集董事会（第412条之4第1项）。监事提出召集请求而董事没有毫无迟滞地召集董事会的，该提出请求的监事可召集董事会（第412条之4第2项）。

（e）董事会出席权与意见陈述权

监事可出席董事会陈述意见（第391条之2第1项）。出席董事会既是监事的权利，也是义务。为了使监事能够出席董事会，应将召集通知发送监事（第390条第3项）。监事享有对省略董事会召集程序的同意权（第390条第4项）。监事不仅可在董事会中陈述意见，必要时还可要求董事会作出说明，但不享有表决权。

（f）在董事会议事录上签名盖章或署名的权利

董事会议事应制作议事录，议事录中应记载议事案件、经过、结果、反对者及其反对理由，出席会议的董事及监事应签名盖章或署名（第391条之3第1项、第2项）。这是为了保障董事会议事录的准确性与真实性而作的规定。

（g）董事的违法行为留止请求权

对于董事的违法行为，除了少数股东以外，监事也可提出留止请求（第402条）。对于提出留止请求的方法并无限制，可以口头或书面形式提出，必要时也可以诉的形式提出。

（h）在董事与公司的诉讼中代表公司的权利

公司与董事的诉讼（不仅包括公司以董事为对象提起的诉讼，还包括董事以公司为对象提起的诉讼）中，由监事代表公司（第394条、第403条第1项）。[1]公司以董事为对象提起诉讼的情形中，无需董事会决议等特别程序，当然地由监事代表公司，公司以董事为对象提起诉讼与否也由监事单独决定。[2]

董事将公司的代表董事标示为代表人提起诉讼的情形中，代表董事代表公司进行的诉讼行为与原告的诉讼行为均无效。但原告可通过更正诉状将监事作为代表人以修补这一缺陷，而监事可追认之前的诉讼行为。[3]

---

〔1〕退任董事与公司间的诉讼中，由代表董事代表公司：大法院 1977. 6. 28. 77DA295；同 2002. 3. 15. 2000DA9086；同 2013. 9. 9. 2013MA1273（辞任的情形）。

〔2〕釜山高等法院 2002. 12. 18. 2002NA895：存在数名监事，其中一名监事以董事为对象提起诉讼的情形中，未提起诉讼的监事享有取消该诉讼的权利。

〔3〕大法院 1990. 5. 11. 89DAKA15199。

大法院 1990. 5. 11. 89DAKA15199：监事在董事与公司的诉讼中代表公司的权利
将无权代表公司的代表董事标示为被告公司代表人的诉状提交法院，法院也忽视这一点而对被告公司的代表董事送达诉状复印件，接受被告公司的代表董事委任的律师进行诉讼的情形中，诉状的送达当然无效，被告公司的代表董事代表被告进行的诉讼行为或原告对被告公司的代表董事实施的诉讼行为均无效。但这种情形中，原告可自行或根据法院的保全命令，将诉状中的被告公司代表人更正为具有代表权的监事，以修补这一缺陷。这时法院应根据原告的更正，重新向被告公司的监事送达诉状复印件，随着诉状的送达，发生诉讼继续的效力。

(i) 各种诉权

监事还享有提起公司设立无效之诉（第 328 条），股东大会决议取消之诉（第 376 条第 1 项），新股发行无效之诉（第 429 条），减资无效之诉（第 445 条），合并无效之诉（第 529 条第 1 项），公司分割、分割合并无效之诉（第 530 条之 11）的权利。

4）监事的义务

（1）监事的善管注意义务

公司与监事的关系是民法上的委任关系，因此，监事应以一个善良管理人的注意处理受托事务。[1]但监事不负有忠实义务与竞业禁止义务，对监事的自己交易也无限制。

大型上市公司任员的“专断独裁”被任意放置或监事对重要财务信息的接近权有组织地、持续地被阻断的情形中，监事的注意义务并不减轻，反而会明显加重。[2]不得以非常任监事为由免除违反善管注意义务的责任。[3]

（2）其他义务

（a）对董事会的报告义务

监事认为董事实施或可能实施违反法令或章程之行为的，应立即报告董事会（第 391 条之 2 第 2 项）。

（b）在股东大会中陈述意见的义务

监事应调查董事提交股东大会的议案及材料，就是否具有明显违反法令

〔1〕 大法院 1988. 10. 25. 87DAKA1370。
〔2〕 大法院 2008. 9. 11. 2006DA68636。
〔3〕 大法院 2007. 12. 13. 2007DA60080。

或章程的不当事项在股东大会中陈述其意见（第413条）。调查议案既是监事的义务，也是监事的权利。

（c）制作监查记录的义务

监事还应制作监查记录（第413条之2第1项）。监查记录中应记载实施监查的要点与结果，实施监查的监事应在监查记录中签名盖章或署名（第413条之2第2项）。未在监查记录及监查报告书中记载应记载事项或作不实记载的，处以过怠料处罚（第635条第1项9号）。

（d）制作并提交监查报告书的义务

董事应在定期股东大会日六周前将财务报表与其附属明细表（第447条）、营业报告书（第447条之2）提交监事，监事应当自收到这些材料之日起四周内将监查报告书提交董事（第447条之4第1项）。

2009年修订商法特别规定上市公司应在股东大会日一周前将监查报告书提交董事（第542条之12第6项）。这与外部监查人应在股东大会日一周前提交监查报告书（外监第8条及外监令第7条）的规定一致。

（e）保密义务

与董事一样，监事也承担保守公司秘密的义务。监事不得泄露其在职期间或辞任后因职务关系知晓的公司营业秘密（第415条、第382条之4）。

5）监事的责任

（1）对公司的责任

监事懈怠任务的，应对公司承担连带损害赔偿责任（第414条第1项）。这一责任可免除或减轻，也可为了追究责任提起代表诉讼，这一点与董事的情形相同（第415条、第400条、第403条至第406条）。

监事不参与业务执行，因此，对于监事不适用股东对董事违法行为的留止请求制度（第402条）。

监事为一人的情形，或监事为数人的情形中同时追究全部监事与董事的责任的，对于应由谁提起代表诉讼、诉讼中由谁代表公司等问题，法律未作明文规定。一般认为，对于这种情形类推适用商法第394条第2项规定，应由代表董事请求法院选任公司代表人。

非常任监事的责任并不因其“非常任”的特点而被免除或减轻，[1]出借

---

〔1〕 大法院2007.12.13.2007DA60080。

名义的名义上的监事也不得免除责任。[1]因董事的违法行为造成公司损失的，对于监事不适用经营判断原则，也不得免除作为监事的义务与责任。[2]

大法院 2004. 4. 9. 2003DA5252：将“信用协同组合的监事懈怠任务中并不存在重大过失或监事懈怠任务与因组合理事长的业务上背任行为造成的信用协同组合的损害之间不存在相当因果关系”的案件发回重审的案例
如果被告根据《信用协同组合法》第 37 条或章程第 49 条，每季度对组合的业务执行情况、财产状态、账簿及材料等监查一次以上，或每年对照或确认组合成员的预托金账户、其他证书、组合账簿与记录一次以上，就会轻易得知上述同一人超额贷款的事实，因此，应认为被告作为监事懈怠任务的过程中存在重大过失。 如果被告将上述同一人超出限度进行不法贷款的事实报告给组合董事会、总会或作为其监督机关的信用协同组合中央会，就可以获得关于不法贷款的担保，防止损害的发生，有可能防止诉外第三人获得不法贷款或不当贷款，因此，并不能认为被告作为监事懈怠任务与信用协同组合的损害之间不存在因果关系。（根据记录，被告在信用协同组合的创立大会上被选任为监事，而且也参加了每年召开的定期股东大会，在每次定期股东大会中，监查报告书的承认总是作为第一议案被提交议论，即使被告完全不具备关于信用协同组合的业务与会计的专业知识，也不能认定其完全不了解自己的任务。）同旨：首尔中央地方法院 2005. 11. 24. 2004GAHAB56627。

大法院 1985. 6. 25. 84DAKA1954：外部董事疏忽对业务担当董事的违法业务执行的监视的，外部董事与监事承担连带责任
不负责股份公司业务执行的外部董事的任务并不仅限于对董事会议案表示赞同或反对，还可监视包括代表董事在内的业务担当董事的全部业务执行情况，因此，具有足以怀疑业务担当董事的业务执行违反法律的理由而外部董事违反监视义务放之任之的，应对公司因此而遭受的损失承担赔偿责任。这是因监事违背任务或董事与监事共同违背任务致使公司遭受损害的情形，因此，董事与监事应根据商法第 399 条、第 414 条规定承担连带损害赔偿责任。

〔1〕 大法院 2008. 2. 14. 2006DA82601。

〔2〕 大法院 2007. 11. 16. 2005DA58830。

大法院 2003. 10. 9. 2001DA66727：否定监事对公司的责任的案例
代表董事有组织地对相互信用金库的出资人提供贷款或对同一人提供超额贷款，并因借用他人名义，从材料上难以看出提供贷款的行为违法的情形中，对于事后对贷款行为合法与否进行监查的监事，难以期待其仅以怀疑不法贷款为由立即采取要求提交相关材料、要求关系人出席及答辩、要求交易相对方的调查材料、要求纠正不法不当行为及惩戒相关工作人员、报告监督机关等措施，因此，不能认定其应承担因懈怠任务而引起的损害赔偿责任。同旨：大法院 2008. 2. 14. 2006DA82601。

大法院 2007. 11. 30. 2006DA19603：限制监事对公司的损害赔偿责任的可能性及其标准
董事或监事因实施违反法令或章程的行为或懈怠任务而需要对公司承担损害赔偿责任的情形中，就该损害赔偿的范围而言，应综合考虑相关工作的内容与性质、相关董事或监事违反职责的经过及状态、损害的发生及扩大的客观情况及其程度、平时董事或监事对公司的贡献度、董事或监事有无因违反职责行为获得利益、公司组织体系本身有无缺陷、有无构建风险管理体制等情况，根据公平分担损害这一损害赔偿制度理念，限制损害赔偿金额。同旨：大法院 2007. 7. 26. 2006DA33609；首尔高等法院判决 2002. 1. 15. 2001NA36612。

大法院 1996. 4. 9. 95DA56316：即使全体股东同意，也不得免除监事的不法行为责任
根据商法第 415 条、第 400 条规定，可以全体股东的同意免除的监事对公司的责任是基于委任关系的债务不履行责任，而非不法行为责任，因此，即使事实上的一人股东作出免除监事责任的意思表示，也不得免除监事对公司的不法行为责任。

（2）对第三人的责任

监事对第三人的损害赔偿责任与董事的情形相同（第 414 条第 2 项）。监事对公司或第三人承担损害赔偿责任的情形中，董事也有责任的，该董事与监事应承担连带损害赔偿责任（第 414 条第 3 项）。

大法院 1988. 10. 25. 87DAKA1370：认定监事对第三人承担损害赔偿责任的案例
监事根据公司的具体情况充分意识到会计监查的必要性，并且因业务负责人实施不正当行为的手法不纯熟，只要监事稍加调查票据用纸的数量与发行数量或确认银行的票据结算数量，就可轻易发现业务负责人的不当行为，却没有采取任何调查措施的，构成监事因重大过失懈怠任务，因此，监事应根据商法第 414 条第 2 项、第 3 项，对取得基于该业务负责人的不当行为发行的票据并遭受损失的票据持有人承担损害赔偿责任。

3. 监查委员会

1）监查委员会的含义

公司可根据章程规定设置作为董事会内委员会之一的监查委员会，以此代替监事（第 415 条之 2 第 1 项第 1 文）。监查委员会是董事会的下设机关。公司设置监查委员会的，不得设置监事（第 415 条之 2 第 1 项第 2 文）。

1999 年修订商法的最大亮点是规定了监查委员会制度。韩国商法自 1962 年以来持续地强化了监事的地位与权限，但这种监事制度不具有监查实效性的弊端在 1997 年前所未有的金融危机中充分显现了出来。为了确保监查的实效性、提高企业经营透明度，引进英美式的监查委员会制度的呼声愈发强烈。据此，政府决定在现有的监事制度以外引进监查委员会制度，使公司能够选择设置监事或监查委员会。

但监查委员会是董事会的下设机关，其委员是从董事中选任的，因此，执行业务的董事回过头来监查其职务，基本上无法保障监查委员会的独立性。据此，2009 年修订商法规定，对于已经由监查委员会作出决议并通知董事会的事项，董事会不得重新作出决议（第 415 条之 2 第 6 项）。还将上一营业年度末资产总额为 2 兆韩元以上的上市公司设置监查委员会义务化（第 542 条之 11 第 1 项），规定选任或解任监查委员会委员的权限属于股东大会（第 542 条之 12 第 1 项），以此力图保障监查委员会的独立性。

金融机关（银行第 23 条之 2 第 1 项）、综合金融公司（资金第 350 条、第 26 条第 1 项）、一定规模以上的保险公司（保业第 16 条）、一定规模的证券公司及资产运营公司（资金第 26 条第 1 项）必须设置监查委员会。

2）监查委员会的构成

（1）委员人数

设置监查委员会以代替监事的情形中，监查委员会应由三名以上董事构成（第415条之2第2项本文）。

（2）委员资格

商法规定，作为外部董事的监查委员至少应占全体监查委员的三分之二（第415条之2第2项但书）。

★资产总额2兆韩元以上的上市公司设置特例监查委员会的义务

与董事会的其他委员会一样，原则上应由董事会完成监查委员会的设置（第393条之2），但大型上市公司的监查委员应直接由股东大会选任或解任（第542条之12）。监查委员应为三人以上，其中外部董事至少应为三分之二（第415条之2第2项）。监查委员中的一人应为总统令规定的会计或财务专家（第542条之11第2项第1号）。监查委员会的代表应为外部董事（第542条之11第2项第2号）。不是外部董事的监查委员不得具有上市公司的常勤监事资格欠缺事由（第542条之10第2项）。

此外，金融机关（银行第23条之2第2项至第5项）、综合金融公司（资金第350条、第26条）、保险公司（保业第16条第2项至第5项）、证券公司及资产运营公司（资金第26条）也各自具有关于监查委员会的特别规则。

（3）委员的选任

监查委员会委员通过董事会普通决议在董事中选任（第393条之2第3项、第415条之2第1项第1文、第391条）。2009年修订商法规定，有义务设置监查委员会的资产总额为2兆韩元以上的上市公司，应在股东大会选任的董事中选任监查委员（第542条之12第1项、第2项）。据此，不是监查委员的董事的选任与作为监查委员的董事的选任不得分别进行（分离选任，相反则是总括选任）。2009年修订商法之前可进行分离选任，[1]因此，当股东要求集中投票时，公司可适当进行防御，但修订商法规定应在总括选任的董事中选任监查委员。选任外部董事为监查委员会委员的情形中，超过发行股份总数（无表决权股份除外）3%（可在章程中规定低于3%的比例）的股份不得行使表决权（第542条之12第4项）。上市公司将不是外部董事的董事选任为监查委员的情形中，最大股东、最大股东的特殊关系人、总统令规定的其他主体合计持有的具有表决权的股份数超过该公司发行股份总数（无

---

〔1〕 大田地方法院2006.3.14.2006KAHAB242，股东大会决议禁止假处分。

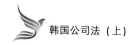

表决权股份除外）3%（可在章程中规定低于3%的比例）的，超过部分不得行使表决权（第542条之12第3项）。[1]仅限制最大股东与其特殊关系人的表决权行使，有可能被解释为是对最大股东及其特殊关系人宪法上的财产权的侵害或违反过度禁止原则。表决权被中止的表决权数计入发行股份总数中，但不计入出席股东表决权数（表决法定人数）之中（第371条第2项）。

不是监查委员会设置对象的上市公司（如资产总额为1亿韩元以上2亿韩元以下的设置常勤监事的公司）自行设置监查委员会的，并非由董事会选任监查委员（第393条之2第2项），而应根据上市公司特例规定，由股东大会选任（第542条之10第1项，第542条之12第1项）。

（4）委员的解任

监查委员会委员可由其选任机关董事会解任。关于解任的董事会决议应由全体董事的三分之二以上董事作出（第415条之2第3项）。被剥夺监查委员之地位的，也不影响董事地位。根据2009年修订商法，对于上市公司的监查委员的解任，适用与选任监事相同的限制性规定。

（5）委员任期

关于监查委员的任期，商法未作规定，章程有规定的依其规定，章程未作规定的依据委员的选任机关董事会的规定，董事会也未作规定的，委员任期与董事任期相同。

公司合并的，除了合并协议书中另有规定的情形以外，合并前就任的监查委员在合并后关于首次结算期的定期股东大会终了之时任期终止（第415条之2第6项、第527条之4）。

3）监查委员会的运营

（1）代表委员与共同代表委员

与董事会的情形相同，监查委员会是由三人以上构成的会议体，因此，监查委员会应通过决议选任代表委员（第415条之2第4项第1文）。这时可规定由多数委员共同代表委员会（共同代表委员）（第415条之2第4项第2文）。

（2）召集与决议

监查委员会是董事会内的委员会之一，因此，关于委员会的召集（第393

〔1〕大法院2009.11.26.2009DA51820：对于监事的选任与解任，限制行使“不是最大股东的股东与其特殊关系人等”超过一定比例持有的股份的表决权的章程规定或股东大会决议无效。

条之2第5项、第390条)、决议（第393条之2第5项、第391条)、决议通知（第393条之2第4项)、会议的延期或续行（第393条之2第5项、第392条、第372条)、决议瑕疵事项等的规定，当然适用于监查委员会。

（3）专家的协助

监查委员会为了实质性地行使其监督职能，有时需要外部专家的协助。这时监查委员会可以公司费用聘请专家获得帮助（第415条之2第5项)。

（4）禁止董事会推翻决议

与其他委员会不同，对于监查委员会已经作出决议并通知董事的事项，董事会不得重新作出决议（第415项之2第6项)。

4）监查委员会的权限

（1）业务监查权与会计监查权

公司实行监查委员会制度的，应废止监事制度，这时监查委员会可行使原本由监事行使的所有职权。据此，商法中关于监事权限的规定均可准用于监查委员会（第415条之2第7项)，即监查委员会不仅享有业务监查权（第415条之2第7项、第412条第1项)，还享有对子公司的调查权（第415条之2第7项、第412条之4)，要求董事报告的权利以及调查公司财产状况的权利（第415条之2第7项、第412条第2项)。据此，董事发现有可能危害公司利益之事实的，应及时报告监查委员会（第415条之2第7项、第412条之2)。为了有效行使调查权，监查委员会可以公司费用聘请专家获得必要的帮助（第415条之2第7项、第412条第3项)。

（2）其他权限

此外，监查委员会还享有资格股的寄存权（第387条)、对董事违法行为的报告权（第391条之2第2项)、董事与公司的诉讼中代表公司的权利（第394条第1项)（监查委员会委员为诉的当事人的，监查委员会或董事应向法院提出选任公司代表人的请求)、留止请求权（第402条）等权限。

5）监查委员会的义务

（1）善管注意义务

公司与监查委员会委员是民法上的委任关系（第382条第2项)，因此，监查委员会应以善良管理人的注意义务处理受托事务。

（2）其他义务

此外，商法列为监事义务的报告董事会的义务（第415条之2第6项、第391条之2第2项)、在股东大会中陈述意见的义务（第415条之2第6项、

第413条）、制作并提交监查记录（第415条之2第6项、第413条之2）及监查报告书的义务（第415条之2第6项、第447条之4）等均准用于监查委员会。关于监查委员会委员的保密义务，商法中虽没有单独的准用规定（参照第415条、第382条之4、第415条之2第6项），但监查委员作为董事同样应遵守董事的保密义务，无需另作规定。

6）监查委员会的责任

关于监事的职责与责任（第412条至第414条）、[1]追究责任的股东代表诉讼（第403条至第407条）、监事对公司责任的免除或减轻（第400条）、监事的责任解除（第450条）等规定均准用于监查委员会（第415条之2第6项）。

7）其他准用规定

此外，关于公司合并时的监事任期（第527条之4），分割计划书中记载监事姓名与居民身份证号码（第530条之5第1项第9号），分割合并协议书上记载监事姓名与居民身份证号码（第530条之6第1项第10号），财产状况表、业务报告书、附属明细表的监查（第534条）等的规定均准用于监查委员会。应将上述法条中的“监事”解释为“监查委员”。

4. 检查人

1）检查人的地位

检查人（inspector，Prüfer od. Abschluβprüfer，reviseur）是以调查公司设立程序及财产状态为职责的临时监查机关。检查人的权限仅限于审查会计的正确性与发起人或董事业务处理的合法性，检查人权限根据选任检查人的目的随时发生变化。公司选任检查人的，检查人与公司是委任关系。对于法院选任的检查人与公司的关系，法律没有规定，但可将其类推为委任关系。

2）选任机关与职务权限

检查人由法院或公司选任或解任。

（1）由法院选任的情形包括：①为调查变态设立事项的情形（第290条、第298条、第310条）；②以实物出资发行新股的情形（第422条）；③少数股东权人提出请求的情形（第467条）；④折价发行新股的情形等。法院选任检查人的情形中，法院可规定由公司支付法院选任的检查人的报酬（非讼第

---

〔1〕 大法院2017.11.23.2015DA251694（因金融机关监查委员违反善管注意义务而认定其赔偿责任的案例）。

77 条）。

大法院 1985. 7. 31. 85MA214：不得以不具体且不明确的内容请求法院选任检查人
商法第 467 条第 1 项规定的检查人选任请求事由，即“具有关于业务执行的不正当行为或违反法令、章程的重大事实”的内容应具体而明确，单纯怀疑结算报告书内容与实际财产状况不一致的，不得成为请求选任检查人的理由。同旨：大法院 1996. 7. 3. 95MA1335。

（2）由股东大会选任的情形包括：①少数股东召开的临时股东大会中，为了调查公司业务与财产状况（第 366 条第 3 项）；②为了调查董事或清算人提交的材料与监查报告书（第 367 条第 1 项、第 542 条第 2 项）等。

（3）由公司或少数股东选任的情形：公司或持有发行股份总数 1%以上的股东为了调查股东大会的召集程序或决议方法的合法性，可在召开股东大会之前请求法院选任检查人（第 367 条第 2 项）。

（4）检查人是临时机关，检查人的选任与解任无需进行登记。

3）检查人的资格、人数、任期

对于检查人的资格法律没有任何规定，一般认为仅限于自然人。而且从其职务性质上看，检查人不得兼任董事、监事、支配人及其他使用人。对于检查人的人数法律也未作规定，通常认为每次选任一人以上即可。

如果没有特殊事由，检查人的任期至其职务终了之时，各选任机关可解任检查人。股东大会选任的检查人与公司是委任关系（参照民法第 680 条），因此，发生委任终止事由时（民法第 689 条、第 690 条）任期终止。

4）检查人的责任

为了调查公司设立经过，由法院选任的检查人因恶意或重大过失懈怠其任务的，检查人应对公司及第三人承担责任（第 325 条）。从检查人责任仅产生于“因恶意或重大过失懈怠任务”的情形这一点上看，与董事或监事对公司的损害赔偿责任产生于单纯懈怠任务的情形具有区别。对于创立大会选任的检查人与股东大会选任的检查人的责任，商法未作明确规定，应视为与为了调查公司设立经过选任的检查人的责任相同。此外，根据关于委任的一般原则，检查人有时还应承担善管注意义务（民法第 681 条）、债务不履行责任与不法行为责任。对于检查人同样适用关于董事的刑罚（第 625 条）或过怠料（第 635 条）的相关规定。

5. 外部监查人

1）外部监查人的含义

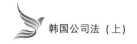

顾名思义，外部监查是指由独立于公司的外部的监查人进行的监查。韩国的外部监查人是指股份公司等根据《关于股份公司等的外部监查的法律》独立于公司进行会计监查的会计师事务所或监查班（外监第2条第7号），[1]也单纯地被称为监查人或会计监查人。韩国的外部监查人制度效仿了德国的结算检查人（Abschluβprüfer）制度及法国的会计监查人（commissaire aux compte）制度。

2）监查对象企业

监查对象企业包括上市公司，本营业年度或下一营业年度中准备上市的公司，前一营业年度末的资产、负债、员工人数或销售额等符合总统令规定的标准（大型非上市）的股份公司或有限公司。有限公司的情形中，仅限于除了法条规定的要件以外，组织变更为有限公司后的期间等符合总统令规定的标准的公司（外监第4条第1项）。但适用《关于公共机关运营的法律》的股份公司中的非上市公司与其他总统令规定的股份公司除外（外监第4条第2项）。

3）外部监查人的资格

对上市公司（总统令规定的上市公司除外）、大型非上市公司、金融公司的财务报表的监查由会计师事务所进行（外监第9条第1项）。上市公司的监查人应具备全部法定要件并在金融委员会登记注册（外监第9条2第1项）。其他监查由监查班进行。

4）外部监查人的选任、任期、解任

原则上，公司应自每一营业年度的起始日起45日内（应设置监查委员会的公司应在每一营业年度起始日之前）选任相关营业年度的监查人（外监第10条第1项）。原则上，上市公司、大型非上市公司或金融公司应选任同一人为连续三个营业年度的监查人（外监第10条第3项）。监查人由监查委员会选任，没有监查委员会的公司由监事获得监查人选任委员会承认后选任监查人（外监第10条第4项）。对于“最近三年内最大股东（两回）或代表董事（三回）替换频繁的公司”，“连续三个营业年度的营业利益小于零的公司”，“证券期货委员会根据总统令规定认为股份公司需要公正的监查而指定的公

---

[1] 大法院2004.5.13.2002DO7340。

司”等，证券期货委员会可要求公司在三个营业年度范围内选任或变更选任其指定的会计师事务所为监查人（外监第11条第1项）。但上市公司或资产总额为总统令规定的金额以上并且大股东以及与大股东具有总统令规定的特殊关系的人合计持有发行股份总数50%以上的公司中大股东或与其具有特殊关系的人为公司代表董事的情形中，证券期货委员会可要求公司在经过连续六个营业年度后的三个营业年度内按照总统令规定的标准与程序选任或变更选任其所指定的会计师事务所为监查人（外监第11条第2项）。公司选任或变更选任监查人的，应在选任监查人后召集的定期股东大会上报告这一事实或向股东通知、公告（外监第12条第1项）。公司选任或变更选任监查人的，公司及监查人应根据总统令规定报告证券期货委员会（外监第12条第2项）。关于监查人的任期没有任何规定，一般认为是一年。

监查人违反《注册会计师法》等法律的情形中，公司应毫无迟滞地解除与监查人签订的监查合同并在合同解除后两个月内选任新的监查人（外监第13条）。发生《会计监查标准》规定的独立性毁损等总统令规定之事由的，即使是在营业年度内，监查人也可解除合同（外监第15条）。任期届满或发生其他外部监查人选任合同规定的终任事由的，监查人的任期终止。

5）外部监查人的权利与义务

监查人可随时阅览或誊写公司或与公司具有总统令规定之关系的公司（如持有公司一定比例以上股份）（关联公司）的会计账簿，或要求公司提交相关会计资料，为了履行监查人职务认为必要的，可调查公司及其关联公司的业务与财产状态（外监第21条第1项）。但对合并会计报表进行监查的监查人为了履行其职务而必要的，可要求公司或关联公司的监查人提供监查相关资料等必要的协助，这时公司或关联公司的监查人应毫无迟滞地给予协助（外监第21条第2项）。监查人还可监查上市公司的内部会计管理制度（外监第8条第6项）。

监查人应按照通常认为公正合理的监查标准实施监查（外监第16条）。监查人应制作监查报告书（外监第18条）并在总统令规定的期间内将监查报告书提交公司、证券期货委员会及注册会计师会（外监第23条第1项）。监查对象公司应备置、公示财务报表及合并财务报表（外监第23条第1项），这时监查人应将监查报告书一同进行备置、公示（外监第23条第5项）。对资产负债表进行公告时（第449条第3项）应并记监查人的姓名与监查意见（外监第23条第6条）。

监查人在监查过程中发现董事的不当行为或违反法令或章程的重大事实的，应将其告知监事或监查委员会，并报告股东大会（外监第 22 条第 1 项），而监事或监查委员会发现董事的不当行为或违反法令或章程的重大事实的，应立即将其告知监查人（外监第 23 条第 6 项），即监事与监查人具有就董事的不当行为互相告知的义务。

此外，监查人还具有出席股东大会进行答辩的义务（外监第 24 条）、保守秘密的义务（外监第 20 条）。会计师事务所应在每一营业年度结束后三个月内将记载法定事项的营业报告书提交证券期货委员会与注册会计师会并按照总统令规定进行备置、公示（外监第 25 条第 1 项、第 3 项）。

6）外部监查人的责任

监查人懈怠任务使公司遭受损失的，应对公司承担损害赔偿责任（外监第 31 条）。监查人未将重要事项记载于监查报告书或作虚假记载而造成第三人损失的，应对第三人承担损害赔偿责任（外监第 31 条第 2 项）。监查人为了担保其履行责任，应在韩国注册会计师会累积损害赔偿共同基金（外监第 32 条第 1 项）。监查人应承担损害赔偿责任的情形中，监查对象公司的董事或监事也有责任的，应与监查人承担连带责任（外监第 31 条第 4 项）。自请求权人知道相关事实之日起一年内或提交监查报告书之日起八年内未行使请求权的，监查人、董事、监事的责任消灭（外监第 31 条第 8 项）。可根据外部监查人的选任合同延长这一期间（外监第 31 条第 9 项）。

此外，对于监查人及其他与监查业务相关之人的不当行为及违反义务的行为，规定了严格的罚则以及监查报酬五倍以下的过征金（外监第 29 条、第 31 条、第 35 条、第 36 条）。对于进行虚假会计的公司任员，还规定了职务停止，关于会计舞弊的徒刑与罚金并罚，必要性没收追征等内容（外监第 29 条第 1 项、第 31 条第 9 项、第 39 条、第 40 条、第 45 条、第 48 条）。对于泄露内部举报人身份信息的人或给予内部举报人不利益的人处以罚金或有期徒刑及过怠料（外监第 41 条第 5 号、第 43 条、第 47 条第 1 项）的处罚。根据《关于资本市场与金融投资业的法律》，监查人对善意的投资人承担损害赔偿责任的情形中，同样负有责任的检查人、董事、监事应承担连带责任（外监第 170 条第 1 项）。

大法院 1997. 9. 12. 96DA41991：判定外部监查人承担责任的案例
监查人未将重要事项记载于监查报告书或作虚假记载致使第三人遭受损失的，该监查人应根据《关于股份公司等的外部监查的法律》第 17 条第 2 项、第 6 项对第三人承担损害赔偿责任。

6. 内部控制制度

1）内部控制制度的含义

内部控制制度一般是指公司为了使树立、调整、实行各种计划过程中可能发生的危险最小化而采取的制度上的程序或措施。内部控制的目的很好地体现在 COSO 报告书中。COSO[1]的目的在于支持 Treadway Commission[2]于 1988 年设立的委员会。Treadway Commission 是反欺诈财务报告全国委员会（National Commission on Fraudulent Financial Reporting）。COSO 报告书分别发表于 1992 年与 2004 年。2004 年的 COSO 报告书将企业风险管理（Entire Risk Management，ERM）作为内部控制的目标，设置了以下四项具体控制目标：①战略（Strategic：high-level goals，aligned with and supporting its mission）；②运营（Operations：effective and efficient use of its resources）；③报告（Reporting：reliability of reporting）；④遵守（Compliance：compliance with applicable laws and regulations）。韩国内部控制制度引进了其中的财务报告的可信度与关于遵守法规的以下规定：

（i）《关于股份公司等的外部监查的法律》规定，上市公司及前一营业年度资产总额为 1000 亿韩元以上的非上市股份公司应实行内部会计管理制度，从而为财务报告的可信度（reliability of financial reporting）提供了合理保障。

（ii）《关于资本市场与金融投资业的法律》规定，股份公司应实行内部会计管理制度，对财务报表进行确认、认证。

（iii）大多数关于金融业的法律中均引入了内部控制基准，即遵法监视人制度。

（iv）商法则引进了遵法控制基准与遵法支援人制度。

---

〔1〕 Committee of Sponsoring Organization of the Treadway Commission.

〔2〕 1985 年，由时任美国证券交易委员会委员长 James Treadway 主导组成的委员会。

2）遵法支援人

（1）遵法支援人的含义

遵法支援人一般是指对公司的业务计划及执行是否符合法律规定进行事先监视的人，而商法中的遵法支援人是指负责关于遵法控制基准的遵守业务的人（第542条之13）。遵法支援人是与金融业相关法律中的遵法监视人相同的概念，已经设置遵法监视人的公司无需另行设置遵法支援人。关于遵法支援人的必要事项由总统令规定（第542条之13第12项）。

（2）遵法控制基准

总统令规定的上市公司为了遵守法令、合理经营公司，应当制定任职员履行职责时应遵守的关于遵法控制的基准及程序（遵法控制基准，第542条之13第1项）。关于遵法控制基准的必要事项由总统令规定（第542条之13第12项）。遵法支援人并非负责全部内部控制制度的人，因此，一般认为遵法控制基准的适用范围除了关于遵守法令的事项以外，不包括关于提高业务效率或风险管理的事项。

（3）遵法支援人的选任与任期

公司应设置一名以上负责关于遵法控制基准遵守业务的人（遵法支援人）。对遵法支援人的任免应作出董事会决议（第542条之13第4项）。

遵法支援人的任期为三年，应为常勤（第542条之13第6项）。关于遵法支援人的事项，除了其他法律作出特别规定的情形以外，均依据商法规定。其他法律规定的遵法支援人的任期短于三年的，优先适用商法规定（第542条之13第11项）。虽然这是为了保障遵法支援人的任期，但这种即使特别法有规定却仍然优先适用作为一般法的商法的做法，是对法律适用顺位的无视。尽管有上述规定，作为任免权人的董事会仍然可以任免遵法支援人，还可在其任期中将其免职。

（4）遵法支援人资格

可成为遵法支援人的人包括：①具有律师资格的人；②根据《高等教育法》第2条，任职于法学助教授以上职位五年以上的人；③总统令规定的其他具有丰富的法律知识与经验的人（第542条之13第5项）。

（5）遵法支援人的职责

遵法支援人应对遵法控制基准的遵守与否进行审查并将其结果报告董事会（第542条之13第3项）。遵法支援人的职责、业务范围与既存的监事或监查委员会的合法性审查、对监事与监查委员会的内部会计管理制度的运用状况的评价报告、外部监查人的综合审查、公示负责人的内部信息管理等重复，因此，需要以公司内部规定对此进行调节。

（6）遵法支援人的义务

遵法支援人应以善良管理人的注意义务履行职责（第542条之13第7项）。遵法支援人不得泄露其在职期间或离职后因职务上的关系获知的公司营业秘密（第542条之13第8项）。

（7）公司的协助义务

公司应协助遵法支援人独立履行职责，遵法支援人在履行职责过程中要求任职员提供资料或信息的，相关任职员应诚实地提供协助（第542条之13第9项）。公司不得因与履行职责相关的事由，对曾经为遵法支援人的人给予人事任免上的不利益（第542条之13第10项）。

（8）对遵法支援人设置公司的优惠

公司诚实履行遵法控制制度的，免除双罚规定（禁止与主要股东等利害关系人进行交易罪）中对公司的罚金刑（第634条之3）。设置遵法支援人虽然享受优惠，但法律并没有规定未设置情形中的刑事处罚条款。虽然没有刑事处罚条款，但设置遵法支援人是强制性规定，因此，公司不设置遵法支援人的，构成违反法令，将会导致董事对公司或第三人承担责任或成为解任请求诉讼对象等结果。

3）遵法监视人

（1）遵法监视人的含义

金融公司为了遵守法令、健全经营、保护股东及利害关系人，应规定任职员履行职务过程中应当遵守的基本程序与基准，这被称为内部控制基准（金治第24条第1项）。这些金融公司［考虑资产规模等因素，总统令规定的投资咨询公司及投资全权受托业者（investment discretionary）除外］应设置一名以上总管内部控制相关业务的人员，以检查内部控制基准的遵守情况，调查违反内部控制基准的情形并将其报告给监事或监查委员会，这些人被称为遵法监视人（金治第25条第1项）。

（2）遵法监视人的任免

金融公司应在内部董事或业务执行负责人中选任遵法监视人（金治第25条第1项）。金融公司任免遵法监视人，应作出董事会决议，但外国金融公司的国内分公司除外。遵法监视人的任期为两年，解任应由三分之二以上董事作出决议（金治第25条第3项、第4项）。遵法监视人的资格要件规定在

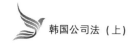

《关于金融公司治理结构的法律》第26条中。遵法监视人兼任危险管理负责人（金治第28条第2项）。金融公司任免遵法监视人的，应报告金融委员会（金治第30条第2项）。

（3）遵法监视人的义务

遵法监视人应以一个善良管理人的注意履行其职责，但不得履行关于资产运营的业务、金融公司的本质业务及其附随业务、金融公司的兼营业务、金融控股公司的子公司的业务、总统令规定的其他可能发生利害冲突或难以专心于内部控制及危险管理的业务（金治第29条）。金融公司应保障遵法监视人及危险管理负责人能够独立履行职责（金治第30条第1项）。遵法监视人履行职责过程中要求金融公司及其任职员提交必要材料或信息的，金融公司及其任职员应诚实地提供协助（金治第30条第3项）。金融公司不得因与履行职责相关的事由对曾经为遵法监视人的人给予人事任免上的不利益（金治第30条第4项）。

略语表

一、引用法令缩略语

95 商附-1995 年修订改正商法附则
国税-国税基本法
金持-金融持股会社法（金融控股公司法）
总令-总统令
独规-关于独占规制与公平交易的法律
独规施-关于独占规制与公平交易的法律施行令
德商-德国商法
德股-德国股份法
民法-韩国民法
民诉-民事诉讼法
民执-民事执行法
法组-法院组织法
保业-保险业法
保业施-保险业法施行令
不竞-关于防止不正当竞争及保护营业秘密的法律
法民-法国民法
法商-法国商法
非讼-非讼案件程序法
商登-商业登记法
商登规-商业登记处理规则
商施-商法施行法
商施规-关于商法施行部分规定的规定
商施令-商法施行令
商标-商标法
瑞债-瑞士债务法
国私-国际私法

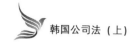

手-手票法（支票法）
票-票据法
英票-英国票据法
英海保-英国海上保险法
外监令-关于股份公司等的外部监查的法律施行令
外投-外国人投资促进法
银行-银行法
依民-依用民法
依商-依用商法
印税-印纸税法
日会-日本会社法（日本公司法）
日商-日本商法
意民-意大利民法
资金-关于资本市场与金融投资业的法律（资本市场法）
资金令-关于资本市场与金融投资业的法律（资本市场法）施行令
电登-关于股份、社债等电子登记的法律（电子登记法）
只表示法律条文的是韩国商法
地税-地方税法
债回-关于债务人回生及破产的法律
特许-特许法（专利法）
葡商-葡萄牙商法
刑法-韩国刑法
刑诉-刑事诉讼法

二、参考文献及缩略语

姜渭斗（会）-姜渭斗：《商法讲义 II》（第 3 全订版），萤雪出版社 2002 年版。
姜熙甲（会）-姜熙甲：《会社法讲义》，书与人出版社 2004 年版。
权奇范（会）-权奇范：《现代会社法论》（第 4 版），三英社 2012 年版。
金星泰（上）-金星泰：《商法总则 · 商行为法讲论》，法文社 1998 年版。
金正皓（会）-金正皓：《会社法》（第 2 版），法文社 2012 年版。
朴相祚（会）-朴相祚：《新会社法论》，HANOL 出版社 2000 年版。
朴元善（上）-朴元善：《新商法》（上），修学社 1982 年版。
徐燉珏、郑完溶（上）-徐燉珏、郑完溶：《商法讲义》（上）（第 4 全订版），法文社 1999 年版。

徐廷甲（上）-徐廷甲：《商法》（上），日新社 1984 年版。

徐宪济（会）-徐宪济：《事例中心体系：会社法》，法文社 2000 年版。

孙珠瓒（上）-孙珠瓒：《商法》（上）（第 14 补订版），博英社 2003 年版。

梁承圭、朴吉俊-梁承圭、朴吉俊：《商法要论》（第 4 版），三英社 1997 年版。

李基秀、崔秉珪（会）-李基秀、崔秉珪：《会社法》（第 9 版），博英社 2012 年版。

李范灿 例解（上）-李范灿：《例解商法》（上），国民书馆 1988 年版。

李炳泰（上）-李炳泰：《商法》（上）（全订版），法元社 1995 年版。

李院锡（上）-李院锡：《新商法》（上），法志社 1985 年版。

李哲松（总）-李哲松：《商法总则 · 商行为》（第 3 版），博英社 2003 年版。

李哲松（会）-李哲松：《会社法讲义》（第 20 版），博英社 2012 年版。

李哲松，逐条解释-李哲松：《商法逐条解释》（2011 改订版），博英社 2011 年版。

李泰鲁《判例教材》-李泰鲁：《判例教材：会社法》（改订版，第 2 增补版），法文社 1982 年版。

林泓根（会）-林泓根：《会社法》，法文社 2002 年版。

郑东润（上）-郑东润：《商法》（上）（第 6 版），法文社 2012 年版。

郑灿亨（上）-郑灿亨：《商法讲义》（第 15 版），博英社 2012 年版。

郑熙喆（上）-郑熙喆：《商法学原论》（上），博英社 1989 年版。

蔡利植（上）-蔡利植：《商法讲义》（上）（改订版），博英社 1996 年版。

崔基元（会）-崔基元：《新会社法论》（第 14 大订版），博英社 2012 年版。

洪復基（会）-洪復基等：《会社法》，博英社 2012 年版。

［日］西原宽一：《商法总则》，有斐阁 1957 年版。

［日］石井照久：《商法总则》，劲草书房 1972 年版。

［日］田中诚二：《商法总则论》，劲草书房 1976 年版。

［日］大隅健一郎：《商法总则》，有斐阁 1981 年版。

［日］腹部荣三：《商法总则》，青林书院新社 1983 年版。

［日］鸿常夫：《商法总则》，弘文堂 1986 年版。

［日］田中诚二：《商行为法》，千仓书房 1983 年版。

［日］平出庆道：《商行为法》，青林书院新社 1980 年版。

［日］江头宪治郎：《株式会社法》，有斐阁 2006 年版。

［日］北泽正启：《会社法》，青林书院 1994 年版。

［日］河本一郎：《会社法》，商务研究会 1991 年版。

［日］前田庸：《会社法》，有斐阁 1995 年版。

［日］龙田节：《会社法》，有斐阁 1995 年版。

［日］加美和照：《会社法》，劲草书房 1996 年版。

［日］森本滋：《会社法》，有信堂 1995 年版。

［日］江头宪治郎：《株式会社法》，有斐阁 2006 年版。

［日］神田秀树：《会社法》（第 13 版），弘文堂 2011 年版。

［日］上柳克郎、鸿常夫、竹内昭夫编：《新版注释会社法》，有斐阁 1985 年版。

Ballantine, On Corporation, Callaghan & Co, Revised Edition edition, 1948

Baumbach/Duden/Hoft Handelsgesetzbuch, 28. Aufl. , C. H. Beck Verlag, 1989

Capelle/Canaris, Handelsrecht, 21. Aufl. , C. H. Beck Verlag, 1989

Geßler, Hefermehl, Eckhardt, Kropff, Kommentar zum Aktiengesetz, Verlag Franz Vahlen, 1973

Henn & Alexander, Laws of Corporations, 3rd ed. , West Group Publishing, 1983

Hueck, Götz, Gesellschaftsrecht, 19. Aufl. , C. H. Beck Verlag, 1991

Hüffer, Gesellschaftsrecht, 4. Aufl. , C. H. Beck Verlag, 1995

Klunzinger, Grundzüge des Gesellschaftsrechts, 9. Aufl. , Verlag Franz Vahlen, , 1995

Kraft-Kreutz, Gesellschaftsrecht, 4. Aufl. , Hermann Luchterhand Verlag, 1981Lutter-Hommelhof, GmbH-Gestz Kommentar, 14. Aufl. , Verlag Dr. Otto Schmidt, 1995

Schmidt, K. , Gesellschaftsrecht, 3. Aufl. , 1997

Schmidt, K. , Handelsrecht, 4 Aufl. , Carl Heymanns Verlag, 1994

Schmitthoff, Palmer's Company Law, 13th ed. , Sweet & Maxwell, 1987